I0876193

ÉTUDES ET ESSAIS SUR LA RENAISSANCE
sous la direction de Jean-Charles Monferran
124

Rire pour comprendre

André Tournon

Rire pour comprendre

Études sur Montaigne, Rabelais, Scève, La Fontaine…

Textes réunis par Jean-Raymond Fanlo et Daniel Martin

PARIS
CLASSIQUES GARNIER
2021

André Tournon (1933-2019) a enseigné à l'université de Provence. Il a renouvelé l'interprétation et l'édition de Montaigne, a éclairé les fictions ludiques de la Renaissance (Rabelais, Verville) et la poésie de cette période (Marot, Scève, Aubigné…) dans leurs aspects les plus paradoxaux. Il a élargi son champ d'investigation à d'autres périodes, de Chrétien de Troyes à La Fontaine ou Nerval.

Jean-Raymond Fanlo est professeur émérite à Aix-Marseille Université. Il a publié de nombreux essais sur Agrippa d'Aubigné et plusieurs éditions critiques de ses œuvres (dernièrement *Les Tragiques* et les *Écrits politiques*), une traduction de *Don Quichotte* et des *Nouvelles exemplaires* de Cervantès et un essai sur la possession diabolique (*L'Évangile du démon*).

Daniel Martin, maître de conférences à Aix-Marseille Université, est spécialiste de la littérature française de la Renaissance. Sa thèse, publiée sous le titre *Signe(s) d'amante. L'agencement des* Euvres *de Louïze Labé Lionnoize*, a été dirigée par André Tournon. Ses travaux portent notamment sur le domaine littéraire lyonnais, la littérature féminine, les poétiques de mise en recueil.

© 2021. Classiques Garnier, Paris.
Reproduction et traduction, même partielles, interdites.
Tous droits réservés pour tous les pays.

ISBN 978-2-406-10736-1 (livre broché)
ISBN 978-2-406-10737-8 (livre relié)
ISSN 2105-8814

INTRODUCTION

André Tournon est décédé en 2019. Il avait consacré sa vie professionnelle à l'enseignement de la littérature française à l'Université de Provence, aujourd'hui Aix-Marseille Université, et à l'analyse des plus grandes œuvres de la littérature humaniste et de quelques autres. L'importance de son travail critique, la rigueur, l'originalité de sa démarche justifiaient que ses ouvrages lumineux sur Montaigne ou Rabelais soient complétés par un choix d'articles.

C'est ce choix que nous proposons. La sélection, difficile sur critère hiérarchique, a d'abord répondu à un critère de disponibilité. Certains articles en ligne ou repris par lui dans ses livres, ont été laissés de côté au profit d'autres moins bien diffusés, ou parus dans des volumes, des numéros de revues désormais épuisés. Il fallait aussi refléter la diversité des centres d'intérêt. André Tournon a beaucoup travaillé sur Montaigne. Dès *La glose et l'essai*, il a fait apparaître la singularité de l'auteur des *Essais* en montrant que son enquête philosophique exigeante est indissociable d'une écriture littéraire, que la forme d'énonciation est forme de pensée. C'est l'attention à cette forme qui plus tard l'a conduit à prêter une importance nouvelle aux choix de ponctuation, de majuscules en cours de phrase, de scansion, dans l'exemplaire de Bordeaux, cet exemplaire de la seconde édition de 1588 que Montaigne a copieusement annoté, invitant expressément les imprimeurs, dans une note manuscrite au verso de la page de titre, à respecter les particularités de ce qu'il appelle le « langage coupé ». André Tournon a alors donné à l'Imprimerie Nationale une nouvelle édition des *Essais* fondée sur cet exemplaire, et non plus sur l'édition posthume procurée par Marie de Gournay[1]. Cette édition novatrice, qui restitue au texte son allure, est admirable aussi par

1 *Les Essais*, présentation, établissement du texte, apparat critique et notes par André Tournon, 3 tomes, Paris, Imprimerie Nationale, 1998. La note manuscrite de Montaigne aux imprimeurs est transcrite au tome 1, p. 663-664. L'édition Naya chez Folio (2009), et prochainement l'édition Guerrier chez Flammarion GF, reprennent le même principe.

ses « Repères », synthèses qui permettent de suivre avec une concision et une intelligence inégalées le parcours de chaque essai. Mais André Tournon admirait surtout Rabelais, à qui il a consacré un livre et de très nombreux articles. Chez Montaigne il révèle une exigence et une lucidité intellectuelles qui, loin de tirer du scepticisme un relativisme confortable, s'astreignent au contraire à des prises de position d'autant plus lucidement affirmées qu'elles se savent et se veulent contingentes et précaires ; chez Rabelais il repère une éthique du rire qui est la folle sagesse du roman, un pari de joie et de rire partagé : la formule « rire pour comprendre », qui sert de titre à ce volume, est le titre d'un article sur Rabelais, sous-titré « Essai d'herméneutique rabelaisienne », dont les premières lignes sont significatives :

> Lisant Rabelais, qui ne rit pas a peu de chances de comprendre. Par réciproque, on supposera que l'hilarité pourrait avoir une vertu herméneutique, assortie à « certaine gaîté d'esprit » qui caractérise le « pantagruélisme[2] ».

Ce goût du paradoxe, Rabelais le partage avec le Verville du *Moyen de parvenir*, avec Scève, Marguerite de Navarre ou Agrippa d'Aubigné, voire avec les *Deux pigeons* de La Fontaine, au roucoulement plus profond, plus humain et plus tendre que les maximes stoïciennes. Voilà pourquoi dans ce volume Montaigne voisine avec divers auteurs qui mettent la raison, la sagesse, le bon sens au défi du rire, de « la pensée paradoxale, ou tout simplement de la pensée vive, hors normes[3]. »

Les vingt années de préparation de la thèse de 1961 jusqu'à la soutenance en 1981 en Sorbonne ont été celles de la crise de l'histoire littéraire. André Tournon n'a jamais abordé les œuvres à partir de leur auteur, ou de leur contexte historique. Il s'intéressait à leur organisation, leurs structures, leur poétique. Mais il n'était pas structuraliste. La recherche d'un modèle, d'une grammaire, a souvent conduit le structuralisme à homogénéiser le texte. André Tournon s'est toujours défié de la recherche d'une cohérence, d'une structure univoques.

> Toute méthode qui uniformise son objet, en escamotant les anomalies et ruptures provoquées par l'hétérogénéité, tend à laisser à l'écart des traits

2 « Rire pour comprendre. Essai d'herméneutique rabelaisienne », p. 7, *RHR*, 59, décembre 2004, p. 7-22.

3 « Des croisements signalés. Mots et gestes sibyllins », voir p. 224.

> spécifiques lourds de sens ; on ne peut y trouver qu'un procédé d'exploration partielle, apte à identifier les matériaux, mais inefficace dès qu'il s'agit de leur agencement[4].

Il faut résister à « la tentation que nous pouvions éprouver de construire un système sémiotique trop consistant[5] », « renoncer au postulat de cohérence[6] » :

> Le supplément de sens proposé par l'exégèse, tant qu'il n'a pas d'autre justification que son efficacité à réduire les contrastes, à rendre possible une lecture unificatrice, – autrement dit, tant qu'il se fonde seulement sur le postulat de cohérence – doit être tenu pour illégitime[7].

Le texte humaniste, toujours citationnel, toujours intertextuel, est par nature composite, fait d'énoncés antérieurs agencés de manière problématique. S'il est nécessaire de repérer des continuités, d'identifier les modèles convoqués, il s'agit surtout de comprendre la spécificité de cet agencement. Le structuralisme, au moins jusqu'au Barthes de *S/Z*, cherche à extraire un modèle, à dégager ou à construire un système. Au contraire, André Tournon interprète des agencements inédits. C'est dans les sutures, les points de friction, que se joue l'essentiel, les « déviations, suggestions latérales, écarts[8] » repérés dans *Délie*. Proche de Riffaterre sur ce point[9], Tournon voit dans les tensions, points d'achoppement, contradictions, effets d'« altérations », des « anomalies » concertées, des marques, des « indices » (mot riffaterrien) qui font signe et orientent vers un implicite. Une formule comme « indice ou agent d'altération » est caractéristique, qui associe le constat d'un phénomène textuel à une sémiotique. L'accident, l'imprévu, la solution de continuité font signe : « à paraître erratiques, ils en sont d'autant plus significatifs[10]. » Pas d'armature théorique, donc, ni de méthode programmée : « une

4 « L'Intertextualité de la Renaissance : Notes sur quelques problèmes de méthode », voir p. 26.

5 « Repérage et dissémination des vestiges textuels », *Cahiers textuel, La poétique des recueils romains : Joachim Du Bellay*, voir p. 348.

6 « Les éclats des *Chimères*. Note sur les permutations de textes dans les variantes des poèmes », *Cahiers de L'Herne, Gérard de Nerval*, voir p. 424.

7 *Ibid.*

8 « Altérations », *Cahiers textuel, Lire Maurice Scève*, voir p. 340.

9 Voir notamment *La production du texte*, Paris, Le Seuil, 1979.

10 « Altérations », art. cité, voir p. 331.

approche empirique » attentive à l'agencement du texte, à ses inflexions et irrégularités : à son étrangeté, c'est-à-dire, à sa spécificité. Loin de tout dogmatisme, une adaptation au texte, qui requiert le recours aux « expédients[11] » critiques appelés par sa nature propre.

Cette lecture est donc une herméneutique. Elle ne cherche pas des structures fondamentales du récit ou de la pensée. Elle conserve la conception de la littérature comme usage singulier de la langue en vue de significations inédites. Tournon élargit à la grande littérature humaniste l'analyse par Jean Cohen du langage poétique, défini comme dérégulation du langage ordinaire et invention d'un idiolecte[12]. Le premier temps de l'opération, déréguler, subvertir, retrouve le geste de libération ou de subversion qu'à propos de la modernité théorisent avec d'autres intentions Umberto Eco et sa notion d'œuvre ouverte[13] ou Barthes et sa notion d'écriture qu'il oppose aux textes lisibles[14], prêts à lire, prêts à consommer : les années 70 étaient celles de la société de consommation, pas encore celles de la société de réseaux, qui compromettent encore plus l'originalité de l'œuvre. Une conception distinctive de la « vraie » littérature est maintenue : par rapport aux médiocres auteurs qui se satisfont de faire ronronner les topiques, sont écrivains ceux qui se livrent à un « travail obstiné pour déjouer les pièges et leurres de l'opinion commune », afin d'échapper avec Montaigne aux « communes imaginations que nous trouvons en crédit autour de nous, et infuses en notre âme par la semence de nos pères[15] ». La littérature est un art de l'inédit : écrire autrement, pour parler autrement et penser autrement. Aussi loin du premier structuralisme qui avait l'ambition scientifique ou scientiste de comprendre les lois du récit ou de la langue, que de la culture rhétorique que Marc Fumaroli a voulu lui opposer avec l'*Âge de l'éloquence* à partir de 1980, et qui intègre les œuvres à une police, un commerce des esprits, André Tournon conserve le primat de l'œuvre, contre le code comme contre la rhétorique. L'œuvre s'écrit pour déjouer la convention, défamiliariser, « brise[r] les agencements didactiques[16] ».

11 « L'intertextualité de la Renaissance... », art. cité.
12 *Structure du langage poétique*, Paris, Flammarion, 1966.
13 Éditions du Seuil, « Points », Paris, 1965.
14 *S/Z*, Paris, Le Seuil, 1970.
15 Montaigne, *Essais*, I, 23, cité par Tournon dans « La question du préteur », *L'écriture du scepticisme chez Montaigne*, voir p. 104.
16 « Suspense philosophique et ironie : la zététique de l'essai », voir p. 134.

C'est précisément pourquoi elle doit s'interpréter non pas à partir des systèmes de pensée qu'elle implique, mais à partir de ses aspects non intégrables, problématiques. On ne saurait entendre les *Tragiques* à partir du seul providentialisme que le poème certes allègue, mais qui ne rend pas compte du dédoublement des points de vue, ni de la polyphonie des styles ; on ne saurait unifier le recueil en « éclats » de Nerval, ni rapporter les tensions de *Délie* à une vulgate ficinienne. Tournon écrit :

> Je ne prétends pas non plus que la trame discursive soit un leurre. Elle est altérée sans doute, mais il faut qu'elle résiste, justement pour que l'altération soit perceptible. C'est le cas de celle que nous venons d'étudier : le schéma de la spiritualisation, dérivé de Ficin à travers Speroni, reste lisible, et cautionné par des formules sans équivoque (au d. 442 surtout). Seulement sa fonction est celle de l'« interprétant » tel que le conçoit M. Riffaterre à partir de Pierce, ou, en termes plus simples, de *repère* idéologique ou culturel. À la fois exhibé et altéré, et peut-être exhibé pour être altéré, il est partie intégrante du texte, mais n'en régit pas la signification[17].

Il ne faudrait que quelques retouches pour appliquer ces lignes au roman de Rabelais. Les maximes de sagesse que Pantagruel énonce tandis que les clowns, Panurge ou Frère Jean, font les pitres, sont sans doute importantes. Mais puisqu'elles sont évidentes, elles ne peuvent livrer la signification ultime du texte : chez Rabelais comme chez Montaigne, la sentence, toujours citationnelle et péremptoire, ne peut porter la signification. La sentence, et plus largement les valeurs ou les savoirs mobilisés dans le texte, permet de mesurer la portée du jeu fictionnel en le situant dans son horizon de sagesses et de croyances. Parnuge vient de faire l'éloge des dettes. Pantagruel le condamne en citant l'épître aux Romains, après le discours de Panurge qui en fait l'éloge. Michael Screech d'applaudir : « Un seul verset de saint Paul vaut mieux que tout ce verbiage[18]. » Le formidable, enthousiaste, lyrique et suspect boniment de Panurge vient d'exalter un cosmos et un corps humain vivifiés par les dettes en un jeu de « plaisir, allégresse et volupté[19] ». Le lecteur qui tombe sur la note de Screech reçoit une douche froide. Un rude mais salutaire retour à la lucidité ? Peut-être, mais alors pourquoi un si long, un si beau « verbiage ? » Rabelais joue-t-il à nous faire perdre

17 « Altérations », p. 331.
18 *Le Tiers Livre*, éd. M.A. Screech, Genève, Droz, 1974, note, p. 54.
19 *Ibid.*, fin du chapitre 4.

notre temps ? Screech choisit la maxime. Tournon choisit le beau verbiage, et préfère comprendre pourquoi il prend tant d'importance dans le roman. Pour lui, le sage Pantagruel du *Tiers* et du *Quart livre* est un repère, et il préfère se demander comment le fou se situe par rapport au sage, les valeurs qu'il porte, car il faut bien qu'il dise quelque chose, ce long verbiage, si la littérature est un peu plus qu'une regrettable perte de temps. De là, des propositions de lecture souvent originales, qui conduisent à faire tomber les écrans que les confortables certitudes de telle ou telle tradition critique, ou encore de la « censure éditoriale[20] », interposent entre les textes et le lecteur.

Pour autant, ce goût pour les altérations, aberrations et anomalies textuelles, ce panthéon de clowns et de fous en lien avec une conception libératoire de la littérature et qu'on pourrait relier aux pratiques du *happening*, de la fête dans les années 1970, se distingue profondément des cultures spontanéistes, écritures du désir, de tout ce courant qui à cette époque voulait que la littérature ne pense pas, mais exprime, fasse jaillir un en-deçà de la pensée, impensé, refoulé, imaginaire, fantasme. À l'université, la critique thématique, la poétique de l'imaginaire, la psychocritique, ne relèvent pas de la même volonté de libération, mais partagent avec elle le goût du jaillissement spontané, la défiance pour la pensée. Ces approches qui extraient du texte des configurations d'images pour de là supposer une relation au monde par la sensation, ou une psyché, un inconscient, intéressent médiocrement Tournon : elles lui paraissent méconnaître l'agencement spécifique du texte. Défiant à l'endroit du structuralisme au nom de la discontinuité et de la polyphonie du texte, il rejette la critique thématique au nom de la textualité et des exigences de sens qu'elle porte. L'esprit de Montaigne se jette-t-il dans le « vague champ des imaginations » (I, 8), Tournon rappelle qu'il s'agit de « rêver par quelque ordre et projet » (II, 18) ; Agrippa d'Aubigné est sans doute hanté par le traumatisme d'une naissance matricide, mais ses images cauchemardesques de mère assassinée ou meurtrière sont d'emblée mises en regard du rapport à la loi : si angoisse personnelle il y a, elle s'investit et s'approfondit dans un drame éthique, et la psychocritique est dès lors dépassée[21]. Chez La Fontaine, les « fantaisies ne compromettent nullement la conduite du

20 « L'énergie du "langage coupé" et la censure éditoriale », voir p. 143.

21 « Le "choix de mort" ou la révolte interdite d'Agrippa d'Aubigné », voir p. 355.

raisonnement[22] » ; chez Rabelais, il y a « aberration contrôlée[23] », chez Verville, « système cohérent d'aberrations[24] ». Pas de « pur et simple abandon aux dérives de la "fantaisie", et encore moins [d']abdication devant leurs obscures contraintes : l'esprit lucide prend en compte les fantasmes mais garde ses droits de contrôle, tente d'en tirer une pensée juste[25] ». Si le texte joue sur des illogismes, ce sont des « illogismes calculés ». La littérature pense, elle est « enquête », « investigation », « épreuve critique », exercice du jugement sur les doctrines, « les concepts les mieux accrédités[26] », la tradition, la coutume, c'est-à-dire sur soi-même, sur ce qui vient d'abord à l'esprit, et qui est précisément ce qui a déjà été dit, pensé. La défamiliarisation éloigne de l'immédiat, du spontané. Impose, donc, le dédoublement, le travail réflexif, l'exercice du miroir, le nécessaire double, « complice plus avisé » dont il faut guetter « le sourire ironique en son miroir[27] ». Montaigne, qui se pense en écrivant, et qui se relit et réécrit autant qu'il écrit dans « l'allongeail » du troisième livre, dans les additions comme dans les retouches de ponctuation et de majuscules, se prêtait magnifiquement à ce type de démarche.

Déjouer les codes et le prêt à penser, donc, mais pour penser plus juste. La lecture critique suit le travail de l'écrivain, « la logique du texte[28] », sans arbitraire, à partir des indices et des programmes qu'ils impliquent. Les cours d'André Tournon dispensaient moins un savoir qu'ils proposaient des exercices de lecture extrêmement rigoureux, donnant aux étudiants le sentiment que le texte s'interprétait de lui-même après examen, analyse et déduction, dès lors qu'étaient identifiées les conventions mises en œuvre, leurs procédures d'assemblage, les attentes suscitées. L'implicite se révélait, « nécessaire à la cohérence logique du raisonnement[29] », et ce sens déployé serait « le point de convergence et

22 « Les Fables du Crétois », voir p. 393.
23 « Le don, la dette et le truand. En marge des savoirs économiques du XVIe siècle », voir p. 231.
24 « Le "Père de Melchisedech" ou l'énigme de la valeur d'échange selon Verville », voir p. 282.
25 « *Route par ailleurs. Le "nouveau" langage des* Essais », Paris, Champion, 2006, p. 7.
26 *Ibid.*, p. 8.
27 *Ibid.*, p. 10.
28 « Le cinquième sceau. Les tableaux des *Fers* et la perspective apocalyptique dans *Les Tragiques* d'Agrippa d'Aubigné », voir p. 374.
29 « "Nostre liberté volontaire...". Le *Contre Un* en marge des *Essais* », voir p. 69.

le produit logique des anomalies du chapitre et des indices discrets qui les signalent[30] ». Le rôle déterminant assigné à la lecture ignore donc le décalage que produit « l'horizon d'attente » dans l'esthétique de la réception. Tout semble prescrit, l'interprétation s'entend au sens musical comme actualisation des structures de la partition et des consignes qu'elle donne. André Tournon était passé maître dans l'exercice. Cette attention exacte à la lettre du texte (l'ami admiré, Jean-Yves Pouilloux, aimait dire que « la lettre vivifie ») éclaire admirablement le sens. Dans la fameuse formule « Tout homme porte en lui la forme entière de l'humaine condition », le sens du mot *condition* est enfin expliqué. Dans deux titres de chapitres du *Quart Livre* de Rabelais (« Comment Gaster inventa les moyens d'avoir et conserver grain » / « Comment Gaster inventait art et moyen de non être blessé ne touché par coups de canon[31] »), le passage du passé simple à l'imparfait est repéré et analysé avec précision et profondeur. Les subtiles nuances qu'apporte tel changement de ponctuation sur l'exemplaire de Bordeaux apparaissent.

Le raisonnement logique, cependant, débouche sur un paradoxe. Un texte littéraire ne porte pas un implicite qu'il suffirait de déduire logiquement, ne se confond pas avec un raisonnement dont certaines étapes auraient été effacées. Son intérêt, autrement, serait mince. Le jeu est plus complexe, et demande de prendre en compte ces altérations, anomalies, solutions de continuité si importantes. Si le sens du texte est « oblique », et comme Apollon « parl[e] toujours à nous doublement, obscurément et obliquement[32] », c'est que la route ne mène pas à une conclusion simplement nécessaire. « Route par ailleurs », dit Montaigne, qui donne à Tournon le titre d'un grand livre[33]. Le lecteur doit donc en faire un peu plus, et chercher plus loin, entendre des suggestions. Les « marques » ou « indices », André Tournon aime qu'ils soient « discrets », « ténus », que l'auteur fasse signe « d'un seul mot ». Savoir écouter, être capable de connivence : ainsi, dans tel passage du *Moyen de parvenir*, « une double opération [...] fausse discrètement le schéma logique et en détourne la visée[34] ». Le lecteur, d'abord

30 « L'Intertextualité de la Renaissance », voir p. 35.

31 *Quart Livre*, chapitres 61 et 62. Voir « Les inventions de Messere Gaster (prestiges et finalités des techniques) », p. 245.

32 *Essais*, III, 13.

33 *« Route par ailleurs ». Le « nouveau langage » des Essais*, Paris, Classiques Garnier, 2006.

34 « Paracelse, l'Autre : change et piperie dans *Le Moyen de parvenir* de Béroalde de Verville », voir p. 286.

apparemment voué à observer des indices et à exécuter un programme inscrit dans le texte, est invité à passer dans l'arrière-boutique, comme dirait Montaigne. Il doit prendre des décisions pour interpréter.

L'interprétation, André Tournon la définit en termes de contrat, de pari, de prise de risque. De la notion de contrat décisive pour le choix de l'écrivain comme pour celui du lecteur, il écarte la dimension normative[35] au profit de l'engagement éthique, de la « ratification qui engage[36] » : la « loyauté de poète et de croyant ». Plus que tout autre spécialiste de Montaigne, il a médité sur la première phrase des *Essais*, sur la « bonne foi ». C'est sur cette formule que s'achève la version publiée de la thèse, *La Glose et l'Essai*[37]. La bonne foi consiste en deux choses : d'abord à veiller à ne pas se méprendre, se mentir sur soi-même, en oubliant le doute et la précarité de toute affirmation par exemple au moment d'énoncer un jugement : ne pas céder à la propension du langage et de la pensée à se figer en conclusion ou thèse dès lors que ce jugement est assumé. La loyauté reconnaît ses propres limites et la précarité de chaque affirmation. « Jouir *loyalement* de son être » (III, 13) implique de ne pas prétendre à la vérité, et de ne pas la contredire. En cela, dans son exigence de véracité qui interdit de « contredire » la vérité[38] et *a fortiori* de prétendre la détenir, c'est à la fois une exigence de lucidité et une exigence éthique. Tournon peut associer les deux lorsqu'à propos de Montaigne il parle d'une « éthique des choix contingents[39] » : la coordination soude la morale au dilemme intellectuel. Il n'a cessé de lutter contre l'image facile d'un pyrrhonisme montaignien dispensant de toute authentique rigueur pour autoriser un relativisme et un épicurisme aimables, un amateurisme confortable, voire un subjectivisme complaisant. De l'idée que faute de pouvoir accéder à des vérités générales, il faut essayer de se connaître, idée de fait développée notamment au début de « De l'expérience », toute une tradition critique a voulu passer à la recherche d'une identité, du « moi », à l'autoportrait. Ainsi était commodément évacué le projet philosophique, ses concepts arides, ses

35 Le magistrat Bodin est de ce point de vue le contre-modèle de Montaigne. Voir l'analyse de « Des boiteux », où Montaigne précisément le prend de front : « L'Argumentation pyrrhonienne : structures d'essai dans le chapitre "Des Boiteux" », p. 81.

36 « *Suspense* philosophique et ironie », art. cité, voir p. 139.

37 Paris, Classiques Garnier, 2000, p. 296.

38 Voir le début de « Du repentir », *Essais*, III, 2.

39 « Le grammairien, le jurisconsulte et l'"humaine condition" », voir p. 49.

raisonnements serrés, au profit d'une littérature du sujet, de l'expression de soi, de l'auto-représentation. Pour Tournon, Montaigne est pleinement philosophe et grand écrivain. Une énonciation spécifique, qu'aujourd'hui nous pouvons dire littéraire, est indissociable du travail de pensée, mais toujours dans l'exigence intellectuelle, et hors de tout confort. Il ne s'agit pas de se satisfaire de soi. Au contraire, l'enquête, le travail de pensée est d'autant plus exigeant qu'il intègre un doute radical. Pas de simple expression de soi, ou d'autoportrait d'un sujet extérieur au texte. Oui, Montaigne rapporte les *Essais* à sa personne :

> Ce sont ici mes fantaisies, par lesquelles je ne tâche point à donner à connaître les choses, mais moi.

Mais Tournon prévient la tentation des complaisances égotistes :

> Il importe surtout de ne pas diminuer la portée gnoséologique de la formule en plaçant en vedette, selon une tradition trop bien établie, le projet de « connaissance de soi », ou d'exhibition de soi, qui en est la contrepartie positive. Ici, le propos est d'abord critique : nul savoir sur « les choses », seulement l'acuité du regard posé sur elles[40].

Tout énoncé implique pour le pyrrhonien un retour réflexif et critique sur soi dans l'exigence d'une pensée juste.

Mais la bonne foi est aussi forme de relation à autrui, qu'elle soit acte de foi religieuse, relation amoureuse, prise de position sur la sorcellerie ou sur les Indiens d'Amérique. Cela va jusqu'à l'engagement. À la « servitude volontaire », l'ami de La Boétie répond par « notre liberté volontaire[41] », qui suppose, dit Tournon, une décision, une transformation de soi, puisque notre état premier, à nous qui avons perdu la nature, est celui de la servitude, et de la coutume. C'est un acte de fraternité. Il a une dimension politique : les derniers mots de l'article sur le rapport de Montaigne à La Boétie désignent la devise inscrite au fronton de toutes les mairies françaises. Toujours à propos de Montaigne, Tournon parle d'« un pyrrhonisme de combat », et reconnaît dans les *Essais* une tout autre ambition que « domestique et privée ». Dans le débat sur la sorcellerie, la discussion de Bodin est un acte politique. Dans un contexte moins public, Tournon reconnaît dans les *Essais* une éthique « sans autre

40 *Essais*, II, 10 et « *Suspense* philosophique... », art. cité, p. 124.

41 « "Notre liberté volontaire..." Le *Contr'un* en marge des *Essais* », voir p. 67.

garantie que l'engagement de celui qui les ratifie et l'assentiment de ceux à qui ils sont exposés[42] ». Une relation à autrui s'implique dans la signification du texte littéraire. Montaigne reconnaît et parfois valide et assume telle opinion, et cet acte s'adresse au lecteur. Chez Marguerite de Navarre ou Agrippa d'Aubigné, c'est la relation à Dieu : « Je sais bien que vous m'entendez, / Que vous m'aimez et attendez[43]... », dit la première. C'est par le pari de la foi, l'acte de foi « contre toute espérance » que la nuit de la Saint-Barthélemy peut devenir extase céleste. Ici aussi le pari de confiance ne dépasse pas l'humain. L'assurance en Dieu « peut coexister avec ce témoignage tragique ». Nul dépassement de l'horreur dans un providentialisme où tout se résorbe en lumière. Tournon relève ce vers des *Tragiques* :

> Des guerres ici-bas, et au ciel des tableaux[44].

La violence, l'horreur ; un beau spectacle, pour une contemplation sereine. Tout cela en même temps. Tournon trouve l'image forte de « cadavres sur lesquels ruissellent les eaux vives[45] ».

C'est peut-être chez Rabelais que ce pari de confiance trouve sa forme la plus profonde, c'est-à-dire la plus joyeuse. Rabelais n'aimait pas les « agélastes » aux zygomatiques crispés. André Tournon non plus. Ils sont pourtant, dans l'université, légion. Il pensait qu'il faut rire pour comprendre et comprendre pour rire, avec Panurge, avec Frère Jan, les bons commensaux du *Moyen de parvenir* ou, dans un registre plus discret, La Fontaine. C'est que la lecture, en définitive, n'est pas virtuosité exégétique et conceptuelle, mais expérience vivante, geste d'amitié. L'énigme en prophétie annonce des choses sombres, les persécutions des élus, prodromes de la fin des temps. Mais Frère Jean en fait un jeu. Le sage Pantagruel soupire ; le fou rit, comme la Bergère folle, « Ravie de l'amour de Dieu », de *La Comédie de Mont-de-Marsan* fredonne ses chansonnettes quand la Sage énonce des maximes. Le « temps de passe-passe » est cette capacité de la foi à accepter, à rire (« Tout bon, il a fait tout bon », dit Montaigne au moment où il vieillit et pressent sa mort), cette conviction d'espérance contre l'évidence. Un véritable coup de force :

42 « L'humaine condition », art. cité, p. 61.
43 *La Comédie de Mont-de-Marsan*, cité dans « Les chansonnettes de la bergère », voir p. 190.
44 *Les Tragiques*, *Fers*, v. 402, cité dans « Le cinquième sceau », voir p. 366.
45 *Ibid.* p. 377.

> Contre la peur de l'impuissance, une fantasmagorie orgiaque ; contre les paroles de mauvais augure, le défi de l'irréflexion ; contre les doutes du grand savoir, l'élan vers les contrées fabuleuses. Toutes ces réactions sont empreintes d'extravagance, en ce qu'elles prennent acte des menaces et des déceptions pour rebondir avec plus de force vers le futur espéré, au prix d'une contre-vérité. Toutes sont affectées de précarité, puisque Panurge n'arrive pas à s'en satisfaire. Mais toutes illustrent le coup de force rabelaisien qui, ayant de la frustration fait surgit le désir, confirme ce désir et en mesure l'énergie en lui faisant démentir le réel[46].

Le rire n'est donc pas, comme pour les piètres commentateurs, une simple manière de transmettre plaisamment de sages leçons, le sucre de Lucrèce qui enrobe les amères potions de la médecine. C'est à la fois la condition de la portée évangélique du livre et son plus haut accomplissement. Pas une signification : un acte. Pour la plupart des commentateurs, l'épisode des Paroles dégelées du *Quart livre* est un art poétique et une leçon de lecture. Pour Tournon, il débouche non sur l'extraction d'un sens, d'une *medulla verborum*, mais sur des jeux de mots entre amis. Un *happening* festif et joyeux. Le but n'est pas de trouver, de détenir ou de contrôler, mais de partager et de s'entendre à mi-mots. Le roman rabelaisien suppose un pacte de confiance, il faut être de bonne disposition, avoir envie de rire, entendre l'injure (« couillonnas au diable, Panurge, mon ami ») comme geste d'amitié : la sociabilité, la complicité, si importantes chez les Pantagruélistes, qui se racontent des histoires et rient en banquetant, conditionnent aussi la relation du lecteur au livre. Le signe d'amitié actualise les autres signes du livre, les fait vivre, c'est-à-dire, les rend joyeux. Ce que réalise le livre se réalise en tournant ses pages.

Les articles d'André Tournon, et ses cours, étaient presque toujours des analyses de textes, ils en épousaient le parcours. Nombre de « Repères » de l'édition des *Essais* dans la collection La Salamandre de l'Imprimerie nationale, ne proposent pas un plan mais un itinéraire de pensée et de lecture. Le but n'était pas le savoir, ni une signification figée, ni le contrôle de soi-même ou la tranquillité de l'âme mais une expérience de pensée rigoureuse pour un pari de confiance et d'amitié. D'autres, Bachelard par exemple, ont pratiqué la lecture comme expérience intérieure, approfondissement de sa sensibilité en vue d'un rapport

46 *« En sens agile », les acrobaties de l'esprit selon Rabelais*, Paris, Champion, 1995, p. 155-156. Voir aussi, ici-même, « "Ce temps de passe-passe…" (Le *Millenium* selon Rabelais) », p. 197.

plus heureux à soi-même et au monde. Pour André Tournon, elle était démarche d'intelligence en vue d'une éthique du partage. Ce partage, l'humour, le rire le réalisaient joyeusement dans ses cours, dans ses écrits.

Quelques précisions sur les articles qu'on va lire[47]. Écrits à différentes époques, ils renvoyaient parfois à des éditions différentes d'une même œuvre, ils la citaient tantôt en orthographe ancienne tantôt en orthographe modernisée. Nous avons dû harmoniser : les œuvres sont citées dans les éditions utilisées par André Tournon. Lorsque le choix de l'édition ne prêtait pas à conséquence, nous avons cependant choisi de citer une édition disponible aujourd'hui. Nous avons modernisé l'orthographe des citations. Cependant, un article[48] transcrit avec soin les leçons manuscrites de l'exemplaire de Bordeaux. Nous avons dans ce cas respecté les graphies originales. D'autre part, André Tournon a longtemps cité Montaigne dans l'édition qui faisait référence, celle de Villey/Saulnier aux PUF (1965). Puis il a fait valoir l'extrême importance des retouches manuscrites de Montaigne sur son exemplaire de la seconde édition des *Essais*, dit « exemplaire de Bordeaux », et de la scansion (ponctuation, mais aussi usage des majuscules) originale qu'elles impliquaient. De nombreux articles sur ce point ont débouché sur une nouvelle édition des *Essais* à l'Imprimerie nationale (Paris, 1998), avec orthographe modernisée et respect de la « scansion ». C'est cette édition qu'il a citée à partir de sa parution. Aujourd'hui, elle est devenue introuvable. Nous avons donc choisi un triple référençage à l'édition Villey/Saulnier, à l'édition Tournon de 1998, et à celle dirigée par Emmanuel Naya (Gallimard, Folio, 2009) : plus récente et aisément disponible, elle adopte le même choix d'édition qu'André Tournon. Une référence comme « III, 11, PUF p. 1033, IN p. 379, Fol. p. 359 » renvoie donc à l'essai XI du livre III, dans la pagination de l'édition Villey/Saulnier (PUF), puis de l'édition Tournon à Imprimerie Nationale (IN), puis de l'édition E. Naya (Fol).

« Rire pour comprendre », la formule est d'André Tournon mais ce titre n'a pas été choisi par lui. Nous espérons qu'il ne trahit pas sa pensée. Pour nous, il veut dire, un an après son décès, que nous croyons bon de proposer au lecteur de le relire, de lire avec lui, de comprendre et de rire avec lui.

---

47 Plusieurs ont d'abord paru dans des collections des éditions Droz. Nous remercions Max Engammarre qui nous a autorisé à les rééditer.

48 « L'énergie du "langage coupé" et la censure éditoriale », p. 143.

PREMIÈRE PARTIE

EN GUISE DE MÉTHODE

L'INTERTEXTUALITÉ DE LA RENAISSANCE

Notes sur quelques problèmes de méthode [1987][1]

Philippe de Lajarte vient de mettre en lumière[2] la spécificité des cadres généraux de la littérature du XVIe siècle ; et il a montré qu'on ne pouvait leur appliquer sans examen les catégories élaborées ultérieurement, et encore accréditées ; qu'il fallait au moins modifier celles-ci pour assurer leur pertinence. En complément de son exposé, je me propose d'aborder des problèmes de nature semblable, mais à une échelle différente : ceux qui ont trait à la texture des œuvres, et aux méthodes d'analyse qu'elle requiert.

Quelques truismes, pour commencer.

Les œuvres littéraires dérivées de l'humanisme se situent par rapport aux legs dont elles sont tributaires ; non seulement parce qu'elles s'inscrivent effectivement dans diverses traditions (cela ne les singulariserait pas : il en est de même à toute époque), mais aussi et surtout parce qu'elles revendiquent explicitement tout ou partie de leurs antécédents (patronages, cautions, emprunts signalés, etc.). Ceux-ci sont perçus et présentés comme partiellement étrangers : écrits antérieurs, irréductibles aux productions nouvelles auxquelles ils servent de garants, de modèles ou d'objets à interpréter ou à critiquer. De plus, ils se scindent eux-mêmes en apports disparates, contrastés, voire inconciliables. Les matériaux qu'ils fournissent aux écrivains sont donc la fois allogènes et hétéroclites ; et ils sont donnés pour tels, même dans les tentatives de synthèse.

---

1 Paru dans *Les méthodes du discours critique dans les études seiziémistes*, Actes du colloque de la S.F.D.S. réunis et présentés par Gisèle Mathieu-Castellani, Paris, SEDES, 1987, p. 25-36.

2 Voir l'article de Philippe de Lajarte, « De la spécificité du champ littéraire au XVIe siècle », *Les méthodes du discours critique*, *op. cit.*, p. 11-22.

De ce fait, l'intertextualité, au XVIe siècle, ne se résorbe pas dans la continuité apparente de l'œuvre produite. Elle ménage en celle-ci des écarts, incohérences et échappées visibles vers un contexte étranger[3]. C'est ainsi qu'elle se distingue de celle qui prévalait antérieurement[4] et, dans une moindre mesure, de celle de l'âge classique (où l'héritage, trié, divulgué et adapté, constitue un domaine commun de la Fable ou de la sagesse). Cela ressort, par exemple, de la théorie de l'« imitation » présentée dans la *Deffence, et Illustration*... : le double interdit opposé à l'imitation des modèles français et aux traductions à prétentions littéraires se comprend par là, une fois admis que le « poète futur » doit faire appel à une culture autre (il ne cherchera donc pas à imiter ses compatriotes, trop proches de lui) et inscrire cette différence dans son œuvre (il ne reproduira donc pas simplement en sa langue des textes étrangers saisis dans leur cohérence propre). La pratique des écrivains humanistes le confirme. Ronsard adopte délibérément une poétique de la discontinuité[5] ; Montaigne, dans les plus anciens chapitres des *Essais*, traite les maximes et exemples de manière à en diversifier la « rhapsodie » par groupements contrastés et interprétations multiples.

L'effet ne se limite pas à l'intertextualité proprement dite. Accueillant des éléments allogènes qui les sollicitent en diverses directions, les textes ainsi conçus admettent dans leur propre organisation des disparates sensibles fréquemment marquées, et propres à troubler leur continuité rhétorique, narrative ou logique, jusqu'à la rendre instable. On le voit dans les œuvres alléguées ci-dessus : leurs variations (inflexions lyriques de Ronsard, « escapades » de Montaigne) ne sont pas toutes dues à l'intrusion des emprunts ; mais ceux-ci les autorisent comme traits de style ou de pensée. Comment adapter nos procédés d'analyse à de tels agencements, qui caractérisent partiellement les textes de la Renaissance ?

Les méthodes d'analyse formelle paraissent reposer sur un postulat commun : toute unité textuelle objectivement délimitée est traitée comme un discours (au sens large du terme) dont est requise la cohérence.

3 Voir sur ce point le numéro spécial de la revue *Littérature*, « La farcissure. Intertextualité au XVIe siècle », n° 55, octobre 1984.

4 Voir « Intertextualités médiévales », *Littérature*, n° 41, février 1981 : « *translatio* » et « conjointure » assimilent et uniformisent les emprunts.

5 Voir la préface des *Odes* de 1550, et la variété des rythmes et registres stylistiques dans ce même recueil.

C'est ainsi que Jean-Claude Coquet propose de dériver du texte un « modèle » intelligible qui donne prise à la description en satisfaisant ses exigences de rigueur[6] – ce qui va de soi, puisqu'il sera construit en fonction de ces mêmes exigences. De façon plus précise, Algirdas Julien Greimas suggère d'exploiter dans le même sens la notion d'isotopie : du « corpus » (défini comme « séquence délimitée du discours ») sera retenu comme objet d'analyse un « texte », c'est-à-dire « l'ensemble des éléments de signification qui sont situés sur l'isotopie choisie[7] ». La procédure comporte donc « un aspect négatif, qui consiste dans l'élimination des éléments appartenant à d'autres isotopies contenues dans le corpus[8] », quitte à laisser toujours la possibilité d'opérer d'autres prélèvements déterminés par le choix d'une de ces autres isotopies. Grâce à ce travail préliminaire on obtient à coup sûr un objet propre à valider les concepts de transformations réglées, de clôture et de saturation, ou inversement d'incomplétude – bref, à s'inscrire de lui-même dans les cadres de l'analyse formelle. Cela vaut peut-être pour des textes qui se donnent, à tort ou à droit, pour continus et cohérents. Mais peut-on utiliser les mêmes concepts dans la description de textes qui se présentent de prime abord comme hétéroclites ?

La tentation sera de sélectionner des traits susceptibles d'être corrélés, et de construire des modèles conformes à la théorie méthodologique, l'excédent étant tenu pour accidentel, et négligeable. Ou bien, sans pousser aussi loin la désinvolture, on repérera des séries homogènes, pour en dessiner le réseau. Par exemple, dans l'aventure des pèlerins mangés en salade (*Gargantua*, chap. 38), on pourra distinguer la trame d'un récit folklorique issu des *Chroniques Gargantuines* : passage dans l'univers démesuré du géant, chute dans sa bouche, exploration de celle-ci, etc. Le commentaire de Lasdaller sur le Psaume 123, qui clôt l'épisode, sera alors traité comme un appendice hétéroclite, relevant d'une autre isotopie. On pourra aussi bien le privilégier, au contraire, et y voir un exemple de la naïveté superstitieuse des pèlerins, à raccorder à l'épisode ultérieur (chap. 45) où Gargantua leur enseigne la vraie piété : dans ce cas, le conte folklorique, étranger à cette seconde isotopie, sera tenu pour

---

6 J.-Cl. Coquet, *Sémiotique littéraire. Contribution à l'analyse sémantique du discours*, « Univers sémiotiques », Tours, Jean-Pierre Delarge et Mame, 1973, p. 43-45 et 49.

7 A. J. Greimas, *Sémantique structurale, Recherche de méthode*, Paris, Larousse, 1966, p. 145.

8 *Ibid.*

un simple prétexte, à éliminer en tant qu'« élément de signification ». On élude ainsi le problème de l'articulation entre séries hétérogènes – c'est-à-dire le trait essentiel, qui saute aux yeux dans l'exemple cité. Car il est clair que celui-ci est construit de manière à assurer la coïncidence des deux motifs, et à la signaler[9] : l'aventure dans la bouche du géant est complétée par les incidents de la « grande boyre » et de la trappe à filets, afin de concorder exactement avec le psaume ; en fait, elle n'est qu'une transposition du psaume en termes de roman gigantal, et le texte est constitué par ce jeu d'équivalences aberrantes – signe de l'arbitraire du conteur (voir l'*incipit* « Le propos requiert… ») et argument d'une critique des lectures « selon la lettre » qui risquent de donner le même statut anecdotique aux textes sacrés et aux contes de bonnes femmes[10]. Disons-le brutalement : toute méthode qui uniformise son objet, en escamotant les anomalies et ruptures provoquées par l'hétérogénéité, tend à laisser à l'écart des traits spécifiques lourds de sens ; on ne peut y trouver qu'un procédé d'exploration partielle, apte à identifier les matériaux, mais inefficace dès qu'il s'agit de leur agencement.

On pourrait adopter le parti inverse (mais également fondé sur le postulat de cohérence) : voir dans les anomalies des traits susceptibles d'indiquer « une absence déterminée[11] », un hors-texte historique et idéologique nécessairement relégué dans les « marges[12] » de l'œuvre que le critique aurait à interroger avec un surcroît d'attention[13]. Sans méconnaître l'intérêt de telles recherches, on peut craindre qu'elles négligent la possibilité d'irrégularités concertées et productrices de sens à l'intérieur du texte (et non pas seulement dans ses marges) ; ce qui est précisément le cas des écrits dont je parle, tant par les effets d'intertextualité que par les divers procédés de combinaison et de mélanges instables dont ceux-ci fournissent le modèle formel. Soit l'Éloge des dettes, dans le *Tiers Livre de Pantagruel.* En gros, il se compose d'un discours sophistique à outrance, par lequel Panurge justifie sa vocation de

9 Sur les mêmes données, Manuel de Diéguez a présenté au *Colloque international François Rabelais* (Tours, septembre 1984) une exégèse qui révèle la portée philosophique de l'ensemble du chapitre : « Un aspect de la théologie de Rabelais : le chapitre 38 du *Gargantua* », *Études Rabelaisiennes*, XXI, *Rabelais en son demi-millénaire*, éd. Jean Céard et Jean-Claude Margolin, Genève, Droz, 1988, p. 347-353.

10 Voir Érasme, adage *Sileni Alcibiadis*.

11 Pierre Macherey, *Pour une théorie de la production littéraire*, Paris, Maspero, 1966, p. 97.

12 *Ibid.* p. 98.

13 *Ibid.* p. 101-110.

débiteur insolvable, puis d'une envolée enthousiaste du même Panurge pour célébrer l'univers du prêt mutuel et de la Charité. On peut sans doute le mettre en rapport avec la concurrence, au XVIe siècle, d'une économie agraire de subsistance et d'une économie mercantiliste, cette dernière exigeant la circulation rapide des richesses, donc le crédit. De cette mutation doublée d'une crise idéologique[14] le texte serait le reflet ; sa structure contradictoire témoignerait d'une incapacité à dominer le problème et même à le définir clairement : bref, la part de l'« impensé » historique. Cette analyse serait plausible, mais à un détail près. En fait, Rabelais ne laisse pas la contradiction se glisser secrètement dans le discours ; il la marque, avec insistance, par les titres des chapitres : III, « Comment Panurge louë *les debteurs et emprunteurs* » ; IV, « *Continuation* du discours de Panurge, à la louange des *presteurs et debteurs* » ; et l'articulation du texte, qui pivote sur un argument *a contrario* à la fin du chapitre III, est ménagée précisément pour permettre le passage du sophisme au paradoxe utopique. On ne peut donc reconnaître ici une donnée marginale, un « hors-texte » générateur de significations latentes ; la contradiction préméditée doit trouver un sens à l'intérieur du discours, et du *Tiers Livre*[15] ; et le recours à l'« impensé » ne serait que le palliatif d'une exégèse incomplète.

Il semble donc nécessaire de modifier les concepts, opérations et interprétations fondés, directement ou non, sur le postulat de cohérence, si l'on veut en faire usage dans l'analyse des œuvres du XVIe siècle tributaires de l'intertextualité humaniste, et de ses effets seconds.

Les questions sont un peu différentes pour l'herméneutique : elles tiennent plutôt à la stratification des textes qu'à leur discontinuité.

Dans une étude de thématique, peut-on donner le même statut à des éléments appartenant à des motifs traditionnels, insérés sous leur forme canonique, et à ceux qui apparaissent dans des configurations inédites ou imprévues ? Comment prendre en compte, dans une étude de fréquence, l'intertexte indiqué par allusion (par exemple le feu, non lexicalisé, dans une allusion au phénix ou à Phaéton) ? Quelle consistance attribuer aux motifs simplement dénotés par un détail ? Et quelles

14 Voir les divergences entre autorités catholiques et protestantes sur le prêt à intérêt.

15 Voir A. Tournon, « Vérité de l'erreur : Le Lanternoys », *La littérature de la Renaissance. Mélanges offerts à Henri Weber*, articles recueillis et publiés par M. Soulié, présentés par R. Aulotte, Genève, Slatkine, 1984, p. 59-72.

corrélations établir entre eux – celles que leur assigne le texte, ou celles de leur corpus d'origine ?

Ces problèmes deviennent encore plus embarrassants si l'on tente de rapporter les configurations décrites à des données extra-textuelles (psychisme de l'auteur, formations mythiques collectives, etc.) : quelle origine assigner aux énoncés ? Ronsard, ou Pindare qu'il « imite », ou tel mythe repris par Pindare, ou le rituel archaïque dont il serait issu… ? Pour des œuvres qui se donnent pour homogènes, par assimilation de l'intertexte, on peut prendre le parti de se cantonner dans le texte produit, en traitant les apports comme des phénomènes de genèse. Ici, la solution serait factice, puisque le texte renvoie de lui-même à ses arrière-plans. J'avoue ma perplexité, et ne m'avancerai pas plus vers ces zones où Gisèle Mathieu-Castellani saura mieux nous guider.

Pour l'exégèse, l'un des points cruciaux est celui de la position et de l'identité de l'auteur : qui parle, et d'où ? Exemplaires à cet égard, les œuvres dialogiques (au sens bakhtinien) ne font que marquer et exploiter la pluralité de voix perceptible dans tout discours humaniste, d'Érasme à Montaigne, et au-delà. La question porte à la fois sur les matériaux du texte et sur leur agencement.

Comment déterminer la validité accordée aux citations incorporées sans commentaires, la portée et même le sens exact qui leur sont attribués ? Quand on songe au traitement corrosif que Montaigne fait subir à telle sentence de Cicéron (« *Tota philosophorum vita commentatio mortis est* » – voir le début de I, 20) ou d'Épictète (« L'homme n'a rien proprement sien que l'usage de ses opinions », glosé dans II, 12, par « nous n'avons que du vent et de la fumée en partage »), on hésite un peu devant les formules isolées dont il parsème ses écrits.

Quel sens donner à ce qui rompt la logique du discours ou en compromet la valeur démonstrative (comme, dans l'*Éloge de la Folie*, la pseudo-citation de saint Paul : « Je parle en fou, l'étant plus que personne », contresens signalé par Érasme, à une charnière du texte) ? à ce qui altère la voix de l'écrivain (« l'Autre » dans le *Moyen de parvenir*) et disperse les propos en « bigarrures » ? Car on peut presque toujours trouver des idées dominantes, des argumentations suivies ; mais la question est de savoir pourquoi l'ensemble se fragmente, et exhibe son inconsistance.

Plus généralement, que signifient, pour l'auteur et pour son public, ces résurgences de la parole d'autrui – virtualité permanente que manifestent, sans l'épuiser, les citations et emprunts effectifs ? Comment définir l'« identité[16] » de ces discours hantés, et leurs limites ?

Pour contourner ou résoudre ces multiples difficultés, je n'ai à présenter que quelques suggestions, où l'on reconnaîtra un ensemble d'expédients plutôt qu'une méthode constituée.

Il semble d'abord nécessaire d'affaiblir le postulat de cohérence, dans les études de structures. Ce qui reviendrait à admettre à la fois des cohérences partielles, repérables empiriquement sur des segments, qui donneraient prise aux procédés usuels de l'analyse, et des ruptures irréductibles qui interdisent d'étendre à l'ensemble du texte considéré ces mêmes procédés ou d'élaborer, sur échantillons restreints, des « modèles » exploitables à toute échelle[17]. En contrepartie, on pourra tenter de déceler dans l'organisation du texte (ruptures comprises) des relations non discursives, étrangères aux systèmes codifiés : relations dialogiques instables, relations de commentaire, superpositions et collages, interférences aléatoires, etc. On devra également admettre la possibilité de structures et de significations virtuelles, concurrentes ou complémentaires entre elles (voir la notion de « paragramme » proposée par Julia Kristeva).

Il s'agirait en somme d'utiliser les instruments des formalistes modernes, et entre autres celui de l'isotopie, sans se laisser conduire à dessiner des continuités factices. Un exemple, pour en montrer le risque. Dans le sonnet 4 du *Premier livre des Amours* (« Je ne suis point, ma guerriere Cassandre... ») se distingue sans peine une série de termes homologues dénotant les diverses formes d'agression : guerre, meurtre, enlèvement, asservissement, blessure ; et, sur cette isotopie métaphorique, une opposition : le poète se dénie dans les quatrains le rôle d'agresseur, et revendique dans les tercets celui de victime, si bien que le discours opère une transformation par échange des fonctions. Soit ; restent quelques détails difficiles à incorporer. Si l'épithète « guerriere » appliquée à Cassandre, anticipe sur les tercets, pourquoi dans ceux-ci la blessure est-elle infligée par l'« Archerot vainqueur » et non par Cassandre elle-même ? Et pourquoi « Sans y penser » en position

16 Karlheinz Stierle, « Identité du discours et transgression lyrique », *Poétique*, novembre 1977, 4, n° 32, p. 424-426.

17 Voir Julia Kristeva, *Semeiotikê. Recherches pour une sémanalyse*, Paris, Seuil, 1969, p. 189 : « toute séquence comporte le message du livre », en manifestant son code : un tel axiome ne paraît pas applicable aux textes de la Renaissance.

privilégiée, au début du dernier vers ? Si l'on ne consent pas à éliminer ces traits comme insignifiants par rapport à l'isotopie choisie, on verra que le sonnet s'articule sur la citation virgilienne de « Corèbe insensé[18] ». S'opposent alors non seulement des rôles du débat amoureux mais des systèmes de références : l'un héroïque, dans les quatrains, avec ses valeurs propres (destinée glorieuse, action et succès collectifs au profit du chef) qui renvoient à l'*Iliade* et plus généralement à l'épopée : l'autre lyrique, dans les tercets, mettant l'accent sur l'égarement provoqué par une influence divine (l'« Archerot ») que le poète subit à l'improviste (« sans y penser ») ; et Ronsard prend soin d'écarter au v. 11 ce qui pouvait encore appartenir à la matière épique (le coup porté par l'adversaire, voir *Énéide*, II, 425). On reconnaîtra donc ici un doublet du sonnet 76 (« Jà déjà Mars… »), mais plus complexe : le choix entre épopée et lyrisme n'est pas seulement affaire de sujet et de style ; l'allusion à « ce Corèbe insensé » oppose à la *mimesis* narrative une poétique du délire, accordée à l'aliénation amoureuse, si bien que le sonnet 4 est à la fois expression des souffrances de l'amant et réflexion sur le type d'écriture qui les résume. Il n'y a pas lieu de prolonger l'analyse ; retenons seulement que le repérage des corrélations internes au poème ne permet pas d'en découvrir l'agencement polysémique.

Dans l'étude des thèmes, il conviendrait de subordonner toute analyse sémantique de ceux-ci à la description des motifs complexes où ils apparaissent, tant dans les données référentielles que dans le texte produit. Autrement dit, il faudrait prendre pour hypothèse que, sauf exception, les écrivains de la Renaissance ne disposent pas de « thèmes » isolables à l'état brut, mais d'éléments normalement associés dans des configurations prescrites, sur lesquelles s'exerce leur travail (remembrement, sélection, gauchissement, hybridation, etc.). L'étude de l'intertexte serait ainsi préalable aux investigations usuelles (voir Bachelard, Richard…) et préciserait les matériaux de celles-ci. Avant d'analyser, par exemple, le thème de la lumière dans le *Songe* de Du Bellay, il serait nécessaire de procéder à des descriptions analogues à celle qu'a effectuée Michel Riffaterre sur le septième sonnet de ce recueil et sur celui de Pétrarque dont il procède[19].

18 Voir *Énéide*, II, 343 et 407 – aisément repérable : « *insanus Coroebus* » figure dans les *Adages*.

19 M. Riffaterre, *La production du texte*, Paris, Seuil, 1979, p. 113-126.

Reste sans doute à savoir si un travail ainsi conçu ne modifierait pas radicalement la notion de thématique, en lui retirant une partie de ses bases phénoménologiques ou freudiennes, et si cette modification serait nocive.

L'exégèse requiert des opérations analogues pour l'étude des emprunts : inventorier toutes les corrélations possibles entre le texte et ses références, afin de définir pour chaque énoncé les choix qu'il implique (sélection, critique, combinaisons inédites des idées proposées par la tradition, réinterprétations), ainsi que les relations latentes dans l'intertexte. Au terme de ce travail pourrait se préciser la position de l'écrivain (non son « originalité », mais son attitude devant les matériaux culturels hérités). On peut s'attendre à dévoiler ainsi non seulement des configurations extrêmement complexes qui ne correspondront guère aux partages doctrinaux, mais aussi des écarts irréductibles, des zones d'indécision et de silence, aussi significatives peut-être que les idées exprimées (chez Montaigne par exemple).

La tâche n'est pas facile, et peut paraître aventureuse puisqu'il s'agit de prendre en compte des relations virtuelles, des failles ménagées entre données hétérogènes, des ruptures, des changements de plans – bref, d'interroger ce qui altère la continuité du texte autant et plus que ce qui l'assure. Des recherches théoriques, analogues à celles qu'a tentées Antoine Compagnon sur *La seconde main*, seraient sans doute utiles. Je doute qu'elles puissent conduire à l'élaboration d'une méthodologie générale : l'irrégularité, même concertée, ne se conçoit guère *a priori*, et je vois mal comment ses aspects positifs (c'est-à-dire producteurs de sens) pourraient être déduits d'un système sémiotique. Quant aux raisons invoquées par les auteurs eux-mêmes (comme le principe du désordre lyrique chez Ronsard, ou le refus qu'oppose Montaigne aux ordonnances factices des rhéteurs et des dialecticiens), ils n'en donnent pas la clef : ce sont des cautions, non des codes de déchiffrement.

Reste cependant praticable une approche empirique, par repérage des schémas esquissés à l'intérieur de chaque texte, et des règles de lecture qui leur correspondent. Car à défaut de modèles théoriques, nous disposons des multiples indices dispersés dans les œuvres de ce type, en raison même de leurs anomalies. Tout ce qui signale, dans le texte, les interférences caractéristiques de la littérature humaniste – imbrication de données hétérogènes, effets dialogiques, etc. – fournit une information sur le statut de l'énoncé annexé, et sur le discours qui l'annexe. Si bien que ces textes stratifiés recèlent une auto-exégèse, d'autant plus détaillée qu'ils sont plus complexes. Plus généralement, il semble possible d'exploiter les indices de lecture (titres, transitions, remarques, procédés de désignation ou d'insistance, aveux d'anomalies) qui jalonnent les textes composites en raison même des irrégularités inévitables de leur agencement. C'est d'après ces informations discrètes que l'on pourra limiter l'arbitraire dans le repérage des paragrammes, préciser les valeurs thématiques, mesurer l'adhésion de l'écrivain aux sentences qu'il cite, les écarts sans les réduire artificiellement, et conférer ainsi au texte son intelligibilité propre.

En raison de mon parti-pris d'empirisme, je ne développerai pas ces considérations abstraites. Je me bornerai à donner trois exemples de ce que peuvent apporter, pour l'analyse littéraire, les « marques » et « indices de lecture » dont je viens de parler.

Le premier sera emprunté, encore une fois, à Rabelais ; c'est, au chapitre 17 du *Quart Livre*, le répertoire de cas singuliers enclavé dans le récit de la mort de Bringuenarilles. Convient-il de privilégier l'histoire bien connue d'Eschyle tué par la chute d'une carapace de tortue, et de lire l'ensemble comme une leçon de résignation au destin, un *memento mori* traité sur le mode bouffon ? Ou bien faut-il s'égayer, sans plus, devant l'accumulation des bizarreries funèbres empruntées à Fulgose et à Ravisius Textor ? Autrement dit, en ces jeux de la mort et du hasard, l'accent est-il placé sur la mort ou sur les jeux ? À la fin de la version de 1548, quelques termes hébreux, associés à un rappel du titre (par le nom de « Bohu »), dénotent le néant : Mikhloth, Belima.... Ce n'est pas encore très précis. Dans l'édition de 1552, Rabelais incorpore au chapitre un bon nombre d'exemples supplémentaires de décès saugrenus ; mais surtout, à la fin et comme hors de propos (« Depuis, passasmes... »), une série de termes aux formes instables : Nargues et Zargues (le même mot, avec pivotement de la majuscule initiale), Teleniabin et Geneliabin (initiale pivotante, en cursive, et permutation de lettres intérieures), Enig et Evig (encore moins discernables, en gothique, que les termes corrects einig et ewig). Il met ainsi l'accent sur la forme et la signification des deux mots de la Genèse (1, 2) qui ont fourni le titre : la terre était « *tohu vo bohu* », « *inanis et vacua* » dans la Vulgate, mais « *invisibilis et incomposita* » selon l'exégèse de saint

Augustin[20]. La distinction des formes, qui tire les êtres de ce chaos initial qu'est la Création, est toujours précaire : c'est ce que révèle la mort, qu'elle soit prestigieuse ou triviale : considérée en elle-même, et selon ses modes d'opération tels que les présente le chapitre, elle n'est rien d'autre qu'une dissolution accidentelle des formes par lesquelles tout retourne à l'anonymat, dans un tohu-bohu dénué de sens. Orienté ainsi, le chapitre prend sa place dans la trilogie que dessine la version de 1552 : avant l'épisode de la tempête, où la mort est menace et épreuve à affronter, et celui des Macraeons où elle est bouleversement et scandale, puis mystère de la Passion du « grand Pan », la voici d'abord réduite à son insignifiance de fait, caprice du destin et du hasard qui fait perdre aux êtres, comme aux mots, les contours propres. Les bouffonneries autour du trépas de Bringuenarilles, sous la signature de l'auteur (« Bacabery l'aisné », anagramme de « Rabelais cy en ba(s) » = soussigné Rabelais), se prêtaient à cette lecture ; les noms hébreux et les équivoques graphiques, à la fin du chapitre, ont pour fonction de l'indiquer discrètement (si discrètement que l'auteur de la *Briefve Declaration*, en bon scoliaste, n'en a rien soupçonné). Si ténu que soit l'indice, il se signale à l'attention : ainsi placé en exergue, il ne prolonge pas le texte, mais le commente.

Pour second exemple, plus explicite, le sonnet 73 du second livre des *Sonnets pour Hélène.* Après la dédicace de la « fontaine d'Hélène » et l'églogue en quatrains alternés qui la développe, Ronsard réaffirme la vertu magique du lieu en esquissant un rituel d'initiation. Dans les quatrains, tout se rattache encore aux mystères presque familiers des croyances agrestes : l'antre, la prairie aux danses, le saule creux, la « planche » d'accès à l'autre rive, tout cela évoque les contes de fées aussi bien que le paganisme, et l'invocation au « Père Saint Germain qui garde la contrée » inscrit les traits mythiques dans le terroir de Croixval. Mais au second tercet, tout change :

> Amour, du rouge sang des Geans tout souillé…

Soudain c'est l'intrusion du temps des origines, du conflit entre les puissances célestes et les forces obscures de la terre ; la gigantomachie, événement majeur de la cosmogonie des Anciens, imprime sa trace sur

20 *Confessions*, XII, III, 3.

la scène idyllique. Ce changement de registre et de références est marqué en métalangage, par une apostrophe, au dernier hémistiche du premier tercet : « Croyez cette écriture. » – parole augurale qui désigne explicitement l'irruption du sacré et transforme impérieusement la poésie galante en une révélation venue du fond des âges. L'effet de rupture, en raison de cette marque, ne peut être négligé comme fortuit, ni pallié par une interprétation unifiante ; il dévoile un arrière-plan insoupçonné, et invite à en déceler les traces, rétrospectivement, dans le rituel de célébration de la fontaine magique. Ce qui tendrait, ici encore, à dédoubler le texte[21]... Mais il me faut abréger.

Le troisième exemple est un peu plus complexe : plusieurs indices concourent à marquer une irrégularité significative et déterminent le sens d'un emprunt. Il s'agit du chapitre « De la liberté de conscience » (*Essais*, II, 19). Schématiquement, il se compose de deux discours parfaitement cohérents l'un et l'autre, mais dont le recoupement est problématique. Le premier discours a trait aux « conseils injustes, violents et encore téméraires » des dévots animés des meilleures intentions ; il a pour argument principal les calomnies des historiens chrétiens contre Julien l'Apostat, réfutées sous forme d'un éloge de ce prince. Greffé sur cet éloge, le second discours porte sur la liberté de conscience, « thème » du chapitre (voir le titre, et la formule de transition : « Et, pour venir au propos de mon thème... »). Mais contre toute attente les mesures prises par Julien pour interdire les affrontements entre sectes sont présentées comme une ruse de tyran machiavélien pour « attiser le trouble de la dissension civile » et ruiner le christianisme ; si bien que l'on aboutit logiquement à une conclusion des plus réservées sur la « paix de Monsieur » qui instaurait en France une certaine liberté de conscience. Compte tenu des options habituelles de Montaigne, on peut s'étonner... Revenons cependant sur le passage-clef, désigné par le titre, par la formule qui l'introduit, et par sa fonction structurale (c'est le point de recoupement des deux discours). Il s'agit d'une citation traduite d'Ammien Marcellin, signalée comme telle au début et à la fin (« ... dit Marcellinus », « Voilà ses mots... » – le fait, exceptionnel dans les *Essais*, est ici d'autant plus insolite que les

21 Voir « Palimpsestes, échos, reflets. Le dédoublement dans la poétique de Ronsard », *Aspects de la poétique ronsardienne*, Actes du colloque de Caen, décembre 1985, publiés sous la direction de Ph. de Lajarte, préface de D. Ménager, Caen, Centre de publication de l'Université de Caen, 1989, p. 27-40.

deux tiers de l'éloge de Julien sont faits d'autres traductions, inavouées, du même Ammien Marcellin). Cette exhibition de l'emprunt laisse à l'historien latin, supposé (à tort) « bien affectionné à notre parti », la responsabilité de son témoignage, ou plutôt du procès d'intention qu'il fait à l'empereur. Or, ces allégations tranchent sur le contexte : les calculs imputés à Julien sont caractéristiques du « tyran » alors que tout le portrait qui précède définit au contraire le parfait modèle du prince. L'ensemble est donc organisé de manière à jeter la suspicion sur le passage cité : les présomptions d'Ammien Marcellin sur le dessein de Julien sont malveillantes, et aussi fragiles que les conjectures contradictoires sur les résultats de la paix de 1576 : « On peut dire, d'un côté… Mais, d'autre côté, on dirait aussi…. ». Ce qui révèle le vrai problème de la « liberté de conscience » : son sens et ses conséquences dépendent en fait des dispositions de ceux à qui la proposent les princes, agents d'une histoire qu'ils ne maîtrisent pas. Ceci n'est pas expressément dit, mais définit le point de convergence et le produit logique des anomalies du chapitre et des indices discrets qui les signalent. Au lecteur de s'en rendre compte, et de faire, par là-même, l'*essai* de sa propre attitude à juger lucidement, dans le respect des croyances d'autrui, fussent-elles aussi « vicieuses » que celles de l'Apostat ; et le fondement philosophique de la liberté de conscience, comme sa garantie, se trouve là.

Un tel procédé d'analyse est sans doute simpliste : il ne fait appel qu'à des traits immédiatement lisibles dans le texte, sans prendre en compte les effets beaucoup plus fins obtenus par les ressources du style. Mais ce n'est là qu'un repérage, qui ne saurait exclure des recherches plus minutieuses. De plus, j'ai dû choisir des exemples clairs, par souci de brièveté, ce qui m'a interdit de décrire les réseaux ténus et parfois extrêmement complexes que dessinent ces jeux d'indices, et d'étudier les recoupements possibles avec des renseignements d'autre nature (histoire du texte, contraintes formelles des genres, etc.). Je tenais seulement à souligner l'importance des marques en métalangage requises par les œuvres composites, et leur fonction rectrice dans l'interprétation.

Il serait possible de pousser plus loin l'exploitation de ces données. En coordonnant leurs indications dispersées, on verrait peut-être se dessiner dans les textes mêmes des figures très précises de leur mode d'écriture, qui ne coïncideraient pas nécessairement avec les ouvrages théoriques de l'époque, toujours tributaires des modèles antérieurs, mais attesteraient chez les auteurs une conscience exacte, immanente à leur pratique, des ressources et des innovations qu'ils mettent en œuvre. Cette hypothèse peut paraître hasardeuse ; elle serait cautionnée cependant par l'analyse de la lecture humaniste – autrement dit, des procédés de prélèvement, de recoupement et d'exégèse adoptés par les lettrés du XVIe siècle pour interroger les œuvres du passé : pratiques culturelles qui pourraient refléter, mieux que les théories, la façon dont se pensaient alors les textes, le langage et le travail de l'écrivain.

DEUXIÈME PARTIE

MONTAIGNE

LE GRAMMAIRIEN, LE JURISCONSULTE ET L'« HUMAINE CONDITION » [1990][1]

Des sentences extraites des *Essais* et rituellement citées, certaines se distinguent par leur acuité agressive ; d'autres, avouons-le, par leur apparente banalité. On peut en être agacé ; mais que faut-il en faire ? Les taire ? Ce ne serait pas très honnête ; et peut-être pas si aisé : tel qui aura cru les tenir à l'écart de son opuscule sur Montaigne en trouvera une, nichée au dos de la couverture, pour le narguer. Mieux vaut les considérer de front, abstraction faite des truismes avec lesquels elles entrent en résonance dans le bourdonnement de la mémoire collective, et tenter d'en préciser le sens à l'aide de leurs propres termes et de leur fonction dans le contexte, avec l'espoir de leur restituer une singularité estompée par l'usage. Ce sera l'objet du présent article, sur l'une d'entre elles.

« Chaque homme porte la forme entière de l'humaine condition » : la formule, presque sacramentelle pour présenter la philosophie de Montaigne, est partout alléguée, parfois un peu retouchée[2], toujours avec vénération. « *The most important sentence Montaigne ever wrote* », s'exclame Michael Andrew Screech, qui la cite exactement mais la traduit aussitôt en anglais thomiste, « *The whole form of the human race is to be found in every single man or woman*[3] ». La raison de

1 Paru dans le *Bulletin de la Société Internationale des Amis de Montaigne*, VII, 21-22, 1990, p. 107-118.

2 P. Villey lui-même, comme le fait remarquer Bernard Croquette, altère par deux fois cette phrase dans ses citations : dans la notice du chapitre d'où il la tire (III, 2, PUF p. 804 : « *Tout* homme, nous dit-il, porte *en soi* la forme… ») et dans celle de l'avis au lecteur, qui impute à l'écrivain le projet de « chercher en lui "la forme entière de l'humaine *nature*" (voir en particulier III, 2) » (p. 3).

3 *Montaigne and Melancholy. The wisdom of the Essays*, London, Duckworth, 1983, p. 106 [« la phrase la plus importante de tout Montaigne » ; « la forme tout entière de la race

l'enthousiasme et du discret gauchissement ne se dissimule guère : il s'agit d'attribuer à Montaigne un essentialisme de bon aloi, dans le droit fil de l'aristotélisme scolastique et de l'orthodoxie post-tridentine. Avec des perspectives historiques moins précises, Pierre-Maxime Schuhl, qui trouvait là « une sorte de devise de Montaigne, et la légitimation de son entreprise », expliquait déjà : « Forme : a ici un sens philosophique, technique : chaque homme est le sujet qui supporte l'essence de l'homme en général ; ce qui varie, ce sont les accidents, mais la forme, c'est-à-dire l'essence, est la même chez tous. C'est par la matière que l'on s'individualise. Au contraire la forme d'homme est commune à tous les hommes, comme la forme de chêne à tous les chênes[4] ». La glose accroît notablement la technicité de l'expression, mais pour lui faire signifier, en somme, que chaque homme est un homme, comme chaque chêne un chêne. Pareille révélation n'est pas de nature à expliquer le succès de la formule fétiche, à moins qu'on ne l'agrémente des décrets du cinquième concile du Latran sur l'individuation des âmes[5], ou encore des subtilités les plus inextricables de la querelle des Universaux[6]. Mais ces savants détours sont superflus ; mieux vaut constater d'abord que la phrase écrite par Montaigne ne met en jeu ni les essences, ni les universaux, ce qui lui évite de conduire soit à une tautologie, soit à des logomachies scolastiques.

Erich Auerbach l'avait déjà noté : « Montaigne [...] est très loin d'isoler son objet » [c'est-à-dire lui-même] pour « atteindre ainsi ce qui serait son essence propre, permanente et absolue. Cette ambition de dégager une essence en isolant l'individu de sa vie contingente lui aurait semblé dépourvue de sens tant il est convaincu que l'essence se perd aussitôt

---

humaine se trouve dans chaque homme ou femme » (*Montaigne et la mélancolie. La sagesse des Essais*, Paris, PUF, 1992, p. 136).]

4 *Trois essais de Montaigne*, Paris, Vrin, 1965, p. 67.

5 Screech, *Montaigne and Melancholy*, p. 108-109, *Montaigne et la mélancolie*, p. 141-142. La transition s'effectue par le mot de « forme », en passant de la « forme entière de l'humaine condition » à la « forme de l'homme », puis à l'âme, forme du corps selon Aristote et trait essentiel de l'homme, qui se singularise en chaque individu selon le décret « *Apostolici regiminis* » du cinquième concile de Latran (1513 – ce décret condamne la thèse qui déclare l'âme intellective « *unicam in cunctis hominibus* »).

6 Voir Antoine Compagnon, *Nous, Michel de Montaigne*, Paris, Seuil, 1980, notamment p. 218-221 (mais l'exégèse de la phrase en question, proposée dans ces pages, est tributaire de toutes les controverses sur les universaux retracées et très librement réinterprétées par le critique dans l'ensemble de l'ouvrage).

qu'on la détache des contingences[7] ». Bernard Croquette, plus précis et plus insistant, s'est élevé contre les interprétations abusives de la phrase qui nous occupe : « il s'agit bien de "forme" et de "condition", d'existence et non d'essence [...]. Toute vie humaine, selon Montaigne, est informée par le même modèle et comporte les mêmes expériences décisives : celle de la douleur et du vieillissement, du rapport à autrui, de la violence, de la mort[8]... ». De tels avertissements, dont la justesse était évidente, auraient dû régler la question ; mais il est difficile de prévaloir contre un lieu commun, et même de l'empêcher d'investir sournoisement les propos destinés à le réfuter. La notion d'essence, surajoutée par Pierre-Maxime Schuhl et par Michael Andrew Screech à la formule authentique, s'incruste encore dans la réplique d'Auerbach (qui refuse seulement de la dissocier des « contingences ») et affleure même dans l'expression « ...informée par le même modèle... » qu'utilise Croquette. Cela indique le point sur lequel doit se concentrer notre attention : le terme de « condition », le seul qui soit étranger au vocabulaire essentialiste, platonicien ou aristotélicien, que l'on égrène à partir du mot « forme » ; il devait suffire à perturber la routine doctrinale attribuée à tort, sur cette base, au philosophe.

Il tire son origine du latin juridique ; et les avatars de l'étymon ne sont pas sans incidences sur le sens qu'il reçoit dans le français du XVIe siècle. Un important article d'Alfred Ernout a déjà éclairé la question[9] ; il est nécessaire de le résumer très brièvement, avant d'en appliquer les conclusions au problème considéré.

La graphie « *conditio* », sur laquelle est calqué le mot français, est tardive ; « *condicio* », forme originelle, dérive de *dicio*, « vieux terme de la langue juridique désignant la parole en tant qu'autorité souveraine, le prononcé qui décide du sort et de la vie d'un peuple ou d'un individu[10] ». Dans *condicio*, l'adjonction du préfixe associatif « introduit l'idée de communauté, de réciprocité. *Condicio* [...] désigne l'échange de formules orales [...] fixant les termes d'une convention passée entre deux parties contractantes. » Ce sens, conservé dans la langue de la politique et du droit, s'estompe dans l'usage courant, où *condicio* en vient à signifier

7 *Mimesis*, Paris, Gallimard, 1968, p. 299.

8 *Étude du livre III des* Essais *de Montaigne*, Paris, Champion, 1985, p. 109.

9 « "*Condicio*" et "*Conditio*" », *Revue de philologie*, 1949, p. 107-119 ; repris dans *Philologica*, II, Paris, C. Klincksieck, 1957, p. 157-169 (notre référence).

10 *Ibid.* p. 159. Citation suivante, p. 160.

la situation instaurée par le contrat (le mariage, par exemple), et, plus généralement, prend le sens d'« état, position, condition physique ou morale et sociale, créée par la nature ou par l'homme ». C'est en raison de cette dernière acception que le terme a été rapproché de *condere*, pris au sens de « fonder, instituer », et assimilé à un déverbatif *conditio* désignant à la fois l'acte du *conditor juris* et son résultat, l'ordre institué et l'état de choses qui en procède pour chacun. Dans le prolongement de ces dernières remarques d'Ernout, on comprend que l'expression « *humana condicio* » fréquente chez Cicéron (*Tusculanes*, I, 15, III, 34, *De natura deorum*, II, 36…) et chez Sénèque, se répande, orthographiée avec *-t-*, dans les textes d'inspiration chrétienne : le Dieu de justice a déterminé la « condition humaine » selon les sanctions méritées par le péché originel, et Innocent III, au XIIIe siècle, invite à en méditer les amères conséquences dans son traité *De contemptu mundi sive de miseria conditionis humanae.* Mais dans les doublets en *-tio* des termes classiques assignant les statuts sociaux (*libera condicio*, *libertina condicio*, *servorum condicio…*) il reste quelque chose de leur acception primitive, d'états fixés par convention collective de la cité, même si leur pseudo-étymon, *condere*, met l'accent sur la fixité plutôt que sur la convention. Autrement dit, en vertu de l'histoire du mot, inscrite dans ses avatars orthographiques latins, la notion de « condition » renvoie indistinctement au résultat d'une convention, « *con-dicio* », déterminée de façon contingente par l'accord occasionnel des contractants, et à l'ordre définitivement instauré, *conditum*, par le décret originel du législateur ou même du Créateur.

Cette imprécision est riche de problèmes. Mais avant d'en tirer les conséquences, encore faut-il voir si elle était perceptible au XVIe siècle, et en particulier aux yeux de Montaigne, qui se défend d'être « grammairien » : trouvant « *humana conditio* » dans son Cicéron ou son Sénèque, avait-il quelque raison de songer à la forme concurrente « *condicio* », que n'avaient pas retenue le latin médiéval ni le latin des humanistes, et au sens qu'elle pouvait recéler ?

Oui. Car le problème se posait au sujet d'un corpus qui ne pouvait guère passer inaperçu aux yeux de l'ancien conseiller au Parlement : les textes fondamentaux du droit romain compilés dans les *Pandectes* de Justinien. Le souci d'exactitude conduisait des juristes à respecter la graphie de leur version originelle, en dépit de son archaïsme réel ou présumé. Dans l'édition procurée par Louis le Caron (« Charondas »), la préface, signée de Lelio et Francesco Taurelli, garantit la fidélité la plus minutieuse : « *Illud enim in primis egimus, ut libri veritatem antiquitatisque vestigia vobis exprimeremus*[11] » ; et l'éditeur s'interdit de corriger les formes anciennes, si insolites qu'elles paraissent. Il en résulte que dans le texte des *Pandectes*, le terme qui nous occupe est presque partout orthographié « *condicio* », alors que dans les intertitres ajoutés, les gloses, les références marginales et les tables, on trouve toujours « *conditio* », selon l'usage établi depuis le Bas Empire et confirmé par les juristes du XVIe siècle, même experts en philologie humaniste[12]. Les exceptions que souffre la règle, en quelques lieux, paraissent motivées. Au premier livre, sous le titre V, « *De statu hominum* », le mot, pris au sens de situation sociale, est orthographié avec *-t-* dans le texte des lois (ex. 1. 5 : « ...*et servorum quidem una est conditio*... » ; 1. 21 : « ...*libertinae conditionis*... » ; 1. 26 : « ...*patris vel matris conditionem sequitur*... ». De même lorsqu'il s'agit plus précisément de statut juridique (1. 9 : « *in multis juris nostri articulis deterior est conditio feminarum* »). Au contraire, dans les passages, beaucoup plus nombreux, où il s'agit de clauses de contrats ou de testaments considérées comme des conditions suspensives ou résolutoires, la graphie « *condicio* » est de règle ; on le vérifiera en parcourant par exemple le titre 7, « *De condicionibus institutionum* », du livre XXVIII, ou le titre 1, « *De condicionibus et demonstrationibus* », du livre XXXV. On serait tenté de conjecturer que les scribes de Justinien avaient exploité l'incertitude de la graphie pour distinguer les deux notions assez différentes comprises sous le même mot, comme s'il s'agissait de termes distincts, phonétiquement semblables. Mais cet usage admet lui-même des irrégularités, dont la plupart font prévaloir la graphie primitive, « *condicio* ». On trouve ainsi dans le livre XLVII, tit. 9, 1. 4, que les sanctions « *ex personarum* condicione *et rerum qualitate diligenter sunt aestimandae* » – il s'agit évidemment de condition sociale ; dans le

11 Anvers, Christophe Plantin, 1575. Ce souci était-il exceptionnel ? Pour répondre à cette question, il faudrait confronter un nombre assez grand d'éditions des *Pandectes*, ce qui n'a pu être fait pour le présent article. Mais quoi qu'il en soit, le choix de Louis Le Caron et de Taurelli, en 1575, suffit à prouver que les juristes de la Renaissance s'étaient posé la question ; or c'est cela qui nous importe.

12 Comme par exemple Alciat, qui définit ainsi la « *conditio* » : « *ea qualitas dicitur, secundum quam aliquid conditur, id est, fit* » (*Dn. Andreæ Alciati iuriscons. Mediolanensis. In Digestorum, sive Pandectarum lib. XII. qui de rebus creditis, primus est, Rub. Si certum petatur. Commentarius longè doctissimus, atque utilissimus*, Lyon, S. Gryphe, 1548, col. 183).

livre I, tit. 6, l. 6, qu'à certains « *aliquam vacationem munerum graviorum* condicio *tribuit* ; » – suit l'énumération de ceux que leur « condition » exempte ainsi des charges trop lourdes, « *mensores, optiones, valetudinarii, medici…* » : le mot regroupe professions et situations occasionnelles ; de même au titre 4, l. 6, des débiteurs « *ea sunt* condicione *ut honoribus arceantur* ». Inversement, dans le titre 5 du livre premier, où, s'agissant « *de statu hominum* », la graphie *conditio* est régulièrement employée, on trouve la même graphie dans deux passages où le mot a le sens de « clause » : « *sub hac* condicione, *si…* » (l. 15) et plus loin, « *haec* conditio *libertati adposita…* » Bref, le texte des *Pandectes* tel que l'établissent Taurelli et Charondas, muni de son appareil interprétatif, présente à la fois les graphies concurrentes, les motifs plausibles de l'adoption de l'une ou de l'autre, les hésitations des anciens, et, en marge, le choix des latinistes de la Renaissance en faveur de la forme en *-tio*, devenue traditionnelle, contre la forme attestée le plus fréquemment par la version originelle.

Ces bizarreries grammaticales pour jurisconsultes étaient propres à servir de révélateur à un problème philosophique posé par les différentes acceptions du mot, très nettement perceptibles (même sans différences de graphie) dans les textes de droit. Il est clair que les « conditions » (*condiciones*, clauses) stipulées dans un contrat ou un testament sont déterminées de façon toute contingente par la volonté du ou des signataires ; et leur réalisation est encore suspendue à un événement ; tout, en cette acception, connote l'aléatoire. En revanche, les « conditions » (*conditiones*, statuts) d'homme libre ou de serf, de noble ou de roturier, etc., peuvent passer pour des constantes d'une taxinomie sociale reconnue collectivement ou instituée par le décret du législateur en vertu d'une nécessité organique. Entre les clauses occasionnelles d'un accord et les statuts qui fixent la position de chacun dans la cité, la distance est symbolisée par la différence entre *condicio* et *conditio* ; et l'homonymie réalisée en latin tardif comme en français par le mot *conditio*, « condition », rappelle ce qu'il y a de contingent dans l'ordre socio-politique institué[13] et ce qu'il y a de définitif dans les dispositions arbitraires des particuliers.

13 De fait, lorsqu'il désigne le statut social, le mot est fréquemment associé avec un terme qui en souligne la contingence ou la précarité. On trouve ainsi le couple « *fortuna atque conditio* » chez Cicéron (*Catilina*, III, 27, *Pro Milone*, 92, *Epistulae*, VI, 6, 11…) ; chez Sénèque la sentence : « *omnem conditionem versabilem esse* » (*De tranquillitate animi*, XI, 10) ; et Valère Maxime s'exclame : « *Quid hujus conditione inconstantius aut mutabilius ?* » (VI, 19, 14). L'accent est mis aussi sur les disparités de « conditions », effet indirect de leur

Qu'en est-il, selon cette perspective, de l'*humana conditio* des philosophes (leurs éditeurs, moins scrupuleux que ceux des *Pandectes*, ayant régulièrement adopté la graphie moderne) ? Quelques échantillons des emplois de cette expression montreront qu'elle persiste à connoter la contingence, au prix d'un déplacement du point d'intervention de celle-ci. Les aléas n'affectent pas l'instauration de cette « condition », et encore moins les autorités souveraines, Dieu ou Nature, qui la fixent ; mais ils réapparaissent dans le contenu de ses clauses, aspects concrets sous lesquels elle est perçue. La « misère » de la condition humaine, sa « faiblesse », c'est d'abord d'être en butte aux coups de la fortune. Cicéron l'affirme avec insistance dans la page des *Tusculanes*, bien connue de Montaigne, sur la « *praemeditatio rerum futurarum* » : rien ne soulage mieux la tristesse, écrit-il, que de songer sans cesse que tout au long de la vie il n'est rien qui ne puisse arriver (« *in omni vita [...] nihil esse quod accidere non possit* ») ; tel est le thème essentiel de la « *meditatio conditionis humanae* » : penser aux vicissitudes de la vie (« *vitae varietatem* ») et à la faiblesse de l'homme (« *imbecillitatem generis humani*[14] »). De même, on lit plus loin que la « *communis conditio* » des hommes est que personne n'est à jamais exempt de maux (« *ut nemo in perpetuum esse posset expers mali* »). Saint Augustin associe semblablement la condition humaine et les hasards communs (« *conditionem cogitans casusque communes*[15] »). La nécessité, uniforme et imposée à tous, de supporter cette condition (« *necessitas ferendae conditionis humanae* », *Tusculanes* III, XXV) n'est que la clôture infranchissable d'une zone d'insécurité où l'homme devra faire face à toutes sortes d'événements, heureux ou malheureux, avant la confrontation suprême avec la mort. En deçà, rien n'est déterminé : ce qu'est cet homme, l'essence qui le définirait, reste comme en contrechamp. On pourrait dire, en schématisant, que dès l'Antiquité les notions de « condition humaine » et de « nature humaine » relèvent d'approches foncièrement

contingence ; Quintilien les énumère parmi les *argumenta a persona* : « *condicionis etiam distantia ; nam clarus aut obscurus, magristratus an privatus, pater an filius, civis an peregrinus, liber an servus, maritus an caelebs, parens liberorum an orbus sit, plurimum distat* » (*Institutio oratoria*, V, 10, 23 – cette dernière remarque est due à M.-L. Demonet).

14 *Tusculanes*, III, 16, 34. De même III, 24, la « *communis conditio* » des hommes est que personne n'est perpétuellement exempt de maux (« *ut nemo in perpetuum esse potest expers mali* »).

15 *De Civitate Dei*, XV, 14.

différentes, peut-être incompatibles : la première, d'origine juridique, situe l'homme par rapport aux diverses possibilités de la vie individuelle et collective, ordonnées par catégories sommaires de manière à être assimilables à des prescriptions (voir Cicéron : « *communis quasi legis et humanae conditionis recordatio* », *Epistulae*, VI, 6, 12) ; la seconde, métaphysique, postule l'identité générique de l'Homme, qui se découvrirait par élimination des singularités occasionnelles, du fortuit – de tout ce que la première notion prend en charge, pour y tracer les linéaments d'un statut.

On voit de quel côté il faut s'attendre à trouver Montaigne, ancien juriste et philosophe pyrrhonien attentif à l'infinie diversité des hommes et des choses. La conjecture peut s'étayer d'un examen rapide des emplois du mot « condition » dans les *Essais*. Roy E. Leake en a relevé deux cents au singulier, et soixante-huit au pluriel[16]. Les expressions « condition humaine », « humaine condition » et leurs équivalents (« notre condition », « condition de l'homme », etc.) apparaissent quarante fois, toujours au singulier[17] ; on peut ajouter cinq occurrences où la même notion est appliquée non à l'homme, mais à des animaux, ou à Dieu. Plus nombreux sont les passages où le mot « condition », au singulier, désigne un ensemble de dispositions naturelles (quarante-neuf exemples), et, au pluriel, ces dispositions saisies dans leur variété et dans les manières qu'elles déterminent (vingt-quatre exemples – c'est l'acception la plus fréquente du mot au pluriel). Un troisième groupe important d'occurrences rassemble les acceptions qui ont trait à des situations, permanentes (quarante-cinq occurrences, dont vingt-sept où apparaît spécialement le sens social et juridique du terme) ou occasionnelles (vingt occurrences). Le sens de « clause » est relativement rare (douze occurrences au singulier, dont sept dans des locutions figées ; cinq au pluriel). Les cas indécis, où le mot se trouve à la frontière entre deux acceptions, sont assez nombreux ; ils n'ont pas été retenus dans le décompte. C'est sans doute dans le second groupe que pourraient se dessiner des perspectives essentialistes : il suffirait que telle « condition naturelle » fût considérée comme typique de l'Homme. Il n'en est rien : appliqué aux hommes, le mot, dans

16 *Concordance des* Essais *de Montaigne*, Genève, Droz, 1981.

17 Les « conditions humaines » mentionnées en III, 9 (PUF p. 948, IN p. 252, Fol. p. 238) sont des types de comportements repérables chez les hommes : cette acception entre donc en fait dans la seconde des catégories délimitées ici.

cette acception, désigne des particularités individuelles (souvent celles de Montaigne) ou collectives ; lorsqu'il note des traits génériques, c'est à propos d'animaux[18] ou de choses[19]. C'est peu, pour solliciter en ce sens la notion en jeu. Il en est de même lorsqu'il s'agit expressément de « notre condition ». En un seul cas l'expression se rapporte, par le biais d'un jeu de mots, à un trait considéré comme essentiel de la nature de l'homme : « Notre propre et péculière condition est autant ridicule que risible[20] » (le dernier adjectif doit être pris au sens de « capable de rire », voir « sensible » ; on sait que « rire est le propre de l'homme »). Ailleurs, Montaigne se borne, la plupart du temps, à ratifier les formules traditionnelles sur la « misère » de la condition humaine, sur les limites qu'elle assigne aux ambitions intellectuelles ou autres, etc. Lorsqu'il détaille, c'est pour souligner la diversité que couvre cette notion : il est vain de s'affliger d'un accident ou d'une maladie, « comme si notre condition ordinaire ne nous présentait à tous ces inconvénients[21] » ; de même, « qui se souvient des maux qu'il a courus, de ceux qui l'ont menacé, des légères occasions qui l'ont remué d'un état à autre, se prépare par là aux mutations futures et à la reconnaissance de sa condition[22] ») ; c'est par ses alternances de souffrance et de soulagement que la gravelle présente à Montaigne « l'état de [s]a condition entière, et en bien et en mal[23] » : et Caton est loué pour avoir su plier parfois son « humeur sévère » aux « lois de l'humaine condition et de Vénus et de Bacchus[24] ». Ce dernier exemple est significatif : au lieu d'être restrictive, l'« humaine condition » enjoint au sage de se départir de son austérité stoïcienne pour accueillir les sollicitations diverses du monde, et leurs plaisirs, pour se faire « autant expert et entendu à l'usage des voluptés naturelles qu'en tout autre devoir de la vie[25] ». Ce qui nous ramène enfin à la sentence célèbre du chapitre « Du Repentir »...

18 Hérisson (II, 12, PUF p. 469, IN p. 218, Fol. p. 204) ; alcyon (II, 12, PUF p. 480, IN p. 236, Fol. p. 221-222).
19 Lois (II, 12, PUF p. 580, IN p. 399, Fol. p. 364) ; sagesse (III, 5, PUF p. 847, IN p. 107, Fol. p. 95) ; livres (III, 8, PUF p. 939, IN p. 243, Fol. p. 229) ; arguments (III, 12, PUF p. 1040, IN p. 387, Fol. p. 367).
20 I, 50, PUF p. 304, IN p. 478, Fol. p. 529.
21 I, 57, PUF p. 326, IN p. 511, Fol. p. 560.
22 III, 12, PUF p. 1073, IN p. 438, Fol. p. 415.
23 III, 13, PUF p. 1092, IN p. 466-467, Fol. p. 445.
24 III, 13, PUF p. 1109, IN p. 493, Fol. p. 471.
25 *Ibid.*

« ...La forme entière de l'humaine condition » – pourquoi « entière » ? Pierre-Maxime Schuhl explique : « Montaigne qualifie cette forme d'entière parce qu'elle a tous les traits qui la constituent présents chez tous. » Soit ; mais si, comme ce critique, on fait de la « forme » un équivalent de l'essence, il ne saurait en être autrement ; car une forme qui définit la quiddité d'un être ne peut être qu'entière ; privée d'un de ses traits, elle n'est pas la forme incomplète de cet être, mais la forme d'un être différent (un blatérant à deux bosses, c'est un chameau ; avec une seule bosse, ce n'est pas un chameau de forme incomplète, c'est un dromadaire). Si bien que, selon la lecture de Schuhl, à la tautologie (chaque homme est un homme) s'ajouterait un pléonasme. C'est attribuer à Montaigne une propension bien forte à ce qu'en termes irrespectueux on appellerait le ressassement doctoral. Cela se peut : les plus subtils des scolastiques, par zèle envers la Vérité, ont parfois de telle formules. Mais avant d'imaginer Montaigne en proie à un accès de didactisme, mieux vaut trouver un système de références par rapport auquel son propos ne serait ni tautologique, ni pléonastique. Il suffit pour cela de revenir dans le domaine où prend son origine la notion de « condition » : selon les juristes, la forme, qui conditionne la validité d'un acte (« *forma dat esse rei* »), est analysable, et doit être intégralement respectée pour que l'acte soit valable : l'omission d'un élément, « vice de forme », entraîne l'annulation. En matière de droit, une « forme » peut donc ne pas être « entière », et le défaut qui l'affecte n'en fait pas, comme dans le langage platonicien ou aristotélicien, la forme d'autre chose ; bien au contraire, un testament, par exemple, qui ne serait ni signé ni daté, serait nul en tant que testament (donc, compte tenu de son essence), mais non pas en tant qu'échantillon de langue écrite en tel lieu à telle époque, ou en tant que document généalogique. De même, et plus nettement encore, s'il s'agit de cette autre réalité juridique qu'est la « condition » (au sens de statut social) : la forme en est définie par l'ensemble des prescriptions et des privilèges correspondant à ce statut, et il n'est pas vain de se demander si elle est « entière » lorsqu'il s'agit, notamment, de justifier ou de réfuter des prétentions nobiliaires. Montaigne, issu d'une famille récemment anoblie, avait quelque raison de connaître le détail des obligations auxquelles ses grands-parents avaient satisfait pour obtenir leur titre, et auxquelles il devait lui-même satisfaire pour ne pas déroger ; magistrat, il avait eu à s'interroger sur des contestations de titres : on en trouve un écho dans le chapitre « Des Noms[26] ». C'est sur ce modèle, juridique et non pas métaphysique, qu'il déclare « entière » en chaque homme la « forme de l'humaine condition ».

Cela affecte profondément sa philosophie morale. Conçue comme déterminant un simple cadre, une matrice formelle susceptible d'accueillir la diversité infinie de la vie, l'« humaine condition » ne définit pas un idéal de l'Homme, principe de toutes normes, mais un ensemble de virtualités, promesses ou menaces du monde, ressources et déficiences de l'âme et du corps, qu'il faut entièrement assumer. On y trouve la base d'une éthique à inventer, non un modèle abstrait défini de toute éternité. Ce n'est pas que Montaigne ignore ou récuse les grands exemples : il écrit de Caton que « ce personnage-là fut véritablement un patron que nature choisit pour montrer jusques où l'humaine vertu et fermeté pouvait atteindre[27] » ; une semblable fonction de modèle est attribuée ailleurs à Socrate ou à Épaminondas. Mais cet enthousiasme prend pour objets des figures singulières, non des incarnations d'une unique perfection humaine ; et même, si ces modèles de sagesse et de vertu peuvent servir de guides, c'est dans la mesure où ils ont su assumer tous les aspects de la vie, publique et privée, « car toutes actions, dit la philosophie, siéent également bien et honorent également le sage[28] » ; et si perfection il y a, elle est multiple, pour épouser la pluralité de leurs actes et de leurs traits : « on a de quoi, et ne doit-on jamais se lasser de présenter l'image de ce personnage [sc. Socrate] à tous patrons et formes de perfection[29] ». C'est du moins sous ce jour qu'ils sont présentés dans le livre III. En effet, l'élaboration antérieure d'une philosophie de l'essai a eu pour résultat, entre autres, de substituer à une morale normative une éthique des choix contingents, à une connaissance par genres et espèces, l'expérience de la diversité aléatoire des êtres singuliers[30]. Même les traces subsistantes du

26 I, 46, PUF p. 278 (B), IN p. 442-443, Fol. p. 494-495 : un vieux gentilhomme, agacé par les prétentions nobiliaires de ses compagnons, les apostrophe : « Contentez-vous, de par Dieu, de ce de quoi nos pères se sont contentés, et de ce que nous sommes, nous sommes assez si nous le savons bien maintenir : ne désavouons pas *la fortune et condition* de nos aïeux… »

27 I, 37, PUF p. 231, IN p. 379, Fol. p. 432.

28 III, 13, PUF p. 1110, IN p. 495, Fol. p. 472.

29 *Ibid.*

30 En ce trait, maintes fois signalé, de la pensée de Montaigne, on peut voir avec A. Compagnon un héritage du nominalisme qui, poussé à ses extrêmes limites, détruit toute notion d'essence : « Pour Socrate, ce Socrate-ci, qu'il soit homme, apte à l'écriture et à la lecture,

vocabulaire essentialiste en sont altérées. « Si par expérience nous touchons à la main que *la forme de notre être* dépend de l'air, du climat et du terroir où nous naissons[31]... » – l'expression soulignée ici, qui définirait fort bien une forme substantielle, renvoie en fait aux accidents (être « plus ou moins belliqueux, justes, tempérants et dociles[32]... »), tributaires des circonstances. De même, sur les livres d'histoire : « l'homme en général, de qui je cherche la connaissance, y paraît plus vif et plus entier qu'en nul autre lieu, la diversité et vérité de ses conditions internes en gros et en détail, la variété des moyens de son assemblage et des accidents qui le menacent[33]... » – sitôt formulé, le concept essentialiste d'« homme en général » éclate en une pluralité de variables et finit par comprendre jusqu'aux événements auxquels chacun est exposé (si bien qu'il peut être dit « plus entier » ici qu'ailleurs). Bref, loin que la « forme de l'humaine condition » puisse se réduire chez Montaigne à la forme (ou essence) de l'Homme, elle prévaut au contraire contre ce concept au point de lui communiquer, abusivement, la diversité concrète des contingences dont elle inscrit en elle, pour être « entière », toutes les virtualités.

C'est en cela – et non pas seulement par son insistance sur l'individuel, ou le concret – que Montaigne se singularise : il s'efforce de penser la contingence. Ce n'est pas facile, avec le vocabulaire et les notions que lui fournit la philosophie de son temps, largement tributaire de la scolastique ; et l'on ne s'étonnera pas de trouver dans ses écrits des expressions toutes proches des truismes de l'École, ni de voir ses érudits lecteurs se saisir de telles expressions pour ramener au bercail de l'orthodoxie le penseur indocile. Pour la phrase dont il s'agit ici, la tentation est forte ; car elle est énoncée incidemment comme une évidence propre à justifier la formule expéditive qui, plus haut, écarte une objection possible contre les *Essais* – « je propose une vie basse et sans lustre : C'est tout un[34] » –

---

musicien ou assis, il n'y a plus aucun lien de nécessité entre l'individu et un quelconque attribut, puisque celui-ci ne se rapporte pas à l'essence, mais à une localisation spatio-temporelle repérée par un déictique » (*op. cit.* p. 92).

31 II, 12, leçon de 1588, PUF p. 575, IN p. 391, Fol. p. 357.

32 *Ibid.*

33 II, 10, leçon de l'exemplaire de Bordeaux, PUF p. 416, IN p. 137, Fol. p. 130-131.

34 Le chapitre « Du Démentir » répondait déjà, dans sa version de 1580, à la même objection, mais en admettant une différence entre les vies communes et les vies d'exception pour l'intérêt qu'elles peuvent présenter. Cette hiérarchie est récusée par le « c'est tout un » (= cela revient au même) de III, 2.

avant d'en venir à une seconde objection qui, elle, sera discutée – « Mais est-ce raison que, si particulier en usage, je prétende me rendre public en connaissance ? ». Présentée ainsi, elle paraît bien assimilable, par sa fonction logique, à l'axiome essentialiste (Chaque homme porte la forme de l'Homme) dont elle procède peut-être, et que lisent en filigrane Screech et Schuhl. Mais il importe alors d'autant plus de noter les différences, d'accuser les inflexions nouvelles données à ce qui aurait pu être une banalité : c'est là que l'on peut saisir le travail de la pensée de Montaigne. De fait, il se trouve qu'en introduisant la notion de « condition », qui modifie tout, la formule adoptée sollicite l'idée héritée dans le sens insolite que requiert l'ensemble du contexte, et signale, en retour, l'hétérodoxie de ce contexte, encore plus nettement que ne l'aurait fait une expression sans antécédents traditionnels.

L'analyse du chapitre « Du Repentir » excèderait les limites du présent article ; bornons-nous à esquisser quelques linéaments. Après le préambule, nouvelles justifications du dessein d'écrire les *Essais* (dans lesquelles s'inscrivent les réflexions sur l'instabilité du monde, « branloire pérenne », et du sujet), le « thème » du chapitre est annoncé *ex abrupto* : « excusons ici ce que je dis souvent, que je me repens rarement[35] ». Le rapport est facile à déceler. Toutes les formes du changement menacent l'intégrité de l'être, troublent la manifestation de sa vérité ; pourtant, Montaigne ne saurait coïncider avec soi, ni se dire dans les *Essais*, sans accepter son perpétuel changement, « de jour en jour, de minute en minute », et les contradictions qui en résultent, selon la fluctuation des « humeurs » et des opinions. La vérité sera donc sauvegardée, selon le mot de Démades, dans chacun des instants successifs d'un temps discontinu. Mais pour donner consistance à cette série d'attitudes, de paroles et d'actes hétéroclites (en puissance, sinon en fait), il faut la ressaisir, l'assumer, dans sa diversité ; l'identité se constituera par synthèses successives, jamais définitives avant le dernier instant, mais regroupant des moments dont chacun est irrévocable ; car désavouer un propos, renier un acte, ce serait falsifier l'image d'ensemble au bénéfice de l'idéal façonné par la fantaisie présente, « former » l'homme au lieu de le « réciter » au fil des changements qui ont abouti à cet être actuel avec ses défauts et ses singularités. Le repentir est donc interdit, dans l'ordre de l'éthique humaine (et sur le plan religieux, il se résout en

35 PUF p. 806, IN p. 45, Fol. p. 36.

humilité sans impliquer davantage le désaveu du passé[36]). Cela serait notable, sans plus, s'il s'agissait d'actes neutres (« indifférents », selon le vocabulaire stoïcien) par rapport à l'axiologie ; mais Montaigne précise qu'il n'applique pas à de tels actes, ou plutôt à leurs échecs, le terme de « repentir[37] ». Sa hardiesse est de refuser le repentir dans le domaine moral, de revendiquer ses fautes, ses « péchés de complexion[38] » comme une partie de son être qu'il ne veut dissimuler, ni mutiler. Le parti qu'il adopte ainsi au déclin de son âge correspond à celui qu'il préconisait au sujet des jeunes années, disant « qu'il fallait nourrir un enfant à tout faire », ce qui lui vaut, en 1581, un reproche du Saint Office[39]. Compte tenu de la pastorale pénitentielle de la Contre-Réforme, et de l'insistance des prédicateurs sur les « conversions » salutaires à l'article de la mort, le refus du repentir, même sous réserve de la possibilité d'une « repentance » totale d'inspiration surnaturelle[40], est bien plus hétérodoxe que l'opinion incriminée de « De l'Institution des enfants ». Mais dans les deux cas l'option présuppose la même conception de la vie comme ensemble de possibles et d'événements à totaliser pour « composer nos mœurs[41] », éventuellement « à divers étages[42] ». L'expression la plus nette en est donnée à la fin du chapitre, lorsque, « consult[ant] des déportements

---

36 « Quant à moi, je puis désirer en général être autre ; je puis condamner et me déplaire de ma forme universelle ; et supplier Dieu pour mon entière réformation, et pour l'excuse de ma faiblesse naturelle. Mais cela, je ne le dois nommer repentir, ce me semble, non plus que le déplaisir de n'être ni Ange ni Caton » (III, 2, PUF p. 813, IN p. 56, Fol. p. 47). – La « forme universelle » n'est évidemment pas, comme le supposent, avec des visées très différentes, A.M. Screech et A. Compagnon, la forme (essence) de l'homme, mais l'ensemble des traits qui caractérisent l'individu Michel de Montaigne ; car s'il s'agissait de l'essence de l'homme, elle pourrait bien être opposée, dans la phrase suivante, à celle de l'« ange », mais non pas à celle de « Caton » (comme le reconnaît d'ailleurs A.M. Screech, *op. cit.* p. 109 [traduction française, p. 142], sans voir, semble-t-il, la portée de cette remarque).

37 PUF p. 814, IN p. 58, Fol. p. 48.

38 PUF p. 812, IN p. 55, Fol. p. 46.

39 *Journal de voyage*, éd. F. Garavini, Paris, Gallimard, « Folio », 1983, p. 222. La censure (dont Montaigne n'a d'ailleurs tenu aucun compte) portait sur un passage de I, 26 : « Et pourvu qu'on puisse tenir l'appétit et la volonté sous boucle, qu'on rende hardiment un jeune homme commode à toutes nations et compagnies. Voire au dérèglement et aux excès, si besoin est [...]. Qu'il puisse faire toutes choses, et n'aime à faire que les bonnes. [...] Je veux qu'en la débauche même il surpasse en vigueur et en fermeté ses compagnons ; Et qu'il ne laisse à faire le mal ni à faute de force ni de science, mais à faute de volonté » (PUF p. 166-167, IN p. 285-286, Fol. p. 342-343).

40 PUF p. 813, IN p. 56, Fol. p. 47.

41 III, 13, PUF p. 1108, IN p. 492, Fol. p. 470.

42 III, 3, PUF p. 821, IN p. 68, Fol. p. 58.

de [s]a jeunesse avec [s]a vieillesse[43] », Montaigne assume ensemble ces termes extrêmes, et les éclaire l'un par l'autre, en reconnaissant (nostalgiquement, voir III, 5) le plaisir dans ses péchés de jeunesse, comme il avait mesuré lucidement la part du péché dans ses plaisirs. Pluralité des points de vue, diversité des expériences se composent pour constituer rétrospectivement l'identité complexe du sujet sur le modèle de la cohérence problématique de ses *Essais*.

La sentence que nous venons d'étudier est en marge de ces considérations ; elle ne vise qu'à établir l'idée annexe, que l'« on attache aussi bien toute la philosophie morale à une vie populaire et privée qu'à une vie de plus riche étoffe[44] ». Mais en substituant aux notions de nature humaine ou d'essence de l'Homme celle d'« humaine condition », en faisant de la « forme » de celle-ci la matrice « entière » d'une infinité de possibles, elle récuse l'aristotélisme scolastique auquel des lectures hâtives, prises au piège de mots isolés, tendent à la réduire, et donne pour substrat au chapitre « Du Repentir » la philosophie de la contingence qui commande secrètement sa problématique et ses conclusions. Cette extrême précision dans le maniement d'un vocabulaire philosophique fait d'emprunts hétérogènes (ici, tributaire du droit plus que de la métaphysique) ne doit pas surprendre, en dépit de la réputation d'amateurisme que s'est acquise Montaigne ; car était en jeu le fondement de l'éthique régénérée qui lui permet d'affirmer sans orgueil et sans scrupule, en ses dernières années : « Si j'avais à revivre, je revivrais comme j'ai vécu : ni je ne plains le passé, ni je ne crains l'avenir[45] ». Pour prononcer une telle parole, il fallait avoir compris et revendiqué, comme cadre de toute valeur et de toute vérité existentielle, « l'humaine condition » selon laquelle chacun peut donner un sens à sa vie.

43 PUF p. 813, IN p. 57, Fol. p. 47.

44 PUF p. 805, IN p. 44, Fol. p. 35 – idée reprise dans III, 13 : « La vie de César n'a point plus d'exemple que la nôtre pour nous ; et emperière, et populaire, c'est toujours une vie que tous accidents humains regardent » (PUF p. 1074, IN p. 438-439, Fol. p. 415-416).

45 Ajout à l'édition de 1588, PUF p. 816, IN p. 61, Fol. p. 51.

L'HUMAINE CONDITION

Que sais-je ? Qui suis-je ? [1999][1]

Les titres interrogatifs réservent des surprises, même à leur auteur. À l'origine, j'avais trouvé : « Que sais-je ? Que suis-je ? » – avec en tête un futur testament : A/U, ou Comment j'ai écrit certaines de mes communications. Quelque malin génie, peut-être celui de Marie-Luce Demonet, a rectifié la fin en « … Qui suis-je ? ». Il avait raison, en dépit de Raymond Roussel. En réponse à la question « Que suis-je ? », on attend une définition ; et on risque de l'attendre longtemps si, au préalable, a été posée la question paronyme « Que sais-je ? » avec la force dévastatrice que lui donne Montaigne ; de ce fait, le premier titre prévu aurait débouché logiquement sur le silence, ou sur le bégaiement affolé du conférencier qui découvre, juste au début de son temps de parole, qu'il est incapable de dire quoi que ce soit sans s'empêtrer dans les contradictions du Menteur. En réponse à la question « Qui suis-je ? », on attend simplement une mention d'identité, simple repère et non présomption de connaissance. Le pyrrhonien le plus strict peut toujours signer le « Que sais-je ? » qu'il profère, par exemple en le gravant « à la devise d'une balance » comme pour en faire son cachet personnel. Cela ne va peut-être pas sans quelques difficultés ; mais on aura ainsi évité l'inconséquence, du moins au début.

Précisons. Le « Que sais-je ? » du pyrrhonisme de Montaigne, qui interdit tout énoncé catégorique, fût-il négatif, récuse d'emblée comme vaine la tentative de définition, qui viserait une donnée objective, à définir, et la situerait dans une classe d'êtres supposés connus, par référence à un modèle bien établi. Et le fait que l'être à définir s'énonce à la première personne ne change pas grand-chose à l'aporie : que l'homme

1 Paru dans *Montaigne et la question de l'homme*, coordonné par Marie-Luce Demonet, Paris, PUF, 1999, p. 15-31.

ou le coq plumé vif déclare lui-même : « Je suis un animal à deux pieds sans plumes », avec le cocorico des grandes découvertes, ou qu'il se laisse docilement affubler de cette définition par un tiers plus savant, Platon par exemple[2], le processus, *a parte rei*, reste le même, et Diogène ne s'en esclaffe que mieux, avec les sceptiques. En revanche, la simple désignation que requiert la question d'identité échappe à l'inhibition pyrrhonienne aussi bien qu'à la moquerie, quitte à frustrer l'enquêteur du savoir escompté. C'est Chantecler, je suis Michel, voici Socrate, on se retrouve entre connaissances, bien sûr, mais sans rien connaître, à proprement parler : ces « voix » ou traits de plume parfaitement contingents n'apprennent rien sur l'être qu'ils distinguent sommairement, pour la conversation courante, sans même garantir son unicité[3]. S'en tenir à la question « Qui suis-je ? » dans la stricte mesure où elle est autorisée par le « Que sais-je ? », c'est donc renoncer aux notions génériques, nature humaine, essence de l'Homme, que vise ou peut-être élabore de toutes pièces le travail de définition, pour leur substituer celle d'« humaine condition », comme ensemble des possibles par rapport auxquels se situe chaque homme, système des virtualités qui peuvent s'actualiser autour de cet *x* singulier et précaire qu'il est à chaque instant de sa vie.

À condition, évidemment, que le « Que sais-je ? » et le « Qui suis-je ? » ne soient pas prononcés du bout des lèvres, mais pleinement éprouvés et assumés. C'est le cas avec Montaigne. Non qu'il en ait exposé directement les implications théoriques, sous forme d'une doctrine de l'incertitude (à supposer que ce soit possible) ; mais parce qu'il y conforme sa pratique d'investigations et d'écriture, inventant dans les *Essais*, ou plus exactement dans le mode de pensée distanciée pour lequel il trouve le nom d'essai, peut-être la seule expression rigoureuse de ce que les disciples de Pyrrhon appelaient la « zététique », recherche qui reste consciente de sa précarité. C'est par la description des structures textuelles où prend forme ce mode de pensée, avec sa problématique et l'éthique vers laquelle il conduit, que je tenterai de saisir ce que l'on pourrait appeler l'identité philosophique de Montaigne.

Revenons une dernière fois sur le « Que sais-je ? » qui en est la « devise ». Il procède, on le sait, de l'aporie logique d'une doctrine du doute, et la résout ; mais en introduisant dans le discours la réflexion

---

2 Voir *Le Politique*, 266 e, et Diogène Laërce, VI, 40, citant Diogène le Cynique.

3 Voir le chapitre « Des noms », I, 46, PUF p. 279-280, IN p. 443-444, Fol. p. 496.

critique du sujet (parlant ou écrivant) qui s'interroge sur son propre savoir et ses propres dires ; donc, dans ce sujet, une sorte de fêlure, de distance à soi qui fait de son être même un problème permanent. Cela se retrouve sous de multiples formes dans les *Essais*. Dès le chapitre « De l'oisiveté » (I, 8), en lequel Alexandre Eckhardt[4] a reconnu une probable « préface primitive » du livre, Montaigne se représente aux prises avec les divagations inattendues de son esprit, et considérant avec amusement et perplexité les « chimères et monstres fantasques » qu'il engendre, pour finir par les « mettre en rôle », avec, à l'horizon, la possibilité d'un désaveu (qui ne viendra jamais) : sur la spontanéité des « fantaisies » enregistrées se greffent les réticences, puis les perplexités des relectures éventuelles. À la fin du troisième livre, l'« esprit » promu sophiste intérieur célèbre les bienfaits de la gravelle : « S'il persuadait comme il prêche, il me secourrait heureusement[5]… ». Et sans même qu'il se fragmente ainsi, ses prédications, quand il s'en trouve, ont des accents bizarres. Celle qui tend à montrer « que le goût des biens et des maux dépend en bonne partie de l'opinion que nous en avons » (I, 14), non seulement combine les préceptes stoïciens avec un relativisme tout sceptique, mais surtout, à la fin, les donne pour échantillons de recettes dont l'efficacité « dépendra en bonne partie », à son tour, du « goût » qu'on leur trouvera. La formule-thème s'est retournée sur elle-même, au détriment de sa robuste simplicité. De même, pour montrer « que philosopher c'est apprendre à mourir » (I, 20), le premier geste est de détourner la maxime d'ascèse par désincarnation, empruntée à Platon à travers le Cicéron des *Tusculanes*, pour en faire une condition assurant les plaisirs de la vie terrestre. L'écriture ironique compromet ainsi les « mosaïques de citations » de la première manière de Montaigne, où l'on croyait toujours à des fins de dérision, ou de remise en cause : la réflexion critique peut aussi ratifier les propos, soit en les assumant à titre d'acquis (« Ce n'est pas ici ma doctrine, c'est mon étude, et n'est pas la leçon d'autrui, c'est la mienne[6] »), soit en les transposant en résolutions ou en convictions à communiquer (« Ne craignons point […] d'estimer[7]… »). Reste que cette démarche, caractéristique de l'essai, n'a jamais la simplicité

4 « La préface primitive des *Essais* », *BHR*, IX, 1947, p. 160-163.
5 III, 13, PUF p. 1090, IN p. 464, Fol. p. 441.
6 II, 6, PUF p. 377, IN p. 78, Fol. p. 75.
7 III, 1, PUF p. 802, IN p. 40, Fol. p. 32.

de la parole magistrale, ni ses prétentions. Se remettant en cause, jusque dans ses approbations données pour subjectives, elle ne peut constituer qu'un répertoire d'investigations et de constats provisoires destinés, au mieux, à se pérenniser par la « constance » de celui qui les assume, sans garantie pour l'avenir proche ou lointain.

C'est ce qu'indique, dans le troisième livre notamment et dans les additions postérieures à 1588, l'insistance de Montaigne sur le « progrès » (= processus) de sa tâche de philosophe, et des visées qui l'inscrivent dans un temps où les mutations sont toujours possibles. « Les autres forment l'homme, Je le récite », écrit-il au début du chapitre « Du repentir[8] », et, deux pages plus loin, « Je n'enseigne point, je raconte ». Ces expressions figurent au seuil d'une méditation sur la fidélité à soi dans la vacillation universelle, où tout, jusqu'aux traits de la « peinture » censée fixer un objet en représentation, « se change et diversifie ». On peut y percevoir un écho de la déclaration liminaire des *Esquisses pyrrhoniennes* où Sextus Empiricus explique son intention de « rapporter chaque question *historikôs* », comme on énonce des faits, ou des événements, sans les inscrire en un système déductif (tel est le sens du mot *historia* qui se retrouve dans la notion d'« histoire naturelle » aussi bien que dans celle d'« Histoire »). « Réciter » l'homme, c'est d'abord lui refuser la nécessité des êtres de raison, le saisir comme contingent, muable, et par conséquent renoncer à lui assigner une forme définitive, ou du moins se défier de toute tentative semblable ; c'est, selon la formule de Merleau-Ponty, « décrire l'homme comme problème », et différer indéfiniment le jour de déchéance où l'écrivain s'accoutrerait d'une toge et d'un bonnet carré pour synthétiser ses observations en ce que Hugo Friedrich appelle une « science des mœurs ». Surcroît de rigueur, mal aperçu même par Merleau-Ponty : Montaigne élimine assez vite l'« homme », ce fantôme philosophique, pour mettre en question son support du moment, cet *x* qui pense, parle, écrit, et s'y essaye, reflet en contrechamp saisi à la relecture des « opinions » et « fantaisies » qu'il a « mises en rôle », il y a

---

8 *Ibid.* PUF p. 804, IN p. 43, Fol. p. 34. Le verbe « réciter » n'équivaut pas au verbe « décrire », comme le suggère la note de P. Villey (éd. PUF). Il se réfère à la pratique du rapporteur qui relate point par point les données factuelles du procès qu'il a étudié ; le temps est en jeu dans cette opération comme dans son objet (dates des pièces et des témoignages, déroulement des procédures, succession des décisions judiciaires sur les causes en appel) ; dans la formule jumelle, le verbe « je raconte » (remplaçant un « je narre » imprimé en 1588) privilégie cet aspect temporel du processus.

dix ans, ou hier, ou encore à l'instant même où vient de s'immobiliser la plume, pour combien de temps ?

Par cette pratique de l'*essai*, indissociablement expérience intellectuelle et mode d'écriture, une problématique du sujet (à la fois sujet concret saisi dans son existence et sujet gnoséologique saisi dans son effort vers la connaissance) est arrimée à une philosophie de l'incertitude, le pyrrhonisme zététique tel que le réinvente Montaigne. L'une et l'autre s'inscrivent dans l'agencement des textes – structures de paradoxes corrodant le discours, instances de première personne marquant à tout moment sa subjectivité et sa contingence, suspens et relances que ménage la segmentation très particulière de l'ultime version des *Essais*[9]. De façon parfaitement logique, ils s'accompagnent des refus corollaires. On connaît les diatribes contre la rhétorique et la dialectique, et contre la prétention à régenter, la « tyrannie parlière[10] » qui s'y décèle. Plus précises dans leur laconisme, et sans référence aux caricatures des faux sages (qui ménagent une place virtuelle à ce qui serait un vrai savoir, et sauvent ainsi le cadre de la gnoséologie classique), des formules occasionnelles écartent jusqu'aux instruments de la pensée doctrinale, modèles et prédicats. « Nous empêchons nos pensées du général et des causes et conduites universelles, qui se conduisent très bien sans nous, et laissons en arrière notre fait et Michel, qui nous touche encore de plus près que *l'homme*[11] » : l'identité personnelle porte un nom, « Michel », et elle est de l'ordre du « fait », non du modèle abstrait que lui fournirait une essence (« l'homme ») ; voilà ce dont s'occupe le moraliste pyrrhonien. Quant aux prédicats en lesquels pourrait se détailler une « nature » personnelle ou spécifique, en voici un lot que l'écrivain s'applique en vrac, laissant à qui le voudra le soin de les raccorder : « Toutes les contrariétés s'y trouvent, selon quelque tour et en quelque façon. Honteux insolent, chaste luxurieux, bavard taciturne, laborieux délicat, ingénieux hébété,

---

9 Voir cette segmentation par retouches autographes sur l'exemplaire de Bordeaux, aujourd'hui numérisé sur la base Epistemon des Bibliothèques virtuelles humanistes [note des éditeurs]. Et, sur cette question, « La segmentation du texte : usages et singularités », *Éditer les* Essais *de Montaigne*, Actes du colloque tenu à l'Université de Paris IV-Sorbonne les 27 et 28 janvier 1995, réunis par Claude Blum et André Tournon, Paris, Champion, 1997, p. 173-195.

10 III, 8, PUF p. 931, IN p. 230, Fol. p. 216. Tout le chapitre « De l'art de conférer » est animé par ce refus.

11 III, 9, PUF p. 952, IN p. 259, Fol. p. 244, je souligne.

chagrin débonnaire, menteur véritable, savant ignorant et libéral et avare et prodigue[12]... » À les prendre pour éléments d'une définition, ils se neutraliseraient mutuellement. Les ordonner dans le temps, face à une conscience-témoin qui serait la donnée stable ? la phrase suivante en dissuade : « Quiconque s'étudie bien attentivement trouve en soi, *voire et en son jugement même*, cette volubilité et discordance. » Les descriptions canoniques sont mises en défaut avec plus de désinvolture encore. Le rire, le langage, nos traits caractéristiques, selon une formule des plus plausibles ? Montaigne va chercher au fin fond de l'Inde imaginaire les « Astomes », bipèdes dépourvus de bouche recensés par Plutarque, et, sans envisager seulement de dénier l'humanité à ces êtres qui ne pourraient ni parler ni rire, il en tire argument, au contraire, pour contester la validité du « propre de l'homme » : s'il existe, explique-t-il, un homme bâti sur ce modèle, « combien y a-t-il de nos descriptions fausses ? il n'est plus risible [= capable de rire] ni à l'aventure capable de raison et de société : L'ordonnance et la cause de notre bâtiment interne seraient, pour la plupart, hors de propos[13] ». Son scepticisme, sur ce point, va jusqu'à contester les démarcations entre l'humain et l'animal, non seulement dans les spéculations théoriques de l'« Apologie de Raymond Sebond », mais aussi, avec un aplomb digne d'horrifier les humanistes modernes, sur le plan de l'expérience : « [Je] dirais qu'il y a plus de distance de tel à tel homme, qu'il n'y a de tel homme à telle bête[14] ». Propos scandaleux, si l'on veut, dès que l'on tente de l'appliquer à quelque jardin des espèces, aux compartiments bien dessinés : il faudra supposer que Gilles le chimpanzé franchit le mur, par agilité, et que Garo l'imbécile en dégringole, par maladresse.

12 II, 1, PUF p. 335, IN p. 21, Fol. p. 18, ponctuation de l'exemplaire de Bordeaux : les virgules isolent des couples de prédicats contradictoires, jusqu'au plus inattendu, « menteur véritable », qui remet en cause la revendication de véracité que Montaigne inscrit au cœur de son éthique d'écrivain. Après quoi viennent cinq prédicats sans ponctuation, dont les trois derniers altèrent le système binaire en donnant deux antonymes à « avare », l'un laudatif, l'autre péjoratif.

13 II, 12, PUF p. 525, IN p. 310, Fol. p. 285 (« la cause » : la cause finale, vocation à la vie intellectuelle qui présuppose le langage, donc l'organe de phonation). Voir au contraire les critères d'après lesquels les théologiens avaient reconnu, quelques décennies auparavant, que les Indiens étaient bien des hommes.

14 I, 42, PUF p. 258, IN p. 415, Fol. p. 468 ; est supprimée après 1588 la formule suivante, qui édulcorait l'expression, sinon l'idée : « C'est-à-dire que le plus excellent animal est plus approchant de l'homme de la plus basse marche, que n'est cet homme d'un autre homme grand et excellent. »

Mais en parlant ainsi du Chimpanzé et de l'Imbécile nous sommes revenus aux modèles et aux définitions sous-jacentes : à ce dont Montaigne s'affranchit, pour penser le sujet et non pas l'homme, en termes d'activité et non de statut, d'exploration et non de cantonnement. Mieux vaut mesurer directement les principaux effets de cette émancipation intellectuelle. D'abord une extension du champ d'investigations, jusqu'aux limites, s'il en est, de l'expérience concrète : sous la rubrique « humain » se placera non un modèle, mais l'infinité potentielle des « accidents » qui peuvent s'inscrire dans le cadre de la condition humaine, des actes et attitudes dont la somme constitue la singularité de chaque vie[15]. Ensuite son caractère nécessairement problématique lié au fait que le sujet réfléchissant se dédouble et fracture son identité, « se connaît », peut-être, mais dans la mesure où il ne coïncide pas exactement avec lui-même : image déclarée, brouillée par dérive de ses contours, dont l'examen peut donner le vertige – « Je n'ai vu monstre et miracle au monde plus exprès que moi-même : On s'apprivoise à toute étrangeté par l'usage et le temps, Mais plus je me hante et me connais, plus ma difformité m'étonne. Moins je m'entends en moi[16] ». Ce qui conduit en direction d'une phénoménologie fragmentaire, déchiffrant les éléments d'une identité au miroir de chaque « fantaisie », « opinion » ou conviction consignée à titre d'*essai* dans le livre de l'inscience, et d'une éthique des choix personnels, sans autre garantie que l'engagement de celui qui les ratifie et l'assentiment de ceux à qui ils sont exposés.

À partir de là, on entrevoit la singularité irréductible des *Essais*, comme œuvre philosophique, par rapport aux traités avec lesquels nous sommes invités à les confronter. Ni Sebond ni Charron n'esquissent les linéaments d'une philosophie du sujet ainsi conçue[17] ; au mieux, ils exposent une

15 Voir II, 10, PUF p. 416, IN p. 137, Fol. p. 130-131 : « L'homme en général, de qui je cherche la connaissance, y [= chez les historiens] paraît plus vif et entier qu'en nul autre lieu : la diversité et vérité de ses conditions internes, en gros et en détail : la variété des moyens de son assemblage et des accidents qui le menacent. » De même III, 13, PUF p. 1073, IN p. 437, Fol. p. 415 : « Qui se souvient des maux qu'il a courus, de ceux qui l'ont menacé, des légères occasions qui l'ont remué d'un état à autre se prépare par là aux mutations futures, et à la reconnaissance de sa condition. »

16 III, 11, PUF p. 1029, IN p. 373, Fol. p. 352-353.

17 Comme on doit s'en douter, le présent article n'est pas le fait d'un philosophe, et par conséquent ne s'astreint pas aux exigences du vocabulaire de la spécialité ; en particulier, l'expression « philosophie du sujet » ne comporte pas ici les implications ontologiques que lui assignerait le modèle cartésien.

théorie de l'homme, tributaire d'un très lourd héritage aristotélicien et thomiste. Et l'on peut se demander si leur anthropocentrisme les mène aussi loin qu'on le dit de l'univers construit par la théologie traditionnelle, exception faite des arrière-plans spirituels de celle-ci, qui leur sont apparemment étrangers. L'un et l'autre représentent un homme pourvu de tous les attributs propres à le définir, installé à sa place dans un univers bien ordonné qui se range en quatre étages, ou plutôt en trois étages au-dessous de lui, seul locataire du quatrième – et peu importe que cet ordre hiérarchique émane de la sagesse de Dieu ou d'une Nature non moins infaillible : le tout est que rien ne vienne le troubler, si ce n'est, pour Sebond, le péché, regrettable déficit que couvriront les crédits compensatoires ouverts par la Rédemption. Le plaidoyer-réquisitoire de l'« Apologie de Raymond Sebond » avait mis le système en pièces. Charron le rétablit, un peu simplifié, dans *De la sagesse* (I, chap. 8 à 16 dans la version de 1601) et même lui donne fonction de socle doctrinal en le plaçant au seuil de la dernière version de l'ouvrage. Mais ce n'est là qu'un symptôme ; l'essentiel tient au changement radical du mode d'énonciation, qui permet de revenir du sujet pensant à l'homme composé selon les bons principes[18]. Charron atteint le résultat voulu par le moyen le plus simple et le plus efficace : l'élimination méthodique des traits qui inscrivaient dans le texte le travail du doute et de la réflexion.

Le « Que sais-je ? » disparaît corps et biens. Surnage, à sa place, l'aveu que Montaigne avait imputé aux « académiciens », avant d'en démontrer l'illogisme[19] : Charron prend pour devise[20] un catégorique « Je ne sais », sans trop se soucier du savoir qu'il avait étalé en préambule de son livre, et encore moins du piège des assertions dubitatives ou négatives[21]. En

18 Traduisant la *Theologia naturalis*, Montaigne avait procédé à l'opération inverse, de reformulation à la première personne (nous…) des énoncés de troisième personne (*homo…*) de Sebond – assez timidement il est vrai : le sujet singulier restait exceptionnel. Voir Mireille Habert, « L'inscription du sujet dans la traduction par Montaigne de la *Theologia naturalis* », *Montaigne Studies*, V, 1-2, 1993, p. 27-47.

19 II, 12, PUF p. 502, IN p. 270, Fol. p. 253 : les sceptiques « académiciens », en déclarant ne rien savoir, sont aussi présomptueux que les « dogmatiques » aux yeux des vrais pyrrhoniens, « Car cela, d'établir la mesure de notre puissance, de connaître et juger la difficulté des choses, c'est une grande et extrême science, de laquelle [les pyrrhoniens] doutent que l'homme soit capable. »

20 *De la Sagesse*, II, 2, Paris, Fayard, 1986, p. 402.

21 Piège contre lequel Montaigne mettait en garde, dans le chapitre des *Essais* que Charron utilise le plus largement. Voir II, 12, PUF p. 527, IN p. 312-313, Fol. p. 287, après rappel de l'aporie du Menteur : « Je vois les philosophes pyrrhoniens qui ne peuvent exprimer

même temps, et de façon très cohérente, disparaissent presque toutes les marques de la subjectivité : constamment, ce qui s'énonçait à la première personne du singulier chez Montaigne est transposé à la troisième personne, avec un sujet passe-partout (« l'homme », « chacun », « on », etc.), ou, au mieux, à la première personne du pluriel, le « nous » où chacun pourra reconnaître non sa singularité subjective, mais ce qu'il est censé avoir de commun avec n'importe qui – autrement dit, ce qui lui ferait assumer l'humanité comme essence universelle. Cette modification n'est pas seulement formelle. Elle répond au dessein, parfaitement lisible dans l'armature même de l'ouvrage, de présenter un catalogue de constats et de préceptes – le contraire d'une pensée problématique ; et, au terme, une morale méthodiquement agencée, prête à l'emploi : un traité, non pas un exercice. Paraphrasons Montaigne, en inversant la formule sur laquelle s'achevait la première version du chapitre « De l'exercitation », pour l'appliquer à *De la sagesse* : ce n'est pas ici l'étude de Charron, c'est sa doctrine ; et ce n'est pas sa leçon, c'est celle des maîtres qui lui ont dicté ses phrases, Juste Lipse, Bodin, Du Vair et même Montaigne transformé pour la circonstance en régent du collège humaniste.

Faut-il crier à l'imposture, en faisant de Charron un faux sceptique, ou plus précisément un doctrinaire religieux – il était « théologal », après tout ; autrement dit, un ecclésiastique spécialement appelé à contrôler et à propager la doctrine orthodoxe, selon le Concile de Trente – mais déguisé en sceptique pour plaire aux beaux esprits de son temps ? L'hypothèse est séduisante, ne serait-ce que parce que diamétralement opposée aux élucubrations du Père Garasse, ce qui pourrait passer pour un gage de sérieux. Mais ce serait un peu trop simple, et de nature à masquer le fait significatif : ce que Charron déforme, c'est ce qu'il ne peut pas admettre, et peut-être n'ose pas comprendre. De fait, on entrevoit dans cet emploi systématique de la première personne du singulier, qui répugne tant au théologal, les incidences éthiques les plus profondes du pyrrhonisme de Montaigne : l'abandon des modèles abstraits, qu'ils soient métaphysiques (l'essence de l'Homme) ou socioculturels (l'identité sociale, le « nom » chargé des informations qu'il véhicule sur le statut, la lignée, la fonction…), supplantés par

leur générale conception en aucune manière de parler : car il leur faudrait un nouveau langage. Le nôtre est tout formé de propositions affirmatives, qui leur sont du tout ennemies : de façon que quand ils disent "je doute", on les tient incontinent à la gorge pour leur faire avouer qu'au moins assurent et savent-ils cela, qu'ils doutent. »

une identité personnelle sans doute, mais conçue comme un devoir-être, à inventer et enregistrer à chaque moment pour en sauvegarder les traits toujours provisoires ; ce que textualise le pronom « je... », surgissant dans l'acte de parole ou d'écriture et liant toute détermination à son avènement langagier, *hic et nunc*. Cette mutation radicale était préfigurée dans les plus anciens chapitres, et sur des thèmes qui ressortissaient pourtant à la morale traditionnelle : entre autres, celui du dernier jour, tel qu'il est présenté dans la version originelle du chapitre « Qu'il ne faut juger de notre heur qu'après la mort » (I, 19, rédigé vraisemblablement en 1572 selon Pierre Villey) : « C'est le jour, dit un ancien, qui doit juger de toutes mes années passées[22] ». La formule est de Sénèque en effet, et elle aurait sa transposition chrétienne toute prête dans les sermons qui préparent à la « bonne mort » pénitentielle qui obtiendra pardon et paradis ; mais en ajoutant que « se doivent à ce dernier trait toucher et éprouver toutes les autres actions de notre vie », Montaigne suggère autre chose que l'instant de grâce qui transfigure soudain en saint ou en héros ; il dissémine sur l'ensemble des moments de l'existence l'éclairage projeté sur l'ultime attitude ; d'où il suit que chacun de ces moments, en attente de son sens définitif (comme l'indique le titre du chapitre), ne peut qu'ébaucher, et non pas fixer, l'identité éthique de celui qui les vit. Inférence téméraire ? Non : lorsque le chapitre « De la physionomie » (III, 12) corrige la perspective en rappelant que la mort est « le bout, non pourtant le but de la vie[23] », il maintient la précarité des significations épisodiques du vécu, en insistant sur la conscience qui les fait surgir et les assume : la vie « doit être elle-même à soi sa visée, son dessein. Son droit étude est se régler, se conduire, se souffrir[24] » (une première rédaction portait « sa visée, son projet... ») – tout dit la nécessité d'un contrôle réflexif qui donne sens au quotidien en l'incluant dans un projet d'élaboration de soi dont la mort n'est plus qu'une interruption accidentelle. Exigence qui se traduit, pour l'écrivain, dans l'élaboration du livre « consubstantiel », trace et témoignage susceptible de se modifier à chaque page, et de modifier avec lui l'image produite, mais dont rien ne doit être renié, et surtout pas les disparates qui en rendent problématique l'unité[25].

22 PUF p. 80, IN p. 154, Fol. p. 219.
23 PUF p. 1051, IN p. 405, Fol. p. 384.
24 PUF p. 1052, IN p. 405-406, Fol. p. 384.
25 Voir Michel Magnien, « III, 2, un : Montaigne, *Du repentir* », dans *Ruptures et repentirs*, Presses universitaires de Pau, 1996, p. 115-131.

Cette inflexion se retrouve partout, et modifie imperceptiblement des maximes d'allure banale qui rendront un son insolite pour peu qu'on y prenne garde. Par exemple, aux toutes dernières pages du livre, le célèbre « faire bien l'homme et dûment[26] » ne paraît revenir aux perspectives essentialistes que pour leur emprunter l'idée d'un rôle à jouer – non rôle d'un personnage emprunté, sans doute, mais rôle quand même ; et voici de nouveau la distance à soi, même si l'on s'abstient de mettre en jeu le « contrerôle », instance de surveillance (complice, pourquoi pas ?) qui vérifie la cohérence des actes et de la pensée (par exemple en l'enregistrant) et ménage un degré supplémentaire de réflexion. Ou encore la résolution de « jouir loyalement de son être[27] », ultime formule de sagesse eudémoniste : elle suggère en contrepartie la possibilité de manquer à cette « loyauté » intime, par méconnaissance ou refus de son « être » (ce refus dont tirent gloire les « humeurs transcendantes » tournées en dérision dans la même page) ; si bien que l'acte d'appropriation ou le constat de coïncidence ne va pas de soi. À scruter de la même manière la trop rassurante « forme entière de l'humaine condition[28] » où Pierre-Maxime Schuhl croyait reconnaître le modèle platonicien et Michael Andrew Screech le modèle thomiste, on y découvre une notion plus juridique que métaphysique, par laquelle la « forme » perd sa vertu identifiante pour se démultiplier en direction de tous les possibles ; mais la démonstration, plus complexe, est déjà exposée ailleurs[29]. Inutile, du reste, de s'attarder sur une revue de formules passées dans les répertoires sapientiaux au prix de gauchissements parfois drastiques infligés par l'exégète. Tous les risques de dénaturation, accidentelle ou non, à commencer par celui de la folie[30] pour finir par celui de cette décrépitude qui « nous attache plus de rides en l'esprit qu'au visage[31] », attestent la contingence de cette coïncidence avec soi que recherche Montaigne. C'est une raison majeure de reconnaître en celle-ci, lorsqu'elle paraît se dessiner, l'aboutissement presque inespéré d'un difficile programme

26 III, 13, PUF p. 1110, IN p. 495, Fol. p. 473.

27 *Ibid.* PUF p. 1115, IN p. 504, Fol. p. 481.

28 III, 2, PUF p. 805, IN p. 44, Fol. p. 35.

29 Dans « Le grammairien, le jurisconsulte et l'humaine condition », voir p. 39. Commentaires contestés : P.-M. Schuhl et G. Gougenheim, *Trois essais de Montaigne*, *op. cit.*, et M. A. Screech, *Montaigne and Melancholy*, *op. cit.*

30 « La salive d'un chétif mâtin versée sur la main de Socrate… » (II, 12, PUF p. 550, IN p. 349, Fol. p. 319).

31 III, 2, PUF p. 817, IN p. 63, Fol. p. 53.

de maîtrise de l'existence, à réinventer à tout moment, et à inscrire par fragments dans un livre sans fin, « autant qu'il y aura d'encre et de papier au monde[32] ? »

Sommes-nous si loin de cette « acceptation de soi » que l'on impute à Montaigne, avec approbation ou reproche, en y reconnaissant la formule centrale de sa sagesse ? Non, sans doute, pourvu que soit pris en considération ce qui dans les *Essais* s'exhibe au premier plan : le travail de réflexion et d'écriture qui tend à lui donner lieu. Et là réside bien la difficulté, puisque ce même travail, en exigeant le dédoublement critique, fait obstacle à la cohésion de « soi » et y laisse soupçonner un mirage, toujours à l'horizon. Pour arriver à penser le processus, sa visée et la possibilité de son succès, il semble nécessaire d'éviter toute réification de son objet ; donc d'écarter l'« idée de l'homme » telle que la posent les doctrinaires du passé (Sebond) et du proche avenir (Charron) comme *objet* statique de connaissance, justement, là où Montaigne, trop aventureux pour que sa pensée soit formidable en théorie, dévoile la dynamique du *sujet* pensant à travers sa pratique de sujet écrivant. À ce prix, il semble possible de déterminer ce que les *Essais* ont apporté à la philosophie : non à celle de l'âge classique, qui ne pouvait les assimiler qu'au prix d'une déformation radicale (celle qu'accomplit Charron en supprimant la première personne du singulier, et que ratifiera Pascal en substantivant « le moi »), mais peut-être à la nôtre, moins sûre de ses catégories et plus apte, espérons-le, à distinguer ce qui se profile en ces énigmatiques traces écrites d'une véritable réflexion.

32 III, 9, PUF p. 945, IN p. 249, Fol. p. 235.

« NOTRE LIBERTÉ VOLONTAIRE… »

Le *Contre Un* en marge des *Essais* [1990][1]

Montaigne l'avait décidé : au centre de son livre devait figurer le *Discours de la Servitude volontaire* de La Boétie. Il en est advenu tout autrement. En 1574 et 1576 ces pages sont publiées par les protestants, à l'appui de leur polémique contre le pouvoir royal ; Montaigne, estimant que ce détournement à des fins partisanes en fausse la portée, renonce à les insérer dans les *Essais* ; il leur « substituera » vingt-neuf sonnets de son ami. De plus, l'emplacement privilégié qui leur était réservé perd sa nature : en 1580, ce n'est plus que le « milieu » d'un premier livre moins volumineux que le second, et le centre de gravité de l'ensemble est déplacé vers la massive « Apologie de Raimond Sebond ». Pourtant, Montaigne laisse intactes, dans le chapitre « De l'amitié », les phrases qui annonçaient le *Discours* et justifiaient sa place ; il maintient même la formule de transition – « Mais oyons un peu parler ce garçon de dix-huit ans[2] » – quitte à expliquer sans ambages, à la ligne suivante, son revirement : « Parce que j'ai trouvé que cet ouvrage a été depuis mis en lumière, et à mauvaise fin […], je me suis dédit de le loger ici. » Si bien que le lecteur, en présence de ces traces indélébiles, ne peut pas ignorer sa frustration : il aurait dû trouver « ici » le chef-d'œuvre auquel le reste du livre aurait servi de cadre. On ne saurait mettre plus d'insistance à désigner le message effacé, et à solliciter quelque réflexion sur sa figuration en creux. Le présent article a pour but de déceler le sens de cette inscription virtuelle et du geste d'effacement qui attire sur elle l'attention.

Au préalable, il est nécessaire de déterminer la signification que le *Discours* aurait prise s'il avait été « mis en lumière » au lieu qui lui était

---

1 Paru dans *Europe, Montaigne / Jean Tortel*, 729-730, 1990, p. 72-82.

2 PUF p. 194, IN p. 327, Fol. p. 381 (« seize ans » dans la version de 1592).

prescrit. Pour cela, dissipons d'abord un malentendu. Michel Butor, qui le premier a signalé la fonction structurale du « centre » prévu, assigne au *Discours* le rôle d'une effigie autour de laquelle se disposeraient les figures d'un « tombeau » littéraire de La Boétie, sous forme d'une illustration des valeurs du « parfait gentilhomme », qu'il incarnait[3]. Or, s'il est vrai qu'aux yeux de Montaigne l'œuvre témoigne de son auteur, elle ne se réduit pas à un écran transparent où seul apparaîtrait le visage de celui-ci. De fait, le texte de présentation n'annonce pas un monument ni n'esquisse un portrait commémoratif de La Boétie. De l'homme et de ses qualités, l'essentiel avait déjà été dit dans les dédicaces de l'édition de ses œuvres, et surtout dans la lettre sur son agonie, placée en postface[4] : il s'agit maintenant de l'entendre « parler ». C'est donc bien le *Discours*[5] qui est désigné ici. Disons plus : il est indissociable du thème du chapitre. Montaigne note, comme incidemment, qu'il est à l'origine de ses relations avec La Boétie :

> Et si [= de plus] suis obligé particulièrement à cette pièce, d'autant qu'elle a servi de moyen à notre première accointance. Car elle me fut montrée longue pièce avant que je l'eusse vu, et me donna la première connaissance de son nom, acheminant ainsi cette amitié que nous avons nourrie, tant que Dieu a voulu, entre nous, si entière et si parfaite que certainement il ne s'en lit guère de pareilles, et, entre nos hommes [contemporains], il ne s'en voit aucune trace en usage[6].

Ne voyons pas là un simple détail biographique, qui, dans l'articulation du texte, n'assurerait qu'une transition. Ces lignes indiquent, très discrètement, un lien logique dont on mesurera toute la force en examinant le type de relation qui, selon La Boétie, unirait des hommes libres, et sa fonction dans le *Discours*.

---

3 *Essais sur les Essais*, Paris, Gallimard, 1968, p. 33, 44, 72-75.

4 Voir Gabriel-André Pérouse, « La lettre sur la mort de La Boétie et la première conception des *Essais* », *Montaigne et les Essais. 1580-1980*, éd. F. Moureau, R. Granderoute, Cl. Blum, Paris-Genève, Champion-Slatkine, 1983, p. 65-76.

5 La formule de transition citée plus haut ne se rapporte qu'au *Discours*. Quant aux 29 sonnets, Montaigne ne leur confère pas le même statut : « En échange de cet ouvrage sérieux, j'en *substituerai* un autre… » (PUF p. 195, IN p. 328, Fol. p. 382) – pour que l'expression ne soit pas pléonastique, il faut prendre le verbe « substituer » au sens très précis que lui donne l'ancien juriste : c'est en cas de décès ou de déchéance de l'héritier institué que le legs est attribué au tiers substitué, qui, sans cela, n'y aurait aucun droit.

6 PUF p. 184, IN p. 311, Fol. p. 367.

Une fois dénoncé le scandale de la « servitude volontaire », vient la vraie question : « Cherchons donc […] comment s'est ainsi si avant enracinée cette opiniâtre volonté de servir[7]. » Mais la réponse est différée : l'enquête méthodique succédant aux effets d'éloquence, il faut d'abord établir les fondements naturels de la liberté, jusque-là donnée comme allant de soi. « Premièrement, cela est, comme je crois, hors de doute que si nous vivions avec les droits que la nature nous a donnés, et avec les enseignements qu'elle nous apprend, nous serions naturellement obéissants aux parents, sujets à la raison, et serfs de personne » (p. 45). Pour prouver le troisième point, après avoir expédié les autres en deux phrases, La Boétie argumente : « s'il y a rien de clair et d'apparent en la nature […] c'est cela que la nature, le ministre de Dieu, la gouvernante des hommes, nous a tous faits de même forme […] afin de nous entreconnaître tous pour compagnons ou plutôt pour frères » (p. 46) ; l'inégalité même de ses dons a pour but de rendre nécessaire l'entr'aide, puisque nous ne sommes pas en ce monde « comme dans un camp clos » d'affrontement mutuel ; le langage enfin est destiné à « nous accointer et fraterniser davantage, et faire par la commune et mutuelle déclaration de nos pensées une communion de nos volontés » (p. 47). Conclusion : du moment que la nature « a montré en toutes choses qu'elle ne voulait pas tant nous faire tous unis que tous uns : il ne faut pas faire de doute que nous ne soyons tous naturellement libres, *puisque nous sommes tous compagnons* ; et ne peut tomber en l'entendement de personne que nature ait mis aucuns en servitude, nous ayant tous mis en compagnie[8] ». Pour déduire ainsi la liberté naturelle de la fraternité naturelle, il faut que La Boétie postule que cette fraternité est incompatible avec des rapports de sujétion. Sous-entendue ici, mais nécessaire à la cohérence logique du raisonnement, l'idée est exprimée plus loin, pour montrer que le « tyran » ne peut pas avoir d'amis : « étant au-dessus de tous et n'ayant point de compagnon, il est déjà au-delà des bornes de l'amitié, qui a son vrai gibier en l'équalité ; qui ne veut jamais clocher, ains est toujours égale » (p. 96). Compte tenu de cette précision, et de son rôle dans l'argumentation, il est clair que la notion d'« amitié » ne définit pas

7 *Discours de la servitude volontaire*, éd. André Tournon, Paris, Vrin, 2014, p. 45.

8 Voir l'analyse plus précise de Claude Lefort, « Le nom d'Un », dans l'éd. critique du *Discours*, Paris, Payot, 1985, p. 269-271. – Cette édition, où le texte, établi et muni de ses variantes par P. Léonard, accompagné d'analyses très incisives, est indispensable.

un rapport sentimental, si intense qu'il soit, mais un modèle de relations sociales, seul conforme aux exigences de la « nature, ministre de Dieu », et incompatible avec toute espèce de subordination, légitime ou non.

Dans le chapitre « De l'amitié », Montaigne commémore sans doute une expérience toute personnelle, d'un autre ordre – la communion d'esprit et de cœur qui le liait au seul La Boétie en vertu d'affinités mystérieuses, « au-delà de tout [s]on discours » ; mais son « discours », s'il ne peut dire pleinement ce qu'est l'amitié, vise à en définir au moins les conditions ; et il rejoint ainsi les perspectives philosophiques de La Boétie : « Il n'est rien à quoi *nature* nous ait plus acheminé qu'à la *société* [...]. Or le dernier point de sa perfection est cettui-ci[9] ». Reconnaissons d'emblée quelques différences : selon Montaigne, l'amitié ne fonde pas la sociabilité, mais la porte à la perfection ; et elle ne peut se distribuer entre tous les membres d'un groupe. Cela s'expliquera plus loin ; considérons pour l'instant ce qui procède du *Discours de la Servitude volontaire*.

Pour déterminer le rôle social de l'amitié, Montaigne disposait d'un modèle accrédité : les livres VIII et IX de l'*Éthique* d'Aristote[10], qu'il allègue plus tard dans une addition manuscrite, en marge de la phrase citée ci-dessus. Il s'en écarte. Le philosophe, comme par la suite ses imitateurs, regroupait sous le nom de *philia* les rapports de parenté, les communautés d'intérêt, les liens d'hospitalité et de clientélisme, les relations amoureuses et conjugales, les affiliations aux confréries, bref les solidarités de toute espèce, quitte à affirmer régulièrement que leur forme parfaite n'est pas tributaire des échanges de services, mais seulement de l'estime mutuelle, de personne à personne. Montaigne, au contraire, s'applique à marquer les différences, à dire ce que l'amitié n'est pas, pour délimiter, au contour de ces négations, ce qu'elle est, et qui ne peut se dire par concepts et catégories. Les rapports familiaux sont régis par des obligations naturelles et légales, alors que les amitiés se nouent et se perpétuent librement ; l'amour est désir d'un être de fuite, toujours partiellement étranger : « aussitôt qu'il entre aux termes de l'amitié, c'est-à-dire en la convenance des volontés, il s'évanouit et s'alanguit[11] » ;

9 PUF p. 184, IN p. 312, Fol. p. 368.
10 Hugo Friedrich (*Montaigne*, Paris, Gallimard, 1968, p. 256-257) a signalé les emprunts de Montaigne à Aristote, sans noter la différence des perspectives.
11 PUF p. 186, IN p. 314, Fol. p. 370.

le mariage, « c'est un marché qui n'a que l'entrée libre, sa durée étant contrainte et forcée, dépendant d'ailleurs que de notre vouloir[12] », et tous les dissentiments y trouvent place. Par opposition, l'amitié a pour condition essentielle une « communion des volontés » exempte de toute obligation, et permanente ; mais surtout, elle n'est possible qu'entre pairs. Dès le début elle est ainsi distinguée de l'affection filiale : « Des enfants aux pères, c'est plutôt respect. L'amitié se nourrit de communication, qui ne peut se trouver entre eux, pour la trop grande disparité[13] ». De même, lorsque Montaigne, dans une addition manuscrite, s'interroge sur la « licence grecque » (la relation homosexuelle) qu'il s'était borné à réprouver d'un mot dans la première version, il l'oppose à l'amitié en raison de « la nécessaire disparité d'âge et différence d'offices entre les amants[14] ». L'exemple traditionnel d'Harmodios et Aristogiton lui fait un instant oublier ce grief, pour noter que les anciens tenaient ces amours pour sacrées, y voyant « la principale défense de l'équité et de la liberté » contre « la violence des tyrans et lâcheté des peuples[15] ». Mais le propos se conclut en revenant à son point de départ : la vraie amitié est une « façon plus équitable et plus équable[16] ». Les termes soulignés ici convergent sur le même point : il n'est pas d'amitié dès que sont instaurés des rapports d'inégalité et de sujétion, même aussi naturels que le respect que le fils doit à son père. Contre Aristote[17], et contre la conception traditionnelle de la *philia*, Montaigne soutient le postulat en vertu duquel son ami avait déduit la liberté des hommes de leur fraternité naturelle[18].

La contrepartie positive du pamphlet contre l'assujettissement est ainsi reflétée et vérifiée par le chapitre « De l'amitié », témoignage de la relation exemplaire qui unissait Montaigne et La Boétie ; si bien qu'à l'interférence des deux textes se dessine le modèle de la « société » humaine parvenue au « dernier point de sa perfection ». Pour le marquer, un mot

12 PUF p. 186, IN p. 315, Fol. p. 370-371.
13 PUF p. 184, IN p. 312, Fol. p. 368.
14 PUF p. 187, IN p. 316, Fol. p. 371.
15 PUF p. 188, IN p. 317, Fol. p. 372.
16 PUF p. 188, IN p. 317, Fol. p. 373.
17 Voir *Éthique*, VIII, 7, où sont examinées les conditions d'une amitié entre partenaires inégaux : pour rétablir l'équilibre, il suffit que le supérieur soit objet d'une amitié proportionnée à son rang, et, inversement, que l'inférieur reçoive une amitié moindre...
18 Rabelais (*Gargantua*, chap. 57) avait également associé ces valeurs, mais par une déduction inverse : la liberté de chacun des Thélémites fondait la solidarité de tous.

« bastant, quoique serré ». On lit, au sujet des relations de parenté : « à mesure que ce sont amitiés que la loi et l'obligation naturelle nous commande, il y a d'autant moins de notre choix et *liberté volontaire*. Et *notre liberté volontaire* n'a point de production qui soit plus proprement sienne, que celle de l'affection et amitié[19] ». L'expression soulignée ici est, de toute évidence, calquée sur le titre du *Discours de la Servitude Volontaire*. Elle résume le sens que devait prendre celui-ci dans les *Essais*. Ou plutôt, l'inflexion nouvelle qui lui était donnée.

En effet, la notion centrale en est modifiée. Pour condamner la « servitude volontaire », La Boétie présupposait une liberté originelle, abandonnée, oubliée par un incompréhensible aveuglement, mais toujours prête à ressurgir par simple décision : « Soyez résolus de ne servir plus, et vous voilà libres » (*Discours*, p. 44), car le désir de liberté ne fait qu'un avec la liberté elle-même[20]. Selon cette perspective, si l'expression « servitude volontaire » fait figure d'oxymore, celle de « liberté volontaire » serait un pléonasme. En inscrivant par deux fois cette dernière formule, Montaigne présuppose, au contraire, les forces d'assujettissement contre lesquelles « notre liberté volontaire » doit s'affirmer. Il met l'accent sur le choix conscient, toujours à réitérer, par lequel s'effectue l'affranchissement : à ses yeux, la liberté n'est pas une donnée immédiate, elle se réalise et s'essaie, peut-être se conquiert, dans l'acte volontaire. Car il compte avec les obligations et contraintes dont le réseau ramifié dans toutes les structures sociales régit les relations entre les hommes, investit leurs comportements et jusqu'à leurs pensées. On comprend alors pourquoi cette « amitié » entre pairs qui devrait être le lien social par excellence ne peut, selon lui, que réunir deux êtres, à la faveur d'une « rencontre » si exceptionnelle que « c'est beaucoup si la fortune y arrive une fois en trois siècles[21] ». Chez ses contemporains, il n'en voit « aucune trace en usage » : c'est que le monde qu'il découvre autour de lui, fait de hiérarchies, de rivalités et de marchandages, s'y oppose de toute sa force. La Boétie lui-même, en dépit de sa théorie, avait déploré que les esprits libres fussent réduits à ne « s'entreconnaître point ; la liberté leur est toute ôtée, sous le tyran, de faire, de parler et quasi de penser : ils deviennent tous singuliers en leurs fantaisies » (*Discours*, p. 65-66).

19 PUF p. 185, IN p. 313, Fol. p. 368.
20 Cl. Lefort, art. cité, p. 262.
21 PUF p. 184, IN p. 311-312, Fol p. 367-368.

En somme, Montaigne adopte les valeurs auxquelles se réfère le *Discours*, mais les reformule en termes de volonté, d'effort et de choix, aux prises avec le réel contre lequel elles doivent s'imposer. Cela n'a pas pour effet d'en limiter la portée, ni d'en édulcorer l'expression. Au contraire : l'antagonisme entre la vocation de liberté et la pesanteur des entraves sociales est avivé au point de provoquer une autre inflexion remarquable dans la présentation du *Discours*. La Boétie s'interrogeait principalement sur le consentement des peuples à la servitude ; Montaigne traduit son propos en un réquisitoire « à l'honneur de la liberté contre les tyrans[22] » ; et il cautionne le titre agressif donné à l'ouvrage dans les *Mémoires de l'Estat de France*, en dépit des intentions qu'il réprouve, plus loin, chez ses éditeurs protestants : ceux qui « ont ignoré » le premier titre, écrit-il, « l'ont bien proprement depuis rebaptisé le Contre Un[23] ». Cela peut surprendre. Tel commentateur n'en croit pas ses yeux et prend le parti, sans le dire, de retoucher (« ... l'ont bien improprement... ») le texte qu'il fait mine de citer[24]. Son procédé, si étrange qu'il paraisse, a du moins le mérite de déceler une difficulté : comment Montaigne pouvait-il, au début de son chapitre, accentuer l'aspect polémique du *Discours*, et l'atténuer à la fin, en disculpant La Boétie des intentions séditieuses que risquaient de lui prêter ses lecteurs ?

Mais l'a-t-il vraiment atténué en ces dernières pages ? La seule phrase qui paraisse marquer une réserve ne porte pas sur le fond : elle nous « avise que ce sujet fut traité par [La Boétie] en son enfance, par manière d'exercitation seulement, comme sujet vulgaire et tracassé en mille endroits des livres[25] ». Cela ne diminue en rien la portée philosophique du texte. Éloquence livresque ? Les références à l'antiquité sont, au XVIe siècle, un gage de sérieux ; quant à l'éloquence, elle ressortit au genre de la *declamatio*, dont Jean Lafond a défini le statut et les ressources : spéculation gratuite, détachée de la conjoncture historique, la *declamatio* permet de « traiter le problème politique en toute rigueur, sans prendre en considération l'application éventuelle des conclusions à la réalité sociale

22 PUF p. 184, IN p. 310, Fol. p. 367.

23 PUF p. 183, IN p. 310, Fol. p. 366-367.

24 « Aussi [Montaigne] condamne-t-il ceux qui, fort ignorants des intentions de l'auteur, dans son fameux *Discours de la Servitude volontaire*, l'ont "bien improprement" rebaptisé Le Contre Un », Jacques de Feytaud, « Valet de trèfles ou l'Honneur des Armes, V », *Bulletin de la Société des Amis de Montaigne*, n° 9-10, janvier-juin 1982, p. 8.

25 PUF p. 194, IN p. 327, Fol. p. 382.

et politique [...]. Le discours qu'elle développe ressortit à une rhétorique de la pure vérité[26] ». Ajoutons que le terme d'*exercitation* employé ici par Montaigne est le doublet de celui d'*essai*, qui figure plus haut dans une formule similaire (« Il l'écrivit par manière d'essai[27]... »). Or, l'essai donne à connaître, reflétées dans le sujet dont il traite, les convictions de l'écrivain, et « la mesure de sa vue » ; il ne transmet pas un savoir, mais produit un témoignage, avec pour seule garantie la parole donnée, et pour visée l'assentiment libre du lecteur sollicité par des procédés d'énonciation dont Pierre Malandain a précisément relevé la présence et l'efficacité dans le *Discours* de La Boétie[28]. Selon cette perspective, les phrases suivantes prennent tout leur poids : « Je ne fais nul doute qu'il ne crût ce qu'il écrivait, car il était assez consciencieux pour ne mentir pas même en se jouant. Et sais davantage que, s'il eût eu à choisir, il eût mieux aimé être né à Venise qu'à Sarlac – et avec raison[29] ». Il n'en faut pas plus pour authentifier le message et, par les trois derniers mots[30], marquer une entière adhésion aux idées qu'il exprime. Seulement ces idées sont en conflit avec le souci de loyalisme et de discipline, qui prévaut contre elles : « Mais il avait une autre maxime souverainement empreinte en son âme, d'obéir et de se soumettre très religieusement aux lois sous lesquelles il était né[31] ». Montaigne constate une antinomie entre les thèses du *Discours* et la maxime qui régissait le comportement civique de son ami ; il ne cherche pas à la réduire.

Il aurait pu cependant protester contre un malentendu sur le fond du problème, en faisant valoir les distinctions traditionnelles entre le monarque légitime et le « tyran », entre l'autorité et l'oppression[32]. Il s'en abstient ;

26 « Le *Discours de la servitude volontaire* de La Boétie et la rhétorique de la déclamation », *Mélanges à la mémoire de V.-L. Saulnier*, Genève, Droz, 1984, p. 744 et 741.

27 PUF p. 183-184, IN p. 310, Fol. p. 367.

28 « La Boétie et la politique du texte », *Réforme, Humanisme, Renaissance*, n° 12, Déc. 1980, p. 33-41. – Sur la notion d'essai, comme mode d'écriture et démarche philosophique, voir mon ouvrage *Montaigne. La glose et l'essai*, Presses Universitaires de Lyon, 1983, p. 260-263 et 270-273 (partiellement repris et précisé dans *Montaigne en toutes lettres*, Paris, Bordas, 1989, p. 74-82).

29 PUF p. 194, IN p. 327-328, Fol. p. 382.

30 Ajoutés en 1582, sous la forme « et avait raison » ; la variante manuscrite, « et avec raison », exprime la même approbation (s'il ne s'agissait que des arguments de La Boétie, le mot « raison » serait au pluriel).

31 PUF p. 194, IN p. 328, Fol. p. 382.

32 Dans l'introduction de l'édition GF, Simone Goyard-Fabre use de l'« implicite », du « sous-jacent » et du « non-dit » du *Discours de la servitude volontaire* pour attribuer à La

et l'on ne saurait lui donner tort. La Boétie, dès la première page, écarte le stéréotype du « bon roi » en faisant observer qu'« il est toujours en sa puissance d'être mauvais quand il voudra » (*Discours*, p. 32) ; il refuse à « la monarchie » un rang parmi les systèmes politiques « pource qu'il est malaisé de croire qu'il y ait rien de public en ce gouvernement où tout est à un » (p. 33) ; et surtout il confond dans la même réprobation des « trois sortes de tyrans » – le conquérant, le prince choisi par le peuple, et l'héritier légitime de la couronne : « pour en dire la vérité, je vois bien qu'il y a entre eux quelque différence ; mais de choix je n'y en vois point, et étant les moyens de venir aux règnes divers, toujours la façon de régner est quasi semblable : les élus, comme s'ils avaient pris les taureaux à dompter, ainsi les traitent-ils ; les conquérants en font comme de leur proie ; les successeurs pensent d'en faire ainsi que de leurs naturels esclaves » (p. 52). Cela revient à neutraliser quant à ses effets la distinction classique entre le « tyran sans titre », conquérant ou usurpateur, et le « tyran d'exercice », prince légitime qui opprime ses sujets. Par là pourtant, depuis le traité *De tyrannide* de Bartole, passait la démarcation entre le droit à l'insurrection ou à la désobéissance (envers le premier) et le devoir de soumission (envers le second). Cette distinction est observée même dans les écrits les plus hostiles à la monarchie absolue : les *Vindiciae contra tyrannos*, par exemple, où la rébellion contre le « tyran sans titre » est prescrite à tous, alors qu'elle n'est autorisée qu'à l'initiative des représentants du corps politique (officiers de la couronne, magistrats, etc.) lorsqu'elle vise le « tyran d'exercice[33] ». La Boétie la connaît, et refuse d'en tenir compte. Plus généralement, on cherche en vain dans son *Discours* des formules d'allégeance envers un pouvoir autre que celui des lois de la cité, et des magistrats qui en contrôlent l'application.

Boétie une théorie du « pouvoir de l'État » (distinct du pouvoir du chef) conforme à l'« essence du politique » (1983, p. 86-88) ; ce qui lui permet d'affirmer : « La Boétie ne met pas en accusation l'idée de gouvernement. Il sait qu'à raison de sa nature, l'homme, comme dira Kant en une magistrale formule, "a besoin d'un maître". » (p. 91 – peut-être le « sait »-il, mais il écrit exactement le contraire). L'analyse conduit à déceler dans le *Discours* une « intuition contractualiste » (p. 102-106) : le pouvoir du prince dépend du consentement du peuple, obtenu par un « pacte de gouvernement » (p. 104), et révocable. – Soit ; mais La Boétie décrit ce pacte comme un consentement à la « servitude », qui rend possible l'exercice du pouvoir, mais ne le légitime pas.

33 *Vindiciae contra tyrannos*, trad. française de 1581, Genève, Droz, 1979, p. 207-212 (sur l'insurrection contre le tyran sans titre), 219-220 et 236-238 (sur la résistance au tyran d'exercice).

Sans contester le radicalisme de l'ouvrage, il était possible, à la rigueur, d'insister sur sa modération : il ne préconise pas la révolte, mais le refus d'obéissance. Cette interprétation, en fait, ne s'impose pas ; car La Boétie n'hésite pas à approuver les « tyrannicides » de l'antiquité : « Harmodios, Aristogiton, Thrasybule le vieux, Valèrius et Dion, comme ils l'ont vertueusement pensé, l'exécutèrent heureusement : en tel cas, quasi jamais à bon vouloir ne défaut la fortune » (p. 67) ; il ne blâme que les conspirateurs qui désirent « non pas ôter, mais remuer la couronne » (p. 67-68), c'est-à-dire prendre eux-mêmes la place du tyran[34]. Dans son argumentation, l'efficacité attribuée à la résistance passive a pour principal rôle de rendre plus étonnante la soumission : comment comprendre que les peuples restent assujettis alors qu'il leur suffirait de ne pas obéir, sans même courir le risque d'une insurrection et des violences qu'elle entraîne ? Mais on admettra que La Boétie ait privilégié cette résistance passive parce qu'il avait horreur de l'émeute, comme tous les humanistes, et redoutait la tyrannie de la foule en armes autant que celle du prince. On pourrait même situer en ce point la seule conciliation possible entre son respect des institutions et la hardiesse du *Discours*. Le refus d'obtempérer avait en effet un modèle institutionnel, bien connu et approuvé dans les milieux que fréquentait le futur conseiller au Parlement de Bordeaux. Les cours souveraines donnaient force de loi aux ordonnances royales en les enregistrant ; et elles revendiquaient le droit de ne pas accomplir cet acte, quitte à justifier leur refus par des « remontrances », lorsqu'une ordonnance portait atteinte aux « bonnes coutumes » du royaume ou de la province. Ce combat d'arrière-garde contre le centralisme monarchique s'est poursuivi tout au long du XVIe siècle ; peu efficace, et inspiré plus souvent par l'esprit de caste que par le souci de protéger le peuple, il manifestait, au moins en principe, une velléité d'autonomie ; et c'était le type même de la résistance passive, sans violence ni usurpation de pouvoir : les parlements récalcitrants se bornaient à ne pas rendre exécutoires les ordonnances, tout en protestant de leur respect envers le roi. La Boétie généralise : chacun, en dernière analyse, enregistre les ordres en sa conscience lorsqu'il accepte de s'y

34 C'est à ces prétendants à la tyrannie que s'applique la maxime : « Il ne faut pas abuser du saint nom de liberté pour faire mauvaise entreprise » (p. 68) : S. Goyard-Fabre l'étend indûment à toute entreprise visant à « ébranler la servitude » (éd. citée, p. 109-110). Elle attribue de même à l'écrivain une condamnation sans appel du tyrannicide (p. 100).

conformer autrement que par force ; chacun pourrait refuser cet assentiment. Mais le juriste qu'il était devait penser, plus concrètement, aux responsabilités des magistrats soucieux de préserver les « franchises » de leur province[35].

Reste que Montaigne n'a pas un seul mot pour signaler l'aspect pacifique du type de contestation proposé par le *Discours*, en réplique aux violences des fauteurs de guerre civile. Au contraire, nous avons vu qu'il acceptait le titre provocateur de « Contre Un » inventé par ceux-ci ; et, sans désavouer une ligne du texte, ni au nom de La Boétie ni en son propre nom, il lui oppose simplement l'« autre maxime », d'obéissance civique. Dans ces conditions, les traces qui marquent l'emplacement du *Discours* dans les *Essais* définissent les contours d'un problème : comment vivre libre en acceptant un système politique fondé sur la sujétion ? La Boétie, pour lui-même et pour tous, revendiquait les droits de la liberté contre les empiètements du pouvoir, bon plaisir du prince ou exactions de ses agents ; il n'en donnait pas moins l'exemple du loyalisme et de la discipline, à en juger par sa conduite, et aurait réprouvé toute sédition. En enrôlant son *Discours* au service de leur polémique, les pamphlétaires de 1574 et de 1576 font éclater la contradiction. Montaigne assume celle-ci, conformément à sa propre lecture, qui tend à confronter la volonté d'émancipation avec les contraintes inhérentes à l'édifice politique et social. Et il désigne cette contradiction en agençant son chapitre « De l'amitié » de manière à y représenter textuellement une parole réfrénée. Le lecteur sait, dès les premières lignes, qu'il doit trouver à la fin, pour pièce centrale du livre, une déclaration d'affranchissement : le double titre et sa glose l'ont averti. Il rencontre plus loin une de ces formules que Montaigne, habituellement, juge superflues[36], pour attirer encore

35 Indice de cette arrière-pensée : il adresse à Longa, conseiller au Parlement de Bordeaux, une allusion transparente au « formulaire » (p. 77 et voir la note 68 p. 158 de S. Goyard-Fabre) par lequel le roi prétendait justifier ses édits au nom du bien commun, en réponse aux réticences des corps constitués. On peut faire des conjectures analogues sur le sens historique des violentes attaques contre les « tyranneaux » (p. 84-87) grâce auxquels le despote arrive à contrôler l'ensemble du corps politique : la prolifération des officiers royaux, auxquels sont dévolus, entre autres charges, « le gouvernement des provinces, ou le maniement des deniers » (p. 86) porte ombrage à ces mêmes parlementaires, irrités de voir transférer aux agents du pouvoir central des responsabilités administratives qu'ils avaient détenues.

36 « Je ne veux pas qu'on s'emploie à me rendre attentif, et qu'on me crie cinquante fois : Or oyez ! à la mode de nos Hérauts […], ce sont autant de paroles perdues pour moi » (II, 10, PUF p. 414, IN p. 134, Fol. p. 128).

son attention, et la stimuler : « Mais *oyons un peu parler*[37]... ». Puis, dans l'édition de 1580, trois astérisques alignés – le silence. Et une explication : prise dans le flux des événements, la parole libertaire est devenue un acte, inconciliable avec la discipline civique ; elle ne peut plus être proférée, non pas en raison de sa hardiesse (périlleuse dès le premier jour), mais en raison de son efficacité utilisée « à mauvaise fin ». Reste donc à la taire ; mais par « un taire parlier et bien intelligible[38] » qui interdise d'oublier qu'elle aurait dû retentir.

Ses échos du moins se répercutent dans tous les *Essais*. Inutile de rappeler ici les déclarations d'indépendance intellectuelle, morale et politique, les protestations contre toute forme d'assujettissement que l'on trouve sous la plume de Montaigne, plus vigoureuses à chaque étape de son œuvre[39]. Elles sont connues ; et, à les placer en exergue, on risquerait d'en altérer la nature. Car le florilège masquerait le travail de méditation et de réflexion par lequel l'écrivain ne cesse de s'affranchir des entraves idéologiques, externes ou internes, et prolonge sans fin, à l'épreuve du réel et des textes, l'essai de sa « liberté volontaire ». Revenons plutôt vers cette zone d'ombre creusée dans le livre par l'absence du *Discours sur la Servitude volontaire*, pour l'interroger une dernière fois, sur la place qu'elle occupe.

« Au plus bel endroit et milieu », en vertu de considérations picturales, devait être exposé un « tableau riche, poli et formé selon l'art[40] ». Il y est, jusqu'en 1588 : ce sont les « Vingt et neuf sonnets d'Etienne de La Boétie » qui forment le chapitre 29, avec leur dédicace à la Grande Corisande. Mais ce « tableau » n'est pas le vrai, ce « milieu » n'est pas au centre de l'œuvre, le peintre a triché avec son esthétique pour produire un mirage que dissiperont quelques biffures sur l'Exemplaire de Bordeaux, avec la brève mention : « Ces vers se voient ailleurs. » Le *Discours* retranché, lui, se situe dans un autre espace, sans rapport avec les arts décoratifs ; espace mental dont le « milieu », s'il en est,

37 I, 27, PUF p. 194, IN p. 327, Fol. p. 381.

38 II, 12, PUF p. 454, IN p. 194, Fol. p. 182.

39 Voir, sur la pensée politique de Montaigne, la synthèse de Géralde Nakam, *Les Essais de Montaigne, miroir et procès de leur temps*, Paris, Nizet, 1984, 1re partie, chap. III ; et, sur la hardiesse croissante de son expression, du même auteur, *Montaigne et son temps*, Paris, Nizet, 1982, p. 188-190. Voir également les actes du Colloque de Bordeaux (1981), *Les écrivains et la politique* (4e centenaire de l'accession de Montaigne à la mairie de Bordeaux), Presses Universitaires de Bordeaux, 1982.

40 PUF, p. 183, IN p. 310, Fol. p. 366.

serait déterminé par des convergences de problèmes et d'idées. Et son statut n'est pas celui d'un « tableau », ni même d'un discours. Inscrit à l'endroit prévu, il aurait sans doute « honor[é] tout le reste de cette besogne[41] » en l'éclairant par une sorte de manifeste. Écarté, il se profile en marge du livre comme une sommation muette, une question en suspens. Parce qu'il n'a pas pu y figurer, il rappelle que ces lois du pays auxquelles il faut « se soumettre très religieusement » régissent une société répressive, hiérarchisée et conflictuelle, en butte à des entreprises violentes qui l'empireraient encore. Parce qu'il ne peut être rétracté, il affirme toujours qu'il faut refuser toute espèce de sujétion, quel qu'en soit le prétexte, et démasquer, en soi et autour de soi, les concessions ou connivences par lesquelles chacun, s'il n'y prend garde, coopère à son propre asservissement comme à celui de tous. Ce centre en clair-obscur polarise les méditations politiques des *Essais* en recherche d'une attitude juste, qui puisse conjuguer le loyalisme et l'indépendance intransigeante. Au risque de paraître « singulier en ses fantaisies », Montaigne adopte sans réserve les valeurs proclamées par son ami, mais pose le problème de leur inscription dans le réel, du difficile apprentissage qui conduit à penser, parler et vivre en homme libre, et à instaurer avec chacun, d'égal à égal, des relations fraternelles. Deux siècles plus tard, cela s'est gravé en devise. L'apprentissage continue.

41 PUF p. 183, IN p. 310, Fol. p. 366.

L'ARGUMENTATION PYRRHONIENNE

Structures d'essai dans le chapitre « Des Boiteux » [1986][1]

Que déclare Montaigne, dans le chapitre « Des Boiteux », au sujet des phénomènes de sorcellerie ? À ceux qui en font état, il oppose, dit l'une, « des dénégations fortes, sans laisser aucune marge au flou ni à l'hésitation[2] » – « Sa réserve », dit l'autre, « ne va jamais jusqu'à la négation[3] ». Qu'ils aient tous deux raison, on le croira sans peine, si l'on voit bien à qui je pense. Reste seulement à montrer comment le texte vérifie leurs assertions contraires et permet de les composer entre elles ; ce qui donnera lieu à quelques remarques sur l'argumentation de Montaigne et sur ses rapports avec la zététique pyrrhonienne rénovée par la pratique de l'*essai*.

Pour premier repère, le titre, pris à la lettre. Écartons l'hypothèse insoutenable d'une tentative de camouflage ; et renonçons aux métaphores, pour admettre, naïvement, que les « boiteux » en question ne sont autres que les claudicants des deux sexes dont il est question à la fin. À quel titre méritent-ils le privilège d'être signalés ainsi à l'attention du lecteur ?

Ils sont bizarrement introduits : « À propos ou hors de propos, il n'importe[4]... » – formule unique dans les *Essais*, qui non seulement isole le texte, présenté comme une sorte d'épilogue, mais semble même en contester la pertinence. Pourtant, une page plus loin, Montaigne le raccorde à la thèse initiale : « Ces exemples servent-ils pas à ce que je

1 Paru dans *Montaigne, Les derniers essais*, *Cahiers Textuel 34/44*, éd. Françoise Charpentier, 1986, n° 2, p. 73-85.

2 Géralde Nakam, *Les Essais de Montaigne, miroir et procès de leur temps*, *op. cit.*

3 Jean Céard, *La nature et les prodiges. L'insolite au* XVIe *siècle en France*, Genève, Droz, 1977, p. 425.

4 III, 11, PUF p. 1033, IN p. 379, Fol. p. 359.

disais au commencement[5] ? ». Combinées entre elles, les deux indications donnent aux remarques sur les boiteux et boiteuses le statut de figure marginale, sorte d'emblème qui ne se rapporte pas spécialement à tel ou tel point de l'argumentation ni à son objet (et reste donc « hors de propos ») mais fournit pour celle-ci un modèle logique, d'après lequel on peut la situer dans la philosophie de Montaigne.

Le passage est composé de manière à cerner très précisément ce modèle. Après avoir cité le proverbe et l'exemple qui célèbrent les capacités sexuelles des boiteux, Montaigne présente (« J'eusse… ») son explication du phénomène, puis celles d'Aristote ; et il enchaîne sur le cas similaire, des tisserandes. La série des explications controuvées se poursuivra plus loin, avec les hypothèses contraires du Tasse et de Suétone, sur les effets anatomiques de l'équitation, et de Virgile, sur les raisons de l'écobuage. Mais au centre, juste après la formule déjà citée qui raccorde le tout au « commencement » du chapitre, Montaigne revient soudain sur le cas de la boiteuse :

> Outre la flexibilité de notre invention, à forger des raisons à toute sorte de songes, notre imagination se trouve pareillement facile à recevoir des impressions de la fausseté, par bien frivoles apparences. Car par la seule autorité de l'usage ancien et public de ce mot, je me suis autrefois fait accroire avoir reçu plus de plaisir d'une femme, de ce qu'elle n'était pas droite, et mis cela en recette de ses grâces[6].

L'analyse est modifiée. La question des « causes » s'efface, au profit d'une autre, plus incisive : il s'agit maintenant des leurres fabriqués par l'« imagination » (c'est-à-dire la faculté de représentation, la *phantasia* qui élabore les images à partir des données sensibles). De la critique de la raison et de ses vaines spéculations, on passe donc à celle d'une instance mentale intermédiaire entre celle-ci et la sensation ; exactement au point où la perception entre en concurrence ou en combinaison avec les fantasmes, où naissent les « songes » que des hypothèses étiologiques viendront accréditer. C'est là un lieu stratégique des controverses entre stoïciens et sceptiques[7], et aussi du débat entre Wier et Bodin sur la sorcellerie ; si bien que ces quelques lignes se rattachent non seulement

5 PUF p. 1034, IN p. 380, Fol. p. 360.
6 PUF p. 1034, IN p. 380, Fol. p. 360.
7 Jean-Paul Dumont, *Le scepticisme et le phénomène*, Paris, Vrin, 1972, p. 117-125.

au « commencement », mais à l'ensemble de l'argumentation, et à son objet principal. Or, à cet endroit précis, Montaigne revient à sa boiteuse pour constater, justement, qu'il a cédé lui-même au mirage collectif : « Je me suis autrefois fait accroire avoir reçu plus de plaisir… » – contre le témoignage le plus irrécusable de ses sens, il a fait prévaloir l'autorité du proverbe. Il voit maintenant dans cette fantaisie érotique la matière d'un *essai* (effectué jadis) du consentement intime à l'erreur ; et l'on sait quelle leçon il tire de ce genre d'expérience : « Qui se souvient de s'être tant et tant de fois mécompté de son propre jugement, est-il pas un sot de n'en entrer pour jamais en défiance[8] ? ». Par de telles réflexions critiques se réitère sans cesse le geste initial du pyrrhonisme de Montaigne, déclenchant le travail de la zététique intérieure : réserve dubitative (*epochè*) sur la validité de telle croyance et retour sur les processus mentaux qui la produisent ou l'accréditent – ici, les suggestions de l'opinion commune[9] renforcées par les explications imaginées. Compte tenu de cela, on sera un peu moins surpris par le titre du chapitre : il désigne, dans le texte, une opération d'*essai* (prendre conscience d'une erreur) sur le registre personnel – un modelé, réduit et déplacé, du travail accompli par l'argumentation des pages précédentes ; ce que confirme la conclusion, dont je parlerai plus tard.

Une remarque encore, sur le même passage. Il s'agit bien d'une erreur ; mais cela est déclaré d'un mot, qui tire toute sa force de l'articulation logique du contexte : « Notre imagination se trouve facile à recevoir des impressions de la fausseté. Car […] je me suis autrefois fait accroire… ». Montaigne ne prend pas la peine de réfuter ce témoignage de son « imagination » : il est entendu d'avance qu'il est futile, et que l'explication qu'il s'en est donnée était spécieuse, comme celles d'Aristote. Bref, il « élide la vérification » du fait, en le situant simplement dans le domaine qu'il explore, des « songes », des « frivoles apparences », de l'« inanité ». On ne discute pas un fantasme, individuel ou collectif ; on l'enregistre comme tel, et on l'explique. Passons à la limite : il reste fantasme même si « la fortune, ou quelque particulier accident[10] » le font coïncider avec un fait. Après tout, Montaigne ne dit rien des talents de la dame ; l'« honnêteté », sans

8 III, 13, PUF p. 1074, IN p. 439, Fol. p. 416.

9 Voir Jean-Yves Pouilloux, *Lire les* Essais *de Montaigne*, Paris, Maspero, 1969, p. 80.

10 PUF p. 1033, IN p. 379, Fol. p. 359.

doute ; mais surtout, cela n'avait rien à voir avec la vraie question : comment ai-je pu m'en faire accroire ainsi ?

Par ce qu'il dit et par ce qu'il laisse entendre, l'épilogue privilégié par le titre esquisse les linéaments d'une démarche critique dont les différentes opérations (doute, réfutation, mise à l'écart) sont effectuées concurremment dans la discussion sur les prodiges et la sorcellerie, corps central du chapitre. En celle-ci, deux discours se superposent. L'un est une argumentation explicite, à l'usage des juristes, qui se cantonne dans les limites d'un pyrrhonisme strict, et en tire toute sa force. L'autre, qui dépasse ces limites, prend la forme plus discrète d'un réseau d'assertions indirectes et d'implications ; il manifeste l'incrédulité, au sens fort du terme. Pour plus de clarté, je les examinerai séparément.

Aux magistrats chasseurs de sorcières, Montaigne réplique par un principe de droit criminel : « À tuer les gens, il faut une clarté lumineuse et nette[11] » – règle déjà rappelée par Wier, et scandaleusement inversée par Bodin qui subordonnait à ce critère d'évidence non la condamnation, mais l'acquittement des inculpés de sorcellerie[12]. Il lui suffit dès lors de plaider le doute, en utilisant contre Bodin l'argument même que celui-ci opposait à Wier pour récuser les explications naturelles : « Ce n'est pas fait en Mathématicien ni en Philosophe d'assurer témérairement une chose qu'on n'entend point : mais il faut en ce cas voir l'effet, et ce qu'on dit, *hoti esti*, et laisser à Dieu la cause, c'est-à-dire *di'hoti*[13] ». Pour lui retourner l'objection, il suffit de constater que le démonologue, lui aussi, prétend connaître la cause du phénomène lorsqu'il impute celui-ci aux pouvoirs sataniques. Assimiler des cas examinés par les tribunaux aux sortilèges attestés par la Bible, cela requiert une hypothèse étiologique : « Pour accommoder les exemples que la divine parole nous offre de telles choses – très certains et irréfragables exemples – et les attacher à nos événements modernes, *puisque nous n'en voyons ni les causes ni les moyens*, il y faut autre engin que le nôtre. Il appartient, à l'aventure, à ce seul très puissant témoignage de nous dire : Cettui-ci en est, et celle-là, et non cet autre[14] ».

11 PUF p. 1031, IN p. 376, Fol. p. 356.

12 Signalé par G. Nakam, *op. cit.*, p. 388-390.

13 Jean Bodin, *De la Demonomanie des sorciers*, Anvers, Arnould Coninx, 1586, p. 418, reprenant à l'adresse de Wier une formule de la préface, signet ++2. Signalé par Marianne S. Meijer, « *Guesswork or Facts : Connections between Montaigne's Last Three Chapters* », dans *Montaigne : Essays in Reading*, *Yale French Studies*, n° 64, 1983, p 67-179.

14 PUF p. 1031, IN p. 375, Fol. p. 355.

Le raisonnement est sans faille, surtout dans la version de 1595, depuis la satire initiale de ceux qui inventent des causes occultes, hors de la portée de l'homme, jusqu'à la conclusion décisive : « Après tout : c'est mettre ses *conjectures* à bien haut prix, que d'en faire cuire un homme tout vif[15] ».

Mais sur ces bases, rien ne permet de nier la possibilité de la sorcellerie, ni même de s'inscrire en faux contre ses théoriciens. Montaigne le concède volontiers, conformément à ses propos antérieurs[16], et, plus généralement, au pyrrhonisme dont il fait preuve dans ce même chapitre, avant et après 1588. Telle est sa réponse aux démonologues : « Qu'ils gourmandent ceux qui accusent de fausseté leur opinion. Je ne l'accuse que de difficulté et de hardiesse, et condamne l'*affirmation opposite*, également avec eux – sinon si impérieusement[17] ». Ce n'est pas timidité – il vient à l'instant de défier les censeurs – mais rigueur logique : le doute requis « ès choses de difficile preuve, et dangereuse créance[18] » interdit de se rallier sans réserve à l'une des deux thèses en conflit. Reste toujours, pour les départager, le critère des conséquences : « Pour une altercation verbale et scolastique, qu'ils aient autant d'apparence que leurs contradicteurs ; mais en la conséquence effectuelle qu'ils en tirent, ceux-ci ont bien de l'avantage[19] » car ils concluent par un non-lieu, là où les premiers prononcent une sentence de mort. À supposer des raisons également téméraires de part et d'autre, la *lenior sententia* doit l'emporter, selon le droit. Pour le magistrat, cela suffit : « À tuer les gens, il faut une clarté lumineuse et nette[20] » ; il ne peut y en avoir ; tout est dit.

Tout n'est pas dit cependant, puisque ce schéma démonstratif jalonne le texte sans en suivre les détours. Si l'on refuse de tenir ceux-ci pour des vagabondages fortuits, ou des ressassements, il faut y chercher quelque chose qui excède la portée de la stricte argumentation.

Revenons au point de départ de celle-ci, sur les « causes ». Dans la version de 1588, la critique des conjectures étiologiques ne renvoyait pas à une théorie des limites du savoir ; elle introduisait seulement le projet de découverte des erreurs sur les faits par simple constat négatif : « Ils commencent ordinairement ainsi : Comment est-ce que cela se fait ?

15 PUF p. 1032, IN p. 378, Fol. p. 358.
16 I, 17, PUF p. 178, IN p. 303, Fol. p. 359.
17 III, 11, PUF p. 1031, IN p. 376, Fol. p. 356.
18 PUF p. 1032, IN p. 377, Fol. p. 357.
19 PUF p. 1031, IN p. 376, Fol. p. 356.
20 PUF p. 1031, IN p. 376, Fol. p. 356.

– Mais se fait-il ? faudrait-il dire [...]. Je trouve quasi partout qu'il faudrait dire : Il n'en est rien[21] ». Serait-ce donc un faux départ, qui ne prendrait de sens que plus tard, grâce à l'addition sur les « plaisants causeurs » ? Pas exactement. Car la négation du fait est hasardeuse dans la discussion ; elle peut être taxée de témérité, ou sonner comme un démenti. « Il est un peu rude et querelleux de nier tout sec une proposition de fait[22] ». Art de la persuasion et prudence sceptique exigent donc un détour, dont la remarque initiale sur les causes controuvées indique la stratégie : le philosophe accordera toute son attention au processus de formation, de propagation et de confirmation de l'erreur. À l'échelle de la pensée collective, il pratiquera la réflexion critique propre à l'*essai* en passant du contenu de l'assertion erronée au mode d'élaboration de celle-ci. Les pages suivantes le détaillent : allégation de témoins fictifs, circonstances surajoutées, intimidation, recours aux autorités, et, pour achever, l'invention « des causes et des fins[23] » incriminée au début. En regard, quelques exemples des supercheries découvertes avant que le travail de l'opinion n'en ait fait des prodiges justiciables du feu ; avec pour commentaire le précepte sceptique de « soutenir notre jugement », développé en éloge de la docte ignorance.

Montaigne peut alors aborder de front la question de la sorcellerie : celle-ci s'inscrit dans ce catalogue de fictions à discréditer, et par conséquent est donnée d'avance pour illusoire. « Les sorcières de mon voisinage courent hasard de leur vie sur l'avis de chaque nouvel auteur qui vient donner corps à leurs songes[24] ». La négation n'a pas à se formuler par assertion ; acquise d'emblée, comme présupposé de l'ensemble du discours, elle se résume dans le substantif « songes », porteur des arguments de Wier. La question n'est pas de savoir si les diableries sont réelles, mais de découvrir, en préjugeant de leur irréalité, ce qui leur fait prendre « corps » dans l'opinion : spéculations des théologiens, mensonges ou délires des témoins et parfois des inculpées elles-mêmes, et partout la « volubilité de notre esprit détraqué[25] »... Montaigne anticipe, en somme, sur la perspective des historiens de nos jours qui étudient la sorcellerie au XVIe siècle comme un fait culturel, sans prendre la peine

21 PUF p. 1026-1027, IN p. 369, Fol. p. 349.
22 PUF p. 1027, IN p. 369, Fol. 349.
23 PUF p. 1029, IN p. 372, Fol. p. 352.
24 PUF p. 1031, IN p. 375, Fol. p. 355.
25 PUF p. 1032, IN p. 377, Fol. p. 357.

de préciser que le diable (le vrai, pas son image) n'y était pour rien. Ses propos impliquent la négation ; ils ne sont pas en-deçà, mais au-delà.

Cela vaut pour la conduite générale du discours, et n'exclut pas des attaques plus directes contre ce qui fait preuve aux yeux des juges ; les témoignages, et surtout les aveux des inculpées. L'intention est double. Révoquer en doute de telles données, évidemment ; mais surtout rappeler que, conjuguées avec les élucubrations démonologiques, elles forment toute la substance du phénomène. Il n'y a qu'à feuilleter Bodin pour constater que, selon lui, il faut et il suffit que des racontars soient dûment enregistrés dans les archives des tribunaux ou dans les traités pour devenir des faits. « Il faut voir l'effet et ce qu'on dit » déclare-t-il à Wier ; sous sa plume, c'est presque un hendiadyn, pourvu que sous ce « on » il puisse mettre, outre la rumeur populaire – qu'il prend d'ailleurs au sérieux, dans ce seul cas[26] – les commissaires qui rédigent les procès-verbaux, les magistrats qui reçoivent les dépositions, et les docteurs qui constituent le tout en savoir. Si les « effets » manquent, il ne sera pas embarrassé pour si peu. Il sait que l'un des pouvoirs les plus caractéristiques des sorcières est de « faire voir ce qui n'est point[27] » : du témoin convaincu d'erreur, la croyance en un prodige inexistant établira donc une présomption contre l'inculpée. De même, avec une dialectique plus sereine et encore plus expéditive, Thomas Erastus (Lieber) réglait la question ; il concédait volontiers à Wier que « ce sont presque tout fables et contes superstitieux de ce que l'on récite de la puissance des sorcières[28] » ; mais il n'en condamnait pas moins celles-ci au feu, pour avoir consenti au « pacte » qui les vouait à l'erreur, et conformé leurs intentions au pouvoir maléfique qu'elles croyaient détenir[29].

26 *Op. cit.*, p. 324 : « Et si on dit qu'il ne faut s'arrêter à la voix d'un peuple, qui est réputée vaine, cela est bien vrai quand on peut juger le contraire sensiblement, ou par discours fondé en raison. Mais quand il est question des sorcières, le bruit commun est presque infaillible ». Sur les fondements de cette étrange logique (déjà notée par Nakam, *op. cit.* p. 389 et 384), voir plus loin, p. 90.

27 *Op. cit.* p. 437 ; de même p. 299 : « C'est aussi une preuve très évidente si la sorcière fascine ou éblouit les yeux, ou charme de paroles. »

28 Thomas Lieber dit Erastus, *Deux dialogues… touchant le pouvoir des sorcieres : et de la punition qu'elles meritent*, Genève, Jacques Chouet, 1579, p. 762. Dans le même dialogue, « Erastus » reconnaît aussi que les sorcières ont « l'imagination corrompue » et déraisonnent ; mais il leur refuse l'excuse de la folie « car elles font toutes autres choses de sain entendement ; et de leurs sorcelleries elles savent bien quel est cet ouvrage, à savoir méchant devant et après le coup » (p. 776).

29 « Jouets de Satan, qui par illusions se joue ainsi de ses esclaves », elles n'ont aucun pouvoir surnaturel ; mais elles « ont appris et font profession d'un art diabolique contre le

Le système atteint à la perfection, comme le « monde de piperie » de Verville[30] ; rien de plus normal, puisque, comme ce dernier, il fonctionne en circuit fermé : entre la parole qui accuse, la parole qui avoue, la parole qui enregistre et explique, et la parole qui condamne (non sans effet, celle-ci). Voilà ce que trouve Montaigne, à la place de « ces miracles et événements étranges » qui « se cachent[31] » devant lui ; et sa hardiesse à dévoiler ce jeu de leurres égale sa réticence à se prononcer « par résolution » sur ce qu'il ne peut contrôler par expérience. L'attaque initiale contre les conjectures étiologiques ne fausse donc pas l'orientation du texte ; au contraire, elle en désigne d'avance la principale cible, le tissu de paroles authentifiées par les instances judiciaires et codifiées en explications savantes qui se superpose au réel et finit par en tenir lieu.

Ainsi peut se comprendre l'énigmatique préambule sur la réforme du calendrier : il s'agit, là aussi, de distinguer entre les mots et les choses. Rien de plus irrécusable que le temps calendaire, cadre de toutes les pratiques religieuses et sociales, qui accorde aux cycles cosmiques la vie quotidienne aussi bien que l'Histoire profane et sacrée. Pourtant, un décret de Grégoire XIII escamote soudain dix jours de décembre 1582 ; et rien ne change. Ce qui dévoile, comme une évidence fulgurante, le décalage entre le temps réel et « le temps fictif, cette convention[32] » qui le mesure, lui assigne son rôle de repère universel, mais reste lui-même assujetti à l'arbitraire du discours. Commencée abruptement, cette page est réinscrite, par l'imparfait de la formule de transition qui la suit (« Je rêvassais présentement[33]... ») dans la méditation sceptique sur l'« instrument libre et vague » qui remodèle le réel à sa convenance. Elle y fait fonction de jalon pour une argumentation *a fortiori* laissée virtuelle : si même la mesure sociale du temps se révèle factice, et sujette à caution, qu'en sera-t-il des documents tirés de rumeurs devenues témoignages et de délires devenus aveux ? et qu'en sera-t-il des traités qui en procèdent, ajoutant les falsifications de la doctrine à celles de l'opinion ?

---

commandement de Dieu » (p. 766) ; peu importe que cet art soit inefficace, la mauvaise intention suffit.

30 Béroalde de Verville, *Le Moyen de Parvenir*, édité par Hélène Moreau, André Tournon, Jean-Luc Ristori, Paris, Classiques Garnier, 2004, s. 35-36, p. 139-147.

31 PUF p. 1029, IN p. 373, Fol. p. 352.

32 G. Nakam, *op. cit.*, p. 393.

33 PUF p. 1026, IN p. 368, Fol. p. 348.

Subsiste cependant un support réel pour tout cela : la sorcière en chair et en os, attendant d'être réduite en cendre. Montaigne l'a vue, entendue, examinée ; il prononce son verdict « en conscience » : une cure à l'hellébore, assortie peut-être de contraintes légales[34]. Pas d'attendus ni d'explications. Le travail de critique reste latent, les pages précédentes suffisant à le faire deviner. Une trace cependant, pour en rappeler le principe. « Je vis [...] *je ne sais quelle* marque insensible sur cette misérable vieille[35] ». Le moindre rudiment de démonologie lui aurait permis d'identifier sur-le-champ la marque de Satan ; mais justement : il « ne sait » qualifier ainsi les choses ; il a constaté qu'une tache cutanée était insensible ; le fait ne signifie rien sans le fantasme verbal qu'y projette le savoir des experts – *stigma diabolicum.* Donc, rien à discuter : il suffit de ne pas adopter la nomenclature officielle pour que se dissipe le mirage. Cette réfutation tacite est analogue à celle qui, plus loin, « à propos ou hors de propos[36] », dissout silencieusement le fantasme érotique suggéré par l'opinion, après inventaire des savants bavardages susceptibles de lui donner consistance. C'est ainsi que Montaigne traite « les preuves et raisons qui se fondent sur le fait » exhibé par autrui ou même imprimé en propre fantaisie : « Je ne les dénoue point ; aussi n'ont-elles point de bout ; je les tranche souvent, comme Alexandre son nœud[37] ».

En réponse à l'oracle gordien, le tranchant d'une lame ne résolvait pas la difficulté ; il la supprimait. Montaigne agit de même, mais sans esquiver la discussion, comme on l'a vu. Il faut comprendre la raison et les modalités de cette double démarche.

L'argumentation explicite, plaidant le doute et s'interdisant, de ce fait, d'aller jusqu'à la négation, devait suffire à des magistrats soucieux de droit et de logique. Elle risquait d'être peu efficace. En ces années 80,

34 « La justice a ses propres corrections pour telles maladies » (PUF p. 1032, IN p. 378, Fol. p. 358) – Je ne pense pas que cette phrase soit ironique, par référence aux bûchers. Au XVIe siècle, le magistrat décide de l'aliénation, de l'incarcération des fous, parfois de peines afflictives. Wier approuve la « douceur » des juges de Bologne qui condamnaient les sorcières inoffensives à la flagellation, suivie d'exposition publique et d'exil (*Histoires, disputes et discours, des illusions et impostures des diables, des magiciens infames, sorcieres & empoisonneurs... le tout comprins en six livres (augmentez de moitié en ceste derniere edition)*, VI, 21, p. 690-691) ; et il propose lui-même pour les sorcières « ayant l'esprit troublé d'erreur par le diable et ne faisant aucun mal à autrui » une amende pécuniaire suivie d'un bannissement à temps (p. 694-695).

35 PUF p. 1032, IN p. 377, Fol. p. 357.

36 PUF p. 1033, IN p. 379, Fol. p. 359.

37 PUF p. 1032, IN p. 378, Fol. p. 358.

la frénésie des chasseurs de sorcières tend justement à faire instituer une procédure d'exception. Tel Bodin : en insistant sur le progrès des agissements diaboliques, il fait croire à une sorte d'état d'urgence où le salut de la chrétienté exigerait toutes les mesures nécessaires pour qu'aucun sorcier ne puisse éviter la condamnation. Dans ces conditions, le principe de présomption d'innocence s'inverse : on ne devra jamais relaxer l'inculpé « si la calomnie de l'accusateur délateur n'est plus claire que le soleil. D'autant que la preuve de telles méchancetés est si cachée et si difficile qu'il n'y aurait jamais personne accusé ni puni d'un million de sorciers qu'il y a, si les parties étaient réglées en procès ordinaire, par faute de preuve[38] ». Contre un tel parti-pris, aucune argumentation ne vaut ; on l'a constaté plus haut en voyant Erastus faire état des explications de Wier sans renoncer à ses propres conclusions contre les adeptes des illusions diaboliques. Le tout est d'en venir, coûte que coûte, à des sentences de mort. Bref, les « avis de chaque nouvel auteur[39] » s'inscrivent dans un discours collectif de panique et tirent leur force probante de son invariable postulat : Satan est partout, les sorcières se multiplient, il faut exterminer.

Pour assurer la validité de son raisonnement de philosophe et de juriste, Montaigne doit donc produire simultanément un discours qui repose sur le postulat contraire[40] ; l'inanité, ou plus exactement l'absence des phénomènes de sorcellerie, sauf « irréfragables exemples » cautionnés en d'autres temps par témoignage surnaturel. S'il évite de s'inscrire en faux, sans réserve, contre la possibilité générale de la sorcellerie, et restreint les négations aux limites de son expérience, ce n'est pas timidité ni indécision, mais usage calculé des modes d'énonciation. Il faut que les constats (« il n'en est rien ») se détachent, comme propositions particulières, sur un fond d'incrédulité, axiome sous-tendant le

38 *Op. cit.* p. 372. – Sur la phobie collective de la sorcellerie, voir G. Nakam, *op. cit.* p. 378-385. Une réserve seulement, sur Bodin : sa thématique est maniaque, mais ses raisonnements restent solides, si l'on admet ses deux postulats (le procès-verbal atteste le fait ; l'état d'urgence justifie une procédure d'exception). Le très raisonnable auteur de l'*Heptaplomeres* aurait-il délibérément cherché des boucs émissaires pour dévier sur eux la férocité de ses contemporains ? Catholiques et protestants s'adonnaient à la chasse aux sorcières avec un zèle égal… (Voir Alan M. Boase, « Montaigne et la sorcellerie », *Bibliothèque d'Humanisme et Renaissance*, 2, 1935, p. 404). Cela ne l'excuse pas.

39 PUF p. 1031, IN p. 375, Fol. p. 355.

40 « À ceux qui combattent par présupposition, il leur faut présupposer au contraire le même axiome dequoi on débat » (II, 12, PUF p. 540, IN p. 334, Fol. p. 306).

discours, désigné ou requis par ses énoncés mais les débordant toujours. Montaigne peut donc bien refuser d'arbitrer le débat « scolastique » entre théoriciens ; d'autant plus forte est son attaque, qu'elle vise la rumeur publique (les « mille contes[41] ») qui fournit aux traités de Bodin et consorts leur raison d'être, et les présupposés de leur logique de la répression. Il ne s'y trompait pas – la vraie question était là. Sa position s'en déduit sans peine. De même que le président Lagebaston, naguère, faisait en sorte qu'au Parlement de Bordeaux les accusations de sorcellerie fussent « systématiquement rayées du rôle[42] », comme indignes de délibérations et d'arrêts, de même Montaigne oppose aux réquisitoires de Bodin une fin de non-recevoir, plus vigoureuse qu'une réfutation en règle : ces « accusations extravagantes[43] », ces « questions desquelles et le pour et le contre est faux[44] » ne devraient même pas être examinées. Tel pourrait être le sens de l'allure presque humoristique du chapitre, surprenante si l'on mesure la gravité de l'enjeu. Il s'agit de faire apparaître la futilité de l'affolement collectif orchestré par les savants. À cette condition l'argument juridique – pas de condamnation en cas de doute – reprendra tout son poids.

Ce dédoublement des propos, en énoncés généraux dubitatifs et énoncés particuliers négatifs renvoyant à une incrédulité de principe, ne répond pas seulement aux exigences d'une stratégie de persuasion, adoptée pour les besoins de la cause. Il se conforme exactement à la logique de l'*essai* pyrrhonien – autrement dit, à la zététique telle que l'entend Montaigne. Ce que signale discrètement la conclusion du chapitre.

Il convient de s'attarder un peu sur ce dernier passage, dont la signification est controversée. Au début, un hommage à Carnéade, « pour avoir arraché des hommes le consentement, C'est-à-dire l'opinion et la témérité de juger[45] » ; à la fin, une critique de ceux qui « tiennent en l'ignorance la même extrémité que les autres tiennent en la science[46] ». Pierre Villey, Arthur Armaingaud et d'autres commentateurs ont vu dans ces derniers mots un désaveu du scepticisme radical de l'« Apologie de Raymond Sebond » ; mais que faire alors de la première phrase ?

41 PUF p. 1031, IN p. 377, Fol. p. 357.
42 A. Boase, art. cité, p. 407.
43 PUF p. 1031, IN p. 376, Fol. p. 356.
44 PUF p. 1027, IN p. 369, Fol. p. 349.
45 PUF p. 1035, IN p. 382, Fol. p. 361.
46 PUF p. 1035, IN p. 382, Fol. p. 362.

Elaine Limbrick propose un partage : Montaigne approuverait le scepticisme probabiliste de l'Académie et abandonnerait le pyrrhonisme, jugé stérile[47]. Le texte réfute cette hypothèse. Les deux ci-dessus se raccordent par une affirmation réitérée en chiasme : « Cette fantaisie de Carnéade [...] naquit [...] de l'impudence de ceux qui font profession de savoir[48] » ; et, réciproquement, « la fierté de ceux qui attribuaient à l'esprit humain la capacité de toutes choses, causa en d'autres [...] cette opinion : qu'il n'est capable d'aucune chose[49] ». La réserve finale a donc trait à Carnéade : c'est bien lui qui répond aux excès du dogmatisme par un excès en sens inverse. Pour résoudre la contradiction apparente, il faut se référer à la tripartition esquissée dans l'« Apologie », d'après Sextus Empiricus : les dogmatiques déclarent avoir trouvé la vérité ; les Académiciens « ont désespéré de leur quête, et jugé que la vérité ne se pouvait concevoir par nos moyens » ; les pyrrhoniens « disent qu'ils sont encore en cherche de la vérité[50] ». Ils ont ceci de commun avec les Académiciens qu'ils s'interdisent « l'opinion et la témérité de juger » (ce que Montaigne approuve dans la doctrine de Carnéade) ; cela de différent, qu'ils inscrivent leur scepticisme en une recherche (la « zététique ») au lieu de déclarer de prime abord que l'esprit humain « n'est capable d'aucune chose » (ce que Montaigne reproche, comme un excès, à Carnéade). De l'« Apologie » au chapitre « Des boiteux », l'orientation philosophique n'a pas changé (et pour cause : le probabilisme, tel qu'il est présenté et réfuté plus loin dans cette même « Apologie[51] », convient à Bodin – plus besoin de certitudes, réputées impossibles, pour brûler les gens ; des présomptions de culpabilité, à un certain degré, suffiront.

Le trait distinctif est donc la zététique. Or, même réduite à son schéma élémentaire, celle-ci a pour effet de scinder le discours en chaque point selon ses aspects subjectifs et objectifs : dans tout « progrès » de ses « inquisitions », le philosophe prendra conscience de son « ignorance »

47 Elaine Limbrick, « Was Montaigne really a Pyrrhonian ? », *Bibliothèque d'Humanisme et Renaissance*, 39, 1977, p. 67-80. L'auteur tire aussi argument du fait que Montaigne, après 1580, emprunte beaucoup de formules sceptiques aux *Académiques*, où Cicéron soutient les théories de Carnéade ; mais des emprunts ne marquent pas une allégeance, surtout chez Montaigne et surtout dans ce domaine, où les matériaux de controverse sont communs aux deux écoles.

48 PUF p. 1035, IN p. 382, Fol. p. 361.

49 PUF p. 1035, IN p. 382, Fol. p. 362.

50 II, 12, p. 502, IN p. 271, Fol. p. 254. Voir Sextus Empiricus, *Esquisses pyrrhoniennes*, I, 1.

51 PUF p. 561-562, IN p. 367-370, Fol. p. 335-338.

(manifeste dans l'erreur qu'il a décelée, latente dans les conjectures qu'il y substitue – voir les propos de Montagne sur les progrès de la cosmographie[52] et sur sa propre découverte de soi[53]). La recherche se dédouble ainsi en considérations sur le « thème » choisi et retour critique sur les conditions de la connaissance. On reconnaît ici la matrice de l'*essai* réflexif, que j'ai décrit ailleurs. Le chapitre qui nous occupe adapte cette structure à sa visée propre, démonstrative. Il a pour thème la question de la sorcellerie, dont disputent dogmatiquement les docteurs contemporains. Montaigne refuse de se prononcer sur le fond, et taxe de témérité l'un et l'autre des controversistes (non sans faire observer incidemment que le ton impérieux et menaçant du discours de Bodin « montre que la raison y est faible[54] »). Mais il motive sa réserve par une enquête subsidiaire sur les leurres de l'opinion commune, et l'inanité des débats qui en résultent. Des « illusions du dehors et inconnues » imputées aux démons, la pensée se retourne vers les « illusions domestiques et nôtres[55] » ; autrement dit, l'*epochè* sur l'objet donne lieu à une inspection critique du sujet. Cela n'autorise pas à reconnaître en ce texte un essai réflexif : le sujet mis en cause n'est pas le scripteur, mais le premier venu, professeur ou commère, qui manifeste sa propension à l'erreur en bavardant sur des prodiges sans s'interroger sur leur réalité. Reste une homologie formelle : il faut passer de l'assertion à celui qui la profère, des « accidents supernaturels et *fantastiques* » à la *phantasia* qui leur donne corps. Aussi Montaigne peut-il rapprocher par endroits la critique d'autrui et la critique de soi en employant la première personne du pluriel (« Nous aimons à nous embrouiller en la vanité[56]... ») et surtout en privilégiant par le titre le modèle intermédiaire – une erreur de sa propre fantaisie sollicitée par l'opinion, au sujet de la boiteuse. L'assimilation décèle, comme fond commun ces différentes démarches, l'espèce de conversion phénoménologique propre à la zététique.

Seulement le travail ne s'arrête pas là. Dans les fantasmagories explorées au cours de l'enquête ainsi réorientée, le thème proposé se dissout : il n'était bon qu'à des « altercations verbales et scolastiques ». Libre à

---

52 II, 12, PUF p. 572, IN p. 386, Fol. p. 352.
53 III, 13, PUF p. 1075, IN p. 440-441, Fol. p. 417-418.
54 III, 11, PUF p. 1031, IN p. 376, Fol. p. 356.
55 PUF p. 1032, IN p. 377, Fol. p. 357.
56 PUF p. 1027, IN p. 370, Fol. p. 350.

chacun d'en « bateler par compagnie[57] », pourvu que cela ne tire pas à conséquence ; devant de tels récits, témoignages, aveux et marques sataniques, un homme de bon sens aura le courage de hausser les épaules, et de les ignorer. J'emploie à dessein une acception particulière de ce dernier terme, pour indiquer le gauchissement imprimé à l'orientation pyrrhonienne. Pratiquer l'*epochè*, refuser son assentiment à l'opinion spontanée ou reçue, cela peut être une simple abstention, mais aussi bien un acte de résistance – ce que notait Cicéron dans le passage que lui emprunte Montaigne au sujet de Carnéade[58]. L'*epochè* proposée ici, sur les questions de sorcellerie, est du second type ; elle se traduit par le dessein d'« élider la vérification[59] » des prétendus prodiges, de refuser de les prendre en compte, de leur dénier toute autre place que celle qui leur est assignée d'avance dans le catalogue des aberrations vulgaires ou savantes. Mieux qu'une assertion, c'est là un choix préjudiciel : d'un philosophe qui refuse de spéculer *de rebus ignotis* ; d'un ex-juriste qui conseille aux magistrats de jeter au panier les dossiers de pareille espèce[60]. Dans le contexte de l'époque, une telle position avait peu de rapports avec l'ataraxie ou l'*adiaphoria*. « Il y a quelque ignorance *forte et généreuse* qui ne doit rien en honneur et en courage à la science[61] » : on doit donner tout son poids à cette définition d'un pyrrhonisme de combat.

---

57 PUF p. 1027, IN p. 369, Fol. p. 349.

58 *Académiques*, II, 34 : « *Maximam actionem puto repugnare visis, obsistere opinionibus, assensus lubricos sustinere, credoque Clitomacho ita scribenti, Herculis quemdam laborem exanclatum a Carneade…* »

59 L'expression est extrêmement précise. « On est pardonnable de mécroire une merveille, autant au moins qu'on peut en détourner et élider la vérification, par voie non merveilleuse » (PUF p. 1032, IN p. 377, Fol. p. 357). *Élider* relève du langage juridique : *elidere intentionem curiae, elidere accusationem*, c'est se disculper en réduisant à néant les motifs de l'accusation, sans prouver positivement son innocence. L'idée de Montaigne est que, pour peu qu'on puisse expliquer une affaire de sorcellerie « par voie non merveilleuse » (mensonge ou erreur des témoins, folie de l'accusé, par exemple), il faut laisser à l'écart (*détourner*) et annuler (*élider*) l'enquête dans le domaine surnaturel (la « vérification » de la « merveille »). Ce qui définit bien la position de Lagebaston et des magistrats (incriminés par Bodin) qui suivaient son exemple (Boase, art. cité, p. 406-407). Sur les concessions apparentes de la p. 1033 (« Ce que je dis… »), voir « Le magistrat, le pouvoir et les lois », *Les Écrivains et la politique dans le Sud-Ouest de la France autour des années 1580*, Actes du colloque de Bordeaux, 6-7 novembre 1981, Bordeaux, Presses Universitaires de Bordeaux III, 1982, p. 74-75.

60 En termes plus techniques : ne pas les « recevoir à juger » ; ou, au moins, les laisser « en croc ».

61 PUF p. 1030, IN p. 374, Fol. p. 354.

LA QUESTION DU PRÉTEUR [2001][1]

« Qu'est-ce que la vérité ? » – S'il est un mot de philosophe pyrrhonien, plus radical encore que le « Que sais-je ? », c'est bien celui-ci, qui oblige à s'interroger sur ce que présuppose toute enquête sur des connaissances vraies ou fausses, ou douteuses : la notion même de vérité. Pourtant, lorsque la question s'est inscrite dans la mémoire universelle, celui qui la posait n'était pas un philosophe, et il ne tentait pas de la résoudre en discutant avec ses disciples dans les jardins de l'Académie : il siégeait dans le prétoire, face à une foule qui le sommait de donner son plein effet à la sentence de mort prononcée par la plus haute autorité judiciaire de la contrée, sur un délit bien établi ; après mainte hésitation et maint effort pour éluder ses responsabilités, il ne pouvait que reconnaître la validité de la procédure, et ordonner officiellement à ses gardes de conduire sur la colline, près de la ville, l'homme à crucifier. Auparavant il avait posé la question à celui-ci, ou aussi bien à lui-même ; il n'y avait pas de réponse.

Montaigne ne pouvait évidemment pas ignorer le récit de saint Jean[2] ; en avait-il considéré les arrière-plans juridiques ? Cela paraît au moins possible. Il y avait là de quoi établir des connexions assez précises entre son expérience de conseiller aux Enquêtes et la philosophie du doute qu'il expose dans les *Essais*. Mais avant de les examiner, il est nécessaire de s'attarder un peu sur le « cas » judiciaire qu'avait à considérer Ponce Pilate, tel que le présentaient les exégètes chrétiens du XVIe siècle – tout

1 Paru dans *L'écriture du scepticisme chez Montaigne*, Actes des journées d'étude (15-16 novembre 2001), Réunis et publiés par Marie-Luce Demonet et Alain Legros, Genève, Droz, 2004, p. 265-274.

2 18, 37-38 (interrogatoire de Jésus) : [...] « Donc tu es roi ? » lui dit Pilate. Jésus répondit : « C'est toi qui dis que je suis roi. Moi, je ne suis né et je ne suis venu au monde que pour rendre témoignage à la vérité. Quiconque est de la vérité écoute ma voix. » Pilate lui dit : « Qu'est-ce que la vérité ? (Tí ἐίστιν ἀλήθεια ; – Vulgate : *Quid est veritas ?*) »

particulièrement Maldonat, connu et estimé de Montaigne[3] – et de le mettre en rapport avec la déontologie des juges de la même époque. L'examen réserve quelques surprises.

Lorsque Pilate commence l'interrogatoire, le procès a déjà eu lieu. Le Sanhédrin a cherché des témoignages contre le Christ, mais n'en a retenu aucun ; viennent enfin ceux qui citent la phrase : « Je peux détruire le Temple de Dieu et le rebâtir en trois jours » ; le Grand Prêtre enjoint à l'accusé de s'expliquer, puis, devant son silence, demande : « Es-tu le Christ, le Fils du Béni ? » Jésus lui répond : « Je le suis, et vous verrez le Fils de l'homme siéger à la droite de la Puissance et venir avec les nuées du ciel » ; le Grand Prêtre déchire alors ses tuniques : « Qu'avons-nous encore besoin de témoins ? vous venez d'entendre le blasphème. Que vous en semble ? – Tous le déclarent passible de mort[4] ». Leur verdict se fondait sur le verset du Lévitique qui punit de mort celui qui « blasphème le nom de Yahvé » (24, 15-16), crime éminemment imputable à qui revendique le titre du Fils de Dieu et sa place à côté du Très Haut (et non au-dessous) ; c'est ce qu'ils déclarent à Pilate dans l'évangile de Jean : « Nous avons une

3 Voir le *Journal de voyage*, éd. F. Garavini (Paris, Gallimard, « Folio », 1983), p. 75 (8 septembre 1580) : « M. de Montaigne accosta en ladite église [Notre-Dame d'Épernay], après la messe, M. Maldonat, jésuite duquel le nom est fort fameux à cause de son érudition en théologie et philosophie, et eurent plusieurs propos de savoir ensemble, lors et l'après-dînée, au logis dudit sieur de Montaigne où ledit Maldonat le vint trouver ». F. Garavini précise (note 15, p. 393) que lorsque Montaigne le rencontre de nouveau, à Rome (fin Mars 1581, p. 229), le jésuite avait été appelé par Grégoire XIII pour travailler à l'édition de la Bible grecque. Selon Donald Frame (*Montaigne, Une vie, une œuvre*, Paris, Champion, 1994, p. 227), Montaigne aurait fait sa connaissance à Bordeaux en 1579 ; Pierre de Lancre (cité par Frame, *ibid.*) prétend dans son *Tableau de l'inconstance des mauvais anges et démons* que Maldonat était le guide de Montaigne en matière de théologie ; il ne dit pas quel ange bon ou mauvais lui a soufflé cette information. – Sur l'exégèse des récits évangéliques par Maldonat, voir ci-après note 5.

4 Est ici résumée la version de Marc, 14, 55-64, la plus détaillée, conforme à celle de Matthieu, 36, 59-66 (celle de Luc ne retient que la phase finale (« Tu es donc le Fils de Dieu ! » Il leur déclara : « Vous dites bien, je le suis ») et le verdict ; celle de Jean se borne à mentionner l'interrogatoire. On notera 1) que l'évangéliste attribue aux juges l'intention de faire mourir Jésus, mais ne leur reproche pas d'avoir retenu à charge les faux témoins suscités à cette fin ; 2) que même l'annonce (citée presque exactement, voir Jean, 2, 19) de la « destruction du temple » ne paraît pas décisive au Grand Prêtre sans une confirmation et une explication (d'où la question : « qu'est-ce que ces gens attestent contre toi ? », Tί οὗτοί σου καταμαρτυροῦσιν ; 3) qu'après la réponse affirmative de Jésus à la question capitale, « Es-tu le fils de Dieu ? » (posée avec plus de solennité selon Matthieu, 26, 63 : « Je t'adjure par le Dieu vivant de nous dire si tu es le Christ, le fils de Dieu »), le verdict est prononcé à l'unanimité selon les formules juridiques (πάντες κατέκριναν αὐτὸν ἔναι εἶναι θανάτου).

Loi et d'après cette Loi il doit mourir : il s'est fait fils de Dieu » (19, 7)... Et voici dans l'embarras le Chrétien soucieux de précision juridique. Que ce verdict soit inique, il n'en saurait douter ; cependant, pour le déclarer contestable en droit strict, il faudrait soutenir que le Christ, en répondant à Caïphe, n'a pas affirmé sa divinité, mais seulement une vocation messianique compatible avec le statut de créature. Disparaît alors le blasphème, mais avec celui-ci l'argument scripturaire le plus décisif contre l'hérésie arienne, qui avait fait de Jésus le dernier et le plus sacré des prophètes sans reconnaître sa nature divine[5]. Un pareil dessaisissement est inacceptable. On trouvera donc tous les prétextes possibles pour critiquer le Sanhédrin – sa séance nocturne, pour un procès qui aurait dû se dérouler de jour, et chez Caïphe alors qu'il aurait dû siéger dans la salle du *gazith*, puis l'irrégularité du prononcé de la sentence, par l'ensemble des membres du conseil et non par le Grand Prêtre[6] – mais sur le point capital il faut bien reconnaître que son jugement est conforme en droit à la loi telle que l'a expressément fixée le dieu de l'Ancien Testament, et quant au fait, fondé sur la déclaration non moins expresse de l'inculpé. D'où le problème traditionnel du « Juif perplexe » (Stéphan Geonget[7]).

---

5 Voir le commentaire de Maldonat sur Matthieu 26, 63 : « Le Grand Prêtre demande au Christ s'il est le fils de Dieu parce qu'il cherchait alors toute occasion de le condamner : le Christ avait coutume de déclarer qu'il était le fils de Dieu (*docere se filium esse Dei*), et il pensait qu'il ne le nierait pas dans l'interrogatoire judiciaire, et qu'on ne pourrait trouver pour le condamner à mort un meilleur motif qu'en le convainquant de blasphème ; or c'était pour les Juifs un grand blasphème de se proclamer fils de Dieu, parce que nul ne pouvait être fils de Dieu par nature (*naturalis Dei filius*) sans être Dieu. Ainsi l'hérésie arienne est réfutée par la sentence même des Juifs (*Judaeorum etiam judicio Arianorum error confutatur*) » (en marge, la manchette : « quel blasphème c'était (*quanta esset blasphemia*) de se dire fils de Dieu par nature ») – *Joannis Maldonati Sapharensis, Societatis Jesu theologi, Commentarii in quatuor evangelistas*, Paris, Louis Billaine, 1668, col. 613). Un peu plus loin, en commentaire de la sentence « *reus est mortis* », Maldonat renvoie au Lévitique, 24, 16 (col. 615). De même dans son commentaire de Marc, XV, 61 : « *jurejurando compellere conatus Christum, aliquid quod morte dignum videatur confiteri, neque interrogat an populum turbarit, an falsa docuerit, an templi fuerit minatus excidium, sed an esset Filius Dei, quod sciebat ipsum non negaturum* » (col. 819).

6 Voir les annotations du très orthodoxe Louis Pirot sur les Évangiles (*Les Saints* Évangiles, Paris, Letouzay et Ané, 1935) : au sujet de Matthieu, 26, 57-68, le commentateur explique consciencieusement que pour de telles raisons le procès est « tissu d'énormités juridiques » (p. 356, col. 2 des notes), mais il se garde bien de contester l'inculpation de blasphème, motif de la sentence (p. 358, col. 1-2, et 359, col. 1, et passe à la suite, plus commode pour sa rhétorique de l'indignation.

7 Le Lévitique insiste sur l'intervention de Yahvé dans la condamnation des blasphémateurs et la promulgation de la loi qui les punit. Un homme a blasphémé et maudit le Nom : « On

À cette observation qui pourrait faire scandale, la réponse orthodoxe est toute prête, conforme à l'ensemble de l'Évangile de Jean : si le Sanhédrin avait reconnu la véritable identité du Christ – à la lumière des prophéties messianiques et des « signes » que constituent les miracles – le mécanisme de mort n'aurait pas fonctionné. C'est là ce que désigne ensuite comme par défaut la question posée dans le prétoire en présence de celui qui témoignait de la vérité parce qu'il était lui-même la Vérité[8] : elle marque l'aveuglement du païen qui la pose, et accuse l'aveuglement encore plus condamnable des docteurs qui se disent éclairés[9]. Reste à voir cependant si la situation a le même aspect lorsqu'elle est analysée selon les perspectives et règles juridiques en vigueur au XVIe siècle, abstraction faite des révélations de la théologie. En ce qui concerne le Sanhédrin, il n'en est rien. Tenus de prononcer leur sentence *secundum allegata et probata*[10], les docteurs de la Loi ne pouvaient que se référer aux versets du Lévitique (*allegata*) et aux aveux prononcés devant eux et sans contrainte par l'inculpé (*probata*, par expérience directe) ; ce qui les contraignait à condamner celui-ci. À supposer même que tel ou tel d'entre eux eût reconnu la divinité du Christ, il n'avait pas le droit de faire état de cette conviction, du moment qu'il l'avait acquise en dehors de l'information judiciaire. Les juristes donnent fréquemment pour exemple le cas du juge qui sait que l'accusé est coupable, mais ne trouve pas dans les pièces du procès, ni à l'audience, les preuves qui le confondraient : il doit ordonner la relaxe[11]. Ils évoquent moins volontiers

---

le mit sous bonne garde, *pour n'en décider que sur l'ordre de Yahvé.* Yahvé parla *à Moïse et lui dit* : Fais sortir du camp celui qui a prononcé la malédiction [...] toute la communauté le lapidera. *Puis tu parleras ainsi* aux enfants d'Israël : [...] Qui blasphème le nom de Yahvé devra mourir [etc.] » S. Geonget analyse le cas du Juif partagé entre sa fidélité à la Torah et son intime conviction de l'innocence de Jésus, dans sa thèse encore inédite sur *La perplexité* [Stéphan Geonget, *La notion de perplexité à la Renaissance*, Genève, Droz, 2006].

8 Jean, 14, 6, « Je suis la Voie, la Vérité et la Vie ». Tout ce quatrième évangile est axé sur la mystérieuse identité du Verbe incarné. Voir 1, 1-14, 18, 34, 49 ; 3, 13-18 et 35-36 ; 4, 26 ; 5, 18-27 ; 6, 35, 40 ; 7, 13-19, 28, 42, 47, 58 ; 9, 40-41 ; 10, 25-30, 37-38 ; 11, 4 ; 11, 44-45 ; 13, 31 ; 14, 6-11 ; 17, 1, 3. Ce qui peut-être rend superflue la relation de l'interrogatoire chez Caïphe, telle que les évangiles synoptiques la donnent.

9 Voir les paroles adressées aux Pharisiens : « Si vous étiez des aveugles, vous seriez sans péché ; mais vous dites "Nous voyons" : votre péché demeure » (Jean, 9, 41).

10 Principe régulièrement donné pour allant de soi, par exemple par Jacopo Gentile de Pérouse, *Tractatus de origine judiciorum*, § 32 : *Judex secundum probata et allegata sententiare debet* (*Tractatus ex variis juris civilis interpretibus collecti*, Lugduni, MDXLIX, IV, f° 8).

11 Par ex. Placentinus, *De expediendis judiciis tractatus*, tit. XV, *De officio judicis* : *In criminali sane discrimine, nisi quis legitime convincitur omni jure merito sententiam diffugiet, tametsi res aliter se habet, et judex veritatem cognoscat* (*Tractatus...*, IV, f° 3 v°).

le cas inverse, plus gênant, d'un juge tenu de faire exécuter, en raison des preuves réputées concluantes présentées par l'accusation, un inculpé qu'il saurait innocent. Les deux éventualités relèvent pourtant du même principe, qui nous surprend parce qu'il est contraire aux dispositions du droit moderne fixées au XIXe siècle : sous l'Ancien Régime, la sentence ne devait pas être fondée sur l'intime conviction du juge, mais seulement sur les conclusions logiquement déduites de l'ensemble des données répertoriées dans le dossier. D'où il suit que le Sanhédrin, en tout état de cause, devait refuser de savoir que Jésus était vraiment fils de Dieu, et Dieu lui-même ; devait par conséquent le convaincre de blasphème lorsqu'il assumait ses propres déclarations, qui en témoignaient ; et devait le condamner à mort comme l'exigeait la Loi divine.

Quant à Pilate, il se trouve comme en porte-à-faux. C'est à lui qu'il appartient de rendre exécutoire une sentence de mort déterminée par des lois et institutions mosaïques auxquelles il reste étranger[12]. Il s'en inquiète, soupçonne un abus, cherche à éviter l'irréparable : juste après avoir prononcé sa formule de doute, il déclare aux accusateurs qu'il ne trouve aucun motif d'entériner la condamnation de la victime désignée, et tente de les détourner vers Barrabas, un vrai criminel ; puis il cède à leur obstination tout en prétendant décliner sa propre responsabilité. L'esquive est un leurre : seul à disposer de l'*imperium* et de la force de coercition nécessaire à son exercice, habilité aussi à procéder à un supplément d'enquête (autrement dit, à faire fonction de préteur[13], comme l'indique le lieu où il interroge le Christ), il pouvait refuser d'accéder à la demande des prêtres et des docteurs de la loi ; en y consentant, il en partage la responsabilité. Au terme, le supplice du Juste ; ce qui met en cause à la fois le pouvoir et le droit, l'un et l'autre sous leurs aspects les plus légitimes.

La procédure appliquée au « cas » défini par le récit évangélique se retrouve en partie, quant à sa forme, dans celle que devait observer un conseiller de la Chambre des Enquêtes[14] – exception faite de l'épilogue

12 « Est-ce que je suis Juif, moi ? » (Jean, 18, 35).

13 Il avait le titre de « procurateur de Judée », en raison de ses fonctions administratives ; mais son rôle judiciaire s'exerce dans le prétoire, et selon les fonctions spécifiques du préteur : dire le droit, et le faire appliquer par la force publique.

14 On trouvera tout le détail des procédures résumées ci-après dans le *Stilus Cameræ Inquestarum* de Pierre Dreve (1336), publié et commenté par Pierre Guilhiermoz, *Enquêtes*

sanglant, puisque cette chambre ne statuait qu'en droit civil. Montaigne, car c'est de lui qu'il s'agit ici, était tenu comme ses confrères de se prononcer *secundum allegata et probata.* L'obligation était d'autant plus perceptible aux Enquêtes que les justiciables n'y comparaissaient pas : on y jugeait des « procès par écrit », sur pièces enregistrées et consignées dans les « sacs », si bien que les conseillers ne disposaient que des dossiers de chaque affaire, ou plutôt du compte rendu qu'en exposait (« récitait ») l'un d'entre eux, le rapporteur assisté de deux collègues (les « évangélistes ») qui devaient contrôler ses dires par confrontation (« contre-rôle ») avec les documents placés sous leurs yeux. Était patent, dans ces conditions, le risque permanent d'écart entre le réel et les *allegata et probata* qui lui donnaient forme et finalement en tenaient lieu dans la pratique : procès-verbaux, dépositions, actes notariés, textes de lois ou de coutumes, gloses autorisées, plaidoiries, et pour finir synthèse présentée par le rapporteur. Ce dernier pouvait en outre mesurer d'autres types d'écarts, peut-être encore plus sensibles. Après avoir « récité » le procès à juger (le plus souvent en appel, donc en concurrence avec les sentences des cours subalternes), il participait au débat et au vote, puis rédigeait de sa main ou avec l'assistance d'un greffier[15] le *dictum* qui en résultait ; celui-ci pouvait fort bien n'être pas conforme à l'opinion qu'il avait proposée lui-même à la fin de son rapport[16] ; il le signait cependant avec le président, comme garant de la décision majoritaire. Ensuite ce *dictum* était transmis à la Grand'Chambre, pour y être « prononcé » en arrêt par le président de celle-ci, ce qui le rendait exécutoire ; et au cours de cette dernière étape, il pouvait encore être modifié (non par les conseillers des Enquêtes, liés au contraire par leur propre décision, mais par ceux de l'instance supérieure). Enfin, dûment enregistré sous

---

et procès, étude sur la procédure et le fonctionnement du Parlement au XIV*e siècle, suivie du Style de la Chambre des Enquêtes* [...], Paris, Alphonse Picard, 1892.

15 Katherine Almquist a montré que si Montaigne n'a rédigé de sa main le *dictum* de la Chambre que pour dix causes, entre avril 1563 et août 1567, il a signé en qualité de rapporteur dans trente-neuf autres causes (le *dictum* étant alors transcrit par le greffier), et a pris part aux débats et aux votes dans trois cent quarante et une autres. Voir son article, « Quatre arrêts du Parlement de Bordeaux, autographes inédits de Montaigne » (avec en annexe la liste des arrêts munis de sa signature), *Bulletin de la Société des Amis de Montaigne*, Janvier 1998, p. 13-38.

16 Selon Budé, *Forensia*, Paris, R. Estienne, 1548, p. 267 ; au XIVe siècle, le rapporteur opinait en dernier, selon le *Stilus Cameræ Inquestarum*, § 130. Ce protocole a donc changé avec le temps, et je ne sais s'il était identique au XVIe siècle dans tous les parlements.

sa forme définitive, l'arrêt avait valeur de précédent jurisprudentiel, et contribuait ainsi à fixer le droit. Il atteignait alors « le point extrême du parler dogmatiste et résolutif[17] » : c'était la parole la plus solennelle, la plus strictement codifiée et légitimée par autorité, la plus décisive surtout et la plus lourde de conséquences immédiates et ultérieures, tant sur les situations concrètes que sur les prescriptions en vigueur dans le royaume. Le conseiller aux Enquêtes pouvait en suivre toute l'élaboration, et constater à loisir qu'à chacune de ses étapes elle se dérobait à tout effort de confrontation soit avec le réel brut (puisqu'elle ne renvoyait qu'aux documents censés le refléter), soit avec la conviction de celui qui la prononçait (puisqu'elle exprimait finalement une décision collective dont il se faisait porte-parole et signataire, quoi qu'il pût en penser). Conclusion : nul n'était mieux placé que lui pour poser la question pyrrhonienne, « Qu'est-ce que la vérité ? » ; et non sans angoisse, car la « vérité » sur laquelle il pouvait s'interroger ainsi n'était pas purement spéculative, elle était faite d'énoncés pragmatiques entre tous, en prise directe sur la vie des justiciables présents et à venir.

Si l'on revient une dernière fois au récit évangélique, ou plutôt au schéma de rôles qu'il dessine, on pourra donc y assigner deux places successives à ce magistrat : d'abord sur un des sièges du Sanhédrin où il est tenu de conformer son avis à la loi et au fait patent, même s'il a deviné que le cas leur est irréductible ; ensuite dans le prétoire, pour assurer l'efficacité de la sentence même s'il a exprimé des réserves sur le bien-fondé de celle-ci. Et il n'est pas indifférent que la question dubitative se pose au cours de cette deuxième phase, à l'instant où il s'agit de savoir si le jugement prononcé aura des suites. C'est en cet instant en effet que se rejoignent le droit et le pouvoir, et que les résolutions devraient être conformes à la « vérité » pour n'être pas iniques par leurs effets, en dépit de leurs cautions juridiques et de l'autorité du prince ou de son représentant. C'est en cet instant que le conseiller enclin à la réflexion philosophique, ou simplement conscient de ce qu'il fait, prend la mesure de ses responsabilités en même temps que de tout ce qui entache de contingence, d'un bout à l'autre, la procédure dans laquelle il intervient.

Comme on le voit, cette expérience est tout autre que les considérations sur les singularités aléatoires des lois et coutumes, inspectées dans le chapitre « De la coutume, et de ne changer aisément une loi reçue » et

17 *Essais*, II, 12, PUF p. 509-510, IN p. 284, Fol. p. 263.

exploitées dans l'argumentation sceptique de l'« Apologie de Raimond Sebond », puis, à même fin, dans le dernier chapitre des *Essais*[18]. Peut-être leur a-t-elle donné lieu, pour une remise en cause fondamentale du Droit positif, par critique de ses assises ; mais elle s'inscrivait d'abord dans la pratique quotidienne du magistrat, comme épreuve concrète et réitérée de ce qu'avaient de factice les procédures censées établir la vérité sur les litiges, délits et responsabilités de la vie courante, et leur donner la sanction juste. Plus profondément encore, elle l'amenait à réfléchir sur son propre travail de conseiller siégeant aux Enquêtes et périodiquement chargé du rapport sur un dossier, puis de la rédaction du *dictum* de la Chambre ; et à y déceler l'emprise d'une pensée et d'un langage codifiés qui n'émanaient pas de lui, et conduisaient parfois à des conclusions qu'il n'aurait pas assumées personnellement. L'épreuve est plus troublante que la constatation non moins quotidienne de l'obscurité des dispositions légales, de l'imprécision ou des contradictions des témoignages et des soupçons qu'ils peuvent susciter, bref de tout ce qui peut altérer les données soumises à l'examen. Car ni une formule contournée, ni un faux-fuyant ne dénaturent les critères grâce auxquels un jugement droit les éclairera, à force d'attention et de perspicacité. Mais qu'en est-il lorsque ce même jugement est partiellement dépossédé de ses ressources, contraint de borner ses investigations au champ restreint des *allegata et probata*, puis d'adopter la sentence éventuellement toute différente imposée par la majorité de la Chambre et de travailler à la rendre exécutoire, à moins qu'elle ne soit encore infléchie par intervention d'une instance supérieure ? Alors prend sens et poids la question du préteur, « Qu'est-ce que la vérité[19] ? »

---

18 I, 23, PUF p. 111-118, IN p. 202-213, Fol. p. 261-272 puis II, 12, PUF p. 579-586, IN p. 397-410, Fol. p. 363-373 et III, 13, PUF p. 1066-1073, IN p. 426-437, Fol. p. 404-415.

19 Sa gravité seule est inégale : écrasante dans le cas de Pilate, et de tout juge appelé à se prononcer en droit criminel, sur des questions de vie ou de mort, elle était moindre aux Enquêtes, où étaient examinés des procès de droit civil. Montaigne déclare n'avoir participé que par « occasion » aux « condamnations criminelles » (III, 12, PUF p. 1063, IN p. 423, Fol. p. 400), sans doute lorsque le Parlement siégeait « toutes chambres réunies ». Mais en ce qui a trait aux conditions de recherche et de formulation de la vérité, les difficultés étaient identiques ; et c'est ce qui est en cause ici. Ajoutons que l'idée d'associer le scepticisme de Pilate aux procédures judiciaires n'est pas insolite au XVIe siècle. À un détour de son *Moyen de parvenir* (section 33, « Remontrance », et 34, « Généalogie », éd. H. Moreau, A. Tournon, J.-L. Ristori, Paris, Classiques Garnier, 2004) Béroalde de Verville insiste par la voix de « Pimandre », maître des secrets, sur la malveillance des juges : « Quiconque ne croira point qu'il y ait de diables, qu'il aille au Palais et à la Cour.

La forme de pyrrhonisme mise en œuvre dans les *Essais* paraît tributaire de cette épreuve. En procède, semble-t-il, la formule de désistement par laquelle le penseur se dénie toute autorité doctrinale et s'engage dans une perpétuelle « conférence » avec ses partenaires virtuels : « Nous autres qui *privons notre jugement du droit de faire des arrêts*, regardons mollement les opinions diverses, et si nous n'y prêtons le jugement, nous y prêtons aisément l'oreille[20] ». Car l'espèce d'aliénation que pouvait ressentir le conseiller aux Enquêtes, de se surprendre à proférer une vérité judiciaire en laquelle il ne reconnaît ni le réel, ni son propre avis, perd sa nocivité du moment qu'elle n'aboutit pas à un « arrêt » engageant la responsabilité du signataire et pesant réellement sur le cours des choses. Dès lors les « opinions diverses » ne sont plus des menaces d'assujettissement (à l'opinion majoritaire), elles ne risquent plus d'infléchir le jugement, qui se tient en retrait et les considère à distance critique. Grâce à ce désistement, même les arrêts officiels sont dépouillés de leur autorité et deviennent objets de curiosité, sinon de jeu : « ceux que nos parlements présentent au peuple les plus exemplaires, propres à nourrir en lui la révérence qu'il doit à cette dignité [...], prennent leur beauté non de la conclusion, qui est à eux quotidienne et qui est commune à tout juge, tant comme de la disceptation et agitation des diverses et contraires ratiocinations que la matière du droit souffre[21] ». Il ne s'agit plus de leur vérité mais de « leur beauté » : celle des spéculations intellectuelles que « la matière du droit » (autrement dit, le champ de connaissances où se situent les magistrats) propose aux amateurs aussi bien qu'aux spécialistes ; exercices de virtuoses, libres et peut-être plaisants si l'on fait abstraction de leurs « conclusions » en prise sur le réel.

[...] N'est-ce pas une grande misère, pour preuve de cette diableté, qu'il ne se trouvera homme, tant vanteur de la piété soit-il, qui veuille acheter un état de secret rechercheur des actions humaines pour avertir les autres à ce qu'ils soient garantis du danger, afin qu'ils se détournent de leurs mauvaises voies [...] ? Plutôt la plus grand'part des hommes sont comme chats guettant les souris. ». Après quoi prenant à témoins ceux qui « verront en nos discours comme nous découvrons le tombeau de la vérité » (p. 135-136), le discoureur est apostrophé par « Épicarme » : « Savez-vous bien que c'est que vérité ? » ; et « Q.P. » (peut-être *quispiam*, « quelqu'un » ?) répond : « Ne vous en enquêtez point, dit le Sage, que vous ne soyez estimé de la secte de Ponce-Pilate. » (p. 136).

20 III, 8, PUF p. 923, IN p. 218, Fol. p. 204. Italiques ajoutées.

21 II, 17, PUF p. 510, IN p. 284, Fol. p. 263. Dans leur formulation officielle, les arrêts des cours souveraines n'énonçaient pas leurs attendus ; mais des publications parallèles (comme l'« Arrêt mémorable » de Jean de Coras sur la célèbre affaire Martin Guerre) abondaient en explications et considérations de toute espèce.

Quant à celles-ci, rien ne permet de penser que Montaigne s'en désintéresse lorsqu'il a résigné sa charge de conseiller et entrepris d'écrire les *Essais* ; mais s'il les examine, c'est désormais à la lumière de son jugement personnel, instance sur laquelle les contraintes procédurales ne doivent avoir aucune prise, et qui même doit s'affranchir méthodiquement de ce qui en tient lieu dans le commun usage de la pensée : opinions toutes faites, axiomes et raisonnements préréglés, mots dorés de la tradition humaniste ou de la sagesse des nations, « communes imaginations que nous trouvons en crédit autour de nous, et infuses en notre âme par la semence de nos pères[22] ». Tous ces agents d'aliénation plus ou moins insidieux, répandus dans l'environnement culturel d'un lettré de la Renaissance, sont recueillis et exhibés dans les *Essais* précisément pour y être placés sous l'éclairage de la réflexion critique, en vertu de la formule dubitative, « Qu'est-ce que la vérité ? », qui pourrait en définir l'axe. Jean-Yves Pouilloux a parfaitement décrit ce travail obstiné pour déjouer les pièges et leurres de l'opinion commune et « commencer à penser véritablement[23] » ; et il a montré que c'était la tâche essentielle que s'était fixée Montaigne, par un souci d'authenticité hérité de La Boétie et de son *Discours de la Servitude volontaire*[24]. Un des textes qu'il allègue avec insistance nous ramènera une dernière fois vers les fantasmagories meurtrières des tribunaux, mais en leur associant un cas étranger à leur thématique habituelle.

Il s'agit du chapitre « Des boiteux », et spécialement de son titre. Il n'a pas manqué de déconcerter : quel rapport avec les procès de sorcellerie, matière principale de l'essai ? Les commentateurs ont eu recours aux allégories : boiterie de Saturne, maître des sorciers dit-on, boiterie des sorciers eux-mêmes et de leurs diables à pieds fourchus, boiterie mentale, surtout, des démonologues et de ceux qu'ils endoctrinent… Admettons-le ; mais rien de tout cela n'est confirmé par le texte : la boiterie n'y a pas grand'chose à voir avec les sectateurs ou les persécuteurs des familiers de l'enfer. Comme le montre Jean-Yves Pouilloux, Montaigne évoque à son propos un exemple des écrans que peuvent interposer les opinions reçues entre lui-même et ses plus intimes sensations : leurre par un proverbe populaire cautionné par Aristote, sur les vertus érotiques

22 I, 23, PUF p. 115-116, IN p. 209, Fol. p. 268.
23 *Montaigne, l'éveil de la pensée*, Paris, Champion, 1995, II, 2, p. 131-146.
24 *Ibid.*, II, 3, p. 159-171.

de la claudication, il s'est fait accroire « avoir reçu plus de plaisir d'une femme, de ce qu'elle n'était pas droite[25] ». Mais en reconnaissant ainsi sa propre illusion, il ne dénonce pas n'importe quel type de croyances erronées, et surtout pas celles que le désir fait surgir spontanément : il vise celles que peuvent imposer des formules consacrées par le temps, comme le sont celles des lois. « Par la seule *autorité* de l'usage *ancien et public* de ce mot : je me suis autrefois fait accroire [...] » – on a reconnu, ici en italiques, les mots-clés du mécanisme qui oblige un magistrat à faire état d'informations, de valeurs et de prescriptions officiellement agréées, quelle que soit son opinion personnelle à leur sujet. Ce qui porte directement sur les procès de sorcellerie dont il est question dans le contexte, et nous ramène à la question du préteur.

Car les arguments de Bodin entre autres, dans sa *Démonomanie des sorciers* que Montaigne voulait sans doute réfuter, reposent avant tout sur les *allegata et probata* de la jurisprudence : on ne manquait pas de « cas » dûment enregistrés, sur témoignages ou aveux, de pratiques démoniaques, et encore moins de textes légaux définissant les divers crimes de sorcellerie et les variétés de supplices qui les sanctionnaient. Montaigne s'efforce tout au long du chapitre d'en contester la pertinence, en discréditant l'instruction des procès de ce genre de manière à faire naître le doute, au bénéfice des inculpés ; et ses analyses de la formation et de la propagation des balivernes surnaturelles sont d'une rigueur exemplaire. Mais lorsqu'il traite des « témoignages » que citent interminablement les démonologues, la position qu'il adopte est celle d'un homme de bon sens, non d'un magistrat. La croyance aux prodiges, explique-t-il, se propage « sous l'autorité du nombre et ancienneté des témoignages. Pour moi, de ce que je n'en croirais pas un, je n'en croirais pas cent uns. Et ne juge pas les opinions par les ans[26] ». Or aucun juriste n'admettrait que cent témoignages concordants soient réductibles à cent fois un témoignage unique, *testis unus* que sa singularité annule ; quant aux « ans », s'ils n'accréditent pas des « opinions », ils accréditent les lois et coutumes, Montaigne l'a décrit à maintes reprises[27], ainsi que leurs

25 III, 11, PUF p. 1034, IN p. 381, Fol. p. 360. Texte cité et analysé par J.-Y. Pouilloux, *op. cit.* p. 158-159 et 165-166 ; les propos qui suivent ne s'écartent de cette analyse que dans la mesure où ils privilégient les agents institutionnels de l'erreur.

26 *Ibid.* PUF p. 1028, IN p. 371-372, Fol. p. 351.

27 Voir les passages allégués ci-avant dans la note 19, ainsi que I, 43, PUF p. 270, IN p. 432, Fol. p. 483-484.

assises axiologiques, non en leur conférant un statut de vérités, mais simplement en les officialisant. Demeurent donc intacts, à l'abri de toute critique rationnelle, les *allegata et probata* qui font allumer les bûchers.

D'où la nécessité de faire profession de cette « ignorance *forte et généreuse* qui ne doit rien en honneur *et en courage* à la science[28] », en gardant à l'esprit, devant les fantasmes collectifs et personnels mais aussi et bien plus fermement devant les dogmes des tribunaux civils ou ecclésiastiques, la question radicale, toujours la même : « Qu'est-ce que la vérité ? » Encore faut-il qu'elle soit posée dans toute sa force, sans laisser place aux faux-fuyants du préteur asservi à ses fonctions et à leur contexte politique. Elle devient alors la formule d'un pyrrhonisme actif par sa lucidité même, qui, loin de justifier tant bien que mal la soumission devant l'iniquité légale, s'inscrit en faux, calmement, contre les systèmes juridiques, politiques ou religieux mis au service de la mort.

---

28 III, 11, PUF p. 1030, IN p. 374, Fol. p. 354, italiques ajoutées. Cette conclusion est empruntée à un ancien article, « L'argumentation pyrrhonienne : structure d'essai dans le chapitre "Des boiteux" » [voir p. 81] où l'on trouvera un examen détaillé des modes de réfutation utilisés par Montaigne contre Bodin et les procès de sorcellerie.

UN THÉOLOGIEN PAR PROCURATION [2008][1]

Rien de plus banal, en fait : tout théologien est censé bénéficier d'une délégation de parole, de la part de Dieu s'il est vraiment inspiré, ou de la part de l'Église s'il l'est un peu moins, ou enfin de la part de Nos Maîtres les docteurs de Sorbonne et d'ailleurs, dont il répétera les leçons si l'Esprit lui fait défaut. Le vrai problème a trait à la façon dont il se situe à l'égard des paroles qui lui sont soufflées. Je le pose spécialement à propos de Montaigne parce qu'il ne pouvait guère le négliger, compte tenu de ses expériences de magistrat, d'humaniste et de négociateur occasionnel, qui avivaient régulièrement, sous des aspects toujours incisifs, les difficultés de la parole déléguée. Est-il nécessaire de le rappeler ? La sentence judiciaire a ses formulaires codifiés et ses limites, elle est prononcée au nom du Roi, elle est prescrite au conseiller-rapporteur qui en rédige le *dictum* conformément aux conclusions de la Chambre, elle peut être confisquée par une instance supérieure avant d'avoir le statut d'arrêt définitif. Le message diplomatique est astreint à exprimer la volonté du prince, ou ses caprices, par la bouche de son mandataire. L'entretien humaniste, si autonome qu'il soit, est hanté de formules prestigieuses de tous les temps. Qu'en est-il, pour Montaigne, des arguments de théologien qu'il avait inscrits sur les centaines de pages de sa traduction du *Liber Creaturarum* ? La recherche pourrait s'étendre à tous les aspects de cette traduction ; mais je ne reviendrai pas sur ceux qui ont déjà été traités : l'ampleur et le sens des écarts et gauchissements, étudiés par Philip Hendrick et par Mireille Habert[2] avec toute la finesse

---

1 Paru dans *Montaigne et la théologie, Études publiées sous la direction de Philippe Desan*, Genève, Droz, 2008, p. 13-23.

2 Voir Philip Hendrick, *Montaigne et Sebond / L'art de la traduction*, Paris, Champion, 1996 ; et Mireille Habert-Gounin, *Le Système des gauchissements dans la traduction par Montaigne du Liber Creaturarum de Raymond Sebond*, thèse soutenue le 12 janvier 2002 à l'Université de Provence (Aix-Marseille I).

et la précision souhaitables ; la distribution des rôles entre auteur, traducteur et commanditaire, indiquée en quelques traits dans la dédicace à Pierre Eyquem et commentée par les mêmes critiques ainsi que par Mary Mc Kinley et Valérie Worth-Stylianou[3]. Je voudrais distinguer spécialement les effets de la délégation de parole et surtout la façon dont elle est assumée dans le discours même du traducteur, en examinant les indices qui dénotent, plus ou moins discrètement, que sa perspective d'écriture ne coïncide pas avec celle de l'auteur.

Il existe en effet des traces de dissociation entre le théologien catalan et celui qui lui prête sa plume. La plus flagrante, notée par Mireille Habert, affecte le chapitre 166. Sebond expliquait dans ces pages que « la volonté du créateur est manifestée par les créatures et par leur ordre », et déclarait à la fin, en toute modestie doctorale : « Vu que je n'ai rien conclu en ce livre que par argument tiré des créatures ou de leur comparaison, il faut dire que je n'ai rien conclu qu'à la vérité, et selon Dieu : qui dira ou fera au contraire, combattra la volonté de son créateur ; et qui l'ensuivra, fera son désir et son ordonnance. » Le titre original, *Hic ostenditur quae sit voluntas Dei* (littéralement : « Ici est montré quelle est la volonté de Dieu ») résume très bien ce brevet d'infaillibilité. Tout autre est le titre français : « Digression à l'utilité de son livre. » L'emploi du possessif de troisième personne, « son livre », est indice grammatical de la séparation des voix : celui qui énonce le titre dans sa traduction n'est pas celui qui dit « je » dans le texte cité ci-dessus. De plus, le titre n'a pas le même objet que le texte, ni la même visée : il n'indique pas la signification du chapitre (question que posait l'interrogative indirecte *quae sit voluntas Dei*) ni sa force probante, mais sa place en marge du propos (« digression ») et sa finalité dans l'entreprise de l'écrivain (l'intérêt du lecteur, impliqué par la notion d'« utilité »). On ne saurait marquer plus nettement la différence de perspectives.

Mais cet exemple ne mène pas très loin ; il se réduit presque à une note incidente. Cela n'enlève rien à sa pertinence ni à sa portée : la remarque concerne non seulement le chapitre en question, mais aussi, par répercussion, son contexte large, en indiquant que les propos sur la « volonté du

3 Voir Mary McKinley, « Traduire/écrire/croire », in *Montaigne – Apologie de Raimond Sebond. De la Theologia à la Théologie*, sous la direction de Claude Blum, Paris, Champion 1990, p. 167-186 ; et Valérie Worth-Stylianou, « "S'il vous plaît de conter avec lui" : les trois personnes dans la traduction de la *Théologie naturelle* », *Montaigne Studies*, vol. V, 1993, p. 65-75.

créateur » sont bien une « digression » par rapport à ce contexte (de fait, ils interrompent de prolixes considérations sur les peines infernales, qui continuent au chapitre suivant[4], sans transition de part et d'autre). Mais le dédoublement de voix n'a pas de signification nette, si bien que l'on ne peut guère poser ici le problème de la pluralité des perspectives (ou, plus précisément, présenter cette pluralité comme un problème). Il en est de même pour d'autres discordances grammaticalement ou logiquement perceptibles, qui n'affectent que des détails. Mieux vaut examiner une série de chapitres que Sebond lui-même présente comme élaborant les critères de validation de ses thèses : phase capitale du discours, dont la fonction et la portée sont définies par le titre du chapitre 66 : *Hic ponitur fundamentum omnium sequentium* (littéralement : « Ici est établie la base de tout ce qui suit » ; on verra plus loin la traduction par Montaigne, toute différente). Ces pages, en dépit de leur importance, sont rarement commentées, et l'on n'aura pas trop de peine, après examen, à deviner les motifs de la discrétion des exégètes ; mais elles méritent, quant à notre problématique, une étude attentive.

Au préalable, il est nécessaire de voir comment les chapitres en jeu s'inscrivent dans l'argumentation générale. Dans ses longues « comparaisons » entre l'homme et les autres créatures, Sebond en était à recenser les « différences » qui marquent sa supériorité ; au chap. 62, il en vient à reconnaître sa différence spécifique, « la clef et le secret de la vraie science du bien et parfaite connaissance de notre nature » (f° 64 v°), et il détaille les fonctions qui s'y rattachent, en y voyant d'emblée « une singulière et plus qu'ordinaire excellence : à savoir celle que nous donne notre libéral arbitre, par le moyen duquel nous jugeons, nous ratiocinons, nous discernons et entendons, nous jouissons d'une pleine volonté, d'une liberté naturelle exempte de toute contrainte » (*ibid.*)[5].

4 Les titres des chapitres (traduits ou abrégés assez fidèlement, sauf celui qui est ici en jeu) suffisent à le montrer : 161, « De la grandeur du dernier et éternel supplice » ; 162, « Cette peine souveraine se peut rendre manifeste par divers exemples tirés de l'expérience » ; 163, « L'âme injuste ne s'acquiert pas seulement une peine intérieure, par l'éternelle tristesse, mais une extérieure, qui lui est attachée par la juste vengeance de Dieu » ; 164, « Du lieu et instrument de la punition corporelle » ; 165, « Comment l'homme peut être puni, pourquoi il le doit être et en quelle manière ». Et la série de fantasmes continue après la digression : 167, « L'âme condamnée recouvrera son corps difforme et hideux » ; 168, « De la multiplication de la tristesse éternelle ».

5 Sebond paraît ici suivre les explications du *Compendium Theologiae* de Thomas d'Aquin (chap. LXV-LXVI). Dans sa traduction, Montaigne ne distingue pas aussi clairement que

Passant ainsi du champ cosmologique (place des humains dans la Création) à des investigations restreintes aux fonctions mentales, réparties entre l'« intelligence », aptitude à saisir des notions et à les enchaîner en séries de propositions, et le « jugement », qui de ces séries de propositions conclut des assertions justes, et les agrée, Sebond invite l'homme à s'émerveiller « des beaux présents et des particulières faveurs qu'on lui a faites », et à les apprécier selon leurs effets :

> Ce n'est pas peu de chose, de pouvoir non pas ouïr les paroles seulement, mais les entendre et leurs significations, de pouvoir remâcher et digérer en notre cervelle la diversité des sentences et des propriétés, de monter et d'argumenter de l'une à l'autre, du moindre au plus grand, de pouvoir à la suite des unes imaginations en engendrer et conclure d'autres, de savoir discourir que c'est une grande puissance, d'une chose en pouvoir bâtir une autre, mais bien plus grande et entièrement parfaite, faire quelque chose de rien [...]. (chap. 63, f° 66 r°)

À titre d'exemples des capacités de l'esprit, Sebond allègue d'abord des opérations intellectuelles élémentaires, puis, soudain, l'abrégé d'un argument théologique, au sujet de la création *ex nihilo*, qu'il a déjà exposé aux chapitres 17 et 18. Il ressaisit donc les raisonnements qu'il a tenus dans les parties précédentes de son ouvrage, pour les donner comme manifestations des ressources mentales de l'homme, et preuves de son aptitude à s'élever vers le Créateur ; ce qui revient à considérer, en deçà de ce qu'ils exposent, les qualités qu'ils attestent. En d'autres termes, le théologien exhibe ici comme échantillons des capacités de l'intellect et du jugement les procédés de démonstration mis en œuvre dans l'ensemble de son traité. Suit en effet un programme de déduction des attributs de Dieu[6], à partir d'une « considération » formulée par Sebond à cette fin :

> La considération et règle de quoi je parle est telle : Dieu est ce qui se peut concevoir de plus grand : (ou bien) Dieu est plus grand que nulle autre chose que l'on puisse concevoir. Il est donc tout ce qui se peut imaginer de plus accompli [...]. (f° 67 r°)

---

lui le libre-arbitre de l'homme et les facultés naturelles qu'il requiert, intellect et « liberté du jugement ».

6 Jaume de Puig y a reconnu une variante de la preuve anselmienne de l'existence de Dieu, par passage du concept à l'être (*Les Sources de la pensée philosophique de Raimond Sebond*, Paris, Champion, 1994, chap. IV, p. 86-87).

Il suffira donc d'élever à l'infini tous les attributs positifs concevables « pour trouver toutes les qualités qui sont en Dieu » (titre du chap. 64, f° 67 v°). Cela revient à récapituler la majeure partie des acquis des soixante premiers chapitres ; mais en les considérant sous un nouveau biais. Il s'agit maintenant, en effet, de vérifier l'aptitude de l'homme à tenir sur Dieu des discours vrais (c'est-à-dire à faire œuvre de théologien). Sebond entreprend donc de déterminer les conditions de validité des conclusions de tels discours, le sien inclus, et l'assentiment qu'il faut leur donner. Autrement dit, il scrute le socle épistémologique de tout son ouvrage. Si son traducteur le suivait point par point en cette phase réflexive, on pourrait en conclure que leurs pensées sont à l'unisson, au moins quant à ce qui doit légitimer leur commune tâche. Mais au contraire, les indices textuels de divergence se multiplient en ces pages ; il est nécessaire de les recenser, et surtout de nous interroger sur eux.

Dans le chapitre 65, Sebond annonce son intention de fixer la « règle par laquelle l'homme est instruit de ce qu'il doit affirmer ou nier[7] », et il montre les enjeux de son application :

> D'autant que l'entrée et l'avenue de notre intelligence, c'est la créance et affirmation : d'autant aussi que depuis que nous avons approuvé quelque chose, nous sommes rangés et contraints d'avouer tout ce qui l'accompagne et qui est attaché à celle-là par conséquence [...] : il nous faut prendre garde bien soigneusement à l'approbation ou refus que nous avons à faire des premières choses qui se présentent à notre imagination : puisque par là nous lions et obligeons la liberté de notre entendement. (f° 70 v°-71)

C'est donc aux principes (« premières choses ») de la philosophie et de la théologie que doit s'appliquer « l'art et règle d'affirmer ou nier ce qui appartient à l'homme en tant qu'il est homme, même[8] ès choses qui sont au-dessus de lui et de son intelligence » (f° 71 v°). La question est si importante qu'après avoir déclaré qu'il n'est pas en mesure de « contraindre » l'homme à donner son assentiment aux propositions qu'il aura démontrées (ce serait faire violence à son libre-arbitre), le théologien se fait fort de lui « montrer ce qu'il est tenu de croire, si évidemment,

---

7 f° 70 v° – Montaigne complète ce titre en précisant « [...] ès choses qui concernent son salut » ; Sebond avait seulement ajouté [...] *in quantum homo est*, « en tant qu'il est homme ».

8 L'adverbe « même », au XVIe siècle, peut indiquer un cas extrême, comme dans la langue moderne, ou signifier « spécialement », « surtout ». Quant à la phrase concernée, l'absurdité ne serait qu'un peu plus grande dans ce second cas.

que celui même qui n'en fera rien verra toutefois qu'il était obligé par raison et par droit de nature à le faire » (*ibid.*). Nous voici donc face à ce qui devrait déterminer l'accueil de l'ensemble du discours théologique, en le validant. Et c'est là que la délégation de parole fait problème, et que le traducteur, confronté non à des conclusions doctrinales, qu'il accepte comme conformes aux dogmes de l'Église, mais à une réflexion sur les modes de probation qui leur seront appliqués et sur ce qui devrait être le critère philosophique de leur vérité, fait entendre, discrètement, une tout autre voix.

Car ces modes de probation n'ont rien à voir avec le souci de la vérité, ni avec les critères qui permettraient de la distinguer. Ils se fondent sur une sorte de gestion des ressources naturelles, résumée en un axiome de base :

> Toutes choses sont obligées, par un exprès commandement de nature, d'employer ce qu'elles ont et leurs moyens non à s'endommager et offenser, mais à s'agrandir et s'embellir [...]. Voilà la proposition sur laquelle je veux établir le fondement de ce que j'ai à dire par ci-après. (chap. 66, f° 73)

Son corollaire est en effet que l'homme ayant en propre l'entendement et la volonté, « il est tenu naturellement d'en user à son profit et avantage : c'est-à-dire, pour s'acquérir le plus qu'il peut de joie, de liesse, d'espérance, de consolation, de paix, de repos et de confiance » (f° 73 v°). La « règle de ce que l'homme a à croire ou à mescroire, quant à son salut[9] » se déduit immédiatement, selon Sebond, de ces prémisses :

> Toute proposition qui se présente à notre imagination en a aussi une autre entièrement répugnante et contraire, et de ces deux l'une est par nécessité vraie, l'autre fausse : voilà pourquoi c'est notre office d'en accepter l'une, et refuser l'autre. Et n'y a point de doute par ce que nous venons de dire que l'homme ne soit tenu d'accepter, d'affirmer et de croire celle-là qui lui apporte plus d'utilité, de commodité, de perfection et de dignité, en tant qu'il est homme, par laquelle il peut engendrer en soi du contentement, de la consolation, de l'espérance, de la confiance, de la sûreté, et en éloigner le déplaisir et le désespoir ; et par conséquent qu'il doit embrasser celle qui est

9 Titre du chap. 67, f° 76 v°. Dans l'original est simplement annoncé « *Hic ponitur conclusio in qua concluditur regula et ars affirmandi et negandi* » (« Ici est établie la conclusion en laquelle est contenue la règle et la technique d'affirmer et de nier »). Montaigne ajoute la précision « quant à son salut », cantonnant ainsi la « règle » en question dans le domaine théologique.

> plus aimable et plus désirable de sa nature, [...] et nier, mescroire et repousser l'opposite et contraire, comme fausse et ennemie de son profit. (chap. 67, f° 74)

La loi ne souffre pas d'exceptions. Si le maître prévoit l'objection d'un disciple récalcitrant, c'est pour la réfuter avec fermeté :

> Or s'il me dit qu'il n'y a pas d'apparence qu'il croie ce qu'il n'entend pas, et qu'il avoue pour véritable ce de quoi il ne voit pas la raison : vu qu'à ce compte il pourrait bien prendre la mensonge pour la certitude, je lui réponds que son ignorance ne lui peut servir d'excuse, et que cette seule intention d'approuver ce qui est à son profit et utilité lui sert d'une suffisante et juste occasion de croire : attendu que ce que nous faisons selon la règle de nature ne nous peut être imputé à faute, et notre intelligence fait son devoir et le profit de soi et de la volonté toutes fois et quantes qu'elle consent à ce qui est son grand bien. (f° 74 v°)

On comprend pourtant ce disciple qui ne veut pas se prononcer sur ce qu'il ne comprend pas et dont il ne voit pas la raison, de crainte d'ajouter foi à des mensonges. Car c'est la notion même de vérité, avec les critères qui lui sont applicables, qui est bafouée dans la conception et l'application de la « règle » censée propre à déterminer son choix entre des assertions contradictoires entre elles. Le traducteur lui-même ne peut s'empêcher de signaler à la fin du chapitre, par une remarque ajoutée au texte de Sebond, le caractère expéditif de l'argumentation :

> Voilà la règle naturelle d'affirmer ou de nier dépêchée. (f° 75)

Mireille Habert a montré ce que la formule avait d'ironique, en précisant l'acception du verbe « dépêcher » : se débarrasser rapidement d'une difficulté importune. Cette réticence finale de Montaigne est confirmée par deux écarts significatifs dans sa traduction du contexte. Juste avant l'objection que Sebond attribuait plus haut au disciple indocile, le principe de sa réfutation était posé comme en préalable, au sujet des « propositions » avantageuses pour l'homme : *Et quamvis [homo] non intelligat quomodo fieri potest, nec quo modo potest esse verum, non est excusatus quin teneatur affirmare et credere*[10]. Toute cette phrase est omise dans le texte français. Autre modification, qui pour ne porter que sur un mot

10 *Theologia naturalis*, f° 302 : « Et bien qu'il ne comprenne pas comment cela peut se produire, ni comment cela peut être vrai, l'homme n'est pas dispensé de l'obligation de l'affirmer et de le croire. »

ne fait pas moins violence à l'original : au début du chapitre 68, Sebond prenait pour hypothèse le même cas de proposition indécidable, à recevoir ou refuser en vertu de sa « règle » : *si alicui proponatur aliquid ad affirmandum vel negandum quod non possit intelligi per rationem...* (f° 304) – Montaigne supprime la négation : « si on nous présente pour affirmer ou nier quelque proposition qui se puisse concevoir par la raison... » (f° 75) ; pour un instant, il efface le trait le plus aberrant de la théorie.

Ces retouches sont dispersées dans le corps du texte ; d'autres affectent les titres de chapitres. Ceux-ci en effet sont des énoncés stratégiques, mis en vedette pour indiquer l'orientation générale des pages qu'ils introduisent. Nous avons déjà vu que celui du chapitre 67 était prolongé par un précision qui situe son objet dans l'ordre du sacré ; ajoutons que son vocabulaire est infléchi dans le même sens : là où l'original latin annonçait une *regula et ars affirmandi et negandi*, Montaigne parle de « ce que l'homme a à croire et à mescroire quant à son salut », revenant au lexique de la foi et profilant en arrière-plan le « salut » espéré, ce qui pallie les sophismes par des résonances d'exhortations pastorales. Mais le cas le plus significatif est celui du chapitre 68. Sebond y donnait la mesure des espoirs qu'il fondait sur sa recette apologétique, en lui assignant pour champ d'application toutes les croyances que sanctifie la foi chrétienne :

> *Sequitur modus et practica utendi prœdicta arte et regula qua probatur quod tota fides christiana est affirmanda et credenda, et quod omnis homo de jure nature tenetur credere et obligatur eam tenere et affirmare*[11]. (p. 304)

Montaigne réduit ce manifeste à une simple formule de présentation :

> L'usage de la règle précédente par divers exemples.

Il avait procédé de même pour le chapitre 66. Au titre latin, cité plus haut, qui annonçait que toute l'argumentation à venir aurait pour bases ses conclusions, est substituée une formulation abrégée du principe que celles-ci mettent en œuvre : « Chaque chose doit naturellement pourchasser son bien et éviter son dommage. » Ainsi, par deux fois,

11 « Suit la façon pratique d'employer la méthode et la règle ci-avant, par laquelle on prouve que toute la foi chrétienne doit être affirmée et crue, et que tout homme, par la loi de nature, est tenu de la croire et obligé de la soutenir et de l'affirmer. »

le traducteur évite les déclarations programmatiques par lesquelles le théologien attribue à la « règle » qu'il invente le pouvoir de fonder en vérité la suite de son discours, et avec elle tous les dogmes du christianisme. Cette réticence se comprend.

D'autres interventions rectifient ou suppriment des formules qui réitéraient périodiquement la confusion entre ce qui est réputé souhaitable ou avantageux à l'homme, et ce qui doit être reconnu vrai. Ainsi au chapitre 67, au sujet des propositions contradictoires entre elles, Montaigne écrit simplement « c'est notre office d'en accepter l'une, et refuser l'autre », là où Sebond précisait [...] *unam partem recipere et admittere tanquam veram et aliam repellere tanquam falsam.* De même, l'expression « il doit embrasser celle qui est plus aimable » corrige l'original *affirmare illam partem tanquam veram que magis est amabilis.* Au chapitre 68, de telles rectifications par ratures sont presque systématiques. Au terme d'une énumération des avantages que procure à l'homme la croyance en l'existence de Dieu, et des inconvénients de son inexistence, est omise la surenchère *sequitur quod verum est, Deum esse* (f° 309). De même à la phrase suivante, *ergo sequitur quod hoc est affirmabile et amabile et verum* – le dernier adjectif est omis dans la traduction, ainsi que l'assertion qui le suit et le répète, *Secundo concluditur quod hoc est verum...* Au chapitre 69, c'est l'unicité de Dieu qui est donnée pour « plus avantageuse » à l'homme car celui-ci serait en grand embarras (*in magna tribulatione*) s'il existait plusieurs dieux, puisqu'ils pourraient bien ne pas être d'accord entre eux (*poterit esse divisio et discordia inter eos*) ; mais la conclusion de l'original, *Tunc ulterius sequitur quod verum est quod est tantum unus solus dominus et deus...* n'est pas traduite. Même rectification au chapitre 73, sur la création *ex nihilo*, avantageuse à l'homme en ce qu'elle lui garantit que Dieu est capable de le faire renaître du néant par la résurrection : tout l'épilogue, *Et ultimo sequitur tunc quod verum est quod deus creavit omnia ex nihilo*, est omis.

Ces retouches sont d'autant plus significatives que Montaigne, là où Sebond se borne à énumérer des croyances réconfortantes, fait preuve d'une imperturbable fidélité. Dans la traduction comme dans le texte, le chapitre 74, sur l'Incarnation, montre qu'« il nous siéra beaucoup mieux de croire que Dieu soit fait homme que son contraire » (f° 78 – voir Sebond : *melius est homini affirmare et credere quod deus factus sit homo quam ejus oppositum*) ; au chapitre 76, la Résurrection « nous donne grand avantage sur les autres créatures, et est souhaitable merveilleusement pour notre bien [...]. D'avantage, de penser qu'il y a eu déjà un corps glorifié et fait immortel, cela nous donne bien plus de consolation et d'occasion d'en espérer autant pour nous-mêmes. [...] Recevons-la donc hardiment » (f° 78 v° ; voir *credere quod jam aliquis resurrexit a mortuis ad vitam immortalem [...] hoc ponit hominem in majori fiducia et spe et consolatione future resurrectionis* ; l'exhortation finale est ajoutée) ; l'Ascension est appréciée au chap. 77 : « C'est une grande gloire à notre nature que déjà un homme soit monté au ciel » (f° 79 ; voir *ponit maximam dignitatem et exaltationem in humana natura*) ; l'utilité du jugement dernier est démontrée au chap. 78 : « car sans cette créance nous serions en danger de nous abandonner à nos concupiscences » (f° 79 v° – voir [...] *si autem non credit, tunc [...] vivet secundum carnem ut brutum et insequetur concupiscentias carnales*) ; au chap. 79, l'homme doit croire que son âme est immortelle « car il n'est rien qui l'éloigne tant de l'imperfection des autres créatures, il n'est rien qui l'approche plus de la divinité » (*ibid.* – voir « *per hoc magis separatur a bestiis et appropinquat deo* ») ; enfin, au chap. 80, c'est « la foi chrétienne en général » qui est déclarée « sans comparaison plus amiable et plus désirable à l'homme que son contraire » (voir *quidquid continetur in fide christiana est magis amabile et desiderabile homini [...] quam ejus oppositum*), avec pour preuve la récapitulation des conclusions précédentes. Mieux : au chapitre 67, juste après avoir supprimé une formule paradoxale sur l'obligation d'« affirmer » ce qu'on ne peut pas comprendre (« *Et quamvis non intelligat...* », voir plus haut), le traducteur sollicite le texte en sens inverse : dans le latin, celui qui affirme ce qu'il ignore est « excusé » en vertu de la règle de Sebond (*excusatur per hoc, quia credit ad suum bonum et ad suam utilitatem*, f° 302) ; dans la traduction, celui qui hésite à l'affirmer est condamné sans circonstances atténuantes par le maître : « [...] je lui réponds que son ignorance ne lui peut servir d'excuse[12] » (f° 74 v°). Ainsi le croisement des deux voix concurrentes, celle de Sebond toujours péremptoire, celle du traducteur parfois rétif,

12 La formule citée est ajoutée à la phrase latine. Une autre différence contribue à marquer la contrainte doctrinale. Dans le texte de Sebond, l'objection (*quare tu affirmas* [...] *quod non intelligis ?*) est adressée par une voix anonyme aussi bien au maître qu'au disciple, et la réponse est impersonnelle (*ad hoc respondetur...*) ; dans la traduction, l'objection est présentée par « l'homme » auquel s'adresse l'enseignement, et la réplique, péremptoire, est formulée par le maître (« je lui réponds... »).

sont perceptibles jusque dans les modifications que ce dernier apporte au texte : paroles d'autorité et réserves de bon sens s'y mêlent par endroits. L'ensemble des retouches, avec en ce chapitre 67, cœur du système, l'échange momentané de rôles qui le trouble, paraît caractéristique de la position en porte-à-faux assignée à Montaigne par la tâche dont il s'est chargé : l'obligation de rédiger scrupuleusement des arguments inacceptables.

Parfois, c'est impossible. Pour un croyant soucieux de la vérité de sa foi, plus encore peut-être que pour un incrédule, il est impossible d'écrire que les principaux dogmes du christianisme – ceux du Symbole de Nicée, détaillés dans les chapitres 68 à 80 – doivent être tenus pour vrais en vertu de la « règle de ce que l'homme a à croire ou à mescroire » imaginée par Sebond. Car cette prétendue règle est évidemment fallacieuse. Utilisée ici pour « démontrer » des croyances accréditées, elle permettrait de démontrer tout aussi bien que « l'homme en tant qu'homme » est infaillible, sans péché, immortel, tout-puissant, etc. : puisque toutes ces qualités seraient indéniablement à son avantage, il devrait admettre et tenir pour indubitables les assertions qui les lui attribuent ! Tout repose sur un sophisme grossier, élaboré par confusion (calculée ou non, peu importe) entre les propositions et ce qu'elles expriment. Car même si l'on accepte l'axiome sur lequel le théologien bâtit son argumentation (axiome résumé dans le titre français, « Toute chose doit naturellement pourchasser son bien et éviter son dommage », du chap. 66 que le titre latin donne pour *fundamentum omnium sequentium*), il est évident que son application est ici abusive : une proposition, en tant que telle, ne procure pas un bien ou un mal, elle n'est pas avantageuse ou désavantageuse ; elle est vraie, ou fausse, ou indécidable, ou formulée incorrectement, etc. ; c'est ce qu'elle asserte, état des choses, acte, projet, obligation ou interdit…, qui peut être bénéfique ou nocif. Entre les propositions (a) « mon négoce me rapporte cent thalers par semaine » et (b) « mon négoce ne me rapporte que dix thalers par semaine », le boutiquier de Kant n'a pas à retenir la plus avantageuse des deux pour l'affirmer vraie *de jure naturæ* : mieux vaut pour lui consulter ses livres de comptes. Le germe de cette réfutation se trouvait d'ailleurs dans l'ouvrage de Sebond, et en a été extrait par Montaigne pour devenir l'axiome initial du chapitre « De la gloire » (II, 16) : « Il y a le nom et la chose : le nom, […] ce n'est pas une partie de la chose ni de sa substance : c'est une pièce étrangère jointe à la chose, et hors d'elle[13] ». Mais il n'est pas nécessaire d'aller chercher des sources philosophiques pour une réfutation qui relève de la plus élémentaire lucidité.

Et voici le traducteur écartelé. Il sait en effet que cette « règle naturelle d'affirmer et de nier » a été « dépêchée » en dépit du bon sens. Et il sait probablement qu'il n'est pas le premier à l'avoir vu. Dans sa *Viola animæ*, comme l'a montré Mireille Habert, Pierre Dorland avait mis à profit le parti qu'il avait adopté, de rédiger en dialogues l'essentiel du *Liber Creaturarum*, pour transformer la prétendue règle en une série d'exhortations à la foi : sous sa plume, le maître demande au disciple si les articles du *Credo* lui paraissent « bons » pour l'homme et susceptibles de lui inspirer de l'amour pour Dieu, et à chaque article le disciple acquiesce avec ferveur, naturellement. Le procédé paraîtra puéril, mais il permet de rétablir une vision saine de la catéchèse : l'utilité ou l'agrément que peut procurer la méditation des articles de foi viennent en surcroît d'une vérité qui n'est pas mise en question, parce qu'elle se fonde sur d'autres bases. Chez Sebond, ils sont proposés à titre de preuves de la même vérité, et tout est faussé. Mais ces inepties logiques et *théologiques* du maître catalan, propres à discréditer les dogmes qu'elles sont censées cautionner, le traducteur était obligé de les écrire, de même que le rapporteur des Enquêtes était obligé de signer le *dictum* approuvé par la majorité de ses collègues, même s'il l'estimait injuste. C'est là une mésaventure de la raison paraphrastique, qui ne pouvait être que plus douloureuse si Montaigne, comme c'est probable, se voulait fidèle aux enseignements de l'Église que le théologien dont il se faisait le porte-parole, bon gré mal gré, prétendait fonder sur des paralogismes de son invention. On comprend mieux, dans ces conditions, qu'ailleurs il ait accentué autant qu'il le pouvait, comme l'a montré Mireille Habert, les inflexions homilétiques parfois ébauchées dans l'original (notamment dans les chapitres sur la Passion du Christ) ; on comprend aussi qu'il ait réagi, longtemps après s'être acquitté de ses devoirs de traducteur, par l'ironie dévastatrice de son « Apologie de Raimond Sebond ».

---

13 PUF p. 618, IN p. 459, Fol. p. 419. Voir le *Liber creaturarum*, chap. 191. Montaigne en prélève, pour la réinscrire « à nouveau service » dans son chapitre « De la gloire », l'idée de l'écart irréductible entre le réel (« la chose ») et ce qui se dit du réel (le « nom »), alors que Sebond, songeant à la gloire de Dieu, tend à réduire cet écart en considérant le « nom » et les attributs qu'on lui ajoute comme des *exteriora* susceptibles d'accroissement au bénéfice de l'être (*res*) auquel ils sont attachés.

Cela nous ramène pour un instant aux *Essais*. Car l'expérience décrite ici, entre contrainte permanente et brefs sursauts d'autonomie intellectuelle, ne leur est pas étrangère : tout au long de sa tâche de traducteur, Montaigne avait fait l'apprentissage malaisé de la pensée à deux voix en combinaison instable, normalement à l'unisson, parfois discordantes. Il avait introduit discrètement l'altérité, son altérité, dans les propos réflexifs que le théologien tenait sur son ouvrage pour en démontrer la force probante, et dont il découvrait, lui, les sophismes sous-jacents ; et il savait que le composé ne pouvait garder un semblant de cohésion qu'au prix d'inévitables malentendus. Telle pourrait être l'une des raisons de son renoncement à ce type de discours à la fois autoritaire et rusé, qu'il désavoue en ce qui le concerne, et qu'il remplace dans les *Essais* par des fragments philosophiques et parfois théologiques dont les tensions mêmes et les apories sont significatives, hors cadre doctrinal.

On retrouve ainsi, au bout du compte, un « Montaigne théologien », selon le titre primitif du présent colloque, de même structure que le titre « Charlot soldat » – les deux formules ont d'ailleurs été combinées en 1937 par Marc Citoleux pour intituler ses propres élucubrations : « Le vrai Montaigne, théologien et soldat ». Mais comme de juste, l'acte qui pourrait authentifier ce Montaigne théologien sera un désistement. Dans le chapitre « Des prières », où est esquissée en quelques mots une théorie des « fantasies » peut-être théologiques, mais fragmentaires et « séparément considérées[14] », un conseil est soufflé par une voix anonyme, apparemment assez compétente pour que l'écrivain en accepte le verdict :

> Et ne dirait on pas aussi sans apparence que l'ordonnance de ne s'entremettre que bien réservément d'écrire de la religion, à tous autres qu'à ceux qui en font expresse profession, n'aurait pas faute de quelque image d'utilité et de justice : et à moi avec, à l'aventure, de m'en taire.

Epokhè respectueuse, d'un laïc vacciné contre les certitudes doctrinales dont il avait mesuré les ravages, théoriques, dans sa lecture de Sebond, et pratiques, dans les bruits et fureurs de son temps ? Ou ébauche d'une spiritualité du silence, peut-être la meilleure théologie qui soit ? Je tiens pour juste la première conclusion, en souhaitant obscurément que la seconde, prise au sérieux, n'en soit pas trop éloignée.

14 Voir l'article publié sous ce titre dans le *Bulletin de la Société des Amis de Montaigne*, n° 41-42, 2006, p. 159-174.

SUSPENSE PHILOSOPHIQUE ET IRONIE

La zététique de l'*essai* [2000][1]

Le premier mot du titre n'était pas destiné à faire croire un instant que la communication serait bilingue. Traitant d'une des notions fondamentales du pyrrhonisme, j'ai traduit ἐποχή par *suspense*, au lieu du très classique « suspens », dans l'intention de rendre hommage au pays d'accueil du présent colloque, mais aussi afin de préciser ma visée. En français, le mot anglo-américain *suspense* a une acception très étroite, due au phénomène culturel qui lui a fait franchir les mers : le succès du type de scénario hollywoodien auquel est associé le nom d'Alfred Hitchcock. C'est dire qu'il dénote une curiosité mêlée de soupçons imprécis, propre à faire naître une inquiétude qui pourrait se muer en angoisse si l'humour ne venait introduire un peu de jeu dans le mécanisme. Sans aller aussi loin, retenons la perplexité et la suspicion : ce sont des réactions usuelles devant l'ἐποχή pratiquée dans les *Essais*, à en juger par la réticence gênée que provoque celle-ci, jusqu'à faire détourner le regard, consciemment ou non, de ses manifestations les plus nettes. L'objet de notre étude sera d'illustrer des effets de ce genre à l'aide de quelques exemples particulièrement flagrants en même temps qu'inaperçus, et d'en tirer parti pour tenter de comprendre ce qui déconcerte, dans la pensée et les écrits de Montaigne.

Au préalable, quelques mots sur l'ἐποχή, le doute et la zététique pyrrhonienne tels qu'ils se dessinent chez Sextus Empiricus, source principale de Montaigne dans ce domaine (et source commune de tous les écrivains du XVIe siècle qui se sont interrogés sérieusement sur le scepticisme, depuis son adaptation par Jean-François Pic de la Mirandole, au début du siècle[2]). On connaît l'argument qu'y opposent

1 Paru dans *Montaigne Studies, La Philosophie et Montaigne*, XII, 1-2, 2000, p. 45-62.

2 Dans les trois premiers livres de son *Examen vanitatis doctrinae gentium et veritatis Christianae disciplinae*, dont le privilège est daté de 1519, le neveu et disciple de Jean Pic de la

comme par tradition les tenants des philosophies dogmatiques : faute de pouvoir asserter sans contradiction « je doute » ou « j'ignore », le pyrrhonien serait réduit au silence, aux échappatoires ou au questionnement perpétuel, au vide. Caricature de cette impuissance : le Trouillogan de Rabelais, dont les dérobades exaspèrent Panurge et suscitent la discrète réprobation de Gargantua[3]. Sextus Empiricus tente de se prémunir contre l'objection dès le début des *Esquisses* : « Sur aucun des points à traiter nous n'assurons qu'il en soit entièrement comme nous disons, mais sur chaque point nous exprimerons ce qu'il nous en semble sur le moment, dans le cadre d'une enquête[4] ». L'adverbe ἱστορικῶς, ainsi que la référence au « moment » où l'impression est enregistrée, dénote le fait de l'énonciation comme événement langagier, dans sa contingence ; et il l'intègre dans le mouvement de la zététique, littéralement « pratique de la recherche », exercée en des investigations sans terme dont le principal effet est de faire éprouver en permanence l'insuffisance et l'incertitude de leurs acquis provisoires[5]. Ces précautions peuvent-elles résoudre l'aporie, et en même temps réfréner la témérité des « opinions » données pour sûres et du discours qui les échafaude en doctrine ? Oui sans doute aux yeux de Sextus Empiricus pour qui l'essentiel est de ne pas systématiser les données en une théorie qui prétendrait déceler les « causes » des

---

Mirandole paraphrase et parfois traduit très fidèlement l'essentiel du *Pros Logikous*, du *Pros Mathematikous*, du *Pros Ethikous* et des *Esquisses pyrrhoniennes*. Voir « Images du pyrrhonisme selon quelques écrivains de la Renaissance », *Les Humanistes et l'Antiquité grecque*, Recueil de communications au Séminaire de l'IRHT, présenté par Mitchiko Ishigami Iagolnitzer, Paris, Édition du CNRS, 1989, p. 27-37.

3 *Tiers Livre*, chap. 36-37.

4 *Esquisses Pyrrhoniennes*, I, 1 : « κατὰ τὸ νῦν φαινόμενον ἡμῖν ἱστορικνῶς ἀπαγγέλλομεν περὶ ἑκάστου. » – « dans le cadre d'une enquête » traduit ici l'adverbe ἱστορικῶς, qui marque le refus d'intégrer le propos dans un système définitif. On pourrait songer au mot de Montaigne : « Les autres forment l'homme, Je le récite » (III, 2, début), surtout si l'on reconnaît en ce verbe « réciter » le terme qui définit la fonction première du « rapporteur » d'un procès : exposer aux autres conseillers les données du dossier, mais sans les agencer en discours.

5 Voir Montaigne, au sujet de la connaissance de soi : « Mon apprentissage n'a autre fruit que de me faire sentir combien il me reste à apprendre » (III, 13, PUF p. 1075, IN p. 441, Fol. p. 418). Ailleurs, Montaigne allègue la découverte de l'Amérique, progrès le plus spectaculaire dans la connaissance du monde, comme preuve de l'incertitude du savoir : « Savoir mon, si Ptolémée s'y est trompé autrefois sur les fondements de sa raison, si ce ne serait pas sottise de me fier maintenant à ce que ceux-ci [les nouveaux cosmographes] en disent » (II, 12, PUF p. 572, IN p. 386, Fol. p. 352).

phénomènes[6]. Mais Montaigne va plus loin dans le scepticisme : il récuse l'expérience même, dans sa fonction d'ersatz de la science. Tel est le sens du début du dernier chapitre des *Essais*, qui rejette le principe des « ressemblances » sur lesquelles prétendent se fonder les généralisations par induction :

> La raison a tant de formes, que nous ne savons à laquelle nous prendre : L'expérience n'en a pas moins. La conséquence que nous voulons tirer de la ressemblance des événements, est mal sûre, d'autant qu'ils sont toujours dissemblables. Il n'est aucune qualité si universelle en cette image des choses, que la diversité et variété[7].

et la suite est une critique en règle de la jurisprudence, savoir empirique entre tous puisqu'il se fonde sur des précédents judiciaires pour décider de « cas » réputés analogues. De même, les *Essais* de 1580 s'achevaient sur une critique de la médecine, « art » (= technique) qui se réclame constamment de l'expérience[8]. Montaigne n'a donc pas recours à ce faux-fuyant de l'empirisme, de toutes façons inapproprié. À défaut, il invente la notion d'*essai*.

Rappelons-en les traits essentiels, définis au début du chapitre « Des livres », donc au sujet du réceptacle et du symbole de tout le savoir humaniste :

> C'est ici purement *l'essai de mes facultés naturelles*, et nullement des acquises : et qui me surprendra d'ignorance, il ne fera rien contre moi : car à peine répondrais-je à autrui de mes discours, qui ne m'en réponds point à moi – ni n'en suis satisfait. *Qui sera en cherche de science, si la pêche où elle se loge* : il n'est rien de quoi je fasse moins de profession. Ce sont ici *mes fantaisies, par lesquelles je ne tâche point à donner à connaître les choses, mais moi* : elles me seront à *l'aventure* connues un jour, ou l'ont autrefois été, selon que *la fortune m'a pu porter* sur les lieux où elles étaient éclaircies. Mais il ne m'en souvient plus[9].

Ainsi conçu, l'*essai* manifeste la contingence et l'incertitude foncière des assertions, simplement en y reconnaissant le reflet du sujet qui

---

6 Voir les *Esquisses pyrrhoniennes*, I, 34, où Sextus rejette l'empirisme doctrinal (qui asserte l'impossibilité de connaître les faits cachés, ce qui le ramène à l'aporie du « j'ignore ») mais assimile sa « méthode » (c'est-à-dire sa « voie », sans cadre systématique), en médecine, à la pratique pyrrhonienne de circonspection dans la conduite de la vie.

7 III, 13, PUF p. 1065, IN p. 425, Fol. p. 402.

8 Voir III, 13, « L'expérience est proprement sur son fumier au sujet de la médecine, où la raison lui quitte toute la place » (PUF p. 1079, IN p. 446, Fol. p. 424).

9 II, 10, PUF p. 407, IN p. 123, Fol. p. 118 – italiques ajoutées ici.

les énonce en un moment donné comme acquis aléatoires d'un autre moment, et non l'image de l'objet sur lequel elles portent. C'est là une forme radicale d'ἐποχή, qui met en suspens la validité de tout discours doctrinal sans pour autant empêcher sa profération. On pourrait y déceler, comme modèle sous-jacent, une théorie du témoignage – nous reviendrons sur la question. Pour l'instant, il importe surtout de ne pas diminuer la portée gnoséologique de la formule en plaçant en vedette, selon une tradition trop bien établie, le projet de « connaissance de soi », ou d'exhibition de soi, qui en est la contrepartie positive. Ici, le propos est d'abord critique : nul savoir sur « les choses », seulement l'acuité du regard posé sur elles.

Ce pourrait être là toutefois une précaution de pure forme, et comme une clause de style : étant bien entendu, une fois pour toutes, que mes propos restent subjectifs, je peux les rendre aussi péremptoires que je voudrai et asséner aux lecteurs tout un répertoire de sentences sans appel... Pour reconnaître une orientation authentiquement pyrrhonienne dans ces pages du chapitre « Des livres », il est nécessaire de voir, au-delà des déclarations d'intentions, ce qui textualise la pratique de l'*essai*.

On connaît depuis longtemps les agencements du texte en auto-commentaires, qui affectent en profondeur la logique interne de son développement. En eux-mêmes ils ne sont pas forcément troublants (on peut les considérer comme des accessoires du discours : l'écrivain « s'explique ») ; mais ils dédoublent l'énonciation, jusqu'à compromettre l'univocité du message ; c'est ainsi que le « suspens » pyrrhonien se mue en *suspense*, et donne lieu à l'ironie, au soupçon, aux surprises déconcertantes ou inquiétantes[10]. Ce genre de phénomène ne peut être étudié que sur pièces.

---

10 Comme on le voit, la présente étude pourrait s'inscrire en marge des pages fondamentales de Terence Cave, « Pour une pré-histoire du suspens » (*Pré-histoires – Textes troublés au seuil de la modernité*, Genève, Droz, 1999, p. 29-141) ; mais en marge extérieure. T. Cave a interprété en profondeur la coïncidence historique entre l'apparition du récit à suspens et la redécouverte du scepticisme, les deux phénomènes se croisant dans le « récit » montaignien (p. 164-176). Ici, le propos n'est pas de reprendre cette enquête, absolument probante, sur les perturbations épistémologiques et textuelles perceptibles au XVIe siècle, mais de montrer ce que les écrits de Montaigne ont de déconcertant. pour le lecteur du XXe siècle : le regard rétrospectif qu'ils sollicitent, sur le sens de leur production. Dissipons en outre une équivoque sur le terme de « suspens » : dans le récit à suspens, il a trait à une connaissance désirée et dérobée ; dans ce qui est ici dénommé *suspense*,

Prenons le chapitre où Montaigne se propose de montrer « Que le goût des biens et des maux dépend en bonne partie de l'opinion que nous en avons » (I, 14) ; c'est là un programme dépourvu d'originalité, mené à bien selon la technique éprouvée de la « leçon », compilation en « mosaïque d'exemples et de sentences », comme le dit Pierre Villey[11], tout au long d'un trajet sans surprise. Mais la dernière page change tout.

Dès la version de 1580 elle comporte l'inflexion essentielle : le discours parénétique venu à son terme est considéré soudain comme proposant au choix de chacun en échantillon, un lot de recettes disponibles pour résister à la douleur :

> Or sus, pourquoi de tant de discours qui nous persuadent de mépriser la mort, et de ne nous tourmenter point de la douleur, n'en empoignons-nous quelqu'un pour nous ? Et de tant d'espèces d'imaginations qui l'ont persuadé à autrui, que chacun n'en prend-il celle qui est le plus selon son humeur ? si ce n'est une drogue forte et abstersive pour déraciner le mal, au moins qu'il la prenne lénitive pour le soulager[12].

Il s'agit évidemment d'une pharmacopée mentale : sur l'Exemplaire de Bordeaux Montaigne ajoute même, puis rature, le conseil que donne Cicéron, de se représenter constamment des scènes prestigieuses de héros bravant les souffrances, *obversentur species honestæ animo*, en une *cogitatio* analogue à ce qu'Épictète devait appeler la χρῆσις φαντασιῶν, et calculée pour adoucir la douleur[13]. Entre les possibilités offertes par cette gestion des affects, des images et des maximes, chacun retiendra ce qui est susceptible d'agréer à « son humeur », avec pour critère

avec une référence anachronique, il renvoie à la surprise et à la perplexité du lecteur qui découvre sous un aspect problématique, jusqu'alors insoupçonné, ce qu'il croyait avoir compris. Les « anamorphoses » que T. Cave étudie chez Verville dans le même ouvrage (p. 155-164) seraient plus proches de ce dernier type d'effets.

11 Présentation du chapitre dans l'édition PUF, p. 50 : à ces traits, le critique reconnaît la première manière de Montaigne, et en situe la rédaction en 1572.

12 I, 14, PUF p. 67, IN p. 136, Fol. p. 201. Voir l'apparat critique de l'édition de l'Imprimerie nationale ; les Presses Universitaires de France ne donnent pas le détail des variantes de 1580.

13 *Haec cogitatio, [...] quid animi magnitudine dignissimum sit, non solum animum comprimit, sed ipsum etiam dolorem, nescio quo pacto, mitiorem facit* (*Tusculanes*, II, 22). Les *species honestæ* convoquées plus haut sont celles de philosophes victimes de tyrans : Zénon d'Élée et Anaxarque, puis d'hommes impassibles, l'Indien Calanos se faisant brûler vif et C. Marius sous le bistouri. Sur la χρῆσις φαντασιῶν, « usage des représentations » voir le premier livre des *Entretiens* d'Épictète, I, 7, XI, 34, XX, 5, et son *Manuel*, VI.

l'efficacité relative, non la vérité. D'où il suit que le goût des préceptes et des exemples dépend en bonne partie de l'opinion que nous en avons. Ce repli du discours sur lui-même est ironique sans doute, mais sans impliquer le désaveu : simplement, les propos sont placés à distance d'examen, et comme entre guillemets, devant un destinataire qui se demande surtout s'ils conviennent à son tempérament personnel, et lui réussiront. Marque de cette déviation de la visée parénétique : le psychodrame final, entre le sujet rétif et « la philosophie », l'un enclin à « faire valoir outre mesure l'âpreté des douleurs », l'autre « contraint[e] de [lui] donner en paiement » le précepte ultime, « de vivre en nécessité il n'est aucune nécessité » – tu n'as qu'à te tuer, voyons !

Dans l'Exemplaire de Bordeaux, Montaigne remanie le passage en insistant sur le dernier point, qui reçoit un ajout en quatre versions concurrentes. D'abord une sommation, conforme à l'orientation parénétique :

> (C1) Qui n'a le courage de mourir, qu'il ait le courage de vivre[14].

ensuite, plus agressive que la sommation, une marque de mépris à l'égard du destinataire réticent, formulée en deux temps :

> (C2) qui n'a le cœur de souffrir ni la mort ni la vie, à quoi est-il bon ?
> (C3) qui n'a le cœur de souffrir ni la mort ni la vie, qui ne veut ni résister ni fuir, à quoi est-il bon ?

Enfin, substitué à la sommation et à la réprobation, un surprenant aveu d'impuissance :

> (C) qui n'a le cœur de souffrir ni la mort ni la vie, qui ne veut ni résister ni fuir, que lui ferait-on ?

Cette dernière formule change tout, et remet en cause la réflexion déjà corrosive qui terminait la version de 1580 (laissée intacte en 1588). Car la question « que lui ferait-on ? » (que peut-on faire pour lui ?) n'est pas de pure rhétorique, comme le « à quoi est-il bon ? » (réponse obligée : à rien) qu'elle remplace ; elle ouvre la possibilité d'un échec de l'autorité souveraine de « la philosophie », qui découvre l'éventuelle inefficacité de

14 On trouvera ces versions raturées dans l'apparat critique de l'Imprimerie nationale p. 539 ; elles sont ici numérotées en indice dans l'ordre de leur rédaction, la version définitive (p. 137) étant désignée par le repère usuel « C », sans numéro.

ses injonctions. Et pas seulement dans les cas extrêmes de lâcheté ou de désarroi : dans l'attitude la plus banale qui soit, témoin Ésope paraphrasé par La Fontaine dans « La mort et le bûcheron[15] ». Témoin Montaigne aussi, qui constatait au sujet de sa propre résignation aux tortures de la gravelle : « Tant les hommes sont acoquinés à leur être misérable, qu'il n'est si rude condition qu'ils n'acceptent pour s'y conserver[16] », et citait là-dessus la réplique d'un illustre personnage, en principe exempt de faiblesse, au très philosophique réconfort que lui propose Diogène :

> Et Antisthènes le Stoïcien étant fort malade et s'écriant : « qui me délivrera de ces maux ? », Diogène qui l'était venu voir, lui présentant un couteau, « Cettui-ci, si tu veux, bien tôt – Je ne dis pas "de la vie", repliqua-il, je dis "des maux"[17]. »

Dans ces conditions, la question oratoire qui ouvrait cette dernière page, « Or sus, pourquoi de tant de discours [...1 n'en trouvons-nous quelqu'un qui fasse pour nous ? », devient elle aussi une vraie question, sur notre surdité aux préceptes qui devraient nous soulager ; et c'est tout le rôle de la philosophie morale qui est remis en cause.

Ainsi le chapitre, au lieu de se conclure, reste en suspens, une fois effectué par deux fois, à la fin de la première rédaction puis entre seize et vingt ans plus tard au terme d'une relecture, l'*essai* de son efficacité finalement douteuse. Ce qui ne veut pas dire qu'il est annulé. Les préceptes et exemples subsistent, et les encouragements, et jusqu'aux discrets conseils de suicide ; seulement ils sont assujettis à une approbation qui n'est pas postulée : donc laissés en suspens. Et leur allure de stéréotypes, que déplorait Pierre Villey, prend sens : quelle est au juste cette voix des sages qui à la fois nous interpelle et parle à travers nous, mais peut se heurter à nos réticences ? Montaigne pose explicitement la question dans le chapitre « Du pédantisme » :

> Me veux-je armer contre la crainte de la mort : c'est aux dépens de Seneca. Veux-je tirer de la consolation pour moi, ou pour un autre, je l'emprunte de Cicéro[18].

15 *Fables*, I, 16. Voir Ésope, fables 20 et 146 du recueil Nouvelet.

16 II, 37, PUF p. 759, IN p. 672, Fol. p. 621.

17 PUF p. 759, IN p. 673, Fol. p. 622.

18 I, 25, PUF p. 137-138, IN p. 243, Fol. p. 301-302 ; suit un court florilège de citations grecques et latines qui condamnent ce psittacisme de « pédant ».

Le problème est capital pour la culture humaniste, qui se plaît à mêler des phrases anciennes à ses propres sentences, en une polyphonie plus ou moins marquée[19]. Il a pour corollaire la possibilité du retrait mental dont nous venons de voir les effets : une sorte de détachement, une distance ménagée entre le scripteur et son texte perçu soudain jusque dans sa production comme étranger, objet de doute virtuel aussi bien que d'assentiment. L'ἐποχή pyrrhonienne s'inscrit ainsi dans la technique même de la « leçon », dont les acquis, intacts quant à leur sens, sont mis à l'*essai* dans le cadre d'une zététique de réflexion[20], jamais achevée. Il est curieux que l'on ait mis si rarement l'accent sur cet aspect d'un chapitre dont le titre même pouvait inviter à saisir en deçà de son thème, et sous une perspective critique, « l'opinion que nous en avons ». À moins qu'il n'ait paru trop évident pour mériter un commentaire. Prenons donc un autre exemple, un peu plus complexe, au sujet duquel cette dernière hypothèse ne peut guère être avancée.

Ce ne sera pas un chapitre, mais une suite de chapitres qui aurait dû normalement faire l'objet, en tant que telle, d'examens très attentifs et de débats – nous verrons tout à l'heure pourquoi. Il s'agit des chapitres 39, 40 et 41 du premier livre, « De la solitude », « Considérations sur Cicéron », et « De ne communiquer sa gloire ».

Les deux premiers sont explicitement liés par la phrase liminaire du chapitre 40, « *Encore* un trait à la comparaison de *ces couples* » – entendons la comparaison entre le couple de beaux esprits, Cicéron et Pline le Jeune, et le couple de vrais philosophes, Épicure et Sénèque. Ce raccord privilégie rétrospectivement dans le long chapitre 39, « De la solitude »,

---

19 La question a été excellemment traitée au sujet des *Essais* par Fausta Garavini, dans son article « La formula di Montaigne » (*Paragone*, 1967, repris dans *Itinerari a Montaigne*, Firenze, Sansoni, 1983, trad. française *Itinéraires à Montaigne : jeux de textes*, Paris, Champion, 1995, p. 15-42), qui montre que les tours sentencieux fréquents sous la plume de l'essayiste ont pour effet de placer ses « formules » comme entre guillemets, à l'instar des citations, et à distance critique. Tout récemment, Philippe de Lajarte a repris ce problème et en a étendu la portée historique et philosophique dans son important article « Les *Essais* de Montaigne et la naissance de l'auteur moderne », paru dans « *D'une fantastique bigrarrure* » : *le texte composite à la Renaissance*, éd. J.-R. Fanlo, Paris, Champion, 2000, p. 167-189.

20 Selon le principe mis en lumière par Jean-Yves Pouilloux : « À la question "Que puis-je penser des procès de sorcellerie ? qu'est-ce que j'en pense ?" se superpose immédiatement la question "Quelle est la nature de ma réponse ? qu'est-ce qui fait que je pense cela et non autre chose ?" Rien ne peut être affirmé sans avoir reçu une seconde lecture qui détermine les conditions de validité de la première affirmation » (*Lire les Essais de Montaigne*, Paris, Maspero, 1969, repris dans *Montaigne, L'éveil de la pensée*, Paris, Champion, 1995, p. 98).

ce qui procède de la confrontation des deux « couples » en question, à savoir le constat d'incompatibilité entre le détachement que devrait impliquer la retraite, selon Épicure et Sénèque, et l'espoir de s'illustrer par une œuvre élaborée au cours de cette retraite, selon Cicéron et Pline[21]. Quant au chapitre 40, il censure très âprement le soin qu'ont pris ces mêmes Cicéron et Pline de publier leur correspondance privée par pure gloriole d'hommes de lettres (« ceci surpasse toute bassesse de cœur[22] »), en les comparant encore aux deux philosophes. Bref, l'idée dominante est la critique de cette vanité qui incite à faire paraître des écrits de toute espèce : projet aliénant et indigne d'un vrai sage. Elle ressurgit avec éclat au début du chapitre 41, sous la forme d'un mot cinglant de l'orateur pris jusque-là pour cible, à l'adresse des philosophes qui publient et signent leurs ouvrages contre la gloire : « comme dit Cicéron, ceux mêmes qui la combattent, encore veulent-ils que les livres qu'ils en écrivent portent au front leur nom, et se veulent rendre glorieux de ce qu'ils ont méprisé la gloire[23] ». Après quoi on n'a plus qu'à se demander qui, au juste, écrit ici contre la gloire, et fait éditer sous son nom ses exhortations à se retirer dans le silence et l'anonymat…

– Mais il n'y a pas de raccord explicite entre les chapitres 40 et 41, comme il y en avait entre 39 et 40. – C'est vrai. Aussi est-il nécessaire d'étudier plus minutieusement leurs connexions logiques, faute de sutures syntaxiques garantes de leur continuité ; et cela dans chacune des versions successives du texte.

Dans sa version de 1580, le chapitre 40 parachève en sa dernière page la « comparaison » annoncée entre le « couple » des rhéteurs et celui des philosophes, en évoquant les lettres d'Épicure et de Sénèque :

---

21 De fait, le chapitre 39 est organisé de manière à mettre ce constat en vedette. Est d'abord définie la « *fin* » visée dans la retraite, « d'en vivre plus *à loisir et à son aise* » (PUF p. 238, IN p. 388, Fol. p. 441-442), ainsi que la question corrélative, du moyen de l'atteindre (« mais on n'en cherche pas toujours bien *le chemin* : Souvent on pense *avoir quitté les affaires, on ne les a que changées* » (*ibid.*)). Après quelques pages d'exhortations, la question est posée de nouveau au sujet de « *l'occupation* qu'il faut choisir à une telle vie » (PUF p. 244, IN p. 396, Fol. p. 449), et les ambitions littéraires que préconisent Pline et Cicéron sont rejetées par la formule « *Ni la fin donc ni le moyen* de ce conseil ne me contente » (PUF p. 245, IN p. 398, Fol. p. 451), en vertu des deux objectifs initiaux, plaisir et sérénité, que troubleraient des préoccupations d'hommes de lettres. La cohérence de l'ensemble est évidente.

22 PUF p. 249, IN p. 403, Fol. p. 456.

23 PUF p. 255, IN p. 412, Fol. p. 465.

> Il y a quelque chose de pareil en ces autres deux philosophes : car ils promettent aussi éternité aux lettres qu'ils écrivent à leurs amis, mais c'est d'autre façon, et s'accommodant pour une bonne fin à la vanité d'autrui. Car ils leur mandent que si le soin de se faire connaître aux siècles à venir et de la renommée les arrête encore au maniement des affaires, et leur fait craindre la solitude et la retraite, où ils les veulent appeler, qu'ils ne s'en donnent plus de peine. Car ils ont assez de crédit avec la postérité pour leur répondre que ne fût que par les lettres qu'ils leur écrivent, ils rendront leur nom aussi connu et fameux que pourraient faire leurs actions publiques[24].

On appréciera cette casuistique, surtout si l'on songe qu'au début du chapitre Montaigne discréditait le « dire » en l'opposant au « faire[25] ». Mais l'essentiel est de constater qu'elle prend pour prétexte, très précisément, l'intention de « communiquer sa gloire » ; si bien que le thème du chapitre 41 et son titre même (spécialement dans la version de 1580, où la particule négative, « De ne communiquer… » n'apparaît pas) sont impliqués dans la promesse qu'Épicure et Sénèque font aux destinataires de leurs lettres.

Dans la version de 1588, et plus encore dans celle de 1592, cette relation perd de son évidence en raison des trois pages qu'interpole Montaigne entre le passage cité ci-dessus et le chapitre suivant. L'addition a trait à ses propres lettres, « un ouvrage auquel mes amis tiennent que je puis quelque chose. [C] Et eusse pris plus volontiers cette forme à publier mes verves si j'eusse eu à qui parler[26] » – Il aurait donc publié comme Cicéron des épîtres *ad familiares*, des « lettres privées écrites à [ses] amis », selon le procédé qui attirait plus haut sa réprobation ? Quoi qu'il en soit, le lecteur risque d'oublier le transfert de la « gloire » escomptée, de l'épistolier à son correspondant. Connue par compensation, la toute dernière phrase du chapitre remanié donne à penser. Elle est amenée assez artificiellement par une remarque agacée sur l'usage de placer dans la suscription des lettres tous les titres du destinataire ; mais elle n'a pas trait au destinataire :

> Je trouve pareillement de mauvaise grâce d'en charger le *front* et inscription *des livres, que nous faisons imprimer.*

---

24 Texte et ponctuation de 1580, conformes à un détail près (la majuscule du second « Car ») à la version de 1588.

25 PUF p. 249, IN p. 404, Fol. p. 457.

26 PUF p. 252, IN p. 407-408, Fol. p. 460.

– au début du chapitre 41, on entendra en écho la raillerie de Cicéron contre les philosophes détracteurs de la gloire :

> encore veulent-ils que *les livres qu'ils en écrivent* portent au *front* leur nom[27].

La récurrence lexicale marque une fois de plus la contradiction de celui qui signe ostensiblement son éloge de l'obscurité : cette contradiction que Plutarque avait dénoncée dans son petit traité contre la maxime, Λάθε βιώσας, « Vis caché », professée publiquement par Épicure[28].

Enfin, une infime anomalie dans le système des références atteste le souci de composition qui associe les trois chapitres autour de ce même point crucial. Il s'agit de la lettre que cite Sénèque :

> Je me réfère à Épicure. Écrivant à Idoménée pour le ramener d'une vie d'apparat à une gloire solide et durable, il disait à ce ministre d'un despote, qui gérait des affaires importantes : « Si tu es sensible à la gloire, mes lettres te feront mieux connaître que ces grandeurs auxquelles tu es attaché, et pour lesquelles on s'attache à toi. » Ne disait-il pas vrai ? Qui connaîtrait Idoménée si son nom ne se trouvait pas dans les lettres d'Épicure[29] ?

Cette citation a bien sa place, en effet, dans le chapitre 40. Mais Montaigne allègue la même lettre dans le chapitre 39, comme s'il rapportait les enseignements des « deux philosophes [...], écrivant l'un à Idomeneus, l'autre à Lucilius[30] ». Or, c'est une lettre fantôme ; on n'en connaît que les extraits qu'en donne Sénèque dans ses *Épîtres à Lucilius* (21 et 22), extraits où ne se trouve, en guise d'incitation à la retraite, que le conseil de saisir aussitôt que possible l'instant propice pour s'affranchir des obligations civiles[31]. En fait, tous les préceptes que Montaigne attribue indistinctement aux deux philosophes, il les

---

27 PUF p. 255, IN p. 412, Fol. p. 465.

28 Citant Cicéron, Montaigne se réfère soit aux *Tusculanes* (I, 15), soit au *Pro Archia* (XI) ; mais il ne pouvait pas ignorer le traité de Plutarque, son auteur favori, inséré parmi les ouvrages de polémique contre l'épicurisme dans la traduction d'Amyot.

29 *Epistulae ad Lucilium*, 21 (traduction de F. et P. Richard, Paris, Garnier, 1932, retouchée en quelques points). Un peu plus loin, Sénèque ajoute : « Les lettres de Cicéron sauvent de la mort le nom d'Atticus » ; et il promet à Lucilius de lui rendre le même service : « *Habeo apud posteros gratiam, possum mecum duratura nomina educere.* »

30 I, 39, PUF p. 247, IN p. 401, Fol. p. 454. Il l'allègue aussi dans le chapitre « De la gloire », II, 16 (PUF p. 619, IN p. 461, Fol. p. 421), toujours sur le même thème.

31 *[Idomeneum] rogat ut, quantum potest, fugiat et properet antequam aliqua vis major interveniat et auferat libertatem recedendi* (22).

emprunte au seul Sénèque. L'allégation de la lettre à Idoménée est donc ici un trompe-l'œil : artifice qui ne paraît pas avoir d'autre objet que d'anticiper sur la référence du chapitre suivant au grand philosophe conscient de la pérennité de sa gloire, et disposé à communiquer celle-ci aux destinataires de ses épîtres.

Comme on le voit, le montage est extrêmement précis, insistant et significatif. Il est détruit par inadvertance, semble-t-il, dans l'édition de 1595 et dans celles qui en procèdent : entre les chapitres « Considération sur Cicéron » et « De ne communiquer sa gloire » est intercalé le chapitre « Que le goût des biens et des maux… » – chapitre qui n'a rien à faire ici, si bien que même David Maskell, si enclin qu'il soit à réhabiliter le travail de Pierre de Brach et de Marie de Gournay, ne propose pas de justifications pour la migration textuelle qui en résulte, cas unique dans l'histoire des *Essais*. Mais l'important pour notre propos est que dans le débat séculaire issu de la confrontation entre l'Exemplaire de Bordeaux et l'édition posthume, la dislocation de la série 39-40-41 n'a pas été prise en compte par ceux qui contestaient l'authenticité de celle-ci, et n'a pas non plus semblé embarrassante à ceux qui la soutenaient. Dernièrement, Gérard Defaux[32] a déployé toutes les ressources de son ingéniosité et de son éloquence pour justifier le déplacement du chapitre 14, qui aurait eu pour but de décentrer le livre I (lors de la suppression des « 29 sonnets ») et de faire rôder au travers d'une citation masquée de Quintilien à la fin du chapitre 14 devenu 40, et des *species honestæ* passées de celui-ci dans le chapitre 39 devenu 38, l'ombre désormais errante de La Boétie. Mais il ne s'interroge pas sur l'effet dévastateur de ce déplacement, au point d'impact du chapitre météorique. Tout se passe comme si personne ne consentait à percevoir la cohérence textuelle des trois discours consécutifs sur les sages qui réprouvent publiquement la « gloire » cherchée dans les publications.

Les raisons d'une telle inattention peuvent être multiples ; retenons la plus simple. On détourne les yeux de ce qui dérange les schémas

32 Dans son article sur « Montaigne, La Boétie, les *Essais* » paru dans *Montaigne Studies*, XI, 1999, p. 169-196 (voir en particulier les pages 187-195). Le critique ne note pas que le décentrement supposé du livre I serait annulé par les empreintes subsistantes, en creux, des textes de La Boétie qui devaient figurer en son centre : l'annonce du *Discours de la Servitude volontaire*, au début du chapitre « De l'amitié », et la dédicace des 29 sonnets à Mme de Grammont, maintenue (même dans l'édition posthume) en dépit de la suppression des sonnets.

convenus d'avance, et ne se laisse pas résorber par artifices dialectiques ; surtout quand l'écrivain laisse au lecteur l'initiative du rapprochement énigmatique, tout en le guidant discrètement vers cette initiative. Ici, tel est bien le cas. Isolé, le chapitre « De la solitude » n'a rien qui puisse troubler, une fois écarté par prétérition, tout au début, le seul problème qui vaille d'être discuté (le choix entre retraite et vie active) ; même la mention de la lettre à Idoménée ne peut paraître incongrue qu'aux familiers de la doxographie d'Épicure, et elle ne prend sens que rétrospectivement. C'est au chapitre 40 que naît le soupçon, lorsqu'en son point de clivage, annoncé par la phrase liminaire[33], Montaigne expose la casuistique des deux philosophes épistoliers qui se soucient de la gloire au bénéfice de leurs partenaires. Mais ce n'est encore qu'un soupçon, provisoirement atténué par le retour à la perspective initiale, qui oppose verbiage et sagesse, comme de juste, avec en guise d'illustration un trait caricatural de Cicéron. Le chapitre suivant est propre à inspirer de l'inquiétude : une réflexion de ce même Cicéron (pré-désigné par le titre du chapitre 40, où il est seul nommé) renverse le jeu en ridiculisant les écrivains-philosophes ; de quoi surprendre, au moins, avec assez d'humour pour faire réfléchir… Et l'on se rend compte soudain que c'est Montaigne qui joue tous les rôles : celui du moqueur, bien sûr, mais aussi celui des sages dont il approuvait sans réserve les préceptes et la pratique, jusqu'au souci de réputation excusé par des intentions altruistes ; et enfin le rôle souverain et vraiment déconcertant du penseur dont le nom se lit au « front » de chaque double page de ces chapitres ironiques, Michel de Montaigne qui signe et publie les *Essais*, où il parle si souvent de lui-même, pour qui ? et pourquoi ? Le vertige, point culminant du *suspense*, nous guette au sommet de sa tour.

C'est cette dernière phase du processus, celle qui inquiète vraiment, qui est caractéristique de l'*essai*, de même que les ultimes formules du chapitre « Que le goût des biens et des maux… » : l'écrivain s'interroge sur la validité des propos qu'il vient d'enregistrer ; ce faisant, il les met en suspens, les exhibe comme acquis provisoires de son enquête, sujets à réexamen, à critique, à remise en cause radicale

33 « Encore un trait *à la comparaison de ces couples* » : cette expression désigne comme articulation majeure du chapitre le point où commence le travail de comparaison ; donc, le passage cité et commenté ci-avant, « Il y a quelque chose de pareil en ces autres deux philosophes… ».

par changement de perspective. Telle est chez lui la formule de la zététique, réalisée non par des énoncés dubitatifs occasionnels (encore qu'il y en ait) mais par le retour de la pensée sur elle-même ; et pas nécessairement avec effet corrosif. L'ironie est ici structurelle, bien au-delà de la finalité satirique qui lui est couramment attribuée. On connaît le modèle de la parole élogieuse qui discrédite (« Ce bon Monsieur Tartuffe ») : passé un instant de surprise, le lecteur sagace retrouve sans peine ses repères, dès qu'il a compris le jeu. L'ironie de Montaigne ne se laisse pas déchiffrer aussi facilement, parce qu'elle ne dévalue pas à coup sûr les énoncés qu'elle affecte, mais les remet en question et en dévoile les aspects problématiques, quitte à prononcer éventuellement une ratification toujours possible, à titre personnel, et contingente. Tout est agencé de manière à laisser désemparé le lecteur avide d'enseignements tout prêts. C'est cela qui inquiète, cette espèce d'indécision sur le statut du texte, en deçà de son contenu sapiential ; c'est cela qui oblige à réfléchir.

Nous venons de considérer des effets massifs, à l'échelle du chapitre ou du groupe de chapitres. Le cas n'est pas fréquent[34]. Ce sont en général des effets plus ténus, sur des segments de moindre étendue, qui dérèglent l'ordre du discours : les écarts, l'allure « à sauts et à gambades », tout ce qui fait apparaître la brusquerie de la parole vive, comme phénomène irréductible aux programmes démonstratifs. Cet aspect des *Essais* a été maintes fois signalé, tantôt comme défaut par les philosophes à œillères, tantôt comme qualité, mais d'agrément, par des lecteurs plus fins, rarement comme mode d'investigation. Pourtant, il est inséparable des structures d'*essai*. C'est dans la mesure où la pensée peut à tout instant se remettre en question, reconsidérer son trajet pour le dévier ou le ressaisir, qu'elle brise le plus énergiquement les agencements didactiques. Et il n'est pas indifférent qu'elle maîtrise et peut-être calcule à l'avance cette liberté même, comme dans les allocutions où Montaigne s'efforce de

34 Il n'est pas vraiment exceptionnel non plus. On pourra examiner dans le second livre une séquence de trois chapitres (II, 16, 17, 18) dont les deux premiers sont syntaxiquement et thématiquement liés, le troisième venant comme en épilogue poser la question cruciale de la véracité de l'ensemble (« Mais à qui croirons-nous parlant de soi… »), et s'abstenir d'y répondre explicitement. Là encore, le lecteur a tous les éléments en main pour établir la cohérence logique de la séquence et entrevoir le sens en-deçà des propos, dans le contrat de confiance qu'ils postulent : mais l'écrivain ne lui dicte pas son assentiment. Voir les « repères » de l'Imprimerie nationale, t. II, p 826, 837 et 839.

« représenter en parlant une profonde nonchalance, et des mouvements fortuits et imprémédités, comme naissant des occasions présentes[35] ». Cela montre que ce mode d'expression est concerté, comme peuvent l'être, mais en sens inverse, des *regulae ad directionem ingenii*, autre avatar de la χρῆσις φαντασιῶν. Ce qui ne donne pas lieu cependant au reproche d'artifice : la spontanéité peut être réfléchie, comme celle de Socrate qui « *représente* [...] la pure et première impression et ignorance de nature[36] », celle des paysans du Périgord, par exemple[37], mais par extrême lucidité, non par inconscience. Il faudra comprendre le sens de ce type très particulier de « naïveté ».

Auparavant, un coup d'œil sur les formes les plus fines du *suspense* philosophique, perceptibles à l'échelle de la phrase. Montaigne les a accentuée au cours de la toute dernière phase de remaniement des *Essais* (après 1588, probablement entre 1590 et 1592), en segmentant et scandant méthodiquement ses propos, par majuscules à fonction syntaxique, de manière à y déterminer des mouvements de relance là où l'on attendrait des conclusions, des déviations là où l'on croyait suivre des ornières tracées d'avance. C'est ainsi qu'il marque sa revendication insolite du droit à la contradiction :

> Il faut accommoder mon histoire à l'heure. Je pourrai tantôt changer, non de fortune seulement, mais aussi d'intention : C'est un contrerôle de divers et muables accidents, et d'imaginations irrésolues. Et quand il y échet, contraires : Soit que je sois autre moi-même : Soit que je saisisse les sujets par autres circonstances et considérations[38].

J'ai déjà beaucoup parlé de ces procédés singuliers, en d'autres communications[39] ; je n'en retiendrai aujourd'hui que quelques effets qui relèvent du *suspense*, et de ce fait sont refusés même par des éditeurs de bonne volonté, disposés à suivre presque exactement (mais tout est

35 III, 9, PUF p. 963, IN p. 275, Fol. p. 259-260.

36 III, 12, PUF p. 1054-1055, IN p. 410, Fol. p. 388-389.

37 PUF p. 1048-1049, IN p. 400-401, Fol. p. 380.

38 III, 2, PUF p. 805, IN p. 43, Fol. p. 34-35. L'édition posthume donne ici : « irresolues, & quand il y eschet, contraires, soit que [...] soit que [...] ».

39 Voir « L'énergie du langage coupé et la censure éditoriale », ici même p. 135 ; « L'inquiétante segmentation des *Essais* », *Le discours psychanalytique*, 18 (« La ponctuation »), Octobre 1997 ; « "Ni de la punctuation" – Sur quelques avatars de la segmentation des *Essais* », *Nouvelle Revue du XVIe siècle*, 17/1, 1999 ; et la préface à l'édition de l'Imprimerie nationale, 1998, I, p. 9-14.

dans le « presque ») le document authentique, autrement dit l'Exemplaire de Bordeaux[40].

Soit la conclusion des propos sur « L'heure des parlements dangereuse », qui dès sa version initiale marquait une inflexion discrète, des considérations d'opportunité et de prudence qui dominaient ce chapitre et le précédent, vers une question d'éthique guerrière. Sur l'Exemplaire de Bordeaux, Montaigne la segmente ainsi :

> *Fu il vincer sempre mai laudabil cosa,*
> *Vincasi o per fortuna o per ingegno,*
>
> disent-ils : Mais le philosophe Chrysippus n'eût pas été de cet avis, Et moi aussi peu : Car il disait que ceux qui courent à l'envi doivent bien employer toutes leurs forces à la vitesse. Mais il ne leur est pourtant aucunement loisible de mettre la main sur leur adversaire pour l'arrêter, ni de lui tendre la jambe pour le faire choir[41].

La majuscule de scansion, « Et moi... », met en vedette le verdict personnel de l'écrivain, et elle se combine avec la segmentation renforcée, « [...] vitesse. Mais il [...] » (marquant une irrégularité syntaxique : on attendrait « mais qu'il... »), de manière à lui faire entériner au discours direct l'interdit formulé en principe par Chrysippe. Le lecteur est ainsi invité à reconsidérer avec lui la leçon toute pragmatique prévisible

40 Sont désignés par cette périphrase les auteurs restés anonymes de la belle édition des « Bibliolâtres de France », Brie-Comte-Robert, 1953, qui déclarent leurs volumes « composés en s'inspirant de la présentation de l'édition de 1588, et en tenant compte des corrections manuscrites de l'auteur figurant sur l'exemplaire de Bordeaux ». De fait, seuls de tous les éditeurs modernes, ils n'ont pas hésité à reproduire les retouches autographes (ponctuation et surtout majuscules de scansion, même après virgules) de l'E.B. ; mais en certains endroits les inflexions déterminées par ces retouches leur ont paru trop surprenantes, et ils ont renoncé à leur parti-pris de fidélité. À tort, comme on le verra sur les exemples suivants, choisis à dessein là où la transcription est défectueuse chez eux comme dans l'édition posthume (beaucoup moins fidèle, sur l'ensemble du texte).

41 I, 6, PUF p. 29, IN p. 78, Fol. p. 149. Segmentation de l'édition de 1588 : « [...] disent ils : Mais le Philosophe [...] de cet advis & moy aussi peu : car il disoit [...] à la vistesse, mais il ne leur est pourtant [...] l'arrester, ny de luy ». Montaigne avait d'abord corrigé en marge « Mais le philosophe... » en « mais le philosophe... » ; il rature ensuite la correction marginale et réinscrit en surcharge « Mais ». – Segmentation de l'édition de 1595 : « [...] disent ils : Mais le Philosophe [...] de cet advis : & moy aussi peu. Car il disoit [...] à la vistesse, mais il ne leur est pourtant [...] l'arrester : ny de luy ». – Segmentation des Bibliolâtres : « [...] disent-ils : Mais le philosophe [...] de cet advis, & moy aussi peu : Car il disoit [...] à la vistesse. Mais il ne leur est pourtant [...] l'arrester, ny de luv ». Comme on le voit, la majuscule de relance « Et moy... », absente de l'imprimé de 1588 mais ajoutée sans hésitation sur l'E.B., est par la suite régulièrement supprimée.

d'après le titre – il faut redoubler de vigilance en cette « heure dangereuse » – pour en juger désormais selon les exigences de l'honneur. Un changement similaire de la perspective est provoqué à la fin du chapitre précédent par une addition de 1588, exprimant une option personnelle. Formellement, l'effet est analogue : le dossier que l'on pouvait croire clos doit être rouvert, et réexaminé avec d'autres critères ; mais les retouches de segmentation à la fin du chapitre VI ont en outre fonction d'indice, attirant l'attention sur l'inflexion inattendue qui relance l'enquête.

L'effet est plus net encore à la fin du chapitre « De l'oisiveté ». L'écrivain surpris par l'extravagance de son esprit « faisant le cheval échappé » a décidé contre toute attente d'en thésauriser les produits réputés sans valeur, « chimères et monstres fantasques ». Secrète complicité, déjà énigmatique puisqu'elle laisse intactes les paroles de dépréciation ? sans doute ; mais la dernière proposition remet tout en question :

> pour en contempler à mon aise l'ineptie et l'étrangeté, j'ai commencé de les mettre en rôle, Espérant avec le temps, lui en faire honte à lui-même[42].

Dès la première version la complaisance à soi est objet d'un éventuel désaveu. La majuscule ajoutée sur l'E.B., « Espérant… », détache ce dernier mouvement, et signale à l'attention du lecteur le mot qui résume l'indécision, en indiquant qu'un tel désaveu est envisagé favorablement et en même temps différé *sine die*. Impossible dès lors de ne pas voir que l'appréciation de ce projet d'enregistrement des « chimères », par la rédaction des *Essais*, est laissée en suspens.

Plus significative encore est la dernière phrase du chapitre « Des boiteux ». Lue comme un tout, c'est une critique du scepticisme qui vient d'être méthodiquement mis en œuvre dans l'argumentation contre les prétendus cas de sorcellerie – et cela déjà tend à placer le texte en porte-à-faux. Mais sur l'Exemplaire de Bordeaux, Montaigne en scande par majuscules les assertions successives :

> Les uns tiennent en l'ignorance cette même extrémité, que les autres tiennent en la science, Afin qu'on ne puisse nier que l'homme ne soit immodéré

42 I, 8, PUF p. 33, IN p. 84, Fol. p. 154. Segmentation de l'édition de 1588 : « mettre en rôle, esperant ». Segmentation de l'édition de 1595 : « mettre en rolle : esperant ». Segmentation des Bibliolâtres : « mettre en rolle, esperant ».

> partout : Et qu'il n'a point d'arrêt, que celui de la nécessité, et impuissance d'aller outre[43].

La toute dernière proposition, ainsi détachée, ne se réduit pas au constat de démesure qui la précède : elle fait reconnaître en cette démesure la hardiesse propre aux investigations philosophiques, à la fois témoignage des limites de la pensée et désir de les franchir. La même idée complexe sera exprimée en termes plus positifs dans une addition manuscrite au chapitre « De l'expérience » :

> C'est signe de raccourciment d'esprit quand il se contente : ou de lasseté. Nul esprit généreux ne s'arrête en soi : Il prétend toujours et va outre ses forces. Il a des élans au-delà de ses effets. S'il ne s'avance et ne se presse et ne s'accule et ne se choque, il n'est vif qu'à demi[44].

Mais revenons au chapitre « Des boiteux » : à l'intérieur de sa phrase-épilogue, qui remettait en question la perspective critique dont il procédait en y faisant apparaître un risque d'excès, est accentuée une inflexion qui tend à légitimer cet excès même, comme effet de la dynamique naturelle de la pensée. Ce n'est sans doute pas un hasard si un exemple aussi parfait de *suspense* vient au terme d'une argumentation polémique animée de convictions particulièrement fermes. Les éditeurs posthumes, plus attentifs à la scansion autographe dans les derniers chapitres du livre III, ont retenu la majuscule « Afin », en renforçant même la ponctuation ; mais non pas celle de « Et », qui marquait l'ultime phase de réexamen. On le comprend : c'est là comme un second degré de réflexion sur le texte, anomalie structurelle bien plus troublante qu'une simple palinodie.

Dans tout scénario à *suspense*, il y a un meurtre, ou l'ombre d'un meurtre. Ici, la victime serait-elle la Philosophie – disons un certain type de philosophie, en insistant sur l'adjectif « certain » ? Nous sommes en présence d'un livre saturé de maximes, d'observations incisives, de discussions conduites à leur terme, de témoignages aussi et de convictions résolues ; « le trône judicial de la raison ou, plus proprement, son âme ; l'ellébore de la folie humaine ; le hors de page des esprits ; la résurrection

43 III, 13, PUF p. 1035, IN p. 382, Fol. p. 362. Segmentation de 1588 : « en la science, afin [...] immoderé par tout, & qu'il n'a [...] ». Segmentation de l'édition de 1595 : « en la science. Afin [...] immoderé par tout : & qu'il n'a [...] ».

44 III, 13, PUF p. 1068, IN p. 430, Fol. p. 407. Voir T. Cave, *Pré-histoires*, *op. cit.* p. 46-48.

de la vérité ; le parfait en soi-même et la perfection des autres », écrit Marie de Gournay[45], avec raison. Mais tout cela est donné à titre d'*essai*, et considéré à distance, sans garantie ni acquis définitif :

> Semant ici un mot ici un autre : Échantillons dépris de leur pièce : écartés : sans dessein et sans promesse, je ne suis pas tenu d'en faire bon. Ni de m'y tenir moi-même sans varier quand il me plaît : Et me rendre au doute et incertitude et à ma maîtresse forme, qui est l'ignorance[46].

Crime de lèse-magistère doctrinal, qui exaspèrera Malebranche, et que Pascal tentera de pallier en donnant à tout cela un objet-repère, « le moi », non sans agacement… Un Diogène aurait plaidé la légitimité de ce crime, en soutenant que « cela, c'était vraiment philosopher[47] ». Mais la réplique serait un peu courte, et résoudrait le problème sous couvert d'un vague « scepticisme » en escamotant les traits qui donnent aux *Essais* leur poids et leur portée dans l'histoire de la pensée. En fait, Montaigne a opéré une mutation radicale du langage philosophique, qui préfigure et peut-être dépasse l'orientation post-cartésienne vers la Critique, depuis Kant jusqu'à Husserl et Foucault. En remettant en cause ses dires, originaux ou hérités, en les plaçant comme entre guillemets pour réexamen, il les soustrait aux normes des savoirs qu'il s'agirait d'exposer et de transmettre intacts, ou de compléter en restant sur le même plan d'énonciation. Il les situe, quant à lui, dans l'ordre des témoignages, vérités à la mesure de l'homme, et en leur phase encore problématique. Un témoignage, on le sait, n'est pas une simple déclaration ; il ne prend force que lorsqu'il a été ratifié, par réitération, en justice comme dans la vie courante (notamment dans les altercations : que l'on songe aux « répète-le ! » de cours de récréation, ou aux plus polis « Le soutiendrez-vous, Monsieur ? » des gentilshommes prompts à dégainer). Jusqu'à cette confirmation par laquelle le témoin, après relecture de sa déposition, « persiste et signe », les déclarations restent en suspens, exposées aux rectifications (et même désaveu) aussi bien qu'à la ratification qui engage, « Oui, c'est bien ce que j'ai dit, et voulu dire. » La validité du propos se joue dans ce décalage entre un

45 Préface de l'édition de 1595, transcrite (ici en orthographe modernisée) d'après sa reproduction dans les *Montaigne Studies*, I, 1989, p. 46.

46 I, 50, PUF p. 302, IN p. 475, Fol. p. 526.

47 II, 12, PUF p. 511, IN p. 287, Fol. p. 266.

premier énoncé et sa confirmation réfléchie (en attendant l'intervention ultérieure, collective ou arbitrale, qui l'entérinera définitivement). En ménageant de tels décalages, en les faisant travailler par le doute et l'ironie, Montaigne rend coextensive à ses propos l'ἐποχή pyrrhonienne, sans risque d'aphasie. Il atteint l'objectif qu'il assignait à Pyrrhon tel qu'il le concevait en dépit des légendes, « homme vivant, discourant et raisonnant, jouissant de tous plaisirs et commodités naturelles, embesognant et se servant de toutes ses pièces corporelles et spirituelles en règle et droiture[48] ». Mieux : il se donne la possibilité de placer toute assertion dans le cadre de sa zététique, sous le régime de l'ἐποχή. C'est ce qu'il fait très explicitement dans l'« Apologie de Raimond Sebond », Jan Miernowski l'a montré lorsqu'il rapporte les thèses des dogmatistes comme des semblants d'enseignements, à finalités critiques :

> Il est aisé à découvrir que la plupart n'ont pris le visage de l'assurance que pour avoir meilleure mine. Ils n'ont pas tant pensé nous établir quelque certitude, que nous montrer jusques où ils étaient allés en cette chasse de la vérité[49].

– la zététique, toujours, non sans ironie. Un peu plus loin, l'élaboration de ces pseudo-doctrines est assimilée à un jeu, ou, au mieux, à un exercice de gymnastique mentale; toutes les théories inventoriées ensuite, sur Dieu, sur le monde, sur l'âme, sont présentées selon cette perspective, qu'elles confirment par leurs disparates mêmes :

> Et si on ne le prenait ainsi, comment couvririons-nous une si grande inconstance, variété et vanité d'opinions, que nous voyons avoir été produites par ces âmes excellentes et admirables[50] ?

Cela tourne au jeu de massacre des « âneries de l'humaine prudence[51] ». Mais hors de l'« Apologie », dont les visées satiriques et paradoxales sont évidentes, le dédoublement structurel de l'énonciation se retrouve partout avec ses deux finalités, nullement antagonistes : dissiper l'illusion de certitude, et authentifier, en vertu de leur contingence même, les paroles prononcées. La philosophie n'y perd pas ses droits, bien au contraire : elle est ramenée à sa vocation première, socratique, à une recherche de la

48 *Ibid.*, PUF p. 505, IN p. 277, Fol. p. 257-258.
49 *Ibid.*, PUF p. 506-507, IN p. 279, Fol. p. 259.
50 *Ibid.*, PUF p. 512, IN p. 289, Fol. p. 267.
51 *Ibid.*, PUF p. 545, IN p. 341, Fol. p. 312.

vérité bien plus exigeante que celles qui cachent les énigmes derrière des échafaudages métaphysiques. En un mot, elle est philosophie critique ; et l'ἐποχή, le suspens doté des pouvoirs inquiétants du *suspense*, est la condition nécessaire de ce que Jean-Yves Pouilloux a nommé « l'éveil de la pensée[52] », contre toute inertie intellectuelle. Il assigne à Montaigne son attitude, face aux doctrines, aux doctrinaires et aux endoctrinés : poser des questions et risquer des choix, sans caution, avec le sourire du penseur libre.

52 *Op. cit.*

L'ÉNERGIE DU « LANGAGE COUPÉ » ET LA CENSURE ÉDITORIALE [1995][1]

Lewis Carroll a plaisamment loué le logicien Goclénius d'avoir eu plus que personne « le don d'entrevoir l'évidence[2] ». Je placerais volontiers la présente communication sous le patronage de ce Goclénius, et aussi sous celui, non de Lewis Carroll lui-même, ce qui serait présomptueux, mais de sa Tortue qui, faute d'avoir distancé Achille, le conduit, d'évidence en évidence, dans le labyrinthe sans issue d'un métalangage qui s'ignore[3]. Tout mon dessein se réduit en effet à exposer des faits patents, puis à tenter de comprendre comment ils ont pu passer inaperçus ainsi que la censure qui les frappait. Quant à chercher l'issue, c'est une autre affaire.

Commençons par les évidences. Il suffit de feuilleter, même distraitement, l'Exemplaire de Bordeaux, pour constater que Montaigne y a disséminé des milliers de retouches autographes qui affectent la segmentation des énoncés par ponctuation et emploi de majuscules. De plus, cette constatation est corroborée par les consignes inscrites de la main de Montaigne sur la page de garde, à l'adresse du futur imprimeur :

> [C']est un langage coupé / qu'il n'espargne les poincts & lettres majuscules. Moimesme ai failli [sou]vant a les oster & a mettre des comma ou il faloit un poinct[4].

---

1 Paru dans « L'énergie du "langage coupé" et la censure éditoriale », *Montaigne et la rhétorique*, éd. John O'Brien, Malcolm Quainton, James J. Supple, Paris, Classiques Garnier, 1995, p. 117-133.

2 *Symbolic Logic*, part 1, trad. Gattegno et Coumet (*Logique sans peine*, Hermann, 1966, p. 218). Goclénius a montré que les solites aristotéliens sont rétrogradables.

3 « *What the Tortoise said to Achilles* », trad. Gattegno et Coumet, éd. citée, p. 241-246, et commentaire par E. Coumet, p. 281-288.

4 *Essais*, exemplaire de Bordeaux, numérisé en ligne sur Gallica et sur les *Bibliothèques virtuelles humanistes.*

Et la fonction des « lettres majuscules » en question est précisée par une autre de ces prescriptions, qui tend à limiter l'emploi des graphies emphatiques :

> [Ne] mettez en grande lettre que les noms propres ou au moins ne [di]versifiez pas come en cet examplere que un mesme mot soit tantost en grande [let]tre tantost en petite.

– les majuscules ne seront donc pas utilisées pour privilégier des mots (selon un usage d'ailleurs courant chez les imprimeurs jusqu'à la fin du XVIIIe siècle : le Royaume, les Lois, les Magistrats…), mais pour marquer des coupures dans la chaîne des énoncés ; en d'autres termes, elles auront une fonction syntaxique, que je désignerai ici sous le terme de « scansion » pour le distinguer de la « ponctuation » proprement dite.

Les exigences de l'écrivain sont formulées de façon explicite, comme on le voit, et confirment les intentions lisibles dans ses retouches. Tout est clair. Trop clair, sans doute, et jusqu'à éblouir ; car voici maintenant l'énigme : depuis quatre cents ans, ce sont lettres mortes. Ces prescriptions de Montaigne n'ont jamais été respectées. Ces signes autographes de segmentation n'ont jamais été imprimés. Et personne, à ma connaissance, n'a jamais trouvé étrange que les plus méticuleux érudits ne s'en soient jamais souciés – sans parler de ceux que scandalise la seule idée de voir paraître une édition tout simplement conforme à l'original.

Inutile d'exposer davantage les motifs d'étonnement, ou d'en mesurer la naïveté. Mieux vaut en tirer une hypothèse de travail : il doit y avoir quelque chose de radicalement insolite dans les procédés de segmentation mis en œuvre par Montaigne – quelque chose qui à la fois caractériserait son « langage coupé » et le rendrait intolérable, en son état brut, aux esprits façonnés par le codes de l'écriture classique et moderne, et enclins à détourner pudiquement le regard devant les audaces d'un vrai maître du langage.

C'est bien le cas. Pour l'établir selon une méthode rigoureuse, il faudrait dresser la typologie des segmentations pratiquées dans les *Essais*, ce qui requerrait des dizaines d'analyses et rendrait l'exposé interminable. Je me bornerai à indiquer la voie d'après quelques échantillons, en insistant sur ceux qui font difficulté et, de ce fait, pourraient expliquer – mais sans la justifier – la convention tacite de censure qui les dérobe aux lecteurs. Mais, au préalable quelques mots sur un exemple amusant : une retouche autographe qui segmente la déclaration bien connue de Montaigne sur son indifférence envers la ponctuation. Celle-ci se trouve dans le chapitre « De la vanité » ; en voici la transcription exacte :

> Ie ne me mesle, n'y d'ortografe, & ordonne seulement qu'ils suiuent l'ancienne **;** **N**y de la punctuation : ie suis peu expert en l'un & en l'autre[5].

Dans son remarquable article sur les hyperbates de Montaigne, Françoise Charpentier cite cette phrase en note, et précise : « On ne peut dire ici qu'il y ait une hyperbate, parce que le second membre ("ny de la punctuation") est annoncé par le premier "ny" : pas d'effet d'ajout ni de surprise[6]. » C'est exact ; mais cette remarque même trahit le sentiment que quelque chose ici ressemble à une hyperbate, rajout d'un énoncé après achèvement apparent d'une unité d'expression. Or, justement, Montaigne accentue cet effet, par un procédé de segmentation : il transforme la virgule en point-virgule après « … l'ancienne », et surcharge d'une majuscule le second « ny », ce qui détache le dernier complément, tend à l'isoler en dépit de la corrélation « ny… ny » (désormais dissymétrique) et augmente l'impression d'inattendu créée d'abord par le rythme syntaxique. Autre détail, plus drôle peut-être que significatif : au début de la phrase, Montaigne a laissé passer une faute d'orthographe : « ie ne me mesle, **n'y** d'orthographe[7] » ; il corrige au contraire la ponctuation, et de façon expressive pour la fin : « ; Ny de la punctuation ».

Mais cessons de plaisanter, pour passer à des cas plus nets de segmentations par majuscules qui paraissent déranger l'articulation syntaxique

---

5 III, 9, EB f° 425 r°, PUF p. 965, IN p. 278, Fol. p. 262. Dans ce passage comme dans ceux qui seront cités et analysés ci-après, les signes de ponctuation et caractères inscrits en surcharge du texte imprimé (ou d'une première retouche) sont imprimés en caractères gras. On comparera utilement ces transcriptions avec l'édition procurée par Villey et Saulnier (Paris, PUF, 1965), choisie ici comme exemple des publications modernes d'usage courant, mais de bon niveau scientifique.

6 « L'hyperbate : une maîtresse forme du troisième allongeail », dans *Montaigne et les Essais, actes du Congrès de Paris (1988)*, Cl. Blum éd., Paris, Champion, 1990, p. 239-347 ; texte cité p. 246, note 5.

7 Dans la discussion, Philippe Desan a fait observer que cette graphie se rencontre parfois au XVIe siècle, pour le premier terme d'un couple de « ny ». Mais je ne l'ai pas encore rencontrée ailleurs dans l'EB. Quant à la graphie « ortografe », à l'italienne, elle est courante et ne saurait être considérée comme fautive. Dommage.

– celles que l'on serait tenté de corriger, donc les plus insolites, et les plus significatives. Tel est le début du chapitre III du Livre I :

> Ceux qui accusent les hommes d'aller tousiours beant apres les choses futures, Et nous aprennent à nous saisir des biens presens, & nous rassoir en ceux-là, comme n'ayant aucune prise sur ce qui est à venir, voire assez moins que nous n'avons sur ce qui est passé, touchent la plus commune des humaines erreurs : S'ils osent appeler erreur, chose à quoy nature mesme nous achemine, pour le seruice de la continuation de son ouvrage[8].

Deux majuscules sont placées à l'intérieur d'une phrase, la première après virgule, la seconde après deux-points, et toutes deux à l'initiale de syntagmes indissociables des propositions contextuelles (si bien que l'on ne peut pas rendre le passage conforme à nos règles en transformant les ponctuations faibles en points). Cette double anomalie marque les inflexions du texte :

- le premier énoncé ainsi segmenté, « Et nous apprennent… », est la transposition positive de l'expression précédente : après le reproche est donné le précepte, à saisir comme une nouvelle formulation, un nouveau début de phrase ;
- le second énoncé est en subordination, juste après la proposition principale à valeur et à rythme conclusifs : « … touchent la plus commune des humaines erreurs : S'ils osent appeler erreur… ». C'est une *correctio*, et comme un « ravisement » qui jette le doute sur le précepte banal, et fait problème : ainsi est marqué le vrai point de départ de la méditation greffée après 1580 sur les exemples répertoriés dans la première version.

Cette fonction inaugurale de la segmentation par majuscules est attestée de façon encore plus nette dans des passages de transition. Par exemple au début du chapitre « Des prieres » (I, 56), lorsque Montaigne, après quelques formules de modestie et de soumission au magistère ecclésial, en vient à son propos :

> Et pourtant me remettant tousiours à l'authorité de leur censure, qui peut tout sur moy, je me mesle ainsin temerairement à toute sorte de propos : Comme

8 I, 3, EB f° 4 r°, PUF p. 15, IN p. 58, Fol. p. 131.

> icy. Ie ne sçay si ie me trompe, Mais puis que par une faveur particuliere de la bonté divine[9] [...].

La première majuscule en surcharge, « Comme icy », détache la formule de comparaison et interdit de la lire en simple complément de la proposition précédente ; pour une lecture à haute voix, elle oblige à placer un accent sur « comme ». Quant à la majuscule de « Mais » (en surcharge aussi, avec transformation par rature du deux-points après « trompe » en simple virgule), elle marque le vrai début du propos, faisant de la proposition « Je ne sçay si je me trompe » une sorte d'abrégé du préambule, et comme un palier d'élan.

Un peu plus loin, dans le même chapitre, une majuscule interne sépare, à la fin de la phrase, le syntagme qui pose le problème :

> I'avoy presentement en la pensée, d'où nous venoit cett'erreur, de recourir à Dieu en tous nos desseins & entreprinses, & l'appeller à toute sorte de besoing, & en quelque lieu que nostre foiblesse veut de l'aide, Sans considerer si l'occasion est juste ou iniuste[10].

Un tel procédé peut évidemment être employé à tout moment, dans le corps du texte, pour marquer ou souligner une inflexion. Ainsi dans le chapitre « De la phisionomie » (III, 12), pour commenter le discours de Socrate devant l'Héliée :

> Si quelqu'un estime, que parmy tant d'autres exemples que i'avois à choisir pour le service de mon propos, ès dicts de Socrates, i'aye mal trié cettuy-cy, & qu'il iuge ce discours estre esleué au dessus des opinions communes, Je l'ay faict à escient : Car ie iuge autrement, Et tiens, que c'est un discours, en rang, & en naïfveté, bien plus arriere, & plus bas, que les opinions communes[11].

– La structure syntaxique rattachait au début de la phrase, en un tour pseudo-conditionnel, la proposition « Je l'ay faict à escient » ; la majuscule l'isole, logiquement, accentuant l'effet de surprise de la décision paradoxale ; après quoi le « jugement » qui motive celle-ci est annoncé, puis exprimé avec ses attendus, les majuscules placées à l'initiale des propositions relançant à chaque fois le mouvement rhétorique. Ce genre de scansion, qui à la fois affermit et avive l'expression, est utilisé

9 EB f° 131 v°, PUF p. 318, IN p. 497, Fol. p. 547.

10 EB f° 132 r°, PUF p. 318, IN p. 498, Fol. p. 548.

11 III, 12, EB f° 466 r°, PUF p. 1054, IN p. 410, Fol. p. 388.

fréquemment pour accroître la véhémence des formules par lesquelles Montaigne affirme ses choix éthiques, et leur singularité. Ainsi au sujet de sa loyauté, réputée contraire aux usages, dans les relations amoureuses :

> C'est contre la forme, Mais il est vray pourtant, que i'ay en mon temps conduict ce marché, selon que sa nature peut souffrir, aussi conscientieusement qu'autre marché, & auec quelque air de iustice : Et que ie ne leur ay tesmoigné de mon affection, que ce que i'en sentois, Et leur en ay representé naïfvement, la decadence, la vigueur, & la naissance, les accez & les remises[12].

– La concession initiale est réduite à sa fonction de préambule rapide, et comme le palier d'appui, avant l'attaque sur « Mais il est vray... » ; et l'élan est réitéré, plus loin, par les majuscules de scansion qui marquent les degrés d'une sorte de surenchère de sincérité.

Il est possible de tirer de ces quelques exemples une première conclusion, partielle, mais relativement importante : le « langage coupé » des *Essais* est caractérisé par des élans plutôt que par des arrêts ; en d'autres termes, les « coupures » y sont marquées par ce qui signale le commencement d'un énoncé (la majuscule) plutôt que par ce qui signale la fin du précédent (le point). Telle est la raison de la fréquence des majuscules de scansion après ponctuation faible – non seulement après les deux-points, ce qui est assez courant au XVIe siècle, mais aussi après les virgules, ce qui est exceptionnel, sinon même proscrit à toute époque. Telle est aussi la singularité qui écarte ce style des conventions de la rhétorique traditionnelle.

Car la coutume est de considérer la ponctuation, quels qu'en soient les instruments, comme marquant la fin des énoncés ; ce qui revient à concevoir l'acte d'énonciation comme destiné à s'achever sur un mouvement conclusif. Ce présupposé est commun aux modèles accrédités de l'art oratoire ; il est aisément décelable dans la période cicéronienne, avec protase, akmé et apodose privilégiée par sa clausule rythmique : le mouvement ascendant crée une attente, qui doit être satisfaite au terme du mouvement descendant, de manière que la phrase puisse se clore sur son dernier mot. Une semblable préoccupation transparaît dans le modèle concurrent, de la sentence terminée sur l'expression frappante, ou rendue compacte par sa symétrie, ou sa brièveté. Dans tous les cas, la coupure est péremptoire, et réclame l'acquiescement. Montaigne, lui,

12 III, 5, EB f° 389 v°, PUF p. 889, IN p. 169, Fol. p. 154-155.

inscrit dans son texte une tout autre conception du discours, ou plutôt des propos : l'achèvement y compte moins que l'élan qui inaugure le mouvement ou la reprise qui le fait rebondir et le prolonge ; les clôtures deviennent ainsi comme provisoires, susceptibles d'être transgressées par des sortes d'hyperbates à l'échelle de la phrase entière. Ce trait spécifique de son langage, que Françoise Charpentier a su distinguer dans des tours stylistiques[13], est rendu immédiatement lisible par les retouches de scansion portées sur l'Exemplaire de Bordeaux.

L'énergie du « langage coupé », sa dynamique interne, est ainsi aux antipodes du discours péremptoire comme du balbutiement hésitant ; c'est celle d'une parole « brusque », audacieuse, portée à dépasser ses propres limites. J'en prendrai pour formule, et en même temps pour nouvel exemple à étudier, un passage bien connu du chapitre « De l'expérience » :

> Ce n'est rien que foiblesse particuliere qui nous faict contenter de ce que d'autres, ou que nous-mesmes avons trouvé en cette chasse de cognoissance. Un plus habile ne s'en contentera pas. Il y a tousiours place pour un suyvant. Ouy et pour nous mesmes, & route par ailleurs. Il n'y a point de fin en nos inquisitions : Nostre fin est en l'autre monde. C'est signe de racourciment d'esprit quand il se contente : ou de lasseté. Nul esprit genereux ne s'arrete en soi, Il pretend tousiours & va outre ses forces. Il a des eslans au dela de ses effects. S'il ne s'avance et ne se presse et ne s'accule et ne se choque, il n'est vif qu'à demi. Ses poursuites sont sans terme, & sans forme : Son aliment, c'est admiration chasse ambiguité : Ce que declaroit assez Apollo, parlant tousiours à nous doublement, obscurement & obliquement, Ne nous repaissant pas, mais nous amusant & embesongnant[14].

La première phrase (délimitée après coup, par point et majuscule en surcharge – « .Un ») est construite selon les règles, avec une clausule à deux membres égaux, analogues à des péons quatrièmes (« en cette chass(e) / de cognoissanc(e) »). Le mouvement des deux sentences brèves

13 Voir la conclusion de son article cité plus haut : l'hyperbate « oppose au style clos et structuré si frappant dans les premiers essais un style ouvert [...]. Cette rupture voulue du propos, "marqueterie mal jointe", [...] cette attention aux tressaillements les plus inattendus de sa pensée, voire de son être guetté dans son "passage" [...] tout cela est l'expression [...] des intentions fortes qui guident la poursuite des *Essais* après 1588 : refus de laisser la pensée se durcir et se fermer, refus du dogmatisme, désir d'épouser au plus près le mouvement de la vie même » (p. 245-246).

14 III, 13, EB f° 472 r°-v°, PUF p. 1068, IN p. 430, Fol. p. 407-408.

qui suivent est accéléré par une relance, due à l'addition manuscrite en interligne, dont la ponctuation est soigneusement marquée (« . Ouy » – il est très rare que Montaigne prenne ainsi la peine d'inscrire un point entre le signe d'insertion et la phrase ajoutée). La même cadence rapide anime l'addition marginale (« Nul esprit [...] qu'à demi. » – on remarquera l'hyperbate « ou de lasseté », détachée par deux-points, et la majuscule de scansion après virgule, « Il pretend ») ; puis deux formules d'allure conclusive (avec groupes binaire et ternaire, dans leur dernier état) sont taillées dans le texte imprimé par majuscules et surcharge (« Ses poursuites [...] : Son aliment [...] »). Mais le mouvement est encore relancé par une remarque subsidiaire, détachée par le même procédé (« Ce que declaroit [...] ») et enfin, beaucoup plus énergiquement, par la majuscule de scansion qui transgresse la syntaxe de la phrase pour privilégier les trois derniers participes – ceux qui créent la surprise, en faisant surgir l'image inquiétante d'un dieu qui leurre les hommes : « Ne nous repaissant pas, mais nous amusant & embesongnant. » L'ensemble laisse l'impression d'un perpétuel effort de dépassement : les élans du langage miment ceux de l'« esprit genereux ».

De tels effets peuvent être réalisés à plus petite échelle, pour souligner des surenchères d'hyperboles, comme dans la caricature des personnages imbus de leurs fonctions (III, 10) :

> I'en vois qui se transforment & se transsubstantient, en autant de nouuelles figures, & de nouveaux estres, qu'ils entreprennent de charges : Et qui se prelatent iusques au foye & aux intestins : Et entreinent leur office jusques en leur garderobe[15].

Ici encore la scansion par majuscules fait violence à la syntaxe : elle détache une subordonnée relative (« Et qui... ») puis, à l'intérieur de celle-ci, un groupe verbal coordonné (« Et entreinent... »). Dans ces conditions, peu importe que la ponctuation correspondante prenne forme de deux-points ou de virgules : l'anomalie est irréductible, et la vigueur de l'expression n'en ressort que mieux. Cet aspect du procédé ne doit pas être sous-estimé (en vertu des clichés habituels sur la négligence ou la désinvolture de l'essayiste). Il permet de dynamiser par remodelages insolites des phrases d'allure tout à fait classique à l'origine, sans en changer un seul mot. Tel est l'effet des retouches que

15 III, 10, EB f° 447 r°, PUF p. 1011-1012, IN p. 347, Fol. p. 327.

reçoit une énumération des motifs de consentement ou d'aspiration à la mort (I, 14) :

> D'enfiler icy vn grand rolle de ceux de tous sexes & conditions & de toutes sectes ès siecles plus heureux, qui ont ou attendu la mort constamment, ou recherchée volontairement ; Et recherchée non seulement pour fuir les maux de cette vie, Mais aucuns pour fuir simplement la satiété de vivre, Et d'autres pour l'esperance d'une meilleure condition ailleurs, ie n'auroy jamais faict. Et en est le nombre si infiny, qu'à la verité i'auroy meilleur marché de mettre en compte ceux qui l'ont crainte[16].

Trois majuscules marquent les surenchères, en réitérant l'élan ascendant ; rien, au contraire, ne souligne la retombée de la phrase, sur la proposition principale à valeur de prétérition. En revanche, après avoir raturé la majuscule imprimée au début de la phrase suivante, Montaigne la rétablit par surcharge, transformant ainsi les deux-points (imprimés après « faict ») en point, pour relancer le mouvement en détachant l'hyperbole paradoxale : « Et en est le nombre si infiny… » Tout concourt à accentuer un de ces procédés de *gradatio* dont Ann Moss, hier, nous montrait l'importance, mais en fragmentant ce que la syntaxe, ici très régulière, tendait à unifier au détriment de la vivacité.

Bien que ces procédés inhabituels de segmentation puissent perturber la syntaxe, ils ne désorganisent pas les propos. Montaigne les utilise parfois, au contraire, pour raffermir l'articulation logique. Dans le chapitre « De la cruauté » (II, 11), il avait corroboré sa réprobation personnelle des supplices par un argument adressé spécialement aux chrétiens, comme pour répondre par avance au blâme des censeurs du Saint Office[17]. Deux majuscules surajoutées, et un renforcement de la ponctuation, articulent cet argument en dépit des usages syntaxiques, mais avec une netteté exemplaire :

> Quant à moy, en la justice mesme tout ce qui est au dela de la mort simple, me semble pure cruauté : Et notamment à nous : qui devrions auoir respect d'en envoyer les ames en bon estat. Ce qui ne se peut, les ayant agitées & desesperées par tourmens insupportables[18].

---

16 I, 14, EB f° 17 v°, PUF p. 54, IN p. 115-116, Fol. p. 183.

17 Ceux-ci, en mars 1581, lui avaient reproché « d'estimer cruauté ce qui est au-delà de la mort simple » (*Journal du voyage en Italie*, éd. F. Garavini, Paris, Gallimard, « Folio » 1983, p. 222).

18 II, 11, EB, f° 181 v°, PUF p. 431, IN p. 460-461, Fol. p. 152.

Sans être toujours aussi exactement calculée, la scansion des phrases ne saurait être réduite à un tic d'écriture. Des choix évidemment délibérés en témoignent. Pour représenter l'éristique pyrrhonienne, Montaigne jalonne par majuscules trois couples d'hypothétiques formant dilemmes ; en revanche, dans les lignes suivantes, il supprime toutes les majuscules placées par l'imprimeur à l'initiale des expressions citées comme caractéristiques de l'école, car ces dernières marques ont une fonction typographique (équivalant à celle de nos guillemets) et non pas logique :

> S'ils vainquent, vostre proposition cloche, si vous, la leur : S'ils faillent, ils verifient l'ignorance, si vous faillez, vous la verifiez : S'ils preuuent que rien ne se sçache, il va bien, s'ils ne le sçauent pas prouuer, il est bon de mesme. [...] Leurs façons de parler sont, ie n'establis rien : il n'est non plus ainsi qu'ainsin, ou que ny l'un ny l'autre : ie ne le comprens point : les apparences sont esgales par tout : la loy de parler, & pour & contre, est pareille[19].

De même, dans un passage narratif (I, 5), quelques majuscules emphatiques attribuées par l'imprimeur aux mots « Chevalier » et « Chasteau » sont biffées (sans application, puisqu'elles restent intactes en deux occurrences de ce dernier mot), mais des majuscules de scansion, ajoutées, jalonnent les étapes du récit :

> Si est ce que encores en y a il, qui se sont tresbien trouuez de sortir sur la parole de l'assaillant. Tesmoing Henry de Vaux, chevalier Champenois, lequel estant assiegé dans le chasteau de Commercy par les Anglois, & Barthélemy de Bonnes, qui commandoit au siege, ayant par dehors faict sapper la plus part du Chasteau [...] somma ledit Henry de sortir à parlementer pour son profict : Comme il fit luy quatrieme ; & son euidente ruyne luy ayant esté montrée à l'œil, il s'en sentit singulierement obligé à l'ennemy : A la discretion duquel, apres qu'il se fut rendu & sa trouppe, le feu estant mis à la mine, [...] le Chasteau fut emporté de fons en comble[20].

On observera en particulier le découpage, par renforcement de la ponctuation et par majuscule initiale, du syntagme « Comme il fit luy quatrieme », ce qui évite au lecteur de le prendre, à contresens, pour un terme de comparaison.

---

19 II, 12, EB f° 211 v°, PUF p. 504-505, IN p. 275-276, Fol. p. 256-257. Le passage omis est une addition manuscrite.

20 I, 5, EB f° 7 v°-8 r°, PUF p. 27, IN p. 75, Fol. p. 145-146.

La scansion peut aussi préciser des structures syntaxiques un peu floues. C'est le cas lorsqu'un syntagme se greffe comme par raccroc sur un système complexe ; sur une comparaison détaillée, par exemple :

> Encore s'il aduenoit, comme disent aucuns jardiniers, que les roses & violettes naissent plus odoriférantes pres des aulx & des oignons [...] ; Aussi que ces dépravées natures, humassent tout le venin de mon air & du climat, & m'en rendissent d'autant meilleur & plus pur, par leur voisinage : Que je ne perdisse pas tout[21].

Il est bien nécessaire que la dernière proposition soit isolée pour qu'apparaisse sa fonction, de consécutive raccordée librement à la proposition optative « Encore s'il aduenoit [...] » qui régit la dyade comparative « comme [...] Ainsi [...] ». Mais le plus souvent, le procédé est destiné à accentuer la véhémence ou les effets de surprise. Parfois les deux ensemble, avec quelque ironie, comme lorsque Montaigne se récrie devant les rigueurs de la loi de chasteté que les hommes ont imposée aux femmes, tout en les déclarant insatiables :

> Apres auoir creu & presché cela, nous sommes allez leur donner la continence peculierement en partage, Et sur peines dernières & extremes. Il n'est passion plus pressante, que cette cy, à laquelle nous voulons qu'elles resistent seules : Non simplement, comme à vn vice de sa mesure, Mais comme à l'abomination & execration, Plus qu'a l'irreligion & au parricide, Et nous nous y rendons cependant sans coulpe & reproche[22].

Les décalages entre syntaxe et scansion semblent quelquefois ménagés, sans nécessité logique, pour faire ressortir un trait plus incisif. C'est le cas de la page où Montaigne fait d'abord mine de se défendre assez mollement d'avoir fait un travail de compilateur :

> Comme quelqu'un pourrait dire de moy, que i'ay seulement faict icy un amas de fleurs estrangeres, n'y aiant fourni du mien, que le filet à les lier. Certes i'ay donné à l'opinion publique, que ces paremens empruntez m'accompaignent. Mais ie n'entens pas qu'ils me couvrent, & qu'ils me cachent : C'est le rebours de mon dessein : qui ne veux faire montre que du mien. Et de ce qui est mien par nature : Et si ie m'en fusse creu, à tout hazard, i'eusse parlé tout fin seul[23].

21 III, 9, EB f° 428 r°, PUF p. 971-972 (l'éditeur ne place aucun signe de ponctuation après « voisinage », ce qui incite à construire à contre-sens « d'autant [...] que »), IN p. 288, Fol. p. 271-272.

22 III, 5, EB f° 373 v°-374 r°, PUF p. 855, IN p. 119, Fol. p. 106-107.

23 III, 12, EB f° 466 v°, PUF p. 1055, IN p. 412, Fol. p. 390.

La première retouche modifie la syntaxe sans la dérégler : une phrase auparavant équilibrée en protase et apodose antithétiques (« Certes [...], mais [...] ») est scindée par ponctuation en deux ensembles autonomes. Mais la seconde détache irrégulièrement une surenchère sur un mot (« mien ») en fonction de complément, donc indissociable de la proposition précédente. Le sens n'en est pas modifié, l'articulation logique n'en est pas plus nette ; c'est à peu près comme un coup de poing sur une table. Une semblable anomalie tout arbitraire accuse ailleurs un trait inattendu, et problématique. Il s'agit, au départ, de prétendus phénomènes surnaturels :

> Iusques à cette heure tous ces miracles & euenemens estranges, se cachent deuant moy. **J**e n'ay veu monstre & miracle au monde, plus expres que moy mesme : **O**n s'appriuoise à toute estrangeté par l'usage et le temps, **M**ais plus ie me hante & me connois, plus ma difformité m'estonne. **M**oins ie m'entens en moy[24].

La dernière proposition est détachée, par point (en surcharge de virgule) et majuscule : c'est elle qui substitue aux considérations presque banales sur l'étrangeté de chaque être, à peine rehaussées ici par l'identité de l'objet étonnant et du sujet étonné, l'affirmation vraiment paradoxale, contraire aux perspectives édifiantes du programme de connaissance de soi – l'idée d'un progrès dans l'incompréhension, et d'un surcroît de perplexité.

Mais les effets d'insistance ainsi obtenus ne sont parfois que l'aspect le plus visible d'un modelage en profondeur. Soit par exemple la formule qui justifie le refus des préceptes :

> Ces exquises subtilitez, ne sont propres qu'au presche : **C**e sont discours qui nous veulent envoyer tous bastez en l'autre monde. **L**a vie est un mouvement materiel & corporel, **A**ction imparfaicte de sa propre essence, & desreglée : ie m'emploie à la seruir selon elle[25].

Le détachement, contraire à la syntaxe, de l'apposition « Action imparfaicte [...] », combiné avec l'hyperbate « & desreglée », marque les étapes d'une argumentation que le flux continu de la phrase, auparavant, ne laissait pas se dessiner : la vie est un mouvement matériel et corporel, donc une action imparfaite (à la différence de l'acte pur de

24 III, 11, EB f° 455 r°-v°, PUF p. 1029, IN p. 373, Fol. p. 352-353.
25 III, 9, EB f° 436 v°, PUF p. 988, IN p. 314, Fol. p. 296.

l'intellect) et par conséquent déréglée... Ailleurs, la scansion permet à la fois de distinguer des degrés d'analyse, de la simple description au dévoilement des intentions, puis à l'énoncé de leur motif, et de simuler une sorte de désinvolture du langage. C'est ainsi que Montaigne expose la gêne qu'il éprouve à prononcer un discours préparé, pour lequel il est tributaire de sa mémoire défaillante :

> Et me suis veu quelque iour en peine, de celer la servitude en laquelle i'estois entravé. Là ou mon dessein est, de representer en parlant, vne profonde nonchalance, & des mouuemens fortuites & impremeditez, comme naissans des occasions presentes : Aymant aussi cher ne rien dire qui vaille, que de montrer estre venu preparé pour bien dire : Chose messeante, surtout à gens de ma profession[26].

Si précise qu'en soit la composition, le texte est scandé de manière à paraître constitué par ajouts successifs, « comme naissant des occasions présentes ».

En quelques passages, peut-être particulièrement retravaillés, presque toutes les possibilités du « langage coupé » actualisées diversement par la scansion sont exploitées simultanément. C'est le cas dans les propos sur la réalité et le rêve, à la fin de l'« Apologie de Raimond Sebond » :

> Ceux qui ont apparié nostre vie à un songe, ont eu de la raison, à l'avanture plus qu'ils ne pensoyent : Quand nous songeons, nostre ame vit, agit, exerce toutes ses facultez, ne plus ne moins que quand elle veille. Mais si plus mollement & obscurement, non de tant certes, que la differance y soit, comme de la nuit à une clarté vifve : Ouy, comme de la nuit à l'ombre : Là elle dort, icy elle sommeille : Plus & moins, Ce sont tousiours tenebres, & tenebres Cymmeriennes[27].

– La fragmentation des dernières lignes en énoncés d'inégale brièveté et de structures binaires légèrement déséquilibrées laisse une impression d'indécision qui suggère bien le trouble du faux-jour, du demi-songe, des vagues lueurs intermittentes dans les ténèbres. Mais plus haut, la ponctuation forte qui détache « Mais si [...] » précise l'agencement :

---

26 III, 9, EB f° 424 v°, PUF p. 963, IN p. 275, Fol. p. 259-260.

27 II, 12, EB f° 253 v°, PUF p. 596, IN p. 425-426, Fol. p. 387. Il y avait deux-points après « veille » ; Montaigne surcharge le point inférieur, et capte le point supérieur dans la première bouche du M majuscule qu'il dessine, selon un procédé qu'il emploie très fréquemment.

marquant le début d'un ensemble syntaxique cohérent, concession hypothétique suivie d'une proposition qui en restreint la portée, elle interdit de confondre les deux premiers mots en un pléonasme adversatif (glose de Pierre Villey : « Mais pourtant ») qui lierait « plus mollement & obscurement » à la phrase précédente. Enfin, si l'expression « Plus & moins » est nettement détachée par les deux-points en surcharge et les majuscules de scansion, c'est en raison de son importance dans l'argument : elle substitue aux couples antithétiques progressivement récusés une échelle de mesures, corrigeant d'avance la formule poétique, en hyperbole, sur laquelle s'achève la phrase.

Terminons sur une citation assez longue pour illustrer les ressources du système. Ce sera le début du chapitre « Du repentir » :

> Les autres forment l'homme, Je le recite, & en represente un particulier, bien mal formé, Et lequel si i'avoy à façonner de nouveau, ie ferois, vrayement, bien autre qu'il n'est. Mes-huy c'est fait. Or les traits de ma peinture, ne forvoyent point, quoy qu'ils se changent & diversifient. Le monde n'est qu'une branloire perenne. Toutes choses y branlent sans cesse : La terre, les rochers du Caucase, les pyramides d'Ægypte : Et du branle public, & du leur. La constance mesme, n'est autre chose qu'un branle plus languissant. Je ne puis asseurer mon obiect. Il va trouble & chancelant, d'une yvresse naturelle. Ie le prens en ce point, comme il est, en l'instant que ie m'amuse à luy. Ie ne peints pas l'estre. Je peints le passage : Non un passage d'aage en autre, ou comme dict le peuple, de sept en sept ans : mais de jour en jour, de minute en minute. Il faut accommoder, mon histoire à l'heure : Je pourray tantost changer, non de fortune seulement, mais aussi d'intention : C'est un contrerolle de divers & muables accidens, & d'imaginations irrésolues. Et quand il y eschet, contraires : Soit que ie sois autre moymesrne : Soit que ie taille les subiects, par autres circonstances, & considerations. Tant y a, que ie me contredits bien à l'adventure, Mais la verité, comme disoit Demades, ie ne la contredy point. Si mon ame pouvoit prendre pied, ie ne m'essaierois pas, ie me resoudrois : Elle est tousiours en apprentissage, & en espreuve[28].

Sans procéder à une analyse détaillée, qui serait trop longue, il convient d'observer la diversité des effets obtenus :

– Dans les trois lignes de préambule, la scansion accuse d'abord une opposition, puis mime une esquisse de rectification, annulée par la formule définitive, isolée, « Meshuy c'est fait ».

---

28 III, 2, EB f° 350 v°-351 r°, PUF p. 804-805, IN p. 43-44, Fol. p. 34-35.

– Plus loin, le détachement des compléments, déjà en hyperbate, « Et du branle public, & du leur », privilégie l'instabilité propre à chaque « chose », après l'évocation de l'instabilité universelle ; ce qui prépare le retour de l'écrivain à « [s]on objet », l'être singulier dont il enregistre et totalise les divers traits. C'est là un indice d'articulation du discours.
– La fragmentation, ensuite, contribue à suggérer le changement, tout en modifiant l'image : au lieu du mouvement alterné de la « branloire », une suite irrégulière de mutations, comme au hasard.
– Est détachée, par point fortement marqué et majuscule en surcharge, l'expression qui définit le problème crucial : « Et quand il y eschet, contraires » (quelle sera la vérité compatible avec cette incohérence occasionnelle ?).
– Enfin sont privilégiées par le même procédé (ici moins sensible, parce qu'il n'entraîne pas d'anomalie syntaxique) les deux formules qui anticipent sur la réponse : affirmation de véracité (« Mais la vérité [...] ») dans le cadre d'un travail de l'essai (« Elle est tousiours [...] ») qui exclut, comme factice, toute objectivation définitive.

Ce passage présente un autre aspect intéressant. C'est l'un de ceux où les éditeurs modernes ont partiellement tenu compte des retouches autographes, mais en les triant et en les adaptant à leurs propres normes. Pierre Villey, dont l'édition fait autorité, ne retient que les majuscules qu'il peut faire précéder d'un point ; et encore, pas toutes : seulement (compte non tenu des points et majuscules de la version imprimée, qu'il reproduit régulièrement) : « Meshuy », « Toutes choses », « Il va », « Je peints », « Je pourray », « C'est un contrerolle ». On mesurera la déperdition de sens et de vigueur provoquée par cette timidité – ou, pour mieux dire, par cet arbitraire qui s'autorise de son conformisme.

Et nous voici ramenés au vrai problème : pourquoi, depuis quatre cents ans, détourne-t-on le regard devant les ultimes interventions de Montaigne sur le texte des *Essais* ?

Il paraît nécessaire d'examiner d'abord la fonction et le statut de ces interventions, et des signes qu'elles mettent en œuvre.

Elles remodèlent le texte imprimé, par des signes surajoutés qui en actualisent des structures virtuelles (et non pas seulement latentes, puisque peuvent être ainsi modifiées des configurations que dessinait la ponctuation antérieure). Ce travail, plus discret et parfois aussi efficace qu'une réécriture, dévoile la plasticité du texte – notion déjà inquiétante par elle-même. Mais son statut est difficile à définir. Le texte était déjà écrit, et lisible. Et il le reste, sans presque jamais changer de sens : je n'ai pas encore trouvé de retouches qui opèrent une transformation radicale du signifié, comme celle que subit dès 1588 la fin du chapitre « De la conscience », par déplacement d'un point[29] ; et, s'il en était, les éditeurs du XXe siècle auraient probablement respecté celles-ci. De plus, l'opération n'affecte pas également la totalité des *Essais* : des chapitres entiers, ou des suites de plusieurs pages à l'intérieur d'un chapitre de grande ampleur (l'« Apologie de Raimond Sebond », par exemple) ne reçoivent aucune retouche de ce type ; comme si le procédé, bien que systématique là où il est employé, était parfois laissé en suspens, sans que l'on puisse deviner les raisons de ce désistement.

D'autre part, le découpage de la chaîne verbale, objet de ces interventions de l'écrivain, est lui-même une donnée dont le statut est mal défini. Intervalles, ponctuation, majuscules sont des signes scripturaux, mais non textuels. Ils sont relativement indifférents à la langue : on ponctue à peu près de même des textes français, latins, italiens ou anglais, et même le passage à l'écriture cyrillique, en russe, n'y change rien. Ils ne semblent pas préoccuper outre mesure les rhétoriciens, poéticiens et sémioticiens actuels ; encore moins les historiens de la littérature – et non sans motifs plausibles : sans manuscrits autographes, on ne peut savoir si les signes en question ont été choisis et placés par l'écrivain, le copiste ou l'imprimeur, et lorsqu'il s'agit d'œuvres anciennes, la routine et l'arbitraire de nos contemporains, érudits ou éditeurs, ont force de loi ; c'est tout juste s'il est maintenant permis d'espérer que les arguments incisifs de Jacques Drillon[30] feront obstacle à ce genre d'abus. Mais dans le cas des *Essais*, les données sont irrécusables, puisqu'autographes et confirmées en vue de

29 II, 5, PUF p. 369, IN p. 65, Fol. p. 62, et voir éd. critique A. Armaingaud, t. III, Conard, 1925, p. 82 : 1580, 1582, « il semble [que la conscience, ...] fortifie l'innocent contre la torture pour dire vray. C'est un moyen plein d'incertitude & de danger » ; 1588, « [...] fortifie l'innocent contre la torture. Pour dire vray, c'est un moyen plein d'incertitude et de danger. »

30 *Traité de la ponctuation française*, Paris, Gallimard, 1991, notamment p. 69 et p. 110 qui dénoncent « la responsabilité écrasante des éditeurs contemporains (XIXe et XXe siècles), et tout particulièrement la "Bibliothèque de la Pléiade" (Gallimard) qui nous interdisent de lire le texte des pièces anciennes dans leur texte original ». J. Drillon cite Montaigne, dès la première page de son avant-propos (p. 9) parmi les écrivains qui « requièrent les imprimeurs de respecter [la ponctuation] de leurs manuscrits » ; malheureusement, il n'en fait pas état dans la suite de l'ouvrage. Vraiment, Montaigne n'a pas de chance.

l'édition ; et l'incertitude théorique ne devrait pas être trop gênante : si l'on ne comprend pas, rien n'empêche de recopier tout bêtement – c'est ainsi que faisaient les scribes médiévaux, et chacun sait que les plus compétents, qui se mêlaient d'amender les textes difficiles, ont commis plus d'erreurs que leurs humbles frères calligraphes asservis aux signes. Or, les grands érudits du début du siècle, les Strowski, Villey et Gébelin qui ont procuré l'admirable Édition Municipale de 1933, connaissaient et respectaient ce genre d'humilité ; ils savaient – la précision de leurs déchiffrements en fait foi – que le moindre indice graphique dans un mot manuscrit, la moindre rature, méritent d'être scrupuleusement reproduits, et que le premier devoir de l'éditeur dit scientifique est de s'astreindre à cette élémentaire fidélité. Leur indifférence à l'égard des retouches de ponctuation et de scansion ne peut pas s'expliquer par l'incompétence ni par la désinvolture. C'est en réalité un refus, un acte de censure sans doute inconsciente, dont la cause doit être cherchée dans les postulats fondamentaux de leur pensée d'universitaires positivistes façonnés par la rhétorique et le rationalisme classiques – comme nous le sommes encore tous.

De fait, la vraie difficulté est d'ordre épistémologique. En privilégiant les débuts d'énoncés, comme nous l'avons constaté, les élans et presque jamais les retombées, en introduisant des mouvements de protase, par relance, là où l'on attendrait des apodoses, la scansion de Montaigne contrarie les tendances et même les principes de la rhétorique et de la dialectique anciennes et modernes. Théoriciens et praticiens de celles-ci sont d'accord : il s'agit toujours de conduire l'esprit vers la conclusion prévue par l'écrivain-orateur, et attendue par le lecteur-auditeur comme constituant le sens – ce que « veut dire » le discours. L'énergie du « langage coupé » des *Essais*, tout en redémarrages foudroyants, au moment où l'on se croyait arrivé, déconcerte le lecteur docile, et le pousse plus loin, vigoureusement, sur une « route par ailleurs », pour qu'il découvre qu'en cette « chasse de cognoissance » il y a toujours d'autres perspectives possibles, que tout n'est pas dit, que Montaigne traite ses arguments « par quelque lustre inusité » et « ne desseigne jamais de les produire entiers ».

Ces dernières expressions sont tirées du chapitre « De Democritus et Heraclitus », où Montaigne a défini dès avant 1580, et de la façon la plus nette, ses démarches intellectuelles. En effet, ses interventions sur le découpage des énoncés dans l'Exemplaire de Bordeaux coïncident parfaitement avec les exigences de la philosophie de l'*essai* et avec les modes de sa réalisation textuelle : structures de commentaire qui incorporent au texte les réflexions surajoutées et les remaniements, indices d'inachèvement explicites ou discrets, hyperbates ou autres procédés stylistiques de dépassement de la formule figée, relances de toute espèce... Leur trait commun est d'assurer la prédominance des investigations sur les acquis, de faire prévaloir la zététique, forme active et efficace du pyrrhonisme, contre la dogmatique, la pensée en mouvement contre la lettre morte « jetée en moule ». Tout cela se retrouve dans ces retouches soigneusement ignorées. D'abord par les inflexions que donne au texte la scansion surajoutée, en l'animant, comme par marques prosodiques, de manière à rendre perceptibles les opérations de remise en cause et de relance qui lui sont incorporées, et qu'il requiert encore du lecteur décidé à jouer le jeu. Ensuite par la manifestation d'un véritable travail sur la langue, qui superpose des indices structurels (et non pas seulement des signifiants) à ceux que déterminait la norme : traces provocatrices, inadmissibles, de l'invention de ce « nouveau langage » propre à exprimer une pensée « toujours en apprentissage et en épreuve ».

Et, pour aggraver le cas, ces deux caractères du langage pyrrhonien donnent paradoxalement au texte un surcroît de vigueur et de véhémence. On aurait accepté sans trop d'émoi, à la place du discours péremptoire des maîtres, un bavardage de mondain – « Il cherchait le bon air[31] » – ou un bredouillement d'écolier distrait – « Il n'a point de principes [...] et il n'a point d'ordre pour faire les déductions de ses principes[32] » – ou, à la rigueur, de paisibles confidences. Mais ce n'est pas le cas. On se trouve en présence d'un monstre philosophique et littéraire : une extrême hardiesse de pensée et d'expression qui exhibe les marques de sa propre contingence, une aventure intellectuelle stimulée par le doute initial que perpétuent réexamens et reformulations, un texte qui doit son énergie à l'instabilité de ses structures ! Il y a bien là de quoi s'effaroucher, et dissimuler à tout prix ces retouches scandaleuses, « pour ne faire peur aux enfans[33]. »

J'aboutis ainsi à une conclusion différente et complémentaire de celle par laquelle j'achevais naguère un article sur le même sujet, pour le recueil en l'honneur de Floyd Gray[34]. Dans cet article, je présentais

31 Pascal, cité dans l'appendice 11 de Villey-Saulnier, PUF, p. 1214.

32 Malebranche, *ibid.*, p. 1217.

33 *Essais*, II, 12, PUF p. 545, IN p. 342, Fol. p. 313.

34 « Un langage coupé... », *Writing the Renaissance. Essays on Sixteenth-Century French Literature in Honor of Floyd Gray*, éd. Raymond C. La Charité, Lexington, Kentucky, French Forum, Publishers, 1992, p. 219-231.

la scansion par majuscules comme un procédé supplémentaire inventé par Montaigne pour structurer son texte *a posteriori* – autrement dit, pour maîtriser le flux verbal venu comme spontanément s'inscrire sur la page, et pour faire apparaître ce travail de remodelage des propos et de « règlement » de la pensée. Sans rétracter ces conjectures, je suis enclin maintenant à donner plus d'importance aux anomalies et transgressions provoquées par la scansion, dont l'effet perturbateur est attesté par l'histoire du texte (c'est-à-dire par l'effacement systématique, réitéré sous diverses formes depuis 1595, de cette scansion). Ici même, plusieurs communications – notamment celles de Daniel Ménager, de Richard Regosin et de Neil Kenny – ont montré que Montaigne sait mettre en œuvre les techniques et même les ruses de la rhétorique, mais en les faisant travailler contre les risques de sclérose ou de falsification qu'elles comportent. Dans leur prolongement, et grâce à leurs acquis, il m'est impossible de conclure que cette structuration seconde (d'un livre déjà imprimé, déjà structuré, certainement pas à l'état de flux spontané) compromet la stabilité du texte en même temps qu'elle en accuse les reliefs ; que du même coup ce système de régulation qu'est toute ponctuation (au sens large du terme, incluant l'emploi des majuscules) se problématise, en divergeant délibérément par rapport à la typographie normalisée de la version de 1588, sous-jacente aux ratures et surcharges qui la remodèlent. Au bout du compte se profile cette bizarrerie : un ensemble de structures concurrentes en interférences quasi-aléatoires ; un « règlement » de pensée et d'expression contingent et toujours sujet à révision ; une configuration d'écriture perpétuellement à l'essai.

Ce n'est pas une surprise. Mais il s'ensuit, sans doute, que le refus séculaire de voir et de donner à voir les marques autographes du « langage coupé » et des inflexions qui l'animent est une des manifestations de la peur secrète du vertige, qu'inspire généralement la philosophie de l'*essai*. Quant à celle-ci, l'esquive est toujours possible : il suffit d'interpréter autrement. Contre l'opiniâtreté de traits de plume inscrits noir sur blanc, pas d'autre recours que la censure. Reste à espérer que ces vigilantes précautions se relâcheront au cours du cinquième siècle après la mort de Montaigne. À y rêver du moins, sans trop d'illusions.

TROISIÈME PARTIE

ROMAN, NOUVELLES, THÉÂTRE

DOUBLETS ET HYBRIDES DANS *L'HEPTAMÉRON* [1993][1]

Des nouvelles qui se ressemblent un peu trop ; d'autres un peu trop visiblement composites... Parlera-t-on de maladresses, ou de cas de tératologie littéraire ? Essayons la seconde hypothèse, quitte à chercher un terme moins brutal : elle a l'avantage d'inciter à trouver un sens à la bizarrerie, peut-être à y reconnaître une transgression des usages, requise par des exigences précises. Car les recueils narratifs présentent assez rarement des récits que l'on pourrait dire jumeaux, associés en vertu de ressemblances soit manifestes, soit signalées par commentaire interne. Dans tout le *Décaméron*, je ne relève guère que deux paires de ce type : les 6e et 7e nouvelles de la IVe journée, et les 1re et 2e de la VIIIe journée ; et encore, dans le premier cas, Boccace ne signale la ressemblance que pour l'amenuiser, en notant que la seconde nouvelle « diffère de la précédente, sauf sur un point » (qui est en fait le trait caractéristique : un jeune homme meurt accidentellement entre les bras de son amante) ; dans le second cas, l'analogie n'est pas indiquée (alors qu'il s'agit de la même ruse qui permet à un galant de récupérer l'argent ou le gage laissé à une femme vénale). Plus fréquentes, les nouvelles composites sont présentées d'ordinaire comme exemples des vicissitudes de la Fortune – prétexte commode pour agglomérer plusieurs anecdotes à issues contrastées en les rapportant au même personnage (par exemple, toujours dans le *Décaméron*, I, 5, IV, 3, V, 1, etc.). Marguerite de Navarre, elle, ne s'embarrasse ni de tentatives de camouflage, ni de justifications artificielles : elle souligne au contraire les cas de gémellité, et ne fait rien pour atténuer l'aspect disparate que peuvent prendre les nouvelles hybrides. C'est là ce qui est surprenant, et donne à penser que de telles infractions à la loi de variété et de simplicité pourraient être calculées, en vue de signifier quelque chose.

---

1 Paru dans *Colloque Marguerite de Navarre* (15-16 février 1992), Nice, Faculté des lettres, arts et sciences humaines, Université de Nice-Sophia Antipolis, 1993, p. 7-19.

Le cas le plus remarquable est sans doute celui de deux nouvelles consécutives, la 45e et la 46e, qui présentent les deux caractères à la fois, de montages composites et de doublets. Leurs cassures internes sont évidentes. Dans la première, on ne distingue aucun raccord précis entre la première scène, où le tapissier abuse de sa servante en prétendant lui « bailler les Innocents », et la seconde, où, surpris par une voisine en train de batifoler avec la fille, il réitère ses ébats avec sa femme, pour donner le change. Dans la seconde, pas de raccord non plus entre la mésaventure du cordelier jeté à bas d'un escalier par une femme qu'il serre de trop près, et le viol qu'il commet ensuite dans une autre maison ; la narratrice se borne à noter son intention de compléter le portrait en noir : « Et, pour parfaire sa malice… » (p. 309[2]). Ces montages ne peuvent guère se justifier par le fait qu'il s'agit à chaque fois de deux aventures d'un même personnage ; car ailleurs, Marguerite de Navarre prend soin de les scinder en deux nouvelles consécutives (par exemple les 27e et 28e, 58e et 59e nouvelles). Quant à la gémellité, elle n'est pas moins évidente, entre la première partie de la 45e nouvelle et la seconde partie de la 46e : le même prétexte, de corriger une jeune paresseuse, est présenté pour dissimuler le viol ; et cette analogie est marquée avec insistance par le retour d'une même formule, avec simple permutation de termes, en guise de conclusion cynique : « M'amie, je crois qu'il souviendra des Innocents à votre chambrière », dit le tapissier (p. 305) ; et le moine : « Je crois, Mademoiselle, qu'il souviendra à votre fille de ma discipline » (p. 310).

Ce ne sont là que les traits les plus saillants. Dans le détail, on peut repérer d'autres indices, soit de l'hybridation, soit de la gémellité. La « pauvre chambrière » (p. 305) est victime de son maître au début de la 45e nouvelle, et vient tout de suite s'en plaindre à l'épouse stupide qui, dupée par le prétexte, approuve son mari avant qu'elle n'ait pu s'expliquer ; dans la seconde partie, elle est considérée comme une « méchante garce » complice de l'adultère (p. 306). Le cordelier de la 46e nouvelle est d'abord présenté comme timide devant celle dont il est épris, « tant amoureux qu'il en mourait, mais il n'avait la hardiesse de le lui dire » (p. 309) ; rudement repoussé, au propre comme au figuré, il en est « si honteux, qu'il en oubli(e) le mal qu'il s'était fait à choir » (*ibid.*) ; la seconde anecdote fait de lui un scélérat prompt à saisir

2 *L'Heptaméron*, édition de Michel François, Paris, Classiques Garnier, 1967.

l'occasion, qu'il a habilement préparée, de « prendre par force » une toute jeune fille. Quant aux corrélations ménagées entre les deux épisodes similaires, elles sont marquées par des retours de termes. Le tapissier qui convoite sa chambrière « faisait semblant souvent de la tancer, [...] disant que c'était la plus paresseuse garce [...] » (p. 305) ; le cordelier « tançait souvent » la jeune fille comme « paresseuse » (3 occurrences de ce grief, p. 309). La mère de celle-ci le « pri(e) bien fort » (p. 309 et 310) de la corriger, comme la femme du tapissier avait « pri(é) » son mari (p. 305) de faire de même pour la servante. Pour procéder à l'exécution, le tapissier se rend « en la chambre haute, où la chambrière était toute seule » (*ibid.*) ; le cordelier de même « montant en haut par un petit degré de bois, trouv(e) la fille toute seule dedans le lit » (p. 310 – le pléonasme semble provoqué par le souci de renvoyer simultanément à la première partie de la nouvelle, en notant le « degré » à « monter », et à la nouvelle précédente, en notant l'isolement de la chambre « en haut ») ; seules les approbations des dupes sont décalées dans le temps (l'une après le viol, l'autre pendant) et formulées différemment ; l'exacte similitude des paroles à double entente qui constatent ironiquement le forfait, comme par défi, n'en ressort que mieux, pour signer la ressemblance afin qu'elle ne puisse pas passer inaperçue. De façon encore plus singulière, l'écrivain prend soin de faire préciser par la narratrice (Oisille) de la 46e nouvelle que son récit lui a été remis en mémoire par le précédent, et qu'elle n'a pas d'autre raison de le relater : « Vous me faites souvenir [...] d'un conte que je n'avais pas délibéré de mettre au rang des bons » (p. 308 – c'est la seule fois qu'une anecdote est dépréciée en ces termes : comme pour attirer l'attention du lecteur sur l'analogie qui justifierait seule la narration).

Deux autres nouvelles consécutives, homogènes celles-ci, sont si évidemment jumelles que Marguerite de Navarre ne prend même pas soin de les donner pour telles dans les propos d'introduction. Ce sont les 60e et 61e, dont le thème est identique : une femme adultère simule l'agonie (et même la mort, dans la première) afin d'échapper à son mari et de vivre avec son amant, homme d'Église ; retrouvée longtemps après et sévèrement blâmée par la reine et la régente, elle est ramenée au foyer conjugal. La similitude est marquée par un détail anodin, d'exacte coïncidence : les deux aventures ont la même durée, « quatorze ou quinze ans » (p. 367 et 374). En revanche, quelques permutations les distinguent, de façon parfois factice : la mise en scène macabre permet à la femme infidèle de rester dans la maison de son amant (60e) ou de quitter celle de son mari (61e) ; les « quatorze ou quinze ans » mesurent la durée de la vie conjugale du pseudo-veuf remarié dans la 60e, du couple illégitime dans la 61e ; le mari se montre naïf, puis avisé dans la 60e, avisé puis naïf dans l'autre… Ce sont là des différences, mais réglées de manière à créer une sorte de complémentarité : comme si le conteur changeait le jeu en déplaçant simplement les cartes.

Quant à la suture, elle est esquissée au terme du débat sur la 60e nouvelle, par un mot de Saffredent sur les maîtresses d'ecclésiastiques qui « s'estiment plus saintes que les autres » et « se tiennent honorées de persévérer en leur amitié » (p. 369), propos que la réplique d'Oisille transforme en annonce (« Vous en parlez de sorte […] qu'il semble que vous en sachiez quelqu'une […] Parquoi je vous prie que demain […] vous nous en veuillez dire ce que vous en savez », *ibid.*). Mais le motif n'est pas repris en préambule à la 61e nouvelle, p. 370-371 ; il est remplacé par une allusion imprécise aux médisances de Saffredent, qui estompe le thème annoncé la veille, et surtout par une réitération apparemment immotivée du jeu de dupes par lequel celui-ci, après la 3e nouvelle, leurrait Ennasuite pour « couvrir » le message adressé à une autre (p. 27). Il était inutile d'insister, en effet : la ressemblance, affectant ici la totalité des deux nouvelles consécutives, était assez frappante pour attirer l'attention.

De telles analogies doivent signifier ou indiquer quelque chose… Cela apparaîtra plus clairement dans le couple de nouvelles hybrides, où les doublets sont en concurrence avec des anecdotes raccordées artificiellement, qui n'ont rien de commun entre elles.

Nous avons examiné les ressemblances entre la première partie de la 45e nouvelle et la seconde partie de la 46e, sans insister sur les différences entre leurs parties respectivement complémentaires. Or, les commentaires des devisants privilégient : a) la seconde partie, à fonction distinctive, de la 45e nouvelle : folâtrant dans la neige avec sa servante, puis avec sa femme, le tapissier suscite l'admiration gaillarde d'Hircan et la réprobation de Parlamente ; b) la seconde partie de la 46e, à fonction assimilatoire : le viol est blâmé par tous les intervenants, qui condamnent en même temps la sottise et la crédulité de celle qui en a fourni le prétexte. Le montage de l'ensemble peut être figuré par le schéma suivant, où les anecdotes similaires sont partiellement superposées, et où sont doublement cernées celles que commentent les devisants :

Nouvelle 45	Les « Innocents »	Les ébats sur la neige
Nouvelle 46	Le Cordelier repoussé	La « discipline »

Pour peu que l'on consente à se laisser guider par ces commentaires, on retiendra, comme caractéristique de la 45e nouvelle, la scène de fantaisies hivernales qui donne lieu au dialogue de comédie, sur quiproquo bien calculé par le meneur de jeu, entre l'épouse et la voisine : « Hélas, ma commère m'amie, c'était moi... », avec, pour parachever le conte, la conclusion ironiquement moralisante qu'en tire le tapissier, et le pieux acquiescement de la femme trompée : « Amen, mon ami... ». Est ainsi sollicité un regard franchement ludique. Cela vaut-il pour l'ensemble de la nouvelle ? On l'admettra sans peine, en dépit de l'indignation de Parlamente (qui du reste ne porte pas sur le viol, puisqu'elle taxe la servante de « malice », p. 308), si l'on tient compte de ce qu'indiquent les traits les plus singuliers de l'histoire, en commençant par ceux de sa seconde partie. La scène a lieu à l'époque des « grandes neiges » (p. 306) : le tapissier, qui auparavant lutinait sa servante « sur l'herbe en son jardin », la mène de grand matin « faire le crucifix [= se déshabiller[3]] sur la neige », tout en « se jouant tous deux à se bailler de la neige l'un l'autre » – et le trait est rappelé dans le dialogue entre la femme et la voisine, avec des précisions supplémentaires. Ce détail est assez surprenant : le froid de l'aube d'hiver et de la neige semble plus approprié aux macérations, à l'exemple de saint Francois d'Assise qui en faisait usage, selon la tradition des *Fioretti*, pour résister aux tentations charnelles. Mais on peut comprendre à l'aide de l'autre anecdote, rappelée dans le récit même par le retour de l'expression « donn(er) *les Innocents* ». Tout se passe dans la période de saturnales de la fin décembre, et plus précisément, au début, le 28 décembre, fête des Innocents et fête des fous : au moment où la célébration liturgique de la glorification des humbles

3 Interprétation inspirée de l'article de May Plouzeau, « Amour profane et art sacré : à propos d'un *crucefiz* dans *Merogis de Portlesguez* », *Mélanges de langue et littérature françaises du Moyen Âge offerts à Pierre Jonin, Senefiance*, n° 7, CUERMA / Champion, 1979, p. 543-558.

(en la personne des Saints Innocents) détermine l'inversion symbolique des hiérarchies, où par conséquent le monde est à l'envers, où les rôles s'échangent, où le froid de la neige est censé aviver l'ardeur, où les coups plus ou moins simulés peuvent passer pour des jeux érotiques, à en croire les badinages des poètes du temps[4].

Ainsi, en vertu de la seconde anecdote, privilégiée par le débat entre Hircan et Parlamente, la première anecdote de la 45ᵉ nouvelle perd son aspect répugnant de violence et de lubricité pour prendre celui d'une extravagante « folastrie » en accord avec une période de jeux effrénés, de faux-semblants et de méchancetés pour rire. Dans ce contexte, il n'est plus trop étonnant que la « pauvre chambrière » du début se rassérène dès qu'elle entend sa maîtresse déclarer : « Notre mari a bien fait… », et consente ensuite sans déplaisir apparent au rôle qu'on lui fait jouer. Hircan ne fait que prolonger la comédie en louant en termes équivoques le « grand acte de vertu » du tapissier capable de « dire et faire chose qui rend deux contraires contents » (p. 307-308) ; bien austère le lecteur qui se refusera le droit de sourire avec lui.

L'agencement est exactement contraire dans la 46ᵉ nouvelle, et produit l'effet opposé. Les devisants sont unanimes à exprimer leur réprobation à l'égard du « vilain et méchant cordelier » et de la « sotte et folle mère » (p. 310) qui lui a livré sa fille. Placée isolément sous cet éclairage, la scène du viol prend toute sa brutalité, prolongée par l'image du « visage tout emflambé » du cordelier, puis, après le départ de celui-ci, par le « deuil » de la victime de son « crime » ; la narratrice arrive même à donner une résonance sinistre aux paroles de la mère (« N'en ayez point de pitié, Monsieur… ») qui signent son rôle de dupe : il suffit que la relation syntaxique les fasse percevoir comme une réponse aux appels à l'aide. Quant à l'anecdote précédente, elle ne saurait pallier l'âpreté croissante de l'ensemble. Elle n'a de plaisant que l'échec du moine dépravé dégringolant l'escalier sous l'effet d'un coup de pied, et le médiocre jeu de mots sur son nom, De Valé (« dévalez ») ne suffit pas à l'inscrire dans le registre comique, encore moins à rendre la suite amusante.

---

4 Voir Marot, « Du jour des Innocents », dans *Œuvres poétiques*, édition de Gérard Defaux, II, Paris, Bordas, « Classiques Garnier », 1993, p. 205-206, et Michel Bideaux, « Du bruit à la tapisserie », *Cahiers Textuel*, 10, 1992, p. 123. Textes ultérieurs de Ronsard *et alii* cités par Gisèle Mathieu-Castellani, *Les Thèmes amoureux dans la poésie française (1570-1600)*, Paris, Klincksieck, 1975, p. 138-140.

Tout est donc agencé pour que l'on puisse reconnaître en ces deux nouvelles contiguës deux versions opposées d'un même thème, obtenues simplement par déplacement d'accent et changement de contexte. Les préjugés de caste de Marguerite de Navarre et de ses lecteurs ont pu faciliter l'opération : on ne s'inquiète guère de la vertu des chambrières, ni même de leur consentement aux caprices du maître, mais on s'indigne lorsque est en cause une jeune fille de bonne famille. Ce n'est toutefois qu'un adjuvant de l'effet recherché et obtenu par la juxtaposition des nouvelles et les corrélations établies entre leurs parties homologues : montrer qu'un schéma narratif est susceptible de traitements différents qui en changent radicalement la signification ; ou encore, selon une conception plus naïve de la nouvelle – reçue comme histoire vraie, conformément au pacte du Prologue – montrer que des faits à peu près identiques peuvent prendre selon les circonstances des sens opposés et mériter tantôt le rire, tantôt la réprobation.

Confirmation en est donnée par les 60e et 61e nouvelles, contiguës elles aussi, bien qu'en deux « journées » successives, homogènes, et intéressant des personnages dont le statut social est laissé imprécis et ne présente aucune différence nette. C'est la même histoire, traitée sur deux registres bien distincts. Le récit de Géburon, qui relate la 60e nouvelle, est presque neutre, à une plaisanterie près sur « le chant du chantre » qui fait oublier à la dame la voix de son mari (p. 366). Il est empreint d'humour, sans aucun doute, dans la description détaillée de l'agonie feinte, du repentir factice qui dupe toutes les « femmes de bien » venues assister la mourante, des exclamations dévotes et des prières, et enfin du simulacre d'inhumation après quoi la comédienne se retrouve « plus vive que jamais » (p. 367). On n'appréciera pas moins l'attitude du mari informé de cette fin édifiante par les bonnes dames, et « bien joyeux de croire que l'âme de sa femme était en paradis, et lui dépêché d'un si méchant corps » (*ibid.*). Mais ce sont là des traits à peine définissables à force de discrétion, comme le sont parfois ceux de Marot ou de La Fontaine : un humour de pince-sans-rire. Tout autre est le style de Saffredent, pour relater la 61e nouvelle. Passé le début, en épure très fine, où quatre lignes suffisent pour que l'épouse venue à l'église prier pour le succès des affaires de son mari se retrouve amante du chanoine, les plaisanteries se font insistantes. Séparée de l'ecclésiastique, la femme « estim[e] un enfer perdre la vision de son Dieu » (p. 372) ; elle part pour Autun, et arrive de nuit sans doute, mais « pas si tard qu'elle ne fut reconnue de son chanoine » (p. 372) habitué à la voir aux heures indues. À sa seconde évasion, après simulacre de maladie et d'agonie, elle se dirige « devers le saint qui l'avait gardée de mourir » (p. 373) ; en bonne « pélerine », elle va « tout droit où demeurait son corps saint » (p. 374) ; le chanoine, à son arrivée, se demande s'il n'a pas affaire à un fantôme, mais « quand il l'eut bien regardée et visitée de tous côtés, trouva qu'elle avait os et chair, ce qu'un esprit n'a point » (*ibid.*). Non moins comiques sont, à la fin, les protestations de la concubine invétérée : « il ne faut point que l'on pense que je vive contre la volonté de Dieu, car il y a trois ans qu'il [=le chanoine] ne me fut rien [lire peut-être "ne me feit rien"], et vivons aussi chastement et en aussi grande amour que deux beaux petits anges » (après quoi est précisé l'âge des petits anges, quatre-vingts ans et quarante-cinq, p. 375).

Une explication se présente d'elle-même : par contraste avec la pondération de Géburon, il paraît naturel que l'esprit sarcastique de Saffredent se complaise dans l'exploitation de tout ce qui peut prêter à rire en de telles histoires. En fait, le jeu n'est pas si simple. Car c'est dans le récit de Saffredent que sont le plus fortement accusés les traits scandaleux du comportement de la fugitive, et surtout la profanation des sacrements – confession, communion (le « saint Sacrement de l'autel ») et extrême-onction – demandés et reçus pour parfaire sa comédie. Un échange de répliques entre le mari et le serviteur lancés à sa poursuite aggrave même le reproche, en comparant la femme qui « couvre » son infidélité « sous le manteau des saints sacrements de l'Église » à Judas qui « prenant un tel morceau ne craignit à trahir son maître » (p. 374[5]). De plus, dans son commentaire de conclusion, Saffredent revient sur cet abus des « sacrements », en termes assez étranges. Tout le récit mettait l'accent sur le rôle de la femme adultère, celui du chanoine se réduisant à la séduction initiale, puis à l'accueil ; en épilogue, le narrateur attribue à ce dernier la puissance quasi satanique d'inverser le sens des gestes sacrés : « Voilà, Mesdames, comment les chaînes de Saint Pierre sont converties par les mauvais ministres en celles de Satan, et si fortes à

5 Le ms. Adrien de Thou donne « prenant un tel manteau » ; mais la leçon « morceau », du ms. Fr. 1512, paraît meilleure : elle assimile le geste de Judas « mettant la main au plat » avec le Christ, qui annonce sa trahison (Marc, 14, 30) à sa participation à la Cène, analogue à la communion sacrilège de l'héroïne.

rompre, que les sacrements qui chassent les diables des corps sont à ceux-ci les moyens de les faire plus longuement demeurer en leur conscience » (p. 376). Si l'on se rappelle alors que les plaisanteries les plus accusées dans la nouvelle sont dues à l'emploi ironique d'expressions pieuses, on soupçonnera que, tout en faisant rire, elles indiquent ce qui doit choquer – la parodie des rites de la préparation à la mort, le travestissement d'une union illégitime en lien de fidélité quasi conjugale, et, finalement, l'espèce d'aveuglement qui ôte à la femme toute conscience de sa dépravation, au point de lui faire revendiquer le mérite de la chasteté. Comme si tout était perverti, faussé par les illusions d'un sortilège, émanant de la fonction sacerdotale du chanoine. Est-ce le prêtre devenu sorcier, tel que le décrira plus tard Michelet ? Je n'irai pas jusque là, car exception faite de la première nouvelle (où l'envoûteur a plutôt l'air d'un charlatan) il n'y a pas de sorcellerie ni de phénomènes préternaturels dans *L'Heptaméron* : Dieu et le Diable s'y affrontent dans le secret des cœurs. Mais ce n'est pas le problème. Il importe surtout de constater que les éléments comiques de la nouvelle sont ici éclairés rétrospectivement d'une lumière assez oblique pour que le lecteur, après avoir ri, soit incité à s'interroger sur son propre rire.

Nous sommes donc en présence de faits et gestes susceptibles de plusieurs éclairages, ce qui n'a rien d'exceptionnel dans le recueil ; mais aussi de faits homologues confrontés en deux nouvelles consécutives, de manière à paraître redoublés dans le réel, ou dans les relations fidèles qui en tiennent lieu. L'effet est accentué ici par l'étonnante insistance sur les relais successifs de la 61e nouvelle : une fillette d'Autun raconte l'histoire à une femme de chambre de la Cour, qui la raconte à la duchesse d'Alençon (ce qui l'authentifie, en faisant intervenir Marguerite elle-même dans la chaîne des témoignages), laquelle à son tour la raconte à la reine Claude et à la régente Louise de Savoie ; et le jugement aussi se dédouble, celui d'Oisille, dans le commentaire, renvoyant à celui de Louise de Savoie dans le récit (c'est-à-dire à elle-même, selon l'identification traditionnelle). L'écrivain semble avoir voulu représenter ce qui, dans la production collective des « nouvelles » (au sens le plus banal du terme : nouvelles de la Cour, de la ville, de l'étranger...) provoque et explique les doublets, soit comme versions concurrentes élaborées autour d'un événement à multiples facettes, soit comme cas analogues à scruter ensemble pour les éclairer l'un par l'autre, comme le font les jurisconsultes et les casuistes. D'autres conteurs déjà avaient noté l'espèce de flottement qui en résulte ; ainsi Bonaventure des Périers, qui éconduit avec désinvolture le lecteur vétilleux : « Qu'on ne me vienne non plus faire des difficultés : Oh ! ce ne fut pas cestui-là qui fit cela. – Oh ! ceci ne fut pas fait en ce quartier-là. – Je l'avais déjà ouï conter… […]. Je laisse [les noms] aux faiseurs de contrats et aux intenteurs de procès. S'ils y prennent l'un pour l'autre, à leur dam. Quant à moi, je ne suis point si scrupuleux[6] ». Marguerite de Navarre exhibe de telles approximations, en silence, de manière peut-être à corriger tacitement ce qu'avaient de téméraire ou de factice les promesses d'authenticité de son Prologue, tout en les confirmant en gros puisqu'elle se compte parmi les témoins du dernier cas. Mais surtout, son insistance sur la possibilité de variantes et de versions distinctes des événements aussi bien que des récits, discrètement empreinte dans l'appariement de textes homologues, met en valeur une propriété essentielle de la composition de *L'Heptaméron* : son allure kaléidoscopique, son aptitude à faire surgir une réalité morcelée en reflets et contrastes, aussi fascinante que problématique pour les philosophes comme pour les mondaines.

Les couples de nouvelles étudiés ici illustrent de façon évidente ce jeu de ressemblances et de différences ; ils invitent à repérer d'autres doublets, moins visibles parce que situés à distance l'un de l'autre. John D. Lyons[7] a déjà attiré l'attention sur le rapport d'analogie entre les 21ᵉ et 40ᵉ nouvelles (associées d'ailleurs par remarque incidente sur le château où sont séquestrées Rolandine et, avant elle, sa tante). On pourrait voir aussi dans la 50ᵉ nouvelle, où Pietre de Cremone meurt pour n'avoir pas pris garde, dans ses transports d'amour, au pansement qu'il porte, un doublet presque caricatural de la sublime 9ᵉ nouvelle. Et surtout, la comparaison entre les 19ᵉ et 64ᵉ nouvelles s'impose presque d'elle-même : outre le thème commun aux deux, de l'amant qui se fait cordelier faute de pouvoir obtenir sa belle, la présence de poèmes (chanson dans l'une, épître puis distique dans l'autre) tend à les assimiler, tout en les plaçant en symétrie inversée (la chanson appelle l'amante à l'amour spirituel dans le cloître ; l'épître appelle l'amant au bonheur conjugal,

6 *Nouvelles Récréations et Joyeux Devis*, nouvelle I.
7 *Exemplum*, Princeton, Princeton University Press, 1989, chapitre II, « *Unlearning from Example* », p. 72-117.

hors du cloître) ce qui accuse indirectement le contraste des situations (l'entourage des amants était hostile à leur mariage dans la première, favorable dans la seconde). Tout semble agencé pour que le lecteur oppose la joie de l'amour et de la réciprocité retrouvée entre Poline et son amant à la tristesse de la séparation et de la dévotion morne, sans élan ni tendresse, des deux malheureux de la 64e nouvelle. Une analyse plus fine, à l'échelle des thèmes récurrents dans les récits, permettrait sans doute de déceler de multiples réseaux d'analogies et de différences, non moins efficaces que ceux que l'on distingue dans les débats. Les limites de la présente étude ne permettent pas d'explorer cette voie.

Il sera plus utile peut-être d'en indiquer sommairement une autre, en faisant observer que la fonction de ces versions différentes élaborées sur un même schéma permet d'interpréter des traits de désinvolture ou de gaucherie apparente perceptibles à l'intérieur des nouvelles : les changements soudains de comportement des personnages, ou de ton de la narration, qui donnent parfois l'impression de cassures ou d'inconsistance, ou de négligence dans la conduite du récit. Compte tenu de l'attention que prête (et sollicite) Marguerite de Navarre aux similitudes contrastées et problématiques révélées par les doublets, il semble légitime de supposer que les dissemblances internes sont tout aussi concertées, pour rendre sensible la concurrence de plusieurs lectures possibles, ou, de la part des narrateurs, de plusieurs orientations de leurs récits, de telle manière que les « exemples » se recomposent en cours de lecture, « comme ces tableaux qui montrent d'un et puis d'autre » (Verville), les anamorphoses, formes les plus subtiles d'hybridation.

La 23e nouvelle présente l'un des exemples les plus simples : au début, c'est une histoire en style de fabliau, du cordelier qui se substitue à un mari niais auprès de la jeune épouse non moins crédule ; mais elle se termine en tragédie du désespoir, avec le suicide de la femme qui se croit avilie sans recours, la mort de son enfant qu'elle provoque accidentellement, puis un duel à mort, par malentendu, entre son frère et son mari... On les croyait drôles, les frasques des moines luxurieux : combinées avec le juridisme de leur doctrine morale à l'usage des faibles, elles sont meurtrières. Plus complexe est l'agencement de la 26e nouvelle. D'emblée, Saffredent annonce « l'histoire d'une folle et d'une sage » (p. 207), un diptyque donc, à contrastes prévisibles. Et c'est bien le cas :

d'abord l'aventure comique du jeune seigneur d'Avannes accoutré en palefrenier pour se faire recruter par un mari entiché d'équitation, et batifoler jusqu'à épuisement auprès de son accueillante épouse ; ensuite, sa convalescence physique et son éducation sentimentale conduite par la « sage dame » qui lui apprend l'honnête amour… Mais ce n'est là qu'une apparence : le vrai contraste éclate à la fin, entre ce stéréotype d'initiation à la courtoisie et à la vertu, et la passion réprimée qui consume secrètement la « sage dame », jusqu'à l'aveu déchirant, au seuil de la mort, avec le premier et dernier geste pour étreindre un instant l'adolescent trop aimé : « O Monseigneur, l'heure est venue qu'il faut que toute dissimulation cesse… » (p. 218). Sous la trame de l'« histoire autant belle qu'il en soit point » contée pour le plaisir et l'édification de Dame Oisille (p. 220) se profile un drame de silence, d'amour fou et de mort, l'un des plus intenses du recueil, soudain gravé en négatif (autre surprise, et provocation) par le second commentaire du narrateur, d'acidité plus amère qu'ironique[8].

Il n'est pas nécessaire de s'attarder sur les procédés métadiégétiques que Marguerite de Navarre a exploités pour faire varier les aspects de ses récits en les plaçant sous les projecteurs croisés de perpétuels débats. Notons seulement un cas où les propos des devisants, sans exprimer de vrais désaccords quant à l'appréciation des faits et des personnages, ont pour effet de dédoubler leur objet par un pur effet d'éclairage. C'est celui de la 70e nouvelle, que la narratrice, Oisille, présente d'abord comme l'histoire « d'une dame […] qui, par faute de vivre de cette honnête amitié, devint plus charnelle que les pourceaux et plus cruelle que les lions » (p. 400) – annonçant ainsi exclusivement la dépravation de la duchesse de Bourgogne. En épilogue, les devisants (et Oisille elle-même) ne parlent que du couple des « vrais amants », et plus spécialement de la « Dame du Vergier », seul objet de leur conversation du soir, qui nous

8 « Pensez, ce dit Saffredent, que voilà une sage femme qui […] s'alla laisser mourir par faute de se donner le plaisir qu'elle désirait couvertement ! » (p. 220). Les manuscrits s'accordent pour attribuer cette réplique à Saffredent, et il n'y a pas lieu, semble-t-il, de corriger en « Simontault », comme cela a été proposé : le contraste entre les deux commentaires successifs du narrateur, le premier édifiant, le second inquiétant, correspond à la double structure de la nouvelle (juxtaposition antithétique des exemples de déshonnête et d'honnête amours, superposition, dans la conduite de la « sage dame », du désir passionné et de la chasteté). Le seul trait déconcertant est que Saffredent souligne par l'ironie l'aspect tragique de son récit ; mais cela convient à la propension au paradoxe que lui attribue Marguerite de Navarre.

est tue (p. 420). Ce changement de perspective correspond à l'une des principales modifications que subit ici le conte en vers de *La Chastelaine de Vergy* : le poète médiéval exposait dès la première page les amours de la dame de Vergy et de son chevalier, avec le « couvenant » qui en garantit le secret ; dans *L'Heptaméron*, elles ne sont révélées que graduellement, par les réponses du gentilhomme aux questions insistantes du duc ; elles prennent de ce fait une importance et une place sans cesse croissantes dans l'économie du texte, jusqu'à la double déploration qui accompagne la mort des amants. En somme, le récit est organisé de manière à privilégier successivement les desseins pervers de la duchesse, puis le désarroi et le désespoir de ses victimes en même temps que leur innocence ; les commentaires prennent acte de ce dédoublement.

Encore s'agit-il là de points de vue, ou de modes d'expression de données stables ou supposées telles sous leurs différents aspects. Mais on peut repérer des mutations qui affectent même les circonstances matérielles du récit. Dans la 31ᵉ nouvelle, le cordelier assassin est d'abord présenté comme épris d'amour jusqu'à l'égarement, mais isolé dans sa folie meurtrière ; à la fin du récit, on découvre tout un système de rapts et de séquestrations organisé depuis on ne sait combien de temps dans un couvent sadien avant la lettre. Incohérence si l'on veut ; elle invite, mieux qu'une réflexion explicite, à s'interroger sur les déterminations quasi institutionnelles de la dépravation des moines. À peine moins désinvolte envers les recettes de la rhétorique narrative, une prétendue omission corrigée avec gaucherie (« Si ne veux-je oublier à dire que… », p. 183) permet de privilégier, hors chronologie, les agissements les plus scandaleux du prieur de Saint Martin des Champs (22ᵉ nouvelle) : lorsque, non content de chercher à briser par autorité ou par violence la résistance de Sœur Marie, il envoie un « beau et jeune religieux » essayer de la séduire, puis, constatant son insuccès, la soumet à la tentation de l'orgueil en la faisant nommer, pour sa vertu, maîtresse des novices et « la première » du couvent après l'abbesse (p. 183-184) ; on reconnaîtra une entreprise typiquement démoniaque dans cette stratégie de corruption, pire que toute violence. Mais c'est là comme une pièce rapportée, qui s'accorde assez mal avec la dernière image du prieur, presque pitoyable lorsque, démasqué, il supplie qu'on interrompe son procès et va mourir de honte dans la solitude (des pénitents ou des réprouvés ?). Il faut consentir à ces raccords imparfaits, comme aux mutations brusques qui affectent le comportement des personnages au point de le dédoubler parfois en le soumettant à deux lectures concurrentes, toutes deux cautionnées par la narration : ainsi d'Amadour, tout à la fois amant désintéressé au point de souhaiter passer sa vie en captivité pourvu qu'à ce prix « Floride eût eu un mari selon son désir » (p. 70), et séducteur méthodique prêt, lorsqu'il voit ses chances compromises, à « se payer en une heure du bien qu'il pensait avoir mérité » (p. 72). La force des nouvelles les plus saisissantes tient à de telles surprises, qui disloquent et recomposent soudain sous les yeux du lecteur les situations, les conduites et les identités.

Il est sans doute légitime de distinguer dans ces narrations contrastées les traces d'une anthropologie de type augustinien, postulant le dédoublement foncier de l'homme pris entre sa vocation de salut et sa perversité intrinsèque, et incapable de résoudre, sans l'assistance divine, ce conflit en lui de deux natures. Mais les exemples de doublets et de récits hybrides, où sont scindés les faits et les situations aussi bien que les personnages, interdisent de tout expliquer par des modèles théologiques appliqués à l'analyse des comportements et des sentiments. Ils attestent une pratique d'écrivain conscient de son pouvoir et de son droit d'invention ou de remaniement arbitraire des données utilisées, faits, personnes ou idées ; conscient aussi de l'écart irréductible entre l'usage de ce droit et la discipline des conteurs moralisants. Marguerite de Navarre a su formuler dans le langage de la méditation religieuse une définition approximative de cette pratique, en imputant à l'incapacité d'atteindre la vérité ultime du « conseil privé de Dieu » son aptitude et la nôtre à « trouver toutes choses nouvelles tant plus admirables que moins nous les voudrions ou pourrions faire » (p. 327) ; entendons par là que la prolifération des « nouvelles » trouve sa raison d'être dans les énigmes d'une réalité composite, variable selon l'enchevêtrement des « causes secondes » qui la déterminent. Cela se traduit, dans le recueil, en une *combinatoire* narrative dont les ressources dépassent peut-être celles du roman tel qu'il se constitue plus tard, avec ses soucis de cohérence, de vraisemblance ou de réalisme qui imposent, sauf exceptions, les respect des principes d'identité et de continuité. En composant son recueil selon un système propre à favoriser les agencements multiples, les superpositions et concurrences de versions, de configurations stylistiques, de significations, Marguerite de Navarre trouve le moyen d'articuler entre elles la vérité et la fiction, les messages religieux ou moraux et les jeux, le sens spirituel et le sens ludique. Ce qui explique, peut-être, la surprise et l'embarras des contemporains, et cette réputation de frivolité ou de dévergondage qui nous paraît aujourd'hui si absurde mais est resté attachée pendant des siècles à *L'Heptaméron*.

Épilogue : il ne faudrait pas maintenant tomber dans l'erreur inverse, et passer le texte au crible de notre sérieux pour n'en retenir que les leçons d'honnête amour et les sermons évangéliques. Ce sont là des composantes essentielles, il est vrai, mais placées en concurrence avec d'autres, qui peut-être les avivent. Et quand bien même on percevrait des dissonances, la poétique du recueil les admet, et les répercute sur l'agencement des récits... Du reste, nul besoin de justifications théoriques pour faire la part du jeu, et prendre plaisir à évoquer la dame du Vergier et son parfait ami échangeant douces paroles et caresses dans le jardin et dans la chambre ; ou, en silhouettes plus pittoresques, l'astucieux tapissier « se jouant » sur la neige avec sa chambrière sous l'œil réprobateur de la commère qui voudrait peut-être bien en faire autant.

LES CHANSONNETTES DE LA BERGÈRE [2011][1]

« … De la Renaissance aux Lumières » : la période couverte par le colloque, ne serait-ce que par les termes qui la définissent, suggère une orientation positive, un progrès de la pensée rationnelle ; ce qui donne lieu à un double risque d'anachronisme. D'une part celui contre lequel fulminait jadis Lucien Febvre, qui consisterait à prêter à des hommes du XVIe siècle, tenus pour précurseurs, des idées ou des connaissances qu'ils auraient été incapables de concevoir. D'autre part l'erreur inverse, par défaut, de l'historien qui évaluerait mal la fonction rectrice qu'exerçaient, dans la culture d'une époque révolue, des modes de pensée qui pour nous ne relèvent plus du savoir, à proprement parler ; ce qui conduirait à mal apprécier le rapport entre ces modes de pensée et les embarras du doute ou les échappées de l'imagination qui en troublent la suprématie. Ce second type d'anachronisme, plus insidieux, peut masquer des phénomènes significatifs dans les « constructions du savoir ».

La question peut s'énoncer en termes moins généraux. Héritiers des Lumières, nous cherchons le modèle de la rationalité dans le discours scientifique, mathématique, quantitatif, à bases expérimentales. Au XVIe siècle, cette rationalité se profilait à peine, et elle était encombrée de spéculations archaïques sur les nombres, de légendes mêlées aux faits ; on en trouve des traces négatives dans la critique de tels leurres, mais rien qui ressemble aux systèmes édifiés au cours des siècles suivants selon des visées totalisatrices qui n'ont pas disparu de notre horizon. En revanche, un appareil déductif très strict prévalait dans le domaine religieux – non celui des comportements, sans doute, mais celui des doctrines, objets de surveillance et de censures pour toutes les églises, et

---

1 Paru dans *Doute et imagination. Constructions du savoir de la Renaissance aux Lumières*, Geneviève Goubier, Bérengère Parmentier, Daniel Martin éd., Paris, Classiques Garnier, 2011, p. 259-274.

des controverses qui manifestaient les prétentions de celles-ci à détenir et à imposer leur « vérité » par démonstration autant que par autorité. Nous avons du mal à reconnaître les contraintes intellectuelles qui en procédaient (tout autres que l'emprise des pouvoirs ecclésiaux ou politiques), et à déceler en regard les modes de pensée propres à en desserrer les liens. Il est pourtant nécessaire de prendre en considération ce double phénomène, particulièrement sensible à la Renaissance.

Je me propose d'étudier un texte où la rationalité théologique se profile en arrière-plan, discrètement (puisqu'elle est supposée connue et admise) et entre en concurrence avec un mode de pensée plus aventureux, aux confins d'un imaginaire tout différent, propre à effaroucher les bonnes âmes, et indissociable du doute. Il s'agit de la *Comédie de Mont-de-Marsan*, de Marguerite de Navarre. La signification en est parfaitement lisible, et je ne prétendrai pas l'éclairer mieux que ne l'a fait Verdun-Léon Saulnier[2]. Mais les paroles qui l'exposent sont données pour déconcertantes, aberrantes même ; et avec elles la spiritualité qu'elles tentent d'exprimer, en dépit des réticences qu'elles suscitent. Un tel dispositif mérite quelque attention.

Au préalable, un mot sur le cadre dans lequel viennent s'inscrire ces paroles erratiques. Il fait exception parmi les œuvres théâtrales de Marguerite de Navarre. Partout ailleurs, les options religieuses sont clairement définies selon un jeu d'oppositions binaires : à la morgue de l'Inquisiteur répond la foi évangélique des Enfants ; aux prescriptions du Médecin et aux recettes de la Femme du Malade répond la simple confiance en Dieu de la Chambrière ; à la présomption de Trop et Prou répondent les éclats de rire de Peu et Moins. La *Comédie de Mont-de-Marsan* paraît d'abord régie par le même schéma : aux erreurs symétriques de la Mondaine et de la Superstitieuse répond la piété de la Sage. Piété sans surprise ni trouble : celle qui l'incarne se réclame de la raison, dès son entrée en scène :

> Dieu a bien fait un très beau don à l'homme
> De lui donner raison. Savez-vous comme ?
> Comme à un ange. Est-ce pas don honnête ?
> Par la raison il assemble et assomme [= constitue en somme],
> Aime et connaît les vertus et les nomme. (v. 161-165)

---

2 Notamment dans la notice consacrée à cette pièce dans son édition du *Théâtre profane* de Marguerite de Navarre, Genève, Droz, 1946, p. 241-273.

Et elle résume ensuite, en neuf hexasyllabes, les devoirs du chrétien (aimer Dieu, servir le prochain, être juste). Ses deux partenaires la prennent pour arbitre au titre de ce savoir, la Mondaine le dit :

> À la voir il est apparent
> Qu'elle entend la rime et la prose. (v. 189-190)

et elle se laisse assez vite convaincre de lire comme elle la Bible, « C'est la Loi et vieille et nouvelle » (v. 377), présentée comme un savoir :

> Ignorance, des fols marâtre,
> A sapience pour emplâtre,
> Bon sens, raison, entendement. (v. 384-386)

À la Superstitieuse, plus obstinée, la sage parle aussi de la charité, et de la ferveur :

> Car si votre cœur n'est joyeux
> Et charitable, et amoureux,
> A Dieu ne faites que mentir. (v. 450-452)

Mais son dernier conseil est encore de s'instruire :

> Or me lisez cette écriture
> Où vérité se fait entendre (v. 544-545)

> C'est le miroir qui éclaire
> Vos cœurs, et puis qui les découvre. (v. 568-569)

Mais fait alors irruption « La Ravie de Dieu, Bergère », et l'agencement si clair se dérègle : les trois dames ne devinent rien de l'amour qui inspire ses chants, et la Sage est la première à prononcer sous forme de proverbe un verdict de condamnation : « Oisiveté engendre vice » (v. 612). Quand la Bergère définit sa vocation (« Je vis d'amourette et vivrai », v. 621), c'est elle encore qui la réprouve : « L'on vous en doit moins estimer » (v. 622), avant de constater « Voici une nouvelle loi » (v. 655), sans songer apparemment que l'expression convient au message du Christ puis de reconnaître, agacée, « En sa façon ni chant je n'entends rien » (v. 664). C'est la Sage encore qui ébauche un geste d'abandon (« Quant à moi je la laisserai », v. 707), dont l'effet reste en suspens, un moment, grâce à la parole de demi-compréhension que la Mondaine adresse à la Bergère

(« Au moins pour l'amour de l'ami / Dites nous un mot ou demi », v. 713-714) ; c'est la Sage, enfin, qui après les vaines explications de celle-ci et la reprise de ses chansons, rompt définitivement l'entretien :

> Ces mots ne vaillent un oignon.
> Laissons-la et nous retirons. (v. 923-924)

Dans ces conditions, il serait artificiel d'ordonner les attitudes des quatre personnages en une gradation régulière vers Dieu, où la Sage aurait atteint un haut degré de piété, juste au-dessous de l'effusion mystique de la Bergère. En fait, entre celle-ci et les trois autres la distance est infinie, au point d'annuler la hiérarchie précédente[3] pour ne plus laisser subsister que la différence irréductible entre l'extase du pur amour et toutes les autres formes de vie mondaine ou religieuse. La rupture serait beaucoup moins forte si l'opposition entre erreur et vérité n'avait pas été d'abord présentée et exploitée selon le modèle évangélique à l'œuvre dans les autres pièces : sans renier celui-ci, la *Comédie de Mont-de-Marsan* le fait entrer en concurrence avec une autre vérité, située dans un autre univers spirituel.

Une si radicale mutation ne saurait se réduire à un effet global d'agencement ; il serait vain toutefois d'attendre une formulation explicite de ce qui est censé ne pouvoir se dire. Je me propose d'en étudier ici quelques expressions fragmentaires, mais récurrentes : des singularités textuelles désignées directement ou indirectement, et avec insistance, comme énigmatiques, entre silence et parole, provocation et dévoilement, qui pourraient permettre d'entrevoir le mystère sans le détruire à force d'élucidation. Ce sont les chansonnettes de la Bergère, telles qu'elles sont caractérisées à la fin par la Sage, qui les prend pour symptômes de déraison :

> D'une chanson elle ne chante
> Qu'un mot, et puis ne la poursuit,
> Sans nul arrêt : par quoi s'ensuit
> Qu'il n'y a grand sens en sa tête. (v. 936-939)

La formule correspond en effet à l'idée que l'on se fait le plus couramment au XVIe siècle du langage de la folie : moins l'irruption des fantasmes, imputable à un défaut peut-être occasionnel de jugement ou de maîtrise

3 Ceci a été démontré par V.-L. Saulnier dans la notice citée, p. 256-257.

de soi, que l'inconsistance des propos, la dislocation du discours – c'est ainsi que Shakespeare représentera le délire d'Ophélie. Mais à quoi exactement s'applique-t-elle ici ?

Examinons le contexte immédiat. Après avoir chanté son espoir d'amante (« Il sera mon grand mignon ») et sa gaîté enfantine (« Laissez-moi aller jouer ») en dépit de la réprobation de ses interlocutrices, la Bergère vient de noter l'incompréhension de celles-ci, et sa cause :

> Votre amour froide et lente
> N'entend point son secret[4]. (v. 934-935)

Rien d'incohérent ici, à peine l'ellipse d'un chaînon en amont facile à rétablir (Si vous me blâmez, c'est que...). Il faut donc prendre à la lettre le diagnostic de la Sage : la discontinuité affecte *les chansons*, non l'agencement de leurs fragments en répliques. De fait, les deux vers chantés par la Bergère illustrent parfaitement cette anomalie. Le début de la chanson de Saint-Gelais dont ils sont tirés, « Ô combien est heureuse... », exprimait le refus de la dissimulation que l'on prétendrait imposer à l'amante, qui se déclare incapable d'en comprendre et admettre (« entendre ») le procédé :

> On me dit que je taise
> Mon apparent désir,
> Et feigne qu'il me plaise
> Nouvel ami choisir :
> Mais forte affection
> N'a point de fiction.
>
> *Votre amour faible et lente*
> *Vous fait ainsi discret :*
> *La mienne violente*
> *N'entend pas le secret :*
> Amour nulle saison
> N'est ami de raison.

En associant le premier et le quatrième vers de la seconde strophe, à peine modifiés, la Bergère en change le sens : dans sa bouche, le

4 L'édition du *Théâtre profane* à laquelle nous nous référons place des points de suspension entre les deux vers. Cette ponctuation ne peut se justifier que par référence à la chanson de Saint-Gelais : grammaticalement, l'omission de deux vers de celle-ci dans le remploi qu'en fait la Bergère est imperceptible, et ne requiert pas une marque de lacune.

« secret » n'est plus de précaution, ou de timidité ; au contraire, il est le mystère même de l'amour (ou de l'Amant), que n'« entendent » pas (ne devinent pas) les dévotes à la piété trop bien tempérée. Mais pour percevoir la fragmentation dont procède ce remaniement, il faut avoir en tête la chanson originelle, qui ne célèbre que l'amour charnel, et se dire qu'elle est disloquée, réduite à des bribes éparses. Telle est l'innovation majeure de ces chansonnettes : elles n'effacent pas le sens profane pour lui substituer le sens religieux, selon le procédé usuel du *contrafactum* pratiqué à plusieurs reprises par Marguerite de Navarre elle-même dans ses *Chansons spirituelles* ; elles mettent en concurrence les deux significations ainsi que les isotopies sur lesquelles elles se déploient, ce qui affecte l'ensemble du dialogue d'une sorte de vibration, d'instabilité sémiotique propre à faire pressentir ce que l'une ne peut pas dire, ce que les autres ne peuvent pas entendre : la part de l'inexprimable.

Ce dispositif constaté rétrospectivement, vers la fin de la pièce, par le commentaire de la Sage, apparaît déjà, comme pour indiquer la règle du jeu, dans le tout premier fragment de chansonnette, très précisément délimité par les rubriques :

> La Ravie de Dieu, Bergère, *chante :*
> Hélas ! je languis d'amour,
> Hélas ! je meurs tous les jours.
> *puis dit elle :*
> Qui vit d'amour a bien le cœur joyeux,
> Qui tient amour ne peut désirer mieux,
> Qui sait amour <n'>ignore nul savoir,
> Qui voit amour a toujours riants yeux,
> Qui baise amour il passe dans les cieux,
> Qui vainc amour il a parfait pouvoir,
> Qui aime amour accomplit son devoir,
> Qui est porté d'amour n'a nulle peine,
> Qui peut amour embrasser prendre et voir
> Il <est> rempli de grâce souveraine. (v. 573-584)

Le premier vers est imité de la chanson anonyme répertoriée par Gaston Paris[5] sous le numéro 131, « Hélas ! je perds mes amours / Et soupire nuit et jour… » et il en accentue le ton douloureux au vers suivant, entièrement réécrit à un mot près. À cette plainte paraît répliquer

5 *Chansons du* XVe *siècle*, Paris, Firmin-Didot, 1875, p. 133.

la kyrielle de la joie d'aimer, prononcée ensuite sans mélodie : contraste qui ferait du distique chanté une parole étrangère, rapportée pour être immédiatement rectifiée. Mais le système intertextuel ainsi désigné se complique d'une autre référence, à la 28e des *Chansons spirituelles* de Marguerite, « Hélas je languis d'amour / Pour Jésus Christ mon époux[6]... » ; et celle-ci à son tour renvoie au Cantique des cantiques par l'apostrophe finale aux « Filles de Jérusalem », mais aussi et surtout par l'expression de la Sulamite, *amore langueo* (II, 5 et V, 8), sur laquelle est calqué l'énoncé initial, « je languis d'amour ». Dans ces conditions, le fragment de chansonnette n'exprime plus seulement les déceptions des amours terrestres « perdues », auxquelles serait opposée l'allégresse de l'amour spirituel, puisque ce même amour spirituel est empreint de la « langueur » du désir, de sa « brûlure » avivée par la « longue absence » de l'Amant (strophes 2, 3, 5 et 8 de la Chanson 28). La parole interrompue recèle autre chose que les déclarations qui la suivent et semblent la démentir : la part de souffrance et de déréliction qui persiste dans l'élan mystique et justifie les accents de détresse qu'il emprunte aux passions sans espoir. De quoi déconcerter d'emblée les sages comme les assagies.

Un dispositif analogue est concentré dans les quatre vers de la troisième chansonnette :

> Amours m'ont fait du déplaisir mainte heure,
> Mais le parfait, qui dans mon cœur demeure
> M'a satisfait et garde que ne meure
> Dont pour lui chante et pleure. (v. 594-597)

Leur modèle profane n'exprimait que la tristesse et le dépit d'une frustration :

> Amour m'a fait du déplaisir mainte heure
> Et de courroux mon pauvre cœur labeure :
> Pour chacun jour me tourmente à outrance.
> J'en ai tel deuil et telle déplaisance
> Que j'ai grand peur que de brief je ne meure.

La Bergère en retient le premier vers, mais en mettant « Amours » au pluriel, ce qui permet d'opposer aux passions décevantes la sérénité de

6 Éd. Michèle Clément, *Œuvres complètes* de Marguerite de Navarre, IX, Paris, Champion, 2001, p. 138. Cette chanson avait été publiée dès 1547.

l'amour « parfait », qui persiste et sauve. Se profilerait ainsi le schéma de la *Chanson spirituelle* 45, tout en antithèses entre l'amour « parfait », « très sûr », « très doux », de Dieu, et l'amour mondain « très faux », « cruel », « menteur [...] qui à tout mal convie[7] ». Mais le dernier vers de la chansonnette, « Dont pour lui *chante et pleure* », réinscrit le contraste à l'intérieur de cet « amour parfait » censé délivrer de tout déplaisir, et retrouve ainsi l'accent douloureux du modèle, virtuellement transposé en alternance de la ferveur mystique entre effusion et apparente déréliction. Tout se passe comme si la présence latente de l'intertexte empêchait le message de se dérouler paisiblement en leçon de spiritualité, comme dans la *Chanson*, et lui communiquait l'indécision et les troubles des sentiments humains, assimilés au bouleversement d'une approche de Dieu[8].

C'est accorder beaucoup de poids, dira-t-on, à cet intertexte qui pourrait n'être même pas soupçonné à première lecture, et que nous révèlent les travaux des érudits... – De fait, nous avons besoin de ces travaux, nous, pour le distinguer. Mais les spectateurs de la *Comédie de Mont-de-Marsan*, au XVIe siècle, n'en avaient pas besoin ; car ils reconnaissaient les airs sur lesquels se chantaient les chansons galantes, et ils étaient avertis, par les commentaires des personnages, qu'ils n'entendaient que des bribes de celles-ci, tronquées et déformées, donc à compléter selon leurs souvenirs ; autrement dit, quelles que fussent leurs compétences effectives, ils se savaient en présence de textes dédoublés par un jeu d'allusions, reconnaissables ou non, mais à saisir globalement comme renvoyant aux amours charnelles en même temps qu'à leur transfiguration spirituelle. Dès lors, impossible de se tromper. En deux mots : autant la signification religieuse des chansonnettes est lisible, autant leur arrière-plan de galanterie est insistant ; ce qui tout à la fois dénonce et explique l'erreur des trois interlocutrices qui ne reconnaissent pas en celle qui les fredonne une « Ravie de Dieu ». Cela apparaît en traits

7 Version amendée de la 7e strophe, pour les leçons couramment adoptées : « Amour *meurtrier* / De mon âme a ravie / Du Créateur / L'amour et sainte envie. / Cet inventeur / Qui a tout mal *commis* / Enfin me ôtera la vie. » Les mots inscrits ici en italique sont réfutés par la prosodie (« meurtrier » ne rime pas avec « Créateur », ni « commis » avec « vie ») ; « menteur » et « convie », qui en cursive se confondent facilement avec eux, conviennent pour la rime comme pour le sens.

8 Le contexte accuse cet effet, par une équivoque significative. La Sage commente : « C'est pure amour qui si fort la tourmente » (v. 598) et la Superstitieuse marque le sens restrictif de la formule, « Aussi d'amour seulement elle chante » (v. 599), qui empêche de reconnaître dans les termes employés le « pur amour » de la mystique.

accusés par comparaison avec la comédie de *L'Inquisiteur* : en celle-ci également une partie du texte est chantée, par les enfants (v. 283-365); mais sans discontinuité ni arrière-plan hétérogène : que l'on identifie ou non le Psaume III traduit par Marot, on y percevra toujours, sans méprise possible, un cantique d'espérance; et plus loin (v. 624-647), une paraphrase de l'action de grâces de Siméon (Luc, II, 29-32). Les chansonnettes spirituelles de la Bergère, elles, convoquent sans cesse à leur horizon les souffrances et les désirs trop humains dont elles adoptent le langage pour le transposer en ferveur.

Et jamais ces désirs ne sont condamnés. Au contraire, ils font figure de support de l'élan mystique. Mieux : les inflexions de celui-ci affectent les développements que reçoivent les motifs originaux, mais lorsque les chansonnettes se font plus simples, elles laissent prédominer la tonalité amoureuse, sans lui adjoindre des correctifs. Ainsi de la seconde, commencée par des vocalises (tenant lieu de quel texte ? c'est la part du non-dit) et continuée en gaîté de couple rustique :

> La, la, la, la, la, la, la, la,
> Quelle bonne chère elle a
> Quand son ami près d'elle est là,
> Berger pour la bergère ! (v. 587-590)

Plus loin, lorsqu'un *contrafactum* d'Eustorg de Beaulieu, tiré de sa *Chrestienne Resjouyssance*, fournit une strophe, celle-ci est traitée de manière à laisser entrevoir dans le « vrai amour » qu'elle célèbre la *fin'amor* de la tradition courtoise aussi bien que la Charité :

> Jamais d'aimer mon cœur ne sera las,
> Car dieu l'a fait d'une telle nature
> Que vrai amour lui sert de nourriture :
> Amour lui est pour tout plaisir soulas. (v. 603-606)

Les quatre chansonnettes que nous venons d'examiner précèdent le dialogue entre la Bergère et les Dames, et plus précisément le salut par lequel est inauguré celui-ci, au vers 607. Elles sont donc placées en position programmatique, pour définir la tonalité et le jeu intertextuel des chansonnettes ultérieures. De fait, celles-ci sont conformes à l'annonce. Sans les étudier une à une, il convient de relever quelques exemples pour le vérifier.

Pour le quatrain « Ces fâcheux sots qui médisent d'aimer… » (v. 623-626), Marguerite de Navarre disposait d'un original profane tout à fait similaire et d'une version édifiante du *Noël des Prisonniers de la Conciergerie* (1520) :

> Ces fâcheux sots ne voulant Dieu aimer
> Les rachetant, n'ont pas en eux science[9]…

Elle conforme sa propre version à l'original, sans ajouter un seul mot qui spiritualise le « plaisir » décrié par les sots. Citant l'adresse à « Petite fleur belle et jolie » (v. 646), elle remplace la demande inquiète « Las dites-moi si vous m'aimez… » par une formule de confiance, « Je sais bien que vous m'entendez, / Que vous m'aimez et attendez… » ; mais cela convient à l'amour humain aussi bien qu'à la vertu théologale d'espérance. L'invocation « Amourettes sauvez-moi, / Que pourrai-je devenir ? » (v. 668-669) pourrait passer pour la version galante, par *contrafactum* inversé, de la *Chanson spirituelle* 44, « Hélas mon Dieu sauve-moi, / Je ne sais que devenir… », qui elle-même reprenait le *Salvum me fac Domine* du psaume 68 ; rien n'y dénote explicitement une signification religieuse. La première strophe de la chanson de Saint-Gelais, « O combien est heureuse… », n'est modifiée qu'au quatrième vers pour évoquer « Une flamme amoureuse / Qui fait un cœur brûler » (v. 681-682) là où le poète avait suggéré une passion réciproque « qui fait deux cœurs brûler » : la retouche, théologiquement justifiée sans doute, ne suffit pas à diriger cette flamme vers Dieu.

Après le dialogue et les vaines tentatives d'explication, le jeu continue. La première chansonnette, « Dames qui m'écoutez chanter… » (v. 884), qui motive aux yeux de la Sage un diagnostic d'opiniâtreté, reproduit sans changement notable le début d'une déclaration des droits de l'amour libre[10]. Puis, après une vocalise (v. 915), vient la formule d'espérance « Et je serai si mignonne, / Il sera mon grand mignon » (v. 921-922),

9 Informations données par Henry Poulaille, *La fleur des chansons d'amour du XVIe siècle*, Paris, Grasset, 1943, p. 105. L'original profane se trouve dans *La fleur des chansons*, Paris, J. Bonfons, sd, et avait déjà un doublet mis en musique par A. Gardane, que H. Poulaille cite en note.

10 Le texte de la chanson est reproduit dans le recueil d'H. Poulaille, p. 106-108, d'après la version des *Chansons nouvellement composées* publiées par J. Bonfons en 1548 : une jeune femme non seulement revendique le droit de se donner à son galant, mais aussi le plaisir d'avoir enlevé celui-ci à une rivale.

dont on appréciera la câlinerie enfantine en la comparant à son doublet des *Chansons spirituelles*, « Seigneur, je suis la mignonne / D'un que je ne puis nommer... », refrain qui rehausse de mystère une longue évocation de l'Époux. Plus désinvolte dans la naïveté, le distique suivant, « Laissez-moi aller jouer » (v. 930), dérive d'une chanson de franc hédonisme, « Laissez jouer jeunes gens[11] ». Quant à la dernière chansonnette, quel qu'en soit l'original, elle déplore le sort de « celle trop fâcheuse / Qui craint venir au point... » (v. 945), et les compléments ne suffisent pas à écarter le sens libre latent dans l'expression.

Il ne s'agit pas ici de contester que tous ces fragments, tributaires de leurs antécédents galants lorsqu'on les considère isolément, sont dotés de significations mystiques très claires par les stances (lyriques, mais non chantées) sur lesquelles la Bergère, restée seule, clôt la pièce. Mais reste à comprendre ce qu'apporte à ce mysticisme les fragments du discours amoureux, de désir et de passion, qui résonnent à travers lui en accents si intenses que les interlocutrices n'entendent rien d'autre, et se détournent.

En cela encore, le dispositif est exceptionnel dans le théâtre de Marguerite de Navarre. Dans *Trop, Prou, Peu, Moins*, les paroles des deux ravis sont coupées par un fou-rire, à l'instant où ils font mine de révéler le « conte » de « la corne joliette » (v. 419), secret de leur joie, et cela les fait taxer de folie (v. 444) ; mais cette interruption ne crée aucune équivoque : simplement l'énigme d'un non-dit, analogue aux silences marqués à plusieurs reprises dans la pièce (v. 331, 332, 398, 403, 409, 514...). La Bergère parle et chante sans retenue ; si on ne la comprend pas, c'est par méprise sur ses paroles, perçues comme signes d'égarement mais aussi de frivolité, peut-être de dévergondage. Tout le dialogue repose sur le malentendu qu'elle entretient, donc sur la concurrence entre les significations qui se croisent ou se superposent dans ses répliques à demi-mot et ses bribes de chansonnettes.

Là pourrait résider, en effet, le vrai mystère. Car l'adoration, la gratitude, la prière, l'obéissance, le service et même le sacrifice dus à Dieu, on peut expliquer tout cela en termes clairs et convaincants, syllogismes à l'appui si besoin est : théologiens et philosophes, poètes

11 Chanson 113 du recueil de G. Paris cité plus haut. Elle s'achève en invectives adressées « À ces vieillards tout chenus / Qui parlent de nos enfances : / Plus en disent qu'il n'y a / Mais Dieu les en punira / Au grand jour du Jugement... »

même ne manquent pas de s'adonner à cet exercice, parfois avec succès. Mais l'amour extatique du Tout Autre, le désir de l'Inconnaissable ? Les néo-platoniciens et leurs émules chrétiens le conceptualisent en vain, ou, au mieux, rendent compte de leur incapacité à le décrire. Marguerite de Navarre, simplement, en empruntant sans crainte au langage des passions charnelles ses mots et ses rythmes, arrive au moins à inscrire l'extase dans le vécu, à lui donner des accents humains. Ce qui n'est pas sans risque, non seulement en raison des malveillances ecclésiales (que l'on songe à Calvin travestissant Quintin et Pocques en « libertins »), mais aussi parce que l'égarement est toujours possible.

Allons plus loin. Et si les Dames avaient raison ? Exception faite de la Superstitieuse, murée dans sa dévotion, elles se sont interrogées sur la Bergère. La première appréciation de la Sage, à son propos, semble la cautionner : « Ha ! ce n'est pas langage d'une folle » (v. 586[12]) ; et la Mondaine envisage même un instant la vérité, quitte à l'écarter : « *Si son amour était divine*, / Bien l'eussions connu à sa mine : / Elle en eût dit quelque passage » (v. 904-906). À la fin, leurs mots de commisération, leurs espoirs de voir la jeune égarée venir à résipiscence (« Peut-être qu'un jour sera bonne », dit la Sage au v. 955 avant de se retirer), tout aberrants qu'ils sont, attestent qu'elles ne sont pas simplement des pharisiennes. Dans ces conditions leurs réactions, même si elles sont globalement démenties par ce que voit et entend le spectateur, devraient avoir un sens plausible. Inutile de chercher celui-ci trop loin : elles font mesurer le risque du délire, qui peut surgir à chaque détour de l'itinéraire spirituel, quitte à être vécu comme une forme extrême de dépossession de soi[13].

De fait, il est possible que Marguerite de Navarre ait éprouvé quelque réticence devant la spiritualité extatique tout en y reconnaissant le plus haut degré de ferveur, et qu'à titre personnel elle soit restée partagée,

12 L'éditeur moderne place un point d'interrogation à la fin du vers. Mais la phrase ne porte aucune des marques syntaxiques de l'interrogation, et même au cas où la ponctuation serait authentique, elle n'est pas probante : le point d'interrogation est souvent employé au XVIe siècle en fonction de point d'exclamation.

13 On peut songer à Jean-Joseph Surin, un siècle plus tard ; ou encore à la façon dont Bernanos interprète dans *La Joie* les traits pathologiques que les psychiatres de son temps reconnaissaient dans des comportements de mystiques : son héroïne, Chantal, est sujette à des syncopes semblables à celles de l'épilepsie ou de l'hystérie, et c'est précisément en cela qu'elle est dépossédée d'elle-même, et ressent l'incompréhensible « joie » du don total, sacrificiel autant qu'extatique.

comme le soutient Verdun-Léon Saulnier avec des arguments solides[14], entre les vocations de la Sage et de la Ravie. Dans le cadre du théâtre, où la fiction est manifestée comme telle par l'espace scénique qui lui est réservé, par le langage versifié, par la stylisation des rôles, l'hésitation n'est plus de mise : la prépondérance de la Ravie est évidente, elle est éclairée d'une lumière surnaturelle, et la réserve de ses partenaires est imputable à leur courte vue. Reste que son langage est troublé par ses échos intertextuels de séduction, qu'il prête sans cesse à équivoque et qu'il se dérobe à la communication : bribes de chansons et parfois vocalises, il s'inscrit comme incidemment dans les dialogues, « on ne sait d'où il vient ni où il va », comme le souffle de l'Esprit. Aussi cette étrange bergère est-elle finalement tenue pour folle par la mieux accréditée de ses partenaires ; nous devons souscrire au moins partiellement à ce verdict, si nous ne voulons pas réduire à une clause de style le vœu qu'elle prononce elle-même à la fin, dans l'attente de l'Époux :

> Pour toi *veux être folle et ivre*
> Sans jamais en être délivre. (v. 1001-1002)

En fait, dans le jugement des Dames, c'est surtout la disjonction implicite qu'il faut récuser. « Ha ! ce n'est pas langage d'une folle » est-il dit au début ; et à la fin, « il n'y a grand sens en sa tête » (v. 939). Entre les deux formules, le temps d'un entretien où sans cesse est présupposée la question qu'elles encadrent : « Est-ce une folle ou une inspirée ? ». Il s'en conclut témérairement « c'est une folle » ; mais la conclusion opposée, « c'est une inspirée », ne serait guère moins téméraire. Car la Bergère est à la fois folle *et* inspirée, elle est folle *parce qu'*inspirée ; sa passion, toute « divine » qu'elle est, l'aliène parce qu'elle n'est pas la simple expression hyperbolique d'une piété sans trouble, mais la violente passion de la Sulamite.

Cela défiait l'entendement, en une époque où des exégètes de l'Ancien Testament tenaient pour suspect le Cantique des cantiques en raison de ses fulgurances d'érotisme, pendant que d'autres, animés d'une bonne volonté encore plus nocive, s'appliquaient à le diluer dans le sirop des allégories ; et même les admirables poèmes de Jean de la Croix, trente ans plus tard, n'en reprenaient pas les images les plus intenses. Car

14 Éd. citée, p. 262-266.

prédominait l'opposition traditionnelle, reproduite par Marguerite elle-même jusque dans certaines de ses *Chansons spirituelles* (la 45ᵉ par exemple), entre amour terrestre « trompeur », agent de perdition, et amour céleste salvateur. Ce manichéisme perd toute consistance sur la scène mystique[15] de Mont-de-Marsan, et la Bergère ne s'embarrasse pas de ses scrupules ni de ses défiances. À celles qui la tiennent pour « abusée » par un ami « plus fin que bon » (v. 833-834 et 840-841), elle répond tranquillement :

> Je ne vous en veux contredire,
> Car vous ne mentez d'un seul mot.
> Il n'est fol, ni fâcheux, ni sot,
> Mais est fin, sage, plus que moi :
> Donc plus que moi aimer le dois
> *Pour sa très douce tromperie.* (v. 842-847)

Et lorsqu'enfin elle se retrouve seule, son lyrisme propre, dégagé des mélodies d'emprunt qui jusqu'alors en réinscrivaient les accents dans les chœurs de Cythère, est plus que jamais celui d'une amante :

> Ô doux amour ! ô doux regard,
> Qui me transperce de ton dard !
>   Ô l'ignoré !
> L'ami de moi tant adoré,
> Le vertueux mal honoré
>   Et l'inconnu
> Pour tout autre qui n'est tenu !... (v. 959-965)

Là réside le mystère, au plus lointain horizon de la poésie religieuse de Marguerite de Navarre : il projette ses éclats voilés bien au-delà des lieux de prédication, « outre le Ciel amplement long et large » que franchissait déjà Maurice Scève, dans les parages de grâce et de ferveur où résonnent « en tout temps », dit Marot, les chansonnettes des vraies amours humaines devant un Dieu qui consent à les entendre.

Or la force de cet élan ne donne toute sa mesure que par comparaison avec la piété tranquille, lot de la Sage et des deux compagnes qu'elle a su emmener sur sa voie de salut, avec la seule Bible pour éclairer l'itinéraire. Discréditer sans appel ces trois personnages trop prosaïques, comme on

15 Expression choisie en hommage à la notion de « fable mystique » élaborée par Michel de Certeau (Paris, Gallimard, 1982).

est tenté de le faire, et ramener le dispositif à l'opposition banale entre la rectitude et la ferveur, projections de la Loi et de la Grâce sur le plan humain, c'est s'empêcher de pressentir de loin l'aspect incompréhensible de la mystique, avec les questions et même les soupçons qu'elle peut susciter. Les bons directeurs de conscience dont Pauline Chaduc nous parle ici[16] auraient froncé les sourcils, comme la Sage, devant les chansonnettes de la Bergère : illusions de Satan, tout cela, ou du petit Cupidon son émissaire; au couvent, et vite! Mettons que l'on puisse espérer plus de mansuétude de ces saints personnages; leur verdict, discernement oblige, n'en serait guère différent.

On est donc en présence d'un assemblage complexe et problématique. La lecture qui compte est sans doute celle que Marguerite de Navarre sollicite du spectateur, elle est dictée par le contraste théâtral et par endroits comique entre la demi-surdité des Dames et le lyrisme de la Bergère, entre la gravité de leur prêche et la vivacité aérienne de ses chants de passion et de gaîté amoureuse. Mais les traits de sensualité qui transparaissent en ceux-ci, ainsi que l'égarement empreint dans la discontinuité apparente de ses propos, doivent aussi être perçus. Car il ne faudrait pas que la ferveur qu'on y décèle se résolve en un modèle de dévotion sans trouble, et finalement sans mystère. Ce serait méconnaître la témérité des exaltations mystiques, que Marguerite de Navarre, instruite par Briçonnet mais sollicitée par les exhortations plus aventureuses des « libertins spirituels » qu'elle a protégés au cours des années 1540, ne devait pas ignorer. Du reste, cette témérité ou plutôt ce sentiment de témérité n'est pas l'apanage des hétérodoxes. Quelques décennies plus tard, Thérèse d'Avila elle-même a laissé percer quelque indécision sur la joie intérieure qu'elle décrit comme incompréhensible, peut-être délirante, tout en l'attribuant sans équivoque à une inspiration divine[17]. Le

---

16 Communication de Pauline Chaduc publiée dans le même volume : « Le discernement, un instrument de connaissance spirituelle à l'âge classique », p. 165-177.

17 « Il arrive que Notre Seigneur accorde à l'âme une jubilation, une oraison *étrange, que l'âme ne comprend pas.* [...] C'est, *ce me semble*, une union profonde des puissances, mais Notre Seigneur les laisse, avec les sens, libres de jouir de cette joie ; *ils ne comprennent toutefois ni ce dont ils jouissent, ni comment ils en jouissent.* J'ai l'air de parler arabe, mais cela se passe vraiment ainsi ; le bonheur de l'âme est si excessif qu'elle ne voudrait pas être seule à en jouir mais le dire à tout le monde. *M'est avis* qu'elle a raison : il est *impossible au démon de donner tant de joie intérieure*, au plus profond de l'âme. [...] Dans cet état d'allégresse, c'est déjà beaucoup *de pouvoir se taire et dissimuler*, non sans peine. [...] J'en ai connu un,

rôle de la Bergère avec le malentendu auquel elle se heurte, donné pour irréductible par l'agencement textuel de la *Comédie de Mont-de-Marsan*, illustre plus fortement la radicale étrangeté de l'allégresse mystique, son incompatibilité avec les routines des théologiens et même des « évangéliques » nourris de l'Écriture sainte – la Lettre encore, si sainte soit-elle, sans le tourbillon de l'Esprit. Ainsi est désignée, par-delà les itinéraires bien frayés du salut, une zone d'aventure, peut-être d'errance, où le doute est révélateur de l'audace spirituelle ; comme si l'éblouissement auquel conduit celle-ci devait le garder inscrit sous forme de tache aveugle, en son centre.

---

nommé Fr. Pierre d'Alcantara [...] : *ceux qui eurent l'occasion de l'entendre le prenaient pour un fou.* Oh la bonne folie, mes sœurs ! [...] Plaise à Sa Majesté de nous accorder souvent cette oraison [...] car nous ne pouvons l'acquérir, *elle est toute surnaturelle.* Il arrive qu'elle dure toute une journée, l'âme est alors *comme quelqu'un qui a beaucoup bu* sans toutefois que ses sens soient aliénés, ou *comme un mélancolique* qui n'a pas tout à fait perdu la tête mais *dont l'imagination s'obstine dans une idée fixe que personne ne peut lui ôter.* [...] *Pourquoi voudrions-nous avoir plus de cervelle ?* Qui pourrait nous donner de plus grandes joies ? » (*Le Château intérieur*, 6e demeure, Paris, Desclée de Brouwer, 1964, p. 984-985). – En italique dans la transcription, les détails où perce l'indécision.

« CE TEMPS DE PASSE-PASSE... » (LE *MILLENIUM* SELON RABELAIS) [2001][1]

Moment infime dans la longue durée du temps marseillais, déjà à mi-parcours de son troisième millénaire comme nous le fera constater cet après-midi la conférencière du Musée d'Histoire, Mme Rizoulières, ces trois journées de colloque vont bientôt s'achever. C'est une occasion de rappeler l'axiome eschatologique : « En toute chose il faut considérer la fin. » Mais il est des fins que l'on a quelque peine à considérer distinctement ; et tel est bien le cas de celle du *Millenium*, à en juger par ce qui s'en est dit chez les millénaristes, avec discrétion le plus souvent comme nous le faisait remarquer hier Gabriel-André Pérouse. Rappelons d'abord le texte sacré :

> Les mille ans écoulés, Satan, relâché de sa prison, s'en ira séduire les nations des quatre coins de la terre, Gog et Magog, et les rassembler pour la guerre, aussi nombreuses que le sable de la mer.
> Ils montèrent sur toute l'étendue du pays, puis ils investirent le camp des saints, la Cité bien-aimée.
> Mais un feu descendit du ciel et les dévora.
> (Apocalypse, 20, 7-9 ; traduction de l'École biblique de Jérusalem)

C'est là un événement, ou plutôt, selon le vocabulaire des théoriciens classiques de la tragédie, une « catastrophe », qui empêche le *millenium* d'être totalement soustrait à l'Histoire, comme le serait un simple palier d'attente avant l'accès à l'Éternité. Il se passe quelque chose, non sans fracas. Et cet événement est même représenté sur le modèle de la dernière épreuve qui précède le *millenium* : le combat eschatologique entre « la Bête, avec les rois de la terre et leurs armées », et le Cavalier au

1 Paru dans *Formes du millénarisme en Europe à l'aube des temps modernes, Actes du colloque international de l'Association Renaissance, Humanisme, Réforme (Marseille, 10-12 septembre 1998)*, édités par J.-R. Fanlo et A. Tournon, Paris, Champion, 2001, p. 455-468.

manteau trempé de sang qui conduit les escadrons du ciel (Apocalypse, 19, 11-19) ; comme si ça recommençait…

Au sujet de cet étrange épisode, on distingue, en gros, deux orientations dans l'exégèse millénariste :

– d'une part celle du pseudo-Méthode, qui s'efforce d'historiciser le *millenium* en jouant sur l'équivoque initiale qu'y avait signalée et censurée saint Augustin : la propension des premiers commentateurs, qui se retrouve jusque chez Lactance, à insister sur les aspects de fête que peut prendre le repos des justes, en y détaillant les images d'abondance, de loisir et même, scandale ! de plaisirs bien terrestres : moissons, vergers, ruisseaux de lait, de miel et de vin… L'exégète du VIIe siècle en tire un scénario fort édifiant : au cours de la période de paix, il en est beaucoup qui cèderont à la tentation des félicités charnelles, et c'est pour les punir que Dieu déchaînera les hordes des impies venus du Nord. Campanella, au XVIIe siècle, reprendra cette idée : après le sixième millénaire viendra le temps du bonheur, mais le vrai partage se fera « à la fin du septième millénaire, quand la charité se refroidira par manque de persécutions et excès de plaisirs : alors surgiront Gog et Magog[2]… »
– d'autre part celle de Joachim de Flore, qui escamote presque la catastrophe, ou paraît l'assimiler au temps d'épreuve qui précède l'instauration effective (« fructification » – voir plus loin) de l'âge de l'Esprit ; ce qui reviendrait à projeter la fin du *millenium* (ou de la période, de durée indéterminée, qui en tient lieu) sur son début ; à moins qu'il ne fasse place aux puissances du mal, tout au long de la même période, en les reléguant chez les peuples impies voués à la perdition. Prolixe sur les transfigurations spirituelles promises à la Chrétienté pour cet âge, le visionnaire est singulièrement discret sur l'irruption également annoncée des perturbateurs.

Face à ces deux schémas et à leurs variantes, l'interprétation augustinienne retenue par l'Église catholique et la plupart des Réformés a le mérite de supprimer le problème en même temps que le *millenium* tel qu'on se le représente : s'il est vrai que dès la résurrection du Christ les fidèles sont entrés dans la période de paix spirituelle que promet saint Jean, alors les épreuves

2 *La profezia du Cristo*, passage signalé par Jean Delumeau, *Mille ans de bonheur*, IX, Paris, Fayard, 1992, p. 182.

annoncées au terme de celle-ci sont évidemment celles des derniers temps, avant le jour du Jugement qui ouvrira aux élus les portes de la Jérusalem céleste. Cette élégante solution a cependant donné lieu à quelques raffinements d'exégèse qui témoignent de la gêne des théologiens orthodoxes devant la lettre du texte, et ses précisions chronologiques : où situer ces mille années de paix, même en admettant quelque approximation dans le décompte ? se seraient-elles écoulées sans que personne s'en aperçût ? faut-il supposer que Satan était lié de chaînes élastiques, ou obtenait plus souvent que de raison des permissions de sortie ? doit-on le croire relégué depuis l'Hégire chez les musulmans, pour laisser les chrétiens tranquilles, même si ces diables de Turcs viennent périodiquement faire du tapage aux portes du Saint Empire ? Quoi qu'il en soit, la vraie tranquillité n'est pas pour aujourd'hui : la Bête et les faux prophètes sont ici, ou pas très loin, et ne cèderont pas avant l'ouragan de feu. Ce sont là, sauf erreur sur la communication de Jean-Robert Armogathe, des hypothèses glanées ou émises par Cornelius a Lapide, catholique de stricte obédience. Mais les protestants ne sont pas en reste de subtilités pour déclarer passé le temps du bonheur universel. Il n'est de vrai *millenium* que le *millenium* perdu, a dit, je crois, Jean-Raymond Fanlo.

En somme, dans leurs efforts pour éluder le texte de l'Apocalypse, les orthodoxes, catholiques ou réformés, mettent l'accent sur ce que fait ou fera l'Antéchrist *après* le temps de sérénité. Dans leurs efforts pour accuser les traits du même texte, les millénaristes mettent l'accent sur ce qu'il fait ou fera *avant* le temps de sérénité (et sur ce qu'il convient de faire, en attendant, contre ses suppôts : dégainer et frapper fort). Dans les deux cas la prophétie est quelque peu tronquée : signe qu'elle fait difficulté pour tout le monde. Les combinaisons et confusions par lesquelles on tente de l'accommoder n'arrangent rien. On voit parfois l'exégète pris dans un vertige de réitération, autre signe de l'incertitude sur les repères temporels. Nicolas de Cues estime ainsi qu'à la veille du 34ᵉ jubilé après la naissance du Christ (soit aux environs de 1700)…

> des prédicateurs […] enflambés comme du zèle d'Élie, […] feront de grandes merveilles par l'esprit de N. S. Jésus Christ. […] Le nombre des fidèles sera augmenté et dilaté par la lumière évangélique […] et n'y aura nation sur la ronde terre qui ne connaisse et le salvateur et la foi. Mais après ces choses l'esprit satanique […] émouvra horrible persécution et meurtre contre la chrétienté[3].

3 *Conjectura de ultimis diebus*, cité par J. Delumeau (qui refuse de compter Nicolas de Cues parmi les millénaristes, en raison de la brièveté des périodes de paix prophétisées ; voir

– un raccourci du *millenium* joachimite assorti du retour de l'Antéchrist à son terme ? Non : après l'« horrible persécution » viendra un nouveau temps de triomphe et de paix pour l'Église, de quelque cinquante années encore, avant l'accès à la joie éternelle. De même, le *Libellus de magnis tribulationibus* de Télesphore de Cosenza prévoit un triomphe du roi de France promu « Empereur des derniers jours », avec période de concorde universelle, puis un assaut de l'Antéchrist qui provoque sa mort, puis... un nouvel âge de paix et de piété, dont l'issue n'est pas précisée. Dans ces supputations, il semble que le théoricien de l'eschatologie, butant sur la bizarrerie d'un triomphe inattendu des forces du mal à la fin de la période sainte, éprouve le besoin de refaire le scénario et en présente, située juste après, une seconde version avec *happy end.*

Plus complexes et mieux articulées sur le temps historique, les spéculations de Joachim de Flore méritent un examen particulier. Elles proposent un système d'imbrications et de chevauchement des périodes de l'Histoire du salut. Il faut distinguer en chacun des trois âges qui composent celle-ci, trois phases successives : le début (*initiatio*), l'épanouissement (*fructificatio*) et l'achèvement (*consumatio*) – le tout s'organisant selon le schéma suivant :

Âge de la Loi, ou du Père	Adam *initiatio*	Abraham *fructificatio*	(Ozias/ Isaïe)	Jésus *consumatio*				
Âge de la grâce, ou du Christ			Ozias/ Isaïe *initatio*	Jésus *fructificatio*	(Saint Benoît)	Église visible *consumatio*		
Âge de l'Esprit Saint					Saint Benoît *initiatio*		Élie *fructi-ficatio*	Jugement dernier *consumatio*

---

op. cit., IX, p. 173).

L'âge de la Loi, dont Abraham est la figure centrale, commence sa *consumatio* à l'époque d'Ozias (VIIIe s. avant J.-C.), par la vocation du prophète Isaïe ; en même temps débute l'*initiatio* de l'âge de la Grâce, dont la figure centrale est Jésus-Christ, et dont la *consumatio*, qui doit s'achever dans l'Église institutionnelle du XIIe siècle, a été inaugurée par saint Benoît au Ve siècle ; l'âge de l'Esprit commence au même moment avec l'ordre monastique fondé par ce saint, « fructifiera » avec le retour d'Élie annoncé pour le milieu du XIIIe siècle et ne s'achèvera qu'au jour du Jugement. Comme on le voit, les trois « âges » se recoupent partiellement ; la « consommation » de l'un coïncide avec la phase préparatoire du suivant, si bien que les figures marquantes de l'*initiatio* de chacun d'eux appartiennent, quant à la chronologie, à l'âge précédent ; Isaïe, sous le règne d'Ozias, est soumis à la Loi de l'Ancien Testament, bien qu'il prépare l'avènement libérateur du Christ ; Saint Benoît appartient à l'Église institutionnelle, bien qu'il anticipe sur la vie contemplative qui supplantera toute liturgie à l'avènement d'Élie. On comprend que Joachim de Flore, lorsqu'il a cherché à situer sa propre époque, ait déclaré qu'elle prenait place « entre le second et le troisième état », entendons : encore dans le second et déjà dans le troisième. Pour lui, l'histoire du Salut admet des démarcations, mais sous forme de larges zones de recoupement, non de traits ; et les événements interviennent dans ces zones problématiques, où se côtoient les hommes du passé et ceux de l'avenir, où le temps ne prend sens que sous un double regard, en direction de l'origine assombrie et de la fin encore indistincte en son aube.

Ainsi sont esquissés, pour comprendre le *millenium*, les linéaments d'une temporalité impensable, aux limites toujours indécises. Pas seulement en raison des supputations maniaques de théologiens prompts à échanger leurs aumusses contre des chapeaux pointus, pour jouer aux astrologues. Tout tient à la double nature du *millenium* : temps historique, avec à son terme catastrophe et restauration, et temps sacré, de sérénité immuable. À la suite de Joachim, ceux que Calvin a nommés au XVIe siècle les « libertins spirituels » se situent encore dans les troubles du moment, sous le jour voilé des ébauches de révélations, et déjà dans la sérénité de l'Esprit qui les illuminera plus tard pleinement.

Pour arriver à penser cela, je ferai appel à un spécialiste des illogismes calculés et des paradoxes, temporels ou autres : Rabelais, avec son concept-clef de « temps de passe-passe » proposé dans des vers d'inspiration spécifiquement millénariste, apparemment clairs (au moins par contraste avec ceux entre lesquels ils sont enchâssés), et pourtant déconcertants : deux strophes des « Fanfreluches antidotées » placées au seuil du *Gargantua.* Elles suivent l'annonce d'un détrônement accompagné de dévastations, et marquent l'avènement du royaume de Dieu :

Cet an passé, cil qui est, règnera
Paisiblement avec ses bons amis.
Ni brusq, ni smach lors ne dominera
Tout bon vouloir aura son compromis.
Et le soulas qui jadis fut promis
Ès gens du ciel, viendra en son beffroi.
Lors les haratz qui étaient estommis
Triompheront en royal palefroi.

Et durera ce temps de passe-passe
Jusques à tant que Mars ait les empas.
Puis en viendra un qui tous autres passe,
Délicieux, plaisant, beau sans compas.
Levez vos cœurs, tendez à ce repas,
Tous mes féaux ! Car tel est trépassé
Qui pour tout bien ne retournerait pas,
Tant sera lors clamé le temps passé[4].

Évidemment, l'expression « temps de passe-passe » (c'est-à-dire d'escamotage par substitution[5], comme au jeu de bonneteau) paraît saugrenue, appliquée au *millenium.* Mais cette bizarrerie correspond précisément à une anomalie dans la présentation de cette mystérieuse période : l'événement inaugural – le geste de l'Ange qui enchaîne Satan – n'est pas à sa place. Un temps de paix est annoncé, le règne de Dieu et de « ses bons amis », les Justes ; mais la réduction de l'Agresseur à l'impuissance (Mars, comme démon de la guerre, mis aux « empas », entraves), n'intervient qu'à la fin de ce temps, avant un autre avènement triomphal salué par un *Sursum corda* : comme si dans le texte de l'Apocalypse le geste qui ouvre le *millenium* (l'Ange enchaînant Satan) et l'aboutissement de celui qui le clôt (l'élimination définitive

4 *Gargantua*, chap. 2, 12e et 13e strophes, dans *Œuvres complètes*, éd. M. Huchon, Paris, Gallimard, « Bibliothèque de La Pléiade », p. 13-14.

5 Voir *Tiers Livre*, chap. 18, éd. citée p. 407 : « Qui dérobe [...] emballe, ravit et joue de passe-passe. »

de Satan, après le dernier combat) étaient confondus. Inadvertance, ou nouvelle façon d'éluder le problème qui embarrasse tous les exégètes ? Ni l'un, ni l'autre. Car le mot « passe-passe », répété en rimes insistantes tout au long de la strophe, désigne précisément l'opération qui résout la difficulté : la substitution, l'*antidosis*, mode d'élaboration des Fanfreluches *antidotées* (c'est-à-dire composées par *échange* de termes : métonymies ou périphrases cocasses remplaçant les mots propres, s'il en est, et permutant entre elles à l'occasion). Mais pour comprendre le sens de cette opération, il faut tenir compte de la virtuosité de Rabelais à jouer avec les repères temporels : la règle de ses jeux éclaircira ici un dispositif approprié simultanément à la promesse millénariste, prise à la lettre, à l'interprétation augustinienne qui tend à l'éluder, et aux lectures complexes, comme celles de Joachim de Flore et des « libertins spirituels[6] », qui en décalent les phases.

Quelques exemples, d'abord, de ces fantaisies sur le temps, décelables dans les premiers livres du roman :

Alcofrybas s'aventure sur la gigantesque langue de Pantagruel, et y trouve au bout de quelques lieues, dans un paysage varié, un planteur de choux…

> Jésus ! (dis-je) il y a ici un nouveau monde. – Certes (dit-il) il n'est mie nouveau : mais l'on dit bien que hors d'ici il y a une terre neuve où ils ont Soleil et Lune ; et tout plein de belles besognes : mais cestuy-cy est plus ancien[7].

La dernière proposition est bien plus troublante que les précédentes : Pantagruel est né dans l'univers du roman qui porte son nom ; qu'en était-il, avant sa naissance, du monde réputé « plus ancien » qu'il contient entre ses dents ? L'extravagante parenthèse narrative que constituent les pérégrinations du conteur dans la bouche de son personnage fait décrire au temps une sorte de boucle, peut-être en anneau de Mœbius, qui inverse le rapport de succession des événements. À côté de cette anomalie, les contractions ou expansions de l'espace buccal du géant satisferaient presque notre rationalisme.

---

6 Ainsi nommés par Calvin dans un violent pamphlet de 1545 contre leur « secte phantastique et furieuse… » Sur leurs affinités avec Rabelais, dans l'entourage de Marguerite de Navarre où prêchait un des leurs, Pocque, voir *En sens agile – Les acrobaties de l'Esprit selon Rabelais*, Paris, Champion, 1995, chap. 8, p. 166-177, en attendant une étude plus précise de leurs croyances et de leurs rapports avec la tradition joachimite.

7 *Pantagruel*, chap. 32, éd. citée p. 331.

À plus grande échelle, le romancier joue aussi avec le temps des patriarches, jusqu'à la Rédemption. Edwin Duval[8] a fait observer que les 61 générations des ancêtres de Pantagruel, énumérées au chap. 1 en nombre identique dans toutes les éditions, correspondaient exactement aux 62 générations de ceux du Christ (le décompte commençant à « Chalbroth », contemporain de Caïn donc de la seconde génération humaine, la différence d'une unité atteste un calcul précis). La geste gigantale se situe donc dans un doublet bouffon de l'histoire du salut, où le fruit défendu est remplacé (*antidosis*, encore) par les « grosses mesles [...] belles à l'œil et délicieuses au goût » comme lui, et la sanction, par les diverses boursouflures que provoque leur ingestion – taquinerie plutôt que châtiment, où l'on devine les pouvoirs d'un Dieu farceur parodiant sans malice la terrible justice de Yahvé. Parodie sans doute, mais au sens étymologique qui ne discrédite pas forcément le modèle : faussement analogue au récit biblique, la fiction se déroule selon un temps parallèle, comme dans un de ces univers concurrents auxquels les philosophes de l'Antiquité (Épicure, mais aussi le platonicien Pétron auquel Rabelais se réfère incidemment au chap. 55 du *Quart Livre*) avaient rêvé tout aussi bien que les modernes romanciers de l'improbable et des virtualités multiples.

Dans le *Gargantua*, Rabelais use plus discrètement des anomalies temporelles, mais de manière à rendre problématique, cette fois, la position de l'énonciateur par rapport à sa fiction. Comme par exercice d'abord, avec l'histoire des pèlerins en salade, au chapitre 38. C'est un récit en marge du récit (« Le propos requiert que racontons... » – signe que le « propos », de la guerre picrocholine, ne requiert nullement cette histoire) où des pèlerins se retrouvent accidentellement dans la bouche du géant, en réchappent à grand peine, et croient lire dans le psaume 124 (123) la prophétie de leurs mésaventures et de leur délivrance. Il est clair que celles-ci, proches d'un motif folklorique bien établi mais avec des détails excédentaires propres au psaume, ont été composées par démarquage méthodique du texte sacré ; si bien que ce qui est censé expliquer l'événement fortuit, lui donner sens, rend compte en fait de la technique du romancier qui l'a modelé sur cette explication même. En d'autres termes : pour les pèlerins, la coïncidence est miraculeuse

8 *The design of Rabelais's Pantagruel*, New Haven and London, Yale University Press, 1991, p. 31-32.

entre les paroles du Psalmiste et l'événement qu'ils ont vécu ; pour le conteur et son complice le lecteur, elle est pur artifice de narration par marqueterie d'emprunts à ces mêmes paroles. L'autre anomalie est placée en position privilégiée : à Thélème. Comme l'a fait observer Michel Beaujour[9], l'abbaye est d'abord présentée comme un projet, avec le principe de son institution (« au contraire de toutes autres... ») et les règles qui s'en déduisent, le tout au futur (chap. 52). Sitôt après elle est décrite à l'imparfait, comme globalement réalisée (chap. 53-55), puis munie d'un embryon d'histoire, en deux phases (chap. 56 : avant et après la « réforme » vestimentaire notée au passé simple) ; et elle s'installe enfin dans la longue durée, avec départ de pensionnaires, mariages et bonheur conjugal prolongé jusqu'à la vieillesse des couples thélémites. Après quoi le narrateur revient brusquement dans le temps de la fiction, où l'on en est encore à creuser les fondations de l'édifice, pour faire état de l'« Énigme en prophétie » exhumée au cours des travaux – message d'un passé immémorial, semble-t-il, prédisant un futur eschatologique ou peut-être une partie de paume hors histoire... Cela fait au moins trois perspectives temporelles : le futur du projet, le passé de la description, le présent de la découverte, celle-ci faisant surgir encore un autre futur, ou deux, par rapport à un autre passé. Où se situe Alcofrybas, et son lecteur avec lui ? et quel rapport entre ce bloc descriptif et les événements narrés ? La place indécise que s'assignait Joachim de Flore dans sa propre chronologie (« ... entre le second et le troisième état ») pourrait fournir un modèle approprié. Mais il n'est pas encore temps de l'exploiter.

Ce dernier exemple nous a rapprochés de notre propos. Les références calendaires en jeu dans le roman, qu'ont mises en lumière les travaux de Claude Gaignebet[10], guideront la suite du trajet jusqu'aux *Fanfreluches*, car leurs deux données fondamentales se retrouvent en celles-ci, avec mention énigmatique de l'intervalle de temps qui les sépare. D'une part le 3 février, jour de la naissance de Gargantua et de la fête de saint Blaise (dont la légende et le culte ont de multiples rapports avec le géant) et première date possible du Mardi Gras[11] ; d'autre part la Saint Jacques,

9 *Le jeu de Rabelais*, Paris, L'Herne, 1969.

10 On en trouvera une somme provisoire dans *À plus haut sens, L'ésotérisme spirituel et charnel de Rabelais*, Paris, Maisonneuve et Larose, 1986 : très important ouvrage, fort peu cité malheureusement, mais encore moins réfuté par les rabelaisants orthodoxes.

11 En clé antérieure de Pâques. Voir *Ibid.*, I, p. 82.

fêtée le 25 juillet, jour caniculaire de la naissance de Pantagruel. Entre ces deux jours, l'intervalle est exactement donné par le premier vers de la dixième strophe des *Fanfreluches* :

> Sept mois après, ôtez-en vingt et deux…

La précision du calcul interdit de croire au hasard : Rabelais, comme le dit Claude Gaignebet, a expressément voulu marquer ces repères. Seulement, l'adverbe « après » fait problème. Car on compte bien sept mois moins vingt-deux jours, du 25 juillet au 3 (= 25-22) février ; mais ni le temps des *Fanfreluches*, qui selon Claude Gaignebet commence à l'avènement de Blaise-Gargantua[12], ni le temps de la fiction, qui commence à la naissance de Gargantua, « le troisième jour de Février », ne vont de juillet à février. Et du 3 février au 25 juillet, il n'y a pas 7 mois moins 22 jours, mais 5 mois plus 22 jours. Il faut permuter les dates, ou compter en régressant.

Ceci n'est pas une objection contre les acquis des recherches de Claude Gaignebet, mais un argument pour montrer que dans les *Fanfreluches* le temps peut s'écouler à l'envers[13], rétrograder du 3 février au 25 juillet en parcourant l'hiver et l'automne : anomalie du même type que celle qui affecte le « temps de passe-passe » où l'incarcération de Satan, geste initial du *millenium*, est présentée comme geste final. Et cette singularité n'est pas gratuite : elle définit ce que j'appellerai une *perspective apocalyptique* en jouant sur l'étymologie du mot – non pas « désastre », mais « dévoilement ». Tout doit s'éclairer à partir du dernier jour, pour une vision rétrospective qui découvre la vérité de l'Histoire à la lumière de la volonté divine enfin pleinement révélée. C'est là ce que pourrait faire comprendre le poème qui marque l'autre extrémité du *Gargantua*, l'« Énigme en prophétie » avec la double exégèse qui en est donnée : annonce des épreuves ultimes, selon Gargantua ; réinterprétation de cette prophétie en description d'une partie de jeu de paume, selon Frère Jan – cette dernière lecture faisant entendre que les épreuves prédites

12 Désigné métonymiquement par la constellation de l'Aigle (premier mot des *Fanfreluches* selon la reconstitution proposée), à l'une des extrémités de la Voie Lactée au Chemin de saint Jacques, dont la Canicule (constellation du Chien) pantagruélienne marque l'autre extrémité (*op. cit.* I, p. 117).

13 Dans son interprétation « à plus haut sens », fondée sur un système de références trop complexe pour la simple lecture proposée ici, Gaignebet note également un mouvement de va-et-vient du temps (p. 380).

sont un jeu (avec va-et-vient de l'esteuf, d'ailleurs, et permutation des équipes) sous le regard de Dieu et de ceux qu'Il illumine.

Revenons à partir de là sur le *millenium*, saisi pour de bon comme un « temps de passe-passe » où les choses changent d'aspect comme par miroitement sous des éclairages contrastés ; mais tenons compte, maintenant, de cette idée de jalonner la période par la seconde incarcération de Satan tout en l'annonçant au futur (« cil qui est *règnera...* ») ; et considérons aussi que le cadre calendaire des *Fanfreluches* est inversé par permutation de ses principaux repères temporels (autrement dit, « antidoté », comme le texte lui-même). Tout indique ainsi qu'il s'agit d'un *millenium* à venir, mais qu'il faut le considérer d'avance par rétrospection à partir de son point d'aboutissement : la seconde défaite des forces sataniques et l'avènement d'« un qui tous autres passe », l'Agneau qui triomphe à la vraie fin des temps – au jour du Jugement, où sera « clamé » (= convoqué en justice[14], pour examen) le temps passé, soit toute l'histoire des hommes. Deux interprétations peuvent alors être envisagées :

- La plus simple serait analogue à celle de saint Augustin. Elle assimilerait le *millenium* au temps de l'Église militante, découvert rétrospectivement à la lumière du dernier jour comme temps de salut et de paix en dépit des épreuves (selon l'ultime parole du Curé de campagne de Bernanos : « Tout est grâce »). Resterait à expliquer pourquoi cette période est décrite au futur, alors qu'elle a commencé dès la Résurrection, premier triomphe du Rédempteur sur l'Enfer.
- L'autre interprétation, spécifiquement millénariste, combinerait les vues de Joachim de Flore et celles du pseudo-Méthode : elle annoncerait un temps de paix et de sérénité – le règne à venir de Dieu et de ses saints – conformément aux versets de l'Apocalypse ; mais elle le ferait découvrir rétrospectivement, de même que les phases d'*initiatio* de l'histoire joachimite ne se reconnaissent en toute clarté comme telles qu'au moment de la *fructificatio*, et à sa lumière ; corollaire : nous sommes peut-être déjà dans le *millenium*,

14 Et non pas « regretté », selon la glose proposée par Abel Lefranc (qui donnait cette acception pour « particulière à Rabelais ») et communément adoptée, bien qu'elle soit en contradiction avec le contexte.

> sans vraiment le savoir. Supplément de complexité, venu du pseudo-Méthode : dans les *Fanfreluches*, le repos promis et accordé serait considéré, encore à la lumière du dernier jour, comme une période de risque latent et d'incertitude, peut-être de leurres, aussi bien qu'une période de fête : un « temps de passe-passe », jeu et menace, dont le sens reste en suspens « jusques à tant que Mars ait les empas » à jamais.

Cette seconde lecture est cautionnée par l'épilogue du livre (dont les *Fanfreluches* sont comme un prologue interne). Car la séquence emblématique que forment la description de Thélème et l'*Énigme* (soustraites au temps de la fiction) illustre parfaitement les deux annonces des *Fanfreluches* : la paix et la joie d'une humanité régénérée (à Thélème), mais aussi l'épreuve menaçante (les tribulations de l'Énigme) tant que « Mars » n'est pas enchaîné[15] ; le tout transfiguré finalement en jeu (la partie de paume de Frère Jan – qui porte le nom du visionnaire de Patmos, comme par hasard[16]). Bref, l'interprétation quasi millénariste rend compte de l'ensemble des pseudo-prophéties, et fait transparaître en elles un agencement si bien ajusté qu'il trahit son propre artifice, au point de rendre les *quasi* et les *pseudo* presque superflus.

Car le « temps de passe-passe » est aussi, ne l'oublions pas, un tour de passe-passe littéraire et philosophique : un semblant de spéculations eschatologiques serti dans le cadre extravagant, au moins à première lecture, des « fanfreluches », billevesées, « antidotées », fabriquées de toutes pièces comme les grotesques des peintres antiques ou contemporains. Il se peut que tout le contexte des deux strophes millénaristes soit chargé de significations cryptées, accessibles à ceux-là seuls qui en possèdent les diverses clefs ésotériques[17] ; mais il paraît d'emblée aberrant, et cette

---

15 Voir Apocalypse 17, 8 : les hommes de peu de foi s'étonnent devant la Bête « de ce qu'elle était, et n'est plus, et reparaîtra » – les résurgences du mal, mystère des derniers temps.

16 Il est aussi le seul personnage, avec Alcofrybas (*Pantagruel*, prologue, où la formule « J'en parle comme saint Jehan de Lapocalypse » est remplacée en 1542 par « comme un gaillard onocratale… », éd. citée p. 215, et variantes p. 1238), à mentionner « Saint Jean de la Palisse » (*Quart Livre*, fin du chap. 16, éd. citée p. 578), au sujet d'une parole énigmatique.

17 Rappelons que Claude Gaignebet a procédé à un déchiffrement systématique de toutes les stophes des *Fanfreluches*. Il est toujours possible d'en contester tel ou tel point, notamment l'élimination, que je crois artificielle, des indices d'incomplétude qui marquent le début du poème. Mais la tentative était nécessaire, et bien des acquis, corroborés par

apparence doit être sauvegardée et interprétée même au terme d'un commentaire qui en éclaircirait toutes les énigmes. De ce fait, le texte lisible avoue son appartenance à une fantasmagorie ou plutôt, selon le néologisme de Verville, à un discours « mystigorique », d'initiation sur tréteaux de foire, ou encore (mais est-ce si différent ?) à l'imagination des artistes et des poètes, dont Achille Olivieri, Brigitte Hébert et Gilles Polizzi nous rappelaient hier la souveraineté. Conclusion : entre les vrais prophètes, assez rares depuis la fin des temps bibliques, et les faux prophètes qui pulluleront, est-il écrit, à la fin des temps sans adjectif, Rabelais pourrait se définir comme un prophète pour rire. Et d'autant plus véridique, parce qu'il donne ainsi son allégresse pantagruélienne, « en foi profonde », pour seule caution de la parole de joie qu'il apporte aux hommes de son époque, et de toutes les époques ; et parce qu'il situe son message dans le cadre, lucidement reconnu et avoué factice, des jeux de passe-passe de la « fantaisie » : puissance en vertu de laquelle nous pouvons susciter des mondes et des millénaires qu'aucune parcelle de nos cendres n'atteindra jamais, pour y projeter, en « levant nos cœurs », les espoirs tenaces de notre présent, à nous,

> Pauvres humains, qui bon heur attendons...

comme le dit, à peu près, le début de l'*Énigme.*

---

le système de références décelé par le critique dans l'ensemble du roman, emportent la conviction. Reste cependant que les deux strophes considérées ici se détachent sur un fond beaucoup plus obscur, d'allure disparate et souvent aberrante. Cette différence autorise leur prélèvement, et leur traitement distinct ; en même temps, elle sépare ce qui est à la fois lisible et énigmatique (l'annonce du *millenium* et le détail d'apparence incongrue) de ce qui, à tort ou à raison, paraît à première vue illisible, et entre comme tel dans le système.

DES CROISEMENTS SIGNALÉS

Mots et gestes sibyllins [2011][1]

Titre et sous-titre étaient permutables entre eux. Le premier a été finalement retenu parce qu'il est emprunté au Code de la Route, ce qui en fait un gage de respect à l'égard des normes accréditées. Avantage supplémentaire, une clarté sans équivoque. Chacun sait que lorsque des voies de communication interfèrent avec risque d'accident, les agents des Ponts et Chaussées signalent le croisement par un idéogramme spécial. Je supposerai ici que Rabelais prend des précautions semblables pour jalonner les divers registres sémantiques et lexicaux, les diverses orientations intellectuelles qui s'enchevêtrent dans son œuvre : en leurs points de rencontre, je voudrais relever et interpréter des équivalents du panneau « Croisement / Danger », propres à solliciter l'attention de l'exégète en l'avertissant charitablement qu'il a de bonnes chances de se casser les dents.

Précisons. Les registres sémantiques distincts dans le texte de Rabelais peuvent fort bien se développer en parallèles, sans interférences marquées. C'est ainsi que sont présentées les devises concurrentes de Pantagruel, Épistémon et Panurge, au chapitre 27 du *Pantagruel* :

> Il n'est ombre que d'étendards, il n'est fumée que de chevaux, et cliquetis que de harnois. [...] Il n'est ombre que de cuisine, fumée que de pâtés, et cliquetis que de tasses. [...] Il n'est ombre que de courtines, fumée que de tétins, et cliquetis que de couillons[2].

Sans doute serait-il possible d'analyser la séquence comme un jeu d'arabesques croisant sur trois termes communs donnés traditionnellement

---

1 Paru dans *Études Rabelaisiennes, Rabelais et la question du sens*, Actes du colloque international de Cerisy-La-Salle (1er au 11 août 2000), édités par J. Céard et M.-L. Demonet avec la collaboration de S. Geonget, XLIX, Genève, Droz, 2011, p. 197-208.

2 *Œuvres complètes*, p. 310, orthographe modernisée. Version de 1542. Dans la première édition, Panurge seul répondait à Pantagruel, mêlant le registre paillard avec le registre culinaire. Celui-ci est confié à partir de 1533 à Épistémon (remaniement qui associe dans la parodie de l'héroïsme le farceur et le sage).

pour exemples de signes sensibles naturels, comme le rappelle Marie-Luce Demonet, « ombre », « fumée », « cliquetis ». Mais, comme dans les dialogues de Salomon et de Marcoufle[3], l'attention est sollicitée par les variations, non par le canevas fixe : c'est la différence qui fait sens. L'inverse se produit lorsque le croisement de plusieurs séries narratives ou discursives, de plusieurs registres, de plusieurs isotopies sémantiques, est marqué plus ou moins discrètement par l'écrivain ; on est alors en droit de conjecturer que le sens réside en ce croisement, et qu'à le négliger on s'expose aux pires mécomptes. C'est à de tels agencements que renvoie la notion de « croisement signalé ». L'exemple le plus clair en est l'« Énigme en prophétie » sur laquelle s'achève le *Gargantua* : le titre, en 1542, indique l'aspect composite du texte, et surtout, dès la première version[4], les deux commentaires qui suivent, relevant à tour de rôle les détails propres à l'une et l'autre des deux isotopies combinées, font entrevoir que le sens doit être cherché dans la concurrence de la lecture apocalyptique de Gargantua (les épreuves des derniers temps) et de la lecture ludique de Frère Jan (la partie de jeu de paume), convergentes en un point de fuite qui définirait ce que l'on appelait alors une interprétation « anagogique », au-delà des perspectives terrestres : du point de vue des anges et des élus, les épreuves des derniers temps sont un « jeu de la Sagesse divine », selon l'expression de Rupert de Deutz, une ultime partie entre Dieu et Satan. Le *Tiers Livre* fournit un autre exemple de texte muni d'une signalisation : l'éloge des dettes, où les titres de chapitres marquent le recoupement d'un boniment de filou et d'une utopie de solidarité universelle par échange de ressources[5]. Mais ces montages ont déjà été analysés. Je voudrais en examiner aujourd'hui

3 Modèle explicitement allégué dans le *Gargantua*, chap. 33, où la différence significative n'affecte pas les matériaux sémantiques, mais leur agencement : « Qui ne s'aventure n'a cheval ni mule » *vs.* « Qui trop s'aventure perd cheval et mule. » (éd. citée p. 95).

4 Moins développé dans celle-ci, le commentaire de Frère Jan retient le trait propre au seul jeu de paume : l'allusion aux cordes de raquettes. Une analyse plus détaillée de l'« Énigme en prophétie » est présentée dans *« En sens agile »*, *op. cit.*, p. 16-21.

5 Le chap. 3 intitulé « Comment Panurge loue les debteurs et emprunteurs » est réfuté par le chap. 5, « Comment Pantagruel déteste les debteurs et emprunteurs » ; mais entre les deux prend place l'éloge sans réserve du prêt mutuel, lié au boniment par le titre du chap. 3, « Continuation du discours de Panurge, à la louange des prêteurs et debteurs ». Sur ce montage logique complexe, et sur ce qu'il pourrait désigner au-delà des conceptions économiques de l'époque, voir « Le don, la dette et le truand », ici même p. 227 *sq.*

un autre, plus complexe et plus discret ; invisible même, si l'on ne guette pas les panneaux de croisement aux détours du trajet[6].

Il s'agit de la Sibylle de Panzoust. Le chapitre 17 du *Tiers Livre* où elle apparaît bénéficie d'une double signalisation qui fonctionne de manière très précise, mais par énigmes. Le plus visible des deux indices est l'intervention inopinée du narrateur en qualité de personnage-témoin[7], au beau milieu de la description des gestes de la vieille : « Depuis je vis qu'elle déchaussa un de ses esclos (nous les nommons sabots)... ». C'est la seule occurrence de ce procédé dans le *Tiers Livre*, avec l'éloge du Pantagruélion (inauguré par le « Entre autres choses, je vis... » du chap. 49) ; que marque-t-elle ? Autre singularité, moins frappante bien que placée en vedette, le titre du chapitre : « Comment Panurge parle à la Sibylle de Panzoust. » En fait, la majeure partie du texte est consacrée à la pantomime de la devineresse, ainsi qu'à l'oracle qu'elle inscrit sur des feuilles ; les paroles que lui adresse Panurge, sollicitation d'abord (il « exposa le motif de sa venue, la priant courtoisement lui dire son avis et bonne fortune de son mariage entrepris »), puis, en style direct, désistement épouvanté, qui d'ailleurs n'aura pas de suite, tiennent en quelques lignes ; pourquoi les privilégier ? Je traiterai d'abord séparément les deux questions, avant de chercher vers quoi elles nous guident ensemble.

Il est assez facile de répondre, partiellement, à la première. Le constat du témoin oculaire se situe exactement au point où les objets manipulés par la Sibylle, d'abord typiques de rites anciens sur lesquels nous aurons à revenir, prennent l'aspect d'un bric-à-brac d'accessoires ou de résidus de ménage : sabot, tablier, fichu bariolé, piécettes, coques de noix, pot à duvet, balai, fagot – avec une résurgence du matériel de la divination, sous la forme d'un « rameau de laurier sec », qui accroît les disparates. Et la première observation donne lieu à une distinction

6 Les montages cités ci-avant l'étaient aussi, à en juger par le sort que la critique orthodoxe leur a réservé, et leur réserve encore. En fait, c'est le souci d'orthodoxie qui fait écran devant ces indices évidents, et les masque lorsqu'il n'est pas possible de les éluder par des subtilités exégétiques. Car ce qu'ils désignent réfute le postulat traditionnel : un seul sens, une seule vérité.

7 Sur les différents types d'intervention du narrateur dans le roman de Rabelais, voir Terence Cave (*Pré-histoires*, Genève, Droz 1999, p. 144-145), qui note que « l'apparition du narrateur-personnage tend à marquer des moments significatifs. »

familière aux lecteurs d'Homère : celle des noms différents que portent certains objets, selon qu'ils sont désignés dans la « langue des dieux » ou dans celle des hommes. Ici, l'analogie est parodique sans doute : ce que « nous » nommons sabots s'appelle « esclos » dans un dialecte du Sud-Ouest, et les dieux n'y sont pour rien ; mais subsiste le modèle d'un dédoublement de l'expression, celui-là même qui régit le contexte en faisant apparaître successivement des symboles sacrés et l'attirail d'une vieille folle, et enfin, de façon bien plus agressive, en juxtaposant aux paroles qui annoncent gravement l'inscription du « sort fatal », sur les feuilles de sycomore, le geste obscène à l'adresse des consultants : « sur le perron de la porte se recoursa robe, cotte et chemise [...], et leur montrait son cul. » Cette ultime discordance, si brutale qu'elle reste en suspens dans le récit – il ne sera pas question du geste dans le chapitre suivant, où Pantagruel et Panurge décryptent les vers sibyllins – était programmée quant à sa forme par la remarque lexicologique d'Alcofrybas, qui donnait à entendre que le texte est composite, et quant à son thème par la remarque suivante (« je vis qu'elle [...] mit son davanteau sur sa tête ») qui portait déjà sur une incongruité vestimentaire, quitte à la ritualiser plaisamment par référence à la messe. D'où il suit qu'il nous faudra interroger le système aberrant dans son ensemble : non le geste seul, ni la prédiction seule, mais le croisement entre les deux. Plus tard cependant ; car nous n'avons pas encore toutes les données du problème.

Pour les entrevoir, il convient d'examiner l'autre panneau de croisement, plus énigmatique. Il a trait aux paroles que Panurge adresse à la Sibylle. De celles-ci, les premières étaient prévisibles, et Rabelais ne les cite pas, mais les résume seulement en style indirect[8]. Les secondes – « Adieu Madame, grand merci de vos biens » – s'inscrivent dans le flux verbal du consultant affolé par une éventuelle irruption de diables, et elles prennent la forme stéréotypée du refus que l'on oppose à une puissance infernale ou magique offrant des « biens » à fonction d'appât. La réplique est d'autant plus significative qu'elle convient assez mal à ce que propose la Sibylle (censée dévoiler l'avenir, sans plus) : elle fait entrer celle-ci dans la fantasmagorie de Panurge soudain terrifié par ce qu'il entrevoit des arrière-plans de la consultation, et prêt à renoncer séance tenante au but qui la motivait, à désavouer même ses démarches

8 « Procédé propre à reléguer un énoncé au second plan où à le présenter sur le mode du résumé », selon Véronique Zaercher, *Le Dialogue rabelaisien*, Genève, Droz, 2000, p. 88.

passées (« Je ne me marierai point, non. J'y renonce dès à présent comme alors »). Son effroi n'a pas de suite immédiate ; mais il a des attaches dans les pages précédentes, qui en précisent le sens, et permettent ainsi de comprendre pourquoi le titre du chapitre 18 en privilégie l'expression.

En épilogue de son interprétation du rêve de Panurge, au chapitre 14, Pantagruel distinguait les révélations oniriques, d'après « les Cabalistes et Massoreths[9] », selon leur origine : « L'ange bénin et consolateur apparaissant à l'homme, l'épouvante au commencement, le console en la fin [...], l'ange malin et séducteur au commencement réjouit l'homme, en fin le laisse perturbé, fâché et perplexe. » Cette remarque, qui d'ailleurs fait difficulté quant à l'exégèse du rêve, pose la question plus générale de la participation des démons aux visions prémonitoires, dont s'était inquiété, entre autres, Jean-François Pic de la Mirandole dans son traité *De Imaginatione*[10]. Des craintes du même ordre motivent la vive réaction d'Épistémon lorsque Pantagruel propose de consulter la Sibylle : « C'est par aventure [...] une pythonisse et sorcière [...]. La chose est illicite et défendue par la loi de Moses. » De fait, l'interdit du Deutéronome (18, 10-12) est régulièrement allégué contre les pratiques divinatoires suspectes de collusion avec les esprits infernaux, et l'on peut s'étonner au premier abord de voir Pantagruel éluder d'un mot l'objection de son ancien précepteur – nous y reviendrons. Celui-ci réitère d'ailleurs l'expression de sa défiance lorsqu'il accepte enfin d'accompagner Panurge chez la Sibylle : « Je vous suivrai, protestant que si j'ai avertissement qu'elle use de sort ou enchantement en ses réponses, je vous laisserai à la porte. » Le discours de Panurge épouvanté, au chapitre suivant, ne fera que développer cette éventualité : « Je crois que je suis charmé. Elle ne parle point Christian... ». Du prudent Épistémon, on attendrait une confirmation de ses raisons et un désistement simultané, même sans panique. Bizarrement, il s'en abstient, et même écarte implicitement sa

9 Jean-François Maillard vient ici même de montrer que cette caution est loin d'être probante (« La chimère d'un Rabelais kabbaliste », *Rabelais : la question du sens*, p. 237-251), et dans le chapitre suivant elle est parodiée par la notion même de « caballe monastique en matière de boeuf salé », avec pour trait d'humour supplémentaire que cette « caballe », loin de dévoiler un mystère de haute spiritualité, ramène le rêve à une phénomène physiologique secrètement déterminé par la « tripe ». Mais cet aspect de la question n'est pas de notre propos.

10 Voir XIII et surtout XII. La question est traditionnelle, et T. Cave (*op. cit.* p. 71) la retrouve à la fin du siècle dans le *Discours des Spectres* de Le Loyer. Voir également J. Céard, *La Nature et les prodiges. L'insolite au* XVI*e* *siècle en France*, Genève, Droz, 1977, chap. V, p. 120-125 et 138-140.

propre hypothèse de la sorcellerie puisqu'il entre dans le jeu en recueillant et reclassant avec son compagnon apparemment rassuré (par quoi ?) les feuilles de sycomore.

En fait, son revirement était préparé. Dans ce même chapitre 17, l'humaniste a multiplié les références concernant une familiarité bénéfique avec le surnaturel. D'emblée il a reconnu dans la « case chaumine [...] tout enfumée » un lieu propre à héberger des dieux, analogue à la cabane d'« Hireus ou Œnopion » qui mérita une bénédiction assez saugrenue de trois Olympiens[11] ; il déclare que la vieille est « vraie Sibylle » en lui appliquant un terme homérique à la fois approprié aux apparences et suspect d'antiphrase[12] ; enfin, il fait allusion au « rameau d'or » dont se munit Énée, sur le conseil de la sibylle de Cumes, pour avoir accès aux Enfers païens, et en revenir. Prolongeant cette dernière indication, dont il ne retient que l'aspect inquiétant, Panurge y ajoutera comme incidemment le nom de la déesse des ombres, Proserpine... La configuration est encore floue ; mais qu'on lui adjoigne l'élément le plus incongru du récit, le geste obscène de la vieille, et l'on reconnaîtra les linéaments d'un mythe bien précis : celui de Baubô hébergeant et réconfortant Déméter en quête de Perséphone (Proserpine), dans sa pauvre demeure d'Éleusis. Car pour arracher un instant la déesse à son abattement, et lui faire absorber le potage revigorant préparé pour elle, Baubô a retroussé son tablier – on pourrait dire « mis son davanteau sur sa tête » – et exhibé ses *pudenda* (où était peinte, selon la version rapportée par Clément d'Alexandrie, la face hilare d'un enfant[13]). Surprise, Déméter rit, puis consent à se restaurer, et institue en ce lieu les rites d'initiation aux mystères de régénération des végétaux (en particulier du blé, dont la culture sera propagée par Triptolème, fils de Baubô), de la transmission de la vie et de la renaissance dans l'Autre Monde. De façon bien plus prosaïque, Panurge se borne à constater avec un juron « Par le sambre guoy de boys, voilà le trou de la Sibylle » ; mais il paraît

11 Zeus, Poséidon et Hermès, accueillis par le vieillard, lui donnèrent un fils en urinant dans une peau de bouc.

12 Γρηῒ καμινοῖ ἶσος, « pareil à une vieille cendrillon » : dans l'*Odyssée*, XVIII, 27, le mendiant Iros qualifie ainsi Ulysse, faute d'avoir deviné la vraie stature du héros ; le mot peut être pris pour type d'une appellation qui voile l'identité et la vocation d'un personnage.

13 Voir sur ce mythe l'étude de Ch. Picard, « L'épisode de Baubô dans les mystères d'Éleusis », *Revue de l'histoire des religions*, Janvier 1928, p. 220-255, et ses citations d'Arnobe, *Adversus gentes*, V, et de Clément d'Alexandrie, *Protreptica*, II, 77 *sq.* – Je remercie J.-R. Fanlo qui m'a indiqué ces références.

soudain délivré de son appréhension des puissances infernales, et disposé à recevoir l'annonce, unique dans le roman, de la progéniture que lui donnera sa femme (avec l'aide d'un tiers, peut-être ; mais qu'importe ?). Comme s'il avait décelé dans le geste le plus trivial qui soit le message de vie jadis commémoré dans le Telesterion d'Eleusis.

Deux réserves s'imposent immédiatement. D'une part, rien n'est explicite dans le récit. Les références accumulées par Épistémon ne vont pas au-delà de l'allusion : hébergement de divinités, pouvoir insoupçonné d'une pauvre vieille, transgression des frontières entre vivants et morts, tout concorde avec le mythe éleusinien, mais sans permettre de l'identifier, et de comprendre ainsi pourquoi l'humaniste est soudain rasséréné. Quant au geste ultime, il n'est pas immédiatement lisible : ce pourrait être une simple insulte. Le commentaire anatomique de Panurge aurait pu l'éclairer ; à en juger par la lecture du contemporain Cotgrave, suivie de nos jours par Michael Andrew Screech et Mireille Huchon[14], qui ne reconnaissent pas l'organe de la génération dans ce « trou de la Sibylle », il reste imprécis[15]. D'autre part, il ne serait pas

14 Dans les commentaires de son édition de Rabelais, M. Huchon cite *Énéide*, VI, 10-11 (*antrum immane...*) mais ajoute : « le trou de la Sibylle désigne aussi l'anus » (p. 1400) ; voir M.A. Screech, *Le Tiers Livre*, Genève, Droz, 1964, p. 132. – G. Demerson (*Œuvres* de Rabelais, Seuil, 1995, p. 622, note 20), plus judicieusement, cite Natale Conti, selon lequel la Pythie, parodiée ici, « se troussait et s'asseyait sur le trépied, comme sur une chaise percée : et le Démon luy entrait par sa nature [...] » : détail qui associe le pouvoir prophétique au sexe de la prêtresse. Il paraît probable que Cotgrave, connaissant l'expression par Rabelais, l'a interprétée en appliquant les données strictes de la perspective et de l'anatomie au contexte « et leur montrait son cul », faute de donner toute son extension à l'aire sémantique de ce dernier mot.

15 Et pourtant... Le juron à prothèse prononcé par Panurge, « Par le sambre guoy de boys », littéralement « par le sang <du> dieu de bois », pourrait bien renvoyer à Priape, le « dieu de bois de figuier », dit Érasme (*Éloge de la Folie*, XV et LIV, trad. Cl. Blum, Paris, R. Laffont, « Bouquins », 1992, p. 22 et 74) sans doute d'après Horace, *Satires*, I, VIII, 1 (« *Olim truncus eram ficulnus...* ») ; ce que l'on est tenté de rapprocher de la formule de serment citée au chapitre suivant, dans le commentaire du dernier verset sibyllin : les femmes, explique Panurge, jurèrent « par le sainct sang breguoy » qu'elles écorcheraient les hommes, mais n'exécutèrent leur sanglante résolution que sur l'organe priapique (que pourrait évoquer le détachement en lexème de « breguoy », voir *braca*, la braguette)... Enfin, si la sibylle rabelaisienne inscrit ses oracles sur des feuilles de sycomore, en dépit de la tradition, ce pourrait être en raison de l'étymologie *ficus fatua* qu'avait proposée Grégoire le Grand (*Moralia*, XXVII, 79), d'après saint Augustin selon Maldonat commentant Luc 19,4, et dont fait état, comme de chose connue, Ravisius Textor (je remercie J. Céard de m'avoir généreusement fourni ces références, et aussi d'avoir donné lieu, en posant la question du sycomore, à la présente note) : le titre de « figuier loufoque » conviendrait assez bien à la statuette ithyphalle des jardins. Sans aller jusqu'à cette dernière hypothèse, on retiendra au moins que la formule panurgienne est chargée de connotations sexuelles assez insistantes.

légitime d'édulcorer le geste sibyllin en le réduisant à sa signification de symbole. Même réinscrit dans son contexte mythique, il reste choquant, et n'est efficace qu'à ce prix : Déméter en rit d'abord, c'est précisément ce qui la tire de sa prostration. De plus, les auteurs chrétiens par l'intermédiaire desquels était connu au XVIe siècle le mythe de Baubô avec les rites éleusiniens correspondants (en particulier la manipulation de figurines de pâte, de bois ou de céramique, en forme de sexes) présentaient le tout comme scandaleux, dans leur intention de dénigrer les religions païennes : quelle idée de faire figurer de pareilles turpitudes dans des mystères censés révéler les destinées de l'âme après la mort ! Prêter à Rabelais l'attitude d'un anthropologue du XXe siècle, expliquant qu'il s'agit d'un rituel de fécondité interprété comme gage de survie[16], ce serait risquer l'anachronisme. Il l'entrevoyait sans doute, des indices extérieurs le montreront, mais in *ænigmate*, et surtout sans réduire l'obscénité patente du signifiant.

C'est là en effet que se joue le sens. Nous avons vu que le narrateur-témoin note dès qu'il surgit le croisement de deux paroles et de deux réalités, l'une propre à des mystères sacrés (avec, maintenant reconnaissables, les fuseaux des Parques, les instruments de mesure et de préparation des céréales de Déméter, puis le laurier de la prophétesse et ses vers fatidiques), l'autre triviale (l'attirail ménager et la gesticulation de la vieille, et enfin son exhibition obscène) ; mais son regard se fixe sur les données triviales, dans la seconde phase bien délimitée de la description (« Puis après je vis... »). Pour provoquer le rire ? sans aucun doute ; reste à voir ce que doit faire comprendre ce rire, spécialement au moment où il coïncide avec celui que commémore la légende antique. Le préambule de la consultation de Nazdecabre, épisode contigu, nous éclairera. Pantagruel y expose la valeur sémantique des gestes, qui serait soustraite aux conventions du langage verbal ainsi qu'aux « amphibologies, équivoques et obscurité des mots » grâce auxquelles les oracles peuvent leurrer les consultants tout en restant véridiques. Panurge, en réplique, traite de la monosémie que la mentalité féminine, selon lui, risquerait d'y déterminer, en donnant pour exemple la sourde-muette de Rome qui prend pour une invite gaillarde les gestes d'un gentilhomme

16 Ch. Picard y reconnaît ainsi « l'effort fait pour paraphraser, dans la *muésis*, puis dans l'époptie, un double effort de communion mystique : l'exaltation parallèle des organes créateurs de la vie, et la vision symbolique d'une double régénération. » (art. cité, p. 253).

demandant son chemin : pareillement, les femmes consultées au moyen de ce type d'expression, « si signes aucuns nous faisaient responsifs à nos propositions, ils seraient tant folâtres et ridicules que nous-mêmes estimerions leurs pensements être vénéréiques. » Et à titre d'exemple encore il raconte l'histoire de sœur Fessue, qui s'est laissée violer sans mot dire, en raison de la règle de silence observée dans le dortoir ; en fait, le rapport entre son propos et cette anecdote ne tient qu'à une expression de la nonne, en réponse à l'abbesse qui lui reproche de n'avoir pas « fait signes » à ses compagnes pour dénoncer l'agression qu'elle subissait : « Je (répondit la Fessue) leur faisais signes du cul tant que pouvais, mais personne ne vint à mon secours. » Par effet rétroactif, ces indications privilégient le sens gaillard du geste de la Sibylle, « signe du cul », véridique entre tous bien que, ou parce que, « folâtre et ridicule ».

C'est en effet la vraie réplique à l'épouvante de Panurge. Sa demande explicite, Dois-je me marier ? Serai-je cocu ? reçoit en réponse les vers sibyllins, ambigus comme le montrera au chapitre 18 la double interprétation qu'ils admettent. Reste la question sous-jacente, et plus grave, de l'opportunité et de la légitimité de la consultation, question posée au préalable par Épistémon, et que Panurge avive en caricature par son délire sur les diables. À celle-ci, la vieille répond par le rappel, fulgurant dans sa trivialité, de ce qui est cause de l'entreprise et en indique la fin : la pulsion élémentaire, « J'ai la puce à l'oreille, je me veux marier. » On pourrait paraphraser son geste, en termes vervilliens : « Imbécile, qui t'inquiètes à n'en plus finir de ton avenir de cocu et redoutes de déchaîner les démons en m'interrogeant sur ce beau mystère de la destinée, tout ce qui te tracasse a *cela* pour origine et pour but. La question ne vaut pas que tu te mêles des choses de l'enfer, ni que tu me rompes la tête davantage. »

On entrevoit dès lors l'enjeu du texte. Deux prolongements concurrents et complémentaires le dessineront avec plus de précision. Le premier, à proximité, est marqué par le retour furtif d'une sibylle associée à une fantasmagorie démoniaque bien plus insistante, que la vitalité allègre de Frère Jan est censée pouvoir dissiper. Sortant de chez Raminagrobis, Panurge débite un boniment délirant sur les diables censés guetter le vieux poète au seuil de la mort ; mais il finit par exposer, en écho à la réplique insouciante de son ami, le moyen de les écarter : avoir comme

Énée descendant aux Enfers un « bragmard bien à point fourbi et dérouillé à l'aide et conseil de la Sibylle Cunnane[17] ». Cette traduction insolite de *Cumana Sibylla* n'est évidemment pas une coquille d'imprimeur, mais une paronomase qui renvoie à l'exhibition de Panzoust en lui ajoutant son corrélat viril, le « bragmard ». Voilà de quoi défier les forces de mort : la procréation, « prérogative [...] par laquelle [l'humaine nature] peut en état mortel acquérir espèce d'immortalité[18] ». L'avis est assorti à Frère Jan : c'est celui-ci qui plus tard, interpellé par la litanie paillarde des « couillons », répond « en allégresse d'esprit » au sempiternel questionneur :

> Marie-toi de par le diable, marie-toi, et carillonne à doubles carillons de couillons [...]. Dès hui au soir fais-en crier les bancs et le châlit. Vertus Dieu, à quand veux-tu te réserver ? Sais-tu pas bien que la fin du monde approche ? [...] Voudrais-tu bien qu'on te trouvât les couilles pleines au Jugement ? *dum venerit judicare*[19] ?

On a reconnu l'interprète de l'« Énigme en prophétie », spécialisé comme son saint patron dans les visions de la fin des temps, mais bien décidé, lui, à les rendre ludiques. Et sur les fonctions de vie et de procréation il cite les Écritures : « *Crescite... Nos qui vivimus... Multiplicamini* », ce qui revient à paraphraser « joyeusement » (titre du chap. 27) le signe de la Sibylle avant de « réconforter Panurge sur le doute de cocuage » (titre du chap. 28) en lui racontant l'histoire de Hans Carvel et de son diable de bon conseil. L'autre prolongement, dans le *Quart Livre*, sollicite un éclat de rire semblable sur un fond bien plus sombre : c'est l'histoire du laboureur et de la vieille de Papefiguières aux prises avec un diable encore, mais du genre méchant.

Pour canevas, d'abord une légende d'assolement. Le petit diable qui revendique la possession du champ à titre féodal propose au laboureur de partager la future récolte, de blé, en « deux lots. L'un sera ce que croîtra sur terre, l'autre ce que en terre sera couvert[20] » ; et pour sa part

17 Chap. 23, p. 423. On notera que ce passage est discrètement signalé par une anomalie dans le titre du chapitre, « Comment Panurge fait discours pour retourner à Raminagrobis », alors que le « discours », passé les dix premières lignes, accumule les raisons de ne pas retourner auprès du poète (« Le diable m'emporte si j'y vais », cinq fois répété). Comme si l'essentiel était dans la possibilité ouverte, à la fin, d'y retourner sans risque d'agression démoniaque.

18 *Pantagruel*, chap. 8, p. 241-242.

19 Chap. 26, p. 434-435.

20 Chap. 45, p. 644.

il choisit d'avance le second. N'ayant rien tiré de son lot de chaume, il choisit pour la récolte suivante, de raves, « ce que sera dessus terre[21] ». De nouveau déçu, et furieux, il provoque le paysan à un combat à coups de griffes, avec pour enjeu l'entière propriété du champ. C'est alors que la femme intervient, et terrorise le diable en lui montrant « son comment a nom[22] ? » qu'il prend pour une estafilade laissée par la griffe du mari... Signal de croisement : au cœur de cette histoire rustique conclue sur une gaillardise, le laboureur cite l'Écriture pour expliquer au diable sa première déconvenue :

> En cettui choix me pensiez tromper [...]. Mais vous êtes bien jeune au métier. Le grain que voyez en terre, est mort et corrompu, la corruption d'icelui a été génération de l'autre que m'avez vu vendre. Ainsi choisissiez-vous le pire. C'est pourquoi êtes maudit en l'Évangile[23].

Pour qui n'aurait pas reconnu le verset de Jean[24], le mot « Évangile » sert de marque ; et l'on est renvoyé au mystère de la mort du Rédempteur, gage de vie pour son Église et de résurrection universelle, exprimé dans l'imagerie agraire, très biblique, des semailles et de la germination. C'est cela que le démon ne peut pas comprendre. « Blé semer n'est [s]on état[25] », il appartient à la noblesse d'épée ou de robe : homme de guerre ou de chicane, bon pour spolier et tuer, il ignore tout des forces de vie et donc choisit toujours « le pire », en vertu d'une volonté perverse qui attire la malédiction de Dieu. De même devant la vieille paysanne : elle lui montre l'organe de la procréation, et lui, qui ne connaît que les choses de la mort, croit voir une blessure. Sa méprise prête à rire autant que l'exhibition, mais elle dévoile le vrai débat entre les hommes et les diables : l'affrontement entre la volonté de vivre, ou de survivre, et les puissances de destruction. De nouveau on reconnaît les linéaments du mythe de Baubô, et cette fois avec un arrière-plan sinistrement approprié : la dévastation de Papefiguières, évoquant la persécution des Vaudois de Provence en 1545, remise en lumière en 1551 par le procès intenté contre les responsables, le baron Maynier d'Oppède et ses nobles complices du

21 Chap. 46, p. 645.
22 Chap. 47, p. 648.
23 Chap. 46, p. 645.
24 12, 24 : « En vérité en vérité je vous le dis, si le grain de blé ne tombe en terre et ne meurt, il reste seul ; s'il meurt, il porte beaucoup de fruit. »
25 Chap. 45. p. 644.

Parlement d'Aix, qui avaient fait massacrer les habitants de Cabrières et Mérindol afin de pouvoir s'emparer de leurs terres[26]. En cette contrée désolée comme à Éleusis il s'agit de surmonter l'épreuve des prédations infernales en mobilisant les forces de régénération.

Très clair dans cette dernière version comme dans le mythe originel, le sens de ce que j'appellerai le geste de Baubô se dessine bien moins nettement à Panzoust, à l'aide d'un jeu de références à peine indiquées; comme si ce qui doit être distingué, ce que désignent les indices de lecture, ne pouvait s'écrire qu'en signes instables, lacunaires, composites. C'est que la question qui lui donne lieu est complexe, peut-être inquiétante aussi, à ne pouvoir admettre pour conclusion que l'éclat de rire. Les diables que Panurge imagine autour de sa Sibylle accentuent en caricature l'énigme de cette détentrice de savoirs mystérieux, d'autant plus troublante qu'elle est virtuellement accréditée. Oracles du paganisme, donc inspirées en principe par les démons, les Sibylles antiques ont formulé des prédictions authentifiées par la tradition chrétienne : naissance virginale du Sauveur, annoncée par celle de Tibur selon saint Augustin qui lit ainsi la quatrième églogue de Virgile, fin du monde et Jugement, « *teste David cum Sibylla* » selon le *Dies irae*; et elles sont peintes avec les prophètes sur les voûtes de la Sixtine. Rabelais était sensible à de telles interférences de la mythologie et de la Révélation : pour lui, les plaintes des « démons » à la mort du « grand Pan » qu'évoque Plutarque dans son traité *De la cessation des oracles* ne déplorent pas, comme chez Eusèbe, la perte de leur pouvoir maléfique, mais bien la « pitoyable histoire » du Calvaire; et la mort du pieux seigneur de Langey est accompagnée de semblables prodiges de deuil. Ce n'était pas pour autant matière de bréviaire; une « question douteuse », plutôt, propre à inspirer ces « textes troublés au seuil de la modernité » qu'analyse Terence Cave dans ses *Pré-histoires*, non sans y

---

26 Je remercie Franco Giacone d'être intervenu pour montrer que cette référence était téméraire, notamment en raison des caractères attribués aux Papefigues en leur état antérieur : ils étaient « riches » et portaient le nom de « Gaillardets », ce qui ne convient guère aux disciples de Valdès (« Pauvres de Lyon », de mœurs austères) installés en Provence; à quoi on pourrait objecter que les terres de ces « Vaudois » étaient assez riches, semble-t-il, pour susciter la convoitise des prédateurs de 1545. Mais même si l'allusion historique n'est pas établie, reste que les « Papefigues » sont ici persécutés et dépossédés de leurs biens au profit des « diables », par décision des « Papimanes »; ce qui suffit à donner à l'anecdote un arrière-plan de désastre, au moins dans la fiction.

réserver une place privilégiée à Rabelais[27]. De cette étude magistrale est tirée une conclusion, sur la « quête de Panurge », en rapport direct avec notre propos :

> À chaque moment, ce qui est en question est le site des clôtures épistémologiques et cosmiques, le point précis où l'on passe au-delà de la nature et de la connaissance humaine [...]. Et à chaque moment le texte bute sur une angoisse, une incertitude, une perturbation.

Je ne peux que souscrire à ces phrases ; en ajoutant toutefois que le texte n'enregistre pas les perturbations passivement, comme un sismographe ; qu'il les avive, peut-être les crée, en désignant les points d'incertitude, en jouant des divers sens, virtuels ou explicites, qui s'y croisent, des divers registres où ils peuvent s'inscrire : pour la Sibylle de Panzoust, les anciens rites, le bric-à-brac sordide, l'épouvantail de l'Enfer, la révélation solennelle du destin, et l'exhibition du cul en ultime signe. Que cette profusion de données rendues énigmatiques par leur concurrence même – croisements signalés, toujours – s'achève en dérision, c'est la signature du « bon espoir ». Non pas une explication (sinon au sens étymologique restitué par Nicolas de Cues, de « déploiement ») et encore moins une solution, mais une façon de considérer les problèmes dans toute leur complexité, avec « certaine gaîté d'esprit » qui définit le pantagruélisme.

On peut alors risquer une exégèse de la réponse désinvolte de Pantagruel à Épistémon, sur l'interdiction mosaïque de tout contact avec les devins : « nous ne sommes mie Juifs[28]... ». Est-ce à dire qu'en ce point précis le Deutéronome serait caduc ? La proposition serait contraire à toutes les traditions chrétiennes en vigueur au XVIe siècle. Mais Rabelais note ainsi que ce qui dans l'ancienne Loi était pure obéissance à une prescription, respect de la « lettre » d'un code, est pour le chrétien un choix personnel, simplement assisté de l'autorité ecclésiale et du souffle de l'Esprit. Cette liberté de Thélémites est promesse : Pantagruel ouvre l'espace de l'aventure intellectuelle en proclamant « Que nuit toujours savoir et toujours apprendre, fût-ce d'un sot, d'un pot, d'une guedoufle, d'une

27 *Op. cit.* p. 143-155. Voir aussi p. 84-93, toujours sur la mort de Guillaume du Bellay (avec p. 92 le texte cité ci-après).

28 *Tiers Livre*, chap. 16, p. 400.

moufle, d'une pantoufle[29] ? », en réponse anticipée aux commentateurs qui plaquent sur le roman la réprobation de la *curiositas* et les éloges de la sainte ignorance prodigués par de dévots contemporains. Mais cette même liberté et volonté de s'enquérir est aussi risque, et motif de perplexité, puisque les réponses ne sont pas garanties ni définitives, puisque les sources sont douteuses : la quête de Panurge, mue par un désir sans cesse réaffirmé et une inquiétude sans cesse avivée, l'exprime en traits caricaturaux. Ainsi sont conjoints et poussés à leur paroxysme, jusqu'à la bouffonnerie, les espoirs et les craintes de l'humanisme de la Renaissance, avec pour centre ou point aveugle le statut problématique de cette « curiosité » en laquelle se conjuguent les questionnements dubitatifs dont Socrate a donné l'exemple et les enquêtes méthodiques des péripatéticiens.

Des investigations ainsi conduites ne se laissent pas réduire en formules ; si bien que pour les exégèses doctrinales, le « problème du sens », chez Rabelais, a toutes chances d'être insoluble, à moins évidemment qu'on ne passe le *Pantagruel* au crible des idées reçues pour n'en retenir que ce qui s'y conformerait. Constatons plutôt qu'en vertu des disparates marquées de sa thématique et de son agencement, ce texte est réfractaire à de telles normalisations. Bien au contraire, il exploite ses propres divergences, les fait travailler ou plutôt jouer en ménageant des contrastes de plus en plus surprenants, en signalant les points de croisement et de dislocation virtuelle : c'est là que s'élabore le « sens agile », que les signes verbaux et gestuels, codifiés ou aberrants, sont confrontés pour que des significations impossibles à fixer se propagent à travers leur tintamarre de dérision. On peut y reconnaître une exigence de la pensée paradoxale, ou tout simplement de la pensée vive, hors normes, devant des questions élémentaires – celle du *thelema*, par exemple, désir et volonté profonde de vivre en dépit des puissances de mort – qui dans leur radicalité ne sauraient admettre de réponse définitive : conscient de cela, Rabelais laisse à deviner, comme les poètes laissent à imaginer, en suggérant ce que j'appellerais volontiers des significations rôdeuses, analogues aux « mots rôdeurs » qui hantent les signifiants poétiques selon Antoine Raybaud[30] : jamais tout à fait

29 *Ibid.*
30 Séminaire de 1984-1985 à l'Université de Provence.

explicites, jamais cautionnées sans réserves, jamais soustraites au risque de méprise, parce qu'elles s'aventurent assez loin au-delà des territoires balisés. Dans ces conditions, le « problème du sens » requiert des exercices herméneutiques à haut risque. C'est cela même qui le rend stimulant, et fécond : le présent colloque en témoigne.

LE DON, LA DETTE ET LE TRUAND

En marge des savoirs économiques du XVIe siècle [2000][1]

> Le burlesque commencerait à dire l'impossible.
> Terence CAVE

L'étymologie l'affirme : les philosophes « aiment la sagesse », et les poètes « fabriquent », ou bricolent… quoi au juste ? Sans en savoir rien de précis, conjecturons que c'est autre chose que la sagesse, qui n'a pas besoin de fabricants à l'exception peut-être d'un seul, très haut placé. D'où il suit que ces poètes – et nous rangerons sous ce terme du XVIe siècle, faute de mieux, les auteurs d'œuvres que l'on catalogue maintenant comme « littéraires » – ont vocation à s'installer dans l'erreur. Le domaine est vaste, fertile, plein d'imprévu et de pièges de toute espèce ; il s'agira ici de chercher ce que peut en tirer l'amateur de sagesse, lorsqu'il s'y égare. En d'autres termes : pour tenter de préciser les rapports qu'entretiennent à la Renaissance ce qui ne s'appelait pas encore littérature et ce qui revendiquait l'appellation mal contrôlée de philosophie, nous ne scruterons pas les zones frontalières où peuvent se brouiller leurs démarcations (les *Essais*, par exemple), mais plutôt les domaines réservés ; et surtout celui de l'erreur, avec ses panneaux ostensiblement placés pour avertir l'imprudent ou le distrait : Attention ! ici on se moque de toi, et du reste. Avec à l'esprit l'hypothèse suivante : c'est surtout lorsque la littérature humaniste se fait ludique, et l'avoue sans vergogne, qu'elle apporte quelque chose à la philosophie : justement ce que celle-ci ne peut pas envisager.

---

1 Paru dans *Europe, Littérature et Philosophie*, n° 849-850, janvier-février 2000, p. 167-183.

« Ne peut pas » : l'expression, si téméraire qu'elle soit, procède d'un historien, Lucien Febvre, et d'un philosophe, Michel Foucault. Le premier a introduit la notion d'« outillage intellectuel » pour tenter de montrer que l'athéisme était impensable au XVIe siècle[2]. Cette dernière thèse a été fortement contestée depuis[3] ; l'argument s'inscrivait cependant assez bien dans le cadre de l'ancien débat contre des positivistes de l'école d'Abel Lefranc qui prenaient le *Pantagruel* pour un catéchisme de mécréance : l'historien avait beau jeu de leur répondre que la cosmologie scientifique dont ils se réclamaient pour évincer le Créateur n'était pas encore constituée à l'époque de Rabelais ; et eux de répliquer par Lucrèce… Était plausible en tout cas l'idée que les perspectives des penseurs d'une époque sont limitées par leur contexte culturel au point d'être affectées d'une sorte de cécité à l'égard de ce qui lui est trop étranger. Vingt ans plus tard, rénovée et précisée par Michel Foucault, elle devient base d'investigations en « archéologie du savoir ». Car, plus circonspect que son prédécesseur, le philosophe a mis l'accent sur les conditions de diffusion et d'accréditation des connaissances, et sur les « pratiques discursives » réglées qui leur donnent corps ; de ce fait, les limites qui leur sont assignées affectent plutôt le versant institutionnel et collectif de leur élaboration ; et place est faite à l'initiative singulière, quitte à ce que, restée sans échos, elle ne figure pas dans les archives à traiter. Dans ces conditions, il est possible de dire que tel concept, tel problème, tel mode d'investigations « peut » ou « ne peut pas » figurer dans les configurations épistémologiques[4] de telle époque. Qu'un énergumène, au beau milieu de l'*épistémè* des « ressemblances » et des « signatures », ait décrit incidemment une

2 Voir *Le Problème de l'incroyance au XVIe siècle – La religion de Rabelais*, Paris, Albin Michel, 1942.

3 Notamment par François Berriot, *Athéismes et athéistes au XVIe siècle en France*, Lille, CERF, 1976.

4 Au pluriel, compte tenu des précisions apportées dans *L'Archéologie du savoir* à la notion *d'épistémè* employée plus globalement dans *Les Mots et les choses*. Les formules de cet ouvrage de 1966 étaient péremptoires : « Dans une culture et à un moment donné, il n'y a jamais qu'une *épistémè*, qui définit les conditions de possibilité de tout savoir » (I, VI, 1, p. 179). En 1969 sont décrits des dispositifs plus complexes où interviennent les fragmentations des champs de connaissance, leur dispersion, les rapports latéraux qui s'y distinguent, les décalages de phases, etc. (voir *L'Archéologie du savoir*, Paris, Gallimard, 1969, IV, VI, p. 249-251). Reste le projet de définir un jeu limité de possibles : « *L'épistémè* […] permet de saisir le jeu des contraintes et des limitations qui, à un moment donné, s'imposent au discours : […] c'est ce qui, dans la positivité des pratiques discursives, rend possible l'existence des figures épistémologiques et des sciences » (*ibid.*, p. 251).

expérience imaginaire propre à faire comprendre la gravitation d'un satellite, et même sa mise en orbite, peu importe : personne, pas même lui sans doute, ne pouvait alors s'en apercevoir. Preuve de cela : ni alors ni ensuite, on n'a rien soupçonné de tel en lisant au chapitre 62 du *Quart Livre de Pantagruel* que des « ballotes et dragées » de fer lancées en un mouvement rectiligne devraient en approchant d'une « bien grosse pierre sidérite » [= d'un aimant puissant] dévier de leur trajectoire et rester « en l'air flottantes et tournoyantes à tour [= autour] de la pierre[5] ». Il s'agissait d'un jeu, évidemment, pratiqué à Thélème selon un procédé inventé par Messer Gaster…

Installons-nous donc sur l'aire de jeu ménagée par Rabelais pour y examiner les formes insolites que prend la circulation des biens dans des boniments de farceurs, à bonne distance des conceptions de la richesse, de la monnaie et des échanges retenues par les théoriciens, et des techniques financières un peu moins évidentes des marchands-banquiers, à la même époque. Après quoi restera à s'interroger sur le point le plus énigmatique : le soin que met l'écrivain à rappeler que le système qu'il expose est fait de détournements fallacieux des pratiques dont il semble s'inspirer.

Avant d'étudier les bizarreries, et ne serait-ce que pour en prendre la mesure, il est nécessaire de jeter un coup d'œil sur les représentations traditionnelles de la richesse et de ses emplois, dont reste partiellement tributaire le roman de Rabelais. L'une des plus insistantes apparaît dans la dotation de Thélème. L'« Or donné par don[6] », de l'inscription placée sur la porte de l'abbaye, combine le prestige de la « libéralité » princière

---

5 Rabelais, *Œuvres complètes*, éd. Mireille Huchon, *op. cit.*, p. 685. Rappelons que c'est seulement en 1604 que Kepler, dans son *Astronomia nova*, a expliqué qu'un satellite est maintenu sur son orbite par deux forces, l'attraction radiale réciproque avec le corps central d'une part, sa puissance motrice qui le pousse latéralement d'autre part. Et ce principe n'a été généralisé que bien plus tard, par Newton, en théorie de la gravitation universelle.

6 *Gargantua*, chap. 54, éd. citée p. 144. – Voir sur ce point l'article fondamental de Terence Cave, « *Or donné par don* – Échanges métaphoriques et matériels chez Rabelais », dans le colloque *Or, monnaie, échange dans la culture de la Renaissance*, Saint-Étienne, Publications de l'Université de Saint-Etienne, 1994, p. 109 – l'épigraphe des présentes pages est tirée de cet article, p. 116. Voir aussi Daniel Ménager, « La politique du don dans les derniers chapitres du *Gargantua* », *Journal of Medieval and Renaissance Studies*, 1978, p. 179-191, et Philippe Desan, *L'Imaginaire économique de la Renaissance*, Mont-de-Marsan, Éditions Interuniversitaires, 1993.

et la sanctification de la bienfaisance[7] avec une dynamique d'échange, puisque le flot de ressources est prodigué par un « guerdonneur », donc « en retour » (*wieder* > *guer-*) pour récompenser les services de Frère Jan, et sera « guerdonné » à son tour par la gratitude et la fidélité des bénéficiaires. Voilà pour les finalités idéales de la richesse. Quant à sa nature, elle n'est pas moins clairement fixée : le romancier la matérialise en métal précieux, selon une idée commune où Michel Foucault a décelé l'empreinte de l'*épistémè* propre à l'époque : « le métal n'apparaissait comme signe, et comme signe mesurant des richesses, qu'autant qu'il était lui-même une richesse. S'il pouvait signifier, c'est qu'il était lui-même une marque réelle[8] ». Faut-il préciser que profusion et valeur inaltérable sont situées dans le monde heureux des géants ? Comme objet d'accaparement et de thésaurisation, en revanche, l'argent dégénère en « quinquailleries » ramassées par les usuriers des Enfers selon Épistémon (*Pantagruel*, chap. 30[9]), en « monnaie [...] de taillis et de basse graisse[10] » pour payer le cupide Dindenault et s'engloutir avec lui (*Quart Livre*, chap. 6 et 7). Mais dans cet avilissement de l'argent et de ses emplois, il n'y a rien qui déprécie les richesses que possède tout naturellement le prince généreux : si dans certains contes le diable paie ses dupes en espèces plus que douteuses, cela ne fait que rehausser la valeur des pièces de bon aloi. Et de toute façon, qu'elle ait l'éclat de l'or ou la ternissure du cuivre, la monnaie garde sa matérialité pour qui la serre précieusement dans sa bourse en attendant de l'échanger contre des denrées encore plus massivement réelles, des moutons par exemple[11].

7 Le « pardon » (au sens de *gratia*) promis au donateur. On est un peu surpris de trouver en position si favorable une notion bien discréditée par l'affaire des « indulgences ». Mais un vers holorime vaut bien quelque inadvertance en théologie.

8 *Les Mots et les choses*, 1, VI, 2, p. 180 – et voir p. 183 ce qui rattache ce statut de la monnaie au système des « signatures » qui donne prise au savoir du XVIe siècle. De fait, dans son *Tractatus commerciorum*, de 1546, le juriste Charles Du Moulin « rejette comme absurde la notion d'une monnaie dépourvue de valeur intrinsèque » (T. Cave, art. cité, p. 113). L'idée se retrouve, bien plus tard et dans un autre cadre épistémologique, chez Turgot qui dénie aux « conventions arbitraires des hommes » le pouvoir de déterminer la valeur des monnaies : « On ne peut prendre pour commune mesure des valeurs que ce qui a une valeur [...] Une monnaie de pure convention est donc une chose impossible » (*Écrits économiques*, Paris, Calmann-Lévv, 1970, p. 146).

9 Éd. citée p. 327.

10 *Ibid.*, p. 550.

11 Voir les remarques de T. Cave (sous une perspective différente) dans « L'économie de Panurge », *R.H.R*, n° 37, décembre 1993, p. 23.

Seulement on peut sortir du système, par l'aberration contrôlée ou la parodie. L'exemple le plus clair et le plus simple est celui du jugement de « Seigny Joan, fol insigne de Paris », que Pantagruel cite et approuve sans réserve au *Tiers Livre*. Un rôtisseur veut faire payer l'odeur de rôti dont un portefaix a parfumé son pain ; altercation, menaces ; le fol, pris pour arbitre, demande au portefaix une pièce d'argent…

> Le faquin lui mit en la main un tournois Philippus. Seigny Joan le prit, et le mit sur son épaule gauche, comme explorant s'il était de poids ; puis le timpait sur la paume de sa main gauche, comme pour entendre s'il était de bon aloi ; puis le posa sur la prunelle de son œil droit, comme pour voir s'il était bien marqué […] Enfin le fit sur l'ouvroir sonner par plusieurs fois. Puis en majesté présidentale […] dit à haute voix : « La Cour vous dit que le faquin qui a son pain mangé à la fumée du rôt, civilement a payé le rôtisseur au son de son argent[12]. »

Dissipée en l'air, la fumée, traditionnellement prise pour exemple de signe sensible sans commune mesure avec la viande cuite et le feu qui s'y révèlent, est échangée contre un tintement, autre signe plus fugitif encore, du métal monnayé. La sentence de parfaite équité, qui affirme l'équivalence entre ces simulacres détachés de leurs supports matériels, est empruntée à Tiraqueau, qui lui-même en avait trouvé le schéma chez les juristes italiens que cite Rabelais. Mais celui-ci lui associe une pantomime préalable qui entraîne l'instrument même de l'échange dans le processus d'évanescence. Toutes les simagrées de Seigny Joan renvoient aux gestes destinés à vérifier cet instrument d'après ses caractères concrets : peser la pièce au trébuchet, la faire sonner sur le comptoir, examiner l'effigie qu'elle porte. Seulement elles annulent ces opérations faute de leur être appropriées : impossible de voir l'objet posé sur l'œil, de l'entendre résonner sur la peau, d'évaluer à l'épaule l'infime différence de poids qui décèlerait la fausse monnaie. Au terme de la pseudo-expertise, on ne saura pas si la pièce est bonne ou non ; et cela n'a aucune importance, puisque son aloi ne compte pas : le tout est qu'elle produise le « son » qui paie la fumée. Et nous voici dans une configuration symétrique et inverse de celle qui faisait procéder la fonction de la monnaie – permettre l'appréciation et la circulation de richesses réelles – de sa valeur intrinsèque de métal précieux authentifié

12 Chap. 37, éd. citée, p. 469-470.

par la frappe : pour échanger des simulacres, il suffit d'une pièce mal garantie par une caricature de vérification, et qui, transaction faite, regagnera sa place initiale.

Cela pourrait ne pas tirer à conséquence : sur les tréteaux de la Folie tout est mirage, dira-t-on, et la monnaie avec le reste. Mais un autre épisode, beaucoup plus complexe, ne permet pas ce genre d'échappatoire. C'est l'ensemble des discours sophistiques de Panurge, au début du *Tiers Livre* (chap. 2-4), sur la dilapidation des biens et sur les dettes[13]. Les répliques sévères que leur oppose Pantagruel interdisent au lecteur de se complaire dans la fantaisie du bonimenteur sans s'interroger sur ses rapports avec le réel ; en même temps, l'agencement de l'ensemble lui interdit de résoudre la question à peu de frais en classant cette fantaisie sous la rubrique de la pure tromperie ; il sera facile de le constater après quoi se poseront les vrais problèmes.

On sait ou on devrait savoir depuis longtemps (exactement, depuis la parution du *Dessein de Rabelais*, en 1957, où Verdun-Léon Saulnier l'a établi en quelques lignes décisives[14]) que l'éloge des relations de générosité et de gratitude réciproques, au chapitre 4, dans un monde où à tour de rôle « un *chacun* prête, un *chacun* doive, *tous* soient debteurs, *tous* soient prêteurs », n'est nullement remis en cause par la condamnation que prononce ensuite Pantagruel contre ceux qui se cantonnent, comme Panurge, dans la fonction d'emprunteurs perpétuels, faussant précisément cette réciprocité. Rabelais avait même pris soin de l'indiquer, hors narration et discours, par les titres : celui du chapitre 5, « Comment Pantagruel déteste *les debteurs et emprunteurs* », répond à celui du chapitre 3, « Comment Panurge loue *les debteurs et emprunteurs* », mais non pas à celui du chapitre 4, « Continuation du discours de Panurge à la louange *des prêteurs et debteurs* » – ici une relation, dénotée par mention des deux partenaires du contrat de prêt, là un seul rôle, dédoublé en ses phases successives. Seule la panurgophobie à la mode depuis quelques décennies a pu faire méconnaître une telle évidence, et empêcher de constater que la célébration des échanges organiques dans le « microcosme » humain,

13 Un aperçu de la bibliographie considérable de cet épisode, avec un assortiment des très divers éclairages projetés sur lui, est proposé par Guy Demerson : « L'éloge panurgien des dettes », *Or monnaie, échange…*, p. 119-128.

14 Chapitre VII de l'ouvrage, p. 152-153 de sa réédition dans le tome 1 du recueil posthume *Rabelais*, Paris, SEDES-CDU, 1983.

puis de la procréation, comme prêt à fonds perdus – c'est-à-dire don – de la vie, esquisse l'image d'un univers de solidarité animé par le précepte paulinien d'« amour et dilection mutuelle » que cite le géant dans sa prétendue réfutation. Compte tenu de ces données, sur lesquelles il ne semble pas nécessaire de s'étendre[15], c'est l'allure sophistique de l'ensemble du texte qui fait difficulté ; d'autant qu'elle est rappelée exactement au point d'articulation entre l'évocation des « sympathies » cosmiques et celle des coopérations alternatives à l'œuvre dans le corps. Là Panurge, après avoir louché du côté des fastes de l'Église et des saints intercesseurs (thème de satire érasmienne), cite l'éloge d'une dupe prononcé par un escroc : Maître Pathelin incite Guillaume Jousseaulme à lui céder à crédit une pièce de drap, dont le paiement ne viendra jamais, en glorifiant son brave homme de père qui « prêtait ses denrées à qui en voulait ». L'appréciation est aussi enthousiaste qu'ambiguë : « Ô le beau mot ! » s'exclame l'orateur, parlant peut-être du terme « prêter », mais plus probablement de la réplique théâtrale qui le situe dans un contexte de supercherie. C'est donc toujours un filou qui parle, et la méditation sur les divers aspects de la solidarité universelle est bien la « continuation » de son boniment du chapitre 3… Il faut croire que Rabelais ne veut pas qu'on l'oublie ; mais à quelles fins ? Pour l'entrevoir, il paraît nécessaire de s'attarder un moment sur les données historiques en marge desquelles est prononcé l'éloge des dettes.

Elles sont doubles. D'une part, les débats sur la légitimité du prêt à intérêt, dont Terence Cave a présenté l'essentiel au sujet du *Tractatus commerciorum* publié par Charles Du Moulin l'année même de parution du *Tiers Livre*[16]. D'autre part, la technique du « change par art » mise en œuvre dans le réseau bancaire organisé en Europe autour de la place de Lyon. Totalement différentes par leur nature et par leurs champs d'applications, bien que croisées dans le texte de Rabelais, ces données ne peuvent être présentées que séparément.

En réplique aux interdits canoniques fondés sur l'adage *Pecunia pecuniam non parit* (« l'argent ne fait pas des petits » – interdits constamment éludés, du reste), le juriste protestant justifie l'intérêt des prêts pour investissement en y reconnaissant une gratification destinée au prêteur,

15 On en trouvera un exposé plus détaillé dans « *En sens agile* », *op. cit.*, p. 37-50.

16 Voir son article cité plus haut, « Or donné par don… », dont les pages 112-115 sont reprises pour l'essentiel dans l'alinéa ci-après.

que l'emprunteur prélève sur les gains réalisés grâce aux fonds placés à sa disposition. D'où il suit que le capital ne fait qu'aller et venir, pendant que les revenus sont partagés *ex mutua charitate* entre ceux qui ont coopéré à leur production (le prêteur par les investissements qu'il a financés, l'emprunteur par son application à les faire fructifier). Tout le raisonnement repose sur l'hypothèse d'une gestion rationnelle des ressources, fructueuse à terme pour les deux partenaires de l'opération ; aussi Du Moulin interdit-il sans hésiter les contrats de prêt abusif (notamment la « vente de blé en herbe », cession d'une future récolte à vil prix en raison des aléas du climat, qui équivalait à un emprunt à taux usuraire ruineux pour le paysan) et le prêt pour dépenses somptuaires. Bref, avancé par contrat aussi bien que donné par don, le financement et ses effets doivent rester choses positives, masses d'argent et de ressources investies sans gaspillage en vue de profits pour chacun des partenaires. Tel est l'avis d'un philosophe attentif au rôle du crédit dans la vie économique, et soucieux d'en prévenir les abus ; le texte de Rabelais porte les traces de telles préoccupations, partagées entre la description de la grande fabrique coopérative du corps humain, où tout prêt est productif, et la réprobation des emprunts somptuaires prononcée finalement par le prudent Pantagruel.

De principe tout autre, le « change par art » n'est assimilable à un système de prêts que dans la mesure où il consiste en une gestion rationnelle de débits consentis par des banquiers sur des places différentes, de part et d'autre des frontières. Son mécanisme peut se décrire de façon schématique. Soit des mouvements de marchandises entre la France et l'Italie. Les exportateurs français, au lieu de se faire payer directement par les importateurs italiens, reçoivent d'avance du banquier français, en monnaie française, les sommes qui leur sont dues, contre des lettres de change qui, transmises à un banquier italien, feront de celui-ci le créancier en monnaie italienne des importateurs ; parallèlement, une opération semblable s'effectue entre des exportateurs italiens et des importateurs français, par banquiers interposés, avec transmission de lettres de change d'Italie en France. Dans ces conditions, les flux de marchandises entre les deux pays ne s'accompagnent pas de mouvements de fonds en espèces sonnantes et trébuchantes, mais de transferts en aller-retour de créances, et de compensations enregistrées d'une transaction à l'autre. Bien entendu, les négociants débiteurs, dans chaque pays, sont sommés de payer en bon argent ; mais les relations financières internationales entre les banquiers apparaissent sous forme de créances et de dettes mutuelles, matérialisées par des écrits – les lettres de change – et évaluées par conventions cambiaires périodiques sur le cours de référence, en écus de marc (monnaie de compte propre aux banquiers lyonnais), des monnaies nationales. Au XVIe siècle, cette pratique n'a pas fait l'objet d'une analyse théorique ; Marie-Thérèse Boyer-Xambeu, Lucien Gillard et Ghislain Deleplace, qui l'ont récemment mise en lumière[17], doutent même que les marchands-banquiers qui l'avaient élaborée aient eu « conscience des causes de leur enrichissement[18] ». Mais elle ouvre une brèche dans le réalisme monétaire de l'époque, en direction des temps bien ultérieurs où l'économie sera conçue comme système d'échanges et de flux plutôt que comme gestion de richesses, et où la monnaie devenue fiduciaire « repose non plus sur la matière, mais sur des relations entre patrimoines, sur des actifs financiers », si bien que le crédit peut « prendre le relais du métal pour focaliser la fonction de paiement[19] ». Non sans paradoxes. « La monnaie moderne est un défi au bon sens, écrit Bernard Courbis : à preuve la difficulté qu'il y a pour

17 Dans leur ouvrage fondamental *Monnaie privée et pouvoir des princes. L'économie des relations monétaires à la Renaissance*, Paris, Éditions du CNRS, 1986, auquel sont empruntés (mais avec des simplifications drastiques) les éléments exposés ici.

18 « Vers une typologie des régimes monétaires », dans *Monnaie métallique et monnaie bancaire, Cahiers d'économie politique* 18, L'Harmattan, 1990, p. 56 – où les mêmes auteurs montrent la précision technique et institutionnelle de cette pratique, mais la nécessaire occultation de ses effets dans une idéologie du « juste prix » (p. 57). Faut-il reconnaître ici ce que Michel Foucault appelle une « pratique discursive » ? C'est probable, même si certains aspects essentiels des opérations restent dans l'ombre. Les mêmes auteurs précisent dans un autre article du recueil (« Du métal à l'espèce et du change à la banque », p. 129-147) : « Le statut de la foire de Lyon résulte essentiellement de la mise en œuvre par un petit club d'initiés d'un ensemble de règles conventionnelles, parmi lesquelles : l'utilisation d'un instrument spécifique pour mesurer les valeurs (écu de marc), les votes en assemblée de la liste des cours des changes [...] et l'expédition systématique des résultats du vote sur toutes les places du réseau où ils vont faire référence. Tout un ensemble d'attitudes rituelles et de procédures solennelles font prendre conscience à chacun des règles normales de ce monnayage privé et légitiment les comportements. [...] En foire centrale s'élabore la représentation du change par art que les agents se donnent à eux-mêmes. Ce niveau de conscience est nécessaire pour que s'affirment une discipline et un ensemble de normes juridiques. Comme nous l'avons souligné, cette conscience se limite à la représentation des pratiques, sans déborder jamais sur les conséquences globales que peuvent avoir involontairement ces pratiques. » (p. 135).

19 Bernard Courbis, « L'antinomie paiement-crédit et la formation de la monnaie moderne », *Cahiers Monnaie et financement*, 17, Université de Lyon II, 1985, p. 115-116.

faire accepter que les banques créent de la monnaie à partir de rien… si ce n'est du crédit qu'elles distribuent[20] ». Cette idée d'un économiste contemporain dépasse sans doute les perspectives des banquiers de Lyon, mais pour se rapprocher – dangereusement ? – des boniments de Panurge, en désignant le point critique où ils trouvent leur unité : la dette, conçue à la fois comme relation économique fondamentale et comme manifestation du manque, envers négatif de la richesse.

Sans vouloir faire de Panurge le prophète de la finance moderne, ou du « monde de piperie » qu'elle instaure dès ses débuts aux yeux de Béroalde de Verville[21], constatons que Rabelais disposait de modèles efficaces pour placer son personnage en porte-à-faux par rapport à l'orthodoxie économique d'un Du Moulin : d'une part celui de la prodigalité princière ou carnavalesque, « or donné par don » pour les gentils Thélémites ou pour les convives cogneurs de Basché[22], sans crainte de pénurie ni souci de rentabilité ; d'autre part celui du système de crédits et de débits grâce auquel les échanges monétaires acquièrent la fluidité nécessaire à l'expansion du commerce européen sous la Renaissance, au prix d'une dématérialisation épisodique des moyens de paiement et de la présence permanente de soldes négatifs dans les comptes. Il lui restait à les fausser, pour en exploiter les virtualités les plus aberrantes ; ce qu'il a fait, grâce à la sophistique effrénée du hâbleur, quitte à rappeler ensuite les bornes allégrement franchies. On le constatera en s'interrogeant sur le lien qui rattache à l'éloge des dettes proprement dit (chap. 3 et 4) les longues justifications du gaspillage qui lui servent de préambule, au chapitre 2 : « Comment Panurge fut fait châtelain de Salmigondin en Dipsodie, et mangeait son blé en herbe »…

Un mot d'abord sur cette châtellenie de Salmigondin. Alcofrybas-Rabelais l'a reçue de Pantagruel à la fin du livre précédent, après un séjour de trois mois dans la bouche du géant et une ultime réponse à ses

20 *Ibid.*, p. 116.

21 *Le. Moyen de parvenir*, éd. Hélène Moreau, André Tournon, Jean-Luc Ristori, Paris, Classiques Garnier, 2004 sections 34 à 36 (p. 155-168 de l'original, 135-147 de la transcription). Ici même, p. 299-303.

22 *Quart Livre*, chap. 12 à 16 ; sur l'aspect carnavalesque de cette scène décrite par Panurge, et le violent refus qui s'y exprime, de l'esprit de lucre et de chicane, voir Mikhaïl Bakhtine, *L'Œuvre de François Rabelais et la culture populaire au Moyen Âge et sous la Renaissance*, Paris, Gallimard, 1970, III, p. 198-208 et p. 262-269, ainsi que « Jeux de massacre. La "tragique farce" du Seigneur de Basché », p. 261-270.

questions : « Voire mais, dit-il, où chiais-tu ? – En votre gorge, Monsieur, dis-je. – Ha ha ! tu es gentil compagnon, dit-il. Nous avons avec l'aide de Dieu conquis tout le pays des Dipsodes, je te donne la châtellenie de Salmigondin. – Grand merci, dis-je, Monsieur, vous me faites du bien plus que n'ai déservi [= mérité] envers vous[23]. » Si la générosité du prince se mesure à la disproportion entre service et récompense, celle de Pantagruel, comme l'indique la remarque du bénéficiaire, n'a pas de limites. Cela fait de Salmigondin un emblème du don gratuit. Panurge, qui dès son irruption dans le roman avait obtenu l'amitié de Pantagruel sans aucune contrepartie[24], prend au *Tiers Livre* la place d'Alcofrybas dans la châtellenie ; et à la surabondance de biens il répond par le gaspillage systématique ; en d'autres termes, face à la plénitude des ressources et des libéralités gigantales, il fait apparaître leur corrélatif, la dépossession, le manque érigé en mode d'existence ; et il revendique ce rôle de gouffre sans fond lorsque Pantagruel lui fait observer qu'il ne deviendra jamais riche : « Aviez-vous en soin pris me faire riche en ce monde ? [...] Vous vivant joyeux, gaillard, dehait [= de bonne humeur], je ne serai riche que trop » – mot dont la logique secrète parachève l'idéal que symbolisait l'« or donné par don » en excluant tout profit et toute accumulation.

Considérons en effet, non les personnages, mais leurs fonctions, et le sens de leur association en couple inséparable d'amis. L'un répand les dons à profusion. Si l'autre les amassait pour s'en enrichir, cela formerait une configuration close de parasitisme (au détriment du prodigue) ou d'assujettissement (au détriment de l'assisté), selon la perspective et les préjugés admis. Mais il les dissipe en « mille petits banquets et festins joyeux ouverts à tous venants, mêmement [= spécialement] tous bons compagnons, jeunes fillettes et mignonnes gualoises[25] [= noceuses] ». Il réitère ainsi le geste de dessaisissement de son compagnon, mais sous forme d'une destruction festive, comme pour un *potlach* sans attente de

23 *Pantagruel*, chap. 32 (22 dans la première édition), éd. citée p. 333.

24 Ullrich Langer (*Perfect Friendship*, Genève, Droz, 1994, chap. III.) a confronté ce trait avec les différents modèles de l'*amicitia* que proposent les traditions humanistes et chrétiennes, sans trouver de correspondant exact. Il n'en constate pas moins que l'amitié du géant est d'autant plus généreuse qu'elle s'adresse à un partenaire peu enclin à la réciprocité (puisqu'il s'abstient de secourir son bienfaiteur aux prises avec Loup-Garou, au chap. 19 (29 en 1542) du *Pantagruel*).

25 Éd. citée p. 357.

contrepartie ; et il ne reste aucune place pour l'esprit de lucre, l'*avaritia*, ni pour l'aliénation qui en résulterait[26]. Cela apparaît même dans la réplique de Pantagruel aux justifications de Panurge : après avoir discrédité l'« hérésie » de celui-ci en lui donnant pour précédents les gaspillages de Néron et de Caligula, il l'assimile bizarrement à un rite sacrificiel romain « tel que l'agneau pascal entre les Juifs : il y convenait tout mangeable manger, le reste jeter au feu : rien ne réserver au lendemain[27] ? ». On a reconnu le précepte scripturaire de la confiance en Dieu que matérialise non seulement la Pâque, mais, tout au long de l'Exode, les prescriptions relatives à la manne (qui n'est jamais mise en réserve, sauf à la veille du sabbat où on ne la recueillera pas) ; comme pour profiler le désintéressement et l'abandon évangélique derrière l'insouciance du farceur.

Mais ce n'est là qu'une virtualité de sens, qui ne doit pas masquer l'étrangeté de l'économie panurgienne. Le programme de destruction et de dilapidation méthodiquement détaillé selon les quatre vertus cardinales, et exécuté en quinze jours, a installé à Salmigondin un châtelain aux mains vides. Très logiquement, il se constitue un anti-patrimoine, une fortune en négatif : les dettes, que célèbre son second discours. Le premier trait en est la prolifération, reflet inversé de la prolifération des acquis dans le modèle orthodoxe : la « versure », emprunt contracté pour payer les arrérages d'un autre emprunt, est sans doute une pratique assez courante dont les effets nocifs étaient déjà dénoncés par Plutarque[28] ; systématisée, elle fait de chaque dette un relais dans un réseau de transferts de plus en plus déficitaires ; et l'évaluation s'en accroît d'autant, dans la gestion à qui perd gagne. Logiquement, Panurge inverse aussi les rôles décrits par Plutarque. Le débiteur n'est plus tributaire de ses usuriers qui le menacent d'emprisonnement ou de servage ; au contraire, il est le dieu tutélaire de ces « créatures belles et bonnes » : les créanciers tendent toujours à recouvrer leurs fonds mais ne pourraient y parvenir sans disparaître, puisqu'ils ne subsistent comme tels que par la perpétuation de la dette ; ils doivent donc savoir gré à leur débiteur de ne jamais s'acquitter. Ainsi est instituée une économie à l'envers, peut-être

26 Voir D. Ménager, art. cité, p. 189.

27 Éd. citée, p. 360.

28 Dans son traité *De ne pas emprunter à usure*, dont Rabelais a tiré une partie de la réplique de Pantagruel, au chap. 5.

diabolique, rivale des régimes normaux de production et de transaction qui assureraient, dit-on, la prospérité de chacun.

Tel est le système extravagant sur lequel porteront les condamnations du chapitre 5. Il a des cautions dans l'univers romanesque. La plus évidente est la vocation de générosité assignée aux géants : à la profusion illimitée de leurs dons doit correspondre une non moindre capacité de consommation. Moins visible, une particularité de Pantagruel parfaitement exposée par Thomas M. Greene[29] accuse cette nécessité. Le héros a reçu de son éponyme, le petit diable épandeur de sel des Mystères, et sans doute de son ascendant caniculaire à multiples connotations mythiques[30], la propriété d'altérer ceux qu'il approche. Il naît dans un monde dévasté par la sécheresse, où bêtes et gens souffrent d'une soif cruellement avivée par la saumure qui suinte de la terre en réponse aux processions votives. Et dès son avènement, il transmue le besoin en désir : les commères saluent joyeusement les salaisons qui le précèdent : « Voici bonne provision, aussi bien ne buvions-nous que lâchement, non en landsmann ; ceci n'est que bon signe, ce sont aiguillons de vin[31] ». Toujours la soif, mais saisie dès lors comme incitation dionysiaque au plaisir du banquet. Panurge, dès son irruption dans le roman, incarne allègrement cet état de besoin, « dents aiguës, ventre vide, gorge sèche, appétit strident[32] » ; et il l'impute à la présence de Pantagruel, en réponse aux commensaux qui admirent sa descente de gosier : « Mais je ne sais que diable ceci veut dire : ce vin est fort bon et bien délicieux, mais tant plus j'en bois, tant plus j'ai soif. Je crois que l'ombre de Monseigneur Pantagruel engendre les altérés, comme la lune fait les catarrhes[33] ». Plus loin, on découvrira que le besoin (le désir) lui est essentiel : il ne garde jamais rien de ses chapardages, et il a « soixante trois manières de recouvrer argent, mais [...] deux cent quatorze de le dépendre[34] [= dépenser] ». Dans le *Quart*

29 *The Vulnerable Text*, New York, Columbia University Press, 1986, chap. 5, p. 79-98. [Traduction française sous le titre *Le texte vulnérable. Essais sur la littérature de la Renaissance*, Paris, Champion, 2002.]

30 Voir Claude Gaignebet, *À plus haut sens*, *op. cit.*

31 *Pantagruel*, chap. 2, éd. citée, p. 224 – le mot « landsmann », *compatriote* (orthographié « lancement » dans l'original) renvoie à la propension légendaire des Lansquenets à l'ivrognerie.

32 Chap. 9 bis (14 en 1542), *ibid.*, p. 250.

33 Chap. 10 (14 en 1542), *ibid.*, p. 263.

34 Chap. 2 (17 en 1542), *ibid.*, p. 280. Précisons que ces dépenses sont en principe désintéressées, jusqu'à parodier les bonnes œuvres : dotation de vieilles prostituées, causes d'intérêt commun... Aussi les « larcins furtivement faits » qui constituent l'essentiel des

Livre il manifeste encore son inaptitude au « ménage ». Après la noyade de Dindenault et de son cheptel, Frère Jan lui fait observer qu'il aurait dû différer le paiement du mouton qu'il avait acheté : « L'argent vous demeurât [= serait resté] en bourse ». Haussement d'épaules. « C'est bien chié pour l'argent ! Vertus Dieu, j'ai eu du passetemps pour plus de cinquante mille francs[35] ». Un panier percé, vraiment, même dans ses jeux les plus agressifs.

Mais revenons à ses dissipations de châtelain de Salmigondin. Elles sont conformes à son rôle de perpétuel donataire toujours dans le besoin, toujours altéré, auprès d'un donateur muni du double pouvoir d'aviver la soif et de l'étancher par ses largesses. Il ne faut donc pas s'étonner de le voir protester, en dépit des admonestations qu'il vient de subir, lorsque Pantagruel décide de solder ses dettes. Ce serait méconnaître sa vocation. L'espèce d'autarcie qu'il acquerra, après apurement des comptes, est incompatible avec celle-ci, c'est-à-dire avec la fonction que lui assignait d'emblée le roman : « Dorénavant étant quitte, quelle contenance aurai-je ? Croyez que j'aurai mauvaise grâce pour les premiers mois, vu que je n'y suis ni nourri [= préparé par éducation] ni accoutumé ». Aussi envisage-t-il bizarrement de « donner toute [s]a Caquerolière [élevage d'escargots], ensemble [s]a Hannetonière[36] » à ses créanciers, non pour se libérer mais pour prolonger son endettement ; ce qui reviendrait à les payer pour qu'ils diffèrent le recouvrement de leurs créances. Cela se tient : il s'agit de rester endetté à tout prix, pour préserver son identité.

Reste que Rabelais, par la bouche pour une fois autoritaire de Pantagruel, lui refuse cette échappatoire et le condamne à demeurer « quitte », désormais, quelques désagréments qu'il y trouve. Cela revient à faire juger, en définitive, que le montage d'endettements dont

---

ressources de Panurge (début du même chapitre, *ibid.*, p. 277-278) ne sont pas assimilables à des accaparements, comme les vols des vrais bandits qui thésaurisent le butin ; non en raison de leur modicité, mais parce que le truand ne garde rien pour lui – trait indiqué avec insistance dans son dialogue avec Alcofrybas : « Et où diable sont-ils allés [ces florins] ? dis-je, car tu n'en as pas une maille. – Dont ils étaient venus, dit-il : ils ne firent seulement que changer de maître » (*ibid.*, p. 278). – C'est une première approche de la circulation des biens dans le monde des dettes : « or, argent, menue monnaie [...] trotteront de main en main » (*Tiers Livre*, chap. 4, *ibid.*, p. 365).

35 *Quart Livre*, chap. 9, *ibid.*, p. 556.

36 *Tiers Livre*, chap. 5, *Ibid.*, p. 369. Le projet semble reposer sur une analogie (trompeuse) avec les expédients de débiteurs aux abois qui cèdent une partie de leurs biens en acompte pour faire reculer l'échéance.

il s'enchantait reste à la fois frustratoire et frauduleux ; que même la caution que lui donne sa position dans la logique des rôles (sa vocation de recevoir sans jamais posséder) accuse encore son insolvabilité, donc l'aspect négatif de la dette ; et que son attitude n'est conforme ni aux exigences de l'économie telles qu'on les concevait à partir de la notion positive de richesse, ni aux attentes du « donneur et guerdonneur » dont il tient ses ressources, et qui le désavoue. Si sympathique qu'il soit, avec sa fantaisie, il se retrouve sous l'aspect d'un truand écervelé dont les boniments n'ont convaincu personne… – Et pourtant sa réprobation des « refusants », son évocation du monde des « debteurs et prêteurs », son émerveillement devant les échanges organiques, tout cela sonne juste, en dépit de l'épilogue. Quel est le sens de cette organisation déconcertante de l'ensemble du texte ?

Il convient de le chercher dans la divergence et la tension dialogique des propos et des données hétérogènes qu'ils mettent en jeu. À grands traits :

- Les largesses que reçoit Panurge et son dessein arrêté de les gaspiller le définissent comme dénué de possessions et de profits. Ses dettes, perçues dès lors comme aggravation de cette indigence foncière, apparaissent sous l'aspect du manque, sans autre vertu que leur aptitude à se propager indéfiniment en d'autres manques ; son comportement est ainsi placé sous l'éclairage des conceptions classiques qui censurent l'endettement ou le limitent de façon stricte. En utilisant aux chapitres 2 et 3 des sophismes trop visibles, en se faisant réfuter par Pantagruel, le hâbleur à profil de truand fixe cette image toute négative de la dette.
- En regard, le modèle des relations entre « les prêteurs et debteurs » qu'il célèbre, surtout dans sa version organique, semble agencé de manière à faire prédominer la réciprocité sur l'endettement : il pourrait être décrit comme un système d'échanges généralisés, sans risques de pertes pour personne, et même avec excédents dévolus aux générations ultérieures. Par sa souplesse et ses mécanismes de compensation, il évoque le « change par art » des marchands-banquiers, avec ses effets stimulants.

Le coup de force de Rabelais est de combiner ces deux modèles. Ainsi, d'une part il fait soupçonner une sorte de leurre, un défaut ontologique dans les mécanismes de crédit, qu'il présente sous la perspective d'un débiteur-escamoteur tout heureux d'être insolvable. D'autre part il fait découvrir la fluidité bénéfique des échanges que ces mécanismes rendent possibles, les solidarités commerciales qu'ils créent, le circuit de biens et de plaisirs qui en procède : « banquets, festins, joie, liesse, or, argent, menue monnaie, chaînes, bagues, marchandises, trotteront de main en main… » Il place ainsi le lecteur face à ce qui prend forme d'énigme dans les pratiques financières les plus novatrices du temps – l'emploi systématique de la « lettre de change », attestation purement scripturale d'une dette valant pour argent – et ne peut pas être saisi ni formulé dans les discours que tiennent sur elles les experts tributaires des concepts traditionnels (valeur intrinsèque de la monnaie, positivité des richesses, nocivité des emprunts…). Autrement dit, il pense et fait penser l'incompréhensible. Mais il y réussit en s'installant dans l'aberration ; ce que marque la prépondérance de Panurge, bonimenteur excentrique, dans l'ensemble de l'épisode.

Les questions restent donc ouvertes, au lieu de se résoudre en conclusions péremptoires de traités. De ce fait, on peut trouver bien limité le dépassement des perspectives doctrinales que rend possible le jeu des « belles graphides et diatyposes[37] » de Panurge et surtout le déconcertant montage logique auquel a procédé le romancier. Mais cette impression serait due à notre attente de réponses définitives, illégitime devant un texte de ce genre ; mieux vaut mettre à profit l'indécision finale, pour entrevoir ce qui ne se dessine que virtuellement, au lointain point de convergence de ces évocations et déclarations contrastées : une économie de générosité réciproque.

Un repère anachronique éclairera cette conjecture. Dans son *Essai sur le don*, Marcel Mauss confronte les processus de circulation des biens en vigueur dans les sociétés exotiques ou archaïques avec le commerce tel qu'il est pratiqué dans l'Europe moderne. À la recherche exclusive du gain, caractéristique de celui-ci, il oppose les dons et contre-dons sans marchandages, empreints de désintéressement ; mais il décèle en ces derniers la recherche du prestige et de l'autorité politique ou religieuse qui lui est attachée : qui donne plus qu'il ne reçoit affirme sa supériorité. Qu'en est-il dans le monde des « prêteurs et debteurs » imaginé par Rabelais ? Il se distingue de celui des échanges commerciaux classiques,

37 *Tiers Livre*, chap. 5, *ibid.*, p. 367.

à la faveur de ce qu'il retient des innovations lyonnaises : entre chaque prestation de biens ou de services et celle qui la compensera, il interpose un délai, instituant la « dette » et donnant une allure de gratuité provisoire à chaque transfert considéré isolément ; ce qui le rapprocherait de la formule archaïque du don suivi, à terme, d'un contre-don. Mais cela n'instaure aucune hiérarchie. Car d'une part les positions sont permutables : tel qui emprunte, prêtera, tel qui prête, empruntera, et le prestige, s'il en est, passe indéfiniment de l'un à l'autre. D'autre part, la notion de « dette », que privilégie la description, s'inscrit en faux contre toute prétention d'un donateur à se prévaloir de ses largesses pour en tirer une supériorité, même provisoire : par hypothèse, on ne fait jamais que s'acquitter d'une prestation qu'on était obligé de fournir à autrui. Bref, la réciprocité des services et l'obligation qui leur est inhérente exclut la rivalité « Nul procès, nulle guerre, nul débat… » – comme la rapacité – « nul n'y sera usurier, nul leschart [= cupide], nul chichart [= avare], nul refusant[38]… » Le paradis, en somme. Au-delà des sophismes et des énigmes, « Charité seule règne, régente, domine, triomphe[39] », en vertu des « dettes » de solidarité, sur le cosmos et les échanges organiques. Reste à réaliser l'impossible : introduire cette Charité sur le marché bancaire. La robuste sagesse du géant, trop attachée aux idées accréditées, en est incapable ; les fariboles du bateleur, entre espérance et truanderie, peuvent en esquisser le mirage ; à défaut, elles feront rire aux dépens des marchands et des princes. Et les philosophes n'auront plus qu'à se demander si leur rire est un assentiment.

38 *Ibid.*, p. 365.
39 *Ibid.*

LES INVENTIONS DE MESSERE GASTER

Prestiges et finalités des techniques [1987][1]

« Tout pour la tripe »... Péremptoire, la formule assujettit les êtres vivants, bêtes et hommes, aux exigences élémentaires de la nature. Que l'accent soit mis sur cette fin, et Gaster, sourd et muet, dominerait un monde à son image. Mais c'est tout le contraire :

> Même ès animaux brutaux il apprend arts déniés de nature. Les corbeaux, les geais, les papegays, les étourneaux il rend poètes. Les pies il fait poétrides : et leur apprend langage humain proférer, parler, chanter[2]...

Au lieu de l'asservissement à la mangeoire, une énergie médiate qui dévie les instincts, s'investit en comportements artificiels, ménage de multiples possibilités de jeu entre les besoins et leur satisfaction. Tout change selon que l'on considère, aux deux bouts de la chaîne, le couple déterminant de la pulsion organique et de son assouvissement, ou, dans l'intervalle, l'ingéniosité et la variété des moyens mis en œuvre. Le sens du texte dépend de la perspective qui sera privilégiée.

Mais le choix n'est pas arbitraire. Pour guider le lecteur, après l'avoir intrigué par la présentation ambiguë de « Messere Gaster », *daimôn* tyrannique[3] aussi bien que « premier maistre ès ars », Rabelais fournit un indice très clair. Le sage Pantagruel, qui pour une fois intervient seul, sans l'assistance équivoque de Panurge, « déteste » les Engastrimythes et Gastrolâtres, mais, sitôt après leur départ, est « attentif à l'étude de

---

1 Paru dans *L'invention au* XVIe *siècle*, éd. Claude-Gilbert Dubois, Bordeaux, Presses Universitaires de Bordeaux, p. 54-68.

2 Rabelais, *Quart livre*, chap. 57, *Œuvres complètes*, éd. M. Huchon, Paris, Gallimard, 1994, p. 673. Les références incorporées au texte de l'article renvoient toutes à cette édition.

3 Voir sur ce point Robert Marichal, « Messere Gaster », *Études rabelaisiennes*, I, Genève, Droz, 1956, p. 192-195.

Gaster le noble maître des arts[4] ». Cela équivaut à un avertissement : ce n'est pas la « tripe » qui est significative et mérite d'être considérée, ni, encore moins, les voix qui en émanent ou les rites observés pour la célébrer, mais bien l'ensemble des techniques inventées sous l'emprise de ses exigences. Il ne s'agit donc pas seulement de vérifier « la sentence du Satirique [...] qui dit messere Gaster être de tous arts le maître » (p. 672) ; l'ordonnance du texte, précisée par l'attitude exemplaire de Pantagruel, nous invite à la décomposer, et à détailler ces « arts » pour eux-mêmes sans les réduire de prime abord à leur fin commune. Or, ils ne sont pas homologues, ni présentés comme tels ; si bien qu'au terme d'une inspection quelque peu « attentive » de leur série se profilent des idées bien éloignées de la sagesse proverbiale assez courte dont elles procèdent.

Deux chapitres sont consacrés aux inventions du maître ; leurs titres n'en distinguent pas seulement les divers objets :

> 61 : Comment Gaster *inventa* les moyens d'avoir et conserver Grain.
> 62 : Comment Gaster *inventait* art et moyen de non être blessé ne touché par coups de Canon.

D'abord le passé simple, pour récapituler les découvertes qui jalonnent l'histoire des techniques de production, de traitement, de transport et de préservation des moyens de subsistance, puis des instruments défensifs et offensifs mis en œuvre pour les accaparer. Ensuite l'imparfait, à valeur inchoative, pour passer de l'accompli au possible, et rêver aux moyens de dévier les projectiles dévastateurs des armes à feu. Dans le cadre général ainsi fixé, l'opposition entre réalité et fiction joue également à une échelle plus réduite, corroborée par des indices supplémentaires. Présentées au début, après une introduction un peu doctorale (« Vous savez que... »), sous forme de sommaire quasi historique, les inventions de Gaster commencent à recouper le temps fictif des Pantagruélistes lorsqu'elles prennent un caractère fabuleux :

> Il jà avant notre venue avait inventé art et moyen d'évoquer la pluie des cieux seulement une herbe découpant [...], laquelle il nous montra. (p. 683)

4 Chap. 61, p. 682. – On notera l'omission du titre « Messere » et de l'équivoque sur « maître ès arts » : si ces appellations sont péjoratives, comme le pense R. Marichal (art. cité p. 192), il faut en conclure que leur disparition, aux chapitres 61-62, indique par réciproque que le ton a changé.

et en guise de garantie, le narrateur promu personnage allègue un trait de légende emprunté à Pausanias. Suivent d'autres opérations merveilleuses, à l'inchoatif : « Inventait art et moyen de suspendre et arrêter la pluie en l'air [...]. Inventait art et moyen d'anéantir la grêle... » (*ibid.*). Mais dès que l'énumération se remet à enregistrer des faits réels, le passé simple reparaît : « Il inventa art de bâtir villes [...]. Il inventa art et moyen de battre et démolir forteresses et châteaux » (*ibid.*) ; et un dernier verbe, au plus-que-parfait, se réfère au temps historique : « il avait inventé récemment canons » (p. 684). Bref, le principe de partage par aspect verbal, entre techniques réelles et techniques imaginaires, est méthodiquement appliqué dans le corps du texte, comme dans les titres de chapitres qui mettent cette opposition en vedette.

On est en droit de se demander si ces précautions étaient bien nécessaires. Si naïf qu'il fût, un lecteur du XVIe siècle pouvait procéder directement à la répartition, ou du moins distinguer les techniques éprouvées de l'agriculteur, du boulanger, de l'architecte et de l'artilleur, de ce qui relevait des mystères de la magie naturelle et de ses praticiens quelque peu suspects. En insistant à tel point sur cette distinction, Rabelais indique encore autre chose, plus secrètement ; mais pour préciser ce second sens, il faut revenir sur quelques bizarreries de l'ordonnance textuelle.

Si la coupure entre les deux chapitres avait pour seul but de séparer les découvertes avérées (« Comment Gaster inventa... ») des découvertes virtuelles (« Comment Gaster inventait... »), on ne s'expliquerait pas pourquoi les étranges procédés censés assurer le contrôle des phénomènes météorologiques sont mentionnés, à l'imparfait, dans le chapitre 61. On comprendrait mal, d'autre part, pourquoi la première des inventions en projet du chapitre 62 est présentée comme déjà réalisée, et même appliquée par un théoricien militaire du Haut Empire : Gaster « inventait lors art et moyen » d'arrêter les boulets en l'air, mais « jà avait ordre très bon donné [...] *duquel a depuis usé Fronton* ». Cette double anomalie incite à penser que le principe selon lequel les « inventions » sont réparties entre les deux chapitres ne coïncide qu'occasionnellement avec les critères de vérité ou de vraisemblance. En d'autres termes, les entreprises répertoriées dans le chapitre 62 ne se définissent pas, ou pas seulement, par leur irréalisme ; elles sont d'une autre nature que les œuvres, historiques ou légendaires, décrites dans le chapitre précédent.

Celles-ci, passé le temps des origines, s'enchaînent selon un schéma très sommaire de réaction aux circonstances défavorables : « Est advenu… » tel « inconvénient » ; « il inventa » tel moyen de le neutraliser. Si merveilleuses que soient les inventions de Gaster, elles portent encore toutes l'empreinte de la nécessité, du moment qu'elles se bornent à répondre à ses sommations. Ce processus pseudo-dialectique, à deux termes seulement (le troisième, synthèse ou dépassement des contradictions, faisant toujours défaut) se cantonne donc dans l'utilitaire, même lorsqu'il paraît affranchir l'humanité des contraintes naturelles. L'art de la navigation est un prodige – « chose de laquelle se sont les éléments ébahis » (p. 683) – mais rien ne laisse entrevoir ici le projet héroïque d'exploration et de conquête du monde que Rabelais avait célébré en hyperboles dans son éloge du Pantagruélion (*Tiers Livre*, chapitre 51, p. 508-509). Il ne s'agit que de « grain porter et transporter » : des fourmis aux hommes, les moyens ont changé, mais la fin reste identique – « tout pour la tripe ! » –. De plus, l'aspect positif de ces victoires de l'humanité sur la Nature est éclipsé, à terme, par les désastres auxquels conduisent les conflits des hommes entre eux. Avant même que soient évoqués les ravages des armes à feu, la série des « inventions » s'infléchit, dès que ces conflits interviennent, en modifiant sa loi : chaque innovation technique en devient tout à tour remède et surcroît de mal, si bien que le processus prend désormais une allure contradictoire. Les « forteresses et châteaux » protègeront le grain contre les pillards : il faut les construire ; ils rendent possible l'accaparement : il faut les détruire. Le perfectionnement de leurs remparts, par la « *maligne* subtilité » des ingénieurs, rend nécessaire à cette fin l'emploi du canon… À ce stade, « Nature même s'est ébahie, et s'est confessée vaincue par art » en comparant l'efficacité de ses foudres à celle de l'artillerie (p. 684) ; mais celle-ci détruit tout, y compris le « grain et pain », enjeu du conflit, si bien que pour Gaster ce dernier triomphe est un échec : ses inventions se sont retournées contre lui.

Le point d'articulation des deux chapitres se trouve ainsi placé là où la dialectique tronquée de l'utilitarisme aboutit à une impasse, et doit changer. La première phrase du chapitre 62, prise à la lettre, marque très précisément cette inflexion :

> Est advenu que Gaster retirant grain ès forteresses s'est vu assailli des ennemis, ses forteresses démolies par cette triscaciste et infernale machine : son grain et pain tollu et saccagé par force titanique, il inventait lors art et moyen non

> de conserver ses remparts, bastions, murailles, et défenses de telles canonneries, et que les boulets ou ne les touchassent, et restassent cois et courts en l'air, ou touchant ne portassent nuisance ne ès defenses ne aux citoyens défendants. (p. 684)

Que signifie en effet la surenchère, dont l'étrangeté est accusée par l'emploi de la corrélation insolite « non… et[5]… » ? Il suffisait de « conserver » (préserver) les remparts pour atteindre le but assigné, résister aux canonnades ; l'interception des boulets sur leur trajectoire est un surcroît de virtuosité technique aussi gratuit qu'incroyable. De fait, en dépit de l'allusion, d'ailleurs fallacieuse, au traité de Frontin, l'invention en question est immédiatement déviée de sa finalité pratique pour devenir un dispositif de jeu. Pour marquer plus clairement ce trait, une référence dont chaque mot porte :

> … est de présent en usage commun *entre les passe-temps et exercitations honnêtes des Thélémites*. (p. 684)

C'est là, dans le *Quart livre*, la seconde et dernière mention de Thélème, séjour utopique soustrait à l'histoire[6], à ses pénuries et à ses conflits, dont les résidents, exempts des contraintes de l'*utile*, peuvent s'adonner librement à leurs « exercitations *honnestes* ». Le passage à la fiction, souligné par un appel ironique à la crédulité du lecteur (« Et dorénavant soyez plus faciles à croire ce que assure Plutarque… », *ibid.*) détermine donc le seuil qui sépare des activités assujetties au besoin les activités dérivées, à caractère ludique ou désintéressé.

Gaster franchit-il lui-même ce seuil ? On peut en douter, puisque lui est toujours attribué le souci de conjurer les effets nocifs des canonnades. Mais avant de répondre, il convient de s'arrêter sur la mirifique invention que les Thélémites ont détournée à l'usage de leurs passe-temps.

---

5 Au sens de « non seulement… mais encore », sans doute ; mais c'est là un hapax dans la syntaxe de Rabelais. – Quant à la manière de préserver les remparts des canonnades, Rabelais songe probablement aux ouvrages extérieurs et aux glacis de terre que l'on élève devant les murailles, depuis le XVe siècle. Voir José Federico Fino, *Forteresses de la France médiévale*, Paris, Picard, 1977.

6 Voir « L'abbé de Thélème », *Saggi e Ricerche di Letteratura Francese*, XXVI, 1987, p. 201-220. Thélème est également mentionnée, dans le *Quart Livre*, chap. 2, à propos du tableau particulièrement artificiel que Panurge achète à Medamothi, île de Nulle Part, toute en représentations.

C'est la seule qui fasse l'objet d'un semblant d'analyse technologique : description des appareils, puis de leur fonctionnement et de l'effet obtenu. La première partie est aussi méthodique qu'anodine. Rabelais indique le type de canon utilisé (un « fauconneau », pièce de petit calibre), donne quelques détails sur la composition de la poudre, insiste sur l'adaptation de la « ballote » de fer au calibre du tube et sur le nombre et la forme des « dragées » de mitraille, délimite la distance de tir et l'emplacement de l'aimant... Juste ce qu'il faut pour simuler ou parodier les prescriptions d'un expert en pyrotechnie. Vient ensuite le déroulement de l'expérience, si l'on peut employer ce terme, en deux temps – projection, puis interception. La perspective change alors, discrètement. Rabelais ne décrit la déflagration que pour en déduire, de façon assez curieuse, l'« impétuosité » (l'*impetus* de Buridan) acquise par le projectile :

> La poudre consumée advenait que pour éviter vacuité (laquelle n'est tolérée en nature, plutôt serait la machine de l'univers, ciel, air, terre, mer, réduite en l'antique chaos, qu'il advînt vacuité en lieu du monde) la ballote et dragées étaient impétueusement hors jetés par la gueule du Fauconneau, afin que l'air pénétrât en la chambre d'icelluy, laquelle autrement restait en vacuité étant la poudre par le feu tant soudain consumée.

Son explication est métaphysique plutôt que mécanique : c'est l'horreur du vide, loi universelle, qui provoque paradoxalement le mouvement de la « ballote » et de son contenu, en vertu d'une cause finale : il faut que l'air ambiant pénètre instantanément dans la chambre de combustion, pour l'emplir : donc celle-ci *doit* sortir du tube à toute vitesse... Il ne semble pas absolument certain que Rabelais se moque ici de son lecteur, ou des savants de l'époque : la théorie de l'impossibilité du vide, conjuguée avec le finalisme, a inspiré des hypothèses aussi saugrenues à des physiciens qui ne pensaient pas plaisanter. Quoi qu'il en soit, il s'agit ici moins des effets que de leurs causes, exposées avec une certaine emphase ; si bien que l'on passe de la technique (contrôle et utilisation des phénomènes) à la science (leur explication, par les lois qui gouvernent « la machine de l'univers »). La dernière phase de l'expérience, proprement fantastique, manifeste encore plus nettement, par ses aberrations mêmes, les rêves cosmologiques qui régissent la physique de Gaster :

> Les ballotes et dragées ainsi violemment lancées semblaient bien devoir férir le page : mais sur le point qu'elles approchaient de la susdite pierre, se perdait leur impétuosité, et toutes restaient en l'air flottantes et tournoyantes autour de la pierre, et n'en passait outre une tant violente fût-elle, jusques au page.

À l'exagération comique de la puissance de l'aimant s'ajoute ici une autre fantaisie, qui serait superflue s'il ne fallait qu'assurer la protection du page placé en position de cible. La « pierre sidérite » suspendue « entre le page et le fauconneau en ligne droite », donc sur la trajectoire des projectiles, devrait être rencontrée par ceux-ci et les retenir par attraction magnétique. Or, les « ballote et dragées » ne la touchent pas, mais ralentissent et se mettent à « tournoyer » autour d'elle : leur mouvement rectiligne est transformé en un mouvement circulaire où se discipline la « violence » de l'*impetus*. Rabelais paraît ainsi combiner à son gré les forces contraires exercées par l'aimant selon la polarité des extrémités métalliques qui l'approchent ; il imagine d'abord une répulsion, qui fait perdre au projectile son « impétuosité », puis une attraction, qui l'empêche de s'écarter de la masse magnétique. Son but est évidemment de suggérer l'image d'un système orbital, analogue à celui des astres. Il serait sans doute extravagant de lui attribuer pour cela le pressentiment de la gravitation newtonienne[7] ! Sa physique, tout symbolique, ne propose qu'une figure, à échelle réduite, de trajectoire accordée aux mouvements cycliques qui composent l'harmonie universelle. Et ici encore ce n'est pas le degré d'invraisemblance qu'il faut considérer, mais la catégorie à laquelle appartient l'« invention » de Gaster ; on reconnaîtra immédiatement que le « maître ingénieux » s'est transformé en philosophe pour présenter aux Pantagruélistes le spectacle d'une force qui maîtrise mystérieusement l'élan présumé irrésistible de la mitraille, et lui ôte sa nocivité en l'assujettissant aux principes ordonnateurs du cosmos.

Abstraction faite, en effet, de l'aspect ludique marqué par l'allusion à Thélème et manifesté par les fantaisies de la description, cet échantillon du savoir-faire de Gaster s'écarte des fins directement utilitaires assignées aux techniques. C'est un « essai » (le mot est employé deux

---

7 On a peine à éviter le rapprochement, surtout si l'on pense que dès le XIIIe siècle certains physiciens – Richard de Mediavilla, Roger Bacon, Gilles de Rome – expliquaient l'attraction terrestre en combinant l'horreur du vide et le magnétisme (Alistair Cameron Crombie, *Histoire des sciences de saint Augustin à Galilée*, Paris, PUF, 1959, I, p. 249 et 251). Mais peut-être faudrait-il poser le problème en sens inverse : Newton avait-il lu ce passage du *Quart Livre* avant de voir tomber sa pomme ?

fois) qui est ici « montré » ; c'est-à-dire la phase du travail d'invention au cours de laquelle l'instrument construit par l'ingénieur fonctionne en situation artificielle, avant d'être employé à obtenir l'effet recherché. À cet instant, la visée est plus spéculative qu'utilitaire : à terme, sans doute, une application et des résultats concrets, mais, auparavant, l'étude de l'appareil, de son fonctionnement, des mécanismes qui l'expliquent et en garantissent l'efficacité. Peu importe que ces explications soient aberrantes, comme ici celle de la déflagration ; vraies ou fausses, elles relèvent de la science, et non plus de la pratique, et manifestent une activité mentale d'ordre supérieur, selon la hiérarchie qui avait cours au XVIe siècle.

Les dernières pages du chapitre le confirment. Nous ne saurons rien, malheureusement, de « l'art et manière de faire les boulets arrière retourner contre les ennemis » (p. 685), sinon qu'une fois de plus la finalité pratique y affirme ses droits. Mais le champ d'investigations en est indirectement défini : dans ses recherches préparatoires, Gaster songe aux « vertus occultes » des êtres. Il y faisait déjà appel en utilisant l'aimant, modèle cent fois exhibé de ces corps qui agissent « d'une façon invisible[8] », sans que se manifestent les processus d'échange de qualités par lesquels tout s'expliquait selon la physique aristotélicienne. Pour se présager le succès de sa nouvelle entreprise, le maître des arts recense les opérations du même type attestées par les Anciens ; il se situe ainsi aux frontières de la science et de la légende philosophique, dans le domaine d'élection des problèmes les plus prestigieux, *de rebus ignotis*, qui confinent aux mystères du monde.

Encore faut-il voit si la liste de ces merveilles ne se réduit pas à un catalogue de sornettes… À l'appui de cette lecture, Robert Marichal fait judicieusement observer que Rabelais omet l'exemple avéré du poisson-torpille, que citaient Pomponazzi comme Pline[9], et retient de préférence des histoires d'herbes à déverrouiller les serrures ou à extraire les coins de fer, assez invraisemblables pour n'inspirer aucune confiance. Mais dans ce cas on verrait mal comment expliquer qu'il ait mentionné

8 Voir Pietro Pomponazzi, *De Incantationibus*, III, trad. Busson, Paris, Rieder, 1930, p. 120.

9 Art. cité, p. 197-198. – Sur l'autre argument, au sujet de l'érynge, développé p. 196-197 (en résumé : Plutarque avait simplement écrit que l'érynge immobilisait la chèvre qui le prend dans sa bouche ; Rabelais ajoute le détail de la course, qui rapproche l'exemple de certaines facéties populaires), voir ci-après.

les effets attribués à l'« Echinéis » (rémora) et au dictame, qui ne passaient pas encore pour fabuleux[10]. Il semble plutôt que le choix de ces exemples soit déterminé par leur fonction logique. Méditant sa future invention, Gaster en évalue la possibilité : « Le cas ne trouvait difficile, attendu que… » (suit la liste de merveilles). Il ne raisonne nullement par analogie (quelle serait l'analogie, entre l'art de refouler les projectiles, et les « vertus » qui ouvrent les serrures, calment les éléphants ou provoquent des séismes ?) ; il considère seulement que le monde recèle des ressources encore insoupçonnées, à en juger par ce qu'en ont répertorié les compilateurs de *mirabilia*. L'argument requiert que soient cités les exemples les plus extraordinaires, à la limite de l'impossible : si, en dépit de notre scepticisme, tel et tel effets prodigieux ont pu être attestés, ne saurait-on concevoir le moyen encore inconnu de dévier de 180° la trajectoire d'un boulet ? De telles conjectures, sur le mode du « pourquoi pas ? », sont nécessairement téméraires ; la négation qu'on leur opposerait le serait encore davantage : celui qui ne veut pas admettre que l'odeur des « veaux marins » détourne la foudre, comment établira-t-il que la foudre est parfois tombée sur un veau marin ?

Pour parfaire ce chapitre de technologie imaginaire, Rabelais s'installe donc dans la zone marginale du savoir, où le mythique et le réel, la fable et l'histoire naturelle sont à peu près indiscernables, eu égard à l'épistémologie de la Renaissance[11]. Qu'il s'y amuse, c'est certain ; mais pas à la façon d'un Fontenelle ou d'un Voltaire ravis de tourner en dérision, au nom du rationalisme classique, les fadaises de la tradition. Pour preuve, la seule allégation qu'il retouche de manière à mettre le lecteur en alerte :

> Et dorénavant soyez plus facile à croire ce que assure Plutarque avoir expérimenté. Si un troupeau de chèvres s'enfuyait courant en toute force, mettez un brin d'érynge en la gueule d'une dernière cheminante, soudain toutes s'arrêteront. (p. 684)

L'« expérience » est facétieuse en raison de ses conditions : elle requiert du chevrier Plutarque une agilité hautement improbable. Mais cette plaisanterie

10 Ils sont encore cités sérieusement par Montaigne, *Essais*, II, 12, PUF I, p. 462 et 468-469, IN II, p. 207 et 217-218, Fol. II, p. 194 et 203-204. Plus généralement, voir son chapitre « C'est folie de rapporter le vrai et le faux à notre suffisance », I, 27.

11 Voir M. Foucault, *Les Mots et les choses*, Paris, Gallimard, 1966, p. 54-55.

ne met pas en cause l'effet d'engourdissement provoqué par l'« érynge » : les stupéfiants d'origine végétale ne manquent pas, et Rabelais, docteur en médecine, le sait bien ; il n'aurait pas choisi cet exemple s'il avait voulu discréditer les vertus occultes. Son intention est toute différente : présenter comme virtuel, et invérifiable, ce que Gaster « inventait » au cours de l'escale des Pantagruélistes, et conférer ainsi à ses découvertes à venir le prestige problématique des « merveilles », et du savoir qui en décrit la magie. Le jeu de l'aimant est pratiqué à Thélème, les vertus occultes s'éprouvent au Pays de Satin des érudits et des mythographes, et quelque invention future provoquera l'autodestruction des puissances hostiles ; tout cela revient au même : le dernier chapitre consacré au « maître ingénieux » fait surgir, à l'horizon des techniques, une utopie de la science.

Pour en préciser la signification, le mieux est de se fier, encore une fois, aux instructions de l'auteur. Comme l'ont déjà fait observer Robert Marichal et Verdun-Léon Saulnier[12], le dernier exemple d'opération merveilleuse a valeur de symbole : ajoutons qu'il bénéficie d'un traitement particulier, à examiner de près. Alors que dans tous les autres cas recensés Rabelais se contente d'un schéma très sommaire – telle plante ou animal, tel effet – il dissocie et analyse ici description et explications. En premier lieu, le fait énigmatique et les auteurs qui en témoignent :

> … Le sureau croît plus sonore et plus apte au jeu des flûtes en pays auquel le chant des coqs ne serait ouï : ainsi qu'ont écrit les anciens sages, selon le rapport de Théophraste. (p. 686)

– puis, à titre d'hypothèse, la vertu occulte censée l'expliquer *a contrario* :

> comme si le chant des coqs hébétât, amollît et étonnât la matière et le bois du sureau…

– avec, pour la confirmer, une autre croyance, galvaudée par les bestiaires[13], relative au chant du coq :

> auquel chant pareillement ouï le lion animal de si grande force et constance devient tout étonné, et consterné.

---

12 R. Marichal, art. cité p. 200-201 ; V.-L. Saulnier, *Rabelais*, Paris, SEDES, 1982, II, p. 129.

13 Voir François de La Bretèque, « Rabelais, le lion et le coq », *Études rabelaisiennes*, XV, Genève, Droz, 1980, p. 43-54.

Suit une seconde explication, qui nous ramène aux observations communes :

> Je sais que autres ont cette sentence entendu du sureau sauvage, provenant en lieux tant éloignés de villes et villages, que le chant des coqs n'y pourrait être ouï. Icelluy sans doute doit pour flûtes et autres instruments de musique être élu, et préféré au domestique…

– Inutile de faire intervenir les vertus occultes des coqs pour savoir que les plantes sauvages sont plus vivaces que leurs homologues de culture : donc, plus de mystère dans le phénomène attesté. Mais peut-être réside-t-il dans les écrits qui l'attestent :

> Autres l'ont entendu plus hautement non selon la lettre, mais allégoriquement selon l'usage des Pythagoriciens. Comme quand il a été dit que la statue de Mercure ne doit être faite de tout bois indifféremment, ils l'exposent que Dieu ne doit être adoré en façon vulgaire, mais en façon élue et religieuse : pareillement en cette sentence nous enseignent que les gens sages et studieux ne se doivent adonner à la musique triviale et vulgaire, mais à la céleste, divine, angélique, plus absconse et de plus loin apportée : savoir est d'une région en laquelle n'est ouï des coqs le chant.

Ces derniers propos invitent clairement à un déchiffrement, règle de lecture applicable à l'ensemble de l'épisode : rapportée à l'exemple hors-série auquel ils ont trait, ils présentent à la fois le modèle et l'orientation générale de ce déchiffrement :

- Le modèle : cette croyance relative au sureau, que transmet Théophraste, admet peut-être une explication toute simple ; mais ceci n'autorise pas à négliger la « sentence » des « anciens sages » dont elle procède. Mieux vaut penser que ceux-ci avaient en vue un enseignement à la fois cautionné et masqué par son support mythique. En d'autres termes : fabuleuse ou vérifiée, explicable ou inexplicable, toute merveille signalée par les philosophes peut être signe d'une vérité d'ordre supérieur ; la réduire au banal, ou la tenir pour fausse, c'est la méconnaître. Pareillement, le lecteur devrait s'intéresser au sens des inventions de Gaster au lieu de s'arrêter à leur degré d'invraisemblance.
- L'orientation : la « musique céleste » à laquelle doivent s'adonner les « gens sages et studieux » est au-delà du monde familier, « *plus absconse et de plus loin apportée* ». Appliquée à l'épisode de Gaster, cette leçon

privilégie en celui-ci le dépassement du réel qui s'effectue à l'orée du chapitre 62, pour conduire au-delà des pratiques et des phénomènes courants. De fait, non seulement cette signification s'accorde avec le thème de l'*éloignement*, dans l'espace physique ou mental, sur lequel est construite l'allégorie, mais de plus elle renvoie, dans le texte, à ce qui n'est pas totalement évident, et requiert un indice d'exégèse.

Car les autres sens que l'on peut attribuer au mythe n'ont rien d'énigmatique. Robert Marichal observe à juste titre que l'idée d'imputer l'invention des « arts » au besoin de subsistance n'est pas originale : « Grand, redoutable et mystérieux secret, en vérité, que depuis quinze cents ans les écoliers apprenaient dans Perse et que vingt proverbes [...] galvaudaient depuis des siècles[14] ! » Mais il n'y a pas grand'chose de nouveau non plus, ni de secret, dans la leçon de spiritualité et de frugalité qui s'obtient par croisement de la satire des Gastrolâtres et de l'éloge de la « musique céleste » – leçon qu'exprime en clair, du reste, la formule de saint Paul citée à la fin du chapitre 58. La dignité de Gaster, gouverneur du manoir d'Arètè, et le prestige de ses inventions, font entrevoir des problèmes bien plus complexes : les rapports entre la nature et la culture, entre la chair et l'esprit, entre la pratique et la science, les ambitions et les limites des pouvoirs de l'homme et de ses savoirs, leurs finalités premières et dérivées... Autant de questions que posaient depuis la fin du XVe siècle les progrès spectaculaires des techniques, et les réflexion des ingénieurs qui s'efforçaient de confronter leurs procédés contre les théories des philosophes[15].

Rabelais n'est pas un doctrinaire, et il serait vain d'élaborer en système ce qui n'apparaît que sous forme de suggestions en ces quelques chapitres. Mais on pourra du moins mesurer la cohérence et la hardiesse de sa pensée en esquissant à grands traits les perspectives qu'il ouvre sur les techniques humaines, et sur les rêves qu'elles autorisent.

---

14 Art. cité, p. 183. Mais, agacé par les commentateurs qui trouvent en Gaster l'esquisse du matérialisme historique, le critique tombe dans l'excès inverse lorsqu'il écrit, plus loin, que Rabelais admire l'ingéniosité humaine « comme il arrive à tout concierge ou à tout chasseur de philosopher sur les prouesses de son petit chat ou de son chien » (p. 190), rapprochement insoutenable, quelque admiration que l'on éprouve pour les chats.

15 Voir Bertrand Gille, *Les ingénieurs de la Renaissance*, Paris, Hermann, 1964, p. 8, 42, 206, 237 (« au cours de ce XVe siècle, les problèmes essentiels des savants et des techniciens coïncident très exactement. Aux incompréhensions des uns répondaient les hésitations des autres... »), p. 253.

À l'origine, des fins matérielles, déterminés « par institution de nature » et cautionnées par la « bénédiction du ciel » : se procurer le pain, la nourriture par excellence, *panem quotidianum* que demande à Dieu la prière évangélique (nous sommes loin des rites culinaires des Gastrolâtres). Gaster assume donc les rôles de Déméter, déesse de l'agriculture, de la civilisation et des mystères, aussi bien que ceux du forgeron Vulcain, de la guerrière Athéna, d'Apollon guérisseur et savant ; il n'a pas usurpé sa place au sommet du mont de Vertu, et si le texte parodie Lemaire de Belges, qui y avait installé Honneur, c'est pour revenir à la grave leçon d'Hésiode, sur le mérite du travail[16]. La distinction entre techniques utilitaires et sciences ou arts désintéressés ne s'efface pas, elle s'accuserait plutôt dans le tableau rétrospectif de progrès toujours asservis aux circonstances, qui dégénèrent en réactions antagonistes, convulsives et vouées à l'échec ; comme pour dénier à leur finalité primaire la capacité d'organiser, à elle seule, la cité des hommes. Mais les mirages de l'avenir, et de la communauté utopique qui le préfigure, s'éclairent des promesses de ces mêmes pratiques, devenues jeux et savoir d'un monde pacifié où le mal s'abolira de lui-même. Gaster est toujours là, attentif à ses intérêt vitaux ; il s'essaye cependant, avec pleine confiance, aux spéculations encyclopédiques et aux passe-temps de fête.

Ces réflexions sur le perfectionnement des « arts » ne conduisent pas Rabelais sur la voie des sciences rationnelles ; plutôt sur les sentiers de traverse de l'imaginaire et de la poésie. « Musique plus absconse et de plus loin apportée », les techniques auxquelles il rêve découvriraient les secrets d'une nature fabuleuse, où les aimants s'entourent de satellites, où les animaux et les dieux guérissent les plaies par la magie du dictame. Crédulité d'humaniste qui confondrait le réel et les livres ? Ailleurs, il ne s'embarrasse pas d'un tel respect pour l'*Histoire naturelle*

16 Voir le premier grief contre les Gastrolâtres, chap. 58 : « tous ocieux, rien ne faisant, point ne travaillant, poids et charge inutile de la Terre, comme dit Hésiode » (p. 675). Que l'expression soit en fait tirée d'Homère [*Iliade*, XVIII, 104] ne rend que plus significatif le choix d'Hésiode, comme caution. Sur la place de Gaster au manoir d'Arètè, outre R. Marichal (art. cité p. 184-188), voir Terence Cave, « Transformations d'un topos utopique : Gaster et le rocher de Vertu » (*Études rabelaisiennes*, XXI, Genève, Droz, 1988, p. 319-325), communication qui a entièrement rénové le problème. Sur l'importance du travail humain dans le mythe rabelaisien, V.-L. Saulnier a dit et prouvé tout l'essentiel, en deux pages (*op. cit.*, p. 128-129).

de Pline[17] ; et rien ne permet ici de croire qu'il prend au sérieux tous les effets de « vertus occultes » qu'il en retranscrit, non plus que celui qu'il attribue à la « pierre sidérite », de faire tournoyer la mitraille. Ici comme ailleurs, les aberrations ont pour fonction principale de situer les propos au-delà du raisonnable, pour que se libèrent les fantasmagories d'une philosophie sans frein.

Car Rabelais a traité à sa façon le vers proverbial de Perse, « *magister artis ingeniique largitor venter* », de manière à le muer en paradoxe. Soit la question centrale : s'il est vrai que tous les « arts » sont suscités par le besoin et destinés par nature à le satisfaire, d'où vient que leurs applications ludiques, esthétiques ou spéculatives puissent prendre le pas sur cette première fin ? La réponse commune distingue deux types de travail intellectuel, l'un utilitaire, l'autre contemplatif, et deux principes, loi du labeur d'une part, vocation spirituelle (à la mode platonicienne) de l'autre. Rabelais ne l'entend pas ainsi. Selon lui, Gaster reste le maître, et n'oublie pas les boulets à repousser, même lorsque la logique de ses investigations le lance vers la mise en œuvre encore inconnue de propriétés inexpliquées, et ouvre devant lui des possibilités infinies du monde, objets d'émerveillement autant que de conquête. Si bien que l'éloge désigne, au loin, le point d'où la nature et la culture, le réel et l'artifice, le souci d'efficacité et la curiosité désintéressée cessent d'être perçus contradictoirement, comme aurait pu dire Breton[18]. L'idée

17 Voir *Gargantua*, 6 : « Mais vous seriez bien davantage ébahis et étonnés si je vous exposais présentement le chapitre de Pline auquel parle des enfantements étranges et contre nature. Et toutefois je ne suis point menteur tant assuré comme il a été. » (p. 22).

18 *Second manifeste du surréalisme*, Paris, Gallimard, « Idées », 1963, p. 76-77. *Remarque supplémentaire sur les deux « musiques »* (p. 687) : l'allégorie sur laquelle s'achève le texte a été comprise ici comme une clef herméneutique, non comme une leçon de morale : « musique de plus loin apportée », la représentation mythique des inventions de Gaster, et le sens qu'elle recèle ; « musique triviale », le lieu commun pris pour thème. Mais il reste légitime de considérer le symbole isolément, comme un précepte, en le confrontant au texte de Platon auquel il se réfère. Dans le *Banquet*, Eryximaque, médecin passionné de dichotomies, distingue partout deux *Éros*, l'un réglé, l'autre déréglé (dans les pulsions organiques dans les saisons de l'année, dans les relations entre hommes et dieux, et jusque dans la cuisine). Mais lorsqu'il parle de la musique et envisage « la constitution d'une harmonie autour d'un rythme », il reconnaît que là, exceptionnellement, « il n'y a pas trace d'une dualité de l'amour » (187c, trad. Robin). S'il distingue ensuite, de façon assez peu claire, « Uranie » et « Polymnie », c'est seulement par rapport à l'attitude et aux dispositions des écoutants. Les deux « musiques » sont deux façons de percevoir la même harmonie, comme les différents bois de la statue de Mercure symbolisent les

n'est ni banale, ni facile, mais elle s'accorde avec les ultimes paroles de la prêtresse Bacbuc, et mieux encore avec l'épisode de Chaneph, réconciliation de la chair et de l'esprit dans l'allégresse ou l'ivresse d'un univers animé par le souffle de Dieu. L'ingénieur Gaster a inventé un jeu pour les fêtes de Thélème, ainsi que l'art de les protéger ; il a inventé également les moyens de préparer les « horrificques pastés de jambon » (p. 691) mais aussi le « bon pain » et le « bon vin et frais » (p. 694), nourritures terrestres *et* eucharistiques dans lesquelles toutes les spéculations des amis de Pantagruel trouvent leur vérité.

---

diverses façons d'adorer le même dieu. La leçon n'invite donc pas à se détourner des données matérielles sur lesquelles est bâti le mythe, mais à les intégrer à celui-ci pour comprendre l'ensemble « à plus haut sens ».

JEUX DE MASSACRE

La « tragique farce » du seigneur de Basché [1997][1]

L'allégresse de Dionysos est redoutable : elle associe ou confond rire et violence, vin et sang, drame satyrique et tragédie. Bien sûr, on peut tenter d'édulcorer, à force de *distinguos* et d'interprétations moralisantes ; mais alors ce n'est plus Dionysos : essayez de lire *Les Bacchantes* d'Euripide sous ce demi-jour de salon académique ! Je n'ai pas dit : « essayez de lire ainsi le *Pantagruel* », car on l'a fait, malheureusement, on continue de le faire, à longueur de commentaires, et c'est plutôt triste.

Prenons le parti inverse, de comprendre l'ivresse, la part de folie et de violence qui se déchaîne dans l'éclat de rire, pour examiner un passage du *Quart Livre* qui la manifeste avec force, en mentionnant les palliatifs pour mieux les écarter, en désignant les enjeux et peut-être la raison énigmatique de ce délire : dans les chapitres 12 à 16 de la version de 1552, la « tragique farce » du seigneur de Basché.

Quelques mots d'abord au sujet du récit de 1548 sur lequel est greffée, en 1552, cette longue interpolation. Il est très sommaire. Dans l'île de Procuration, les Pantagruélistes trouvent des Chicanous, qui ne les invitent ni « à boire ni à manger » (chap. 12, p. 564[2]) et ne connaissent que les services payants. La « manière de vivre » de ces insulaires est qualifiée d'« étrange » dans le titre du chapitre et dans le corps du texte : ils « gagnent leur vie à être battus ». Panurge les compare à des masochistes avant la lettre, décrits par Galien (p. 565). Mais le « truchement » explique : les Chicanous, dans le cadre de leur profession et sur ordre, exercent une sorte de harcèlement judiciaire – sommations, citations à comparaître, etc. – contre tel ou tel « gentilhomme », jusqu'à ce que

1 Paru dans *Rabelais-Dionysos. Vin, Carnaval, Ivresse*, Actes du colloque de Montpellier, 26-28 mai 1994, réunis et publiés par Michel Bideaux, Marseille, Jeanne Laffitte, 1997, p. 43-50.

2 Rabelais, *Œuvres complètes*, éd. M. Huchon, Paris, Gallimard, 1994.

celui-ci, exaspéré, réponde par bastonnade ou défenestration ; à la suite de quoi ils reçoivent tant de dommages-intérêts que le gentilhomme s'y ruine, ou est mis en prison, « comme s'il eût frappé le Roi » (*ibid.)* – c'est ici que prennent place les onze pages interpolées en 1552. Pantagruel intervient alors (chap. 16, p. 576) pour rappeler, d'après Aulu-Gelle, la manie d'un certain Lucius Neratius qui se plaisait à cogner sur des passants, puis les dédommageait « tant qu'il les rendait contents et satisfaits ». Enfin, Frère Jan « fait essai du naturel des Chicanous » (titre du chap. 16) : « Qui veut gagner vingt écus d'or pour être battu en Diable ? » (p. 576). Tous se précipitent : « Il y a beau gain » (p. 577). Il en choisit un, à rouge museau, l'assomme à coups de bâton, puis le paie : « Et mon vilain debout, aise comme un Roi ou deux » (p. 577).

Dernier épisode : les compagnons rencontrent deux vieilles qui se lamentent. Pantagruel (dans cette première version ; « Nous » dans la seconde) « doutant qu'elles fussent parentes du Chicanous, qui avait eu bastonnades, interrogeait les causes de telle doléance » (p. 578 – voir l'apparat critique). Elles répondent qu'on venait de mener au gibet les « deux plus gens de bien, qui fussent en toute l'île. Interrogées sur les causes de cettui pendage, répondirent qu'ils avaient dérobé les ferrements de la messe. » Rien de plus. C'est bref comme un procès-verbal.

Cet épilogue fait problème (ce que souligne la version de 1552, par deux allusions au style énigmatique ou allégorique). En fait, par son laconisme même, il accuse la singularité des Chicanous en complétant par contraste le schéma de leur « étrange manière de vivre » :

– lorsqu'un Chicanous est puni légalement, pour vol doublé de sacrilège, c'est un scandale déplorable, et on le plaint ;
– lorsqu'un Chicanous est maltraité illégalement, sans être coupable de rien, tout est bien, et on lui porte envie.

En somme, ces huissiers, symboles traditionnels des procédures du droit, trouvent leur profit et leur bonheur dans les voies de fait exercées contre eux. C'est le monde à l'envers, où Guignol pourrait cogner à cœur joie sur le Commissaire, qui incarne la justice répressive, ou sur le gros Monsieur qui incarne l'accaparement – l'un et l'autre confondus en une seule figure, l'huissier, chargé des sommations de l'un et des recouvrements de l'autre, qui aurait pour vocation d'être battu, et se réjouirait, en toute rigueur aristotélicienne, lorsqu'il atteindrait sa fin propre.

Seulement, il faut payer. C'est le seul raccord avec le réel, mais il est capital, et suffit à frustrer le pauvre Guignol du plaisir escompté. La grande interpolation de 1552, en trois chapitres et demi, corrige ce trait, et prolonge en ses dernières conséquences la logique du système. Panurge raconte comment le seigneur de Basché[3] s'y est pris pour cogner sans payer. L'idée, impeccablement rationnelle, est de faire entrer les Chicanous dans un monde fictif assorti à leur vocation : une fête postiche, de fausses fiançailles, où selon la tradition, après boire, on échange des coups pour rire, c'est-à-dire des simulacres de coups pour le commun des mortels, mais des coups bien réels, de gantelets de fer, pour les Chicanous qui se font briser les os en toute allégresse, conformément à leur goût. Le premier se retrouve avec « un œil poché au beurre noir, huit côtes froissées, le bréchet enfondré, les omoplates en quatre quartiers, la mâchoire inférieure en trois lopins : et le tout en riant » (chap. 12, p. 567). Pour les suivants, c'est pire.

Mais le déferlement de brutalité, où Mikhaïl Bakhtine[4] a reconnu à juste titre les violences des charivaris et des phases les plus effrénées du carnaval, atteint son paroxysme dans un récit inséré : entre la première grêle de coups tombée sur Chicanous et les deux suivantes, Basché raconte gaîment à ses familiers comment François Villon a traité le frère Tappecoue, sacristain des cordeliers, qui avait refusé de prêter une chape et une étole pour jouer le rôle de Dieu le père dans la Passion. C'est proprement un meurtre. Le poète-truand choisit le jour où Tappecoue doit revenir d'une collecte pour faire en ville la parade du spectacle, avec ses diables ; puis il s'embusque avec eux sur la route où passe le moine, et les envoie effrayer par leurs pétards la jument que chevauche celui-ci. La bête s'emballe, Tappecoue est désarçonné, traîné « à écorche-cul », sa tête est fracassée, ses membres arrachés, il est étripé

3 Paronomase approximative de Bacchus et de la Basoche, me suggère Claude Gaignebet. L'idée est séduisante. Mais Robert Marichal (éd. *Quart Livre*, Droz-Giard, 1947) a identifié un René du Puy, seigneur de Baché (p. 303 de cette édition). Accepterons-nous que la fantaisie coïncide avec l'histoire ?

4 *L'œuvre de François Rabelais et la culture populaire au Moyen Âge et sous la Renaissance*, Paris, Gallimard, 1970. Voir notamment chap. III, p. 198-208 et 262-269.

le long du chemin... Bref, la jument ne ramène au couvent que son pied et sa chaussure, dans l'étrier. Un vrai carnage, cette fois. On peut sans doute y reconnaître encore, avec Mikhaïl Bakhtine, un « déchiquetage carnavalesque » analogue à celui qui est infligé à Penthée, ennemi de Dionysos, déchiré par les Bacchantes ; Tappecoue serait aussi le pantin de carnaval, représentant la sclérose du passé, détruit par la « joyeuse vérité » du temps nouveau. Mais la question est de voir sous quelles perspectives le jeu de massacre est présenté, pour arriver à faire rire.

Le texte a la forme d'un enchâssement multiple de récits (et c'est la seule occurrence de ce type de structure dans le *Quart Livre*) : Alcofrybas raconte que Panurge raconte que Basché raconte comment Villon provoque le dépeçage de Tappecoue. Ou encore, plus précisément : le récit de Panurge évoque des comédies (les pseudo-fiançailles) mises en scène par Basché, entre lesquelles prend place le récit, par Basché, d'une mascarade meurtrière organisée par Villon... Le système, on le voit, multiplie les indices de représentation par la parole ou le spectacle ; il fait ainsi de l'ensemble une visible fantasmagorie.

Et tout y est placé sous le signe du jeu. Telle est la conclusion que tire Villon après la mise à mort : « *Vous jouerez bien*, messieurs les Diables, vous jouerez bien, je vous affie. Ô que vous jouerez bien... » (chap. 13, p. 570). Et Basché raccorde les deux situations en ce point précis, déclarant lui aussi à son entourage : « *Ainsi* [...] prévois-je, mes bons amis, que vous dorénavant *jouerez bien cette tragique farce* : vu que à la première montre et essai, par vous a été Chicanous tant disertement daubé, tapé et chatouillé » (*ibid.*). Du reste, lorsqu'arrive le second Chicanous, tous les résidents du château sont en train de jouer : « Les gentilshommes jouaient à la paume. Le seigneur Basché jouait aux trois cent trois avec sa femme. Les demoiselles jouaient aux pingres, les officiers jouaient à l'impériale, les pages jouaient à la mourre à belles chiquenaudes » (chap. 14, p. 571). Entrant dans cet univers de la fête ludique, le Chicanous, en tant que membre et représentant de l'univers de la contrainte, doit être détruit ; ce qui par bonheur correspond à sa vocation telle que la décrivait Rabelais dans la première version : recevoir des volées de coups.

C'est particulièrement net dans l'épisode le plus développé, celui du troisième Chicanous et de ses deux recors (officiers subalternes), qui se font malmener, et encore plus férocement que les autres – crâne brisé, mâchoire fracassée, épaule disloquée, etc. Le Chicanous a lui-même donné le signal, en réclamant que l'on « baille des noces » (des coups amicaux sur les fiancés et les convives) selon la coutume. Il en donne quelques-uns, à main nue, en reçoit dix fois plus, de poings gantés de fer. Puis, à moitié assommé, il s'entend reprocher d'avoir frappé trop fort, en un vocabulaire sur mesure : il aurait « morrambouzeuezengouzequoquemorguatasacbacguevezinemaffressé » (15, p. 574) l'œil du tambourineur, « trépignemampenillorifrizonoufressuré » (p. 575) l'intimité de la mariée… Il reconnaît ses torts : « Pour Dieu, pardonne-nous. Par Notre Dame de Rivière, la belle dame, je n'y pensais en mal » (p. 574). C'est logique : puisque pour lui tous les coups pour rire sont des coups réels, il ne peut pas comprendre que les horions reçus par les autres étaient simulés. Quant à lui, le jeu des gantelets coïncide avec sa vocation, rien d'étonnant à ce que sa tête en soit cabossée : pour un personnage voué à la destruction, la farce est nécessairement tragique.

Mais Tappecoue ? Il n'avait pas vocation, lui, à être mis en pièces. Pourquoi est-il associé aux Chicanous ? Et plus généralement, quel est le motif commun de ces jeux de massacre ?

La réponse est discrètement indiquée par un autre raccord entre l'histoire de Tappecoue et la conduite de Basché, marqué, comme le premier, à l'articulation entre les deux récits. À peine Basché a-t-il dit : « Vous jouerez bien cette tragique farce », qu'il ajoute : « *Présentement je double à vous tous vos gages…* » (chap. 13, p. 570) ; et, après avoir bu un coup, c'est une profusion de dons, qui commencent par les accessoires du banquet – bassin d'argent, coupes, flacons, etc. (*ibid.*). Déjà la mise en scène initiale avait commencé par un don de cent écus d'or aux pseudo-fiancés, « pour entretenir [leurs] beaux accoutrements » (chap. 12, p. 566 – le cadeau est lié au jeu, puisque ces « beaux accoutrements », habits de fête, seront les costumes de la comédie des noces). *A contrario*, le crime de Tappecoue est d'avoir refusé, et justement parce qu'il n'entrait pas dans le jeu. On lui demandait une chape et une étole « pour un vieil paysan habiller qui jouait Dieu le Père » (chap. 13, p. 568) ; il les refuse en alléguant des statuts qui interdisent de « rien bailler ou prêter pour les jouants » (*ibid.*). Ce manque de générosité est aggravé par le formalisme : lorsque Villon lui répond que l'interdiction ne concerne que les « farces, mômeries et jeux dissolus », Tappecoue ne veut rien savoir, et lui répète « qu'ailleurs se pourvût, si bon lui semblait, rien n'espérât de sa sacristie. Car rien n'en aurait, sans faute. » En somme, il s'autorise de la loi, prise à la lettre, pour persister dans son refus de prêt ou de don. Cette attitude est en rapport avec le rôle officiel des Chicanous, qu'ils remplissent ponctuellement avant d'entrer dans la « tragique farce » pour s'y faire assommer : « citer » Basché, c'est-à-dire le convoquer devant les instances judiciaires qui assurent le respect de la propriété, le recouvrement des dettes, la délimitation des droits et des obligations – bref, le contraire du système de prodigalité et de convivialité dans lequel se situe Basché, qui tient sa maison ouverte à tout venant (son curé le fait observer, p. 566) et donne tout ce qu'il a. Cela suffit à cantonner chacun dans son ordre propre : le refus et le juridisme d'un côté, le don et le jeu de l'autre. Il n'en faut pas plus. Rien ne dit, après tout, que le prieur de l'Île Bouchart, en procès avec Basché, n'a pas des titres aussi péremptoires que les « statuts » de Tappecoue pour envoyer les huissiers enjoindre à son adversaire de comparaître devant le tribunal. Mais peu importe (je reviendrai tout à l'heure sur l'éventuel déni de justice).

On voit avec quelle précision s'articulent entre elles les bases éthiques de ces divers scénarios. Reste à considérer l'élément central, thématique et symbolique, par lequel est manifesté leur caractère dionysiaque (attesté lexicalement par les termes de « *tragique* comédie » (chap. 12, p. 566) et de « *tragique* farce » (chap. 13, p. 570), pour l'helléniste qu'était Rabelais). Reste à parler du vin.

Sa présence est constante dans le texte. Dès qu'arrive le premier Chicanous, le curé-sommelier « le mène boire en son office longuement, cependant qu'on chaussait gantelets de tous côtés » (chap. 12, p. 567). Basché, avant de raconter l'histoire de Villon, fait apporter « vin de collation » pour boire avec ses gens « en grande allégresse » (chap. 13, p 568) ; et il la conclut de même, en inaugurant la distribution des cadeaux : « Quant est de moi, premièrement je bois à vous tous, mes bons amis. Or çà, il est bon et frais » (p. 570). Le second Chicanous est accueilli pareillement : « Jà ne me citerez », lui dit Basché, « que premier n'ayez bu de mon bon vin de Quinquenais, et n'ayez assisté aux noces... » (chap. 13, p. 571) ; et lorsqu'au terme des prétendues noces il se retrouve « si bien accoutré que le sang lui sortait par la bouche, par le nez, par les oreilles, par les œils », et tombe inanimé, on lui jette « force vin sur la face » (chap. 14, p. 572). Le troisième a droit à un dîner, puis fait son office, est invité ensuite aux fiançailles dont il reçoit le contrat (non sans émoluments) ; enfin il réclame les horions après « avoir dégousillé une grande tasse de vin breton » (chap. 15, p. 573), tout en regrettant « les antiques buvettes » para-liturgiques de la Nativité : et quand on a cogné sur lui à satiété, liesse nouvelle, « buvant les bons compagnons les uns aux autres, et tous à Chicanous et ses Recors » (p. 573-574), et le curé Oudard puis Basché le répètent, « Je bois à lui de bien bon cœur » (p. 575).

C'est le vin de la convivialité, évidemment : on boit les uns aux autres, on trinque (mot futur de la Dive Bouteille) en un échange symbolique. Mais c'est aussi le vin de la fête effrénée – celui que Villon, guettant le passage de Tappecoue, buvait en banquetant avec ses diables (chap. 13, p. 569) – le breuvage qui suspend les fonctions de contrôle de soi et d'attention au réel, le vin de l'ivresse et de l'erreur, qui égare la bacchante Agavè jusqu'à lui faire prendre pour une bête fauve son fils Penthée, le démembrer avec ses compagnes en délire, planter sa tête sur un thyrse et consacrer au dieu ce trophée de chasse. Cet effet orgiaque du vin, indissociable de Dionysos, n'est pas exprimé dans le texte de façon directe : mais il est indiqué avec insistance, à la fois par la thématique du travestissement et du leurre (déguisement et mise en scène des gens de Basché, diablerie théâtrale de Villon) et par le montage en récits enchâssés, qui marque des degrés supérieurs d'irréalité dans le système de représentation (déjà fort peu réaliste) du roman. Est produite, par deux fois, une fantasmagorie ; c'est ce qui libère la violence. Comme sur les tréteaux de la tragédie ou du drame satyrique, celle-ci est la règle du jeu, qui abolit fictivement les conditions de la vie normale – obligations, sanctions, etc. Aussi n'y a-t-il pas lieu de s'interroger sur la situation juridique de Basché, en le soupçonnant de procéder par voies de fait pour aboutir à un déni de justice. Les adeptes de Dionysos ne plaident ni ne calculent ; ils dansent, gesticulent et frappent en éclatant de rire.

Pour confirmer cet aspect orgiastique des récits, Rabelais fournit deux indices, discrets mais extrêmement précis pourvu qu'on les lise ensemble, comme y invite leur contiguïté, et que l'on en décèle toutes les implications. Ce sont des réserves exprimées par Pantagruel et Épistémon, au début du chapitre 16.

« Cette narration, dit Pantagruel, semblerait joyeuse, ne fût que devant nos yeux faut la crainte de Dieu continuellement avoir » (p. 576).

– La remarque est réprobatrice : elle réduit à une douteuse apparence le plaisir que l'on peut éprouver au récit de ces jeux de massacre, et lui oppose un précepte consacré par l'autorité du Psalmiste et de saint Paul. Nous voilà instruits de l'attitude orthodoxe ; et, par corollaire, avertis du caractère choquant de l'anecdote que Rabelais a développée sur onze pages, en trois phases similaires entre lesquelles il insère un récit encore plus horrifique. Les rabelaisants sérieux n'auront qu'à inscrire le tout sur le casier judiciaire déjà bien chargé de son diabolique porte-parole, Panurge. Mais le verdict du porte-parole évangélique, Pantagruel, n'est pas isolé : le sage Épistémon le prolonge à sa façon, en imaginant une variante qui rendrait l'anecdote admissible :

> Meilleure [...] serait si la pluie de ces jeunes gantelets fût sur le gras Prieur tombée. Il dépensait pour son passe-temps argent, part à fâcher Basché, part à voir ses Chicanous daubés. Coups de poing eussent aptement atouré sa tête rase : attendue l'énorme concussion que voyons hui entre ces juges pédanées sous l'orme. En quoi offensaient ces pauvres diables Chicanous ? (p. 576)

C'est fort juste, en dépit du soupçon de coq-à-l'âne qui affecte l'« attendu ». Et cela montre que Rabelais savait comment infléchir « cette narration » scandaleuse de manière à la faire passer pour la simple exagération, licite dans un cadre de bouffonnerie, d'une réaction très légitime contre l'injustice (de même que le massacre de la soldatesque de Picrochole, par Frère Jan ou Gargantua, traduit en férocité de caricature l'horreur des guerres de conquête et de leurs agents). Il suffisait, comme le suggère Épistémon, de prendre pour cibles les responsables présumés des déboires de Basché, voisin chicanier ou juges prévaricateurs ; et ce dernier motif, introduit de force par l'attendu, donnait l'occasion de prendre le relais des humanistes et surtout des propagandistes officiels par la satire des juges de village qui siègent de plain-pied (« pédanées ») avec les justiciables, dans des ressorts ecclésiastiques ou seigneuriaux qui gênaient la politique de centralisation judiciaire menée par Henri II, après François Ier, en faveur des tribunaux royaux (préoccupation dont Robert Marichal crédite Rabelais, aux p. XXVI-XXVII de son Introduction). Les gantelets de fer auraient ainsi matérialisé à la fois la sentence de l'équité éternelle et l'énergie du pouvoir temporel : tout en eût été mieux, comme dit Garo.

Mais justement le romancier paraît n'avoir nullement voulu se conformer aux avis qu'il s'adresse par la voix d'Épistémon. Il a préféré s'en prendre aux « Chicanous », simples exécutants qui n'agissent que sur ordre (ce qui est précisé dès leur présentation par le « truchement », chap. 12, p. 565), et rappelé à l'entrée du second Chicanons de Basché (chap. 14, p. 571). Voilà pour le souci d'équité. Quant au souci de propagande au service du pouvoir, il est écarté avec plus de désinvolture encore. Car les Chicanous sont des fonctionnaires royaux, et Rabelais fait tout pour qu'on ne le perde pas de vue. On compte trois allusions à cette qualité dans le texte : dès la version de 1548 le « truchement » rappelle que celui qui les maltraite est mis à l'amende ou incarcéré « comme s'il eût frappé le Roi » (chap. 12, p. 565) ; dans le récit interpolé, le troisième Chicanons porte en son baudrier des « vieilles lettres Royaux » (15, p. 574), et après l'avoir fait rosser Basché l'appelle « Monsieur le Roi », le narrateur précisant : « ainsi se nomment Chicanous » (p. 575). Si Rabelais avait eu les intentions politiques qu'on lui prête en alléguant les propos d'Épistémon sur ce qu'aurait pu être le récit, le choix des fantoches à bafouer aurait déjà été une insigne bévue : comment expliquer en outre ce triple rappel de leur fonction officielle, qu'il aurait fallu faire oublier ? Enfin, si l'on considère aussi l'histoire de Tappecoue, démembré tout vif pour n'avoir pas consenti à prêter des ornements sacerdotaux dont il avait la garde, on la trouvera encore plus scandaleuse, sans pouvoir lui inventer une signification d'actualité.

L'autocritique de Rabelais, par personnages interposés de prince et de sage fronçant le sourcil devant les bavardages du bouffon, doit bien être retenue, mais comme repère et consigne indirecte de lecture. Elle signifie que pour apprécier « cette narration », il faut oublier pour un moment les normes de la piété, de l'équité ou simplement du bon sens, et s'installer sans hésiter dans l'aberration, la déraison joyeuse. C'est là que les symboles comptent plus que les réalités, que les huissiers incarnent les contraintes et les vexations plus visiblement que ceux qui les font agir, que l'on encourt les pires châtiments célestes ou infernaux pour avoir refusé une chape à un vieux paysan déguisé en Dieu le Père (ou à Dieu le Père déguisé en vieux paysan, allez savoir !). Dans cet univers de fiction effrénée, tout ce qui entrave le jeu, limite la prodigalité, réprime la joie, tout ce qui refuse ou oblige est voué au massacre, à la « tragique farce » de Dionysos.

Mais en disant, sans plus, qu'il faut s'installer dans la déraison et la fiction, on simplifierait le système jusqu'à le fausser. En fait (et

Pantagruel et Épistémon sont là pour le rappeler) on ne s'*installe* pas dans la « tragique farce » (ce serait une rigidité mentale aussi néfaste qu'une autre : les fous font d'excellents tyrans). Ni dans une pure fantasmagorie, qui serait dénuée de pouvoir corrosif (qui irait s'interroger sur les malversations du Chat Botté, ou sur le respect du droit naturel dans les scénarios de Tex Avery ?). On doit réitérer sans cesse les pirouettes du « sens agile », et dériver du plausible vers l'aberrant, du réel vers le fictif, en mesurant à chaque fois la distance qui les sépare. Par exemple, ici, en passant brusquement du souhait légitime (et fréquemment exprimé à l'époque) d'une diminution des tracasseries procédurières, à l'utopie d'un monde sans procès parce que régi par la générosité mutuelle et le don – le monde des Thélémites d'où sont exclus d'emblée les « mâche-foin praticiens, / Clercs, basochiens, mangeurs du populaire » (*Gargantua*, chap. 54, p. 141) ; ou encore celui des « prêteurs et debteurs » du *Tiers Livre*. On peut se donner le plaisir d'imaginer la disparition des Chicanous et autres agents de la justice coercitive ; mais sans oublier ce que ce rêve dévoile de pulsions anarchiques et dévastatrices ; sans oublier non plus ce que le souhait raisonnable dont il procède a d'étriqué.

« En sens agile », la « narration » de Rabelais entraîne bien loin le lecteur qui consent à la trouver « joyeuse » et celui qui s'y refuse méconnaît la nature du livre – à l'écart de l'Olympe ordonné où siègent Zeus et Athéna, vers les zones d'errance et de perpétuelle fête du dieu ivre qui exulte. Là ont droit d'expression les désirs les plus fous et les plus authentiques dans leurs excès : sans que l'on perde de vue le rivage des vérités ; sans non plus que l'on s'y amarre. Le romancier paraît avoir pris soin d'indiquer cette inflexion de son dessein au seuil du *Quart Livre* de 1552 : il y insère, pour première escale hors du monde connu, Medamothi, l'île de Nulle Part, des fictions et des représentations impossibles. Après cette déclaration d'extravagance, rien d'étonnant à ce qu'il fasse déferler dans l'île de Procuration, au passage, la folie meurtrière et régénératrice de Dionysos. Et tant pis, ou tant mieux, si le boniment est illusoire : un prophète bachique a le droit et le devoir de s'égarer de temps en temps, surtout s'il navigue à bord de la Thalamège, sous l'enseigne de la Bouteille, loin des itinéraires répertoriés, le cap plein Ouest pour atteindre les pays du soleil levant.

LE « PÈRE DE MELCHISÉDECH » OU L'ÉNIGME DE LA VALEUR D'ÉCHANGE SELON VERVILLE [1994][1]

Le change a son lieu propre dans le *Moyen de parvenir* : c'est le « Monde de piperie » que « Paracelse », en sa qualité de « roi des alchimistes[2] » célèbre dans un long discours, non sans se changer lui-même en « l'Autre » au beau milieu de son propos. Dans cet univers, les « quatre éléments » sont des leurres, substitués aux réalités humaines : leurres de la théologie en guise de foi, du droit en guise de justice, de la médecine en guise de santé ; et surtout, couronnant la triade du savoir, les leurres du commerce, qui remplace toute chose par sa valeur monétaire, l'argent, « la cinquième essence nécessaire, dont il est tant fait d'état entre ceux qui veulent parvenir » (p. 97). L'idée est reprise au chapitre suivant, avec une notable modification : cette « quinte essence » se trouve désormais « ès finances », comme produit d'une activité supérieure d'un degré au « trafic » des marchands, puisque portant sur des signes monétaires. Le financier, au plus loin du réel, est au sommet de l'échelle des fictions sociales, avec pour seul rival possible le « professeur de folie » qui lui aussi manipule des signes (les substituts langagiers des choses) afin de leur faire subir la falsification au second degré du mensonge ludique.

Les pratiques de ce professeur de folie sont illustrées par le livre entier, où l'on reconnaît sans peine une prodigieuse machine à désorganiser les discours, dialogues et récits par altération du sens des mots

1 Paru dans *Or, Monnaie, Échange dans la culture de la Renaissance*, Actes du 9e Colloque International de l'Association Renaissance, Humanisme, Réforme, Textes réunis et présentés par André Tournon et Gabriel-André Pérouse, Saint-Étienne, Publications de l'Université de Saint-Étienne, 1994, p. 227-236.

2 Béroalde de Verville, *Le Moyen de parvenir*, Transcription, éd. H. Moreau, A. Tournon, J.-L. Ristori Paris, Classiques Garnier, 2004, section 59, p. 183. – Toutes les références incorporées au texte renvoient à cette édition. Le discours de « Paracelse » sur le « Monde de piperie » s'étend sur les sections 34, 35 et 36, p. 93 à 100. Sur ce texte, voir ici même p. 299-303.

et falsification de toute forme d'identité. Mais celles de son homologue, le financier, n'apparaissent guère dans la satire, même sous la forme prévisible de spéculations frauduleuses. Ce n'est pas que Verville dédaigne les histoires de vol ; seulement il utilise leurs matériaux traditionnels, bien concrets : on chaparde un jambon (section 78, p. 313), un âne (s. 52, p. 210), un cheval (s. 82, p. 329) ; si un voleur de poires refuse les trois quarterons que lui propose sa victime contre promesse de cesser (« J'y perdrais trop ! », s. 60, p. 243), c'est dans le cadre des trocs. Drouet nie par serment avoir emprunté… un chaudron : l'objet matériel rend d'autant plus plaisante sa réplique au plaignant qu'elle le dissuade : « Hé, compère, ne jure pas ! Hé, compère, tu perds ton âme ! – et Drouet lui répondait en l'oreille : … Et toi ton chaudron » (s. 65, p. 266). Un marché de dupes fait bien intervenir le nom d'une monnaie, la « signole » d'or qui vaut à peu près un écu, mais pour faire équivoque avec les « signoles », cabrioles qu'exécute le plaisantin devant ceux qu'il devait payer (s. 82, p. 330). Ailleurs, l'argent semble devoir être associé à des biens matériels pour figurer dans les anecdotes. Une galante dérobe à son amant occasionnel les vingt écus qu'il avait sur lui, mais l'histoire ne s'achève que lorsque le volé s'est fait aussi dépouiller de son manteau, par le mari de la belle (s. 63, p. 254). Un paysan a dû vendre une vache pour payer les épices d'un magistrat ; rendant visite à celui-ci, il regarde un paysage peint dans le salon : « Que regardez-vous là, bonhomme ? – Je regarde […] si je ne verrais point ma vache, au moins la moitié, pour ce que vous l'avez bien eue, et davantage » (s. 75, p. 302). Bref, Verville a beau se moquer des redevances féodales libellées en nature – « trente moutons lainés, couillus, cornus, et vingt poules avec leur sauce de ménage » (s. 83, p. 334) – il ne semble guère disposé lui-même à jouer avec l'expression abstraite des richesses, en monnaies, titres ou métaux précieux. Doit-on en conclure que, tout en pratiquant avec une extrême virtuosité l'escamotage et l'altération dans l'ordre du langage, tout en se référant constamment à l'alchimie, science et technique des échanges physiques, il est resté au fond indifférent, en dépit du discours qu'il fait prononcer à « Paracelse », à l'art des financiers et des banquiers, à leur instrument, la monnaie, et aux valeurs d'échange dont celle-ci est la mesure ?

Je ne le crois pas. Ou plus exactement, s'il est vrai que le motif de l'échange (et/ou de l'escroquerie) monétaire apparaît rarement dans le

Moyen de parvenir, je doute que cette discrétion soit explicable par la routine des contes à rire hérités des siècles précédents, avec leur thématique immémoriale du marché de village. Mais avant d'en proposer une autre raison, il est nécessaire d'examiner d'assez près un passage où l'argent, mentionné avec insistance comme moyen d'une transaction illicite, est en même temps frappé d'une sorte d'interdit qui en empêche toute expression directe ; et les ruses peut-être blasphématoires employées pour le désigner constituent le trait le plus corrosif et le plus énigmatique du récit. Il s'agit de Messire Imbert Chapotel, prêtre, et de sa façon de trouver quelqu'un qui « entende les Écritures » pour lui céder son prieuré de Saint Commode…

Il interroge un premier postulant : « Qui était le père de Melchisédech ? » ; et il reçoit la réponse conforme à l'épître aux Hébreux (7, 3) : « Saint Paul montre qu'il était sans père, sans génération. – Ha ha ha ! dit Messire Imbert, lourdaud mon ami, je sais cela avant vous. répondez à ce que je vous demande. – Je ne le sais pas. – Aussi n'aurez-vous pas le bénéfice » (s. 22, p. 107-108). Le second postulant, plus malin, sait trouver la formule :

> « Gratian le démontre aisément comme cela, disputant contre les simoniaques… » – ce que disant il tira de sa pochette droite une belle bourse où il y avait cinq cents écus en or – « … et ce en bons termes. Donc, Monsieur, voyez ce symbole philosopho-prophétique : voici le père de Melchisédech » ; et faisant de même de l'autre main, en tira de sa pochette encore une autre bourse pleine de beaux écus au soleil, et dit : « voilà la mère ; et afin que vous sachiez qu'il est vrai… » – mettant sa main droite en son sein, tira quelque soixante écus, et proférant en les coulant vers la chambrière, qui était au bout de la table comme celles des chanoines ont accoutumé – « … ce sont ici les enfants ». (p. 108).

La visée satirique est évidente : est en cause la simonie dans la transmission des bénéfices ecclésiastiques, objet de réprobations aussi véhémentes qu'inefficaces avant, pendant et après le XVIe siècle. Le concile de Trente venait de reprendre et de préciser les dispositions canoniques, en particulier celles du Décret de Gratien (*Causa* I, *questio* 1) qui visait expressément, selon les termes du concile de Chalcédoine, « l'évêque qui a conféré à prix d'argent les ordres sacrés ou les bénéfices ecclésiastiques, et le bénéficiaire de la collation ». La simonie est définie plus largement, par le canon 727, comme la « volonté délibérée d'acheter ou de vendre en échange d'un prix temporel une chose spirituelle ou attachée à une chose spirituelle » (sont cités, dans le cadre de cette dernière définition, les bénéfices ecclésiastiques). Au reste, les vérifications sont superflues : dans le texte même de l'anecdote, l'acquéreur du sacerdoce prieural rappelle tranquillement par ses premiers mots la condamnation prononcée par Gratien contre ceux qui agissent comme lui. Mais un détail est à retenir. Dans les décrets canoniques la simonie est un péché ; mais pour être considérée comme un délit, et encourir les sanctions prévues (annulation de l'acte, excommunication des coupables, peines afflictives), la transaction simoniaque doit être prouvée, donc s'être manifestée extérieurement, par exemple dans un contrat (canon 728). Telle est la première raison du jeu de paroles et de gestes auquel se livre le prétendant au bénéfice, à l'instigation très discrète de Messire Imbert : il faut que rien ne manifeste le lien entre la cession du bénéfice et le versement de la somme d'argent. – Ce n'est pas le cas ! dira-t-on : la transaction est évidente pour le plus naïf des lecteurs. – Sans doute ; mais la ruse est de la désigner comme non-dite, et même comme indicible. C'est cette trouvaille qui donne au récit son acuité et son pouvoir corrosif, excédant largement la portée de la satire : tout se concentre sur la notion-clé, énigmatique par excellence, du « père de Melchisédech ».

Melchisédech lui-même est un personnage mystérieux. Il est mentionné très laconiquement dans la Genèse (14, 18-20), en des termes qui l'investissent d'une fonction sacerdotale : au lendemain d'une victoire d'Abram (plus tard Abraham),

> Melchisédech, roi de Salem, apporta du pain et du vin ; il était prêtre de Dieu Très Haut. Il prononça cette bénédiction :
> « Béni soit Abram par le Dieu Très Haut qui créa ciel et terre,
> Et béni soit le Dieu Très Haut qui a livré tes ennemis entre tes mains. »
> Et Abram lui donna la dîme de tout.

Il est étranger au lignage auquel appartiendra le peuple de l'Alliance ; l'Écriture ne fait pas état de son père, ni de sa mère, ni de ses descendants ; ce silence est relevé par saint Paul, et nous verrons plus loin l'interprétation qui en est donnée ; pour l'instant, il suffira de noter que parler du « père de Melchisédech » revient à désigner à l'attention ce qui est ignoré, et doit être ignoré (compte tenu de l'insistance de saint Paul, et de l'exemplarité scripturaire) dans la manifestation d'un rôle sacerdotal. Messire Imbert considère d'ailleurs cela comme allant de soi, puisqu'il répond au premier postulant, qui lui rappelait le mot de l'apôtre, « Je sais cela avant vous » ; ce qui ne l'empêche pas de réitérer sa question. Un dernier détail parachève la devinette : toujours selon saint Paul, la dignité du grand prêtre est marquée par le fait que même le patriarche de l'Alliance, fondateur du peuple de Dieu, reçoit sa bénédiction et lui offre la « dîme », la part sacrée destinée plus tard à l'entretien des lévites (Nombres, 18, 20-25). Dès lors tout est clair : la demande de Messire Imbert a trait à ce qui ne doit pas être dit au sujet d'un sacerdoce caractérisé comme tel par le profit auquel il donne droit. Le second postulant ne s'y trompe pas : il a reconnu en cet objet mystérieux la valeur d'échange du bénéfice ecclésiastique, que l'on ne saurait mentionner sans avouer la simonie.

Le modèle de transaction ainsi constitué vaut pour bien d'autres marchés tacites, analogues à des cas de simonie bien qu'ils ne mettent en jeu que des activités laïques. Verville s'en prend en ces termes à la vénalité des charges judiciaires, généralisée au XVIe siècle et aggravée au début du XVIIe par la « paulette » qui rend héréditaires les offices obtenus à prix d'argent. Les acquéreurs de ces offices, dit-il plus loin,

> font serment de n'avoir pas acheté leurs états, et toutefois l'argent en est encore écrit en leurs doits [= débits]. Ils ne le disent point, mais qu'ils « prêtent de l'argent au Roi » – vraiment un maître irait chercher qui lui baillerait de l'argent pour le servir ! aussi proprement l'argent fait tout… (s. 65, p. 265).

Une anecdote le rappelle encore incidemment : soumis à l'examen probatoire, un candidat à la magistrature avoue qu'il ne sait pas répondre aux questions, mais ajoute : « J'ai un fils qui est bien savant, qui répondra pour moi, comme mon compère le sieur de Basgrand a répondu de l'argent que je dois de mon office » (s. 87, p. 352). et « Dixippus », enfin, fait la synthèse :

> Tant que le Roi vendra les états et que les hommes bailleront de l'argent à un maître pour le servir, certainement les femmes qui autrement sont dites « garces », c'est-à-dire filles de joie, dames d'amour, personnes de liesse, prendront de l'argent de ceux qui les serviront. (s. 104, p. 404).

Payer l'État pour entrer à son service équivaut en effet à payer une *cortegiana onesta* pour qu'elle fasse mine d'agréer un prétendu service courtois : sont démentis par de telles pratiques les principes aristotéliciens et thomistes selon lesquels les offices civils ou religieux (ou les sentiments d'amour) ont pour finalité le bien de la collectivité (ou le bien de la personne aimée), et non celui du détenteur de l'office (ou celui de l'amant). En rétribuant sa « garce », le galant reconnaît qu'il ne cherche que son propre plaisir. En payant pour obtenir leur charge, les juges et les ecclésiastiques reconnaissent qu'ils en exerceront les activités en vue de leur profit personnel (et peu importe que celui-ci se mesure en biens matériels ou en prestige) : l'argent qu'ils versent est calculé par une évaluation des bénéfices escomptés. Voilà ce qu'il ne faut surtout pas dire ; dans le Monde de Piperie, « l'argent fait tout », justement dans la mesure où il intervient là où il devrait n'avoir aucun rôle, détermine des valeurs qui devraient lui être étrangères, permet des échanges illicites, etc. ; dans la mesure où il est le non-dit du système social, son principe mystique (au sens où l'on parle de « testament mystique », dont même le notaire ne doit pas connaître les dispositions). En un mot, le Veau d'or, substitut de Dieu au cours de l'Exode.

Mais revenons à la Genèse, pour interroger une fois de plus le leurre utilisé par Messire Imbert, ce « père de Melchisédech » qui fait le comique du texte. En dépit de son sérieux, saint Paul nous y aidera :

> Ce Melchisédech, roi de Salem, prêtre du Dieu Très Haut, qui se porta à la rencontre d'Abraham [...] et qui le bénit ; à qui aussi Abraham attribua la dîme du tout [...] qui est sans père, sans mère, sans généalogie, *dont les jours n'ont pas de commencement et dont la vie n'a pas de fin*, qui est *assimilé au Fils de Dieu*, ce Melchisédech demeure prêtre pour toujours. Considérez donc comme il est grand, celui à qui Abraham donna aussi la dîme du meilleur butin, lui le Patriarche. Et à la vérité ceux des fils de Lévi qui reçoivent la prêtrise ont ordre, selon la Loi, de lever la dîme sur le peuple [...]. Mais celui qui n'était pas de leur lignée a levé la dîme sur Abraham, et il a béni le détenteur des promesses. Or, sans aucun doute, c'est l'inférieur qui est béni par le supérieur. De plus, ici ce sont des hommes mortels qui perçoivent les dîmes, mais là c'est *celui dont on atteste qu'il vit.* (Épître aux Hébreux, 7, 1-8).

L'apôtre assimile clairement Melchisédech au Christ, et saint Jérôme, dans ses commentaires sur Matthieu 26, 26-28, précise que le pain et le vin qu'il apporte préfigurent l'Eucharistie. Ces interprétations sont cautionnées par le verset 4 du psaume 110 (109) chanté aux vêpres du dimanche, qui s'adresse au Messie en distinguant son sacerdoce de tous ceux qu'avait institués la Loi :

> À toi le principat au jour de ta naissance, sur les monts sacrés,
> dès le sein, dès l'aurore de ta jeunesse.
> Yahvé l'a juré et ne s'en dédira point :
> tu es *prêtre à jamais selon l'ordre de Melchisédech !*

On voit alors quel peut être le père de ce Melchisédech, figure (ou, selon certains exégètes, première épiphanie) du Messie : c'est Celui dont le nom ne doit pas être dit. Le silence du texte biblique n'est pas un défaut d'information, mais l'expression d'un interdit : on ne prononce pas le tétragramme. Si bien que la plaisanterie de Verville est proche du blasphème : elle déclare implicitement que l'argent est Dieu.

Mais c'est la conclusion de Messire Imbert qui va le plus loin dans l'audace. En accordant le bénéfice au postulant, il le félicite en ces termes :

> Vraiment vous êtes docte, vous êtes en danger d'être un jour pape ; Vous aurez le bénéfice, votre doctrine vous l'adjuge, il ne faudrait à la vérité que vous seul pour faire tomber toute la théologie en démonstration, en dépit de Raymond Lulle : que nous serions heureux si on résolvait ainsi tous arguments ! nous serions incontinent d'accord, toutes hérésies seraient englouties. (s. 27, p. 109)

Cela fait réfléchir, si l'on songe aux centaines de milliers de victimes des guerres de religion vécues par Verville et les lecteurs de son temps. Si les désaccords des théologiens avaient pu se régler comme chez Messire Imbert, à beaux écus comptants, cela aurait fait scandale sans doute, autant que tous les trafics ecclésiastiques (à commencer par celui des indulgences) ; mais on aurait au moins épargné le sang. C'est l'un des sens possible du vers de Molinet que citait et commentait hier François Cornilliat[3], « Sainte-Croix, notre épargne... » : entre la Croix rédemptrice qui nous « épargne » la damnation, et la croix dont sont frappées les pièces d'or que les bourgeois du Cateau-Cambrésis prélèvent sur leur « épargne » (économies), on peut retenir aussi la fonction protectrice de cette monnaie, rançon qui a permis aux habitants de la ville assiégée d'être « épargnés » par les soldats-brigands.

---

3 « "Sainte Croix, nostre espargne..." : l'équivoque monétaire chez les Rhétoriqueurs », *Or, Monnaie, Échange dans la culture de la Renaissance*, Actes du 9e Colloque International de l'Association Renaissance, Humanisme, Réforme, Textes réunis et présentés par André Tournon et Gabriel-André Pérouse, Saint-Étienne, Publications de l'Université de Saint-Étienne, 1994, p. 161-185.

Reste à examiner la façon dont le texte produit l'assimilation blasphématoire qui s'y inscrit en filigrane ; autrement dit, par quels procédés rhétoriques s'y opère la sacralisation de la monnaie et de la valeur d'échange, que thématise la plaisanterie sur « le père de Melchisédech ».

Verville prend un parti assez insolite. Il s'abstient de célébrer les métaux précieux, les monnaies et leurs devises, les symboles concrets de la richesse. Il représente les gestes qui les exhibent, avec en contrepoint un discours purement déictique (« Voici… Voilà… ce sont ici… ») quant à son objet réel, remplacé par les plus prestigieux des leurres, lui aussi indiqué à mots couverts. Ainsi leur est assuré le prestige de l'indicible. Et si l'on hésite à songer à un autre déictique, dont le sens était l'enjeu de combats fratricides[4], on pourra au moins se reporter à l'histoire que raconte « Vatable », d'un discret transfert de fonds :

> Du temps que je me mêlais de prêcher en notre église, il y avait un diacre qui était falot, et qui avait reçu de l'argent pour moi. Il me vit ès hautes chaires en ma place. Alors, il prit en sa main cet argent, enveloppé en du papier, et durant la messe il vint apporter le livre de l'Évangile à baiser ; me le présentant, il me ficha en la main ce papier avec l'argent, et me dit : *Haec sunt verba sancta.* Cela était le mot pour rire. (s. 109, p. 427)

Le déictique (« *Haec* ») est ici exploité selon son caractère propre, qui est de désigner sans signifier, de ne rien dire sur ce qu'il est censé identifier. Verville se complaît à l'employer pour indiquer des objets que l'on ne doit pas nommer ; le « cela » que la jolie Marciole est contrainte d'exhiber en dispersant puis en recueillant ses cerises, ce qui lui procure, au terme de la séance, une rémunération inespérée (s. 8 et 9, p. 47-51) ; ailleurs, le « ceci » (s. 76, p. 305 …). Mais il l'utilise aussi pour créer des équivoques, par exemple à l'occasion d'une poignée de mains :

> Il me tend la main (or avait-il femme jeune et belle encore) ; j'avance ma main, et, prenant la sienne, je lui dis bien humblement : « Voici la main de celui qui, Dieu merci, a besogné mademoiselle votre femme, ou n'a tint qu'à lui… » – je parlais de la sienne, et il ne l'entendait pas. (s. 44, p. 181)

4 Voir Montaigne, *Essais*, « Combien de querelles et combien importantes a produit au monde le doute du sens de cette syllabe, *Hoc* », II, 12, PUF p. 527, IN p. 312, Fol. p. 286 : allusion à la parole de la Cène, « *Hoc est enim corpus meum* », thème des controverses entre protestants et catholiques sur la transsubstantiation.

On ne sera donc pas surpris de trouver, dans la séquence qui nous occupe, quelques mutations arbitraires du sens des mots. La première est incidente, encore qu'elle renvoie aux controverses théologiques du temps. Messire Imbert interpelle le premier postulant de singulière façon :

> Hé bien mon ami, dites-moi premièrement : êtes-vous prêtre ? – Oui Monsieur. – Or donc, messire *alterutrum*, il vous faut ouïr parler.
> PLOTIN – Pourquoi l'appelait-il *alterutrum* ?
> DURANDUS – Pour ce qu'il est écrit *confelimini alterutrum*, c'est-à-dire « confessez-vous au prêtre ». (s. 27, p. 107)

Le texte scripturaire allégué par les réformés en faveur de la confession mutuelle sans intervention du clergé, « confessez-vous l'un l'autre », est traduit, si l'on peut dire, conformément à la doctrine catholique, qui réserve au prêtre la mission d'entendre l'aveu des péchés, et d'absoudre (passons sur l'altération de « *confitemini* » en un « *confelimini* » qui n'est pas dans les dictionnaires des collèges). L'autre coup de force linguistique est en rapport direct avec la ruse du second postulant, qui répond en ces termes aux félicitations de Messire Imbert :

> Hé bien ! dit le clerc, Monsieur mon bien-facteur, mon bon Mécénas [...] c'est *docere*, c'est expliquer le latin de chapitre *recipiatur docendo*, i. [= c'est-à-dire] « qu'il soit reçu en payant ». (p. 108-109)

La formule latine s'applique au chanoine « théologal » admis obligatoirement dans les chapitres, selon le concile de Trente (V, 1) pour veiller à la diffusion de la doctrine catholique ; elle devrait être traduite « qu'il soit reçu à titre d'enseignant ». L'interprétation proposée est évidemment plus conforme au rite selon lequel vient d'être célébré le « père de Melchisédech ». Du reste, il ne faudrait pas croire que Verville réserve aux catholiques ses railleries sur l'imposture et la vénalité. Quelques pages plus haut, on pouvait lire l'histoire du pasteur déchu de ses fonctions, pour inconduite :

> [Il] s'avisa de trafiquer et faire profiter si peu d'argent qu'il avait de reste de ses commodités passées. Il se mit donc à faire la marchandise, et, profitant un peu, il fut affriandé de venir aux foires ; ainsi il se trouva à celle de Fontenay avec beaucoup de marchandises, et entre autres grande quantité de lanternes [...]. (s. 25, p. 100)

Des gens de son pays sont là, et croient avoir affaire à un de ses parents ; il les détrompe :

> Adoncques, sans s'émouvoir, il dit : « C'est moi qui suis celui que vous dites – Et pourquoi, et comment est-il advenu qu'aujourd'hui vous êtes marchand de lanternes ? – Ohoo ! dit-il, et pourquoi non ? Je les vous ai autrefois prêchées, maintenant je les vous vends ». (*ibid.*)

Autant d'anticipations sur le discours de « Paracelse », et de confirmations : le sens des mots et le prix des choses ressortissent bien au système du Monde de Piperie. Ce qui d'habitude va sans dire, et même ne doit pas être dit, sinon entre initiés, et à demi-mot. Autrement, comment tricherait-on ?

Et si l'on ne triche pas ? – Il en est de même. Car ces transactions frauduleuses ou illicites, ces paroles fallacieuses, manifestent les pouvoirs de falsification du langage et du trafic, et la connivence tacite qui les masque. La secrète vérité des bénéfices ecclésiastiques ou des offices judiciaires, c'est la simonie ; la secrète vérité des compétences de chanoines ou de prédicants, des compétences juridiques de magistrats, c'est leur aptitude à se monnayer en prébendes, en gains de lanterniers ou en épices. Mais Verville n'effectue pas explicitement cette généralisation scandaleuse. De façon bien plus insidieuse, il la postule en insistant sur le non-dit qui est censé couvrir le petit négoce de Messire Imbert et de son client. De ce fait, il n'est pas surprenant que *Le Moyen de parvenir* soit si peu disert sur les procédés par lesquels les « financiers » distillent la quintessence du monde de piperie : ceux-ci, comme les recettes du Grand Œuvre, sont nécessairement secrets, et opèrent sur des matériaux ignorés du vulgaire. Les profanes croient voir et toucher l'argent, calculer les prix, se garder des fraudes ; ils ne savent pas qu'ils se trouvent, en fait, devant un mystère dont ils sont toujours dupes.

À défaut d'être totalement éclairci, ce mystère a trouvé plus tard un nom : celui de la valeur d'échange. Son caractère fluctuant, insaisissable, était sensible depuis le milieu du XVIe siècle sous la force de l'instabilité de sa mesure monétaire, dont on savait trop bien que la fonction d'équivalent universel, variant selon les changes et les poussées d'inflation, ne s'exerçait pas sans problèmes, ni sans fraudes, pensait-on. Il n'est sans doute pas indifférent que la somme reçue par Messire Imbert à titre de « symbole philosopho-prophétique » du père de Melchisédech soit libellée en « écus au soleil », c'est-à-dire en pièces d'or qui devaient fixer définitivement l'instrument monétaire, selon l'ordonnance de 1577, en faisant fonction à la fois d'unités de compte et de moyen de paiement. La réforme n'avait pas duré : dès 1580, dans la pratique commerciale, la distinction était rétablie, et l'« écu » de compte avait perdu de sa valeur. En 1602, les dispositions de 1577 sont officiellement abandonnées, et le semblant de stabilité qu'elles avaient assuré est compromis par la détérioration rapide, après 1610, des finances du royaume. On peut conjecturer que vers 1616, date probable de la publication du *Moyen de parvenir*, d'après Neil Kenny[5], l'écu au soleil commémorait une illusion perdue : la vaine tentative de fixer ce qui ne pouvait se fixer en l'absence d'un étalon monétaire reconnu et stable (voir la communication de Lucien Gillard[6]). Bénéfices et lanternes ne cessent pas de s'échanger contre des pièces de monnaie ; quant à définir la valeur, à la dire, hors du geste d'échange, Verville a compris que ce n'était pas si simple, ni peut-être si utile au fonctionnement du marché. Les bonnes affaires se concluent au clin d'œil, entre compères qui possèdent « l'intelligence des Écritures » (s. 24, p. 98), capacité commune au pasteur lanternier et au prêtre simoniaque. Entendons par ces mots la connaissance des textes sacrés, pour découvrir le « père de Melchisédech » avec espoir de salut, et la compétence en écritures comptables[7], pour spéculer sur des mystères plus discrets, avec espoir de profit.

5 « *Le Moyen de parvenir :* The Earliest Known Edition, its Date, and the Woman who Printed it », in *Studies on Beroalde de Verville*, éd. M.J. Giordano, *Biblio 17, Papers on French Seventeenth Century Literature*, 1992, p. 21-41.

6 « Y a-t-il étalon or à la Renaissance », *Or, Monnaie, Échange dans la culture de la Renaissance*, Actes du 9e Colloque International de l'Association Renaissance, Humanisme, Réforme, Textes réunis et présentés par André Tournon et Gabriel-André Pérouse, Saint-Étienne, Publications de l'Université de Saint-Étienne, 1994, p. 59-69.

7 Le terme d'« écritures » pour les livres de comptabilité apparaît au XVIe siècle, lorsque se répand la pratique italienne des comptes à partie double. Voir par exemple Pierre de Savonne, *Instruction et manière de tenir livres de compte par partie double*, Anvers, Plantin 1567, préface p. 6 : « Tu ne laisseras d'y trouver tout ce qui est nécessaire pour bien *dresser écritures et livres de raison* » ; et Louis Turquet de Mayerne, *Traicté des negoces et traffiques*, Paris, Chovet, 1599, p. 68 : « Chacun tienne un simple papier Journal, pour soutènement et preuve de toutes autres *écritures et comptes.* » – Ces références sont données dans l'article de Philippe Desan, « "Pour clorre nostre conte" : la comptabilité de Montaigne », *Littérature*, Mai 1991, p. 28-42, où l'on trouvera des hypothèses extrêmement fécondes sur le modèle fourni à la pensée de la Renaissance par ces nouvelles méthodes de comptabilité. Pour le texte qui nous occupe, il convient de signaler qu'il appartient à un ensemble de plusieurs séquences, inauguré par la question que pose « Euclide » : « On parle tant de *cette intelligence*

Je ne saurais dire si Verville a fait preuve d'une perspicacité exceptionnelle en décelant ainsi le rapport entre le rôle de l'argent et son instabilité foncière – autrement dit, sa nature paradoxale de mesure fluctuante en même temps qu'universelle. En tout cas, il a su s'installer, avec plus de plaisir semble-t-il que d'inquiétude, dans un monde où les conventions libres, problématiques et provisoires des hommes se substituent à des certitudes métaphysiques parfois meurtrières, et, faute de pouvoir être fondées en vérité, dévoilent leur caractère factice dans un éclat de rire – ce qui est une façon de ne pas tromper. Il a su penser la contingence universelle, sans lui donner de repères ni de lois, sur le modèle du langage délirant, des transactions illicites et de la monnaie dévaluée, et exprimer cela dans un système cohérent d'aberrations. C'est une remarquable avancée en direction des pratiques et savoirs modernes.

---

d'écritures : qu'est-ce que c'est ? ». (s. 24, p. 99). Le convive interpellé pour l'expliquer, « Tostat » (nom d'un exégète scripturaire du XVe siècle), racontera l'histoire de Messire Imbert ; mais il est auparavant interrompu par « Budé », qui évoque en riant le pasteur marchand de lanternes (s. 25, p. 99), puis par « Gorreus », qui rapporte la traduction absurde du nom de « Murena » par un écolier (p. 102-103). « Nicolas de Cuse » relance alors la question initiale (« Est-ce là cette belle lanterne qui nous doit éclairer ? Sera-ce elle qui nous apprendra l'intelligence et solution de ce qui est proposé de l'excellence *des écritures* ? » – p. 104), et « Tostat » lui répond enfin. Faut-il observer que la section 26, où il reprend la parole, a pour titre « Livre de raison », et la section 27, qui contient l'essentiel de son récit, « Parabole » ? Ce serait un cas exceptionnel de pertinence dans *Le moyen de parvenir*, dont les intitulés sont le plus souvent arbitraires.

PARACELSE, L'AUTRE

Change et piperie dans *Le Moyen de parvenir* de Béroalde de Verville [1984][1]

Quelqu'un vient d'annoncer une anecdote ; d'autres propos interfèrent, et la promesse est oubliée ; on proteste : « Voilà bien doctriné ! vous avez laissé le conte de Rabelais. » Réponse : « Il est vrai. Et c'est ici la grande dignité de cet ouvrage, plein de l'intelligence de la pierre philosophale, pource que tout s'y transmue – vous n'attendiez pas ceci, est-il pas vrai ? Or bien, sachez que voici le moyen de transformer non seulement les visages, mais aussi les essences » (s. 91, « Doctrine », p. 367[2]). Changeons de propos, et tout change ; il suffisait d'y penser. Reste à définir le lieu et la formule de ces mutations imprévisibles par lesquelles s'élaborent les fantasmagories du *Moyen de parvenir.*

Verville a délégué « Paracelse », le « roi des alquemistes » (s. 59, « Absolution », p. 239) pour en dévoiler les secrets au lecteur. « Le moyen de parvenir comprend tout, et est composé des quatre éléments de piperie, avec leur quinte essence ... » (s. 34, « Généalogie », p. 137). Son discours n'est pas des plus clairs, comme on pouvait s'y attendre, ni des plus convaincants : « Une nouvelle philosophie – voire si nouvelle qu'on ne la connaît pas » dit « Éraste » (*ibid.*). Laissons-nous duper, en dépit de cette mise en garde ; et procédons d'abord, comme il se doit, à l'étude des sources, afin de pouvoir apprécier les mutations qu'elles subissent.

Il n'y a pas à les chercher bien loin : les premières phrases viennent tout droit des œuvres de Paracelse (le vrai, dont le nom sera cité ici sans guillemets). On y reconnaît sa physique moniste – « les quatre éléments

---

1 Paru dans *L'Imaginaire du changement en France au XVIe siècle*, éd. Claude-Gilbert Dubois, Bordeaux, Presses universitaires de Bordeaux, 1984, p. 165-186.

2 Le texte est cité d'après la transcription publiée par Hélène Moreau, André Tournon, Jean-Luc Ristori, Paris, Classiques Garnier, 2004.

sont formés d'une même matière » – et sa théorie du cycle universel des changements, de la *prima Materia* indifférenciée dont sont extraits les êtres jusqu'à la *materia ultima* où ils se résorbent[3]. Et les fonctions physiologiques de nutrition, d'assimilation et d'excrétion, censées répéter ce processus à échelle réduite[4] lui sont immédiatement superposées à titre de modèle, ou de caricature. Mais cette description n'est là que pour mémoire : « ce n'est pas de telle chose que je veux parler » ; et, pour que la suite s'éclaire sans rien perdre de sa complexité, il est nécessaire de rappeler ici quelques bizarreries du système donné en référence, ainsi que les controverses qu'il a provoquées.

Lorsque Paracelse parle des quatre « éléments », feu, air, terre, eau, « matrices des êtres, et des trois principes », soufre, mercure et sel, qui leur confèrent leur structure et leur fonction, il ne désigne pas sous ces termes les matériaux concrets perçus par les sens. Ce sont pour lui des substances pures, invisibles, réceptacles ou foyers d'énergies latentes[5] dont les corps homologues ne sont qu'une grossière manifestation. L'alchimiste qui travaille sur ces derniers ne peut susciter et contrôler les phénomènes matériels que par la connaissance de cette réalité seconde qui en détermine le dynamisme. De même lorsqu'il traite des êtres élaborés, métaux, plantes ou produits organiques : il entreprend de découvrir leurs « vertus » spécifiques, d'isoler, par séparation et raréfaction, le fluide porteur de ces énergies, et d'obtenir ainsi le produit le plus efficace pour les opérations thérapeutiques ou magiques qu'il veut réaliser[6]. Toujours il s'agit de capter, par-delà les objets concrets, une expression de leur « corps astral[7] », sorte de double spirituel et énergétique infus en eux, participant des forces qui animent le cosmos ; et

3 Chapitres 35, « Notice », et 36, « Parlement ».

4 Voir *Philosophia ad Athenienses*, I, 21, *Paracelsi opera omnia*, Lyon, J. de Tournes, 1658 (éd. de référence), II, p. 2431. – Certains critiques considèrent ce texte comme apocryphe ; mais il était présumé authentique aux XVIe et XVIIe siècles, et, puisqu'il ne s'agit ici que de l'image de Paracelse que présente Verville, cela nous suffit.

5 *Labyrinthus Medicorum*, VI (I, p. 274) : l'« alchimie du microcosme » (de l'organisme humain) est décrite ainsi : « *materiam primam in ore habet, hoc est panem masticat, [...] Postea id habet in stomacho, quae materia secunda est. Is tandem coquit et digerit, ut sanguis et caro postremo fiat ; haec jam materia est ultima.* »

6 *De origine morborum invisibilium*, I, p. 136.

7 *Labyrinthus Medicorum*, X, p. 283 : tous les corps ont deux formes, « *una est visibilis, altera invisibilis. Una est corporalis, elementaris, altera spiritualis, siderea. Hinc jam liquet oportere unumquemquevis Medicum herbario spirituali sidereo instructum esse, ut ex eo sciat quo modo medicina illa in forma subsistat.* »

l'opérateur lui-même, mage ou médecin initié, n'atteint ces arcanes que par les facultés d'imagination (active ou passive) de son propre « corps astral », sensible aux émanations des étoiles et des êtres qu'elles régissent, et capable de les influencer[8].

Tout repose ainsi sur un dédoublement de la réalité ; et, quelle qu'ait pu être la valeur des pratiques alchimiques et médicales de Paracelse et de ses disciples, c'est sous cet aspect ésotérique de « magie naturelle » qu'en est formulée la doctrine. Dès le XVIe siècle, la polémique a été engagée sur ce point par les tenants de l'aristotélisme, objet des défis fracassants du nouveau physicien. Éraste en particulier – son premier contradicteur dans le *Moyen de parvenir* – s'y attaque dans le premier volume de ses *Disputationes de Medicina nova Paracelsi*[9]. Prenant la défense de la théorie traditionnelle des éléments – particules concrètes de quatre types, dont l'agencement et les proportions suffisent à expliquer les qualités manifestes ou latentes des corps premiers – il présente les « principes » et les « éléments » quasi immatériels de Paracelse comme les produits d'un pur verbalisme, à moins qu'il n'invite à y soupçonner les masques de la sorcellerie. De même, il refuse d'admettre les pouvoirs énergétiques de l'imagination, et du prétendu « corps astral » dont elle procèderait : ni les images mentales ni les mots ne sauraient exercer d'effets sur la réalité physique, à moins que, là encore, n'intervienne une assistance démoniaque. Bref, le monde invisible que le médecin suisse superposait au monde visible n'est rien d'autre qu'un ensemble de fictions imaginées par un charlatan pour en imposer aux naïfs et peut-être pour couvrir des pratiques maudites. Au mieux, une supercherie, au pire, les prestiges de Satan ; mensonges dans les deux cas.

Les élucubrations du « Paracelse » de Verville tirent de là le caractère essentiel de leurs singularités : elles combinent intimement la thèse occultiste et le réquisitoire prononcé par ses adversaires. Elles célèbrent les vertus des « quatre éléments de *piperie* », assumant d'emblée le grief d'imposture pour revendiquer en contrepartie tous les pouvoirs de l'illusion. On croit reconnaître immédiatement le procédé de l'éloge ironique, courant dans le livre comme dans les satires et paradoxes de

8 *Fragmentum libri de virtute imaginativa*, IV, II, p. 471 : « *Dividitur homo in corpus visibile et invisibile. Corpus invisibile imaginationem pro ore habet, quo jussa et opera per corpus simile exequatur.* »

9 Sur cet ouvrage que nous n'avons pu consulter directement, voir Walter Pagel, *Paracelse*, Paris, Arthaud, 1963, p. 317-337.

la Renaissance : à l'instar des fantoches politiques de la *Satire Ménippée* ou du *Baron de Fæneste*, l'alchimiste se ferait un mérite de cela même qui discrédite son œuvre. Mais le jeu est plus subtil. Pour empêcher les propos de se laisser réduire, par une telle lecture, à une série d'antiphrases aisément convertibles, une double opération en fausse discrètement le schéma logique et en détourne la visée. Lorsque « Paracelse », après la prétérition citée plus haut, fait mine d'entrer dans le vif du sujet, c'est pour s'engager soudain dans une voie de traverse. « Oyez donc que c'est de certains purs, vrais, saints et justes éléments que je veux dire, lesquels les abstracteurs falsificateurs, brouillons et hypocrites ont gâtés – et j'en veux à ces trompeurs… » (s. 35, p. 141) : l'inflexion déterminée par la relative oriente en fait toute la suite du discours ; il ne sera pas question des « purs, vrais, saints et justes éléments », mais de leur altération imputée à ces « trompeurs » contre lesquels l'orateur multiplie les invectives, pour bien les distinguer de lui ; ce qui n'empêchera pas la satire de se muer en éloge – nous y reviendrons. D'autre part, cette déviation signale un tour de passe-passe : les « éléments de piperie » ne seront pas ceux de la cosmologie paracelsienne, même réinterprétée d'après Éraste. L'objet du discours change : aux forces occultes de la nature se substituent les secrets des contrefaçons socio-culturelles ; à la théorie illusoire des phénomènes réels se substitue la pratique réelle des phénomènes illusoires, formes diverses de l'imposture qui régit le monde des hommes.

Ce déplacement admis, on espère une fois de plus se retrouver en terrain familier : quoi de plus traditionnel que la satire du mensonge à l'œuvre dans la société ou dans le savoir, et cause de leur corruption ? Depuis Érasme, les cibles en sont bien connues, et elles apparaissent ici dans l'ordre de préséance des Facultés : théologiens qui commentent le texte sacré de manière à en extraire « ce qui cadre à leur paillarde opinion » ; légistes dont les gloses embrouillent et pervertissent la jurisprudence ; médecins dupant leurs malades pour en tirer des émoluments qui n'ont, dans le texte, qu'un rapport très métaphorique avec certains mystères de l'organisme… Manquent cependant, pour compléter la tétrade des sciences, les représentants de la Faculté des Arts. À la place des dialecticiens, Verville introduit dans sa parade une corporation inattendue : celle des marchands[10]. Et il privilégie

10 Leur apparition est si inattendue qu'à partir de la fin du XVIIe siècle toutes les éditions adoptent la leçon fautive « meschants » ; ce n'est qu'en 1896 que Ch. Royer a rétabli la bonne leçon.

ceux-ci : « contrepassant par l'étamine (et suivant les commentateurs des ruses soporiférantes), le scandale forfantesque [traquenard charlatanesque] avec grands labeurs et risques, ont trouvé la cinquième essence nécessaire, dont il est tant fait d'état entre ceux qui veulent parvenir » (p. 142). La mention prématurée de la « cinquième essence », alors qu'il s'agit encore des « quatre éléments », ne peut être considérée comme une inadvertance : le chapitre suivant justifiera implicitement cette anticipation. En fait, c'est là le signe d'un nouveau gauchissement du texte, qui en modifie profondément le sens.

Les marchands mentent, comme on sait : tout Dindenault cherche à tromper le client sur la qualité de ses moutons. Mais à ce décalage entre l'objet et sa valeur prétendue s'ajoute une seconde fiction : celle du signe monétaire qui mesure le prix frauduleux de la marchandise. La transaction effective réalise une double altération : le mouton en chair et en os est devenu une « merveille de la nature », presque un être mythique (« celui qui porta Phrixus et Hellé... ») par l'effet du boniment de Dindenault, et vaut « trois livres tournois », et pourquoi pas un talent d'or, puisque nous sommes dans le monde de piperie où le client, « sot à la grande paye », est censé ignorer « que valait un talent d'or » ? Le prix exorbitant renvoie à une surévaluation qualitative qui renvoie elle-même à la viande et à la laine. Cela ressemble aux autres opérations des « abstracteurs », de la réalité à l'énoncé, de l'énoncé au commentaire falsifiant. Mais pas tout-à-fait, car le prix et la présentation charlatanesque sont mis sur le même plan : le mouton-tel-qu'on-le-décrit vaut trois livres. Le mensonge ne se situe donc plus dans le passage du simple énoncé aux gloses et théories, mais dans le passage de l'objet réel à ses corrélatifs langagiers et monétaires – cet animal sans pareil, trois livres tournois ! Or, dans les autres secteurs, la métaphore alchimique préparait ce glissement : le travail des « abstracteurs » s'exerce sur les « éléments » réputés concrets pour en extraire des pseudo-équivalents verbaux. Le cas des marchands, vérifiant ce schéma, a ainsi pour effet de remembrer toute la satire traditionnelle des gloses fallacieuses en déplaçant ce point d'impact : désormais, c'est le décalage entre le réel et sa représentation qui est mis en cause.

À la place d'une dénonciation banale des mensonges, Verville présente donc une analyse de l'opération première qui les rend possibles et les cautionne : la convention (le « symbole ») du Monde Pipeur n'est autre que la substitution du signe à la chose signifiée, autorisant les dérivations (le signe du signe, etc.) et la prolifération indéfinie des objets spéculaires, en vertu de leur « faculté perpétuelle de se régénérer, sans dissipation d'esprits, et par le mélange mystigorieux des forces et puissances qui y sont contenues » (p. 143). Et « Paracelse » peut s'émerveiller devant ce système, où il retrouve le modèle de sa cosmologie fantastique. Maintenant il a raison contre Éraste : pour être exactes, ses descriptions devaient seulement être appliquées aux pratiques humaines qui superposent au réel les réseaux piégés du langage : à chaque objet son prix (et un boniment publicitaire), à chaque maladie son nom (et des hypothèses étiologiques), à chaque acte ses conditions de légitimité (et des controverses juridiques), à chaque révélation divine sa formalisation par exégèse (et des spéculations théologiques). Tout fonctionnera fort bien, pourvu que l'on accepte sans réserves ces fictions patentées, et la logique qui les assortit entre elles en contrôlant leur propagation : « L'exercice a causé merveilles au progrès infini de l'univers pipeux » (*ibid.*) – il suffisait, au départ, de ne plus s'interroger sur la nature des choses, ou d'admettre, déjà, que « les phénomènes ne sont jamais donnés que dans une présentation qui, en elle-même, et par sa représentativité propre, est tout entière signe[11] »). En prime, nous voici débarrassés des apories des pyrrhoniens qui s'obstinaient à rappeler que la pensée n'a pas de prises sur la réalité : quelle réalité ? faute de cette référence, leurs questions deviennent aussi inoffensives que des devinettes enfantines : ils « ne savent pas pourquoi les bœufs se couchent. – Ah Jan ! grosse bête, c'est pource qu'ils ne se peuvent asseoir » (*ibid.*). En interrompant un instant le discours, ces dernières plaisanteries en indiquent l'enjeu : un phénoménisme moins bouffon qu'il ne le paraît. Il s'agit ici de défaire l'enchevêtrement des signes et des êtres qui se perpétuait et même se resserrait dans l'épistémologie de Paracelse[12] ; et de manifester dans son lieu propre – l'ensemble des pratiques discursives socialisées – le jeu réglé des premiers, en constatant leur autonomie sous forme d'un éloge ironique de la « piperie ».

11 M. Foucault, *Les mots et les choses*, Paris, Gallimard, 1966, p. 80.

12 *Ibid.*, p. 35-36. Montaigne paraît ne plus rien soupçonner de cette théorie des « ressemblances » décrite par Foucault. (voir *Essais*, II, 37, PUF p. 781-782, IN p. 709-710, Fol. p. 655-656), et Rabelais, déjà, l'avait tournée en dérision. Reste que Paracelse en use et abuse, et que la conception du signe qui prévaut à l'âge classique ne paraît pas se dessiner au XVIe siècle, sauf, au sujet du langage, chez Ramus et Scaliger.

Reste cependant, sous ce dernier terme, la question en principe exclue par la nouvelle configuration du savoir : quel est « l'acte constituant de la signification[13] » ? La réponse sommaire – une « piperie » – n'est qu'hyperbole, et il serait difficile de la justifier directement, sinon par recours au réalisme moralisateur et aux arguments rebattus du colloque sur *Les mots et les choses*[14]. Mais Verville trouve un biais pour garantir ses propos conformément au type de sémiologie dont il paraît saluer l'avènement : au lieu de mettre en cause la production des signes, il rendra visible dans leur fonctionnement une dynamique d'altération et de mystification. Il lui suffit de jouer le jeu, d'agencer son propre discours en incorporant dans sa structure le processus qu'il prend pour objet, par une sorte de mimétisme paradoxal analogue à celui de *l'Éloge de la Folie*, et plus complexe encore. Nous en avons déjà aperçu quelques indices : les spéculations de « Paracelse » étaient discréditées d'avance par l'intervention d'« Éraste » et le seront de nouveau, en conclusion, par une réplique du sage « Bias[15] » ; elles présupposent la réfutation de la théorie dont elles dérivent ; elles sont inaugurées par une déviation en invectives contre ceux-là mêmes dont elles cautionnent les agissements ; bref, elles assument de diverses façons la contradiction d'Épiménide le Crétois qui affirmait que tous les Crétois sont menteurs. Mais le trait le plus révélateur peut-être est inscrit, comme une marque formelle, dans l'armature de la fiction – la distribution de la parole entre les devisants. Au point décisif de l'éloge, « Nicander » intervient à la seule fin de pratiquer une interruption (sa réplique, sollicitée, redouble simplement le texte) ; et c'est « L'Autre » qui reprend le propos « par le bord de sa robe » (p. 143), pour l'achever[16]. Apparaît ici, pour la première fois dans

13 M. Foucault, *op. cit.* p. 80.

14 *D. Erasmi opera omnia*, Leyde, Van der Aa, 1703-1706, I, p. 821-822, *De rebus ac vocabulis*. Ne pas confondre avec le traité *De duplici copia verborum et rerum*.

15 « Vous ne faites que parler de parvenir, sans, possible, en savoir la pratique, à quoi peut-être vous êtes stylé comme un âne à jouer du flageolet… » (s. 36, p. 146).

16 Ch. Royer rétablit le nom de Paracelse avant la phrase « Or là laissez moy achever… » : conjecture logique, mais que ne confirme aucune ancienne édition, pas même celle de Panckoucke (1757) dont la version comporte une distribution complète des répliques. C'est là un excès de bon sens ; Verville s'amuse volontiers à des substitutions de personnages : un conte commencé par « Ramus » est continué par « Carpentier » (s. 14, « Corollaire »), « Gauthier » cède de même la parole à « Guillaume » (s. 85, « Défaut » – les noms forment un couple proverbial), et « Bignon » à « Godefroy » (s. 86, « Rémission », et 87, « Discours »). Dans le texte qui nous occupe, le jeu est facilité par le fait que « l'Autre » peut être saisi comme anaphorique : ailleurs cependant, cette fonction est exclue par

le livre, l'un des procédés les plus déroutants de Verville, propre à altérer, par équivoque grammaticale, l'identité de tout sujet de l'énonciation, fictif (tel personnage) ou réel (l'auteur du livre) : qui parle ici ? l'autre… Ce changement de porte-parole, associé à la coupure du chapitre, délimite exactement le passage à l'éloge sans réserve, et la généralisation par laquelle ce qui était jusqu'alors donné de l'extérieur, comme phénomène accidentel institué en loi par la complicité des bénéficiaires, devient principe de synthèse d'un anti-monde où le locuteur lui-même se situe, en revendiquant la réussite d'une Création à rebours : « Je sais bien qu'il y a un autre univers, que Dieu a fait ; mais nous, *id est* nos pères, les hommes et femmes, en avons bien fait un autre plus accompli… » (s. 36, p. 143). L'idée a une origine lointaine dans la doctrine de Paracelse, selon laquelle Dieu ne crée les choses qu'en leur matière première[17] ; mais, présentée abruptement et sous sa forme extrême, elle se mue en un défi démoniaque ou insensé qui ne peut émaner que de « l'Autre », du malin génie où l'on ne reconnaît ni « Paracelse » (qui n'est d'ailleurs pas Paracelse), ni Verville (qui ne signe pas), ni vous ni moi ni lui-même ; seulement le chuchotement ironique qui hante et altère le monologue de chacun. À ce locuteur énigmatique il appartient de révéler le dernier secret du monde de piperie, et de dérégler, comme de juste, le mécanisme de celui-ci.

On ne sera guère surpris par la découverte de « la vraie quinte essence selon laquelle plus aisément et avec moins de peine on gagne davantage » (p. 144) ; elle était préfigurée par le négoce. Opposée aux tâches productives des travailleurs toujours spoliés, rapprochée de l'intervention parasitaire des « maquereaux » qui gèrent le commerce du plaisir et en usurpent le profit, c'est la pratique des « finances ». Elle franchit en effet un ultime degré de « piperie » par rapport à la

---

le propos (s. 38, « Arrêt » : « Léri » réplique à « Socrate », puis « l'Autre » prend la relève, dans le même sens que « Léri »). Le plus sûr est de laisser le texte tel qu'il est, et d'interpréter cette bizarrerie de la distribution (qui est loin d'être unique) d'après les réflexions de Verville sur la locution « comme dit l'autre » (*Le Palais des Curieux*, Paris, Vve M. Guillemot et J. Thiboust, 1612, XV, p. 106-107 : « On me dira que si un autre écrivait ce que souvent j'écris et mets en avant, il ne serait pas reçu de la sorte. Et je dirai à cettui-là : Je vous prie que je sois cet autre, et dites vos pensées. Possible aussi qu'il me réponde courtoisement, disant que pour me faire être cet autre il faudrait aussi qu'il fût un autre : tellement qu'une chimère en engloutit une autre. »

17 *Labyrinthus.*, VI, I, p. 273 : « *Eo usque res omnes creatae sunt, ut in manu nostra positae existant, non tamen undiquaque perfectae* ». Est pris pour exemple le fer, matière des outils et des armes.

« supposition [= substitution du signe à l'objet] ecclésiastique, judiciaire, médicinale et trafiquante » (*ibid.*). Le financier ne manipule plus que le numéraire dans ses opérations de prêt, d'avance et de change. Mieux qu'aucune autre, sa fiction est accréditée : le gage monétaire est fondé sur le consentement collectif et garanti par la marque du prince[18] ; les bavardages frauduleux – exégèse, glose, diagnostic, boniment, aléatoires dans leur effet, ne sont plus nécessaires. Mais tout en s'inscrivant ainsi dans l'ordre des conventions universelles, ses agissements atteignent au plus haut degré d'abstraction : la monnaie est le représentant commun de toutes les richesses dont elle permet l'échange, et ne tire sa propre valeur que de cette fonction de représentation[19]. « Ès finances » s'accomplit donc la mutation dernière, définitive, du réel en signe ; veaux, vaches, cochons, couvées, consultations médicales, charges judiciaires et même ecclésiastiques[20], tout se confond en s'échangeant contre des sommes variables d'écus – et inversement. Le financier, précisément parce qu'il se situe aussi loin que possible du concret, est le maitre du jeu social, du « monde de piperie ».

Le système pourrait se clore ici ; une réflexion incidente y ménage une brèche. « Le diantre y ait part ! j'ai été de tous les honnêtes métiers du monde, hormis de cettui-là [les finances], et de professeur en folie… » (p. 145). Surgit ainsi, à côté de celui qui régit les espèces monétaires (et à travers elles les valeurs codifiées) la figure du *morosophe* capable de tout perturber par sa parole ironique. L'un et l'autre travaillent exclusivement sur les signes, dénaturant les choses et les usages. Mais la piperie à laquelle préside le premier est organisée, respectée, orthodoxe jusque dans ses rapports avec la déraison : il y a de l'honneur « aux folies d'être chancelier ou premier président ou de telle autre qualité de fous qui foussoient les autres fous » (autrement dit, qui les déclarent aliénés par décision juridique, assurant par leur exclusion la cohérence du Monde Pipeur). Le second se situe en marge de ce système ordonné, et enseigne l'aberration ; ce qui revient à pousser à l'extrême le pouvoir falsificateur du langage afin de le prendre à son propre piège. « Aux fous tout est

18 Voir M. Foucault, *op. cit.* p. 187 (citant Scipion de Grammont) : « La monnaie n'emprunte point sa valeur de la matière dont elle est composée, mais bien de la forme qui est l'image ou la marque du Prince » (*Le Denier royal*, 1620) et p. 194.

19 *Ibid.*, p. 187.

20 Voir l'histoire de Messire Imbert, s. 27, « Parabole », rappelée dans les pages suivantes, et s. 38, « Arrêt ».

permis pour rire » : le professeur de folie animera le tumulte de cette autre piperie, libératrice, qui prend forme dans les sophisme, coq-à-l'âne et facéties du *Moyen de parvenir*.

Surcroît de logique : « l'Autre » refuse encore de s'identifier en assumant ce dernier rôle. « Si ai-je quelque honneur qui m'en empêche ; aussi n'oserai-je sauter ce bâton, de peur de perdre les bonnes grâces *de* ma maîtresse » (la *Sophia* ?). Enseigner la folie, ce serait la contrôler, et se retrouver en position de juge au sommet du monde de piperie ; la vivre, ce serait se faire objet de risée, s'installer dans ce même monde à la place assignée aux bouffons et aux singes dressés à « sauter le bâton », ce qui neutraliserait la parole subversive. Pour préserver son altérité et lui donner la virulence requise, « l'Autre » ne sera ni Diogène ni Triboulet. Pas d'autre lieu pour lui que la zone familière mal définie où se réitère sans cesse son mouvement fugace de va-et-vient ; pas d'autre identité que les masques qui lui seront prêtés ; pas d'autre formule que la contradiction intime du discours paradoxal.

Cette espèce d'allégorie grammaticale et logique désigne assez exactement le caractère singulier du texte : ne pas rester statique, en se donnant pour explication d'une vérité ou d'un mensonge définitifs. Discours en anamorphose, il énonce et mime à la fois le principe des mutations opérées tout au long de ce livre qui « montre d'un et puis d'autre » (s. 111, « Argument ») au hasard des successions, interruptions chevauchements et malentendus où se dispersent les propos. Et ce n'est pas un hasard s'il est inauguré par une référence apparemment inopportune à la *prima materia*, origine de tout devenir : est indiquée ainsi, de biais, la problématique traditionnelle du changement, avec ses modèles techniques et biologiques. Que celle-ci soit abandonnée par la suite, c'est évident. Reste à savoir si les alchimies verbales de la « piperie » officielle ou folle, qui la supplantent, sont sans rapport avec elle.

Revenons un instant au vrai Paracelse. Tout vit dans son univers, tout évolue, mais les « éléments » purs, comme les « principes », sont inaltérables, quitte à se manifester diversement. Car chacun est doté d'une seule qualité (le feu n'est pas « chaud et sec », mais seulement chaud, la terre n'est pas « sèche et froide », mais seulement sèche, etc.), si bien que les transformations par échange de qualités premières, imaginées par Aristote, sont impossibles. Les êtres complexes, eux, sont assujettis au devenir : naissance, croissance, décrépitude, corruption ; mais ces phases s'accomplissent selon le programme inscrit dans le *semen* de chacun, et dans le temps assigné par Dieu à son évolution. Même les maladies ne sont pas conçues comme des accidents (déséquilibre humoral, refroidissement...) ; ce sont des entités spécifiques, infusées dans l'organisme ou sécrétées par lui comme les minéraux le sont par la terre, et pourvues de leur durée propre[21]. Autrement dit, le changement est pensé à partir de l'identité, dans un monde physique d'autant plus stable et mieux ordonné qu'il est régi par son modèle astral. Cette description projette sur les choses la fixité du vocabulaire, plus strictement peut-être et de façon plus détaillée que ne l'avait fait Aristote ; elle promet ainsi à l'initié le don de discerner sous les aspects changeants du concret la permanence de réalités invisibles, par l'inspection d'une imagination souveraine qui confère à tout la régularité des cycles stellaires et de la table des métaux.

Dans le domaine considéré par le « Paracelse » de Verville, cette belle ordonnance n'a rien qui lui corresponde. Pas d'identité stable en ce Monde de Piperie constitué par altération des signes et perte de tous les repères. Pas d'évolution programmée non plus dans ses mirages : du réel au conventionnel, puis d'un simulacre à l'autre, la mutation est instantanée. Car les changements dont il s'agit se produisent dans les représentations, non dans les choses. Le sophisme, sans doute, est de confondre les deux ordres, sous couvert des métaphores alchimiques : séparation des éléments, extraction de la quinte essence, élaboration d'êtres artificiels constituant un second univers... Il n'est pas sûr que les modèles de croissance, de floraison et de corruption, traditionnellement appliqués par les penseurs du XVIe siècle (même par Montaigne !) à des phénomènes historiques et culturels, soient beaucoup plus pertinents. Mais admettons que Verville renchérisse sur l'erreur en présentant la substitution du signe à l'objet, puis les renvois d'un signe à l'autre et les distorsions qui s'ensuivent, comme des modalités du changement ; ce sera la part du feu, ou du jeu. Du moins en résulte-t-il que le caractère factice des constructions idéologiques apparaît en pleine lumière : on

21 Sur les éléments simples, voir *Philosophia...*, III, 2, II p. 251. Sur les êtres complexes développés à partir de leur *semen*, voir *Philosophia sagax*, I, 7, II, p. 569 : « *Quidquid natura generat, format id secundum essentiam virtutis, in subjecto latentis.* » Sur la substantification des maladies, voir W. Pagel, *op. cit.* p. 151-152 et p. 161.

trouve à leur point de départ comme dans leurs derniers raffinements des productions et des manipulations de leurres. Les considérations habituelles sur la grandeur et la décadence des cités ou des régimes politiques se référaient à l'ordre des choses et aux vicissitudes qui affectent les organismes vivants : prétextes pour justifier, condamner ou déplorer, selon des critères de toute autre origine. Surgit ici d'un seul coup le Monde Pipeur « bâti, établi, composé, compilé, balancé et accommodé … » (s. 35, p. 142) ; admirons-le, mais n'allons pas lui chercher des cautions dans le cosmos, les saisons ou les phases de la vie des plantes : sa perfection est celle de l'artifice pur.

Au commencement donc était le mensonge. Mais ensuite ? Le principe des métamorphoses qui confèrent la mobilité à cet univers diabolique est décelable, comme on l'a vu, dans la structure du texte ; manifestation bien abstraite, qui laisse le lecteur sur sa faim. Le livre en fournit ailleurs des exemples plus pittoresques. Soit de ces termes qui désignent des conditions et sont reçus comme dénotant des qualités (comme la servitude est transposée en caractère intrinsèque de « l'esclave », selon Aristote). Ils ressortiront ici à l'alchimie fantastique dont Verville décrit les effets à propos du cocuage, transformation invisible et totale, mystérieusement provoquée à distance, et en dépit de la physique péripatéticienne : « Ès formes qui se reçoivent sans mutation de substance, encore y a-t-il du mouvement au sujet de muance ; mais en cettui-ci, soit qu'il s'émeuve ou ne se meuve point, et quelque absent qu'il soit, il est pénétré, transpercé, outrepercé, surpris, enduit, enveloppé et tellement organisé en spécifique et disposée formation, que subitement, subtilement, tout d'un coup voilà un homme cocu » (s. 53, « *Section* », p. 217). Dans le Monde de Piperie, la sophistique a force de loi naturelle, et tout prédicat nouveau est cause efficiente d'une mutation. Réciproquement, l'acception des mots (donc la réalité) pourra varier selon les énoncés où ils apparaissent. Des invectives scripturaires contre la « putain de Babylone » que répétaient les pamphlets huguenots, Verville déduit imperturbablement que « putain » signifiait « Madame » en chaldéen, et désignait la reine ; « depuis ce temps-là, les dames qui ont eu de la réputation et ont été grandes par le monde, et relevées en honneur, ont voulu être putains, nom qui a été fort révéré … » (s. 57, « Sommaire », p. 230) ; et il ne reste plus qu'à expliquer comment ce titre prestigieux est tombé en discrédit, « ainsi que le saint nom de *tyran* a été viré en mal » (p. 231). Laissons, à regret, les détails de cette évolution historique et sémantique. Éloge ironique des prostituées, satire des mœurs de la Cour ? si l'on veut ; mais le jeu est avant tout d'affirmer l'équivalence de termes violemment contrastés, et d'ôter ainsi la garantie du lexique – j'appelle un chat un chat … – aux classifications et aux sanctions de l'opinion, respect pour la Dame, mépris pour la catin[22]. L'effet sera atteint lorsque les facéties auront tendu des pièges sous chaque expression, multiplié les équivoques, les étymologies saugrenues, les transformations à perte de sens des mots et des sentences.

Ainsi se déploie à l'infini un univers de signes non seulement arbitraires, comme ceux des « piperies » officielles, mais aussi en dérive perpétuelle. Tout le livre est agencé de manière à en faire éprouver sans cesse l'instabilité. Inutile d'insister sur la fréquence des calembours et quiproquos, bons ou mauvais, qui rappellent à tout moment qu'on ne saurait se fier aux mots. Sur une plus vaste échelle, les enchaînements bizarres des contes et discours, par déviations, gloses incorporées, détournements de propos d'un devisant à l'autre et enchevêtrement de séries disparates, exploitent avec virtuosité les procédés élémentaires de l'équivoque et du coq-à-l'âne : segmentation aberrante et réinterprétation des énoncés. Verville s'ingénie à donner au texte l'allure d'une suite de variations aléatoires, d'un jeu de hasard où les dés, rattrapés avant immobilisation et de nouveau jetés sur la table, rouleraient toujours – seul moyen de ne pas perdre, puisqu'ils sont pipés. Ce n'est pas désinvolture – la complexité des procédés d'enchâssement et les effets comiques qui en résultent[23] témoignent d'un travail attentif – mais dessein délibéré : tentons enfin d'en préciser le sens et la portée.

Le discours de « Paracelse » et de « l'Autre » censé en donner la clef puisqu'il prétend définir le « moyen de parvenir » montre au moins ce qui est mis en cause dans ce tohu-bohu : la fonction constituante et ordonnatrice attribuée à cet instrument de dénaturation qu'est le langage. L'indication est relayée tout au long de l'ouvrage par des marques moins explicites,

22 Voir s. 17, « Journal », les répliques du Sr de Danois à la reine qui l'interroge sur les femmes : « Vraiment, Madame, le sujet est unique en perfection. – Mais qu'en dites-vous ? – Tout bien, Madame. – Et encore ? […] – Puisqu'il vous plaît, Madame, par la mordong ! toutes les femmes sont putains. – Oho ! dit la Reine, et moi ? – Aha ! Madame, vous êtes la Reine … » (p. 78).

23 Sur ce point, voir Ilana Zinguer, *Structures narratives du Moyen de parvenir*, Paris, Nizet, 1979.

mais placées en exergue de manière à ne pouvoir échapper à l'attention du lecteur. Pour scander le flux verbal, le plus souvent à contretemps, les titres des chapitres égrènent la liste des termes désignant les cadres dans lesquels s'inscrit la parole réglée, ses formes rhétoriques et logiques, ses catégories, ses statuts, et les lieux et circonstances où s'exerce son autorité. Faut-il préciser qu'ils n'ont jamais aucun rapport avec les séquences qu'ils introduisent ? Ils sont là, justement, pour rester inefficaces, pour ne pas contrôler ni canaliser le bavardage de l'auteur et de ses prête-noms, ou, si l'on considère la matière du livre, la rumeur tumultueuse du plaisir, des pulsions naturelles, assumées par des spéculations pour rire qui défient toute bienséance et toute censure. Indice supplémentaire : sont exclus les termes propres à définir des catégories narratives (comme « récit », « conte », « anecdote », etc.) ; seul apparaît le mot « Histoire », amphibologique (une histoire, l'Histoire, la science historique ?...). Les normes auxquelles renvoient ces intitulés ironiques, à la seule fin de montrer qu'elles sont enfreintes, ne sont autres que celles qui confèrent au discours le pouvoir de figer son objet, quel qu'il soit, en une représentation ordonnée, conforme aux codes et aux modes de communication officiellement reçus. À ce type d'écrit ou de parole[24] s'opposent indistinctement l'échange verbal (s'il n'est pas contrôlé par une dialectique préméditée), le récit (s'il admet les écarts, les brisures, voire l'inachèvement) et le paradoxe (s'il laisse entrevoir ses sophismes ou sa gratuité). Car dans ces trois formes d'expression, pratiquées par Verville, l'inconsistance logique ou diégétique du texte fait apparaître, par corrélation, l'instabilité de ses référents imaginaires et culturels. « Tout s'y transmue » parce que rien ne dissimule la précarité de l'énonciation, ni ne crée l'illusion réaliste ou doctrinale, sinon pour la détruire un instant après.

Ces deux aspects, indissociables, des jeux proposés ici, procèdent directement de la morosophie de « l'Autre ». Si la « piperie » est à l'origine des signes, il est vain de recourir à l'opposition traditionnelle entre mensonge

---

24 B. Bowen, dans son article sur « Béroalde de Verville and the Self-Destructing Book » (*Essays in early French Literature, presented to B. Mac Craig*, N.J. Lacy et J.C. Nash édit., York, French Literature Publications, 1982, p. 163-177) insiste à juste titre sur la défiance de Verville envers l'écrit ; il n'est pas sûr cependant que cela revienne à privilégier tout ce qui est parlé. Ce que Verville refuse, et détruit dans son livre, c'est la sclérose du langage codé – celui des discours et sermons comme celui des traités. Réciproquement, il agence ses écrits de manière à leur donner l'inconsistance et la liberté d'allure des échanges oraux. Une formule de sa manière, s. 13, « Conclusion » : « Je me mis à faire des contes, et lui aussi ; mais les miens allaient plus vite » (p. 65). Les anomalies de la composition assurent cette fugacité à l'écriture même.

et vérité. Reste donc à opposer aux fictions codifiées, qui pervertissent les valeurs et les cadres du monde humain, l'errance de la fantaisie qui s'en affranchit ; aux opinions reçues et constituées en doctrines d'erreur, les extravagances de la folie ; à la tyrannie du définitif, l'incertain et le provisoire. Ce pourrait être le sens du titre de l'ouvrage : « *Le Moyen de parvenir* » – ce qui est en jeu dans la phase intermédiaire entre un projet et son accomplissement, le temps de la recherche, des essais, des détours, des opérations qui n'ont pas leur fin en elles-mêmes. Que le but recule indéfiniment ou soit oublié, qu'on ne « parvienne » nulle part (mais où, au juste, et à quoi s'agissait-il de parvenir ?), et nous voici divaguant au hasard. C'est bien le cas, puisque le banquet des devisants s'achève sans autre conclusion qu'un retour énigmatique sur son propre sens, et l'annonce d'un commentaire futur[25] – autrement dit, d'un degré d'ironie de plus, et d'un brouillage accru, à en juger par la fonction des gloses déjà insérées.

Il faut donc bien le reconnaître : ce livre inextricable n'est pas un « discours du changement », si l'on entend par là un texte qui décrirait le changement, en définirait les conditions, les formes et les étapes, et en indiquerait la fin. Observons cependant que de tels discours, qu'ils se veuillent objectifs ou s'abandonnent aux fantasmes, prétendent saisir synthétiquement les processus de mutation qu'ils prennent pour objets ; et, de ce fait, en fixent l'image, si mouvant que soit leur référent. Nous l'avons entrevu à propos de Paracelse, mais cet exemple n'a rien d'exceptionnel ; il manifeste seulement de façon abrupte un paradoxe de l'écriture héraclitéenne : la formule « tout change » énonce une loi permanente, et ne change pas ; ses versions élaborées (théories du hasard, des progrès et des déclins, des catastrophes et de l'apocalypse, etc.) ont le même pouvoir pétrifiant ; elles le tiennent du langage, sans doute, mais le renforcent en corroborant la fixité des propositions par la cohérence du discours ; il suffit, pour s'en rendre compte, de lire les quelques pages de Plutarque citées par Montaigne à la fin de l'« Apologie de Raimond Sebond ». C'est à cette sclérose contagieuse des signes que Verville porte atteinte, en faussant systématiquement les structures discursives et narratives de son ouvrage. Le passage que nous venons d'examiner suffit à montrer qu'il y réussit.

25 S. 111. « Argument » : « Et afin que je puisse un jour commenter ce volume… » (p. 436. Ch. Royer imprime ici « commencer » ; la variante est admissible, car Verville a pu vouloir conclure sur cet ultime paradoxe : l'annonce de la rédaction future du livre qu'il vient d'achever).

On pourra déclarer, par conséquent, que le *Moyen de parvenir* modifie en profondeur la problématique du changement en la faisant refluer sur le discours lui-même, qui s'y trouve compromis, sur les signes qu'il manipule, pour les frapper de précarité, et finalement sur le sujet qui s'y exprime, ou plutôt s'y déguise. La parole de l'Autre altère le monde qu'elle invente, et s'altère avec lui. La mutation a peut-être pour origine les pratiques textuelles de l'humanisme en crise : continuer à restituer, toujours plus exactement, le testament des civilisations anciennes, se laisser hanter par les paroles proférées jadis ; mais en même temps tout remembrer, pour tenter de répondre aux urgences d'un présent bouleversé. Les emprunts « déguisés et difformés à nouveau service » dans les *Essais*, les citations que Juste Lipse infléchit selon l'agencement de ses *Politica*, en toute lucidité, sont donnés pour des détournements ; tout texte est donc malléable, et soumis à variation ; et celui que j'écris ? Montaigne découvre dans les pensées qu'il enregistre, comme dans les « opinions » disparates qu'il examine, et dans le monde autour de lui, les effets capricieux du hasard[26]. Encore s'efforce-t-il de les contrôler, de les inscrire dans l'unité de son œuvre pour se les approprier. Le parti de Verville est au contraire d'accélérer le mouvement perturbateur, jusqu'à confusion de tous les repères (à commencer par celui de l'identité), et de faire ainsi de son livre « le centre de tous les livres », ou plutôt du tourbillon dans lequel ils se disloquent : on vient de voir le sort qu'il fait subir aux doctrines de Paracelse. Surgissent alors, dans ce vertige, quelques réalités élémentaires de la vie terrestre et charnelle, travesties en facéties mais obstinément réaffirmées. Il n'y a pas lieu ici d'en parler. Retenons seulement que son entreprise, sans lendemains immédiats[27], pose avec une acuité extrême le problème de la contingence de tous les systèmes de signes par lesquels la pensée humaniste ou la pensée classique ont prétendu contrôler le changement, quitte à le déclarer universel. Que cette découverte s'exprime en éclats de rire, cela ne saurait nous surprendre.

---

26 Voir *Essais*, I, 24, PUF p. 127, IN, I, p. 227-228, Fol. I, p. 286-28 ; I, 47, PUF p. 286, IN I, p. 453-454, Fol. I, p. 505-506 ; II, 12, PUF p. 575, IN II, p. 391-392 ; Fol. p. 357-358 ; III, 8, PUF p. 934, IN, III, p. 234-235 ; Fol, III, p. 220-221.

27 Sur la postérité de Verville, voir l'article d'H. Moreau, « Grand sympose et grand rouleau : *Le Moyen de parvenir* était-il écrit dans *Jacques Le Fataliste* ? », *Mélanges sur la littérature de la Renaissance à la mémoire de V.-L. Saulnier*, Genève, Droz, 1984, p. 589-599.

APPENDICE : TEXTE DES CHAPITRES 35 ET 36 DU *MOYEN DE PARVENIR*

[Entre crochets, la pagination de l'édition Classiques Garnier, 2004]

35. NOTICE

[P. 140]

PARACELSE – Vous saurez, en dépit de vous, que les quatre éléments sont formés d'une même matière… Regardez comment je commence de belle et bonne grâce, comme un apprenti qui retire sa quittance (« Quand maître coud et putain file, on ne fait guère en la ville »). La première matière est celle dont les ouvriers du monde agissent, sachant élire ce qu'il en faut pour leurs affaires… J'ai honte de proférer ce mot de *matière*, parce qu'il a mauvaise grâce, et même aussi à cause de ces médecins qui me regardent, et pensent que je leur veuille proposer le monde malade, pour voir à sa matière ce que sera : s'il mourra bientôt ou s'il guérira ; je vous dirai, mes enfants (ainsi vous puis-je nommer, d'autant que je vous adopte par science et vous engendre par intelligence) que le monde ne s'est point encor vidé, il n'a point fait de matière. Savez-vous pas que la matière se fait seulement après l'opération de plénitude ? Tout ainsi que le monde est beaucoup de fois plus grand que l'homme, qui est le petit monde, et le monde le grand animal corporel, aussi en proportion quand il sera plein, et après le temps et juste équivalence, ayant été rempli rendra sa matière : attendez ce temps-là, hé vous ! qui jugez de sa durée et future dissipation ; et là verrez au juste pronostic de l'éjection qu'il fera… ce n'est pas de telle chose que je veux [p. 141] parler ; mais il faut avertir le monde, de peur d'inconvénient. Oyez donc que c'est de certains purs, vrais, saints et justes éléments que je veux dire, lesquels les abstracteurs, falsificateurs, brouillons et hypocrites ont gâtés – et j'en veux à ces trompeurs, pour autant qu'ils me firent perdre ma manuelle quand j'allai quérir les petites ordres ; aussi je n'ai garde d'y retourner, de peur de tout perdre ; encor faut-il vous avertir, touchant les abstracteurs, d'autant qu'il y en a une sorte : on m'a dit que les plus subtils sont à la Rochelle, pource que c'est une ville maritime, et que là sont les abstracteurs de cérémonies qu'ils séparent bravement de leur sujet, comme entendus philosophes qui lèvent les accidents de leur substance sans qu'il y reste cicatrice qui ne soit apparente et manifeste : je ne sais que j'en dois dire, de peur d'être estimé hérétique, je les laisse donc ; mais je hais abondamment les voleurs qui ont tiré des certains éléments d'une doctrine que l'Antéchrist a inventée et supposée sous lumière de religion, pour faire une ombre mirlifique : vous saurez tantôt que c'est, et jugerez que je ne passe point les limites de raison, ains que je galope ces gabeleurs de théologie qui ne trouvent bon que ce qui cadre à leur paillarde opinion ; il y en a d'autres qui ont remarqué comme cette cabale avait ainsi pressuré et fait issir un élément génératif perpétuellement en similitude, muni d'une fécondité future, et ont fait semblablement en les imitant, par ainsi ils ont sublimé, effressuré et hypocondrillé la jurisprudence ; puis après, les plus sages, pour n'être suspects à cause de la robe, [p. 142] ont escarmouché les embûches médicinales ; si que, chatouillant le pénil de la médecine, lui ont fait couler – le suc du moelleux endroit, où la parfaite substance se chytifie ; et par ce moyen se relevant quintessentiellement en apparence magnifique, suivant comme les autres les belles abusoires de juridiction et possession acquise, ont mêlé avec les médicaments l'œuvre parfait de benoîte extraction ; si que les marchands, ayant passé par leurs mains et goûté de ce brouet d'andouille, ont forcené d'amour après cette invention ; tellement qu'ils ont dignifié leur état comme les autres, et, contrepassant par l'étamine (et suivant les commentateurs des ruses soporiférantes) le scandale forfantesque, avec grands labeurs et risques, ont trouvé la cinquième essence nécessaire, dont il est tant fait d'état entre ceux qui veulent parvenir : et pource que, par quelquefois boire ensemble ou deviser, on se joint les uns aux autres, la fréquentation étant la soudure des volontés, il est advenu que toutes ces quatre essences se sont mêlées ainsi que les opérateurs se sont assemblés ; tellement que ces Messieurs ayant pris conseil, et étant assemblés, ils ont fait un… je ne saurais dire ce mot des Apôtres, aidez-moi à le trouver… c'est un… je l'ai trouvé (qu'au diantre soit le harnois, tant il m'a coûté à fourbir !) : c'est un symbole : ainsi chacun apportant son symbole, ils furent joints ensemble comme la mie à la croûte : donc ces éléments unis, joints, assemblés, tirés, faits, extraits, proposés, trouvés, animés et accomplis, a été construit, bâti, établi, composé, compilé, balancé et accommodé le monde pipeur par ces éléments de piperie ; et ce monde a été rendu complet en toutes ses parties, [p. 143] avec faculté perpétuelle de se régénérer, sans dissipation d'esprits, et par le mélange mystigorieux des forces et puissances qui y sont contenues ; l'exercice a causé merveilles au progrès infini de l'univers pipeux… mais vous m'aguettez pour voir si je serai aussi ignorant, que ceux qui disent que le Soleil n'est pas chaud (et je voudrais que tels me pussent prouver qu'ils n'eussent point le trou du cul puant, sans qu'on y fleurât), même ils disent que la neige n'est pas blanche, que les étrons ne sont vifs ni *mords*, que la pluie ne choit pas mais qu'elle monte vers le centre de la terre, ils en disputent gaiement, et ne savent pas pourquoi les bœufs se couchent – ah Jan ! grosse bête, c'est pource qu'ils ne se peuvent asseoir ; je me garderai bien de vous, et ferai si bien que vous jugerez que je suis assez docte. Or ça ! n'est-il pas vrai ? ne me voulez pas attraper sur la quinte essence ? je vous satisferai, et la vous montrerai au doigt et à l'œil.

NICANDER – Il est vrai, notre ami, c'est là ; et je voulais considérer si votre analogie serait parfaite.

L'AUTRE – Mort aux rats, aux souris et aux guêpes ! c'est s'y entendre, cela, comme un rossignol à crier de la moutarde. Or là ! laissez-moi achever, mon analogie sera parfaite : écoutez, j'ai repris mon propos par le bord de sa robe.

36. PARLEMENT

Je sais bien qu'il y a un autre univers, que Dieu a fait ; mais nous, *id est*, nos pères, les hommes et femmes, en avons bien fait un autre plus accompli, si Aristote dit vrai : ne dit-il pas que les femmes sont plus parfaites que les filles, pource qu'elle sont dépucelées et qu'ainsi elles ont une forme acquise plus notable et excellente qu'auparavant ? Dieu fit la fille, et l'homme l'a faite femme : Hé bien ! voilà pas les hommes qui font bien choses plus accomplies ? ainsi est-il du monde de [p. 144] piperie, plus joli, plus accort, plus parfait, plus délicat et mieux sentant son bien que le premier. Et qu'il y a-t-il en cet univers connu des sages, qu'y a-t-il de remarquable ? une quinte essence céleste, direz-vous : vraiment vous avez raison, votre âne pète ! et au nôtre, qu'y a-t-il ? quoi ? qué, qué ? une quinte essence plus profitable, plus pénétrante, plus glorieuse, plus intelligible et plus vivificante : les sages et les parvenants l'ont reconnue, et l'ont apprise à plusieurs. Ceux qui ont été plus subtils, et ont reconnu les quatre éléments de piperie extraits ainsi de la supposition ecclésiastique, judiciaire, médicinale et trafiquante, ont tâché à y entrer pour parvenir, aussi n'y a-t-il point d'autres moyens à cet effet, outre ceux-ci, qu'un qui est la vraie quinte essence selon laquelle plus aisément et avec moins de peine on gagne davantage, ayant plus de loisir et plus grand profit – et c'est ceci qui se remarque en tous ordres où le moyen de parvenir est proposé : auquel comme en toutes vacations ceux qui font le plus de bruit, ont le plus de soin et de peine, s'avançant en plus de travail, gagnent le moins ; et par conséquent ceux qui sont les plus accommodés ont moins de sollicitude, et avec moins de difficultés emportent le plus de profit. Ceci observé de siècle en siècle, (pource que les vignerons ne boivent pas le bon vin, les miniers ne possèdent guère d'or, encore qu'ils le serrent en grands labeurs sans que pour le préparer il leur en demeure ès mains ; il n'y a que maquereaux pour être aisés, d'autant qu'ils entendent aussi les matières : le grand Alexandre n'avança jamais qu'un voleur, un maquereau et un traître. Ô belle chose à imiter !… – Là, là, passez ! et touchez : votre âne a pissé) il est advenu que les gens de bon esprit ont traité la quinte essence, non comme ces [p. 145] tristes enfumés qui le plus souvent ont plus de trébillons que de testons, desquels le cul paraît pour mieux souffler, mais en habiles, savants et industrieux attrapeurs de commodités ; et de fait ils l'ont trouvée : à savoir, ès finances, où se pratique, non par transpiration imperceptible, ains par emplissement naturel, le plus saint, magnifique et commode secret d'amasser. Le diantre y ait part ! j'ai été de tous les honnêtes métiers du monde, hormis de cettui-là, et de professeur en folie. De venir aux finances il n'y a plus moyen, à ceux qui ne les pratiquent d'heure. Quant à l'autre, j'étais hier en pensée de m'y faire passer maître, comme un de vous autres, mais encore qu'il n'y ait personne qui ait plus d'envie d'être fou que moi, pource qu'aux fous tout est permis pour rire, si ai-je quelque honneur qui m'en empêche ; aussi n'oserais-je sauter ce bâton, de peur de perdre les bonnes grâces de ma maîtresse. Toutefois je vous proteste que s'il y avait autant d'honneur qu'aux folies d'être chancelier ou premier-président ou de telle autre qualité de fous qui foussoient les autres fous, il n'y aurait guère de bons esprits qui ne fissent paraître que *quisque abundant in suo sensu* c'est-à-dire « chacun est, sera, ou est dit, ou deviendra s'il ne l'est, fou par la tête ». Or notez, amiables frères, et dressez les oreilles comme la queue d'une vache qui mouche, que je vous ai déclaré la vraie matière et la juste quinte essence, dont le magnifique usage est tel, que l'on vient en l'obtenant à bout de toutes entreprises, on obtient en l'ayant ce qu'on pourchasse, et on fait ce qu'on veut. Parquoi vous avez en somme succinctement, tout du long, proportionnément [p. 146] au petit pied et sans allégorie, les éléments, principes, fondements, raisons, résolutions, évidences, puissances et causes de parvenir, tout du long, à l'usage de Genève, imprimé à Rome, et sans rien requérir, comme une guille de beurre frais. [...]

QUATRIÈME PARTIE

POÉSIE

« CE SONT COUPS D'ESSAI »

L'ironie poétique [1997][1]

Mais justement Marot n'a pas son pareil, et il veut, lui, se faire connaître « à deux fois » : il prend soin de distinguer ses « coups d'essai », sous le titre de « *L'Adolescence clémentine* », de tout le reste de son œuvre, lorsqu'il fait éditer l'ensemble par Dolet[2]. Approuvons, pour une fois, la délimitation du programme [de l'agrégation des Lettres 1997], qui attire notre attention sur ce fait ; et tentons de comprendre ce qu'il veut dire en plaçant au premier plan cet *adulescens à* barbe de *juvenis*, quitte à transformer pour cela son prénom en adjectif ; en glosant le titre, « c'est à savoir les œuvres que Marot composa en l'âge de son adolescence » ; et en forçant encore le trait dans la préface adressée à ses « frères » en poésie. Des réponses très plausibles ont déjà été proposées au cours de la présente journée. Je les préfère à celle que donne Gérard Defaux, suggérant que Marot a voulu classer sous la catégorie discrètement dépréciative de « poèmes de jeunesse » ce qu'il avait hérité de ses prédécesseurs, et notamment de Jean Marot – ces formes fixes et ces acrobaties prosodiques auxquelles auraient succédé, dès la *Suite*, des compositions d'allure plus libre et plus simple. Ce partage pourrait bien reposer sur des postulats partiellement hérités d'Henri Guy, ou, au mieux, de Thomas Sébillet, qui semble réserver les rondeaux au temps des hauts bonnets, jusqu'à traiter ceux de son poète préféré avec quelque dédain[3]. Infiniment

---

1 Paru dans *Cahiers Textuel, Clément Marot*, L'Adolescence clémentine, 16, janvier 1997, p. 117-129.

2 « … mettant l'Adolescence à part : et ce qui est hors d'Adolescence, tout en un » – Épître à Dolet dans Marot, *Œuvres poétiques*, I, édition de Gérard Defaux, « Classiques Garnier », Paris, Bordas, 1996, p. 11.

3 « Les Poètes de ce temps les plus friands ont quitté les Rondeaux à l'antiquité […] et ceux de Marot sont plus exercices de jeunesse fondés sur l'imitation de son père, qu'œuvres de telle étoffe que sont ceux de son plus grand âge : par la maturité duquel tu trouveras peu de rondeaux crus dedans son jardin ». *Art poétique français*, II, 3, dans *Traités de poétique et de rhétorique de la Renaissance*, F. Goyet éd, Paris, Librairie Générale Française, « Le

plus significative et plus convaincante est évidemment l'interprétation que vient d'exposer Jean-Max Colard[4]. À vrai dire, elle m'a fait me demander s'il était vraiment opportun de présenter mes propres élucubrations. Mais il faut bien honorer ses engagements… Je proposerai donc ce qui suit à titre de complément, selon une perspective différente : en faisant valoir l'expression par laquelle Marot caractérise les écrits de son *Adolescence clémentine* : « ce sont *coups d'essai* ».

Pour y relever, bien sûr, le mot que Montaigne devait plus tard reprendre à son compte et utiliser avec une précision et une justesse sans précédent, Marot excepté, et sans lendemain. Qu'est-ce qu'un « coup d'essai » ? La locution tire son sens de l'acception du mot « essai », épreuve, test, dans un processus d'apprentissage : le « coup d'essai » est destiné à évaluer le savoir-faire de l'apprenti[5], de même que l'« essai » d'un instrument doit vérifier son efficacité. L'essentiel ici n'est pas le résultat du travail exécuté à cette fin, la qualité intrinsèque de l'objet produit, mais la conclusion que l'on peut en tirer sur les capacités de l'agent ; si bien que l'« essai » n'est pas moins probant lorsque l'opération est ratée que lorsqu'elle est réussie : on sait à quoi s'en tenir sur un ébéniste ou sur un poète en voyant que le tabouret ou le vers boite, aussi bien que lorsque leur équilibre est parfait. En d'autres termes, l'objet produit à titre de « coup d'essai » sollicite une double visée : sur lui-même, car sa valeur est en cause, mais aussi, comme par ricochet, sur celui qui l'a réalisé. On entrevoit le parti que Montaigne a su tirer de ce dispositif pour définir le sens et la portée de son entreprise de philosophe : en présentant ses écrits, au lecteur et à lui-même, comme des « essais » de son « jugement » (I, 50), il leur ôte le prestige dont ils pourraient être crédités, d'informations magistrales sur les matières dont ils traitent, pour les proposer comme reflets du regard qu'il porte sur celles-ci, découverte réflexive de ses « fantasies » placées à distance critique : comme s'il se dédoublait en un « esprit » fertile en « chimères et monstres fantasques[6] »,

Livre de Poche », 1990, p. 109. Est-ce en raison de ce dédain que Sébillet ne cite que des rondeaux de moyenne facture, à l'exception du « Rondeau parfait » qu'il analyse assez mal ?

4 « L'écriture comme passe-temps », dans le même numéro de *Cahiers Textuel*, p. 81-92.

5 Voir *Essais*, I, 56 : « Je propose les fantaisies humaines et miennes […] comme les enfants proposent leurs essais, instruisables, non instruisants » (PUF p. 323, IN p. 505, Fol. p. 554-555).

6 I, 8, PUF p. 33, IN p. 84, Fol. p. 154 – et, pour les exercices de sophistique de l'« esprit », voir l'éloge de la gravelle, III, 13, PUF p. 1090-1095, IN p. 463-471, Fol. p. 441-449.

sophiste à l'occasion, et une conscience attentive à son activité effrénée ou fallacieuse, moins pour l'endiguer que pour en examiner ironiquement les produits. Ce qui frappe ses écrits de contingence, sans porter atteinte, le cas échéant, à leur gravité – car ils n'ont pas à usurper le statut de vérités objectives pour être reçus comme témoignages de convictions, gagés par leur authenticité… Mais il nous faut quitter ici cette voie quasi philosophique, au moins provisoirement, pour revenir à Marot.

Qu'en est-il des « coups d'essai » d'un poète ? Rien de remarquable, à première vue : tout écrivain soucieux de carrière attend du lecteur une appréciation de ses capacités, au vu de ce qu'il lui présente, surtout lorsqu'il s'adresse à un éventuel mécène. Seulement, il peut le dire de façon plus ou moins détournée ; il peut aussi le taire : le poème, et le plaisir qu'on y prendra, parleront pour lui. Marot le dit, et avec tant d'insistance que sous le semblant de modestie ou la demande directe d'une approbation (et de ce qui l'accompagne : faveur ou argent), est mise clairement en question la raison d'être de cette poésie : que valent au juste mes rimes, et, si l'on ose dire, à quoi riment-elles ? Dès lors entre en jeu l'ironie, non comme dérision – encore que celle-ci ne soit pas exclue, tant s'en faut – mais comme distance à soi, dédoublement de l'auteur qui tout à la fois « s'exprime », comme on dit, présente avec quelque complaisance son petit chef-d'œuvre de compagnon qui voudrait passer maître, et s'interroge ou feint de s'interroger avec inquiétude sur la qualité du travail, sur son opportunité, sur l'accueil qui lui sera réservé… Tel est évidemment le cas des pseudo-missives adressées explicitement à ses protecteurs, l'« Épître du Dépourvu » et la « Petite épître au Roi », qui exhibent tous les échantillons souhaitables de la virtuosité du poète, et affichent pour thème ses propres doutes sur celle-ci, ou sur l'effet qu'il peut en escompter. Le paradoxe pragmatique joue à plein dans la première surtout, qui combine une épître agencée en récit de songe, deux rondeaux et une ballade, avec pour argument le désir du postulant, stimulé par « Mercure », puis son incertitude et le découragement (en vers senés) que lui inspire « Crainte », et enfin sa très modeste supplique cautionnée par « Bon Espoir » (et non par les talents dont il vient de faire preuve). François Cornilliat[7], dans ce texte et dans son homologue de Guillaume Cretin, a décelé le simulacre

7 *« Or ne mens » – Couleurs de l'éloge et du blâme chez les « Grands Rhétoriqueurs »*, Paris, Champion, 1994, p. 324-327, et, pour la « Petite épître au Roi », p. 330-337 (mais la formule citée ici apparaît d'emblée, p. 322, pour guider l'ensemble des pages sur Marot).

> … de la « main » qui écrit, ou plutôt qui désire écrire, et qui se regarde ne pas écrire, trembler de son propre désir, jusque très avant dans le texte [...] C'est sans doute en progressant dans cette voie que la conscience et la pratique de l'ornement peuvent devenir ludiques, orchestrer la performance d'un sujet [...]

avec une judicieuse réserve sur la ressemblance formelle des deux poèmes :

> Cretin conduit à Marot, mais il n'est pas Marot : la rime qui flamboie n'en est pas encore à se moquer d'elle-même.

– moquerie ou plutôt jeu qui apparaît en pleine lumière dans la « Petite épître au Roi ». Inutile de nous attarder sur celle-ci : elle a été excellemment analysée par le même François Cornilliat, qui vérifie en détail son propos initial – montrer que

> … cette épître fameuse, qui met en abyme la rime équivoque, modifie quelque peu l'éthique du procédé, et lui prête un accent particulier, que l'on peut qualifier, me semble-t-il, *d'humoristique.*

On ne peut que souscrire. Mais il convient d'ajouter qu'en empruntant à l'« Épître du Dépourvu » et plus précisément au discours de Bon Espoir la notion d'adolescence (v. 139) pour en intituler son recueil, en parlant de « coups d'essai » pour définir celui-ci, Marot donne à entendre que ce dédoublement de la parole, structure fondamentale de l'ironie ou de l'humour, se propage bien au-delà des poèmes réflexifs et des matériaux ornementaux (les rimes équivoquées notamment) par lesquels il prouve et caricature sa propre virtuosité. Car en tout « essai » donné pour tel se distingue, si ténue qu'elle puisse être, la distance à soi, le recul ironique qui fait de la parole expressive une parole-objet, susceptible d'être reprise – *essayée* – sous des formes différentes ; si bien que chaque énoncé est saisi comme une version parmi d'autres possibles, impuissante à masquer ce qu'il y a d'aléatoire et d'artificiel dans l'écriture. Le procédé pourrait être illustré à gros traits par notre moderne Oulipiade, les *Exercices de style* de Raymond Queneau. Rien d'aussi massif chez Marot ; mais le principe inspire discrètement toute *L'Adolescence clémentine.* Je voudrais le vérifier, en repérant çà et là les indices qui attestent sa dissémination, avant d'en déduire quelques conclusions hétérodoxes sur le sens de l'œuvre, et sur les sollicitations auxquelles il a pu se prêter.

Quelques mots seulement sur les autres échantillons du genre de l'épître, censé avoir dès lors obtenu la prédilection de Marot parce que sa souplesse favoriserait, dit-on, « l'expression et le primat de l'intériorité ». L'expression est à plusieurs voix et l'intériorité s'y disperse à tous vents, sous le contrôle d'un scripteur volontiers en contrechamp. C'est d'abord la plainte de la belle Maguelonne que l'on entend, hantée par les réminiscences de l'Ariane d'Ovide, avec dans le rondeau de conclusion l'ombre virgilienne des souffrances de Didon, et la signature du poète en acrostiche – symbole, semble-t-il, de sa présence marginale, d'écho où se rassemblent les murmures de la Fable de jadis et de naguère. Plus loin résonneront la voix rugueuse du « Capitaine Bourgeon », la voix goguenarde du « Capitaine Raisin »... Ou encore celle de l'apprenti historiographe qui s'exerce (avec un rappel des hésitations du Dépourvu) à décrire le camp d'Atigny « en haut honneur et triomphe sublime » (« Ah Dieu que la guerre est jolie ! »). Ces jeux de rôles, dont parlait si bien tout à l'heure Hélène Moreau[8], ne sauraient discréditer les épîtres où Marot se (re)présente parlant en son propre nom, pour retracer en prose devant Marguerite d'Alençon des spectacles de dévastation[9], par exemple, ou pour solliciter l'indulgence du théologien Bouchart, l'appui de Lyon Jamet. Mais ils composent avec ces écrits d'apparente spontanéité un ensemble à lecture instable, où les accents de détresse, de gaîté un peu crispée ou de cordialité, parce que « naïfs » en un lieu et artificiels en l'autre, ne permettent pas d'oublier que nous sommes en présence d'esquisses sur plusieurs registres, ni d'abolir la distance requise pour que se mettent en perspective ces « essais » de poète cherchant ses gammes.

Plus visibles encore et plus significatives sont les marques de l'artifice (terme employé ici en son acception précise, sans valeur péjorative) dans la séquence funèbre des Complaintes et des Épitaphes. Un examen plus détaillé est nécessaire, au moins en son point d'articulation, le couple dissymétrique formé par la « Complainte d'une nièce... » et l'épitaphe « De Jane Bonté » (« de *ladite* Jehanne Bonté », précise la version de

8 « Marot, *L'Adolescence clémentine*. Éléments d'un système ludique », dans le même numéro de *Cahiers Textuels*, p. 93-102.

9 « Épître en prose [...]touchant l'armée du Roi en Hainault ». L'accent d'authenticité de cette épître est perceptible par contraste avec l'épître jumelle, « du camp d'Atigny » : ici une pièce de commande, avec pour seul vrai problème la virtuosité de l'exécutant ; là un témoignage sans apprêt, une méditation et une prière pour le retour de « la très-sacrée fille de Jésus-Christ nommée Paix ».

1532, qui enchaîne ainsi le distique à la complainte[10]). On sait que les six strophes du thrène sont enchaînées par des reprises de vers ; observons en outre que les cinq vers répétés qui constituent ainsi l'armature de l'ensemble sont empruntés à des chansons d'amour, si bien que la plainte du désir insatisfait vient structurer le chant de deuil. Faut-il reconnaître ici une variante funéraire de ces transpositions, du registre érotique au registre religieux, désignées à l'époque sous le nom de *contrafactum*[11] ? C'est fort douteux ; car dans les exemples cités de tels détournements, ce sont les schémas d'ensemble des poèmes galants qui sont repris et farcis de paroles pieuses et de pensées de dévotion : dans le même cadre formel, les énoncés sont autres, les ressemblances lexicales ne donnent lieu à aucune équivoque, et si elles sont parfois accusées, c'est pour bien marquer que la transformation globale du texte, volontiers agressive, a tout changé. Ici, le procédé est inverse. Le vers d'emprunt s'inscrit dans la complainte à la façon d'une citation bien sertie ; du schéma des chansons amoureuses, rien ne subsiste, mais la formule qui leur est dérobée reste intacte, comme un corps étranger signalé comme tel à la fois par son aspect de stéréotype, en vertu de la probable compétence du public (les chansons originelles étaient assez célèbres pour être répertoriées, et les vers empruntés y figuraient en position clé) et aussi, de façon structurale, par sa réduplication avec changement de valeur syntaxique :

> … Mais dard mortel de ce fut envieux :
> Dont plus ne vient plaisir devant mes yeux,
> Tant ai d'ennui, et tant de déconfort.
>
> Tant ai d'ennui, et tant de déconfort,
> Que plus n'en puis[12]…

---

10 Voir l'apparat critique, p. 484. Ajoutons que cette leçon C a le mérite de ne pas comporter de vers faux, alors que dans celle de G, s'il fallait se fier à l'édition, p. 100, le premier vers comptait 11 syllabes.

11 Les visées édifiantes de ce procédé sont développées dans l'Introduction de G. Defaux, p. XLII-XLIX, au sujet du « Temple de Cupido », et par références complémentaires à Eustorg de Beaulieu et François Habert dont les intentions sont sans doute plus manifestes. – L'application à la « Complainte d'une nièce » est suggérée en note p. 482.

12 P. 99, v. 42-46. – Saisissons l'occasion de jeter la suspicion sur le vers 41, où il faut probablement lire « constant » et non pas « confiant », la forme du -s- dans les imprimés du XVIe siècle expliquant la méprise. De même au vers 28 de la complainte précédente, et encore au vers 6 du rondeau VI (lire « meslez ») et au vers 7 du rondeau XXIX écrit « XXXIX », p. 150 (lire « sort »).

– le même décasyllabe est d'abord postposé en fonction de proposition subordonnée de cause, puis antéposé comme proposition principale dans un système consécutif ; pour le sens, aucune différence, mais le gauchissement formel fait discrètement sentir que l'expression est propice aux remplois. Cinq fois réitéré, l'effet ne peut passer inaperçu ; et nous voici devant un texte dont la stabilité est compromise : il dit la détresse d'une orpheline, et semble hanté par une voix seconde, qui vient à intervalles réguliers répéter en murmure des fragments de discours amoureux.

L'indécision s'accroît à la lecture de l'épitaphe.

> Ci est le corps Jane Bonté bouté :
> L'esprit au Ciel est par bonté monté.

Elle pourrait passer pour un modèle de simplicité évangélique, à exprimer avec tant de concision le fait de la mort et la certitude de la survie ; mais que penser des variations sur les matériaux phonétiques du nom, aux seconds hémistiches : *Bonté, bouté, bonté, monté ?* Cela relève de la jonglerie verbale, un peu facile à vrai dire, plutôt que du langage de deuil ou d'espérance. Plus loin, on trouvera un jeu du même genre, beaucoup plus élaboré, d'équivoques grinçant à merveille :

> La morre est jeu pire qu'aux Quilles,
> Ne qu'aux Echecs, ne qu'au Quillart.
> À ce méchant jeu Coquillart
> Perdit sa vie, et ses Coquilles.

Ici, aucun doute : le registre est bien celui de la raillerie funèbre, à la manière de Villon ; et les épitaphes suivantes, de Frère Jean Lévêque, de Jean le Veau, de Guion Le Roi, de Frère André, le confirmeraient amplement s'il en était besoin. Alors, Marot se moquerait-il aussi de la pauvre Jeanne Bonté et de sa dolente nièce ? Sûrement pas ; seulement, encore une fois, le système est instable : la lamentation incorpore une variante galante, l'épitaphe tourne à *l'annominatio*, pour donner prise à une lecture biaisée, suggérer la possibilité d'une autre écriture, plus douce ou plus âpre. En sens inverse, celui qui s'est gaussé de Guion Le Roi et de ses chimères d'ivrogne devrait percevoir un discret accent de compassion chrétienne dans le dernier vers, en dépit de l'appellation pontificale qui le conclut sur une ultime moquerie à double entente, « Dieu te pardoint, pauvre *Pater sancte* » – et à la fin de l'épitaphe suivante l'injonction de Jouan le fol l'aidera, s'il le faut, à s'interroger sur ses ricanements de prétendu sage :

> J'ordonne (s'il se prend à rire)
> Qu'il soit des Fols maître passé.
> Faut-il rire d'un trépassé ?

Enfin, pour parachever le système de va-et-vient, « Jean Serre, l'excellent joueur de farces » vient neutraliser l'opposition entre rire et larmes : la bouffonnerie se conclut sur un haussement d'épaules avant incitation narquoise à la prière :

> Or pleurez, riez votre saoul,
> Tout cela ne lui sert d'un sou :
> Vous feriez beaucoup mieux (en somme)
> De prier Dieu pour le pauvre homme.

Pour que soient possibles et lisibles de telles mutations, il faut que l'ensemble de ces poèmes de la mort soit en attente du statut qui lui sera assigné, de danse macabre ou de recueillement en mémoire des trépassés ; considéré à distance, donc, comme exploration – comme *essai* – des diverses virtualités de cette éloquence de bateleur flânant dans les cimetières.

La diversité est égale dans les Ballades, où elle surprend moins faute de thème à vocation unificatrice. Un mot seulement sur celle qui pourrait passer pour spécialement personnelle en raison de son titre, « De soi-même, du temps qu'il apprenait à écrire au Palais à Paris ». On y reconnaît sans peine le *topos* de la jeunesse gaspillée, qui pourrait faire figure de regret intime s'il n'était marqué d'emblée comme emprunt, par le vers qui le résume et vient en droite ligne d'une chanson, « Hélas si j'ai mon joli temps perdu ». – À s'exprimer avec les mots d'autrui, dira-t-on, on n'est pas censé ironiser, au XVIe siècle : refrains des rues ou réminiscences ovidiennes, tout peut venir embellir, voire cautionner des sentiments donnés pour authentiques. – C'est exact ; encore faut-il que ces échos soient consonants entre eux, et avec un texte d'accueil qui lui-même sonnerait juste. Ce n'est pas le cas ici : un second emprunt bien repérable, « à l'ombre d'un buisson », au vers 40, n'est plus teinté de nostalgie ou de contrition, mais de franche gaillardise, et son contexte fait aisément deviner ce que le poète rêve de faire, sous ces ombrages,

« Pour le plaisir d'une jeune fillette » (v. 36), celle-là même qui lui aurait inspiré les sages regrets du début. Le montage serait encore plus humoristique pour qui arriverait à percevoir vraiment au vers 28 (« De vaincre Amour, cela m'est défendu ») une « affirmation lourde d'implications religieuses » venue « tout droit du *De votis monasticis* de Luther » afin de remettre *Éros* dans le droit chemin *d'Agapè*[13], malgré qu'il en ait. Quoi qu'il en soit, l'envoi s'infléchit brusquement vers les idylles buissonnières, ce qui fait ressortir des traits plus discrètement inattendus, tout au long de la ballade, et donne à l'ensemble l'ambiguïté propre à l'ironie poétique.

Et j'en viens aux rondeaux, où une semblable indécision est principe d'agencement prosodique et syntaxique. L'essentiel du propos a déjà été tenu par Gérard Defaux en 1972, dans un excellent article sur les ressources spécifiques de cette forme[14] ; je me contenterai de procéder à quelques adaptations, sur le point principal – la fonction du « rentrement » – et de revenir, à cette occasion, sur le problème posé par le « rondeau parfait » qui achève la série.

S'il est vrai que le rondeau se définit par le retour en lieux prescrits du premier vers ou du premier hémistiche, qui donne au texte un aspect cyclique[15], la fonction de ce retour n'est pas évidente. La question est posée le plus souvent en termes de démarcation, et au sujet de la première réapparition de l'incipit : clôture, ou relance (« ouverture » d'un nouveau mouvement ? Gérard Defaux l'a traitée magistralement pour les rondeaux du XVe siècle (avec retour de tout le premier vers), en montrant comment Charles d'Orléans a su jouer des décalages entre clôture prosodique et ouverture syntaxique pour faire de la « forme fixe » qu'il pratiquait une matrice de virtualités textuelles, et l'instrument par excellence d'une poétique du non-dit, de la suggestion et de l'allusion volontiers ambiguë. On pourrait penser que le modèle perd de sa plasticité chez Marot : le rentrement n'enchaîne jamais sur la suite, ce qui fait prévaloir l'effet de

13 Note 5, p. 502-503. – Et puisque nous sommes dans les notes, signalons qu'il faut pratiquer au vers 20 l'élision « tel'peine », pour éliminer une syllabe métriquement plus encombrante que tout un cours de théologie.

14 *Romania*, n° 93, 1972, p. 194-243. Cet article, il est vrai, porte sur « Charles d'Orléans ou la poétique du secret... », et ne dit rien des rondeaux marotiques. *Nobody is perfect.*

15 C'est ainsi que Sébillet explique le terme *rondeau :* « tout ainsi qu'au cercle [...] après avoir discouru toute la circonférence, on rentre toujours au premier point duquel le discours avait été commencé : ainsi au Poème dit Rondeau, après tout dit, on retourne toujours au premier carme ou hémistiche pris en son commencement » (*Art poétique français*, II, III, 1).

clôture dès sa première occurrence. Mais en fait, toutes les virtualités se concentrent dans cet hémistiche réitéré. D'abord parce qu'il n'est qu'un hémistiche, ce qui donne un sentiment d'incomplétude quant au rythme et à la rime, au détriment de la clôture syntaxique et strophique, comme l'a montré Frank Lestringant[16]. Ensuite et surtout parce que les mots repris ne sonnent jamais de façon exactement identique : leur position, d'initiale qu'elle était dans le groupe auquel ils appartiennent au premier vers, devient finale à leur seconde et troisième occurrence, et, deux fois sur trois, leur fonction syntaxique ou (plus rarement) leur acception est discrètement modifiée en l'une au moins des récurrences. C'est ainsi que dans le premier de ces poèmes, qui fait figure de définition des règles de l'art et de « mode d'emploi », comme le disait Hélène Moreau, l'expression « En un rondeau » change entre début et fin : le mot « un » y est deux fois article indéfini, et, à la troisième occurrence, adjectif numéral cardinal (en un seul rondeau vous aurez fait vos preuves, pour passer maître). Au second, l'expression « Un bien petit », incluse d'abord dans la locution « un bien petit de près » (= d'un petit peu trop près : le créancier a empoigné son débiteur), est complément d'objet au vers 9 dans l'expression ambiguë « j'en ai [...] Un bien petit » (= j'ai un peu d'argent, donc je pourrais payer, mais pas assez pour m'acquitter, donc je ne paierai pas) et enfin locution adverbiale d'atténuation ironique au vers 15 (« attendre Un bien petit » = attendre un peu). Sans parcourir la série, ce qui serait un peu long, prenons pour troisième exemple le rondeau le plus célèbre, « Au bon vieux temps » : l'expression a par trois fois fonction de complément de temps, sans doute, mais circonstanciel et indissociable au vers 1, circonstanciel dissociable au vers 9 (avec un accent de nostalgie dû précisément au relâchement du lien syntaxique), déterminatif au vers 15 (...« ainsi qu'on la menait Au bon vieux temps » – l'enjambement est nécessaire). Le rondeau fonctionne ainsi comme un dispositif propre à varier le sens d'une expression, et à tirer de ces variations à peine perceptibles en elles-mêmes des effets de surprise difficiles à analyser, et d'autant plus efficaces ; avec, par-delà, l'instant de silence correspondant à l'hémistiche absent, et au sourire de connivence. Les agencements instables qui caractérisent le « coup d'essai » sont ici à l'œuvre, avec une extrême discrétion, dans l'armature même du poème

16 Dans l'introduction de son édition de *L'Adolescence clémentine*, Paris, Gallimard, « Poésie », 1987, p. 337.

et en son point critique (celui qui décide de sa réussite, selon Marot lui-même et tous les théoriciens du temps) : la façon dont le rentrement s'articule sur son contexte.

Il est maintenant possible de hasarder quelques remarques sur le singulier « Rondeau parfait » qui clôt la série. Ici encore Gérard Defaux pose des questions pertinentes : est-ce bien un rondeau, ce poème unique en son espèce, à six strophes avec un seul rentrement d'hémistiche ? et si l'on veut bien ne pas le reléguer dans une tératologie prosodique, en quoi est-il « parfait » ? Pour tenter de répondre[17], observons d'abord que Sébillet emploie le mot « parfait » pour des rondeaux où les retours des premiers vers s'effectuent sans abrègement, et même avec une certaine abondance :

> ... le Rondeau simple est lors parfait, quand à la fin du second couplet on répète les deux premiers vers du premier : et à la fin du tiers on reprend tout le premier entier : ni plus ni moins qu'au Rondeau double (duquel orras parler tantôt) pour le parfaire se répètent en fin du second couplet les trois premiers vers du premier : et à la fin du tiers on reprend le premier entier[18].

Fabri, plus laconique, semble privilégier aussi la réitération intégrale du premier vers : « le plus noble est à celui qui remple [= remploie] tout[19] ». On voit dans ces conditions que Marot peut bien appeler « rondeau parfait » un poème qui fait revenir tous les vers du quatrain initial, les articulant un par un à la fin des quatre strophes suivantes, et, de plus, opère le rentrement du premier hémistiche, pour clore la dernière : l'effet de circularité est ici plus sensible que jamais, et l'adaptation des vers réitérés à leur nouveau contexte est assurée avec toute la virtuosité souhaitable ; en somme, le texte est absolument fidèle au principe générateur du rondeau, sinon à ses modèles les plus courants – disons que c'est un « hyper-rondeau », comme on appelle « hypercube », je crois, un polyèdre à quatre dimensions qui est au cube ce que le cube est au carré. Mais cette régularité, gage de « perfection », se prête aussi

17 L'explication proposée par G. Defaux, sans grande conviction semble-t-il, qui fait de « parfait » un participe passé (= parachevé, complété) dont le complément de temps, « après sa délivrance », serait rejeté après la mention des dédicataires (p. CX), semble difficilement soutenable, surtout si le point placé après « parfait » dans l'édition (p. 177) est bien attestée par G.

18 *Art poétique français*, II, III, 2.

19 *Le grand et vrai art de pleine Rhétorique*, d'après G. Defaux, art. cité p. 210.

aux altérations qui animent les énoncés remployés en les « essayant » diversement à chaque nouvelle occurrence ; ici, de la façon la plus discrète et la plus efficace qui soit : par changement de sens de leurs liens logico-syntaxiques, selon les positions qu'ils occupent. C'est évident pour le premier vers : au quatrain initial, il occupe la première place dans un couple antithétique, ce qui le dévalue[20], et l'accent est mis sur l'incarcération qui a précédé la délivrance ; repris à la fin du second quatrain, il proclame cette délivrance, sans réserve. Pour le second, c'est la valeur de l'opposition qui change : contraste de situations dans le premier quatrain, dans le troisième constat d'iniquité – le juste s'est retrouvé en prison. Le troisième vers est modifié par effet contextuel et déplacement d'accent : au premier quatrain, il résumait les vicissitudes de l'existence (ainsi ont alterné pour moi malheur et bonheur – accent sur le syntagme verbal, « … me demène ») ; au quatrième il ne s'agit plus que de la mésaventure du poète, et le vers en indique la cause (tel futile hasard a provoqué mon malheur – accent sur « Fortune », patronnant l'inconstance et la malignité d'une fille facile). Enfin, le retour du quatrième vers, dans un cinquième quatrain qui n'évoque plus un couple de situations opposées (emprisonnement *vs.* liberté), mais une série graduelle de changements qui s'ouvre sur un avenir indistinct (prison inhumaine – prison douce – liberté d'aller « où mon plaisir me mène »), transforme la simple formule de résignation en acquiescement à une volonté divine qui règle mystérieusement les instants de la vie comme les inclinations du cœur. Quant au rentrement ultime, en détachant l'expression « en liberté » des termes qui en délimitaient l'application (à un temps, « maintenant », et une activité symbolique, « me pourmène »), il en fait une sorte de devise, en accord avec la joie intime et printanière et avec la gratitude, le tout désigné comme essentiel par le début du quatrain, « Au fort… ». Bref, tout est répétition (les mêmes mots reviennent toujours) et tout est transformation (ils signifient toujours autre chose). De ce fait, le « rondeau parfait » n'est pas seulement un chef-d'œuvre de grâce, de discrétion et de gravité enjouée, il est aussi le modèle de cette poétique du « coup d'essai » qui mobilise les virtualités de la syntaxe, de la prosodie et du lexique pour animer les énoncés parachevés du frémissement d'une parole encore hasardeuse,

20 On sait qu'en declarant qu'un acte est « absurde, mais noble », on met l'accent sur la noblesse ; en disant « noble, mais absurde », on le met sur l'absurdité.

incertaine de son registre, susceptible de diverses acceptions, moins par des équivoques au sens strict (encore que l'on puisse reconnaître dans ses agencements une forme subtile d'*aequivocatio)* que par la pluralité des contextes et des arrière-plans possibles.

Cette instabilité foncière du langage poétique, Marot peut l'exhiber de diverses façons dans *L'Adolescence clémentine*, parce qu'il est censé considérer de loin, déjà, ses œuvres de jeunesse, non pour les déprécier, mais pour en faire apparaître les artifices comme des exercices de style et proposer la lecture ironique, à distance, qui en décèlera toutes les virtualités. Nous n'avons pas ici à nous interroger sur ses écrits ultérieurs (ou donnés pour tels par l'ordonnance des publications collectives, comme la *Déploration de Florimond Robertet*, en dépit de sa date). Mais il convient de tenir compte du fait que *l'Adolescence* en est distinguée, ce qui nous oblige à privilégier ce qui la singularise ; et d'abord, semble-t-il, ce parti pris de mobilité déconcertante et d'indécision, d'ailleurs assorti à son caractère juvénile, selon les stéréotypes du temps[21]. L'œuvre y gagnera en intérêt, et ses lecteurs en plaisir.

Il n'y a pas lieu pour autant d'en négliger les résonances graves, de piété évangélique ou d'idéal de fermeté. Elles ont leur place dans la configuration d'ensemble, mais en rapport (d'analogie, ou de convergence, ou de concurrence, ou de contraste) avec les autres composantes du recueil, sur lesquelles j'ai pris le parti d'insister aujourd'hui, par réaction. L'essentiel est d'éviter de réduire les disparates ainsi créées, et de s'interdire de tout assujettir, de force, à une perspective réputée dominante. La critique récente a parfaitement raison de protester contre l'injonction peut-être frivole de Boileau : « Imitons de Marot l'élégant badinage », formule bonne pour le dictionnaire des idées reçues, certes ! Mais il ne faudrait pas la remplacer par une autre, de style austère : « Méditons de Marot le long pèlerinage » ; car on aurait encore une tarte à la crème – sans crème. Dans l'un et l'autre cas, ce n'est pas l'apport positif qu'il faut refuser, mais le geste de rature ou de remodelage abusif qui lui est le plus souvent lié. Car un aspect ne saurait éclipser l'autre. Marot badine mais connaît aussi les attitudes recueillies ; il se recueille, mais pas au détriment du badinage. Et le jumelage est encore trop simple, car il maintient la démarcation tracée par le vocabulaire même, alors

21 Voir, hors du corpus, l'image de la jeunesse dans l'*Églogue au Roi* : « Sur le printemps de ma jeunesse folle, / Je ressemblais l'arondelle qui vole / Puis çà, puis là… »

que dans les « coups d'essai » en quête d'identité poétique les contours peuvent se confondre : l'ombre du prédicant, à son passage dans le jardin des grâces, coïncide un instant avec celles de Genius et même de ses divinités tutélaires, Cupido, Pan et Vénus. Voyez le « Temple de Cupido » : le pèlerin y trouve « Ferme Amour », avec ses résonances christiques marquées (vers 491-495), au lieu le plus sacré de l'édifice d'Éros, et non pas « ailleurs » comme le prétend le commentaire (p. XL – exemple de remodelage dicté par l'interprétation à sens unique) : à la faveur de l'équivoque entre « chœur » et « cœur », Marot se montre ici plus hardi que Lemaire de Belges, qui dans la *Concorde des deux langages* célébrait avec une évidente complaisance les séductions du temple de Vénus, mais se croyait tenu de le quitter pour chercher celui de Pallas, quitte à doter ce dernier de quelques-uns des agréments du précédent.

Et telle est la raison, paradoxalement, pour laquelle nombre de ces poèmes se laissent solliciter et travestir, selon l'humeur, en prédications ou en gaudrioles. Les disparates du recueil, reflétées en abrégé par les modulations inattendues de groupes de poèmes (comme les épitaphes) ou de poèmes isolés (comme la ballade « De soi-même, du temps qu'il apprenait… »), ou à très petite échelle par les mutations d'énoncés isolables (comme les rentrements des rondeaux) – ces disparates donnent lieu à des lectures diverses, surtout si l'on prend en compte les résonances intertextuelles, avec poèmes anciens ou chansonnettes du temps. Le sens circule entre ces lectures, par confrontations et échanges. En privilégier une seule et mettre les autres sous le boisseau, c'est détruire le système poétique : ignorer non pas telle ou telle de ses virtualités, mais sa logique propre.

« Mettre sous le boisseau » : l'image évangélique ne vient pas sous la plume par hasard. Car cette logique des « coups d'essai » conduit au-delà de l'herméneutique littéraire, peut-être bien en direction de cet « évangélisme » dont on parle tant – mais abordé selon une tout autre perspective, étrangère aux formes usuelles de dévotion. Car ce que présuppose ce type de poésie, la connivence requise par son ironie, la complicité amicale dans le partage de l'enjouement ou de l'émotion, ce pourrait bien être une forme de *l'agapè* : la confiance en la bonne volonté d'autrui. Ce qu'un ami de Marot appelait, comme on sait, le « pantagruélisme », cette « forme spécifique » en vertu de laquelle ses lecteurs « jamais en mauvaise partie ne prendront choses quelconques, ils connaîtront sourdre de bon, franc, et loyal courage[22] ». Lue sous cet angle, *l'Adolescence clémentine* ne perd rien des inflexions morales et religieuses que l'on y a décelées ; bien au contraire. Seulement, au lieu de prêcher, elle inspire, elle suggère. Celui qui la transforme en sermon, aussi bien que celui qui la transforme en pur badinage, méconnaît ce qu'elle a d'essentiel dans ses intentions comme dans ses formes : il fige en doctrine, ou plutôt en débris de doctrine, ce qui est essais, hésitations, jeux, « folastries » peut-être, mais aussi allégresse charnelle et spirituelle, et « foi profonde » de Thélème. Car c'est ici l'évangélisme de Rabelais et de Marguerite de Navarre qui se dessine, en pointillé plutôt qu'en traits prescriptifs.

Et comme avec Rabelais, comme avec Marguerite de Navarre, il n'est pas bien difficile d'éviter de se fourvoyer du côté des théologiens et moralistes patentés. Il faut simplement se laisser prendre aux inflexions du texte, admettre ses disparates et ses sinuosités, et postuler, avec confiance, que ces surprises qui nous déconcertent « font signe », selon l'expression paulinienne[23], et appellent une lecture affranchie des catéchismes que notre érudition reconstitue à son image – Ce que l'on pourrait appeler, du mot qui résume tout, une lecture « en liberté ».

---

22 Rabelais, *Tiers Livre*, « Prologue », éd. citée p. 351.

23 Première épître aux Corinthiens, XVI, 22 – il s'agit des vocalises de ceux qui « parlent en langues » : l'apôtre les tient pour inintelligibles, mais il déclare qu'elles font signe = créent une attente de signification (*in signum sunt*, et en grec *eis sêmeion eisin*). Sur l'application possible à Rabelais de cette notion, voir « Ce qui devait se dire en utopien », dans *Croisements culturels*, n° spécial VII des *Michigan Romance Studies*, 1987, p. 115-135.

ALTÉRATIONS [1987][1]

À qui s'interroge sur la composition de la *Délie*, les évidences ne manquent guère plus que les énigmes. Mais elles ne paraissent pas s'accorder entre elles, et, de ce fait, créent un surcroît de difficulté. Considérons pour l'instant les plus sommaires, celle du *visible* et celle du *lisible.* La première atteste la régularité d'un ordre cyclique : toutes les quatre pages, et toujours au même emplacement dans l'édition de 1544, un emblème (gravure, devise et dizain associé) semble ponctuer la succession des poèmes[2]. Mais la seconde brouille l'agencement entrevu : pour en faire coïncider les cadres avec des séquences textuelles, il faut toute l'ingéniosité des *Lectures Scéviennes* de Marcel Tetel – exégèses qui, par leurs subtilités mêmes, finissent par accuser l'écart entre les configurations qu'elles s'efforcent de reconstituer, et le sens explicite des textes.

Prenant acte de ce divorce, on est tenté de faire abstraction du jalonnement emblématique, considéré comme un leurre. L'étude la plus pénétrante de l'architecture d'ensemble de la *Délie*, - celle de Doranne Fenoaltea[3], met ainsi en lumière une trame non pas ponctuée, mais périodiquement rompue par les cinquante emblèmes qui s'incrustent en elle comme des corps étrangers, disposés en vertu de contraintes typographiques[4]. Reste à savoir cependant comment traiter ces corps étrangers : pour étudier l'organisation du texte, convient-il de les en séparer au préalable ? J'adopterai une autre hypothèse : l'insertion d'un élément erratique dans un texte supposé continu, ou du moins homogène, est indice ou agent d'altération ; pour peu que cette altération soit significative, l'élément qui la provoque joue un rôle dans le contexte par son étrangeté même, et ne doit donc être ni assimilé, ni dissocié.

1 Paru dans *Cahiers textuel*, *Lire Maurice Scève*, 3, 1987, p. 77-83.

2 Voir Marc Graff, « Nombres et emblèmes dans la *Délie* », *RHR*, 1980, 12, p. 5-12.

3 *Si haulte architecture : The design of Scève's Délie, Lexington*, French Forum, 1982.

4 Voir Edwin Duval, « Articulation of the Délie : Emblems, Numbers and the Book », *Modern Language Review*, 1980, 75, p. 65-75.

Afin de mettre cette hypothèse à l'épreuve, j'examinerai la fonction des emblèmes dans une série de dizains dont la cohérence est cautionnée par de constantes références à un opuscule théorique, le *Dialogo d'Amore* de Sperone Speroni (d. 424-446). L'étude portera d'abord sur le sens, grâce auquel se délimite son objet ; mais elle devrait nous conduire jusque dans les parages de la poétique de Scève.

Sur les dizains dérivés du *Dialogo*, le travail est déjà fait : il suffira de résumer à grands traits les pages que leur a consacrées Doranne Fenoaltea dans les *Studi Francesi*, dès 1976[5].

D'abord, en rapport étroit avec les idées développées par Speroni, des réflexions sur la jalousie et ses effets délétères : pour l'amant qui se croit en disgrâce, le désir, dénué d'espoir, se mue en sentiment de frustration (d. 425-428). Mais dès qu'il a accepté cette frustration comme une épreuve (d. 430), le délaissé trouve dans l'image de Délie absente une joie exempte de souffrance : mieux que la présence sensible, bouleversante, cette représentation mentale révèle les perfections de l'aimée (d. 431-435). La rigueur de Délie change alors de sens : elle initie l'amant au véritable amour qui le transfigure (d. 436) et le soustrait au « doux songe / De vain plaisir » dans lequel il se perdait (d. 439). Reste cependant l'espoir d'un « gracieux octroi » de quelque faveur, avec pour gage la « douceur honteuse » qui trahit l'émoi de l'amante (d. 440)… Tout s'assombrit au d. 441, dont les six premiers vers récapitulent les souffrances passées, et se concluent sur un constat d'échec : « Je n'aurai eu que mort, et vitupère ! ». Ce qui prépare, en dernier recours, la conversion définitive de l'amour en aspiration à l'immortalité spirituelle et poétique (d. 442-446). Là s'achève la séquence délimitée par les emprunts à Speroni. Elle dessine clairement une ligne ascendante, d'abord de la frustration à l'espoir, par ascèse purificatrice, puis de cet espoir même, encore terrestre, à l'attente d'un au-delà ; comme si Scève avait voulu décrire en abrégé, à la fin du recueil, un itinéraire spirituel propre à en définir le sens[6].

Deux emblèmes, les quarante-huitième (d. 429) et quarante-neuvième (d. 438), sont insérés dans cette séquence ; un troisième (d. 447) la

5 « The Final Dizains of Scève's *Délie* and the *Dialogo d'Amore* of Sperone Speroni », *Studi Francesi*, 1976, p. 201-225.

6 Fenoaltea, *Si haulte architecture…*, p. 281.

clôt, comme nous le verrons. Aucun d'entre eux ne procède du *Dialogo d'Amore*[7] ; mais ce n'est pas leur seule singularité.

Le premier, intercalé entre les dizains de la jalousie et ceux de l'espoir suscité par la contemplation mentale, a quelque chose d'incongru. Pour image, une mouche, bestiole sans prestige dont la fortune littéraire, au XVIe siècle, se réduit à quelques éloges parodiques, et symbole d'*indocilitas* selon Horapollo[8] et selon la devise : « Plus se hante moins s'apprivoise. » Le dizain (429) esquisse les conditions d'une rencontre courtoise entre l'amant dépouillé de sa « rusticité » et la Dame affable ; mais pour se conclure sur deux vers d'allure épigrammatique :

> Elle est (pourtant) en amours si mal née,
> Que plus y hante, et moins s'y apprivoise.

Il s'agit de Délie, et d'elle seule (autre particularité du dizain). Des « erreurs » (427), de la « frénésie » (428) ou des « défauts » (425) de l'amant, il n'est plus question ; et encore moins d'une réserve bienveillante de l'aimée soucieuse de purifier les sentiments qu'elle inspire. « *En amours si mal née* » : par quelque mauvaise disposition innée, Délie est réfractaire à l'amour ; son indifférence, ses rigueurs n'ont pas d'autre motif que cette nature rebelle… Le dizain ne s'inscrit pas dans le schéma dérivé de Speroni ; mais il désigne précisément ce qui sépare les leçons de celui-ci de l'adaptation qu'en propose Scève. L'écrivain italien, par ses porte-parole, s'adressait à un couple uni par un amour réciproque, à la fois spirituel et charnel. L'amant de Délie au contraire, a pour partage l'insatisfaction, l'attente anxieuse d'une grâce toujours en suspens. Doranne Fenoaltea, dans l'article cité plus haut, analyse très exactement les modifications textuelles que provoque cette différence de situation ; constatons seulement, pour l'instant, que le dizain d'emblème indique la raison de ces écarts, et, placé hors discours, en fait une donnée permanente – la nature ingrate de Délie – indépendante des tribulations de l'amant et du sens qu'elles peuvent prendre.

---

7 C'est également le cas des deux dizains (432 et 437) qui comportent des allusions historiques aux conflits et aux menaces du temps : autre façon, plus discrète, de dérégler le discours de l'ascèse amoureuse. Le second, en particulier, introduit le thème du guet et de la « prise » qui se retrouve, avec inversion des rôles, dans le quarante-neuvième emblème (voir ci-après).

8 Voir Dorothy G. Coleman, *An Illustrated Love Canzoniere : the Delie of Maurice Scève*, Genève, Slatkine, 1981.

Le second emblème (d. 438) s'insère dans la phase où Délie, muée en initiatrice, guide l'amant vers la spiritualité et commence sa transfiguration. Il dément les espoirs et les effets de l'ascèse :

> Que je me fâche en si vain exercice
> Comme le mien, certainement le fais :
> Vu mêmement que d'un si long service
> Ne vois encor sortir aucuns effets.

Ne reste plus que le choix entre cette servitude sans rétribution et sans fin, et le renoncement désespéré, empreint de jalousie :

> Et si je quitte et le joug, et le faix,
> J'échappe à doute, espoir, ardeur, attente,
> Pour choir ès mains de la douleur latente,
> Et du regret, qu'un autre aye le prix
> De mon labeur.

– seconde forme d'aliénation, pire que la première :

> Sauver me cuide, et plus fort je suis pris.

L'image emblématique aggrave encore la détresse, en simplifiant son expression. Un chamois sur un rocher, cerné par les chiens, avec pour devise : « Me sauvant je m'enclos. » Même plus l'alternative esquissée dans le dizain ; seulement la condition de la bête traquée, sans issue. De plus, cette image est l'une des rares, dans le recueil, à avoir son homologue graphique, le cerf blessé du dix-huitième emblème (d. 159), bizarrement juché lui aussi sur une roche, en une position semblable à celle du chamois ; manquent les chiens ; mais ils apparaissent dans le dix-neuvième emblème (d. 168), autour d'Actéon métamorphosé en cerf et cerné par sa meute... On voit quelle image se dessine en filigrane dans ces scènes de chasse : Artémis, la Délienne meurtrière, Hécate et ses chiens – certainement pas la « très sainte et sage Diotime » du contexte platonicien (d. 439). Encore, dans le reste du recueil, les atteintes de Délie-Artémis figurent-elles la fascination amoureuse aussi bien que la mort (voir d. 131) ; ici, le sens métaphorique s'efface : « Le chamois et les chiens », écrit l'auteur anonyme de la table des emblèmes, pour une fois bien inspiré – le gibier aux abois ne figure que l'échec. Tout le service d'amour récapitulé en quatre mots, « doute, espoir, ardeur, attente », aboutit à ce désespoir solitaire.

Pourtant l'emblème, à la différence du précédent, semble se raccorder au contexte ; il y trouve un écho, à distance, dans la plainte initiale du dizain 441 :

> Doncques après mille travaux, et mille,
> Rire, pleurer, et ardoir, et geler :
> Après désir, et espoir inutile,
> Être content, et puis se quereller,
> Pleurs, plaints, sanglots, souspirs entremêler,
> Je n'aurai eu, que mort, et vitupère !

Ces vers, où le texte de Speroni, suivi presque à la lettre, subit sa plus violente distorsion[9], reprennent le constat d'échec du dizain d'emblème et le réinsèrent dans le discours, qui l'infléchit en espoir :

> Qui d'Amour fut par sa volonté père
> *À plus grand bien*, et non à fin sinistre,
> M'a reservé, voulant qu'a tous appère [apparaisse]
> Que j'ai été de son vouloir ministre.

Ainsi, la dernière étape de l'itinéraire – l'aspiration à un au-delà qui transfigure l'amour et l'éternise – dépasserait à la fois les bornes de la déréliction marquée par les emblèmes et celles de l'ascèse imparfaite décrite dans la séquence 430-440 : après ces diverses errances, un même élan, vers le salut ?

Tout dépend de la fonction de l'ultime emblème (d. 447) : peut-on le dissocier des dizains précédents, pour en faire le début d'une sorte d'épilogue ? Je ne le crois pas. Car, pour une fois, l'emblème et sa devise sont en relation étroite avec le contexte. Le dizain 446 s'achevait sur l'attente de l'apaisement dans une vie meilleure :

> Doncques, pour paix à ma guerre acquérir,
> Craindrai renaitre à vie plus commode ?

---

9 Dans le *Dialogo*, Gratia déprécie la finalité naturelle de l'amour – la propagation de l'espèce – en ces termes : « *Dunque dopo mille fatiche, & mille affanni amorosi, dopo l'ardore & l'agghiacciare, dopa l'ire, gli sdegni, la gelosia, dopo i sospiri, dopo le lagrime, dopo la povertà, dopo la infamia del mondo, & finalmente dopo la morte, altro non arà l'huomo acquistato che l'essere eguale ad un cane ?* » (*Dialogo d'Amore*, édition avec la traduction de Claude Gruget, introduction et commentaire par Pierre Martin, Poitiers, La Licorne, 1998, p. 117) Scève conserve le vocabulaire et la syntaxe de la phrase, mais déplace les deux derniers termes de l'énumération (« … *la infamia… la morte* ») pour en faire le prédicat de la proposition (substitué à l'« *essere eguale ad un cane* ») ; ce qui évidemment change tout.

> Quand sur la nuit le jour vient à mourir,
> Le soir d'ici est aube à l'antipode.

La devise réplique : « Après la mort *ma guerre encore me suit* », et ce trait est repris et glosé par le dizain, sous l'image de l'antagonisme qui oppose le feu et l'eau, « Entre éléments les deux plus adversaires », pour montrer

> Que si en moi ont esté résidents
> Larmes et feu, *bataille âprement rude* :
> Qu'après ma mort encore ci-dedans
> Je pleure, et ars pour ton ingratitude.

La force de cette allégorie du conflit et du déchirement intérieur ne tient pas seulement à son insistance. Elle se mesure à la déformation qu'elle fait subir à la symbolique chrétienne des funérailles, que rappelle la gravure. Les cierges de part et d'autre du « tombeau » (en fait, sur l'image, un cercueil couvert du drap mortuaire), le vase et le goupillon pour l'eau bénite, au centre, renvoient aux rites de l'absoute et de la sépulture. « *Requiem aeternam dona ei, Domine. / Et lux perpetua luceat ei. Requiescat in pace* » : ces répons accompagnent l'aspersion du cercueil, puis l'inhumation. Scève inverse la signification orthodoxe, en même temps qu'il dément les promesses du platonisme christianisé qu'il vient de formuler dans le dizain 446.

Ce dernier emblème, relayant les deux précédents, accuse donc leurs discordances avec le discours, auquel il met un terme ; et le mot sur lequel il s'achève résume tous les obstacles et toutes les déceptions : *l'ingratitude* de Délie, « en amours si mal née » qu'elle ne donne « aucun effet » au « long service » de son captif. Cependant ce n'est pas simplement l'expression d'un échec : « Ma guerre encor me suit », l'effort continue, aussi, contre la désespérance. Si bien que la véritable fin du recueil, le dizain 449, fait resplendir, mieux qu'aucun apaisement dans la béatitude posthume, la pérennité de « l'ardeur » et de la « vertu vive » qui prolonge « outre le Ciel », en le sanctifiant, l'élan amoureux. Le nouvel éclairage ainsi projeté sur l'œuvre mériterait de plus amples considérations ; mais mieux vaut ici revenir sur ce que laisse entrevoir l'agencement que nous venons d'examiner : une poétique de l'altération.

Les études de Jacqueline Risset[10] et de Terence Cave[11] sur les emprunts de Scève à Pétrarque, de Doranne Fenoaltea sur ses emprunts à Speroni, ont suffisamment établi que le travail intertextuel, dans la *Délie*, s'opère par altération des modèles. Mais reste à savoir si ce travail est immédiatement perceptible ; car Scève ne désigne pas les textes de référence[12]. Le lecteur qui ne connaît pas le *Dialogo d'Amore* peut très bien saisir, dans la séquence résumée plus haut, un discours autonome, de la frustration, de l'ascèse et de l'espoir. Les altérations par lesquelles Scève s'approprie les paroles de Speroni sont significatives, mais elles pourraient n'affecter que la genèse du texte, non sa configuration directement lisible.

L'effet des emblèmes est de marquer l'altération dans le texte même en y privilégiant les traits étrangers au schéma platonicien dérivé du *Dialogo.* Ce n'est pas que ces traits soient par eux-mêmes irréductibles à ce schéma ; ils peuvent s'y intégrer, comme moments négatifs de sa dialectique : dans le dizain 441 le constat d'échec – « Je n'aurai eu que mort, et vitupère » – est immédiatement dépassé, par le quatrain final, en promesse de « plus grand bien ». Mais le dizain d'emblème (438), en annonçant l'échec à contretemps, le décale par rapport à la séquence, et l'isole ; il en fait une donnée erratique, hors discours, qui ne procède que des litanies de la déréliction répétées dans le recueil jusqu'au dernier vers du dernier emblème, « Je pleure et ars pour ton ingratitude ».

L'effet ne se réduit pas à instaurer une concurrence entre deux séries distinctes, l'une discursive, l'autre itérative. Il perturbe la première, ou plus exactement compromet le présupposé en vertu duquel j'ai parlé, jusqu'ici, de « discours ». En fait, nous sommes en présence d'une suite de dizains, entre lesquels nous conjecturons des liens discursifs en pensant au dialogue de Speroni ; mais cette suite est discontinue, à deux exceptions près (433-434 et 441-442), et les emblèmes en accentuent la fragmentation. Cela interdit de s'en tenir à une lecture linéaire : suivre

10 *L'anagramme du désir. Essai sur la Délie de Maurice Scève*, Rome, Bulzoni, 1971, p. 21-26 et 31-41.

11 « Correcting Petrarch's Errors », *Pre-Pleiade Poetry*, éd. Jerry C. Nash, *French Forum*, Lexingon, 1985, p. 112-124.

12 C'est là un des traits qui distinguent sa pratique de l'intertextualité de celle de la Pléiade. Chez Ronsard, Du Bellay et leurs émules, « l'imitation » est volontiers exhibée, par allusions ou références à la Fable, afin de produire un effet d'« estrangement ». Mais qu'elle procède par marqueterie ou par altérations, la poésie humaniste travaille sur des différences. Voir « La farcissure. Intertextualités au XVIe siècle », *Littérature*, 55, octobre 1984.

les traces d'un discours-fantôme, soit, mais à condition de percevoir aussi, à tout moment, les brisures et les écarts qui ménagent presque en chaque dizain la possibilité d'une déviation imprévue de l'itinéraire que l'on croyait reconnaître.

Soit par exemple la dernière étape de cet itinéraire, de la promesse d'immortalité (d. 442) à l'attente de la vie future (d. 446). Entre les deux leçons de spiritualité (où l'on ne relève aucune allusion à Délie), la transition pouvait s'effectuer sans heurt, par un trajet rectiligne ; ce n'est pas le cas. Les trois dizains intercalés exaltent les formes extrêmes de la passion et de la poésie : l'éblouissement mortel de l'extase, par allusion au mythe de Sémélè (d. 443[13]) ; la « folie » d'un amour « sainctement frénétique », dont parlait ce matin Dorothy Coleman, et la « mélancolie » contemplative qui inspire la célébration de l'aimée (d. 444) ; enfin, au d. 445, la transgression victorieuse de l'interdit opposé à Orphée, de porter les yeux sur son Eurydice[14]. Au lieu d'un cheminement tranquille vers le paradis, trois fantasmes d'un amour purifié sans doute, mais toujours animé de la violence du désir et de la parole transfiguratrice. En démentant l'espoir de paix, le dernier emblème, sur un registre différent, accuse cette triple altération du schéma convenu, perceptible dans le texte même qui pouvait passer pour l'illustrer.

De tels agencements relèvent de la « poétique de l'hétérogène » dont François Lecercle[15] a décelé la forme la plus agressive dans les emblèmes. Seulement cette poétique ne travaille pas dans le même sens selon que l'on considère ses effets à l'intérieur des dizains ou dans leurs groupements en séquences. Si disparates qu'ils soient, les matériaux sémantiques du poème sont ajustés entre eux par les contraintes de la prosodie et de la syntaxe. Les tensions, ou les polysémies qu'analysait tout à l'heure Doranne

---

13 Voir d. 24, 81-82, 92-93, 386. Compte tenu de ces récurrences, il parait légitime de comprendre le vers 5 (« Mon âme ainsi de son objet pourvue… ») comme se référant à Délie, « objet » propre du regard spirituel de l'adorateur.

14 Tout le dizain est régi par ce motif. Les six premiers vers célèbrent les vertus de la beauté visible, si bien que le quatrain final, en corollaire (« Ainsi… ») s'inscrit en faux contre l'idée de Speroni, dont il reprend quelques mots : « *la sua amata Euridice dal profondo dell'abisso lavata (malgrado di morte) a nuova & gioiosa vita riconduceva, & fatto l'haurebbe, se, vinto da disordinato appetito, troppo tosto agli usati piaceri di vedere & abbracciare lei non si rivolgeva.* » (éd. citée p. 166-167). Selon le platonisant, Orphée perd Eurydice parce qu'il a commis la faute de jeter sur elle un regard sensuel ; selon Scève, ce même regard, éclairé « à tout bien désirable » par le beau visage, doit immortaliser « son Eurydice ».

15 « Du phénix au pot au feu : Les emblèmes de *Délie* et la poétique de l'hétérogène », *Europe*, novembre 1986, p. 95-101.

Fenoaltea, s'inscrivent dans le cadre de cette unité forcée. Les cassures et déviations de la séquence tendent, en sens inverse, à faire éclater le discours virtuel en constellation de signes. Les deux effets se conjuguent dans les emblèmes. Le texte raccorde la devise, censée déchiffrer l'image, à sa propre signification, ce qui assure l'unité de l'ensemble. Mais d'une part l'image renvoie à d'autres thèmes, mythiques, sapientiaux ou cérémoniels (nous venons de le voir : le « chamois » renvoie aux chasses d'Artémis, le « tombeau », aux rites chrétiens) ; d'autre part, le dizain s'insère dans son contexte (à la place que lui assigne la numérotation), quitte à le perturber. Par structure, l'emblème scévien subit une sorte d'écartèlement, que rend particulièrement sensible la différence entre les supports d'expression, image et parole ; il est ainsi agent, indice et modèle de l'altération.

Deux réserves, avant de conclure.

Je ne prétends pas que tous les emblèmes de la *Délie* présentent ces caractères fonctionnels ; ce serait faux pour un bon nombre d'entre eux. J'ai seulement voulu montrer, sur un exemple clair, que lorsqu'ils brisent ou faussent la cohérence de leur contexte, il n'y a pas lieu d'en faire abstraction. Au contraire : à paraître erratiques, ils en sont d'autant plus significatifs.

Je ne prétends pas non plus que la trame discursive soit un leurre. Elle est altérée sans doute, mais il faut qu'elle résiste, justement pour que l'altération soit perceptible. C'est le cas de celle que nous venons d'étudier : le schéma de la spiritualisation, dérivé de Ficin à travers Speroni, reste lisible, et cautionné par des formules sans équivoque (au d. 442 surtout). Seulement sa fonction est celle de l'« interprétant » tel que le conçoit Michaël Riffaterre à partir de Peirce, ou, en termes plus simples, de *repère* idéologique ou culturel. À la fois exhibé et altéré, et peut-être exhibé pour être altéré, il est partie intégrante du texte, mais n'en régit pas la signification.

De ce dernier point peuvent se tirer, en guise de conclusions, quelques conjectures sur le sens de la poétique scévienne de l'altération. *Canzoniere* d'un amour tout à la fois agréé et refusé, d'une destinée aussi incompréhensible que les lois de la *concordia discors* qui ordonnent l'univers, la *Délie* n'est pas seulement expression, mais aussi effort d'élucidation par l'écriture. Scève annexe donc les modèles proposés, à la Renaissance, pour codifier le désir, la souffrance, l'espoir : toute la fantasmagorie des débats intimes, des instances psychologiques qui s'y affrontent ou s'y corroborent, comme nous le montrait ce matin Jean Céard, de leurs projections mythiques, des fragiles équilibres imaginés par les sages, des ascèses prescrites par les maîtres à penser. Et il les altère, nécessairement, parce que rien de tout cela ne lui permet de dire l'essentiel – « les morts qu'en moi tu renouvelles », le « trop hautain désir » (d. 104) qui exalte et détruit. Son langage, écrit Jacqueline Risset, « n'est en aucun cas réductible à l'usage philosophique du langage. On pourrait le décrire comme un langage philosophique faussé[16] ».

Philosophique, pas toujours peut-être ; mais faussé, à coup sûr, parce qu'il assume la tâche impossible d'énoncer sans trêve la contradiction même du désir : « souffrir non souffrir », à la limite du dicible – là où seule la poésie peut rompre le silence, et disposer en énigme ses « signes évidents » (d. 447).

---

16 *Op. cit.*, p. 96.

« LIMBES », DIZAIN CXXXIII [1987][1]

Le Vêpre à tous le jour clouit
Pour ouvrir l'aube aux limbes de ma flamme :
Car mon désir par ta parole ouit,
Qu'en te donnant à moi, tu m'étais Dame.
        Lors je sentis distiller en mon âme
Le bien du bien, qui tout autre surmonte.
Et néanmoins, assez loin de mon compte,
Pitié te fit tendrement proférer
Ce doux nenni, qui flamboyant de honte,
Me promit plus qu'onc n'osai espérer.

« Les morts qu'en moi tu renouvelles » admettent-elles des moments de grâce plénière, autres que les phases de rémission nécessaires à prolonger le supplice ? L'affirmer, ce serait s'inscrire en faux contre le huitain initial. Pourtant, il est impossible d'éluder les dizains où s'esquissent des attitudes exemptes de souffrance, qui tranchent, de loin en loin, sur la plainte indéfiniment répétée. Le problème est de les situer par rapport au contexte : échappées vers la joie, en alternance inégale avec la « vie exaspérée » qui leur inflige démentis – ou transposition en termes d'espoir d'un discours toujours identique, du désir frustré ? Peut-être ces deux lectures s'opposent-elles surtout en raison du schéma – quasi-narratif pour la première, statique pour la seconde – qu'elles assignent à l'ensemble du texte. Mais il semble possible de choisir entre elles, sans passer par les spéculations périlleuses sur l'organisation du recueil, en examinant d'assez près un dizain qui fonde et résume les promesses de bonheur.

Inaugurant la célébration de l'« union » spirituelle des amants, le dizain CXXXIII sanctionne le pacte du service courtois agréé par la

---

1 Paru dans *Dix études sur la Délie de Maurice Scève*, Fr. Charpentier éd., Paris, Collection de l'École Normale Supérieure de Jeunes Filles, n° 40, 1987, p. 67-73.

Dame. Pas un mot n'y inscrit les traces de la souffrance ; le seul qui puisse la suggérer, « flamme », connotant ailleurs la brûlure et ses effets destructeurs, est restreint par son contexte au sème /lumière/. Au centre (v. 5-6), une phrase d'un seul tenant isole l'expression directe de la félicité, magnifiée par insistance sur le superlatif : « *Le bien du bien*, qui *tout autre surmonte* ». Dans les derniers vers, le refus même est aveu et promesse. À la différence du dizain CXXXVI, qui plus loin, consacrant l'accord des amants jusqu'à confondre leurs paroles[2], reprend discrètement les oxymores du « doux déplaisir » et du « doux mourir » pour désigner « *le bien du mal*[3] », celui qui nous occupe paraît éliminer tout indice ou rappel de tourment. Commémore-t-il un instant exceptionnel, de plénitude et de confiance absolue ?

> Le Vêpre obscur à tous le jour clouit
> Pour ouvrir l'aube aux limbes de ma flamme :
> Car...

Présentée dans les deux premiers vers en position dominante de frontispice ou d'emblème, l'image du soir transfiguré en aube marque d'abord une double mutation (la nuit dérobe le jour, mais ses ténèbres immédiatement s'éclairent). Elle est donnée à déchiffrer comme un symbole : son enchaînement logique avec la suite du quatrain, par conjonction non pas temporelle mais explicative, présuppose que le lecteur y a immédiatement saisi un sens. Celui-ci s'impose en effet, avec d'autant plus de force que, reprenant le couple thématique de l'ombre et de la lumière, l'un des plus fréquents du recueil, il en rénove le traitement. Jusqu'à ce dizain, Délie seule est source de clarté ; le poète ébloui (XXIV) s'« abîme en profondes ténèbres » (VII), tache d'obscurité dans le monde qu'Elle fait resplendir :

> Mais quand sa face en son midi je vois,
> À tous clarté, et à moi rend ténèbres. (LI[4])

---

2 Non seulement en employant exclusivement la première personne du pluriel, mais aussi en faisant écho au huitain analogue de Pernette du Guillet (*Rymes*, XIII, éd. Fr. Charpentier, Paris, Gallimard, 1983, p. 39).

3 De même, les autres dizains où prédomine le bonheur se réfèrent tous, plus ou moins discrètement, aux frustrations ou souffrances auxquelles il s'oppose : « tempête » passée (LVIII, CCCXXXIX), absence (CLXI, CCCLXIV, CCCLXVII), blessure (CLXXIII), doute (CCXXV), « noise » (CCCXV, CCCXLII), douleurs (CCCLXV), mal (CDIX), trouble (CDX), soucis (CDXXIV), rigueur (CDXXXV), crainte (CDXXXVI), attente (CDXL). Le dizain CCLXXXVII sera examiné ci-après.

4 De même XCII, CXXVIII, et, plus loin, CCLXIX.

Ici, l'effet est inverse : la lumière émane de sa propre flamme, irradiée dans l'obscurité universelle : « le Vêpre obscur *à tous* le jour clouit… ». L'opposition annexe, entre *clore* et *ouvrir*, inverse également le motif de la lueur intérieure, prisonnière d'un secret ou d'un interdit[5]. À ces seuls traits se reconnaît une transformation radicale de la condition de l'amant, brusquement délivré de son lot habituel de ténèbres et de captivité. Cependant l'image ne se réduit pas à ce décalque inversé ; ses éléments les plus caractéristiques par leur précision en altèrent le schéma. L'« aube », entre nuit et jour, ne s'ouvre qu'aux « limbes[6] » de la flamme : au lieu d'une vive clarté, un halo lumineux autour d'un foyer qui reste enfoui. Ce thème concentre en lui les significations déployées, sur un autre registre, dans les dizains CCCLV-CCCLVI : feu qui transparaît, la nuit, du corps qu'il consume, flammes souterraines de l'Etna, « en leur clair résidentes[7] ». Toujours un écran s'intercale entre la « flamme » et l'espace où elle propage sa lumière, entre ce qui devrait se manifester et ce qui apparaît effectivement. La transfiguration de l'amant ne s'achève pas en splendeur solaire ; un effet de vibration (« ouvrir l'*Aube aux l*im*b*es… ») en suggère phonétiquement l'indécision, de virtualité en train de passer en acte.

Introduits comme une explication, les deux vers suivants justifient le signifié de la métaphore en sauvegardant sa frange d'indétermination, seulement déplacée. « Car *mon désir* par *ta parole* ouit… » : les partenaires du dialogue ne sont mentionnés qu'indirectement, par les possessifs ; les termes qui leur sont substitués désignent plus précisément, l'un, l'attente muette, attitude en-deçà de toute formulation ; l'autre, la manifestation externe de l'engagement, la « parole » à travers laquelle (« par » = *per*) doit se deviner le sentiment qui l'authentifie. En réponse au « désir » révélé par les « limbes » de sa flamme, un simulacre verbal dont l'origine se dérobe. Le pacte, tributaire de la double médiation ainsi mise en valeur, n'est pas cité ; il affleure, sous forme de paronomase

5 Voir les dizains XLII, CLXXXIX, CCXCII, CCCXXI, CCCXXI, CCCXXX…

6 Ici, terme de physique ou d'astronomie : frange brillante au bord d'un foyer de lumière (ex. : le limbe du soleil en éclipse). L'acception théologique en est probablement dérivée : séjour des justes avant la Rédemption, et des enfants morts sans baptême, les Limbes se situent entre les ténèbres infernales et la clarté du Paradis. Scève s'y réfère ailleurs (d. CCLXXX), mais pour définir un lieu neutre, « sans deuil / Comme sans joie » ; le dizain étudié ici n'exploite pas le mot en ce sens.

7 CCCLVI (l'expression oppose aux « lampes évidentes » de la lune les flammes du volcan concentrées en leur foyer).

à la rime (« ...*oui* »), comme un mirage du désir aux aguets, avant de se traduire dans la relation qu'il instaure. Celle-ci fait enfin surgir les pronoms personnels, par deux fois, dans un agencement consonantique en miroir : « en *te d*onnan*t* à moi, *tu m'ét*ais *D*ame. » Mais la réciprocité est faussée par la syntaxe dissymétrique de l'expression : le « don » de l'aimée ne s'esquisse que dans une subordonnée, pour basculer, sous l'effet de la coupe inhabituelle 6/4, vers sa contrepartie définitive, la sujétion de l'amant – comme s'il ne devait se réaliser que dans cette servitude amoureuse agréée par la Dame et régie selon son bon plaisir. Célébrant la grâce accordée et la joie qu'elle fait naître, le quatrain, en chacun de ses vers, se nuance d'une imperceptible ambiguïté.

La suite semble d'abord préciser cette ambiguïté, par le contraste de deux réactions successives : un début de félicité, à la pensée du « bien du bien » entrevu ; puis, marquée par un vers de transition entièrement restrictif, la déception... Mais, de même que dans le quatrain les gages du bonheur se faisaient indécis, de même, ici, la dénégation qui en suspend l'effet est paradoxalement infléchie en promesse. Les termes qui la déterminent – quant au sentiment dont elle procède, au ton sur lequel elle est proférée, à sa douceur propre – réfutent graduellement son sens littéral : ce que confirme l'allusion à l'épigramme « De Oui et de Nenni », signalée par ses deux mots-clefs :

> Un *doux Nenni*, avec un doux sourire,
> Est tant honnête, il le vous faut apprendre :
> Quant est d'Oui, si veniez à le dire,
> D'avoir trop dit je voudrais vous reprendre ;
> Non que je sois ennuyé d'entreprendre
> D'avoir le fruit dont le désir me point :
> Mais je voudrais qu'en me le laissant prendre
> vous me disiez : Non, vous ne l'aurez point[8].

Mais le jeu de la séduction ne s'achève pas, comme chez Marot, dans le plaisir. Il reste en suspens, pour laisser place à une surcroît d'espérance : « ... *plus* qu'onc n'osai espérer », au-delà du plein assentiment attendu, et du paroxysme de joie qu'il suscitait. Si bien que les derniers vers faussent le schéma logique déterminé dans le dizain par

8 Marot, épigramme CLXXVII (*Œuvres poétiques*, éd. Y. Giraud, Paris, Garnier-Flammarion, 1973, p. 431. Voir aussi les épigrammes CLXXIV et VLXXVI).

le « Et *néanmoins* » sur lequel il pivotait : là où l'on pouvait prévoir, au mieux, une compensation, c'est un dépassement qui se dessine. « Assez loin de mon compte », sans doute, mais par excès plutôt que par défaut : prêt à accueillir un absolu de bien, l'amant n'osait pas espérer ce qui lui est maintenant annoncé sous la forme d'un refus ! Cette conclusion déconcertante requiert un examen plus attentif : quelle est la promesse du Nenni ?

Le seul mot qui fasse image, dans la phrase, reprend la métaphore initiale : « *flamboyant* de honte » face à l'amant éclairé des « limbes de [s]a *flamme* », le visage de Délie révèle et désavoue l'émoi charnel qu'elle ressent. Il ne dément pas sa dénégation, mais désigne comme indicible ce qu'elle masque, de même que l'« aube » renvoyait au soleil invisible, les « limbes » au feu recélé. Dans les deux cas, c'est autre chose qu'une banale pudeur. Le désir ne peut pas être directement manifesté, non parce qu'il serait choquant, mais parce qu'il est impensable : il vise à se satisfaire, mais ne subsiste que dans l'insatisfaction, et par conséquent se voue, pour survivre, à ne jamais atteindre son objet. Le « doux Nenni », en écho, est la seule qui lui convienne : loin de revenir sur le don accordé, il le confirme en avouant le trouble, et le pérennise en refusant d'y mettre un terme. Aube et aurore, les deux flammes cachées avivent leur incandescence, à ne pas lui donner jour.

Cette révélation essentielle ne peut être signifiée qu'à demi, et comme marginalement. Le centre du dizain énonçait, dans la clarté de son abstraction, l'extase spirituelle aussi bien que l'exaltation des sens ; au début et à la fin, par métaphore et distorsion logique, se profile le paradoxe d'un désir qui a pour but sa perpétuation inassouvie. La promesse dépasse les espoirs parce que ceux-ci se donnaient un terme, « le bien du bien qui tout autre surmonte », alors qu'elle fait scintiller plus loin « l'ardeur » toujours renouvelée « qui nos cœurs poursuivra » (CDXLIX) à l'infini. Le nimbe et la rougeur, franges silencieuses des paroles de prière, de grâce ou de refus, signifient cette étrange union à distance, « heur de notre heur *enflammant le désir* » (CXXXVI), postulée par toutes les figures de l'amour scévien.

Les éclaircies heureuses éparses dans le recueil ne sont donc pas hétéroclites par rapport à sa tonalité générale, de plainte et de tourments, ni même en contradiction momentanée avec elle. Si la promesse inespérée prolonge sans fin l'insatisfaction, elle porte en germe les cruautés de l'aimée, et les souffrances de l'amant ; elle est « le bien du mal en effet désirable » (CXXXVI), et peut prendre la forme inverse, « mal de mon bien » (LXV), par simple déplacement d'accent ; de structure contradictoire, elle admet les versions les moins compatibles entre elles comme autant de réalisations virtuelles qui ne sauraient la fausser. Il suffit que soit maintenue la tension entre les deux postulations qui s'y conjuguent, quel que soit leur champ d'application. Aussi s'accorde-t-elle avec les différents conflits que le poète exprime dans ses dizains sans jamais les résoudre : combats intérieurs – entre la chair et l'esprit, le doute et la confiance, l'égarement et la raison, la servitude et la liberté, etc. – projetés en images contrastées de Délie – rigoureuse et tendre, indifférente et apitoyée, meurtrière et secourable… Le propre de ces conflits est de ne pouvoir se dénouer, ni s'organiser en dialectique de la passion, sinon pour revenir après quelques détours à leur point de départ[9]. Là où la tradition revue et corrigée par Ficin fournissait des modèles éprouvés de résorption du charnel dans le spirituel, pour le grand bien de l'âme en instance de libération, Scève choisit contre toute raison de « souffrir non souffrir » – supporter (« souffrir ») de se débattre sans fin (« non souffrir ») entre des exigences antagonistes simultanément assumées (comme complémentaires entre elles) et refusées (comme exclusives l'une de l'autre). Ainsi se vérifie la promesse du « Nenni », sanctionnant le « don » du servage agréé et la « victoire » du captif (CXXXIX). Seules sont à écarter deux éventualités : d'une part le renoncement, d'autre part la satisfaction.

De fait, le seul dizain où les commentateurs aient cru déceler l'expression allusive d'un triomphe de l'amant (CCLXXXVII) prend une toute autre signification dès qu'il est confronté avec le dizain CXXXIII. Délie a exaucé la « juste requête » (v. 4-5), soit ; mais, encore une fois, « pour la conquête / Du vert Printemps, que sous ta main usai » – en agréant le service amoureux astreint à se prolonger sans autre rétribution que cet assentiment[10]. Ce qui explique les accusations injustes (v. 7) et abusives (v. 9) portées « alors » contre elle par l'amant frustré (voir LXI), méconnaissant la « familière et humaine nature » (v. 8) de la Dame :

9 Voir par exemple la suite CLXXIX-CLXXXIV.

10 L'expression « sous ta/sa main » marque toujours l'asservissement (XXIX, CXXXIX, CCCXXVIII, et, avec connotations euphoriques, CCCXXII. Voir aussi CCXXI et CDXXXVIII).

la « coulpe » qu'il lui imputait – la cruauté – était en fait, pour lui, la « bonne aventure » (v. 10) du véritable amour, désir charnel et spirituel jamais assouvi[11].

Symétriques, les interprétations qui présentent la purification ficinienne comme terme de l'itinéraire du poète, si leurs cautions textuelles sont plus sûres, ne paraissent guère moins infidèles à son dessein. Car l'*éros* platonicien, en dépassant les séductions du sensible, atteint, au prix de cette apparente frustration (de l'inessentiel), la plénitude réelle de la contemplation. Scève ne se donne pas pour fin une telle plénitude, pas plus, d'ailleurs, qu'il ne renonce aux attraits sensibles. « Après la mort ma guerre encore me suit » : cette devise du dernier emblème, qui dément la perspective ouverte au dizain précédent (CDXLVI, v. 7 : « Doncques, pour *paix* à ma guerre acquérir... ») prolonge par-delà l'existence terrestre la brûlure et les larmes, et la tension irréductible qui donne force à l'amour. Même la conclusion sereine du dernier dizain (CDXLIX) assimile « la vertu qui vive nous suivra » à « l'ardeur qui nos cœurs poursuivra » : la flamme brûle toujours, sans craindre le « Létharge » que serait, aussi bien que l'oubli, un apaisement définitif. Placés après la série inspirée des *Dialogues* de Speroni, ces dizains en modifient les leçons platoniciennes, déjà gauchies presque en chaque point par remembrements ou altérations, et perturbées par intrusion de motifs étrangers[12]. Ils ne les annulent pas : la spiritualisation de l'amour (CDXXXIV, CDXXXVI), l'attente d'une résurrection qui consacrera le couple, soustrait au temps et à ses « travaux » (CDXLII, CDXLV), telle est bien l'orientation de la fin du recueil. Mais elle ne mène pas vers la béatitude immobile de l'Être, possédée par le contemplateur qui s'y absorbe. Vertu « vive », l'ardeur du désir « poursuivra » les corps transfigurés des amants et les animera toujours de l'élan qui les conduit l'un vers l'autre, « *outre* le Ciel... »

11 Quelle que soit l'autorité de la tradition exégétique, il paraît impossible de lire en ces derniers vers le triomphe d'un amant comblé qui se réjouit de sa « bonne aventure » et impute la « coulpe » à celle qui lui a cédé : réaction de roué, inconcevable dans le contexte de la *Délie*. Ce n'est pas que la poésie de Scève soit désincarnée, comme on l'a parfois cru : la sensualité y affleure sans cesse, avec une sourde violence. Mais comment imaginer que le « don de merci » y soit suggéré sur un ton aussi désinvolte, à la limite de l'insulte ?

12 Sur les emprunts de Scève à Speroni, et les altérations qu'ils subissent, voir l'article décisif de Doranne Fenoaltea, « The Final Dizains of Scève's *Delie* and the *Dialogo d'Amore* of Sperone Speroni », *Studi Francesi*, 1976, p. 201-225. Les dizains qui ne comportent aucun emprunt à Speroni (CDXXIX, CDXXXII, CDXXXVII, CDXXXVIII) sont disposés dans la série CDXXIV-CDXLVI de manière à en briser la ligne discursive.

En ces « pensées hautaines », les exigences les plus folles des poètes et des théoriciens de l'amour, prises au mot, sont portées à leur paroxysme de tension, sans être conciliées ni édulcorées par des échappatoires métaphysiques ou autres. Astreint à suivre simultanément leurs voies divergentes, le discours procède par déviations, suggestions latérales, écarts – « mainte erreur » – maintenus de force dans le cadre strict de sa syntaxe – « en si durs épigrammes[13] ». Là réside l'obscurité de la *Délie* : non pas brouillage, mais surcroît de sens. Même les dizains dont l'interprétation littérale ne présente pas de réelles difficultés « signifient plus qu'ils ne disent », selon la formule de Montaigne, parce que leur vérité paralogique ne peut se dire. Celui que nous venons d'étudier en est un exemple ; et l'image sur laquelle il s'ouvre pourrait figurer la poétique de Scève aussi bien que son érotique, à supposer qu'il soit légitime de les dissocier : de ces implosions de lumière ne sont visibles, sans doute, que les « limbes ».

13 Huitain de dédicace, v. 6. Comme appréciation esthétique, l'adjectif « durs » a sans doute le sens (latin) de « rudes », mal dégrossis ; mais il s'oppose aussi à la fluidité du *dolce stil nuovo* et de l'épigramme marotique (Sébillet, *Art Poëtique*, II, 1 : « Surtout, sois en l'épigramme le plus fluide que tu pourras ») ; de ce fait, la rigueur syntaxique fortement marquée des dizains de Scève est un aspect de leur rudesse.

REPÉRAGE ET DISSÉMINATION DES VESTIGES TEXTUELS [1994][1]

À Chicago, on peut voir un gratte-ciel d'assez modeste apparence sur les parois duquel font saillie des pierres disparates par la taille et l'aspect. Près de chacune de ces pierres, une inscription atteste l'origine : Grande Pyramide, Parthénon, Muraille de Chine, Notre-Dame de Paris, Baalbek, Colisée, Saint-Pierre de Rome, *etc.* Grâce à quoi on se sait en présence de vestiges, parfois anticipés sur la ruine, de la plupart des grands édifices de la civilisation. Supprimez les inscriptions, il restera des pierres scellées dans du béton.

De cette bizarrerie archéologique de style Disneyland, je tire une proposition : la fragmentation des vestiges (textuels ou autres) et leur dissémination au loin, pour étendre leur fonction commémorative jusqu'en des lieux imprévus, risquent de masquer ou même d'abolir leur identité. Sont alors nécessaires des repères qui les désignent comme tels : plaques matricules des vénérables moellons, indices propres à signaler l'énoncé emprunté, parfois son origine et les conditions de sa transplantation. Ce qui nous reconduit au problème central de la poétique humaniste telle que la définissent à la fois son manifeste, la *Défense et Illustration de la Langue Française*, et les diverses pratiques décelables dans les premières œuvres de Joachim du Bellay et de Ronsard. Encore quelques lignes de préambule pour le montrer sommairement.

> Qu'il n'y ait vers, où n'apparaisse quelque vestige de rare, et antique érudition[2].

---

1 Paru dans *Cahiers textuel*, 14, 1994, *La poétique des recueils romains*, textes réunis et présentés par Simone Perrier, p. 9-20.

2 *La Défense et Illustration de la Langue Française*, éd. Francis Goyet et Olivier Millet, Paris, Champion, 2003, p. 54.

– l'injonction vaut pour l'ode, mais aussi pour l'autre forme lyrique, le sonnet (« non moins docte que plaisante invention italienne, conforme de nom à l'ode, et différente d'elle seulement pource que le sonnet a certains vers réglés, et limités : et l'Ode peut courir par toutes manières de vers librement[3] »). Comprise selon la logique de son contexte, cette exigence inaugure une poétique de l'incrustation intertextuelle et de la différence. Des vestiges de l'Histoire et de la Fable transmis par les écrivains grecs, latins ou italiens viendront s'insérer dans le poème nouveau ; mais il faut que ces énoncés d'emprunt soient reconnus comme hétérogènes, contrairement à ce que seraient des emprunts au domaine français, que Du Bellay interdit[4], et qu'ils soient sertis dans un texte qui leur reste partiellement étranger, au lieu de se fondre dans une translation générale de l'original – autrement dit une traduction, entreprise également condamnée[5]. À ces conditions, la parole du poète peut entrer en résonance avec les voix du passé elles-mêmes ravivées par combinaisons inédites ; les effets de palimpseste, d'échos ou de contrastes assureront l'« estrangement » propre au lyrisme de la Pléiade, « éloigné du vulgaire » par sa richesse polyphonique autant que par la gravité nouvelle de ses accents.

Encore faut-il que soient identifiables les « vestiges » enchâssés dans le poème. Ils le sont, la plupart du temps ; mais font difficulté les œuvres qui les incorporent à l'état de fragments à peine reconnaissables une fois

3 *Ibid.*, p. 55.

4 « Chose certes autant vicieuse, comme de nul profit à notre vulgaire : vu que ce n'est autre chose (ô grande libéralité !) sinon lui donner ce, qui était à lui » (I, 8, p. 32). L'idée se précise lorsque revenant sur la question, Du Bellay recommande de chercher des modèles de poésie « en ces vieux Grecs, et Latins non point ès auteurs françois : pour ce, qu'en ceux-ci on ne scauroit prendre, que bien peu, comme la peau, et la couleur ; en ceux on peut prendre la chair, les os, les nerfs, et le sang » (II, 2, p. 51). – Appartenant à la même aire que ses devanciers français le nouveau poète ne pourrait « imiter » que les procédés stylistiques de ceux-ci, leurs expressions et formes prosodiques, puisqu'il possède en commun avec eux la topique et les références de son époque. Des Anciens, au contraire, il peut tout imiter, parce que tout, au départ, lui est étranger. En d'autres termes. l'imitation présuppose la différence, et ne l'annule pas.

5 Du Bellay insiste surtout sur la difficulté de la traduction littéraire, incapable de transposer les expressions originales « avec la mesme grace, dont l'auteur en a usé : d'autant que chacune langue a je ne sais quoi propre seulement à elle, dont si vous vous efforcez exprimer le naïf en une autre langue observant la loi de traduire, qui est n'espacer point hors des limites de l'auteur, votre diction sera contrainte, froide, et de mauvaise grace » (I, 1, p. 28). L'essentiel est dans la « loi » mentionnée incidemment, qui contraint le traducteur à une fidélité continue, et donc le condamne à l'homogénéité, par assujettissement à son modèle.

dispersés, ou dépouillés par l'usage de leur étrangeté initiale et devenus clichés, simples matériaux dont les attaches intertextuelles sont oubliées. Pour rendre à ces traces ténues ou apparemment banales leur poétique, il faut alors des indices supplémentaires qui fassent reconnaître en elles des paroles venues d'ailleurs, et incitent ou aident à capter les résonances originelles avec la Fable de tous les temps, aussi bien que les inflexions propres au contexte inédit qui les accueille et les transforme. C'est à cette condition que pourront être distinguées, même dans des pages très simples à première lecture, les harmoniques de la polyphonie humaniste.

Tel est le cas des *Regrets* ; et le problème prend ici une acuité particulière en raison de plusieurs déclarations par lesquelles Du Bellay semble désavouer les injonctions de naguère et renoncer, quant à lui, à la poétique dont elles procédaient. Deux vers mettent à mal la doctrine de l'« imitation » et le type de travail qu'elle requiert :

> Je ne veux feuilleter les exemplaires Grecs.
> Je ne veux retracer les beaux traits d'un Horace… (s. 4)

et à ces refus liminaires répondent, tout à la fin, les sarcasmes du sonnet 188 sur la « fable moisie » des théogonies olympiennes, dont il ne m'appartient pas de parler. Ce ne sont là, du reste, que les traits les plus incisifs : la désaffection dont ils paraissent témoigner prend bien d'autres formes que je ne détaillerai pas.

Cela dit, toute conclusion serait prématurée : car la pratique du poète est loin de confirmer cette désinvolture. Près de la moitié des sonnets du recueil comportent au moins une allusion aux légendes des Anciens, et quelques-uns en sont presque surchargés. Hélène Moreau, qui dans un séminaire aixois, il y a quelques années, a étudié ces résurgences de la Fable et les configurations qu'elles dessinent, a mis l'accent sur un point qui pourrait être décisif : la discrète caution que leur donne la dédicace « À Monsieur d'Avanson ». Ce poème liminaire, tissé d'emprunts au livre IV des *Tristia*, évoque à la fois la plainte d'Ovide, sa condition d'exilé[6] et les figures mythiques de la frustration (Orphée) et de l'errance (Ulysse et ses compagnons) surgies dans le texte-source ; ce qui esquisse au seuil même du livre les principaux

6 Quelques expressions, mieux adaptées à la situation d'Ovide qu'à celle de Du Bellay, ont fonction d'allusions. Par exemple les v. 25-28 : « La Muse ainsi me fait *sur ce rivage* / Où je languis *banni* de ma maison, / Passer l'ennui de la *triste saison* »…

traits qui le raccordent à un modèle littéraire, à l'écrivain qui en a fixé le type, et aux traces de plus anciens écrits déjà empreintes dans le modèle : c'est le schéma exact du travail préconisé, dans chaque genre, par la *Défense et Illustration*[7]. Compte tenu de la fonction rectrice que peut exercer un poème de dédicace, il paraît légitime de reconnaître ici un indice de lecture qui incite à scruter avec attention les arrière-plans littéraires et légendaires du recueil – autrement dit, à privilégier, en dépit des dénégations, ce qui l'assimilerait aux œuvres antérieures inspirées par les « exemplaires grecs et latins » feuilletés « de Main nocturne, et journelle[8] ».

Mais ce serait prendre parti entre deux modes de lecture cautionnés l'un et l'autre par l'auteur. En matière littéraire, un tel choix est presque toujours nocif, ne serait-ce que parce qu'il tend à supprimer le problème par escamotage de l'une ou l'autre des données, au lieu de faire travailler les tensions perceptibles entre elles et d'en chercher le sens. Je voudrais tenter de suivre cette dernière voie, en prenant pour repères des indices d'un autre ordre, décelables dans la configuration d'ensemble des « recueils romains » qui font l'objet de la présente journée d'étude.

L'hypothèse pourrait se résumer en deux formules :

- les recueils romains composent, par effets de réseau, un modèle réduit, très approximatif, du système de l'intertextualité humaniste ;
- le type de rapports à l'œuvre dans le réseau est lui-même représenté en réduction dans le recueil le plus clairement composé, « *Le premier livre des Antiquités de Rome [...] plus un Songe ou vision sur le même sujet* ». Pour la clarté de l'exposé, commençons par le second point.

Les trente-deux sonnets des *Antiquités* sont indissociables des quinze sonnets du *Songe*, imprimés par Fédéric Morel dans le même volume. Mais le titre analytique du recueil, confirmé par l'intertitre « *Le Songe* » et plus tard par la succession de deux numérotations, sépare les deux séries de poèmes et invite le lecteur à s'interroger sur leur relation globale. Celle-ci apparaît assez clairement, grâce à des marques presque explicites :

7 Voir II, 4, par ex., « Distille avec un style coulant [...] ces pitoyables élégies, à l'exemple d'un Ovide [...] y entremêlant quelquefois de ces fables anciennes... » (p. 54).

8 *Ibid.*, II, 4, p. 54.

– Présentant son ouvrage au Roi, le poète se fait fort

> ... d'avoir hors du tombeau
> Tiré des vieux Romains les poudreuses reliques.

L'entreprise, rappelée par les derniers vers du sonnet 32, prend au premier sonnet la forme d'une évocation rituelle des « divins esprits » témoins et chantres des grandeurs de l'ancienne Rome ; le poète les suscite pour recevoir d'eux son inspiration :

> Trois fois cernant sous le voile des cieux
> De vos tombeaux le tour dévotieux,
> À haute voix trois fois je vous appelle :
> J'invoque ici votre antique fureur.
> En cependant que d'une sainte horreur
> Je vais chantant votre gloire plus belle.

Il les suscite encore au sonnet 15 par une longue phrase incantatoire qui les associe à la contemplation des ruines hantées par leurs « ombres poudreuses », et au deuil de la cité écroulée. Dans ces deux apostrophes, la voix qui prend l'initiative de l'invocation réclame que lui soit communiqué un influx, enthousiasme ou désolation, émanant du passé.

– Le *Songe* fait figure de réponse : c'est « un Démon » surgi, en rêve, au bord du Tibre, qui apostrophe le poète et lui enjoint de « regarder vers les cieux » pour comprendre d'avance le sens transhistorique des allégories de la destruction multipliées en visions successives dans les sonnets ainsi introduits.

On reconnaît ici le schéma d'un recueil composite dont la seconde partie définit des significations sous-jacentes à la première, et comme en attente de dévoilement. Sur un registre plus élevé, marqué par un jeu de références plus visible et plus complexe (à Pétrarque, à l'Apocalypse, aux *Visions* de Forcadel, aux monuments et symboles des deux Rome...), le *Songe* tient un discours « à plus haut sens » propre à déchiffrer celui des *Antiquités* en le transposant sur un autre plan – cosmologique et non plus seulement historique, tragique et non plus seulement politique, même si les données historiques et politiques y trouvent leurs échos[9]. On a

9 Sur les aspects historiques et politiques du songe, voir Guy Demerson, « Le Songe de Joachim Du Bellay », dans *Le songe à la Renaissance*, éd. Fr. Charpentier, *RHR*, Saint-Étienne, Publications de l'Université de Saint-Étienne, 1990, p. 169-178. Mais voir aussi

reconnu le modèle selon lequel la tradition des Anciens vient hanter la poésie humaniste : une parole mythique de dignité supérieure (ici, celle du Démon du Tibre, messager des dieux) cautionne celle du poète qui en accueille les mystérieux fragments comme autant d'appels de sens (figurés ici par l'invocation des Esprits, préparant l'apparition du Démon).

Si l'on considère maintenant l'ensemble des quatre recueils publiés par Fédéric Morel en 1558 comme formant un tout articulé – hypothèse qui sera discutée plus loin – on voit se généraliser le système, sous des formes variées et plus fluides.

S'impose d'abord une distinction virtuellement hiérarchisante, entre les poèmes en « vulgaire » et les quatre livres des *Poemata*, dont certains se profilent en arrière-plans prestigieux des recueils en français. La *Romae Descriptio*, au début des *Elegiae*, surplombe ainsi les *Antiquités*, où se distingue aussi au sonnet 4 l'écho du premier des *Tumuli*, *Romae veteris*. L'élégie *Cur intermissis gallicis latine scribat*, celle qui s'adresse *Ad P. Ronsardum*, et surtout le *Patriae Desiderium* sont comme un condensé des *Regrets*, avec l'allure plus nettement ovidienne que leur donne l'emploi du distique hexamètre/pentamètre dactylique, Une partie des *Epigrammata* et des *Tumuli* est également associable aux pièces satiriques des *Regrets* et des *Jeux rustiques* (et mentionnons au passage, hors programme, que les *Amores* se reflètent aussi dans ce dernier recueil).

Les différences de registres ne sont guère moins frappantes. La Fable est omniprésente dans les *Poemata* ; les *Elegiae* en présentent les formes les plus luxuriantes (voir notamment la prosopopée du Tibre à J. d'Avanson, l'invocation à Ronsard, le poème *Veronis in fontem sui nominis*), mais elle anime aussi, plus discrètement, les *Amores* (voir le *Raptus Faustinae*, sur le modèle de l'enlèvement de Perséphone, ou les invectives mythologiques *De Vulcano et marito Faustinae* ou *In durum janitorem*, gardien infernal de la belle). Des différences analogues sont sensibles entre les recueils en français : fragmentés en allusions dans les *Regrets*, les mythes anciens occupent dans les *Jeux Rustiques* une position dominante, au début du livre à la faveur des « Vœux » aux dieux du paganisme, puis dans l'épyllion ovidien à métamorphoses du « Combat d'Hercule et d'Achéloys ». En somme, et c'est l'essentiel, dans le cadre relativement étroit des quatre

---

la nécessaire mise au point de Gilles Polizzi, sur « la dimension tragique du thème de l'ordre perdu, de la structure ruinée » (« *Le Songe de Poliphile* : rénovation ou métamorphose du genre littéraire », *ibid.*, p. 178).

recueils romains est mis en place un système de références à un corpus fabuleux intratextuel, qui lui-même sert de relais à la Fable ovidienne et, par-delà, à celle des poètes de tous les temps, intertexte général des écrivains humanistes.

On se trouve ainsi en présence d'un ensemble complexe de poèmes de registres différents qui renvoient les uns aux autres, les plus ambitieux, proches des prestigieux Anciens par la langue ou par l'univers qu'ils évoquent, servant d'arrière-plans aux autres et parfois transparaissant discrètement en eux pour y propager les échos des origines.

Revenons maintenant aux *Regrets*. Ils se profilent sur le mythe d'exil ovidien des *Elegiae* (*Patriae desiderium, Ad P. Ronsardum*) ; sur les évocations historiques et fabuleuses des *Antiquités*, qui renvoient elles-mêmes à la *Romae Descriptio* ; sur les nostalgies de gracieux paganisme des *Jeux Rustiques* qui eux-mêmes ont pour arrière-plan partiel les *Amores*, et par-delà Ovide encore, avec la cause légendaire de son exil… Par ce jeu de reflets, par les réseaux imprécis qui s'y esquissent, les ombres mythiques entrevues dans les *Regrets* prennent des traits plus accusés, tout en restant en filigrane dans le texte, comme pour le hanter secrètement. Bref, saisi dans le contexte que forment les publications de 1558, le recueil est parfaitement fidèle aux promesses de la poésie humaniste, réalisées seulement avec une discrétion inusitée. En même temps, on comprend sans peine l'insistance de Du Bellay à le placer en retrait, à y ébaucher l'aveu de l'échec de ces promesses, ou de son impuissance à les mener à leur terme. Car par rapport aux trois autres recueils, et par comparaison avec eux, les *Regrets* se situent sur un registre bien plus modeste, de « style bas », de *sermo pedestris, etc.* Et le jeu intertextuel exige même que ce trait soit fortement marqué, en concurrence avec ceux qui attestent de façon moins visible la hantise de la Fable et des mythes historiques ou transhistoriques.

Mais, il faut l'avouer, toutes ces considérations reposent sur un pari de lecture synoptique : si évidents que puissent paraitre les traits décelés, ils s'estompent dès que l'on examine chaque recueil séparément, en oubliant l'existence de ceux que l'on n'a pas sous les yeux, en se bornant à la lecture instantanée, sans mémoire et sans projection.

Or, rien n'interdit cette lecture instantanée – sinon l'usage des humanistes ; mais nous ne sommes pas de vrais humanistes, et bien des lecteurs de Du Bellay l'étaient encore moins que nous. Sans doute les recueils qui composent le système ont-ils paru la même année et chez le même imprimeur, avec dans leurs titres quelques anomalies qui suggèrent pour chacun des prolongements virtuels (« Le *Premier livre* des Antiquités », « Les *regrets et autres œuvres* poétiques »..., « Divers *Jeux rustiques et autres œuvres* poétiques »). Ce n'est pas suffisant pour assurer qu'ils doivent être mis en concordance. En fait, le seul indice qui cautionne vraiment le mode de lecture proposé ici, c'est la structure du recueil composite des « *Antiquités de Rome [...] plus un Songe ou vision...* ». Et il n'est pas indifférent que cette structure soit marquée par les voix fictives qui font résonner dans le recueil les masques (*personae*) du poète : *persona* du mage évocateur des Esprits du passé, *persona* du Démon qui déchiffre pour le visionnaire le sens de ses rêves de ruines... Autant de signes au second degré, qui se désignent eux-mêmes comme tels. Mais aucun de ces signes n'est assez explicite pour forcer la conviction. De plus, puisque nous en sommes aux Esprits et au Démon, il convient de prendre en compte maintenant le rôle du Malin Génie : de celui qui a soufflé au responsable du programme l'idée diaboliquement habile d'escamoter le *Songe*, de manière à brouiller d'un seul coup toute la configuration[10]. Comme ces artificiers compétents qui savent sur quelle pierre placer la charge explosive pour détruire un édifice aux moindres frais, notre honorable collègue a procédé à ce qu'on appelait il y a quelques années une frappe chirurgicale. Reste à en mesurer les effets.

Je n'ai pas dit « les dégâts ». Car il s'agit de vestiges : textuels ou autres, ils ont une affinité naturelle avec toute espèce d'effondrement (le *Songe*, comme fait exprès, le répète avec insistance). L'opération du Malin Génie, empreinte de malice plutôt que de malignité, conjure la tentation que nous pouvions éprouver, de construire un système sémiotique trop consistant, qui aurait diminué la plasticité du texte de Du Bellay. Il faut reconnaître cette sollicitude, et en tirer parti.

Revenons en arrière, et supposons que le spécialiste des amputations ne soit pas intervenu, ou du moins se soit contenté de celle qu'il avait fait subir aux *Misérables*. Nous aurions devant nos yeux un ensemble partiel (deux recueils sur quatre), mais cohérent, et muni de son modèle interne d'assemblage. Reste que l'opération d'assemblage serait laissée

10 [En 1994, le programme des agrégations de Lettres portait sur les *Antiquitez de Rome* et sur les *Regrets*, en excluant le *Songe*.]

à l'initiative du lecteur : ce qui rend virtuelles les significations qui en procèdent. Dans ces conditions, les poèmes de chacun des recueils se prêtent à deux lectures concurrentes : celle qui les considère isolément, et celle qui les réfère à leurs correspondants dans les autres recueils ou, par extension, à leurs échos dans la Fable. Ainsi sont accréditées à la fois, pour les *Regrets*, les deux consignes de lecture que je rappelais au début – celle de la dédicace à M. D'Avanson, qui oriente vers l'intertexte ovidien et homérique, et celle du sonnet 4 et de ses homologues, qui autorisent l'écoute directe de paroles de passion ou de nostalgie. Cette indécision enrichit le texte, comme une possibilité d'anamorphose peut enrichir les motifs d'un tableau. Elle est accrue par l'initiative de l'érudit aux grands ciseaux, puisque le modèle qui privilégiait la lecture référentielle est détruit par retranchement de l'une de ses deux composantes. Nous avons donc à découvrir des textes aléatoires, à inventer des significations possibles, sans garanties. C'est la forme la plus fascinante de la poésie humaniste qui nous est proposée, assortie à la lecture aventureuse qu'elle requiert, pour conjurer la sclérose de l'académisme.

À titre d'exemples de l'instabilité du texte ainsi accentuée par la chirurgie agrégative, j'esquisserai pour finir des lectures plurielles de quelques sonnets dont le charme pourrait être dû à leur polysémie confusément ressentie.

D'abord le plus célèbre, le sonnet 31 des *Regrets*, « Heureux qui comme Ulysse… ». Il se prête évidemment à une lecture que je dirai intimiste, sensible aux accents nostalgiques de la plainte de l'exilé beaucoup plus qu'à ses références légendaires, Ulysse et Jason, qui se borneraient à orner les deux premiers vers. Il n'y a pas lieu de contester la légitimité de cette lecture, ni d'insister sur elle, en raison de son caractère traditionnel. L'autre interprétation, inspirée par le contexte fabuleux de l'ensemble des recueils romains, privilégierait au contraire les allusions aux deux héros d'épopée : leurs seuls noms évoquent l'espace des aventures, le « beau voyage », c'est-à-dire celui dont on a fait un grand poème (et non pas un « beau voyage » au sens banal du terme : celui d'Ulysse est une série de malheurs) ; l'exégèse allégorique de l'Odyssée lui associe un épilogue de quête initiatique, la sagesse acquise à son terme par Ulysse « l'avisé[11] ».

---

11 Il n'y a pas lieu de se demander si ce dernier trait convient aussi à la destinée de Jason (dont on connaît l'issue tragique – du moins dans la version d'Ovide et de Sénèque ; car Hélène Moreau me signale une version à issue heureuse). Placée en hyperbate, l'allusion à

C'est à cette destinée doublement prestigieuse, de héros et de sage, qu'est opposée la détresse du poète languissant en son demi-exil, mais aussi son humble désir de retour au « petit village » et à la « pauvre maison » familiale. Le contraste affecte dès lors deux registres de représentation, sous-jacents aux antithèses entre les charmes de la terre natale et les froides splendeurs de Rome : on distingue un abrégé des classifications lexicales de la « roue de Virgile » dans la double série des termes de style « bas » (village, cheminée, maison, ardoise, et noms de lieux sans prestige) et de style « élevé » (palais romains, marbre, Tibre, mont Palatin). Est ainsi incorporée au monologue de la nostalgie l'alternance entre familier et légendaire : l'imagerie oscille entre itinéraires héroïques ou initiatiques et déréliction subie, entre « air marin » de l'épopée méditerranéenne et « douceur » des souvenirs d'Anjou ; le murmure élégiaque couvre imparfaitement, comme chez Ovide, des accents virtuels de « grand poème » en arrière-plan. Du reste, les deux isotopies se recroisent : le second quatrain, où la voix personnelle s'élève avec une interjection douloureuse (« Quand reverrai-je, hélas »), en réplique aux modèles de gloire et de sérénité qu'évoquait le premier, est en même temps raccordé à ceux-ci par une image très reconnaissable empruntée à Homère : c'est Ulysse qui rêvait de voir la « fumée » de sa demeure d'Ithaque[12]. Plainte et évocation sont indissociables, et relèvent d'une poétique d'allusion, à multiples registres, et des univers intimes et légendaires auxquels elle donne accès pour les confronter entre eux.

L'autre exemple, moins célèbre mais peut-être un peu plus complexe, sera le sonnet 80, « Si je monte au Palais… », ou plus exactement sa fin. Après avoir ébauché en quelques traits les « cérémonies » théâtrales du Saint-Siège, les quartiers des affaires et de l'actualité politique, les quartiers galants fréquentés par « la grand'bande lascive » des courtisanes, Du Bellay achève son parcours :

Jason échappe à la structure syntaxique du quatrain. Le vrai problème est de savoir si les deux propositions coordonnées par « et puis… » sont sur le même plan (ce qui définirait deux conditions du bonheur : le voyage glorieux et le retour) ou si l'accent est mis sur la seconde (ce qui privilégierait le retour ; en paraphrase : heureux qui après avoir fait un beau voyage, est retourné…) La première lecture, plus conforme à la syntaxe, double la nostalgie d'un rêve de gloire : ce qui s'accorde avec la polysémie d'ensemble du sonnet exposé ci-après.

12 L'image apparaît tout au début de l'*Odyssée* (1. 58-59) et elle est reprise par Ovide (*Pontiques*, III, 34) ; Érasme la commente dans les *Adages* (I, II, 16, « Patriae fumus »), ce qui la rend identifiable par tout lettré du XVIe siècle.

Si je passe plus outre, et de la Rome neuve
Entre en la vieille Rome, adonques je ne treuve
Que de vieux monuments un grand monceau pierreux.

Lu isolément, le sonnet présente en ce dernier tercet une image de désolation et de mort. terme de l'errance de l'exilé dans la ville étrangère, comme après franchissement (« plus outre ») des confins de la vie. Mis en relation avec les *Antiquités de Rome*, le « grand monceau pierreux » garde ses connotations funèbres mais renvoie aussi à la louange des « saintes ruines », des « reliques » de la grandeur de Rome,

Vieux monuments, qui encor soutenez
L'honneur poudreux de tant d'âmes divines... (*Antiquités*, 7)

et l'expression précise se retrouve même en tête du sonnet où le plus lointain passé, celui des origines de la cité, inaugure tout le cycle de l'« accroissement » glorieux et de la ruine, pour se raccorder enfin au titre pastoral décerné au « successeur de Pierre » :

Ces grands monceaux pierreux, ces vieux murs que tu vois
Furent premièrement le clos d'un lieu champêtre... (*Antiquités*, 18)

Si bien que le poète rêve, sur la même image des « ossements pierreux », à la lyre magique d'Amphion qui lui permettrait de « restaurer la gloire Ausonienne » (*Antiquités*, 25), et imagine, devant les « vieux fragments » remployés,

... que le démon Romain
S'efforce encor d'une fatale main
Ressusciter ces poudreuses ruines. (*Antiquités*, 27)

Mais une autre corrélation textuelle est encore à l'œuvre, entre le premier tercet du sonnet 80 des *Regrets* et un passage du monologue de la « Contre-Repentie » dans les *Jeux Rustiques*. Celle-ci imagine les conséquences d'un bannissement des prostituées, et menace Rome :

Soudain de toi l'étranger s'enfuira [...]
Et de tes murs se rendra fugitive
Des courtisans la grand'troupe lascive.
        Des monuments par le temps dévorés
Nous sommes seuls ornements demeurés,

Seuls ornements de l'antique mémoire,
Et de ce lieu la renaissante gloire[13].

Est éclairée d'un jour inattendu la flânerie de l'exilé dans les faubourgs de plaisir où

[Il] trouve de Vénus la grand'bande lascive
Dressant de tous côtés mille appas amoureux :

– et si ces adeptes de la gracieuse déesse perpétuaient la liberté de mœurs des temps païens, incarnant ainsi ce qui subsiste de l'ancienne Rome dans la Rome pontificale ? Le texte de référence qui fait affleurer cette signification est ironique sans doute. Il n'en suggère pas moins une répartition plausible des lieux parcourus dans le sonnet : d'un espace théâtral, de comédie (1er quatrain) ou d'événements fortuits, sordides ou dramatique (2e quatrain), aux réalités sourdement insistantes, à toute époque, du désir et de la mort, du plaisir et de la gloire, Éros et Thanatos, ou *Voluptas* et *Laus* à la croisée des chemins. En plus, un soupçon d'humour.

Ainsi se profilent dans les *Regrets*, par corrélation avec les autres recueils, des significations virtuelles, les unes presque irrécusables, les autres fugaces et contestables, comme la dernière proposée ici. Toutes contribuent à donner au texte sa plasticité polysémique. à y ménager des énigmes ou des surprises propres à déconcerter et à provoquer l'« estrangement » caractéristique du lyrisme. Cela vaut même pour les sonnets dits satiriques. Des deux qui ont trait aux possédées romaines (97 et 98), le premier suggère un instant l'image troublante des « vieilles Sibylles », avec leurs convulsions et leurs cris évoqués dans l'ode « À Olivier de Magny » des *Jeux Rustiques*[14] ; le second accuse le malaise par une série de questions sans réponse, sur les hantises démoniaques

13 *Jeux rustiques*, 35, v. 65-72. Le même thème est traité dans le monologue de la Vieille Courtisane (36, v. 536-558) qui reproche à Paul IV d'avoir interdit la prostitution : « Abolissant d'un édit défendeur / Ce qui était de Rome la grandeur. » Après quoi elle apostrophe Rome, la plaignant d'avoir perdu « La liberté : liberté que tu dois / Plus regretter que les palais antiques / Dont nous voyons les poudreuses reliques. »

14 *Jeux Rustiques*, 19, v. 37-44 : « Ainsi quand la prophète horreur / Époinçonne de sa fureur / Le cœur dépit de la prêtresse / Grondant sous le Dieu qui la presse, / Elle contrainte de chanter / Ne cesse de se tourmenter, / Et d'un meugler épouvantable / Mêle l'obscur au véritable. » Voir aussi *Regrets*, 156, v. 9-14.

décrites naguère par Ronsard, allocutaire du sonnet ; l'un et l'autre s'achèvent en moquerie : leur acuité serait moindre s'ils n'admettaient pas les inflexions concurrentes, de frayeur ou de perplexité. De même, les quatrains du sonnet 111, sur l'abdication de Charles Quint, esquissent une méditation sur les vicissitudes de l'Histoire, où percent les accents des *Antiquités* et du *Songe* : leur solennité contraste violemment avec les tercets ironiques sur la vocation religieuse de l'Empereur et les humeurs guerrières du Pape, et rend la pointe plus incisive, par effet de surprise, justement parce que la lecture avait été orientée en une autre direction. Un semblable effet, à peine moins marqué, régit le sonnet 82, dominé au début par les graves métaphores du théâtre universel et du « jeu de la Fortune », et cependant conclu sur un vers de dérision.

Mais il n'est pas utile de multiplier les exemples pour constater les effets du réseau textuel qui étend ses liens précaires entre les recueils romains et leurs systèmes de références respectifs : les poèmes, et spécialement ceux des *Regrets*, y gagnent des inflexions et des résonances virtuelles plus variées encore et plus surprenantes que celles que produit l'application stricte des préceptes de la *Défense et Illustration de la Langue Française*, dans les recueils antérieurs qui s'en inspiraient directement. En somme, tout le contraire du retour à la simplicité que l'on admire ; avec, pour correctif, un aveu en faveur des lectures dociles à la prohibition du *Songe* et des songes de la Fable antique : même privés (artificiellement, répétons-le) des mirages de celle-ci, ces poèmes gardent leur charme – par la grâce, peut-être, d'un démon ou d'un esprit sans identité connue.

LE « CHOIX DE MORT » OU LA RÉVOLTE INTERDITE D'AGRIPPA D'AUBIGNÉ [1983][1]

Avant de se développer sous la forme d'une chronique personnelle étroitement liée à tous les événements de l'époque, l'autobiographie d'Agrippa d'Aubigné présente, en sa première page, quelques souvenirs distincts, tranchant sur l'imprécision des années d'enfance. L'auteur s'abstient de les commenter ; mais en les détachant en exergue, à l'orée du récit, il les privilégie. Quel sens ces indications prennent-elles, ainsi isolées sur fond de silence ? Pour répondre, il est nécessaire de saisir en elles, plus que des données de faits, des signes, à déchiffrer un à un, puis à interpréter selon les relations qui articulent secrètement leur ensemble discontinu. Dans ce qui se dessine alors apparaissent les indices de quelques points cruciaux des réseaux d'images et de significations qui se déploient dans *Les Tragiques.*

Cette lecture s'impose d'elle-même pour la plus célèbre des scènes évoquées – celle du jour où, devant les restes des suppliciés d'Amboise, le jeune Agrippa, « à huit ans et demi », reçoit de son père sa mission de combattant :

> Mon enfant, il ne faut pas que ta tête soit épargnée après la mienne, pour venger ces chefs pleins d'honneur ; si tu t'y épargnes tu auras ma malédiction[2].

Mais elle s'impose aussi pour l'épisode précédent, situé un an plus tôt :

> À sept ans et demi il traduisit avec quelque aide de ses leçons le Criton de Platon, sur la promesse du père qu'il le ferait imprimer avec l'effigie enfantine au devant du livre[3].

---

1 Paru dans *Mélanges Jean Larmat*, Paris, Les Belles Lettres, 1983, p. 415-424.

2 *Sa vie à ses enfants*, *Œuvres*, éd. Henri Weber, Gallimard, Bibliothèque de la Pléiade, Paris, 1969, p. 386. Les références du présent article renverront à cette édition.

3 *Ibid.* p. 385.

S'il ne s'agissait là que d'un exploit d'écolier, le texte, associant une telle futilité au souvenir d'Amboise, serait disparate jusqu'à l'incohérence. En fait, il suffit de considérer le dialogue traduit par Agrippa sur les instances paternelles pour reconnaître, ici encore, un signe. C'est dans le *Criton* que figure la prosopopée des Lois : s'adressant à Socrate, celles-ci affirment que rien, pas même la sentence injuste en vertu de laquelle il va être exécuté, ne saurait l'autoriser à enfreindre la discipline civique : « Dis-nous, Socrate, qu'as-tu dessein de faire ? Ce que tu tentes, est-ce autre chose que de vouloir nous détruire, nous les lois, et tout l'État, autant qu'il est en ton pouvoir[4] ?... ». Et leur voix impérieuse condamne toute révolte contre la Cité, « qu'il faut honorer plus encore qu'une mère, plus qu'un père, plus que tous les ancêtres[5] ». En évoquant ce texte traduit et imprimé « avec l'effigie enfantine au devant du livre », Agrippa d'Aubigné ne se borne pas à rappeler ses compétences d'helléniste précoce : il se représente, au début de l'âge de raison, formulant la loi d'obéissance du citoyen.

S'inscrivent donc au début de ses mémoires des obligations opposées, toutes deux cautionnées par l'autorité paternelle : l'une qui interdit la rébellion, l'autre qui l'exige. Car pour « venger ces chefs pleins d'honneur » exposés sur une potence, il faut s'insurger contre les pouvoirs légitimes, par les armes et par la parole : se rendre criminel, par fidélité. De cette contradiction, les *Tragiques* portent de multiples marques. L'insurrection des conjurés d'Amboise, leur échafaud, et la main ensanglantée qui se dresse pour appeler la vengeance de Dieu, sont associés au « hideux portrait de la guerre civile », Bellone acharnée à sa propre destruction[6]. Les séditions, si justes qu'elles soient, entrent aussi dans la stratégie des tentations démoniaques :

> Verse de leurs haineux à leurs pieds les entrailles,
> Qu'ils manient du sang, enflamme un peu leurs yeux
> Du nom de conquérants ou de victorieux[7].

4 *Criton*, 50 a-b (trad. M. Croiset, Paris, Belles Lettres, 1966).

5 *Criton*, 51 a.

6 *Les Tragiques*, v, v. 351 : « Tel est l'hideux portrait de la guerre civile / Qui produit *sous ses pieds* une petite ville / Pleine de corps meurtris en la place étendus... ». D'après les mots soulignés ici, l'image est celle d'un tableau surmonté d'une figure allégorique qui en définit le sens ; sont donc liées la description de Bellone (v. 327-334) et l'évocation d'Amboise, les vers 335-350 s'insérant sans doute plus tard dans ce passage (qui est lui-même un ajout à l'édition princeps).

7 *Ibid.* v. 134-136 (c'est le défi adressé par Satan à Dieu).

Le premier souvenir personnel qu'en retrace le poète, avec horreur, est un massacre accompli à Montmoreau par les reîtres, auxiliaires de l'armée protestante :

> [...] Je fléchirai le cours
> De mon fil entrepris, vaincu de la mémoire
> Qui effraye mes sens d'une tragique histoire :
> Car mes yeux sont témoins du sujet de mes vers.
> J'ai vu le reître noir foudroyer au travers
> Les masures de France[8]...

– et pour le compagnon d'armes de ces mercenaires, la plainte des paysans tués est aussi une menace :

> [...] J'eus peur que ces esprits
> Protestassent mourant contre nous de leurs cris[9].

Il ne s'agit pas seulement des actes de guerre : le poème lui-même, parole hostile et appel à la vengeance, s'expose à une réprobation analogue, et ses premiers vers en portent la trace. À la figure d'« Hannibal », qui peut s'attaquer sans trouble aux « légions de Rome », se substitue brusquement celle de César, rebelle à son propre pays, et hésitant devant le spectre qui se dresse devant lui :

> Il vit Rome tremblante, affreuse, échevelée,
> Qui en pleurs, en sanglots, mi-morte, désolée,
> Tordant ses doigts, fermait, défendait de ses mains
> À César le chemin au sang de ses germains[10].

– impossible de défendre la cause juste sans enfreindre cet interdit prononcé par la patrie en deuil.

Agrippa d'Aubigné ne reste pas prisonnier de cette contradiction, et nous verrons plus loin ce qui lui permet de la surmonter ; mais il

8 I, v. 368-373 (l'adjectif « tragique » apparaît ici pour la première fois dans le poème). H. Weber (note 2, p. 912) présume qu'Agrippa d'Aubigné pense à des meurtres commis par ses propres soldats, d'après *Sa vie...*, p. 393.

9 I, v. 427-428. Voir v. 454-460, sur les ravages exercés par les hommes de guerre.

10 I, v. 9-12. Bien que récusée comme « respect d'erreur » (v. 7), l'image a valeur d'interdiction : le motif contraire, qui prévaudra sur elle, est introduit par la conjonction « Mais » (v. 13-18).

ne l'oublie pas non plus, et cela suffit à ôter à son intransigeance de militant la sécurité des consciences présumées innocentes. Dépravée par l'« idolâtrie », par les princes corrompus, par les lois et les magistrats injustes, acharnée à persécuter l'Église réformée, la France reste pour lui la « mère affligée », en butte à des atteintes toujours sacrilèges. C'est ce qui s'exprime en contrastes fulgurants, dans l'imprécation de Melpomène :

> Ô France désolée ! ô terre sanguinaire,
> Non pas terre, mais cendre ! ô mère, si c'est mère
> Que trahir ses enfants aux douceurs de son sein
> Et quand on les meurtrit, les serrer de sa main !
> Tu leur donnes la vie, et dessous ta mamelle
> S'émeut des obstinés la sanglante querelle ;
> Sur ton pis blanchissant ta race se débat,
> Là le fruit de ton flanc fait le champ du combat[11].

Même si l'on donne à l'adjectif « sanguinaire » le sens insolite d'« ensanglantée » (ce qui ne s'impose pas), l'image reste double : l'étreinte maternelle expose les enfants aux coups des meurtriers, sa douceur est une trahison[12] ; et, inversement, ces frères, en s'entre-déchirant, meurtrissent le sein qui les a nourris. L'incohérence de la représentation n'est pas accidentelle : elle marque, mieux que ne le ferait une impossible synthèse, le désarroi que doit dominer le combattant huguenot, victime, coupable et rebelle par devoir.

Cette dernière figure, la plus significative, nous ramène aux deux autres évocations qui inaugurent l'autobiographie ; leur sens peut maintenant se dessiner clairement. C'est d'abord la naissance d'Agrippa,

> [...] sa mère morte en accouchant, et avec telle extrémité, que les médecins proposèrent le choix de mort pour la mère, ou pour l'enfant[13].

Dans ce « choix de mort », une volonté est intervenue : il a fallu opter pour l'un, c'est-à-dire tuer l'autre ; et l'enfant sauvé à ce prix porte en

11 I, v. 89-96.

12 Impossible d'atténuer l'expression en donnant au verbe « trahir » le sens concret de sa fausse étymologie « *trahere* », et de voir dans l'étreinte un geste protecteur : la réserve « si c'est mère... » ne s'expliquerait plus.

13 *Sa vie à ses enfants*, p. 385.

son nom la trace du sacrifice dont il a été la cause – « Il fut nommé Agrippa (comme *aegre partus*) »…

En réplique, après quelques indications imprécises sur son jeune âge passé « hors la maison du père », sur ses études conduites par des maîtres austères, se détache avec une précision hallucinée la « vision » qui marque sa septième année :

> En cet âge Aubigné veillant dedans son lit pour attendre son précepteur, ouit entrer dans la chambre, et puis en la ruelle de son lit, quelque personne de qui les vêtements frottaient contre les rideaux, lesquels il vit tirer aussitôt, et une femme fort blanche, qui lui ayant donné un baiser froid comme glace, se disparut. Morel arrivé le trouva ayant perdu la parole[14].

Il est difficile de ne pas reconnaître, en cette apparition féminine dont le baiser glacé frappe l'enfant de mutisme, une figure maternelle assimilée à la mort : symétrique de la mère assassinée, la mère meurtrière. Inutile de faire appel à la psychologie des profondeurs : le texte des *Misères* suffit à garantir cette relation. La plainte initiale, citée et analysée plus haut, en présentait déjà une formulation abrégée ; des scènes emblématiques en développent séparément les termes, avec une force extrême.

Il n'est pas nécessaire de s'attarder sur la première, bien connue – celle de la « mère affligée » que mettent à mal les combats fratricides de ses jumeaux[15]. Elle est partiellement reprise plus loin : la paysanne blessée à mort par les reîtres, revenue pour tenter de protéger ses nourrissons, meurt auprès de l'un d'eux,

> […] une amour maternelle
> L'émouvant pour autrui beaucoup plus que pour elle.
> À tant elle approcha sa tête du berceau,
> La releva dessus ; il ne sortait plus d'eau
> De ses yeux consumés ; de ses plaies mortelles
> Le sang mouillait l'enfant ; point de lait aux mamelles.
> Mais des peaux sans humeur : ce corps séché, retrait,
> De la France qui meurt fut un autre portrait[16].

---

14 *Ibid.*

15 I, v. 97-130. Notons seulement que, tout en distinguant « celui qui a le droit et la juste querelle » (v. 122), elle adresse, sur le point de mourir, les mêmes reproches aux deux enfants meurtriers.

16 I, v. 417-425.

Plus loin encore, les « villes nourricières » qui jadis prodiguaient « et leur lait et leur joie à leurs rois bien aimés » prennent, dévastées, le « visage de morte » de la mère meurtrie :

> Quand le tyran s'égaie en la ville où il entre,
> La ville est un corps mort, il passe sur son ventre,
> Et ce n'est plus du lait qu'elle prodigue en l'air,
> C'est du sang[17]...

Mais entre ces deux dernières images de la France à l'agonie s'intercale le motif opposé de l'infanticide, introduit comme l'épisode de Montmoreau par une formule (ici artificielle) de témoignage :

> Cette rage s'est vue, et les mères non-mères
> Nous ont de leurs forfaits pour témoins oculaires[18].

Et, contrairement à ce que laisse attendre la dénégation initiale – « les mères non-mères » – c'est dans ce texte que la figure maternelle se dessine avec le plus de précision et d'insistance. Là réside l'atrocité de la scène : les gestes qui préparent le meurtre sont identiques à ceux qui préludaient à l'allaitement ; et un adjectif confond les deux moments :

> La mère du berceau son *cher* enfant délie[19]...

Tout rappelle l'union intime, charnelle, qui va se dénaturer en « banquet d'horreur » :

> La mère défaisant, pitoyable et farouche,
> Les liens de pitié avec ceux de sa couche,
> Les entrailles d'amour, les filets de son flanc,
> Les intestins brûlant par les tressauts du sang,
> Le sens. l'humanité, le cœur ému qui tremble,
> Tout cela se détord et se démêle ensemble[20].

---

17 *Ibid.*, v. 585-588. Dans la suite, l'assimilation du tyran à un étrange loup-vampire qui. entré « Dans le parc des brebis, ne suce de leur ventre / Que le sang par un trou, et quitte tout le corps » (v. 602-603), achève de dénaturer les images d'allaitement. Sur ce thème de la mère meurtrie, on consultera les analyses plus précises de Claude-Gilbert Dubois, « Les images de parenté dans les *Tragiques* », *Europe*, Mars 1976, p. 34-40.

18 I, v. 497-498.

19 I, v. 501.

20 *Ibid.*, v. 505-510.

Cette relation de la mère à l'enfant s'exprime encore dans les paroles qu'elle prononce avant l'immolation, et jusque dans la description du corps dépecé :

> Qui pourra voir le plat où la bête farouche
> Prend les petits doigts cuits, les jouets de sa bouche ?
> Les yeux éteints, auxquels il y a peu de jours
> Que de regards mignons embrasaient ses amours[21] !

De ce fait, l'opposition entre la martyre et la criminelle ne peut se réduire à un effet de contraste, sensible dans la succession d'épisodes distincts[22]. Elle s'inscrit à l'intérieur du second, pour y esquisser secrètement la figure impensable d'un amour de mort, d'une procréation meurtrière – cauchemar qui reviendra sous une forme plus concise au dernier livre des *Tragiques* et y définira, d'après la malédiction du Deutéronome, le pire aspect de l'enfer terrestre :

> Quoi plus ? Celles qui lors en deuil enfanteront
> Les enfants demi-nés du ventre arracheront,
> Et du ventre à la bouche, afin qu'elles survivent,
> Porteront l'avorton et les peaux qui le suivent[23].

Dans l'ensemble du poème, ces évocations contrastées prennent une fonction déterminante : d'emblée elles expriment, à son paroxysme, le déchirement du poète huguenot, français attaché au pays qu'il a contribué à dévaster, et qui le persécute, gentilhomme loyal dressé contre ses princes, « bouc du désert » en butte aux invectives de tous, dans son obstination à refuser l'échec. Sous la parole du militant animé de convictions indéniables, qui juge, exalte et condamne, perce l'angoisse d'un homme conscient des ravages des guerres civiles, des crimes qu'elles provoquent, et cependant résolu à répéter sans relâche ses appels à la résistance. Cet engagement est un sacrifice, aux deux sens du terme : acceptation de la souffrance et

21 *Ibid.*, v. 549-553.

22 Ils ne sont pas juxtaposés, mais, à la fin du premier, un détail surprenant les associe. Après les protestations adressées à Dieu, et l'effroi ressenti par les soldats à Montmoreau, viennent, comme en appendice, deux vers qui rompent la logique de la narration pour esquisser une image de corps dévorés : « Quel œil sec eût pu voir les membres mi-mangés / De ceux qui par la faim étaient morts enragés ? » (v. 435-436).

23 VII, v. 317-320. Le texte du Deutéronome (28, 54-57) insiste moins sur cette nourriture anthropophagique que sur le refus de la partager ; Agrippa d'Aubigné en a retenu ce qui s'accorde à ses propres images.

de la mort, mais aussi meurtre rituel. Le persécuté qui ressent plus que tout autre les blessures infligées par les « tyrans » à la patrie aimée prononce aussi au nom de Dieu, contre ses « cités ivres de sang[24] » et d'abord contre sa capitale, une malédiction où se reflètent les images des *Misères* :

Mais tu seras un jour labourée en sillons,
Babel, où l'on verra les os et les charbons,
Restes de ton palais et de ton marbre en cendre.
Bienheureux l'étranger qui te saura bien rendre
La rouge cruauté que tu as su chercher ;
Juste le reître noir, volant pour arracher
Tes enfants acharnés à ta mamelle impure,
Pour les froisser brisés contre la pierre dure[25].

Transparaît ainsi dans les *Tragiques* le choix de mort, réitéré, et toujours inacceptable.

De cette situation sans issue ne peut surgir qu'une vérité qui défie l'entendement humain : celle que proclament les martyrs des *Feux*[26] et que répète devant les exilés de Montargis le pasteur qui les guide :

Que fuyons-nous ? La vie ? À quoi chercher ? La mort ?
Cherchons-nous la tempête, avons-nous peur du port ?
Tendons les mains à Dieu puisqu'il nous les veut tendre,
Et lui disons : Mon âme en tes mains je viens rendre,
Car tu m'as racheté, ô Dieu de vérité[27] !

Et la parole qui la profère doit se situer elle-même à la lisière de la mort. Dès la première strophe de sa préface, Agrippa d'Aubigné lui assigne ce lieu :

Va, livre, tu n'es que trop beau
Pour être né dans le tombeau
Duquel mon exil te délivre ;
Seul pour nous deux je veux périr :
Commence, mon enfant, à vivre
Quand ton père s'en va mourir[28].

---

24 VII, v. 287.
25 *Ibid.*, v. 257-265.
26 IV, v. 250, 541, 890, 975…
27 V, v. 477-481.
28 *L'Auteur à son livre*, v. 1-6 ; voir 91-92 et surtout 145-146.

L'idée se précise lorsque le poète, de nouveau, consacre son œuvre à la vérité :

Je l'ai prise aux déserts, et la trouvant au bord
Des îles des bannis, j'y ai trouvé la mort.
La voici : par la main elle est marquée en sorte
Qu'elle porte un couteau pour celui qui la porte.
Que je sois ta victime, ô céleste beauté[29]...

Il ne s'agit pas seulement des risques de condamnation auxquels il s'expose, mais, surtout, d'une exigence inhérente à la vocation qu'il s'est reconnue. La vision de Talcy, première révélation prophétique, s'achève sur l'image du corps laissé inanimé, dans l'attente d'une régénération :

Ne chante que de Dieu, n'oubliant que lui-même
T'a retiré : voilà ton corps sanglant et blême
Recueilli à Talcy, sur une table, seul,
À qui on a donné pour suaire un linceul[30].

Et la méditation mêlée de prière qui introduit les prophéties des deux derniers livres revient sans cesse sur ce thème de la mort initiatique :

Que si d'entre les morts, Père, tu as envie
De m'éveiller, il faut mettre à bas l'autre vie :
Par la mort d'un exil, fais-moi revivre à toi,
Séparé des méchants, sépare-moi de moi ;
D'un saint enthousiasme appelle aux cieux mon âme[31].

À cette seule condition, en effet, peut s'éclairer à ses yeux une histoire humaine plongée dans les ténèbres des derniers temps[32] : les combats et les massacres du livre des *Fers* ne prennent leur vrai sens que sous le regard des élus, qui contemplent dans les « tableaux célestes » le spectacle de leur propre mort[33]. Ce motif insistant, qui tend à faire du poème une apocalypse d'outre-tombe, répond seul aux exigences contradictoires qui commandent l'engagement temporel d'Agrippa d'Aubigné. Même le traité *Du devoir mutuel des rois et des sujets* en donne la confirmation.

29 II, v. 171-175.
30 V, v. 1425-1428.
31 VI, v. 52-57. De même, v. 19-21 (renvoyant à la vision de Talcy), 24-28, 35-36, 105-106.
32 Voir IV, v. 1419 et V, v. 3-4.
33 V, v. 301-306, et plus précisément 831-836 où Coligny voit et montre aux autres élus le dépeçage de son cadavre.

Cette analyse rigoureuse, inspirée des *Vindiciae contra tyrannos*, des abus du pouvoir royal et des ripostes qu'ils appellent, se conclut, contre toute attente, sur une exhortation au martyre :

> Et quand nous voyons la foi générale d'un royaume violée, et qu'on ne répond à nos plaintes que par des risées, et qu'on ne prépare que du fer pour nous guérir, tenons nos âmes en nos mains, prêtes pour les donner à celui qui les a données [...]. Le port de toutes nos tempêtes est donc dans le havre et au giron de la mort[34].

Seule aussi l'aspiration à la mort-résurrection peut faire accepter l'image qui symbolise, au premier et au dernier livre des *Tragiques*, tous les déchirements : le lien d'amour ensanglanté, l'échange de vie et de mort qui unit l'enfant à sa mère de douleur, l'homme à sa « terre sanguinaire, / Non pas terre, mais cendre... ». Car ce paroxysme de tension ne peut se résoudre que là où les contraires se confondent, où le choix de vie et le choix de mort se rejoignent en une évidence incompréhensible :

> Tout meurt, l'âme s'enfuit, et reprenant son lieu
> Extatique se pâme au giron de son Dieu[35].

On voit pourquoi il fallait éviter d'assimiler les premières évocations autobiographiques, et leurs résurgences dans le poème, à des fantasmes personnels, et refuser de les réduire aux modèles inventoriés par les analystes modernes. Même si ces images ont hanté Agrippa d'Aubigné, elles ne sont pas imprimées dans le texte sous forme de thèmes obsessionnels, tirant de leur origine, ou des formes stéréotypées de l'imaginaire collectif, l'essentiel de leur sens. Au contraire, tout en donnant au poème, comme l'écrit Henri Weber, leur propre « puissance charnelle[36] », elles se sont remodelées sur ses significations complexes, et en ont reçu un surcroît de force. Les murmures de la nuit intérieure, pulsions et refus instinctifs, ont pris forme de contradictions, d'autant plus violentes qu'elles étaient plus lucidement assumées. Et si le propre du tragique est de révéler, sous leur aspect le plus implacable, les contraintes que l'homme doit à la fois subir et refuser, alors c'est en vertu de leur sens élaboré, non de leur sens brut, que sont tragiques les images du « choix de mort », et que le poème, par elles et par ce qu'elles désignent, mérite son titre.

---

34 *Du Devoir mutuel...*, p. 487-488.

35 VII, v. 1217-1218 (derniers vers des *Tragiques*).

36 « *Les Tragiques* : conflit social et genèse poétique », p. 14-15, *Europe*, Mars 1976, p. 7-20.

LE CINQUIÈME SCEAU

Les tableaux des *Fers* et la perspective apocalyptique dans les *Tragiques* d'Agrippa d'Aubigné [1984][1]

> Quand il eut ouvert le cinquième sceau, je vis sous l'autel les âmes de ceux qui avaient été tués pour la parole de Dieu, et pour le témoignage qu'ils avaient maintenu.
>
> Et elles criaient à haute voix, disant : Jusques à quand, Seigneur, qui es saint et véritable, ne juges-tu point, et ne venges-tu point notre sang de ceux qui habitent en la terre ?
>
> Et leur furent données à chacun robes blanches, et leur fut dit qu'ils se reposassent encore un peu de temps, jusqu'à ce que fussent accomplis leurs compagnons de service et leurs frères, qui doivent être mis à mort comme eux.
>
> (Apocalypse, VI, 9-11[2]).

« Les Tragiques » : que signifie ce titre, et comment peut-il désigner un poème où l'on s'accorde à reconnaître une épopée de l'Église réformée[3] et, de toute évidence, un message de foi ? Verdun-Léon Saulnier, d'un trait, a indiqué simultanément la question et la réponse : « Le Christ pantelant que [*Les Tragiques*] nous présentent se fait le symbole même d'un âge cruel[4] ». Nous tenterons seulement de préciser ici le sens de cette formule, en cherchant comment, dans l'image du salut, s'inscrivent les stigmates du mal à l'œuvre dans l'Histoire. Le problème sera abordé indirectement, par l'examen de quelques-uns des modes de représentation selon lesquels Agrippa d'Aubigné expose ses témoignages et ses prophéties.

---

1 Paru dans *Mélanges sur la littérature de la Renaissance à la mémoire de V.-L. Saulnier*, Genève, Droz, 1984, p. 273-283.

2 Le texte de l'Apocalypse est cité d'après la version jointe au commentaire de John Napeir, *Ouverture de tous les secrets de l'Apocalypse*, La Rochelle, Noel de la Croix, 1607.

3 Voir Henri Weber, *La Création poétique en France au XVIe siècle*, Paris, Nizet, 1956, II, p. 606 ; Jacques Bailbé, *Agrippa d'Aubigné poète des Tragiques*, Caen, Association des Publications de la Faculté des lettres et sciences humaines de Caen, 1968, II ; Marguerite Soulié, *L'inspiration biblique dans la poésie religieuse d'Agrippa d'Aubigné*, Paris, Klincksieck, 1977, p. 507.

4 *La Littérature française de la Renaissance*, Paris, PUF, 1957, p. 104.

Pour point de départ, un indice donné par l'avis *Aux Lecteurs*. Définissant chacun des sept livres par son objet et ses caractères formels, l'auteur privilégie celui des *Fers*, « du style tragique élevé, plus poétique et plus hardi que les autres » (p. 6[5]) ; non content de justifier l'« invention » des tableaux célestes, il cite à leur propos l'éloge enthousiaste de Scévole de Sainte-Marthe. Une telle insistance sur un procédé d'expression assez insolite, malgré les antécédents allégués, pour déconcerter l'érudit Rapin, invite à en scruter le sens ; autrement dit, à déterminer les significations inhérentes à la forme choisie, leur rôle particulier dans les *Fers*, et l'éclairage qu'elles projettent sur toute l'œuvre.

Pourquoi des tableaux[6] ? Les critiques qui ont déjà posé cette question ont constaté que la fiction picturale ne répond pas à des nécessités d'expression, auxquelles d'ailleurs elle ne pourrait satisfaire : le poète ne se laisse pas entraver par les conventions de l'*ekphrasis*, qui diminueraient la précision et la véhémence de son témoignage ; il veut dire « plus qu'un pinceau ne peut » (v. 320 ; voir v. 309-316). De fait, la description se mue parfois en récit, parfois en imprécation ou en jugement ; et c'est sous l'aspect d'un spectacle dramatique qu'est retracée, sur près d'un quart du texte, la Saint-Barthélemy, « tragédie qui efface le reste » (v. 702 ; voir 753-754, 788, 955-956). On reconnaîtra donc avec Michel Jeanneret et Mitchell Greenberg que le principal effet de ces « tableaux » est de définir une « perspective surnaturelle[7] » sur les faits évoqués, d'en faire l'objet éternel du regard de Dieu et des élus ; ce qui revient à dissocier formellement la réalité historique vécue par Agrippa d'Aubigné et ses frères d'armes – « Des guerres ici-bas… » – de sa représentation à la lumière de la foi – « … et au ciel des tableaux » (v. 402). Les mêmes faits et gestes, mais vus, parfois par leurs propres acteurs (v. 305, 403, 831), avec d'autres yeux.

Cela ne suffit pas cependant à caractériser le livre des *Fers*, ni par conséquent à expliquer pourquoi la discussion entre les amis du poète

5 Les références aux *Tragiques* renvoient à l'édition H. Weber, M. Soulié, J. Bailbé, Paris, Gallimard, Bibliothèque de La Pléiade, 1969.

6 Michel Jeanneret, « Les tableaux spirituels d'Agrippa d'Aubigné. », *BHR*, 1973, p. 233-245, et Mitchell Greenberg, « The poetics of Trompe l'œil : D'Aubigné's Tableaux celestes », *Neophilologus*, janvier 1979, p. 1-22.

7 M. Jeanneret, art. cité, p. 237-242 – analyse probante, mais qui conduit à faire prédominer à l'excès la perspective « céleste » ; de même M. Greenberg, art. cité, p. 19 : « *by the same mediation in which the reader's view is doubled on God's, is history emptied of its horror.* »

portait exclusivement sur lui. Car ni la fiction picturale, ni la « perspective surnaturelle » ne lui appartiennent en propre. Henri Weber a assimilé les *Feux* à « une série de tableaux votifs[8] » ; Michel Jeanneret a repéré des configurations semblables dans la *Chambre dorée* et les *Vengeances* ; et dans ces trois livres tout est placé sous le regard de Dieu (livres III et IV) ou de son prophète (VI). Les *Fers* doivent comporter un trait supplémentaire qui les singularise dans le poème et rende compte de l'insistance d'Agrippa d'Aubigné à définir, dans l'avant-propos et dans le corps du texte (voir les v. 267-280 et leurs multiples rappels), son dessein de « peindre les affaires de la terre au ciel » (p. 6).

Un marque discrète le désigne. Avant même de parler des tableaux des anges, et comme pour en donner le motif, le poète rappelle que les démons aussi ont peint les mêmes événements sur les fresques du Vatican

> Où l'Antéchrist, soûlé de vengeance et de plaie,
> Sur l'effet de ses mains en triomphant s'égaie. (v. 259-260)

La Saint-Barthélemy est double : les élus contemplent l'image du sacrifice de milliers de martyrs, à la gloire de Dieu ; la Cour, aux terrasses du Louvre, assiste et participe aux jeux de mort d'une fête satanique (v. 930-962). Les deux aspects dominent tour à tour dans l'évocation, et même dans les commentaires : châtiment de l'Église trop sûre de ses appuis humains, épreuve où germe un renouveau de fidélité, le carnage est aussi une victoire épisodique du démon, au terme de laquelle les survivants terrifiés devant les corps sans sépulture « virent l'âme immortelle à cette fois éteinte » (v. 1054). De même pour le massacre de Wassy. De part et d'autre d'un distique où se profilent à la fois l'image du Christ frappé au flanc et celle des fleuves de sang qui sillonneront le royaume (v. 559-560), la description change de sens : d'abord centrée sur la « troupe fidèle » qui « sacrifie en chantant sa vie », elle retrace ensuite la scène vue par ceux qui guident les assaillants, et tout n'est plus qu'ordres meurtriers et « ébats » de bouchers, au son triomphal des trompettes. Des exemples si nets sont exceptionnels ; et l'on n'en conclura pas que la perspective céleste se double tout au long du texte d'une perspective infernale. L'allusion préliminaire aux tableaux de l'« Antéchrist » indique seulement que les événements évoqués peuvent prendre un aspect tout

8 Note sur le mot « tableau », l. IV, v. 22 (n. 10, p. 987 du volume des *Œuvres*).

autre que celui que leur assigne la vision des bienheureux. Il apparaît immédiatement, partout, sans requérir d'allusions distinctes aux entreprises diaboliques : c'est celui que découvrent les témoins humains de ces tueries, et le lecteur avec eux – l'horreur insoutenable des nappes de sang, des cadavres mutilés, démembrés, jetés à l'eau... Comme si le poète hésitait entre la commémoration édifiante des « combats de l'Église » (v. 272), des épreuves où elle reçoit « la marque de souffrir » (v. 426), et le souvenir de leur envers tragique, d'indicible amertume :

> Où voulez-vous, mes yeux, courir ville après ville
> Pour décrire des morts jusques à trente mille ?
> Quels mots trouverez-vous, quel style, pour nommer
> Tant de flots renaissants de l'impiteuse mer ? (v. 1117-1120).

Ce dédoublement du réel n'est marqué de façon aussi explicite que dans le livre des *Fers*. Aucun effet similaire pour le dénoter dans celui des *Feux*, qui s'y prêtait cependant, puisque la gloire des martyrs a pour envers leur supplice, et la cruauté des persécuteurs. Rien de tel non plus dans la *Chambre Dorée*, ni dans les *Vengeances*. On ne peut donc donner pour seule explication une fonction commune à tous les « tableaux » de ces différents livres, à moins de montrer aussi pourquoi, virtuelle ou latente ailleurs, elle est brusquement dotée dans les *Fers* d'une telle efficacité. En fait, le procédé de présentation est assujetti ici à une fin déterminée, et c'est la visée particulière de ce livre V qui doit en indiquer la raison.

La composition générale des *Tragiques* permet de la déceler. Dans les livres précédents s'effectuait un mouvement d'approfondissement graduel : du témoignage brut sur le scandale des *Misères* à la découverte de leurs causes (II et III – voir Au Lecteur, p. 6), puis du sens religieux de ces épreuves, proclamé par les martyrs (IV). Parallèlement, la perspective changeait à partir du troisième livre : au regard humain du poète se substituait celui de Dieu, visitant la terre pour y découvrir l'iniquité des juges et prêter assistance à leurs victimes[9]. Ce double trajet, qui semble devoir conduire par degrés réguliers jusqu'aux prophéties

9 Agrippa d'Aubigné ne s'interdit pas de prendre la parole dans les livres III et IV ; mais la fiction de l'enquête divine (prologue de III et conclusion de IV), fréquemment rappelée (III, v. 175, 525, 528, 561, 579, 613 ; IV, v. 147, 281, 347, 1285), n'en détermine pas moins le cadre descriptif et narratif, quitte à ce que le regard de Dieu se confonde par endroits avec celui du poète (IV, v. 319-329, à rapprocher de 147-348). De plus, la plupart des interventions de ce dernier ont trait à des *ekphraseis* (III) ou à des commémorations (IV) :

de la fin, s'interrompt provisoirement au cinquième livre. La coupure est marquée, à deux reprises, par le retour de Dieu sur son trône et la déréliction d'une humanité plongée dans la nuit :

> La terre se noircit d'épais aveuglement,
> Et le ciel rayonna d'heureux contentement. (fin du l. IV).

> Dieu retira les yeux de la terre ennemie :
> La justice et la foi, la lumière et la vie
> S'envolèrent au ciel ; des ténèbres l'épais
> Jouissait de la terre et des hommes en paix. (début du l. V).

Il semble donc qu'en abordant la période des guerres civiles Agrippa d'Aubigné ait voulu accuser l'écart entre la vision divine de l'Histoire et les tâtonnements des hommes engagés dans les obscurs débats temporels. Cette intention est confirmée par le mythe qui prélude au déploiement des « tableaux ». Satan demande à Dieu la permission de soumettre les réformés à une tentation nouvelle, celle de la rébellion et des succès militaires :

> Mets-les à la fumée et au feu des batailles,
> Verse de leurs haineux à leurs pieds les entrailles,
> Qu'ils manient du sang... (v. 133-135).

puis les mirages de la faveur ou de la protection des princes, et pour finir, après les revers, la corruption et l'imposture. Les guerres de religion sont donc un piège ; le mensonge démoniaque s'adresse aux persécuteurs, mais aussi à leurs victimes poussées à bout :

> Il étrangle en son lit la blanche patience,
> Et cette patience il réduit en fureur ;
> Il montre son pouvoir d'efficace d'erreur,
> Il fait que l'assaillant en audace persiste,
> Et l'autre à la fureur par la fureur résiste. (v. 247-252)

Et même la conjuration d'Amboise, jugée légitime entre toutes, est placée sous l'emblème de Bellone, allégorie de la mêlée aveugle, de la rage de destruction. Agrippa d'Aubigné, il est vrai, ne s'en tient pas à ce préambule de mauvais augure : il distingue ensuite entre les

---

textes assimilables aux « tableaux » où « le phénomène [...] accède à l'ordre de la vérité » (M. Jeanneret, art. cité, p. 239).

affrontements massifs que Dieu réprouve (v. 368, 380, 425-428) et les luttes inégales où Il secourt ses fidèles inférieurs en nombre ; puis, plus nettement encore, entre l'ensemble des combats, assez brièvement traités[10], et les massacres où les huguenots désarmés retrouvent leur condition de martyrs. Reste que sur toute cette période s'étend l'ombre du mal, l'« épais aveuglement » dans lequel est plongée la terre. De ce fait, la représentation doit se dédoubler. Il faut que les événements s'éclairent sous le regard de Dieu ; il faut aussi qu'ils gardent leur poids humain de souffrances, de désarroi, de fautes et d'échecs. Le procédé de figuration, par ces « tableaux célestes » en anamorphoses qui ne dissimulent rien des désastres du temps, est exigé par le sujet du livre : « une autre saison pire / Que la saison des feux n'avait fait le martyre » (v. 279-280) – une « saison » où les réformés eux-mêmes s'égarent par moments dans les « tragiques erreurs » (v. 368), où Satan brouille le sens de l'Histoire devant les yeux des hommes.

Le livre des *Fers* se raccorde ainsi aux deux termes extrêmes de la série qui le précède. Il privilégie la perspective des martyrs qui déjà, dans les *Feux*, recevaient leurs épreuves comme des grâces, et qui désormais « lisent en leur paix les efforts de nos guerres » (v. 324), projetant sur celles-ci la sérénité de la connaissance divine. Mais il expose à cet éclairage la matière chaotique des *Misères* : un pays déchiré par la « fureur » des uns et des autres, et les images des tueries, dont l'archétype était celle des deux frères acharnés à leur perte mutuelle (I, v. 97-130) ou encore, plus concret et plus atroce, le souvenir qui surgissait comme une obsession personnelle : les paysans de Montmoreau pillés et frappés à mort par les reîtres protestants (I, v. 367-435). Pour assumer ce passé, la détermination des responsabilités, si accablante qu'elle soit pour les princes « violeurs de paix » (I, v. 431) et les assassins catholiques (V, v. 1539-1548), ne peut suffire. Déchiffrer la volonté divine dans l'entrelac des ruisseaux de sang, cela n'appartient qu'à un regard qui n'est pas de ce monde. Aux témoins vivants, pris dans la culpabilité collective de la France, reste le deuil, l'effroi, et la plainte qui sourd encore après la transfiguration du grand cimetière de la mer :

10 Seul est longuement décrit le « tableau » des exilés de Montargis (v. 443-498) ; et l'exploit militaire de leurs défenseurs y occupe une place restreinte (v. 489-496) : Agrippa d'Aubigné insiste surtout sur l'attitude des fugitifs exposés au massacre, anticipant ainsi sur les évocations de la série suivante (v. 529 *sq.*).

Ha ! que nos cruautés fussent ensevelies
Dans le centre du monde … (v, v. 1533-1534).

Réitérant et accentuant cette polysémie structurelle du texte, la vision de Talcy précise encore le changement de perspectives requis par chacune des évocations, et en marque les limites. En suspens entre la vie et la mort, le poète est élevé par un ange « dans les régions pures » et contemple là « les beaux tableaux et secrets qu'[il] écri[t] » (v. 1200 ; voir déjà v. 831, 901, 921) d'un point de vue qui coïncide avec celui des martyrs. Mais il ne découvre directement que les spectacles passés et présents – encore des tueries, auxquelles son esprit « lassé » s'attache « par force » (v. 1215), et qui ne prennent figure de grâces que lorsqu'elles préviennent l'abjuration (v. 1229-1237). Le futur lui reste caché : inscrit en caractères mystérieux dans une infinité de constellations, il ne peut être déchiffré que par l'ange qui lui en donne lecture, car « nul humain ne l'explique », et les élus eux-mêmes doivent attendre le jour de la résurrection pour en comprendre les secrets (v. 1257-1260). Le partage reste donc irréductible, entre le regard de Dieu et celui de l'homme, même inspiré. De plus, cette révélation médiate ne dévoile encore qu'imparfaitement l'histoire humaine. Elle laisse bien entrevoir au visionnaire « le cours merveilleux du succès de [s]es frères », les épisodes de la lutte des Réformés, éclairés par leurs corrélatifs bibliques ; mais l'avenir se trouble de menaces que l'ange semble hésiter à préciser :

Que te dirai-je plus ? Ces étoiles obscures
Écrivent à regret les choses plus impures. (v. 1381-1382).

et après la mort d'Henri IV – « Flambeau luisant éteint ! Ne vois rien de plus près » – l'Europe offre à perte de vue des images décevantes ou sinistres ; et de nouveau les charniers, dans la Bohême dévastée par l'empereur Ferdinand, « Roi de charbons, de cendre et morts sans sépulture[11] ». Seul réconfort, la promesse du triomphe de l'Église dans la Nouvelle Jérusalem, si proche qu'en soit le terme, ne s'inscrit pas dans la durée d'une évolution historique. L'ange, après des prophéties de

11 Ce vers (1406) figure dans une interpolation de la dernière rédaction ; mais nous considérons ici le texte dans sa version définitive. Du reste, les dernières prophéties n'étaient guère moins sombres dans la rédaction primitive, et restaient marquées de réticences (voir v. 1393, « Tu verrais… »). [En fait, le v. 1406 vise non pas l'empereur Ferdinand, mais Louis XIII en 1620-1621 (note des éditeurs).]

plus en plus énigmatiques, ordonne soudain de « voir » le jour ultime, radieux ; il n'en explique pas l'avènement.

Plus peut-être que les vacillations du sens dans les « tableaux », ces inflexions de la vision rendent perceptible la tension interne qui imprime au livre des *Fers* son caractère tragique. Là où tout semblait devoir être illuminé de certitudes surnaturelles subsiste une zone sombre où se profilent vaguement les désastres des temps à venir, analogues à ceux du présent, et peut-être pires. Dans cet abrégé de l'œuvre entière on peut mesurer, mieux que jamais, la distance entre le ciel et la terre, entre la révélation du matin de gloire et les épreuves d'une agonie permanente, résumées par l'image sur laquelle s'achèvent les paroles de l'ange :

> … Voilà ton corps sanglant et blême
> Recueilli à Talcy, sur une table, seul,
> À qui on a donné pour suaire un linceul. (v. 1426-1428).

Reste au poète sa mission, et la foi qui lui permettra de l'accomplir : dans les deux derniers livres, la « céleste voix » (VI, v. 59) qui prophétise par sa bouche couvre les murmures du deuil. Cela suffit à interdire d'imaginer Agrippa d'Aubigné en proie au doute ou au désespoir, et de mettre en question ses convictions de militant. Mais cette évidence ne doit pas conduire à admettre que les certitudes du Jugement réduisent à néant la plainte tragique des *Misères* et des *Fers*. Cette lecture assimilerait le poème à l'exposition progressive d'une eschatologie sans mystère. Elle serait à la rigueur plausible si l'on n'en considérait que les points de départ et d'aboutissement pour tracer entre eux un trajet rectiligne, du Mal vers le Bien. Mais justement le livre des *Fers*, à la charnière de l'œuvre, en superposant les perspectives céleste et terrestre dans la description des « tableaux » et dans le récit de la « vision », fausse ce schéma linéaire trop bien ordonné, et rappelle que le triomphe des justes reste éclaboussé de leur sang, que leur regard découvre à la fois des échecs et des victoires, sans avoir accès au « registre saint des actions secrètes » (v. 1253) où l'énigme des temps se déchiffre en vérités éternelles. Il faut donc plutôt s'efforcer de comprendre comment la confiance en Dieu réaffirmée en chaque livre peut coexister avec ce témoignage tragique qui subsiste dans tout le poème, et lui donne son titre.

À cette fin, nous distinguerons ici deux points de vue possibles sur l'histoire humaine interprétée selon la foi. L'un, privilégiant la Providence, s'attache aux causes et aux moyens : décrets initiaux de la sagesse divine et étapes prévues pour leur accomplissement ; chaque événement trouve alors sa place et son sens en vertu d'une rationalité sous-jacente, lisible grâce aux signes avérés – prophéties réalisées, interventions manifestes – qui jalonnent le passé. Telle est, par exemple, la visée de Bossuet dans son *Discours sur l'Histoire Universelle*. L'autre, disons apocalyptique, atteint la même vérité par un itinéraire inverse : en revenant, depuis le jour de justice où tout se « dévoilera » (ἀποχαλύψεται) sur les temps obscurs des épreuves, en quête de leur sens. Dans une saisie synthétique du drame du salut, ces perspectives sont complémentaires ; mais à l'égard du présent de l'Église souffrante, elles ne coïncident pas. L'une assigne aux pires événements un rôle intelligible dans le plan d'ensemble, et les catastrophes ne sont plus qu'épisodes nécessaires, les menaces, ombres provisoires, pour qui sait la vérité. L'autre leur laisse toute leur force de scandale, que seul un élan d'espérance doit démentir par une confiance sans réserve dans la volonté incompréhensible de Dieu. Ici une explication, et les certitudes du jour ; là une présomption de sens, et l'attente, dans la nuit, de l'aube promise.

Cette distinction n'affecte pas le contenu doctrinal des *Tragiques* : comme Calvin et Bèze, Agrippa d'Aubigné célèbre le Créateur providentiel

> De qui le soin sans soin prend de tout le souci,
> De qui la main forma exemplaires et causes,
> Qui prévit les effets dès le naître des choses. (I, 40-42).

Mais cette préméditation du cours du monde, affirmée comme un dogme, n'est pas inscrite dans l'armature narrative et symbolique du poème[12]. Les interventions de Dieu y prennent la forme des jugements, constatant et sanctionnant les faits accomplis ; et le décret de la Providence, la « parole qui subsiste dans les cieux » selon le Psaume 119, se confond avec le registre scellé de la fin des temps (V, v. 1250-1252). C'est dire que la perspective prophétique et apocalyptique régit ici la représentation de l'Histoire, comme l'ont montré diversement Richard Lloyd Regosin, Marguerite Soulié et Elliott Forsyth[13]. Elle est définie nettement dans

---

12 Voir les livres III-IV : pris à la lettre, leur prologue, qui représente Dieu venant inspecter la terre, à l'appel de la Justice, ne serait guère conforme à la notion de Providence définie dans le livre I (v. 39-40).

13 R.L. Regosin, « D'Aubigné's *Les tragiques* : a protestant Apocalypsis », *Modern Langage Association*, 81, 5, 1966, p. 363-368 ; M. Soulié, *op. cit.*, p. 233, 309, 346-347 ; E. Forsyth, « Le message prophétique d'Agrippa d'Aubigné », *BHR*, XLI, 1979, p. 23-39. – Refusant

les deux dernier s livres ; mais elle oriente aussi l'ensemble de l'œuvre, par des jalons plus discrets où se distingue mieux sa nature : clarté virtuelle, révélation encore secrète, postulée plutôt que découverte dans les malheurs où se dessinent confusément les « signes des temps ».

Déjà la Préface en vers en donne un indice : la Vérité erre encore dans le désert « où celle qui enfante / De peur de se perdre, se perd » (v. 165-166 ; voir Apocalypse, 12, 1-6). Le sens se précise par la première allusion biblique placée dans le corps du texte, au début du livre I :

> Mais dessous les autels des idoles j'avise
> Le visage meurtri de la captive Église. (v. 13-14).

C'est l'image que voit saint Jean lorsque l'Agneau a rompu le cinquième sceau (Apocalypse, 6, 9) ; et la fin du livre paraphrase à l'aide des Psaumes[14] le verset qui suit : plaintes, et appel à la vengeance mystérieusement différée. Le thème, cadre naturel de la déploration des Misères, ressurgit sous une forme plus insistante après la vision glorieuse – elle-même tirée de l'Apocalypse – des martyrs des *Feux* :

> Ames dessous l'autel victimes des idoles,
> Je prête à vos courroux le fiel de mes paroles,
> En attendant le jour que l'Ange délivrant
> Vous aille les portaux du Paradis ouvrant. (IV, v. 53-56).

Ce rappel est d'autant plus remarquable qu'il s'inscrit mal dans la logique du texte, qui transfigure les victimes en triomphateurs dans leur supplice même, et ne leur prête jamais des paroles de « courroux ». L'anomalie est signe d'une intention déterminée : assigner aux temps présents leur place analogique dans le récit scripturaire. C'est exactement le moment de l'attente, après l'apparition des cavaliers de mort à

---

les nuances de la thèse de M. Soulié, ce dernier critique affirme avec R.L. Regosin que tout le poème est apocalyptique, et voit là un « rétrécissement » du prophétisme, excluant toute miséricorde (p. 36-37). Cette interprétation un peu trop schématique pose le problème de la prédominance des thèmes de vengeances dans les deux derniers livres. À ce sujet, disons seulement ici, en anticipant sur notre conclusion, que l'insistance d'Agrippa d'Aubigné sur le châtiment des persécuteurs a pour effet d'éterniser, même après la Résurrection, le souvenir des souffrances infligées aux fidèles (VII, v. 770-802, 887-892, 1039-1040) : l'Enfer est aussi une mémoire.

14 Voir M. Soulié, p. 478-479. E. Forsyth (art. cité p. 26) a insisté aussi sur cet emprunt initial à l'Apocalypse.

la rupture des quatre premiers sceaux, avant le bouleversement universel et le silence devant l'approche du Juge, à la rupture des deux derniers. Attente double : de la justice divine, mais aussi de l'accomplissement des œuvres du mal. Le nombre des martyrs n'est pas encore complet, et, en réponse à leur supplication,

> leur furent données à chacun robes blanches, et leur fut dit : qu'ils se reposassent encore un peu de temps, *jusqu'à ce que fussent accomplis leurs compagnons de service et leurs frères, qui doivent être mis à mort comme eux.*

Cette parole qui retarde jusqu'au terme imprévisible des immolations le moment où sera exaucée la prière des élus, Agrippa d'Aubigné la détaille en allusions historiques dans les révélations de Talcy. Elle interdit que l'espoir dégénère en optimisme, la foi en pseudo-savoir. Elle prolonge, dans l'espérance même et dans l'attente de Dieu, la tragédie toujours recommencée des persécutions et des défaites. « N'attache plus ta vue / Au loisir de l'Eglise, au repos de Capoue », dit l'ange (V, v. 1417-1418). Les « tableaux célestes » éclairent la lutte et les souffrances des hommes ; pas au point d'abolir l'angoisse de ces années d'épreuves dont on ne devine pas la fin.

Si forte que soit la foi qui l'anime, le poème reste donc pleinement « tragique ». Attardons-nous enfin sur ce terme, qui serait imprécis s'il ne définissait pas simultanément un mode d'expression et l'objet qu'il désigne. Agrippa d'Aubigné l'emploie dans le corps de l'ouvrage pour qualifier des faits, des paroles, ou le texte qui les rapporte ; et, dans l'avis « Aux Lecteurs », pour caractériser un « style[15] ». Ces deux aspects, indissociables, seront ici traités conjointement.

Peut-on déterminer la notion à l'aide des théories antiques de la tragédie, que répètent les humanistes ? Elles privilégient la « fable », l'action dramatique, de la faute initiale à l'infortune où elle conduit (Voir Aristote, *Poétique*, XII, 6) ; selon ce schéma partout reçu, *Les Tragiques*, en raison de leur fin triomphale, seraient exactement l'inverse d'une tragédie[16]. Mais le poème ne déploie pas une succession d'épisodes enchaînés en

---

15 Ce terme ne paraît pas correspondre à la notion étroite de registre stylistique, selon laquelle le couple d'adjectifs « bas et tragique », appliqué aux *Misères*, serait contradictoire d'après les conceptions du temps. Il désignerait plutôt ce que nous appellerions maintenant une « écriture » : un ensemble de procédés stylistiques, rhétoriques et logiques qui déterminent l'élaboration de l'œuvre. Les tableaux des *Fers*, par exemple, relèvent du « style » de ce livre.

16 Voir la réplique de M. Soulié, p. 507-508, à l'article de R.L. Regosin, « D'Aubigné's *Les Tragiques* : Divine Tragedy », *BHR*, XXVIII, 1, 1966, p. 52-73.

série narrative ; il progresse par changements de plans et d'éclairages, bouleversant au besoin l'ordre chronologique des faits pour les regrouper selon les exigences du sens. L'essentiel n'est donc pas le trajet du « début » à la « fin », comme dans une fiction dramatique, mais le rapport entre les différents niveaux de signification qui se superposent en chaque point. C'est là précisément que réside le tragique : dans l'écart entre la vérité qu'affirment les fidèles et ce qu'ils découvrent sur terre, de leur regard d'hommes harassés de persécutions et d'échecs. Et il est inséparable du message qu'il faut transmettre, en 1616, « en un siècle où tout zèle chrétien est péri », à des contemporains « que l'honneur ne pique plus, que le péril n'éveille point » (« Aux Lecteurs », p. 3). Nécessaire est l'exhortation prophétique qui anticipe sur les révélations des derniers jours ; nécessaire aussi le rappel du deuil, des combats désespérés, de l'attente crispée qui ne doit pas se relâcher – « Jusques à quand, Seigneur… ? »

De là le trait dominant du « style tragique » d'Agrippa d'Aubigné : la tension entre plusieurs langages, plusieurs cadres de référence. Par endroits, la démarcation est nette : le chant de l'Église à la fin des *Misères*, les professions de foi des martyrs des *Feux*, les leçons de l'ange de Talcy, les paraphrases du Deutéronome et de l'Évangile dans le dernier livre, sont expressément cités, comme des paroles d'une autre nature. Plus généralement, comme le prouvent les analyses de Marguerite Soulié[17], les emprunts à l'Écriture Sainte qui jalonnent le poème sont marqués comme tels par des indices évidents au lecteur huguenot – thèmes, images et tours originaux de la poésie hébraïque, allusions à des périodes bibliques sans cesse médités dans les prêches ; et l'insertion de ces phrases sacrées, maintenues dans leur altérité, inscrit dans la langue même, aux passages cruciaux, le dédoublement de perspectives dont les « tableaux » des *Fers* donnent le modèle. D'autres effets de rupture, mutations du discours ou changements de registres stylistiques, quels qu'en soient les matériaux, assument par analogie la même fonction : briser l'uniformité du texte pour y ménager des échappées vers un sens imprévu qui remodèle tout en un éclair. Ces disparates étaient fréquents déjà dans la poésie humaniste, toujours hantée par les écrits anciens qu'elle annexait ; mais un Ronsard ne prétendait pas changer l'identité des êtres lorsqu'il profilait derrière eux, par allusions, leurs modèles

17 *Op. cit.*, chap. XII, notamment les p. 482-484 et 495, et la conclusion, p. 510, dont la présente étude est largement tributaire.

mythiques : la Fable déploie ses déguisements autour d'une essence stable, « la vérité des choses » sous le tissu varié des légendes reprises à la tradition. Agrippa d'Aubigné détourne cette technique d'imbrication à des fins différentes : transformer violemment la réalité inadmissible en son contraire, les cendres éparses en germes de vie (IV, v. 67-72). C'est dans cette opération que jaillit, non la « vérité des choses », mais la vérité de la parole poétique. Pour qu'elle soit perçue, il faut que les termes antagonistes qu'elle unit comme par force apparaissent concurremment sans s'éclipser l'un l'autre ; que la couronne du supplicié garde l'aspect horrible des « os qui furent bras » (IV, v. 134), que les « langues de feu » de l'Esprit soient aussi les flammèches du bûcher et les gouttes de sang des bouches mutilées (v. 507-512). La prophétie a pour raison d'être et perpétuel support les « tragiques sens » (VI, v. 1104) sur lesquels elle inscrit sa promesse.

Aussi bien dans la poésie du XVIe siècle que dans les textes sacrés on trouvera sans peine d'autres exemples de ces significations distinctes qui se superposent sans s'oblitérer. Saisie comme allégorie du pain eucharistique, la manne que reçoivent les Hébreux reste, aux yeux des exégètes, une nourriture réelle, dans l'épisode historique de la marche à travers le désert. Ronsard figure la mort de Marie par celle d'une rose : la jeune fille et la fleur, évoquées ensemble, échangent leurs grâces fragiles sans en confondre les traits. Mais ces doubles lectures ne sont si aisées que parce que la relation symbolique unit les images en vertu de leurs analogies. Agrippa d'Aubigné donne une structure différente aux signes, en les composant en systèmes instables. Leurs matériaux sémantiques, pris en eux-mêmes, suggèrent tout autre chose que le sens que leur imprime la transfiguration poétique et religieuse ; et ils résistent, gardent leur opacité dans le nimbe de lumière. « Telle est en écrivant ma non-commune image » : des cadavres sur lesquels ruissellent les eaux vives. Pour déchiffrer le message, il faut sans cesse effectuer la permutation des contraires, voir concrètement que la blessure est une grâce, « et le jour de la mort celui de la naissance » (IV, v. 250 ; voir V, v. 477). C'est la leçon commune de tous les martyrologes ; mais le propre des *Tragiques* est de ne jamais la travestir en pieuse évidence, de faire vaciller entre l'horreur et la gloire les « tableaux » qui l'illustrent, en croisant sur eux la vision d'un prophète et le regard d'un témoin effaré des malheurs du temps. Le travail du texte s'exerce ici, à composer entre elles ces deux perspectives par mutation brusque ou polysémie des images, sans réduire leurs divergences. Il ne dissimule pas sa précarité : soit par figuration mythique, soit explicitement, en dévoilant ses procédés, soit même des deux façons, comme dans la « vision » d'Océan (v, v. 1443-1532), Agrippa d'Aubigné marque l'effort qu'il doit accomplir sans relâche, et son lecteur avec lui, pour convertir les innombrables images de mort en signes d'élection, et opposer à la réalité meurtrière ou mensongère sa foi en la justice de Dieu.

En cela transparaît sa loyauté de poète et de croyant. Ni les certitudes de l'ordre providentiel, ni l'éblouissement des révélations eschatologiques ne le détournent de l'« histoire tragique » de son siècle (II, v. 206) dont il s'est fait le témoin devant les hommes à venir. Le lieu à partir duquel il la considère et l'interroge pour en transmettre la vérité est assigné dès les premiers vers : c'est celui où se lèvent les justes à la rupture du cinquième sceau pour protester devant Dieu, comme Job, contre les persécutions passées, présentes et futures. Car tel est l'objet de ce poème : inscrire ces périodes sinistres dans le temps sacré de la Parousie, pour en éterniser le souvenir, avant le moment du silence.

LES FABLES DU CRÉTOIS
[1992][1]

Avant de donner tant de fil à retordre aux logiciens, le paradoxe d'Épiménide, le Crétois qui affirme que tous les Crétois sont menteurs, était jeu de poètes. Je devrais dire du Poète, Homère : il a inséré en maints endroits de son *Odyssée* des fragments de récits épiques inventés par Ulysse pour donner consistance à sa fausse identité de naufragé Crétois. D'abord à l'adresse d'Athéna, qui accueille le héros à Ithaque sans se laisser reconnaître, et s'amuse de sa duplicité, comme l'aède qui précise :

> Mais il mentait, il réservait la vérité,
> Ayant toujours autant d'astuce dans l'esprit (XIII, 253[2]).

Puis à l'adresse d'Eumée, qui ne se laisse pas duper totalement et refuse d'ajouter foi à la seule partie du récit qui soit à peu près véridique – ce que le prétendu Crétois raconte sur Ulysse :

> Ah ! le plus malheureux des étrangers, que tu m'émeus en me narrant tant de souffrances et tant d'errances ! Moins juste toutefois et peut-être moins convaincant fut ce que tu me dis d'Ulysse. Pourquoi, dans ton état, ces mensonges sans fruit ? (XIV, 361-365).

Et Pénélope, plus tard, écoute en pleurant un récit que l'aède, encore une fois, prend soin de démentir :

> Tous ces mensonges, il leur donnait l'aspect de vérités (XIX, 203).

Cet « Ulysse Crétois » introduit dans la légende une légende au second degré, avec un faux héros, et de fausses aventures toutes semblables à celles du véritable Ulysse ; comme si le poète avait voulu parodier son

1 Paru dans *Littératures classiques*, supplément au n° 16, 1992, p. 7-27.
2 Traduction de Philippe Jaccotet, Paris, La Découverte, 2004.

Odyssée en y inscrivant, en abyme, les figures éparses de la fiction qu'elle est, avouées factices.

Ce pourrait être l'une des raisons qui ont motivé l'acharnement de Platon à présenter les poèmes d'Homère comme les archétypes des « fables mensongères » (*République*, 377 b), des imitations qui falsifient leurs modèles (377 e), atteignent les apparences sans pénétrer jusqu'à la vérité, bref dénaturent tout et pervertissent l'esprit en le séduisant par des similitudes illusoires… Ce qui nous amène à La Fontaine, dont il est question depuis le début, mais par références interposées. Car dans la préface des *Fables* de 1668, il ne manque pas de noter que « Platon, ayant banni Homère de sa République, y a donné à Ésope une place très honorable » – ceci afin de confirmer l'idée courante, que le fabuliste exprime allégoriquement une vérité morale ; mais dès le début de sa *Vie d'Ésope le Phrygien*, à la page suivante, il apparie les deux auteurs, célébrant en Homère « le père des dieux », en Ésope celui « qui enseignait la véritable sagesse » ; il n'est plus question de bannir le premier. Sans doute la véracité reste-t-elle l'apanage du Phrygien ; mais la biographie de celui-ci, telle que la présentent les dernières lignes de la Préface, rétablit de façon spectaculaire les droits de la fiction : la vie du sage véridique a probablement été fabriquée de toutes pièces !

> Il ne me reste plus qu'à parler de la vie d'Ésope. Je ne vois presque personne qui ne tienne pour *fabuleuse* celle que Planude nous a laissée. […] Quand cela serait, je ne saurais que *mentir* sur la foi d'autrui : me croira-t-on moins que si je m'arrête à la mienne ? Car ce que je puis est de composer un tissu de mes conjectures, lequel j'intitulerai *Vie d'Ésope*. Quelque vraisemblable que je le rende, on ne s'y assurera pas, et, *fable pour fable*, le lecteur préfèrera toujours celle de Planude à la mienne.

Devinez, au terme de cette phrase, si La Fontaine annonce ses « conjectures » ou un démarquage de Planude. Peu importe, du reste : « fable pour fable […] », le tout est que le principe de fiction, refoulé sous la fonction moralisatrice assignée aux fables, ressurgisse comme un diable de sa boîte sous prétexte d'hésitations érudites sur l'histoire du premier des fabulistes, histoire peut-être toute fabuleuse que la tradition a émaillée de traits « qui répondissent à ses fables ».

Je me propose, à partir de là, d'examiner ce que j'appellerai une poétique du mensonge avoué, que La Fontaine met en œuvre, avec une insistance particulière, dans le premier des trois livres de 1679 (celui qui est devenu le livre IX des *Fables*). Dans les parages qui ressortissent au « pouvoir de la gaité » qu'a si bien analysé Patrick Dandrey, je voudrais faire rôder une figure un peu troublante, mais familière à nos vieilles civilisations méditerranéennes : celle d'Épiménide le poète, qui disait que tous les poètes sont menteurs. Nous en suivrons les traces dans un parcours, que je voudrais rapide, de quatre fables de leurres – *Le Dépositaire infidèle, Le Singe et le Léopard, Le Statuaire et la Statue de Jupiter, Le Milan et le Rossignol* – puis la piste se brouillera, vers *Le Cierge*, pour ouvrir une voie incertaine et semée de pièges du côté de la philosophie-fiction du *Discours à Madame de la Sablière.* En guise de conclusion, quelques réflexions sur l'ironie de La Fontaine donneront prétexte à jeter un coup d'œil sur *Le Gland et la Citrouille*, en marge du propos initial, ce qui vaudra pour aveu d'extravagance, au sens étymologique, ersatz des mensonges interdits par la déontologie universitaire.

Le livre IX n'est évidemment pas le premier où La Fontaine ait abordé la question du mensonge poétique. Dans les *Fables* de 1668, voici le début du second livre :

> Quand j'aurais, en naissant, reçu de Calliope
> Les dons qu'à ses amants cette muse a promis,
> Je les consacrerais *aux mensonges d'Ésope* :
> *Le mensonge et les vers de tout temps sont amis.*

Ésope est donc désormais aussi menteur qu'Homère, et son émule aussi, qui fait parler les animaux, et même « les arbres et les plantes ». Avec moins d'insistance, le début du livre III donne une indication analogue :

> La *feinte* est un pays plein de terres désertes.

Et celui du livre IV marque de nouveau l'opposition entre le vrai et le fictif, avec une des raisons qui peuvent autoriser l'usage du second :

> Si la vérité vous offense,
> La fable au moins se peut souffrir.

Et le récit est inauguré par la formule canonique : « Du temps que les bêtes parlaient [...]. » Ce n'est que dans les deux derniers livres que les préambules rappellent la finalité morale des fables, non sans rappeler, sous couvert de modestie, que l'auteur ne s'y assujettira pas sans humour :

Comme la force est un point
Dont je ne me pique point,
Je tâche d'y tourner le vice en ridicule,
Ne pouvant l'attaquer avec des bras d'Hercule.
C'est là tout mon talent ; je ne sais s'il suffit (v, 1).

En 1678, on pourrait croire que la question est définitivement réglée : la dédicace « À Madame de Montespan », en tête de la « troisième partie » (c'est-à-dire du nouveau recueil) privilégie sans contrepartie le sortilège de la fable, son pouvoir de fascination analogue à celui que Platon attribuait aux poèmes homériques, pour les condamner :

C'est proprement un charme : il rend l'âme attentive,
Ou plutôt il la tient captive,
Nous attachant à des récits
Qui mènent à son gré les cœurs et les esprits.

La gracieuse protectrice ne peut manquer d'approuver une activité ludique :

Favorisez les jeux où mon esprit *s'amuse*.

Si bien que la fable, en conclusion, est créditée des séductions d'une puissance trompeuse :

Vous savez quel crédit ce *mensonge* a sur nous.

Mais l'année suivante, en tête de la « quatrième partie » des fables (livres IX à XI), le préambule du Dépositaire infidèle relance le débat latent entre la caution officielle de l'apologue – la vérité morale qu'il transmet – et son caractère ludique, le « charme » des fictions. Il s'agit, très explicitement, de mensonge :

Tout homme ment, dit le Sage.

La Fontaine proteste :

Si quelque autre l'avait dit,
Je soutiendrais le contraire ;
Et même qui mentirait
Comme Ésope, et comme Homère,

Un vrai menteur ne serait.
Le doux charme de maint songe
Par leur bel art inventé
Sous les habits du mensonge
Nous offre la vérité.

Il est donc revenu au schéma classique, à ceci près que maintenant Homère comme Ésope est tenu pour maître de vérités secrètement insinuées dans l'esprit séduit par le « charme » des « songes ». À croire que les fins morales régissent toute espèce de poésie : nous voici bien loin de la frivolité affectée dans la dédicace de 1678 !

Seulement, le poncif est ici cautionné assez bizarrement, par une opposition entre le mensonge littéraire et… quoi au juste ? La fable est double. Le dépositaire « méchant et sot » selon l'annonce prétend couvrir par un mensonge l'accaparement du fer qui lui a été confié : « Un rat l'a mangé tout entier. » Le propriétaire du fer enlève son fils, attribue le rapt à un chat-huant, et lorsque le menteur proteste contre l'absurdité de l'explication, il n'a plus qu'à répondre :

Faut-il que vous trouviez étrange
Que les chats-huants d'un pays
Où le quintal de fer par un seul rat se mange,
Enlèvent un garçon pesant un demi-cent ?

Une fois extorqué ce recours au critère de vraisemblance, la transaction réelle, sous-jacente à l'échange verbal, peut s'accomplir :

Il rendit le fer au marchand
Qui lui rendit sa géniture.

L'anecdote mesure bien le « pouvoir de la gaité », comme l'a montré Patrick Dandrey : en situation conflictuelle, la victime du mensonge triomphe en rétablissant la vérité et la réalité « sous l'allure d'une fiction outrée et invraisemblable[3] ». Mais dans l'autre anecdote, placée comme en appendice, il n'y a plus d'escroquerie ni de conflit. Un voyageur veut ébahir son partenaire :

« J'ai vu, dit-il, un chou plus grand qu'une maison.
– Et moi, dit l'autre, un pot aussi grand qu'une église. »

3 Patrick Dandrey, *La Fabrique des fables*, Paris, Klincksieck, 1992, p. 261.

Le premier se moquant, l'autre reprit : « Tout doux ;
On le fit pour cuire vos choux. »

La Fontaine commente : « L'homme au pot fut *plaisant*, l'homme au fer fut *habile.* » C'était en effet l'enjeu pratique, la transaction sous-jacente à l'échange verbal, qui exigeait l'« habileté » de l'homme au fer ; libre de ces préoccupations, l'homme au pot est « plaisant » : s'il est vrai qu'il oblige encore son interlocuteur à admettre (en « se moquant ») le critère de vraisemblance, la visée principale n'est pas de revenir au réel, mais d'ébaucher par jeu, à partir de la galéjade niaise, une logique de la fantaisie, comme le fou de Rabelais qui faisait payer la fumée du rôt au son de l'argent[4]. Le bon droit et la raison ne sont plus en cause ; c'est l'esprit ludique, qui triomphe, en situant le gigantesque chou à sa vraie place – le potager et la marmite de Gargantua, au pays de la Fable.

Sur cette lancée, La Fontaine peut revendiquer son droit de fiction, sans trop s'embarrasser des vérités qui lui servent de prétexte. Voici le portrait de l'artiste en jeune singe, gagnant de l'argent à la foire aux dépens des badauds :

Venez, Messieurs. Je fais cent tours de passe-passe.
Cette diversité dont on vous parle tant,
Mon voisin Léopard l'a sur soi seulement ;
Moi, je l'ai dans l'esprit (IX, 3).

On a reconnu celui qui répétait cinq fois dans son conte du *Pâté d'anguille*, en 1674, « Diversité c'est ma devise. » Et sa marque de fabuliste n'est pas oubliée : l'animal bonimenteur

Arrive en trois bateaux, exprès pour vous *parler* ;
Car il parle, on l'entend.

Et quelques mots de commentaire approbateur signent la ressemblance :

Le singe avait raison : ce n'est pas sur l'habit
Que la diversité me plaît, c'est dans l'esprit.

4 *Tiers Livre*, chap. 37 ; Seigny Jean accompagne cet échange d'impondérables de toute une pantomime qui a pour effet de falsifier les gestes qui vérifient la réalité et la valeur des choses.

Mais cette virtuosité est un art du mensonge : elle vante d'emblée les « tours de passe-passe », spécialité d'escamoteur[5] ; le singe est Crétois, puisqu'il revendique explicitement l'aptitude à tromper, et achève sa parade sur la conclusion typique des charlatans, leurre de la bonne affaire et du remboursement sous condition :

> [...] et le tout pour six blancs !
> Non, Messieurs, pour un sou ; si vous n'êtes contents,
> Nous rendrons à chacun son argent à la porte.

– en monnaie de singe, il faut croire.

La visée est un peu plus complexe dans *Le Statuaire et la Statue de Jupiter* (IX, 6), à la fois célébration et censure des pouvoirs de l'illusion. On y retrouve Homère « père des Dieux » auquel rendaient hommage le début de la *Vie d'Ésope* et le préambule du *Dépositaire infidèle.* Mais ici « le poète » est aussi bien un singulier collectif : tout poète ancien est « inventeur » de dieux, toute poésie est mythologie. L'accent est mis cependant sur la faiblesse de ces fabricants de rêves fascinés par leurs créatures ; La Fontaine parle comme Montaigne :

> C'est pitié que nous nous pipons de nos propres singeries et inventions, *Quod finxere, timent*, comme les enfants qui s'effraient de ce même visage qu'ils ont barbouillé et noirci à leur compagnon. *Quasi quicquam infelicius sit homine cui sua figmenta dominantur.* C'est bien loin d'honorer celui qui nous a faits, que d'honorer celui que nous avons fait[6].

Et le poème se prolonge en une méditation sur la propension à l'erreur :

> Le cœur suit aisément l'esprit :
> De cette source est descendue
> L'erreur païenne qui se vit
> Chez tant de peuples répandue.

– le polythéisme, évidemment ; mais c'est cette « erreur » qui peuple les écrits antiques et ceux de l'âge humaniste et classique de figures

---

5 Voir Corneille, *Le Menteur*, V, 6 v. 1773-1774 : « Vois que fourbe sur fourbe à nos yeux il entasse, / Et ne fait que jouer des tours de passe-passe. »

6 *Essais*, II, 12, PUF, p. 530, IN p. 317, Fol. p. 290 – Montaigne lui-même emprunte à Lucain l'image des hommes qui « craignent ce qu'ils ont façonné », et à saint Augustin la commisération envers l'homme qui se rend esclave de ses propres fictions (*Cité de Dieu*, VIII, 23), en les érigeant en idoles.

gracieuses ou prestigieuses, dieux et déesses, nymphes, titans, animaux et plantes issus de métamorphoses et gardant quelque trait de leur humanité antérieure… La poésie est ainsi puissance trompeuse par excellence, productrice de leurres, et complice de la séduction exercée sur l'homme par ses rêves : comme Pygmalion,

> Chacun tourne en réalités
> Autant qu'il peut ses propres songes :
> L'homme est de glace aux vérités,
> Il est de feu pour les mensonges.

Ces vers font écho, par leurs rimes, au préambule du *Dépositaire infidèle* ; mais le schéma est différent : le « mensonge » n'est plus l'enveloppe de la vérité, il en est le concurrent, victorieux par la faveur de celui qui l'a conçu. Le sage le constate, à regret peut-être, mais il fait surtout ressortir l'enchantement des mirages en taxant d'enfantillage le crédit qu'on leur accorde, sans un mot de blâme contre la production de ces leurres ; comme s'il admettait tacitement que le désir, comme énergie vitale (le « feu »), est indissociable de l'illusion.

En regard, voici le réalisme stupide et féroce – celui du Milan incapable de comprendre ce qu'*est* le Rossignol pris dans ses serres :

> Le héraut du printemps lui demande la vie :
> « Aussi bien, que manger en qui n'a que le son ?
> Écoutez plutôt ma chanson ;
> Je vous raconterai Térée et son envie.
> – Qui, Térée ? est-ce un mets propre pour les milans ?
> – Non pas, c'était un roi dont les feux violents
> Me firent ressentir leur ardeur criminelle […]. (IX, 18)

Encore plus immatériel que le chant, c'est l'être de légende, Philomèle, jeune femme transformée en oiseau pour perpétuer sa plainte et commémorer à chaque printemps son sort atroce et sa métamorphose, événements mythiques par excellence. Une fois de plus le contraste est violemment accusé, entre fiction et vérité : le rossignol se dénie la consistance du réel, cherche désespérément à se muer en figure de la Fable, et il meurt de ne pouvoir se faire reconnaître comme tel. Mais ce n'est pas la vérité qui triomphe, c'est le ventre, asservi aux exigences élémentaires du réel, tuer, manger, unique objectif du prédateur[7]. Comme s'il n'y avait de salut que dans l'imaginaire ; ce qui permet peut-être de comprendre pourquoi

> Chacun tourne en réalités
> Autant qu'il peut ses propres songes. (IX, 6)

Je n'irai pas jusqu'à présenter cette dernière idée comme une conviction du poète, pas plus que je ne bricolerai une critique de la déraison en guise de somme morale des fables sur le mensonge. Le propre du paradoxe d'Épiménide est de ne pas admettre de résolution : qui dit « je mens » dit vrai s'il ment, et ment s'il dit vrai. Pareillement, le poète qui a renoncé au vieux prétexte de la vérité allégorique pour justifier ses fictions, mais persiste à les confronter avec le vrai, ne peut pas donner de sa pratique une formule rationnelle ; quant à user sans réserve de son droit aux « invraisemblances et hyperboles » pour affirmer tranquillement comme Paul Éluard « des vérités qui n'ont rien à voir avec le mensonge », par exemple la ronde « Compèr'qu'as-tu vu[8] ? », ce serait escamoter le problème. Dans ces conditions, il parait bien difficile de remembrer ses assertions en discours sans buter tôt ou tard sur des apories.

Mais pourquoi les supposer conformes à une logique discursive, régissant le cadre virtuel dans lequel elles pourraient se disposer ? Le jeu est justement de ne pas organiser en discours ni même en système cohérent d'aphorismes ces sortes d'essais du mensonge épars dans le IXe livre des *Fables*. Il s'agit de cerner la zone indécise d'une question, d'en proposer concurremment des formulations diverses, à défaut d'impossible solution ; bref, de prendre conscience du statut problématique de la fable

7 Présenté comme « manifeste voleur », le milan n'est pas un prédateur rusé comme le renard ou le chat des fables, puisqu'il ignore la dissimulation ; son premier mot est une bourde de maniaque : il prend Térée pour une préparation culinaire (ce pourrait être une plaisanterie atroce, mais à condition de changer de génération : Térée a dévoré ses enfants). Enfin, dans l'autre fable dont il est le héros (XII, 12) « sauvage encore et tout grossier », il plante ses serres dans le premier nez qui passe à sa portée. L'ornithologie symbolique, ou l'expérience de la fauconnerie, avaient-elles fait cataloguer ce rapace parmi les animaux stupides, comme la buse ? On peut noter que l'image du rapace est employée par deux fois dans la version que donne Ovide de l'enlèvement et du viol de Philomèle : « *Non aliter, quam cum pedibus prœdator obuncis / Deposuit nido leporem Jovis ales in alto ; / Nulla fuga est capto, spectat sua praemia raptor* » (*Métamorphoses*, VI, 516-518). « *Utque columba suo madefactis sanguine plumis / Horret adhuc, avidosque timet, quibus haeserat ungues* » (529-530).

8 P. Éluard, *Les Sentiers et les routes de la poésie*, *Œuvres complètes*, Paris, Gallimard, « Bibliothèque de La Pléiade », 1968, t. II, p. 552 et 554.

(et peut-être aussi bien de ce que l'on appelait alors la Fable : toute la tradition des fictions littéraires). Si l'entreprise n'exclut pas la rigueur logique, qui serait atteinte au prix d'un surcroît de complexité (propre à tout système auto-référentiel), elle ne l'exige pas non plus. La Fontaine, en tout cas, ne semble pas s'y astreindre ; il procèderait plutôt à l'inverse, en multipliant les ébauches, en profilant par endroits des virtualités de sens, à deviner ou à prolonger témérairement en marge du texte ; comme s'il rusait avec son lecteur, indistinctement complice et dupe.

Telle est l'énigmatique fable du *Cierge* (IX, 12). Son schéma est des plus simples : un cierge veut durcir au feu comme l'argile, et il fond, ce qui selon Abstémius « nous dissuade de rechercher ce qui nous est dénié par la nature », en vertu du principe que La Fontaine donne pour moralité : « Tout en tout est divers. » Mais par deux fois est introduite la légende de la mort d'Empédocle. La première fois comme incidemment, à titre de comparant : le cierge envie la brique rendue inaltérable par le feu,

> Et, nouvel Empédocle aux flammes condamné,
> Par sa propre et pure folie,
> Il se lança dedans. C'était mal raisonné ;
> Ce cierge ne savait grain de philosophie.

Mais non content de prolonger un instant la comparaison en faisant du cierge un ignorant en « philosophie », La Fontaine fait ressurgir Empédocle à la fin pour détourner sur lui, soudain, une surenchère de raillerie :

> L'Empédocle de cire au brasier se fondit :
> Il n'était pas plus fou que l'autre.

Pourquoi ces allusions répétées à la « folie » d'Empédocle ? Des récits compilés par Diogène Laërce[9] sur la mort de celui-ci, deux, attribués à Hermippe et à Diodore d'Éphèse, l'expliquent par le désir de faire croire à une apothéose ; et l'on admettrait volontiers que le philosophe qui se jette dans le cratère de l'Etna afin de passer pour un Immortel est assimilable au cierge qui se lance dans le brasier pour « vaincre l'effort des ans ». Mais justement ce n'est pas cette version que retient La Fontaine : Empédocle, écrit-il en note,

---

9 *Vies, doctrines et sentences des philosophes illustres*, Paris, Flammarion, 1993, II, p. 148-149. En dépit de sa médiocrité, ce recueil était d'usage courant aux XVIe et XVIIe siècles.

> ... ne pouvant comprendre les merveilles du mont Etna, se jeta dedans par une vanité ridicule, et trouvant l'action belle, de peur d'en perdre le fruit, et que la postérité ne l'ignorât, laissa ses pantoufles au pied du mont.

Le second trait, si célèbre qu'il soit, n'a rien qui justifie la comparaison avec le cierge ; quant au premier, il dissocie du désir d'immortalité le geste suicidaire, en l'imputant à la soif de connaissance et au dépit de ne pouvoir l'assouvir[10]. Serait donc censurée ici, comme plus folle encore que le projet d'acquérir une immortalité de minéral, la *libido sciendi*, dont peut en effet passer pour emblème l'étrange mort d'Empédocle, mise en rapport avec les ambitions démesurées de sa cosmologie et avec les aveux d'échec et de désespoir que lui attribue Montaigne en citant les paroles qu'il

> semait souvent en ses livres, comme agité d'une divine fureur et forcé de la vérité : Non, non, nous ne sentons rien, nous ne voyons rien, toutes choses nous sont occultes, il n'en est aucune de laquelle nous puissions établir quelle elle est[11].

Mais le philosophe d'Agrigente a un autre titre à figurer dans cette fable. Auteur du premier poème sur les phénomènes physiques, il est à la fois héros du savoir et maître des artifices de la parole. Il avait imité le style d'Homère, et possédait parfaitement, selon Aristote, l'art des métaphores et autres ornements de l'expression ; Diogène Laërce rapporte qu'il fut l'inventeur de la rhétorique, et eut pour disciple Gorgias, archétype du sophiste, qui l'aurait fréquenté alors qu'il s'occupait de magie. Associés aux plus vaines ambitions du savoir, les leurres du langage... Comme par hasard, le début de la fable en donnait un échantillon : le mythe des abeilles venues du ciel – non : « du séjour des Dieux » – sur l'Hymette, « dit-on », donne lieu à une profusion de périphrases et de métaphores, à la limite de la caricature :

---

10 Voir *Essais*, II, 12, PUF p. 497, IN p. 263, Fol. p. 245, l'histoire de Sextius qui se jette dans la mer par dépit de ne pouvoir faire de progrès en philosophie, et PUF p. 511, IN p. 286, Fol. p. 265, celle d'Eudoxus qui veut « voir le soleil de près, comprendre sa forme, sa grandeur et beauté, à peine d'en être brûlé soudainement. »

11 *Essais*, II, 12, PUF p. 510, IN p. 284-285, Fol. p. 264. Montaigne traduit Cicéron, *Académiques*, II (Lucullus) : « *isti physici [...] exclamant quasi mente incitati, Empedocles quidem ut interdum mihi furere videatur, abstrusa esse omnia, nihil nos sentire, nihil cernere, nihil omnino, quale sit, posse reperire.* » – On notera l'insistance sur la « folie » momentanée du physicien qui mesure son ignorance.

> Quand on eut des palais de ces filles du Ciel
> Enlevé l'ambroisie en leurs chambres enclose [...]...

Ces arabesques verbales, déployées sur près du tiers du poème, sont désignées en outre à l'attention par le changement explicite de registre :

> [...] Ou, pour dire en français la chose,
> Après que les niches sans miel
> N'eurent plus que la cire, on fit mainte bougie ;
> Maint cierge aussi fut façonné.

Faisaient-elles allusion aux surcharges du style « ionien » d'Empédocle, et à ce que Bréhier appelle sa « machinerie » légendaire ? C'est bien possible, et sans doute pas tout à fait injuste, si l'on en juge d'après tel fragment du *Peri Physes* :

> Apprends d'abord les racines de toutes choses : Zeus qui brille, Héra vivifiante,
> Aidoneus, et Nestis qui alimente les sources des larmes pour les mortels...

– le feu, l'air, la terre et l'eau : la cosmologie matérialiste des quatre éléments se peuple de figures mythiques assez obscures pour que Diogène Laërce ne s'y reconnaisse pas très bien[12], ce qui donne à penser que la solennité mystérieuse de ce style compromet la clarté et peut-être la précision de l'enseignement ; Lucrèce, qui pourtant l'admire, a pris soin d'éviter à la fois ses complications et ses allégories trop proches des croyances religieuses. Que La Fontaine en ait eu connaissance directement ou, ce qui est plus probable, par Diogène Laërce, il pouvait y soupçonner les leurres d'un imposteur ou les chimères d'un visionnaire, à joindre au vain projet de savoir universel dans une même dérision.

La petite fable du *Cierge*, avec sa moralité bien plate, « Tout en tout est divers », se nimbe ainsi d'un contexte virtuel de paroles anciennes bruissant autour du nom d'Empédocle et de sa mort légendaire, contexte auquel renvoie le dernier vers sans l'identifier tout à fait, puisque l'on doit se demander quelle était au juste la « folie » du philosophe pour entrevoir, sans certitude, ses fantasmagories scientifiques et poétiques.

12 Il explique que le poète désigne « par Héra, la terre, et par Aidoneus, l'air ». En fait, Aidoneus est un nom d'Hadès, dieu des enfers et du sous-sol ; quant à Héra, une équivoque sur son nom l'associait à l'air – ce que confirme l'adjectif « vivifiante » : il s'agit du souffle de vie. Nestis est une divinité sicilienne, probablement marine.

C'est là une structure de demi-énigme constamment à l'œuvre dans la poésie de la Renaissance, dont La Fontaine prolonge la tradition jusqu'à la fin du XVIIe siècle : allusions imprécises, sens fugace, produit par la convergence (les traits sans liens apparents, le style orné au début du texte, la plongée dans l'Etna à la fin) qui ne se raccordent qu'à l'arrière-plan, selon les données de l'héritage humaniste. Tout se passe comme si, pour suggérer les secrets ou les mirages de la poésie philosophique, le poème se faisait lui-même mystérieux, et déroutait le lecteur en assertant clairement l'accessoire pour faire miroiter en marge l'essentiel. Ce sont là des espèces de tenues (surtout si l'on se réfère aux normes d'une époque où la majorité des lettrés a oublié la culture du siècle précédent, ou la tient en suspicion) ; elles ont pour objet les artifices qui parasitent le savoir dès qu'il vise au-delà de ses bornes, quitte à le transmuer en poésie, au risque d'extravagance. S'il n'y a pas lieu de compter cette fable au nombre des célébrations du mensonge, elle a partie liée avec elles, et plus profondément peut-être que si elle était plus explicite, en ce qu'elle utilise, pour dévoiler à moitié les leurres et les séductions des poèmes de haute volée, un leurre, sa pseudo-moralité, et des séductions, ses ornements mythologiques et stylistiques, son humour, et, à la fin, la surprise de l'épigramme.

Cela nous conduit au poème qui, je dois l'avouer, a motivé mon choix du livre IX comme texte-témoin des mensonges crétois dans les Fables : le *Discours à Madame de la Sablière* placé à la fin de ce livre en 1679 et en 1692 – mais sans numéro, ce qui le distingue des fables sans l'en dissocier[13]. Obligé de passer vite, je ne m'attarderai pas sur la controverse philosophique avec le cartésianisme, trop étudiée du reste pour qu'un profane ait la prétention de pouvoir dire quoi que ce soit de neuf. Mais la présentation des exemples, destinés en principe à étayer l'argumentation en faveur de l'intelligence animale, appelle quelques remarques.

Les premiers ont ceci de particulier que les descriptions de comportements qui font valoir la thèse du poète s'achèvent sur des conclusions de quasi-récits. Après avoir détaillé les efforts du cerf pour échapper à la meute, décrit sa ruse la plus élaborée (la substitution d'un

13 Ce poème partage son titre de « discours » avec un autre poème philosophique publié dans les *Fables*, Le *Discours à M. le Duc de La Rochefoucauld* ; mais celui-ci porte le numéro 14 dans le livre X.

congénère plus jeune), et, avec un commentaire admiratif, énuméré ses autres « stratagèmes », La Fontaine conclut :

> On le déchire après sa mort :
> Ce sont là ses honneurs suprêmes.

Parfaitement superflus dans l'argumentation, puisque le succès ou l'échec des manœuvres de l'animal ne change rien à l'intelligence qu'elles attestent, ces deux vers transforment rétrospectivement la description en récit dramatique et pathétique : la Mort du Cerf. De même, en sens inverse, pour l'exemple suivant, de la perdrix : elle réussit à sauver ses petits en faisant mine d'être blessée pour détourner sur elle les poursuivants,

> Et puis, quand le chasseur croit que son chien la pille,
> Elle lui dit adieu, prend sa volée, et rit
> De l'homme qui, confus, des yeux en vain la suit.

L'envol final de cet oiseau qui « rit », et la déception du chasseur, autant d'images qui incitent le lecteur à se plaire au récit d'une issue favorable, sans lui donner de nouveaux indices de l'habileté de la perdrix à jouer son rôle de gibier facile : ici encore, l'argument par l'exemple est dévié en scénario d'une minuscule comédie, avec dénouement. Les vers suivants, sur les castors, ne se conforment pas à ce schéma ; ceux qui ont trait aux bubaks de Pologne, non plus ; mais ces derniers, en compensation, esquissent à la fin une célébration épique : les mille inventions

> D'une pernicieuse et maudite science,
> Fille du Styx et mère des héros,
> Exercent de ces animaux
> Le bon sens et l'expérience.
> Pour chanter leurs combats, l'Achéron nous devrait
> Rendre Homère. Ah ! s'il le rendait,
> Et qu'il rendît aussi le rival d'Épicure !
> Que dirait ce dernier sur ces exemples-ci ?

C'est à la fois le programme d'une Iliade à composer pour ces héroïques quadrupèdes, et un hommage aux grandes figures de la poésie et de la philosophie antique, parmi lesquelles Descartes se voit placé, malgré qu'il en ait, par la grâce d'une périphrase.

Ces quelques fantaisies ne compromettent nullement la conduite du raisonnement ; elles font tout au plus entrevoir quelques échappées vers les chemins de traverse du récit ou de l'éloge. Mais il ne s'agit là que de préparatifs. Le coup de force qu'ils préfiguraient, ou le coup d'éclat, s'accomplit juste après le dernier exposé de la doctrine cartésienne, à l'instant où La Fontaine, après une ultime escarmouche sur les rapports de l'âme avec le corps, fait mine d'être convaincu et parait concéder à son adversaire, sous l'arbitrage d'« Iris », le point essentiel du débat, en déniant l'« esprit » aux bêtes :

> Ce que je sais, Iris, c'est qu'en ces animaux
> Dont je viens de citer l'exemple,
> Cet esprit n'agit pas, l'homme seul est son temple.
> Aussi faut-il donner à l'animal un point
> Que la plante après tout n'a point.
> Cependant la plante respire :
> Mais que répondra-t-on à ce que je vais dire ?

– Ce qu'il va dire, c'est une fable. Tout l'indique : les marques typographiques, avec le titre en capitales, séparé par doubles intervalles de la suite de vers qu'il interrompt ; la formulation de ce titre, hors prosodie, hors syntaxe, *Les Deux Rats, le Renard et l'Œuf*, selon le stéréotype de l'énumération, le plus fréquent dans les fables ; le style narratif empreint de la « bonhomie » du fabuliste, et l'anthropomorphisme discret de ses images ; l'apparition de « Maître Renard », un « *quidam* » bien connu, celui de la seconde fable du livre I, où il flattait Maître Corbeau ; et même une personnification allégorique, « Nécessité l'ingénieuse », issue de la plus vieille sapience aussi bien que des spéculations de Platon sur le couple Poros et Pènia. Il faut se rendre à l'évidence : même si l'anecdote est empruntée à Guillaume Le Vasseur, dont la *Description des contrées du royaume de Pologne* a déjà fourni l'exemple des bubaks[14], elle est présentée comme une fable, et c'est ce qui compte pour notre propos. À cela, « que répondra » Descartes, ou même n'importe quel partenaire de la

14 Référence due à P. Dandrey, *op. cit.*, p. 131. Le fait que La Fontaine ait trouvé ces deux exemples dans le même ouvrage est significatif : il a décidé de les traiter diversement, l'un comme document d'histoire naturelle, l'autre comme récit en style de fable ; à titre de raccord malicieux, peut-être, le souhait exprimé en conclusion des vers sur les bubaks, qu'il se trouve un Homère pour les chanter : eux aussi sont dignes de passer en fiction.

discussion philosophique (« on »)? Rien. Ce langage n'est pas le sien; « on » peut tracer la courbe et calculer le volume d'un œuf, ou spéculer sur ses propriétés biologiques, évaluer la force mécanique nécessaire au déplacement d'un traîneau et la comparer au potentiel d'énergie d'un muscle, ramener le tout à des corps étendus mis en mouvement, ou à un système d'opérations finalisées; mais quand le traîneau et son attelage sont métamorphosés en raton porteur et raton tracteur, avec un œuf frais entre les pattes et Maître Renard aux trousses, mieux vaut faire appel à Cendrillon, plus qualifiée que Descartes, Gassendi et Bernier pour expliquer la physique et la métaphysique du pays des Fées. Quant au fabuliste, il triomphe :

> Qu'on m'aille soutenir, après un tel récit,
> Que les bêtes n'ont point d'esprit.

et il reprend sa plume de philosophe sérieux pour exposer ses propres lois de répartition de l'énergie spirituelle :

> Pour moi, si j'en étais le maître,
> Je leur en donnerais aussi bien qu'aux enfants.

Reste à fabriquer le type d'esprit dont l'animal sera doté; le démiurge n'est pas trop embarrassé :

> Je subtiliserais un morceau de matière
> Que l'on ne pourrait plus concevoir sans effort,
> Quintessence d'atome, extrait de la lumière [...].

Et après quelques approximations de matière subtile empruntées à Bernier, l'alchimie entre en jeu, sous sa forme galvaudée et discréditée de transmutation des métaux :

> [...] ne sort-il pas de l'or
> Des entrailles du plomb?

Bien entendu, les hommes seront avantagés (« Je ferais notre lot infiniment plus fort ») par l'octroi d'une âme supplémentaire :

> [...] entre nous et les anges
> Commune en un certain degré;

Et ce trésor à part créé
Suivrait parmi les airs les célestes phalanges,
Entrerait dans un point sans en être pressé,
Ne finirait jamais quoique ayant commencé,
Choses réelles quoique étranges.

La lecture des pages que Montaigne consacre à la nature de l'âme dans son « Apologie de Raimond Sebond », que La Fontaine connaissait bien et devait avoir présente à l'esprit en écrivant un poème sur l'intelligence animale, donne quelques raisons de soupçonner un brin de raillerie dans l'inventaire de ces « étranges » propriétés de l'âme humaine ; mais laissons ce point, trop complexe et trop contesté pour être abordé ici. L'essentiel, pour la question à résoudre, est que dans l'agencement du texte, sinon dans son contenu, une logique de la fiction a pris le relais de l'ordre des spéculations physiologiques ou métaphysiques à la manière de Descartes, pour démasquer peut-être la vraie nature de ces spéculations, que Montaigne avait déjà tournées en dérision :

> La philosophie nous présente non pas ce qui est, ou ce qu'elle croit, mais ce qu'elle *forge* ayant plus d'apparence et de gentillesse. [...] Considérons un peu ce qu'elle dit de nous-mêmes et de notre contexture. Il n'y a pas plus de rétrogradation, trépidation, accession, reculement, ravissement, aux astres et corps célestes, qu'il en ont *forgé* en ce pauvre petit corps humain. Vraiment ils ont eu par là raison de l'appeler « le petit monde », tant ils ont employé de pièces et de visages à le *maçonner* et *bâtir*. [...] En combien de parties ont-ils divisé notre âme ? en combien de sièges logée ? à combien d'ordres et étages ont-ils départi ce pauvre homme ? [...] C'est un sujet qu'ils tiennent et qu'ils manient : on leur laisse toute *puissance de le découdre, ranger, rassembler et étoffer*, chacun à sa fantaisie, et si, ne le possèdent pas encore[15].

Aux bricolages théoriques des philosophes qui arrangent à leur guise l'homme et les autres créatures, La Fontaine réplique en prenant la même initiative démiurgique, dont il accuse un peu les traits : il élabore dans son atelier de créateur la substance pensante qu'il distribue équitablement selon les leçons tirées de l'observation des animaux de ses fables, dont les délégués, renard et rats, ont pénétré par effraction dans son discours afin de le cautionner tout en l'égayant,

15 *Essais*, II, 12, PUF p. 537, IN p. 328-329, Fol. p. 300-301.

non sans donner à entendre que la doctrine convient parfaitement au monde dont ils viennent, comme si elle était faite exprès pour lui. Empruntons à Cyrano de Bergerac son hypothèse encore plus audacieuse, des choux philosophes dotés par Dieu, à défaut d'immortalité, d'« un intellect parfait, une connaissance universelle des choses dans leurs causes », comparable à la connaissance angélique[16]. Cela nous permettra d'achever le parcours en revenant au dialogue initial entre les compères menteurs, pour mettre le gigantesque chou pensant des cogitations cartésiennes à cuire dans le pot fabuleux que La Fontaine a façonné à sa mesure.

Tel est en effet le type de vérité que proposent les fables du Crétois : une très perceptible ironie, profilée en contrechamp des fictions, des boniments, des chimères et épouvantails, des mythes, des cosmologies et des systèmes métaphysiques, pour rappeler qu'ils sont contingents et factices, et permettre ainsi de les accueillir, d'en faire l'essai, de les assumer éventuellement par décision ou par complaisance, mais sans leur reconnaître l'autorité de doctrines accréditées objectivement, de menaces réelles, de fascinations infaillibles.

Cette attitude de discrète réserve que La Fontaine adopte, et fait adopter à son lecteur, a été souvent considérée comme caractéristique de son art. Marcel Raymond, entre autres, analyse admirablement sa manière de tenir la fiction à distance :

> Il faut que le lecteur pas un instant ne perde tout à fait le sentiment de l'illusion ; il faut qu'il ne soit jamais pris au point d'oublier que ce qu'il admit, n'est pas vrai, que cette vie n'est qu'un songe. « On sort de la tragédie ainsi que d'un songe », dit Ariste. C'est cela qui est beau[17].

C'est, appliquée à Psyché, la version esthétique du paradoxe du Crétois : le poète rappelle sans cesse à son lecteur qu'il déploie devant lui une fantasmagorie. S'agissant d'un conte, l'effet est global, et n'affecte pas telle ou telle signification ; qui ne le percevra pas fera une lecture naïve, peut-être enfantine, mais pas erronée. Mais lorsque la même ironie s'applique à des leçons de morale, elle peut en modifier

16 *Les États et Empires de la Lune*, Paris, Éditions Sociales, 1959, p. 124.
17 *Génies de France*, Neuchâtel, La Baconnière, 1942, « Psyché et l'art de La Fontaine ». p. 95. Voir aussi p. 107.

radicalement le sens, par déplacement d'accent. Il convient de signaler l'effet, pour en mesurer la portée et les risques, en prenant pour exemple une fable qui ne comporte ni mythe ni mensonge, et même énonce pour moralité un axiome des plus vénérables : « Dieu fait bien ce qu'il fait [...]. »

On n'a pas manqué de le confirmer, « La Fontaine écrit *Le Gland et la Citrouille* pour louer la sagesse de Dieu et inviter l'homme à l'humble acceptation de l'ordre des choses[18] ». Mais en paraphrasant ainsi le premier hémistiche et l'avant-dernier vers, on en tire une leçon solennelle qui fait abstraction de tout le comique des paroles de Garo, comme s'il n'était qu'un ornement destiné à rendre l'idée plaisante sans produire de sens. Pourtant, le titre et les trois premiers vers privilégient l'aspect saugrenu, par disproportion, de cet argument cosmologique :

> [...] Sans en chercher la preuve
> En tout cet univers et l'aller parcourant,
> Dans les citrouilles je la treuve.

Tous les propos de Garo sont empreints de la même disproportion bouffonne entre ce qu'il « considère » dans son jardin, une citrouille, un chêne, un gland, et les conclusions qu'il en tire sur l'ordre de l'univers et les desseins de « l'auteur de tout cela » réduit lui-même aux dimensions des sermons du curé voisin. Tous, et pas seulement les sottises présomptueuses du premier monologue ; le champ d'investigations, si l'on peut dire, se restreint même davantage dans le second : tout se passe sur la moitié du visage du bonhomme, entre son nez que le gland fait saigner et sa barbe où il le retrouve empêtré ; cela lui suffit pour comprendre les intentions de Dieu et le louer « de toute chose ». Toujours la même disproportion entre l'objet du propos et sa conclusion, et la même faute de raisonnement : Garo ne passe pas de l'outrecuidance à la sagesse, il critique puis approuve, mais déraisonne dans les deux cas. Que signifie ce ridicule ?

Entre les deux monologues, un trait amusant, et comme gratuit, l'indique :

---

18 Antoine Adam, *Histoire de la Littérature Française au XVIIe siècle*, Paris, Domat, 1954, p. 53. On s'étonne de voir cet excellent spécialiste du XVIIe siècle s'arrêter à une telle interprétation – peut-être parce qu'elle est censée confirmer l'intérêt de La Fontaine (par ailleurs avéré) pour les cosmologies finalistes de Gassendi et de Bernier.

> Cette réflexion embarrassant notre homme,
> On ne dort point, dit-il, quand on a tant d'esprit.
> Sous un chêne aussitôt il va prendre son somme [...].

La sieste est nécessaire au récit, mais pas la sentence inquiète qui la motive, et mesure les prétentions du philosophe des champs : émerveillé de ses spéculations, il craint d'en perdre le sommeil, par surmenage cérébral, et s'empresse donc de « prendre » son somme. Ce trait désigne, comme disposition générale du personnage (saisi un instant comme tel, avec ses gestes, et non plus seulement comme discoureur), le « cuider », présomption de savoir et de perspicacité qui l'incite à prononcer ses verdicts en toute incompétence, et, incidemment, à juger de travers. Ainsi s'éclaire l'intention de la fable : elle vise non seulement les libertins qui tirent argument du désordre des choses pour contester l'idée de Providence, mais aussi bien les dévots « contrerôleurs ordinaires des desseins de Dieu[19] » qui prétendent rendre compte de tous les mystères de l'Univers et de l'Histoire selon des plans éternels à la mesure de leur courte vue. Garo joue tour à tour les deux rôles, de Don Juan et de Sganarelle : « À quoi songeait l'auteur de tout cela ? » ironise l'esprit fort ; et le théologien au nez meurtri répond : « Sans doute il eut raison. *J'en vois bien à présent la cause* », les citrouilles poussent à terre pour que je dorme en sécurité. L'un et l'autre sont justiciables des railleries qu'Apollon adresse à l'homme dans les *Essais* : « Tu es le scrutateur sans connaissance, le magistrat sans juridiction, et après tout, le badin de la farce[20]. » Et la moralité n'est pas dans les trois premiers vers, qui parodient les trajets ésopiques entre universel et familier, mais dans le dernier, « Garo retourne à la maison » – symbole le plus humble et le plus quotidien du retour à soi, vigilance de la conscience lucide pour Socrate, repos dans la niche pour le badin de la fable. Car s'il est vrai que « Dieu fait bien ce qu'il fait », il n'appartient pas à Garo de le vérifier ; ni d'ailleurs au fabuliste consciencieux qui tire de sa mésaventure une preuve cosmologique, pour un lecteur aussi naïf que lui ; ni sans doute au double moqueur de ce fabuliste, le Crétois qui a disséminé dans le texte les indices propres à dévoiler ses leurres. Et s'il y avait

19 *Essais*, I, 32, PUF p. 215, IN p. 359, Fol. p. 411.
20 *Essais*, III, 9, PUF p. 1001, IN p. 333, Fol. p. 314.

en arrière-plan un autre Crétois encore un peu plus retors, ou plus conscient des pièges du code de la fable, et plus habile à jouer avec eux, ou à les déjouer ?

Cette dernière hypothèse n'est pas une clause de style. Car, à s'attacher comme nous venons de le faire aux marques les plus évidentes de l'ironie de La Fontaine, paradoxes de bonimenteur, ventriloquie de marionnettiste, jeux d'apprenti-démiurge ou de dieu des jardins potagers, on risquerait d'oublier que leur principal effet est d'attester par endroits la présence d'une structure latente dans l'ensemble du texte : l'espèce de dédoublement par lequel l'écrivain se place en retrait de ses idées ou de ses rêves, pour les réfléchir, au sens précis du terme, sans que le miroir intérieur soit nécessairement déformant par caricature ou idéalisation. Montaigne, qui pratique constamment et de propos délibéré cette écriture spéculaire, lui assigne une fonction de contrôle et de confirmation autant que de critique ; et il a recours à ses artifices les plus manifestes pour neutraliser les fraudes de la rhétorique[21]. La Fontaine compte parmi les très rares écrivains qui ont compris et assimilé ce type de pensée et d'écriture, et il l'a affiné encore, en estompant les pratiques dont il procède, de remaniement incessant de l'intertexte humaniste, et en accentuant du même coup ses aspects ludiques. Le résultat, souvent, défie l'analyse. Il n'y a pas lieu de le regretter : à se rendre aussi insaisissable, l'ironie de La Fontaine devient l'un des plus subtils sortilèges de sa poésie.

21 Voir sur ce point « Les prosopopées ironiques dans les *Essais* », *Rhétorique de Montaigne*, Actes réunis par Frank Lestringant, préface de Marc Fumaroli, conclusion de Claude Blum, Paris, Champion, 1985.

DISCUSSION

Pierre RONZEAUD : Je voudrais d'abord remercier André pour son parler vrai virtuose sur la valeur heuristique du mensonge poétique, tout en rappelant aux agrégatifs qu'ils n'ont pas le même droit que le fabuliste à la fiction.

J'aimerais ensuite enchaîner sur son propos à partir du vers 50 de *La Souris métamorphosée en fille*, où La Fontaine dit, au sujet de sa fable : « Quelque peu de sophisme entre parmi ses traits » : remarque particulièrement intéressante, puisqu'elle pose un rapport ironique entre l'argumentation et l'élocution, entre le sophisme et l'ornement (les traits). Il y a là une sorte de définition de l'écriture paradoxale dont André Tournon vient de démonter le fonctionnement.

J'aimerais enfin, pour lancer la discussion, poser une question qui irait dans le sens du rapprochement fait par André entre la pensée ondoyante et diverse de La Fontaine et celle de Montaigne, pour me demander s'il n'y a pas des médiations à évoquer dans ce domaine. Je songe à Théophile de Viau, qui dans l'*Élégie à une Dame* revendique le droit à la diversité pour sa poésie, comme reflet d'une structure fondamentale de son esthétique mais également de son inspiration. Et qui, d'autre part, dans un certain nombre de textes comme la *Satire Première*, utilise cette stratégie de la suggestion d'un contenu culturel caché que tu as analysée chez La Fontaine. Et je me demande s'il n'y a pas, de Montaigne à La Fontaine, d'autres relais dans cette tradition de la pensée mouvante, où la diversité ne s'inscrit pas seulement dans un art du mensonge, mais peut apparaître comme un moyen légitime pour restituer une réalité relative, mouvante, protéiforme, insaisissable dans ses aspects divers, et donc de la rendre par une écriture à la fois paradoxale et masquée.

André TOURNON : Je souscris entièrement à ce que vient de dire Pierre Ronzeaud. Je voudrais ajouter que le rapport que tu établis entre La Fontaine et Théophile de Viau est confirmé par un autre trait commun aux deux, qui est un trait d'esthétique maniériste, au sens strict du terme. Théophile, comme La Fontaine, écrit en se mettant quelque peu en retrait de ses fictions, et montre la machinerie fabuleuse qu'il élabore. Dans *La Maison de Sylvie*, en particulier, on peut voir une réflexion systématique sur le pouvoir d'enchantement du poète (d'autant plus nécessaire qu'il se trouvait alors en prison, lorsqu'il écrivait ce texte) qui contribue à la poétisation des choses. Je signale que Marcel Raymond a admirablement éclairé cette sorte de langage, comme décalé, dans son article sur « *Psyché* et l'art de La Fontaine ».

Pierre RONZEAUD : La connaissance de l'esthétique de *Psyché* est en effet indispensable à la compréhension de l'art de La Fontaine.

Roger DUCHÊNE : Si « j'osais ajouter aux mots de l'interprète… », et tout en admirant ton habileté et ton savoir, je voudrais m'arrêter sur un point, qui m'inquiète un peu. Il s'agit de ton interprétation du *Discours à Madame de La Sablière.* Tu nous a parlé d'une logique de la fiction qui fait du personnage un acteur dans un pur jeu philosophique qui ne correspondrait pas à l'explicitation d'une doctrine existante à laquelle il se rattacherait. Tu as mis en cause l'expression « quintessence d'atome ». Je ne garantis pas de mémoire qu'on la trouverait dans un texte philosophique du XVIIe siècle, mais cela ne me paraît pas impossible. Surtout je voudrais te renvoyer à Busson, à son édition du *Discours à Mme de La Sablière* ou à son article de la *Revue d'histoire littéraire de la France* de janvier-mars 1935, « La Fontaine et l'âme des bête ». Il y montre fort bien que tous les développements sur ce sujet sont, sinon du pur Gassendi, du moins du Bernier, du Gassendi revu par Bernier. Comment concilies-tu le fait qu'il s'agit donc d'un résumé d'une doctrine philosophique favorable à l'âme des bêtes, pour l'opposer à la doctrine cartésienne, avec ton idée, ingénieuse, mais tout de même différente, et peut-être même contradictoire, qu'il s'agirait d'un jeu relevant d'une logique de l'imaginaire et non d'une logique de la réalité et de la science. Autrement dit, est-ce un vrai discours philosophique ou bien est-ce un jeu sur le discours philosophique ?

André TOURNON : C'est précisément le problème de la philosophie de l'Essai que je retrouve chez La Fontaine comme chez Montaigne. Lorsque Montaigne parle ironiquement, cela ne veut pas dire qu'il n'adhère pas à ce qu'il présente, ou qu'il considère ce qu'il raconte comme faux, cela veut dire simplement qu'il se place à distance. Pour le *Discours à Madame de La Sablière*, je serais d'accord pour admettre que La Fontaine y expose une doctrine qu'il juge bien plus raisonnable que celle de Descartes, doctrine de Gassendi, sur un point où, soit dit entre parenthèses, Gassendi était encore en rapport avec le célèbre plaidoyer de Montaigne sur l'intelligence animale, dans l'Apologie de Raymond Sebond. Je ne crois pas du tout qu'il cherche à la tourner en dérision, mais simplement, qu'un peu comme Montaigne, justement, lorsque celui-ci expose non seulement ce qu'il tient pour vrai mais aussi ses convictions personnelles, il se tient en retrait, et il marque cette attitude de retrait, qui n'est pas un désaveu, avec cet appareil rhétorique du démiurge. Autrement dit, il s'agirait de concevoir, ce qui est peut-être plus facile d'ailleurs au XVIe siècle et au XVIIIe siècle qu'au XVIIe siècle, que les spéculations philosophiques peuvent être à la fois authentiques et compromises par l'ironie sous-jacente de celui qui sait que le savoir qu'il présente actuellement n'est jamais que la correction d'une ancienne erreur et qu'il est destiné à être ultérieurement corrigé par un nouveau savoir qui lui-même sera destiné… et ainsi de suite. Je pense par exemple à la façon dont Montaigne parle de la découverte du Nouveau Monde. C'est une certitude scientifique et philosophique évidente : l'Amérique existe, on y est allé, on en est revenu, et Montaigne présente cette découverte du Nouveau Monde comme une preuve de l'incapacité de l'homme à atteindre la vérité : parce que auparavant on ne le connaissait pas, et parce qu'ensuite on découvrira d'autres nouveaux mondes. L'attitude similaire de La Fontaine n'implique pas que celui-ci ne soit pas un disciple réel de Gassendi.

Roger DUCHÊNE : J'accepte la notion de distance et la notion d'ironie, mais l'expression « logique de la fiction » me paraît un peu excessive, dans la mesure où il y a une logique du discours qui est sous-tendue par une organisation préalable d'ordre philosophique.

Pierre RONZEAUD : Il me semble qu'il y a, dans le *Discours*, une différence de statut entre les preuves tirées de la pensée de Gassendi, telle qu'elle a été transmise par l'*Abrégé* de Bernier, et les preuves qui sont tirées de l'expérimentation zoologique la plus empirique et la plus manifeste. Et je me demande si l'effet de décalage ne vient pas aussi de la réunion d'un discours philosophique sur l'atome, c'est-à-dire sur la structure du monde (qui reste malgré tout une construction de l'esprit) et d'un donné expérimental vérifié concernant les animaux témoins. La Fontaine n'a-t-il pas un peu tendance à sérier ce qui est du domaine de la théorie (Descartes, mais aussi Gassendi, même si ses préférences vont immédiatement à celui-ci) et ce qui est du domaine de l'expérience (le hibou, les castors ou le renard anglais) ?

André TOURNON : Ce qui me frappe dans le *Discours* ne vaut peut-être pas évidemment dans les cas du hibou ou du renard : c'est de voir que ce qui est donné comme argument massue en faveur de l'empirisme est présenté en même temps, de la façon la plus criante, comme une fable. C'est un paradoxe de taille !

LE PENSEUR, LE MORALISTE ET LES PIGEONS [1999][1]

Non, ce n'est pas un titre de fable. À peine une devinette, bien facile : le penseur étant Montaigne, entre autres, le poète sera La Fontaine. Quant aux pigeons, ils « s'aimaient d'amour tendre », en vertu du livre IX des *Fables* ; et, en vertu du chapitre IX du troisième livre des *Essais*, ou encore de la cruelle fable-express de Tristan Bernard, « l'un d'eux s'ennuyait au logis »...

Je me propose de montrer que la tendresse mutuelle de ces pigeons, avivée par la séparation, l'anxiété, puis la joie des retrouvailles, perturbe quelque peu « la morale des moralistes ». Ce qui revient à suivre les suggestions de la jolie gravure choisie pour emblème du présent colloque : cet Éros Hypocoristique tout souriant, qui paraît chatouiller le menton de Sénèque après lui avoir ôté son grave masque de sérénité, non sans avoir inscrit la maxime de sa gaîté sur le socle du philosophe.

En prologue, introduisons donc Sénèque avec son *De tranquillitate animi*, mais comme coryphée d'une foule de sages antiques, stoïciens, épicuriens, pyrrhoniens et autres, qui répètent, pour une fois à l'unisson entre eux et avec les moralistes chrétiens dans le grand chœur du syncrétisme humaniste, qu'il n'y a de bonheur que dans la sérénité, la tranquillité de l'âme, voire l'ataraxie et l'indifférence ; que toutes les passions, tous les désirs sont nocifs, parce que causes d'inquiétude et de frustration, même pour celui qui croit pouvoir les assouvir ; et entre tous l'amour, toujours un peu fou même s'il est tendre, toujours aliénant, et, abstraction faite de ses éventuelles dépravations, toujours dégradant, selon Cicéron, par cela seul qu'il trouble l'esprit[2]. Lucrèce l'épicurien le dit

1 Paru dans *La morale des moralistes*, Textes recueillis par Jean Dagen, Paris, Champion, 1999, p. 95-105.

2 *Tusculanes*, IV, 35 : « *Omnibus enim ex animi perturbationibus est profecto nulla vehementior, ut, si jam ipsa illa accusare nolis, stupra dico et corruptelas et adulteria, incesta denique, quorum omnium accusabilis est turpitudo, sed ut haec omittas, perturbatio ipsa mentis in amore foeda per*

avec plus de force qu'aucun autre, ne serait-ce que parce qu'il dévoile le triple aspect du *furor amoris*, fascination, illusion et souffrance :

> Semblables à un homme qui, dans un rêve, veut apaiser sa soif et ne trouve pas d'eau pour éteindre l'ardeur qui le consume – il s'élance vers des simulacres de sources, il s'efforce en vain, il demeure assoiffé au milieu du torrent où il tente de boire – ainsi les amants sont leurrés par les simulacres de Vénus[3]...

Inutile sans doute de multiplier les références. Mais il faut s'attarder un peu sur Montaigne. Il n'accueille qu'avec quelque réserve les ressassements de la défiance ou de la réprobation ; il en situe les échos, dans son livre, à distance critique, grâce à la pratique de l'essai qui lui permet de se placer comme en retrait des propos qu'il répète ou qu'il tient lui-même. Cette attitude est perceptible surtout dans le « troisième allongeail » de 1588, qui est en partie une somme de réflexions sur l'éthique élaborée dans les *Essais* de 1580 ; et en traits particulièrement nets dans le chapitre « De la vanité », où le penseur hétérodoxe confronte avec l'instabilité qu'il assume, et avec sa problématique du sujet en quête de soi, les conseils des sages de la commune sorte, confondus avec les objurgations de son entourage[4] avant d'être repris finalement sur un mode plus grave, mais toujours comme préceptes étrangers, dans la prosopopée d'Apollon. Reste que Montaigne prête sa voix, au moins par instants, aux doctrines d'austérité, et cela dans l'une de ses méditations les plus hardies, « Sur des vers de Virgile ». Il approuve la réplique du stoïcien Panaitios de Rhodes au disciple qui lui demandait s'il siérait au sage d'être amoureux :

> Laissons là le sage, répondit-il, mais toi et moi, qui ne le sommes pas, ne nous engageons pas en chose si émue et violente, qui *nous esclave à autrui* et nous rende contemptibles à nous. Il disait vrai[5]...

---

se est. » – Voir, sur ce refus des perturbations aliénantes imputées à l'amour, les pages de Michel Foucault, dans *Le souci de soi*, Paris, Gallimard 1984, chap. II, spécialement p. 81-85.

3 *De Natura Rerum*, IV, 1097 *sq.* : « *Ut bibere in somnis sitiens quom quaerit, et umor / non datur, ardorem qui membris stinguere possit, / sed laticum simulacra petit frustraque laborat, / in medioque sitit torrenti flumine potans : / sic in amore Venus simulacris ludit amantes.* »

4 « Où cuidez-vous pouvoir être sans empêchement et sans destourbier ? [...] Voyez donc qu'il n'y a que vous qui vous empêchez. Et vous vous suivrez partout, et vous plaindrez partout. Car il n'y a satisfaction çà-bas que pour les âmes ou brutales ou divines [...]. Réformez-vous seulement, car en cela vous pouvez tout, là où vous n'avez droit que de patience envers la fortune », *Essais*, III, 9, PUF, p. 987, IN p. 312, Fol. p. 294-295.

5 III, 5, p. 891, IN p. 172, Fol. p. 158. La phrase citée prélude, en fait, à un plaidoyer en faveur des amours modérées, lui-même simple contrepoint d'une célébration nostalgique

Une telle déclaration, même infléchie et finalement désavouée par son contexte, suffit aux Arnolphe de toute époque pour enrôler son auteur dans leur morose cohorte. À tort, évidemment ; mais nous n'avons pas à examiner ce point. Retenons seulement que le grief essentiel formulé ici contre l'amour porte sur son pouvoir aliénant. Et venons-en à nos pigeons.

Pour noter, avant tout, que l'« amour tendre » qu'ils incarnent n'est pas une concession incidente au stéréotype, mais le trait dominant de tout le poème, du récit aussi bien que de la méditation qui lui tient lieu de moralité. Cette méditation sans doute, ou plutôt cette élégie, donne l'inflexion décisive, et conduit bien loin de la conclusion attendue sur les déboires qui sanctionnent le goût de l'errance. Mais déjà les vers de raccord entre l'élégie et le récit invitaient à saisir dans celui-ci autre chose que les mésaventures du pigeon voyageur : au terme du périple,

> Voilà nos gens rejoints ; et je laisse à juger
> De combien de plaisirs ils payèrent leurs peines.

– Il s'agit bien de « leurs peines » : celles de la séparation, communes aux deux pigeons, comme la joie des retrouvailles ; avec plus de discrétion que Pilpay[6], mais peut-être plus d'insistance, La Fontaine corrobore ce trait par l'économie de la narration : sur les 62 vers qu'elle occupe, 31 sont consacrés à ce qui définit l'attitude de mutuelle tendresse du couple, avant le voyage et ses incidents ; et même, dans le débat entre le sédentaire et son compagnon tenté par l'aventure, les craintes du premier esquissent, en ordre inversé, le canevas des malheurs qui attendent l'imprudent :

---

de la volupté, et de la poésie qui seule peut en exprimer les attraits. Sur l'agencement logique très complexe de ce chapitre, on pourra consulter « Les jeux de l'"honnesteté" » dans *La catégorie de l'honneste dans la culture du* XVI*e siècle*, Publications de l'Université de Saint-Étienne, 1985. p. 265-274.

6 Le fabuliste indien prête au pigeon sédentaire des arguments fondés sur l'affection : « On ne peut goûter de vrai plaisir lorsqu'on est éloigné de ses amis [...]. La séparation d'avec ses amis est une image de l'enfer » ; au moment du départ, le délaissé « ne peut s'empêcher de dire : Mon ami s'éloigne de moi en me donnant le coup de la mort » ; le voyageur, à chaque épreuve, a un mot pour regretter l'affection de celui qu'il a quitté ; et au retour il conclut : « Je sais trop bien présentement ce que l'on souffre en ne voyant pas ce qu'on aime » (*Contes et fables indiennes de Bidpaï et de Lokman traduits par Galland et Cardonne*, Paris, 1778, I, p. 78-105.

Je ne songerai plus que rencontre funeste,	(l'enfant meurtrier)
Que faucons,	(le vautour, autre rapace)
que réseaux.	(le lacs)
Hélas ! dirai-je, il pleut	(l'orage)

Quant à la réponse du voyageur, elle fait de ses aventures l'objet d'un futur récit adressé à celui qui reste au logis :

> Je reviendrai dans peu conter de point en point
> Mes aventures à mon frère.
> Je le désennuierai…

ce qui les unit fictivement dans le malaise initial et dans les épisodes à venir, dont le schéma est déjà fixé :

> Je dirai : « J'étais là ; telle chose m'advint. »
> Vous y croirez être vous-même.

La narration proprement dite est ainsi comme modelée d'avance par le dialogue où s'exprime l'affection ; et son style en porte les traces ; dans ses alternances d'émotion et d'humour, on distingue la perspective anxieuse du pigeon et la perspective moqueuse autant qu'apitoyée du conteur. Bref, tout, dans le récit, anticipe sur la célébration finale de l'amour, inaugurée par la prétérition qui en désigne le thème ; les « plaisirs » compensant les « peines » éprouvées par les deux pigeons.

Mais ces effets d'agencement, toujours discrets, orchestrent un écho très explicite, déjà signalé, d'ailleurs, par les commentateurs[7], entre la fable et son épilogue – indice qui va nous reconduire du côté des moralistes en désignant précisément le point crucial de leur désaccord avec le poète. Comme l'être instable décrit par Sénèque et par Lucrèce[8], le pigeon aventureux était incité au voyage par « l'humeur *inquiète* » (vers 20) autant que par le « désir de voir » ; et le poète, parlant en son propre nom, s'interroge :

> Faut-il que tant d'objets si doux et si charmants
> Me laissent vivre *au gré de mon âme inquiète* ?

7 Par Pierre Clarac, entre autres. Voir *La Fontaine, L'homme et l'œuvre*, Paris, Boivin, 1947, p. 130.

8 Voir le *De tranquillitate animi*, II, 13, ainsi que les *Epistulae ad Lucilium*, III, 28, et le *De Natura Rerum*, III, 1068 *sq.*

C'est le trait insolite : le mal vient de ce que les attraits de ces « objets si doux », les jeunes femmes de son entourage, ne peuvent plus retenir ses pensées. Autrement dit, La Fontaine emprunte bien aux moralistes les deux images traditionnelles de l'aliénation – l'instabilité manifestée par la manie des voyages, et l'élan passionné vers l'être aimé ou vers son simulacre – mais pour les opposer entre elles, et faire ainsi de l'amour une réponse à l'inquiétude, un gage d'apaisement et de stabilité retrouvée :

> Ne sentirai-je plus de *charme qui m'arrête* ?

Le terme de « charme » (sortilège) connote encore la fascination, donc l'aliénation ; mais la puissance qu'il désigne est bienfaisante : au lieu d'égarer, elle rassérène. Voilà ce qui est neuf.

À ce stade de la lecture, on ne saurait cependant prétendre que le propos de La Fontaine soit radicalement hétérodoxe ; car on pourrait l'expliquer en disant simplement qu'il projette sur l'amour les vertus que les philosophes attribuent à l'amitié[9] : relation de parfaite réciprocité, l'amitié n'aliène pas, n'égare pas ; bien au contraire, elle peut délivrer de l'inquiétude parce qu'elle assure à chacun son identité, fixée par le regard confiant et loyal de l'autre. Inutile de développer ce thème : il suffit d'évoquer les pages de Montaigne sur La Boétie, mais aussi bien les Maximes XXVII et XXVIII d'Épicure, et le *De amicitia* de Cicéron, et la troisième des *Lettres à Lucilius* de Sénèque ou encore une fois son *De tranquillitate animi* (VII), et le traité *Peri philadelphias* de Plutarque, et le livre VIII de l'*Éthique pour Nicomaque*, d'Aristote... Tout cela est bien connu. Quant à La Fontaine, on sait qu'il s'est fait le chantre de l'amitié, quitte à la situer au Monomotapa ; et sa prédilection pour elle est l'un des principaux caractères du portrait qu'en trace Mademoiselle de Scudéry, sous le nom d'Anacréon[10]. Que dans l'épilogue de la fable des « Deux Pigeons » il ait en vue l'amour, l'apostrophe aux « heureux amants » interdit d'en douter ; qu'il y assimile l'amitié, en dépit de toute la tradition, un détail l'indique avec beaucoup d'insistance. À trois reprises en effet les pigeons s'interpellent sous le

9 Voir Jean-Claude Fraisse, *Philia : la notion d'amitié dans la philosophie antique*, Paris, Vrin, 1984.

10 Voir Jacqueline Plantié, *La Mode du portrait littéraire en France (1641-1681)*, Paris, Champion, 1994, p. 459-460.

nom qu'avaient choisi Montaigne et La Boétie pour gage d'alliance. « Voulez-vous quitter *votre frère* ? » dit le délaissé, qui prévoit ensuite ses inquiétudes : « Mon frère a-t-il tout ce qu'il veut ? » ; et l'autre, promettant un prompt retour : « Je reviendrai sous peu conter de point en point / Mes aventures à mon frère[11]... ». L'amitié assimilée à cet « amour tendre » des oiseaux de Vénus, les « heureux amants » aussi sûrs l'un de l'autre que peuvent l'être de vrais amis, pourquoi pas ? Et l'on trouverait l'exemple de Philémon et Baucis, dont La Fontaine évoque le doux vieillissement :

> L'amitié modéra leurs feux sans les détruire,
> Et par des traits d'amour sut encor se produire.

Seulement, rien de tout cela n'est très convaincant. Et pour cause : cette lecture maintient en filigrane la distinction classique (l'amitié aux pigeons, l'amour aux amants) quitte à la déclarer neutralisée en prenant pour prétexte une légende du troisième âge... Le subterfuge n'est pas recevable : le texte en serait émoussé, faussé même. Il faut regarder de plus près. Et d'abord poser la question cruciale à l'écrivain qui est aux yeux de La Fontaine, comme de beaucoup de ses contemporains, le plus authentique représentant de la sagesse humaniste : il faut demander à Montaigne ce qui distingue l'amour de l'amitié. La réponse est donnée sans détour, avec une parfaite netteté : le feu de l'amour,

> ce n'est qu'un désir forcené *après ce qui nous fuit* [...]. Aussitôt qu'il entre aux termes de l'amitié, c'est-à-dire en la convenance des volontés, il s'évanouit et s'alanguit[12].

---

11 Le mot « pigeon », il est vrai, n'a pas de féminin, si ce n'est dans la langue burlesque, et pour désigner une jeune femme. Mais La Fontaine aurait pu suggérer une relation de couple sans s'embarrasser de difficultés lexicales : dans les *Contes*, il sait ruser avec les mots pour venir à bout de problèmes autrement scabreux : et dans la fable il pouvait marier un « pigeon » avec une « colombe », comme il avait fait ailleurs du brochet le « compère » de la carpe (VII 4) – Faut-il préciser qu'en refusant ainsi à ses pigeons l'opposition entre masculin et féminin, le poète n'autorise pas pour autant les fantasmes exégétiques sur les mœurs de ces volatiles ?

12 *Essais*, I, 28, PUF p. 186, IN p. 314, Fol. p. 370. Observons en passant que, prise à la lettre et scrutée avec quelque attention, cette formule aurait coupé court à maintes élucubrations sur la nature des sentiments qu'éprouvait Montaigne envers La Boétie : du vivant de celui-ci, l'amitié, la « convenance des volontés » ; après sa mort, qui fait de lui un être de fuite, une passion nostalgique, proche de l'amour, dont les accents résonnent douloureusement dans le chapitre qui lui est consacré.

Telle est la raison pour laquelle l'amour aliène celui qui l'éprouve : il a pour objet un être de fuite, comme l'amant invisible de Psyché, et comme Psyché elle-même pour cet amant qui ne peut la deviner, ni la prémunir contre la tentation fatale. Il est désir inassouvi, et assujettissement à une volonté étrangère, insaisissable. Dans cette relation, la question du sexe n'intervient qu'accessoirement, de même que celle de la chasteté. Rien de plus exacerbé, donc de plus aliénant, que le désir pétrarquiste, si platonique qu'il puisse se vouloir ou se prétendre ; de même, si différents qu'ils soient, l'amant platonicien et l'amant passionné décrit par Lucrèce ne sont pas plus l'un que l'autre maîtres d'eux-mêmes, *enkrateis héautôn* ; le serait bien davantage celui qui se procure un simple plaisir physique auprès d'une prostituée, selon le conseil donné par le même Lucrèce comme plus tard par Ovide. Car c'est bien parce que le désir amoureux cherche à atteindre l'inaccessible, la secrète volonté de l'aimé(e), comme dans l'érotique de Proust, qu'il est cause d'aliénation.

Mais d'après ce critère, nos pigeons ont beau s'appeler frères, leur langage est celui des amants, parce que leur relation, telle que la dévoile le projet de séparation – motif de toute l'anecdote – n'est pas la « convenance des volontés » ; évidence soudaine qui donne au délaissé des accents de tragédie :

> L'autre lui dit : Qu'allez-vous faire ?
> Voulez-vous quitter votre frère ?
> L'absence est le plus grand des maux ;
> *Non pas pour vous, cruel…*

Et l'on sait que dans les vers suivants il retrouve les arguments de Didon cherchant à retenir Énée, au moment d'un départ douloureux pour l'un et pour l'autre, mais meurtrier pour elle seule[13]. Cela interdit les échappatoires par *distinguo.* Pour faire de l'amour un gage de joie et de sérénité, La Fontaine n'a pas recours au flou artistique grâce auquel il pourrait lui donner, comme par confusion, les traits rassurants de l'amitié. Il lui conserve sa structure de désir et d'incertitude, de recherche

13 Voir *Énéide*, IV, 309-310 : « *Quin etiam hiberno moliris sidere classem / et mediis properas Aquilonibus ire per altum.* » – La Fontaine avait pu trouver aussi chez Pilpay une esquisse de la différence d'attitude entre les deux pigeons : au moment de la séparation, le délaissé se dit frappé à mort (voir ci-dessus note 6) ; l'autre, « qui n'était pas encore assez éloigné pour ne pas entendre ces paroles, n'en fut pas plus touché que des conseils qu'il n'avait pas voulu écouter. »

de l'Autre dans son irréductible singularité ; et il conforme à celle-ci les promesses de bonheur latentes dans son exhortation finale :

> Amants, heureux amants, voulez-vous voyager ?
> Que ce soit *aux rives prochaines* :
> Soyez-vous l'un à l'autre un monde toujours beau,
> Toujours divers, toujours *nouveau*...

– Si accessible qu'elle soit, la « rive prochaine » est de l'autre côté du fleuve ; ce qui signifie une séparation. Et la découverte de l'être aimé est errance dans la diversité et la nouveauté d'un monde inconnu. Seulement cette altérité et cette errance sont les conditions du désir, comme dans *Les Amours de Psyché*[14]. Là où les moralistes diagnostiquent une douloureuse frustration, La Fontaine reconnaît l'élan vers le plaisir et la vie – de même que son maître Rabelais avait transmué l'« altération », sécheresse et soif atroce lors de l'avènement de Pantagruel, en un prélude à la beuverie dionysiaque à laquelle incite le bon géant[15]. Les souffrances du pigeon délaissé, aussi bien que celles de son « frère » malchanceux, sont préludes aux retrouvailles. Pour les vrais amants, les mystères de l'altérité sont occasion d'émerveillement devant l'être proche et pourtant « toujours divers, toujours nouveau ». C'est ainsi que la passion peut délivrer de l'inquiétude, ou du moins lui assigner un objet qui lui ôte ses pouvoirs délétères, puisque, comme le dit Psyché dans les premiers jours de sa déréliction, « les ennuis d'amour ont cela de bon qu'ils n'ennuient jamais[16] ».

Mais gardons-nous de solliciter le texte jusqu'à y découvrir une apologie quasi surréaliste de l'amour fou[17]. La pensée de La Fontaine est plus discrètement paradoxale, plus complexe aussi, et de ce fait plus incisive.

---

14 Voir les propos de Cupidon à la jeune femme affligée de ne jamais le voir : « Le meilleur pour vous est l'incertitude, et qu'après la possession vous ayez toujours de quoi désirer : c'est un secret dont on ne s'était pas encore avisé » (*Œuvres*, éd. P. Clarac, Paris, Gallimard, 1942, II, p. 152) – et comme en contrepoint le sonnet de Psyché, p. 154. Voir aussi, p. 206, ce que dit celle-ci aux deux filles du sage ermite, sur l'ataraxie : « cette félicité languissante n'est pas une chose si souhaitable que votre père se l'imagine : les philosophes la cherchent avec grand soin, les morts la trouvent sans nulle peine. »

15 Voir Thomas M. Greene, « The Hair of the Dog that Bit You : Rabelais's Thirst », *Rabelais's Incomparable Book*, Raymond C. La Charité éd., Lexington, French Forum, 1986, p. 181-194.

16 *Les Amours de Psyché*, éd. citée, p. 206.

17 On pourrait en distinguer une esquisse à la fin de la fable « Le mari, la femme et le voleur », dans le même livre : en épilogue à cette satire d'un amour conjugal sans réciprocité, le

En raison d'abord de son ironie, que nous avons déjà vu affleurer dans le récit de l'*Odyssée* en miniature du pigeon voyageur, comme dans la transposition en langage d'oiseau des angoisses du délaissé. L'épilogue est également régi par un système polyphonique, de contrepoint, encore plus accusé et plus significatif. On y distingue sans peine

- les accents du moraliste hétérodoxe, qui célèbre, à l'adresse des amants, les désirs et plaisirs de l'aventure amoureuse ;
- puis l'évocation de ces plaisirs, à la première personne du singulier et au passé (« J'ai quelquefois aimé... »), mais sur un ton d'ironie et d'auto-parodie marqué par les réduplications emphatiques et, plus secrètement, par l'emprunt de plusieurs vers à un madrigal humoristique adressé huit ans auparavant à la duchesse de Bouillon[18] ;
- enfin, des accents de nostalgie presque poignante, d'un homme âgé qui mesure l'éloignement de ces amours juvéniles, et découvre que le lot de la vieillesse n'est pas la sérénité du sage affranchi des passions, mais bien l'inquiétude :

> Hélas ! quand reviendront de semblables moments ?
> Faut-il que tant d'objets si doux et si charmants
> Me laissent vivre au gré de mon âme inquiète ?

Encore un stéréotype moral (celui du *De Senectute*) démenti, mais avec gravité cette fois, et pour aboutir à la question anxieuse entre toutes,

> Ai-je passé le temps d'aimer ?

Ce dernier vers, en son extrême dépouillement, éveille de multiples résonances : sapientiales d'abord, par référence lexicale aux divers « temps » de la vie énumérés par le Sage[19] ; mais littéraires aussi, et plus récentes : il renvoie, dans les *Essais*, au chapitre « Sur des vers de

---

fabuliste dit son admiration à peine nuancée d'humour pour tel amant espagnol « Qui brûla sa maison pour embrasser sa dame, / L'emportant à travers la flamme. »

18 Dans une lettre de juin 1671 : « Peut-on s'ennuyer en des lieux / Honorés par les pas, éclairés par les yeux / D'une aimable et vive princesse / À pied blanc et mignon, à brune et longue tresse... » Et le poète écrivait un peu plus loin : « Pour moi le temps d'aimer est passé, je l'avoue » (éd. citée, II, p. 577).

19 Ecclésiaste, III, 1-8 : « Il y a le moment pour tout, et un temps pour tout faire sous le ciel : Un temps pour enfanter et un temps pour mourir [...]. Un temps pour étreindre et un temps pour s'abstenir des étreintes [...]. Un temps pour aimer et un temps pour haïr... »

Virgile », et spécialement à ses premières et dernières pages qui évoquent « les jeunesses passées[20] » et l'allégresse que le vieux philosophe ne retrouve plus qu'en rêve, par les sortilèges de la poésie. C'est par de tels accents que Montaigne arrive à dire sa nostalgie émerveillée de l'amour charnel, mais en concurrence, nous l'avons vu, avec les maximes désabusées des moralistes. Pour La Fontaine, pas trace de maximes désabusées ; mais sa nostalgie, plus mélancolique, met à distance les leçons souriantes adressées aux amants, au point d'infléchir le sens de l'apostrophe : « Amants, heureux amants » – l'épithète peut se lire rétrospectivement comme une expression d'envie : vous qui éprouvez ce bonheur qui m'est désormais refusé… Et cette même distance est perceptible dans l'ironie qui affecte l'évocation conventionnelle des amours juvéniles, en termes de pastorale.

Quelques mots, pour finir, sur ce dernier effet, de distanciation, qui pourrait être le plus caractéristique. Par ce biais, La Fontaine reprend une perspective de moraliste, mais infléchie selon le modèle d'un Socrate zététicien : non pas une attitude de maître de sagesse, détenteur de maximes infaillibles, mais une attitude de penseur attentif au travail de sa méditation, dont il situe les produits à distance critique, sans les discréditer pour autant. Montaigne avait inauguré cette forme d'énonciation réflexive, en inventant l'essai. La Fontaine la réinvente, avec des procédés plus subtils ; par le recours à la fiction, que marque avec insistance dans les *Fables* le travestissement animalier ; par l'interposition du conteur et de son auditoire imaginaire, dans *Les Amours de Psyché* (et parfois aussi dans les *Fables* et les *Contes*) ; plus discrètement, pour le poème étudié ici, par recours à l'allusion parodique, qui prête au pigeon délaissé les mots de Didon, et figure le poète, en ses jeunes années, auprès d'une bergère de l'Astrée ; et enfin, lorsque la parole se fait plus personnelle, plus douloureuse aussi, au point d'exclure travestissement, ironie et parodie, c'est le tour interrogatif qui ménage une distance intérieure, un écart entre le sujet écrivant et la crainte mêlée de rêve qu'il exprime :

> *Ne sentirai-je plus* de charme qui m'arrête ?
> Ai-je passé le temps d'aimer ?

---

20 III, 5, PUF p. 841 et 893, IN p. 98 et 175, Fol. p. 87 et 160-161.

Là réside l'essentiel, semble-t-il. Car il est permis de penser que La Fontaine, conscient de l'hétérodoxie de son éthique du désir et du plaisir, la formule sous l'aspect de la fantaisie et de la subjectivité avouée, afin de la rendre admissible à titre de paradoxe à moitié ludique. Mais, en procédant ainsi, il fait subir à la morale de tous les temps la mutation la plus radicale : en lieu de préceptes et de vérités, il expose des problèmes, des suggestions, des options dénuées de certitude ; et pour cautions, une fable, une prétérition, quelques souvenirs de fêtes galantes, et la conscience du déclin de la vie. Sur des thèmes analogues, Montaigne problématisait sa pensée en dévoilant son élaboration progressive, et du même coup sa contingence, par l'écriture réflexive de l'essai. La Fontaine garde quelques traces de cette écriture, mais lui ajoute les prestiges et les leurres de la poésie. Il ne fallait pas moins, sans doute, que ces détours énigmatiques, de penseur mettant en cause sa pensée et de poète hésitant sur ses rêveries, pour raccorder, de très loin, la morale des moralistes et le roucoulement des pigeons.

LES ÉCLATS DES *CHIMÈRES*

Note sur les permutations de textes dans les variantes des poèmes [1980][1]

La perfection formelle des *Chimères* ne doit pas faire oublier ce qu'il y eut d'aléatoire dans leur composition : d'autres combinaisons étaient possibles, attestées par les poèmes que Nerval a écartés de son recueil. L'étude ébauchée ici se propose cet objet : non pour conjecturer une genèse – les travaux de Paul Bénichou[2] rendent compte de cet aspect de la question, avec toute la précision et la vraisemblance souhaitables – mais pour trouver, dans ce fait insolite, quelques indications sur la poétique de Nerval, et la lecture qu'elle requiert.

Si on les résume sommairement, les données du problème sont claires : le sonnet « À J.-Y. Colonna » présente des quatrains semblables à ceux de « Delfica », et des tercets semblables à ceux de « Myrtho[3] » ; le second tercet d'« Erythrea », identique, sauf des différences de ponctuation et de typographie, à celui du sonnet jumeau « À Mme Aguado » se retrouve, avec quelques modifications, dans « Delfica ». Que signifient ces échanges ?

Deux types d'explication peuvent être proposés. Ou bien on admettra qu'ils indiquent les divers arrangements possibles d'une matière homogène – et dans ce cas il faudra définir l'équivalence fonctionnelle des éléments différents ; ou bien on verra dans les divergences de ceux-ci des indices de significations distinctes – et il faudra alors définir la polysémie des éléments inchangés. Ces deux perspectives sont moins éloignées qu'il ne semble : identité qui se dissout en différences, ou différences qui se résolvent en identité, tout ramène à la même question : pour rendre

1 Paru dans *L'Herne, Gérard de Nerval*, 37, 1980, p. 335-341.

2 *L'Écrivain et ses travaux*, Paris, Corti, 1967.

3 La prétendue seconde version de « Myrtho » (avec les tercets de « Delfica ») est très probablement l'œuvre d'un éditeur zélé.

compte du caractère hybride de ces « chimères », il est nécessaire de préciser les relations qui s'établissent entre les éléments permutables.

Le cas le plus simple est sans doute celui des sonnets « Erythréa » et « À Mme Aguado ». Dans les deux textes il s'agit d'une apocalypse, comme l'a montré François Constans[4]. Mais, de l'un à l'autre, les traits qui en indiquent le sens sont inversés ; et d'abord la déclaration qui les justifie, introduite par une conjonction explicative, au v. 7 : « Car je suis… » / « Car voici… ». Dans le sonnet « À Mme Aguado », celui qui profère la parole rénovatrice s'identifie au « vautour volant sur Patani » : avènement triomphal qui libère le vol des ramiers, et permet de déposer les armes (v. 2 et v. 6). Dans « Erythréa » au contraire, « le vautour » est désigné au loin comme une figure menaçante : à son approche, il faut chercher refuge, ou s'armer. Et cette opposition significative détermine d'autres inversions d'images, apparemment gratuites : l'ondulation de la « pourpre de Judée » dessine un mouvement ascendant dans « Erythréa », descendant dans l'autre sonnet ; aux « blancs papillons », évocation descriptive d'une pluie de lumière, s'opposent les « *papillons blancs* » où l'épithète en position de déterminant (ainsi que les italiques) donne à l'image valeur de signe ; au geste triomphal épandant « les fleurs » s'oppose un geste d'abandon – « livre tes fleurs… ». Trop de conjectures hasardeuses seraient nécessaires pour expliquer la substitution des noms (« Lanassa » / « Mahdéwa »)… Reste que l'apocalypse à la fois évoquée et attendue présente deux aspects opposés : triomphe de celui dont l'incantation régénère le monde ; menace d'une force étrangère que l'incantation cherche à conjurer. Rien d'étonnant à cela : une apocalypse est à la fois destruction et rénovation. Mais il faut retenir que les textes donnés pour substituables par la présence d'un élément commun (le second tercet) sont contradictoires entre eux ; ou plus exactement, qu'ils mettent l'accent sur l'un ou l'autre des aspects contradictoires de l'événement évoqué.

Ce couple antithétique est associé, toujours par le second tercet, à « Delfica » : l'ensemble ainsi constitué présente également un système d'oppositions, affectant cette fois le cadre des évocations. Ici le temps

---

4 « Sibylles nervaliennes », *Revue des Sciences Humaines*, juillet 1959 ; chap. X de *Gérard de Nerval devant le destin*, Paris, Nizet, 1979.

cyclique d'une « romance », dont le perpétuel recommencement assure le retour de « l'ordre des anciens jours » ; là, le temps ponctuel de l'événement célébré par les deux sonnets apocalyptiques. Dans ceux-ci, surgissements et catastrophes affectent un présent d'imminence, où coïncident le premier instant du bouleversement et le dernier instant de l'attente. Dans « Delfica » au contraire l'attente se prolonge : le tressaillement de la terre n'est qu'un signe (« prophétique ») qui annonce le renouveau futur sans le provoquer.

Le sens de cette différence est précisé par la principale modification subie par le tercet réemployé : la substitution de « l'arc de Constantin » à « l'arche du soleil » (ou inversement ; car ces remarques ne préjugent pas de l'antériorité d'une version sur l'autre). La « prêtresse » du renouveau dort sous l'édifice – ou l'orbe cosmique – qui consacre les pouvoirs de son réveil imminent ; la « sibylle » annonciatrice dort sous le monument qui célèbre au contraire la primauté du christianisme et de l'état impérial, ici logiquement associés au « sévère portique » (stoïcien) de la loi. Tout, dans le tercet de « Delfica », déçoit l'espérance affirmée, précisément parce que celle-ci est sans équivoque, ne se conjuguant plus avec la terreur. Ainsi se complète le mécanisme des substitutions : l'élément commun associant des textes contradictoires ou incompatibles se modifie lui-même le cas échéant de manière à sauvegarder dans chaque poème un réseau d'oppositions ; lorsque son contexte inclut ces oppositions (« À Mme Aguado », « Erythréa » : triomphe et terreur) il se compose, selon le même principe, de traits divergents (l'arche du soleil / le portique) ; lorsque son contexte illustre seulement un des termes (les promesses du premier tercet de « Delfica ») il se simplifie pour marquer sans ambiguïté le terme opposé.

Les quatrains communs à « Delfica » et « À J-y Colonna » (leurs variantes ne paraissent pas significatives) donnent pour substituables les tercets respectifs de ces deux sonnets. Là encore se décèle entre eux une opposition globale, affectant la représentation de la durée (et l'on sait quelle est l'importance de celle-ci dans l'œuvre de Nerval). Dans le temps cyclique de « Delfica », un présent d'attente dément « encore » le retour du passé. Rien de tel dans l'autre couple de tercets ; la résurrection des énergies enfouies est une virtualité indéterminée : « un jour », sur un geste magique, « le volcan s'est rouvert » – mais cet événement, s'il n'est pas tenu en suspens par l'achèvement d'une période, n'est pas censé non plus en inaugurer un autre. De fait, c'est un présent de permanence qui unit (« toujours ») les végétaux emblématiques du monde moderne et du monde ancien, dédiés à la mémoire du poète païen qui passait pour avoir prophétisé dans sa 4e Églogue l'avènement du Christ. Image composite, qui résume dans l'antagonisme de ses éléments et l'ambivalence du personnage associé, les termes de l'antithèse formulée explicitement dans « Delfica ». La tension subsiste avec des modalités d'expression opposées.

Enfin, le substitution des quatrains de « Myrtho » et « À J.-Y. Colonna » – dont les tercets sont communs, sauf quelques variantes qui insistent sur le rôle d'initiatrice de Myrtho, comme l'a montré Paul Bénichou – met en corrélation des traits inversement symétriques. Daphné, présente, semble méconnaître les traces du passé à retrouver : la réminiscence doit lui être suggérée. Myrtho, évoquée de loin, détenait, elle, le secret de la joie, et présidait aux rites d'un paganisme déjà ressuscité. Contrastes à distribution inverse : l'une proche, renvoie à un monde oublié ; l'autre incarne ce monde, mais elle est absente. D'une figure à l'autre, les gages du bonheur et les signes de la dépossession se déplacent sans que la tension soit jamais résolue.

Ainsi peut se définir la relation qui autorise les substitutions : sont permutables les éléments qui à la fois s'opposent entre eux par contrastes ou contradictions, et comportent chacun une tension interne, soit exprimée par une antithèse, soit figurée en images hétérogènes. De ce fait, les jonctions opérées dans chaque poème entre ces unités délimitées par le jeu d'assemblage n'instaurent jamais une continuité. Au contraire, les fêlures perceptibles dans les énoncés séparés sont plus fortement marquées par leur juxtaposition. Le silence de Dafné, dans « Delfica », se mue en nostalgie et en deuil ; Myrtho rejoint dans l'absence les dieux aux statues brisées ; le déchaînement de l'apocalypse, promesse et menace en suspens, se fige dans l'immobilité. Aucun des traits antagonistes n'est jamais neutralisé.

En résumé, l'étude de ce jeu de permutations conduit à une double conclusion :

1. les groupes d'éléments interchangeables sont régis par des relations d'exclusion ou d'opposition, et non d'équivalence ;
2. chacun des arrangements attestés – autrement dit, chacun des poèmes ainsi composés – comporte, comme par répercussion, un réseau de tensions qui l'écartèlent en significations contradictoires.

Fragmentation de minéraux : les éclats de ces poèmes révèlent les brisures latentes qui se dessinent en eux. L'exégèse doit-elle s'efforcer de réduire celles-ci, en cherchant les indices d'une synthèse possible des énoncés disjoints ? Rien n'est moins sûr ; mais cette question, qui ne peut être éludée, requiert l'examen du recueil définitif des *Chimères* : si les poèmes s'y composaient entre eux de manière à unifier leur sens, il ne faudrait voir dans les sonnets écartés que les traces d'anciennes hésitations. Est-ce le cas ?

« Delfica » et « Myrtho » constituent avec « Horus » et « Antéros » un sous-groupe articulé et symétrique, dont Jacques Geninasca a démontré la cohérence[5], et ce sous-groupe est lui-même enclavé entre « El Desdichado » et « Artémis », également associés. Les relations, à l'intérieur de cet ensemble, ont-elles pour effet d'annuler (ou de dépasser) les tensions perceptibles dans ses éléments ?

Dans les sonnets centraux, un même motif – la Mère et le Fils affrontant un dieu ennemi – est présenté par deux fois, selon une symétrie inversée : triomphant d'un dieu chthonien vaincu, Isis, mère protectrice d'Horus, disparaît dans la lumière céleste ; persécuté par un dieu ouranien vainqueur, Antéros demeure sur le sol des germinations monstrueuses pour protéger sa mère dans une lutte sans fin. Les deux formulations mythiques sont incompatibles ; et chacune comporte une opposition interne – le triomphe provoque une disparition, l'échec se mue en résistance perpétuelle – avivée par leur jumelage. On reconnaît ici les relations décelées dans les sonnets à substitutions ; le groupement quaternaire ne les neutralise pas, mais les redouble. Et aucun lien discursif n'y transforme ces oppositions en complémentarités. Nerval semble au contraire avoir pris soin de disjoindre deux à deux les quatre poèmes associés. La temporalité est différente dans les sonnets contigus. Et les images dont la récurrence est immédiatement perceptible changent de sens de l'un à l'autre : le volcan, sursaut des forces régénératrices dans « Myrtho », est associé dans « Horus » à la décrépitude du dieu vaincu ; la semence des dents du dragon, qui assure la défense d'Antéros, délimite dans « Delfica » un lieu hostile. On pourra vérifier de même, dans le tableau établi par

5 *Analyse structurale des* Chimères *de Nerval*, À La Baconnière, Neuchâtel, 1971, I, 2, p. 151-160.

Jacques Geninasca[6], que les corrélations lexicales entre poèmes contigus indiquent des points de divergence : le réemploi des matériaux va de pair avec une inversion de leur sens.

Dans « Artémis », des oppositions analogues s'inscrivent à l'intérieur de chaque énoncé. Le retour de la Treizième heure signifie-t-il un éternel présent (« Et c'est toujours la seule ») ou la fugacité d'un instant répété (« – Ou c'est le seul moment ») ? C'est le reflet d'une autre incertitude, sur la transfiguration du couple d'amants (« Car es-tu reine… ? Es-tu roi… ? ») dont les partenaires portent la marque de l'indécision initiale (« la première ou dernière… le seul ou le dernier… » : la « première » serait toujours la seule, pour son « seul » amant ; la « dernière » et le « dernier », au contraire, s'inscrivent dans une série d'avatars où se perdent leurs identités et leurs prestiges). De même les certitudes consolatrices offertes par le début du second quatrain conduisent à une découverte qui les récuse : celle qui « du berceau dans la bière » perpétue l'amour, « C'est la mort – ou la morte » : permanence d'une allégorie de la disparition, ou mère et amante disparue. Et les tercets exaspèrent le dilemme : d'abord en interrogeant la figure contradictoire d'une « sainte » dont la ferveur se perd dans un ciel vide, en l'absence du Dieu qui l'aurait consacrée ; puis en faisant surgir de la conflagration universelle la « sainte de l'abîme », choisie et reconnue, par une contradiction plus violent encore, comme une rédemptrice infernale[7].

« Artémis » répond donc au monologue d'« El Desdichado », mais seulement en déplaçant les points de tension. Délivrant le « veuf » de sa solitude, les cycles temporels reforment un couple – mais ils en compromettent la transfiguration ; une amante apparaît, maternelle – mais avec le visage de la mort ; une présence tutélaire est invoquée – mais dans l'abîme. Ni les énoncés séparés, ni leur produit ne peuvent

6 *Ibid.* p. 155.

7 C'est un des rôles que Nerval assigne à Isis, en faussant le passage d'Apulée qu'il cite : « *me […] Acherontis tenebris interlucentem Stygiisque penetralibus regnatem, Campos Elysiosincolens ipse, tibi propitiam frequens adorabis* » (XI, 5) est traduit dans « Isis » (IV) : « tu ne cesseras encore de m'adorer, soit dans les ténèbres de l'Achéron ou dans les Champs-Élysées ». Lucius, selon Apulée, est appelé à résider dans les Champs-Élysées ; Nerval le place aussi bien dans les ténèbres infernales : il y retrouvera la déesse. Dans le premier vers d'« Artémis », en revanche, rien n'autorise à « neutraliser les opposition haut/bas et diurne/nocturne » (J. Geninasca, *op. cit.* p. 135) : en faisant ainsi de l'« abîme » un équivalent du ciel, on ôterait tout sens au choix exprimé par le locuteur, sous forme de comparaison (« est plus sainte à mes yeux »).

atténuer l'angoisse, non plus que la fixer en désespoir. Quant aux relations entre ces deux sonnets et les textes contigus – fortement marquées par des reprises de termes : l'image du Pausilippe dans « El Desdichado » et « Myrtho », le verbe « revenir » dans « Delfica » et « Artémis » – elles ont pour effet de frapper d'une plus grande incertitude les promesses mythiques de ceux-ci : Myrtho est absente parce qu'elle figure un paradis perdu ; le retour promis à Dafné n'est peut-être que la répétition d'un « moment ».

La série des sonnets des *Chimères* liée, par son organisation et sa thématique, au groupe des substitutions, recèle donc les tensions qui se manifestent dans l'éclatement de ce dernier en un jeu d'énoncés contrastés. On pourrait vérifier la persistance de ces tensions dans l'ensemble du recueil : l'angoisse du « Christ aux Oliviers » ne reçoit pas de réponse, et le mystère de sa mort et de sa résurrection reste enseveli dans le silence des oracles et de « Celui qui donna l'âme aux enfants du limon », Dieu ou Prométhée ; les croyances panthéistes exprimées dans « Vers Dorés » ont pour contrepartie la résorption du sujet dans les multiples énergies du monde. Mais ces analyses dépasseraient le cadre de l'étude ; et les données partielles examinées jusqu'à présent suffisent à esquisser une conclusion.

Ces sonnets, écrit Nerval (« À Alexandre Dumas »), « perdraient de leur charme à être expliqués, si la chose était possible ». Cette phrase n'est pas seulement un défi et une mise en garde ironique à l'adresse des futurs commentateurs. Elle indique le caractère essentiel des *Chimères*, discrètement signalé par leur titre même : ces poèmes sont brisés en formules antagonistes. Leur réseau sémantique et leur agencement prosodique s'articulent sans doute de façon extrêmement stricte – déterminée du reste, comme le fait observer Henri Meschonnic[8], par une « technique de la disjonction ». Mais, lus comme un ensemble d'énoncés à prendre à la lettre, avant tout recours aux résonances qu'ils éveillent, ils ne peuvent se réduire à une signification unifiée, ni même à une somme d'assertions compatibles entre elles. De ce fait, il n'est pas possible de les « expliquer » : ils composent une énigme dont les solutions, dérobées dans un au-delà du texte, restent indécises.

---

8 « Essai sur la poétique de Nerval », *Europe*, avril 1973, p. 21.

Et c'est encore trop peu dire. Une énigme est faite pour être déchiffrée, au moyen d'une adjonction de sens qui en coordonne les éléments épars, et se justifie par là-même. Mais si l'on admet que la lecture des *Chimères* doit s'orienter selon leurs structures manifestes, il faut renoncer au postulat de cohérence qui autoriserait une telle adjonction ; ou plus exactement, il faut en limiter la validité. Le sens de ces poèmes est contradictoire : la « rêverie supernaturaliste » en déborde le discours, mais en même temps le disloque ; et ses fragments sont recomposés de manière à en interdire toute synthèse. Par conséquent, le supplément de sens proposé par l'exégèse, tant qu'il n'a pas d'autre justification que son efficacité à réduire les contrastes, à rendre possible une lecture unificatrice, – autrement dit, tant qu'il se fonde seulement sur le postulat de cohérence – doit être tenu pour illégitime. Cette précaution prise, on constatera qu'il reste possible de préciser la combinatoire des poèmes, les indices textuels qui en déterminent les lignes de force et les prolongements virtuels, sans cesser d'y percevoir le déchirement, le conflit, l'« agonie » entre vie et mort. Cette tension permanente, caractère premier du texte, doit subsister au terme de son exégèse, et peut-être même faut-il y déceler la signification dernière de la poésie de Nerval, et son exigence : élaborer une parole logiquement informulable, pour nier et affirmer simultanément, sans relâche, les pouvoirs du rêve et ceux de la lucidité.

« … la nuit sera noire et blanche. »

BIBLIOGRAPHIE D'ANDRÉ TOURNON

OUVRAGES

TOURNON, André, *Réflexion et composition dans les* Essais *de Montaigne*, thèse dactylographiée, Paris, Sorbonne, 1981.

TOURNON, André, *Montaigne. La Glose et l'Essai*, Lyon, Presses Universitaires de Lyon, 1983 (publication remaniée de la thèse de 1981).

TOURNON, André, *Montaigne en toutes lettres*, Paris, Bordas, 1989.

TOURNON, André, *« En sens agile ». Les acrobaties de l'esprit selon Rabelais*, Paris, Champion, 1995.

TOURNON, André, *Montaigne. La glose et l'essai*, édition revue et corrigée de l'éd. de 1983, précédée d'un réexamen, Paris, Champion, 2000.

TOURNON, André, *« Route par ailleurs ». Le « nouveau langage » des* Essais, Paris, Champion, 2006.

TOURNON, André, *Montaigne. La Glose et l'Essai*, édition revue, augmentée et remaniée de l'édition de 1983, Paris, Classiques Garnier, 2006.

OUVRAGES EN COLLABORATION

TOURNON, André, BIDEAUX, Michel, MOREAU, Hélène *Histoire de la littérature française du XVIe siècle*, Paris, Nathan, 1991.

TOURNON, André, LE FLANCHEC, Vân Dung, *Essais de Montaigne. Livre III*, Neuilly, Atlande, 2002. Nouvelle édition mise à jour : Neuilly, Atlande, 2016.

TOURNON, André, BIDEAUX, Michel, MOREAU, Hélène, POLIZZI, Gilles, *Histoire de la littérature française du XVIe siècle* (2e édition revue et corrigée), Rennes, Presses Universitaires de Rennes, 2004.

ÉDITIONS DE TEXTES

« JUNIUS BRUTUS », *Vindiciæ contra tyrannos*, traduction française de 1581, Introduction, notes et index par A. Jouanna, J. Perrin, M. Soulié, A. Tournon et H. Weber, Genève, Droz, 1979.

VERVILLE, Béroalde de, *Le Moyen de Parvenir (fac-similé)*, édité par Hélène Moreau et André Tournon, Aix-en-Provence, Publications de l'Université de Provence, 1984.

VERVILLE, Béroalde de, *Le Moyen de Parvenir*, transcription avec présentation, notes et index par Hélène Moreau et André Tournon, Aix-en-Provence, Publications de l'Université de Provence, 1984.

VERVILLE, Béroalde de, *Le Moyen de Parvenir*, édité par Hélène Moreau André Tournon, Jean-Luc Ristori, Paris, Classiques Garnier, 2004.

MONTAIGNE, Michel de, *Essais*, présentation, établissement du texte, apparat critique et notes par André TOURNON, 3 tomes, Paris, Imprimerie Nationale, 1998.

HUGO, Victor, *Le dernier jour d'un condamné*, lecture accompagnée par André Tournon, Paris, Gallimard, 2000.

LA BOÉTIE, Étienne de, *Discours de la Servitude Volontaire*, texte établi et annoté par André et Luc Tournon, suivi de *Les paradoxes de la Servitude Volontaire*, études de Philippe Audegean, Tristan Dagron, Laurent Gerbier, Florent Lillo, Olivier Remaud, Luc Tournon, Paris, Vrin, 2002.

VERVILLE, Béroalde de, *Le Moyen de Parvenir*, édité par Hélène Moreau André Tournon, Jean-Luc Ristori, Paris, Classiques Garnier, 2004.

BREDIN LE COCU, *Formulaire fort recreatif*, Édition de Gabriel-André Pérouse complétée par Michèle Clément, Marthe Paquant et André Tournon, Paris, Classiques Garnier, 2009.

MONTAIGNE, Michel de, *Saggi*, Traduzione di Fausta Garavini, Note di André Tournon, Testo francese a fronte a cura di André Tournon, Milano, Bompiani, 2012.

LA BOÉTIE, Étienne de, *Discours de la Servitude Volontaire*, présentation de Tristan Dagron, texte établi et annoté par André Tournon, avec en annexe « Épilogue d'une attribution erronée : La Boétie et l'instauration de l'*interim* », Paris, Vrin, 2014.

ÉDITIONS D'OUVRAGES COLLECTIFS

Croisements culturels, éd. André Tournon, *Michigan Romance Studies*, VII, 3, 1987.

L'Homme de Guerre au XVIe Siècle, Actes du colloque de l'Association Renaissance, Humanisme, Réforme, Cannes 1989, publiés par Gabriel-André Pérouse, André Thierry, André Tournon, Saint-Étienne, Publications de l'Université de Saint-Étienne, 1992.

Or, Monnaie, Échange dans la culture de la Renaissance, Actes du 9e Colloque International de l'Association Renaissance, Humanisme, Réforme, Textes réunis et présentés par André Tournon et Gabriel-André Pérouse, Saint-Étienne, Publications de l'Université de Saint-Étienne, 1994.

Montaigne et le nouveau monde, actes du colloque de Paris, 1992, édités Claude Blum, Marie-Luce Demonet, André Tournon, *Bulletin de la Société internationale des Amis de Montaigne*, VII, 29-30-31-32, juillet-décembre 1992, janvier-juin 1993.

Logique et littérature à la Renaissance, Actes du colloque de La Baume-les-Aix, 16-18 septembre 1991, édités par Marie-Luce Demonet et André Tournon, Paris, Champion, 1994.

Éditer les Essais *de Montaigne*, Actes du colloque tenu à l'Université de Paris IV-Sorbonne les 27 et 28 janvier 1995, réunis par Claude Blum et André Tournon, Paris, Champion, 1997.

Formes du millénarisme en Europe à l'aube des temps modernes, Actes du colloque international de l'Association Renaissance, Humanisme, Réforme (Marseille, 10-12 septembre 1998) édités par Jean-Raymond Fanlo et André Tournon, Paris, Champion, 2001.

L'énigmatique à la Renaissance : formes, significations, esthétiques, Actes du colloque organisé par l'association Renaissance, Humanisme, Réforme (Lyon, 7-10 septembre 2005), Études réunies par Daniel Martin, Pierre Servet, André Tournon, Paris, Champion, 2008.

« Éveils » : Études en l'honneur de Jean-Yves Pouilloux, contributions réunies par Valérie Fasseur, Olivier Guerrier, Laurent Jenny, André Tournon, Paris, Classiques Garnier, 2010.

ARTICLES

1971

TOURNON, André, « Montaigne et “l’alleure poétique”. Pour une nouvelle lecture d’une page des *Essais* », *Bibliothèque d’Humanisme et Renaissance*, XXXIII, 1, 1971, p. 155-162.

1972

TOURNON, André, « Sur la chronologie et la composition d’*Aurélia* », *Europe*, 516, avril 1972, p. 48-51.
TOURNON, André, « L’harmonie de la lumière. Note sur le texte des *Mémorables* », *Europe*, 516, avril 1972, p. 51-52.

1974

TOURNON, André, Recension de Ross Chambers, *L’ange et l’automate. Variations sur le mythe de l’actrice de Nerval à Proust*, *Revue d’histoire littéraire de la France*, 1974, p. 163-164.

1976

TOURNON, André, « Entretien sur *L’Heptaméron*. Lyon 30 septembre 1976. Compte rendu synthétique présenté par A. Tournon », *Réforme, Humanisme, Renaissance*, 4, novembre 1976, p. 36-39.
TOURNON, André, « La *Briefve Declaration* n’est pas de Rabelais », *Études rabelaisiennes*, XIII, 1976, p. 133-138.

1977

TOURNON, André, « “Amor de lonh”. Thème et variation dans un groupe de quatre nouvelles de *L’Heptaméron* », *Réforme, Humanisme, Renaissance*, 5, mai 1977, p. 2-4.
TOURNON, André, « Montaigne et l’argent », *O un amy ! Essays on Montaigne in Honor of Donald M. Frame*, Edited by Raymond C. La Charité, Lexington, Kentucky, French Forum Publishers, 1977, p. 290-302.

1978

TOURNON, André, « La composition facétieuse du *Moyen de Parvenir* », *Réforme, Humanisme, Renaissance, Facétie et littérature facétieuse à l'époque de la Renaissance*, Actes du colloque de Goutelas, 29 septembre – 1er octobre 1977, 7, mai 1978, p. 140-146.

TOURNON, André, « "Apologie de Raymond Sebond" : le paradoxe et l'"Essai" », *Réforme, Humanisme, Renaissance*, 8, décembre 1978, p. 23-31.

1979

TOURNON, André, « Les marques de la "senefiance" dans *Le Chevalier de la Charrette* », *Senefiance, Mélanges de langue et littérature françaises du Moyen Âge offerts à Pierre Jonin*, 7, 1979, p. 673-687.

1980

TOURNON, André, « Les éclats des *Chimères*. Note sur les permutations de textes dans les variantes des poèmes », *Cahiers de L'Herne, Gérard de Nerval*, dirigé par Jean Richer, 37, 1980, p. 335-341.

1981

TOURNON, André, Résumé de la thèse de 1981, *Bulletin de la Société des amis de Montaigne*, VI, n° 7-8, juillet-décembre 1981, p. 107-113.

1982

TOURNON, André, « Le magistrat, le pouvoir et les lois », *Les Écrivains et la politique dans le Sud-Ouest de la France autour des années 1580*, Actes du colloque de Bordeaux, 6-7 novembre 1981, Bordeaux, Presses Universitaires de Bordeaux III, 1982, p. 67-78.

1983

TOURNON, André, « Le "choix de mort" ou la révolte interdite d'Agrippa d'Aubigné », *Mélanges Jean Larmat*, Paris, Les Belles Lettres, 1983, p. 415-424.

TOURNON, André, « Self-Interpretation in Montaigne's *Essays* », *Yale French Studies*, 64, 1983, p. 51-72.

TOURNON, André, « De l'interprétation des "motz de gueule". Note sur les chapitres LV-LVI du *Quart Livre* », *Hommage à François Meyer*, Aix-en-Provence, Publications de l'Université de Provence, 1983, p. 145-153.

1984

TOURNON, André, « Le cinquième sceau. Les tableaux des *Fers* et la perspective apocalyptique dans *Les Tragiques* d'Agrippa d'Aubigné », *Mélanges sur la littérature de la Renaissance à la mémoire de V.-L. Saulnier*, Genève, Droz, 1984, p. 273-283.

TOURNON, André, « Fonction et sens d'un titre énigmatique (III, 6) », *Bulletin de la Société Internationale des Amis de Montaigne*, VI, 19-20, 1984, p. 59-68.

TOURNON, André, « Traces de lectures. Les notes de Montaigne sur la *Guerre des Gaules* et la *Guerre Civile* », *Études montaignistes en hommage à Pierre Michel*, Paris, Champion, 1984, p. 59-72.

TOURNON, André, « Vérité de l'erreur : le "Lanternoys" », *La littérature de la Renaissance, Mélanges offerts à Henri Weber*, articles recueillis et publiés par Marguerite Soulié, présentés par Robert Aulotte, Genève, Slatkine, 1984, p. 59-72.

TOURNON, André, « De la sagesse des autres à la folie de l'Autre : Ronsard, Béroalde de Verville », *Littérature, La farcissure. Intertextualités au XVIe siècle*, 55, 1984, p. 10-23.

TOURNON, André, « Paracelse, l'Autre : change et piperie dans *Le Moyen de parvenir* de Béroalde de Verville », *L'Imaginaire du changement en France au XVIe siècle*, édité par Claude-Gilbert Dubois, Bordeaux, Presses universitaires de Bordeaux, 1984, p. 165-186.

TOURNON, André, Recension de G. Nakam, *Montaigne en son temps*, *Revue d'histoire littéraire de la France*, LXXXIV, p. 946-948.

1985

TOURNON, André, « Essai et provocation dans le IIIe Livre (Notes sur les 7e, 8e et 9e chapitres) », *Réforme, Humanisme, Renaissance*, 21, décembre 1985, p. 5-14.

TOURNON, André, « Indications bibliographiques pour l'agrégation », *Réforme, Humanisme, Renaissance*, 21, décembre 1985, p. 61-68.

TOURNON, André, « Les jeux de l'"honnesteté" (*Essais*, III, 5) », *La catégorie de l'honneste dans la culture du XVIe siècle*, Actes du Colloque International de Sommières II (septembre 1983), Saint-Étienne, Publications de l'Université de Saint-Étienne, 1985, p. 265-274.

TOURNON, André, « Les prosopopées ironiques dans les *Essais* », *Rhétorique de Montaigne*, Actes réunis par Frank Lestringant, préface de Marc Fumaroli, conclusion de Claude Blum, Paris, Champion, 1985, p. 113-121.

TOURNON, André, Recension de Fr. Berriot, *Athéismes et athéistes au XVIe siècle en France*, *Réforme, Humanisme, Renaissance*, XI, 20, p. 83-88.

TOURNON, André, Recension de M. Giordano et J. Pallister, *Béroalde de Verville, Le Moyen de parvenir*, XVIIe *siècle*, XXXVII, p. 198-199.

TOURNON, André, Recension de Thevet, *Cosmographie du Levant*, édition de Fr. Lestringant, *Réforme, Humanisme, Renaissance*, 21, décembre 1985, p. 89-92.

1986

TOURNON, André, « "J'ordonne à mon âme…". Structure d'*essai* dans le chapitre *De l'Expérience* », *L'Information littéraire*, 38, 2, 1986, p. 54-60.

TOURNON, André, « L'argumentation pyrrhonienne. Structure d'"essai" dans le chapitre *Des boiteux* », *Cahiers textuel, Montaigne. Les derniers essais*, 2, 1986, p. 73-85.

TOURNON, André, Recension de M. Renaud, *Pour une lecture du* Moyen de Parvenir, XVIIe *siècle*, LXXXVI, p. 902-903.

TOURNON, André, Recension de A. Comparot, *Amour et vérité : Sebon, Vivès et Michel de Montaigne*, *Réforme, Humanisme, Renaissance*, 22, juin 1986, p. 74-79.

1987

TOURNON, André, « Les inventions de Messere Gaster (prestiges et finalités des techniques) », *L'invention au* XVIe *siècle*, édité par Claude-Gilbert Dubois, Bordeaux, Presses Universitaires de Bordeaux, 1987, p. 51-68.

TOURNON, André, « Ce qui devait se dire en utopien (*Pantagruel*, IX) », *Michigan Romance Studies, Croisements culturels*, VII, 3, 1987, p. 115-135.

TOURNON, André, « L'abbé de Thélème », *Saggi e Ricerche di Letteratura Francese*, XXVI, 1987, p. 201-220.

TOURNON, André, « Altérations », *Cahiers textuel, Lire Maurice Scève*, 3, 1987, 77-83.

TOURNON, André, « "Limbes". Dizain CXXXIII », *Dix études sur la* Délie *de Maurice Scève*, Textes réunis par Françoise Charpentier, Paris, École Normale Supérieure de Jeunes Filles, 1987, p. 67-73.

TOURNON, André, Avec Simone PERRIER, « Scolies », *Dix études sur la* Délie *de Maurice Scève*, Textes réunis par Françoise Charpentier, Paris, École Normale Supérieure de Jeunes Filles, 1987, p. 105-131.

TOURNON, André, « La parodie de l'ésotérisme dans *Le Moyen de parvenir* de Béroalde de Verville », *Biblio17, Papers on French Seventeenth Century Literature, Burlesques et formes parodiques*, édité par Isabelle Landy-Houillon et Maurice Ménard, 1987, p. 215-230.

TOURNON, André, « "Je jouons". Facéties grammaticales et philosophiques dans *Le Moyen de parvenir* de Béroalde de Verville », *Grammaire et histoire de la grammaire. Hommage à la mémoire de Jean Stéfanini*, édité par Claire

Blanche-Benveniste, André Chevrel et Maurice Gros, Aix-en-Provence, Publications de l'Université de Provence, 1987, p. 423-436.

TOURNON, André, « L'intertextualité de la Renaissance. Notes sur quelques problèmes de méthode », *Les méthodes du discours critique dans les études seiziémistes*, Actes du colloque de la S.F.D.S. réunis et présentés par Gisèle Mathieu-Castellani, Paris, SEDES, 1987, p. 25-36.

TOURNON, André, « Actualité de Montaigne et de son temps [Belgique, Canada, Danemark, Espagne, États-Unis, Grèce, Italie] », Dossier préparé par André Tournon et Claude Blum, *Bulletin de la Société des Amis de Montaigne* VII, janvier-juillet 1987, p. 87-104.

TOURNON, André, Recension de *Les Bigarrures du Seigneur des Accords*, édit. Fr. Goyet, *Réforme, Humanisme, Renaissance*, 24, juin 1987, p. 297-298.

1988

TOURNON, André, « Tout dire ou tout désigner », *Revue d'Histoire Littéraire de la France*, 88, 5, 1988, p. 923-933.

TOURNON, André, « De l'éloge à l'*Essai* : le philosophe et les grands hommes », *Prose et prosateurs de la Renaissance, Mélanges offerts à Robert Aulotte*, Paris, SEDES, 1988, p. 187-194.

TOURNON, André, « Le paradoxe ménipéen dans l'œuvre de Rabelais », *Études Rabelaisiennes*, XXI, *Rabelais en son demi-millénaire*, Actes du colloque international de Tours (24-29 septembre 1984) publiés par Jean Céard et Jean-Claude Margolin, Genève, Droz, 1988, p. 309-317.

TOURNON, André, Recension de G. Mathieu-Castellani, *Montaigne, l'écriture de l'essai*, *Réforme, Humanisme, Renaissance*, 27, décembre 1988, p. 71-76.

1989

TOURNON, André, « Les prétéritions marquées ou le sens de l'inachèvement », *Bulletin de la Société Internationale des Amis de Montaigne, Montaigne et les* Essais*, 1588-1988*, Actes du congrès de Paris (janvier 1988) réunis par Claude Blum, prologue de Marcel Tetel, conclusions et synthèse par Eva Kushner, VII, 13-14-15-16, juillet-décembre 1988-janvier-juin1989, p. 231-238.

TOURNON, André, « "Plus haut sens" ou "sens agile" ? », *Cahiers textuel, François Rabelais,* Aurélien *d'Aragon*, 4/5, 1989, p. 69-78.

TOURNON, André, « Palimpsestes, échos, reflets. Le dédoublement dans la poétique de Ronsard », *Aspects de la poétique ronsardienne*, Actes du colloque de Caen, décembre 1985, publiés sous la direction de Philippe de Lajarte, préface de Daniel Ménager, Caen, Centre de publication de l'Université de Caen, 1989, p. 27-40.

TOURNON, André, « Images du pyrrhonisme selon quelques écrivains de la Renaissance », *Les Humanistes et l'Antiquité grecque*, Recueil de communications au Séminaire de l'I.R.H.T., présenté par Mitchiko Ishigami Iagolnitzer, Paris, Édition C.N.R.S., 1989, p. 27-37.

TOURNON, André, Recension de Fr. Rigolot, *Les métamorphoses de Montaigne*, *Réforme, Humanisme, Renaissance*, 29, décembre 1989, p. 69-72.

TOURNON, André, Recension de *Les Songes drolatiques de Pantagruel*, *Réforme, Humanisme, Renaissance*, 29, décembre 1989, p. 58-60.

1990

TOURNON, André, « La prophétie palimpseste », *Les Tragiques d'Agrippa d'Aubigné*, Études réunies par Marie-Madeleine Fragonard et Madeleine Lazard, Paris, Champion, 1990, p. 113-124.

TOURNON, André, « La plasticité des énoncés selon le *De Verborum Significatione* d'Alciat », *Les commentaires et la naissance de la critique littéraire*, Actes du Colloque international sur le Commentaire, Paris, mai 1988, Textes réunis et présentés par Gisèle Mathieu-Castellani et Michel Plaisance, Paris, Aux Amateurs de Livres, 1990, p. 157-163.

TOURNON, André, « "Nostre liberté volontaire…". Le *Contre Un* en marge des *Essais* », *Europe, Montaigne / Jean Tortel*, 729-730, 1990, p. 72-82.

TOURNON, André, « Le grammairien, le jurisconsulte et l'"humaine condition" », *Bulletin de la Société Internationale des Amis de Montaigne*, VII, 21-22, 1990, p. 107-118.

TOURNON, André, Chronologie et Bibliographie de Montaigne, *Europe*, 1990, p. 128-131.

1991

TOURNON, André, « La mémoire de l'enfer », *Cahiers Textuel, Les Tragiques*, 9, 1991, p. 65-77.

TOURNON, André, « Advenu ou non advenu… », *Montaigne et l'histoire*, Actes du colloque international de Bordeaux, 29 septembre-1er octobre 1988, Paris, Klincksieck, 1991, p. 31-38.

TOURNON, André, Recension de M. Smith, *Montaigne and Religious Freedom, the Dawn of Pluralism*, *Réforme, Humanisme, Renaissance*, 33, décembre 1991, p. 95-99.

1992

TOURNON, André, « Les fables du Crétois », *Littératures classiques*, supplément au n° 16, 1992, p. 7-27.

TOURNON, André, « "Ignorant les premières causes…". Jeux d'énigmes dans *L'Heptaméron* », *Cahiers textuel*, L'Heptaméron *de Marguerite de Navarre*, 10, 1992, p. 73-92.

TOURNON, André, « L'étrange semblable », *Bulletin de la Société Internationale des Amis de Montaigne, Montaigne et le Nouveau Monde*, VII, 29-30-31-32, juillet-décembre 1992, janvier-juin 1993, p. 249-261.

TOURNON, André, « L'auto-exégèse dans les *Essais* », *Op. cit.*, 1, 1992, p. 51-60.

TOURNON, André, « "Un langage coupé…" », *Writing the Renaissance. Essays on Sixteenth-Century French Literature in Honor of Floyd Gray*, Edited by Raymond C. La Charité, Lexington, Kentucky, French Forum, Publishers, 1992, p. 219-231.

TOURNON, André, « Dynamique de la déraison. La symétrie faussée du *Tiers Livre* du *Pantagruel* », *Europe, Rabelais*, 757, mai 1992, p. 6-20.

TOURNON, André, Recension de Marc E. Blanchard, *Trois portraits de Montaigne*, *Rivista de letterature moderne e comparate*, XLV, p. 176-179.

1993

TOURNON, André, « Les travaux du septième jour », *Cahiers Textuel*, La Sepmaine *de Du Bartas*, 13, 1993, p. 91-113.

TOURNON, André, « Rules of the Game », *Critical Tales. New Studies of the* Heptameron *and Early Modern Culture*, Edited by John D. Lyons and Mary B. McKinley, Philadelphia, University of Pennsylvania Press, 1993, p. 188-199.

TOURNON, André, « Doublets et hybrides dans *L'Heptaméron* », *Colloque Marguerite de Navarre (15-16 février 1992)*, Nice, Faculté des lettres, arts et sciences humaine, Université de Nice-Sophia Antipolis, 1993, p. 7-19.

TOURNON, André, « "Que c'est que croire" », *Bulletin de la Société Internationale des Amis de Montaigne, La question de Dieu*, VII, 33-34, juillet-décembre 1993, p. 163-181.

TOURNON, André, « Je n'ai jamais lu les *Essais* de Montaigne », *Cahiers textuel, Le Livre I des* Essais *de Montaigne*, 12, 1993, p. 9-29.

TOURNON, André, « Les silences du premier livre », *Montaigne. Études sur le Livre I des* Essais, Seconde journée d'étude du XVIe siècle de l'Université de Nice-Sophia-Antipolis, Nice, Association des Publications de la Faculté des Lettres de Nice, 1993, p. 45-61.

TOURNON, André, « In the Margins of Truth and Falsehood », *South Central Review, Reason, Reasoning, and Literature in the Renaissance*, 10, 2, 1993, p. 67-75.

1994

TOURNON, André, « Repérage et dissémination des vestiges textuels », *Cahiers textuel, La poétique des recueils romains : Joachim Du Bellay*, 14, 1994, p. 9-20.

TOURNON, André, « L'*Essai* : un témoignage en suspens », *Carrefour Montaigne*, édité par Fausta Garavini, Pise-Genève, Edizioni ETS-Slatkine, 1994, p. 117-145.

TOURNON, André, « Le maniement logique de l'illogisme, de Montaigne à Verville », *Logique et littérature à la Renaissance*, Actes du colloque de La Baume-les-Aix, 16-18 septembre 1991, édités par Marie-Luce Demonet et André Tournon, Paris, Champion, 1994, p. 219-234.

TOURNON, André, « Le "Père de Melchisedech" ou l'énigme de la valeur d'échange selon Verville », *Or, Monnaie, Échange dans la culture de la Renaissance*, Actes du 9e Colloque International de l'Association Renaissance, Humanisme, Réforme, Textes réunis et présentés par André Tournon et Gabriel-André Pérouse, Saint-Étienne, Publications de l'Université de Saint-Étienne, 1994, p. 227-236.

TOURNON, André, Recension de G. Nakam, *Montaigne, la matière et la manière*, *Revue d'Histoire Littéraire de la France*, 94, p. 821-823.

1995

TOURNON, André, « L'énergie du "langage coupé" et la censure éditoriale », *Montaigne et la rhétorique*, édition de John O'Brien, Malcolm Quainton, James J. Supple, Paris, Classiques Garnier, 1995, p. 117-133.

TOURNON, André, « Le pantagruélisme, mode de lecture du *Tiers Livre* », *Littératures*, 33, 1995, p. 5-16.

TOURNON, André, « La molette du peintre », *Littérature Classiques*, 25, 1995, p. 35-43.

TOURNON, André, Recension de F. Garavini, *Itinéraires à Montaigne*, *Bulletin de la Société des Amis de Montaigne* 41-42, juillet-décembre 1995, p. 71-74.

TOURNON, André, Recension de J.-Y. Pouilloux, *Montaigne, l'éveil de la pensée*, *Bulletin de la Société des Amis de Montaigne*, 41-42, juillet-décembre 1995, p. 65-69.

1996

TOURNON, André, « Le "bon ange" et le bon usage : Montaigne au purgatoire », *Bulletin de la Société Internationale des Amis de Montaigne, Marie de Gournay et l'édition de 1595 des* Essais *de Montaigne*, VIII, 1-2-3, janvier-juin 1996, p. 39-53.

TOURNON, André, « Vacances intérieures : l'essai du loisir », *Les Loisirs et l'héritage de la culture antique*, Actes du XIIIe Congrès de l'Association Guillaume Budé, édités par Jean-Marie André, Jacqueline Dangel, Paul Demont, Bruxelles, Latomus, 1996, p. 559-566.

TOURNON, André, « Un silence signé Rabelais », *Cahiers Textuel*, 15, 1996, p. 77-87.

TOURNON, André, « Les parages de l'improbable. Jeux de la déraison et du hasard », *Rabelais et le* Tiers Livre, Colloque de Nice, 2-3 février 1996, édité par Éliane Kotler, Nice, Publications de la Faculté des Lettres, Arts et Sciences Humaines de Nice, vol. 25, 1996, p. 45-59.

TOURNON, André, « Des puzzles à pièces erratiques », *Cahiers V.L. Saulnier 13, Béroalde de Verville 1556-1626*, Paris, Presses de l'École Normale Supérieure, 1996, p. 201-212.

1997

TOURNON, André, « L'ironie poétique : désirs et mirages dans *Les Amours de Psyché* », *Littératures Classiques*, 29, 1997, p. 111-122.

TOURNON, André, « Conte véritable, véritable conte », *Conteurs et romanciers de la Renaissance. Mélanges offerts à Gabriel-André Pérouse*, Études recueillies et présentées par James Dauphiné et Béatrice Périgot, Paris, Champion, 1997, p. 379-393.

TOURNON, André, « "Ce sont coups d'essai" : l'ironie poétique », *Cahiers textuel, Clément Marot*, L'Adolescence clémentine, 16, 1997, p. 117-129.

TOURNON, André, « Jeux de massacre. La "tragique farce" du seigneur de Basché », *Rabelais-Dionysos. Vin, Carnaval, Ivresse*, Actes du colloque de Montpellier, 26-28 mai 1994, réunis et publiés par Michel Bideaux, Marseille, Jeanne Laffitte, 1997, p. 43-50.

TOURNON, André, « La segmentation du texte : usages et singularités », *Éditer les* Essais *de Montaigne*, Actes du colloque tenu à l'Université de Paris IV-Sorbonne les 27 et 28 janvier 1995, réunis par Claude Blum et André Tournon, Paris, Champion, 1997, p. 173-195.

TOURNON, André, « L'inquiétante segmentation des *Essais* », *Le Discours psychanalytique, La ponctuation*, 18, octobre 1997, p. 277-306.

TOURNON, André, Recension de Rabelais, *Œuvres complètes*, édition de Guy Demerson, *Réforme, Humanisme, Renaissance*, 45, décembre 1997, p. 133-137.

TOURNON, André, Recension de Fr. Lestringant, *Le cannibale. Grandeur et décadence. Bulletin de la Société des Amis de Montaigne* 5-6 ; janvier-juin 1997, p. 76-78.

TOURNON, André, Recension de L. Desgraves, *Inventaire des fonds Montaigne conservés à Bordeaux*, *Bulletin de la Société des Amis de Montaigne*, 5-6, janvier-juin 1997, p. 75-76.

TOURNON, André, Recension de A. Marcetteau-Paul, *Montaigne propriétaire foncier*, *Bulletin de la Société des Amis de Montaigne*, 5-6, janvier-juin 1997, p. 82-83.

TOURNON, André, Recension de S. Mancini, *oh, un amico ! In dialogo con Montaigne e i suoi interpreti*, *Bulletin de la Société des Amis de Montaigne*, 5-6, janvier-juin 1997, p. 80-81.

TOURNON, André, Recension de L. Desgraves, *Inventaire du fonds Montaigne conservé à Bordeaux*, *Bulletin de la Société des Amis de Montaigne*, 5-6, janvier-juin 1997, p. 75-76.

TOURNON, André, Recension de O. Millet, *La première réception des « Essais » de Montaigne (1580-1640)*, *Bulletin de la Société des Amis de Montaigne*, 5-6, janvier-juin 1997, p. 83-84.

1998

TOURNON, André, « Un essai de la chevalerie : logique spéculaire dans la seconde partie de *Don Quichotte* », *Héroïsme et démesure dans la littérature de la Renaissance. Les avatars de l'épopée*, Actes du Colloque International (21-23 octobre 1994) réunis et présentés par Denise Alexandre, Saint-Étienne, Publications de l'Université de Saint-Étienne, 1998, p. 245-260.

TOURNON, André, « Les convictions d'un sceptique », *Cuadernos de filología francese*, 10, 1997-1998, p. 83-97.

TOURNON, André, « Réécrire Cythère. En marge de *La poétique du désir* », *Lire, écrire autour de Raymond Jean*, Aix-en-Provence, Publications de l'Université de Provence, 1998, p. 49-62.

TOURNON, André, André Tournon et Jean-Luc Ristori, « Les "rencontres" selon Verville, ou les jeux de l'esprit et du hasard », *Poétiques du burlesque*, actes du colloque international du Centre de Recherches sur les Littératures Modernes et Contemporaines de l'Université Blaise Pascal, édités par Dominique Bertrand, Paris, Champion, 1998, p. 183-192.

TOURNON, André, « Montaigne », *La Quinzaine Littéraire*, 739, 16 mai 1998, p. 31.

TOURNON, André, Recension de Pierre Leschemelle, *Montaigne, le badin de la farce*, *Bulletin de la Société Internationale des Amis de Montaigne*, VIII, 9-10, janvier-juin 1998, p. 90-92.

TOURNON, André, Recension de Pierre Leschemelle, *Montaigne tout entier et tout nu, Anthologie des* Essais, *Bulletin de la Société Internationale des Amis de Montaigne*, VIII, 9-10, janvier-juin 1998, p. 90-92.

TOURNON, André, Recension de Marie de Gournay, *Le Promenoir de monsieur de Montaigne*, édition de Jean-Claude Arnould, *Bulletin de la Société Internationale des Amis de Montaigne*, VIII, 9-10, janvier-juin 1998, p. 87-88.

1999

TOURNON, André, « La poétique du témoignage dans *Les Tragiques* d'Agrippa d'Aubigné », *Poétiques d'Aubigné*, édité par Olivier Pot, Genève, Droz, 1999, p. 135-146.

TOURNON, André, « La renaissance des hommes libres. Pierre Leroux lecteur de La Boétie », *Les Amis de Pierre Leroux*, 15, avril 1999, p. 11-24.

TOURNON, André, « Sur quelques aspérités du *Discours de la Servitude volontaire* », *Montaigne Studies, La Boétie*, XI, 1-2, 1999, p. 61-76.

TOURNON, André, « Le penseur, le poète et les pigeons », *La morale des moralistes*, Textes recueillis par Jean Dagen, Paris, Champion, 1999, p. 95-105.

TOURNON, André, « La plasticité des *Essais* », *Bulletin de la Société Internationale des Amis de Montaigne*, VIII, 13-14, janvier-juin 1999, p. 45-52.

TOURNON, André, « L'exemplaire et la copie », *Bulletin de la Société Internationale des Amis de Montaigne*, VIII, 13-14, janvier-juin 1999, p. 71-77.

TOURNON, André, « L'"humaine condition". Que sais-je ? Qui suis-je ? », *Montaigne et la question de l'homme*, coordonné par Marie-Luce Demonet, Paris, P.U.F., 1999, p. 15-31.

TOURNON, André, « "Ny de la punctuation". Sur quelques avatars de la segmentation autographe des *Essais* », *Nouvelle Revue du XVIe Siècle*, 17/1, 1999, p. 147-159.

TOURNON, André, « Persistance et nocivité des conjectures en matière d'attribution », *Revue Française d'Histoire du Livre*, n° 104-105, 1999, p. 381-390.

TOURNON, André, Recension de Conrad Lycosthènes, *Apophtegmata*, édition d'Etienne Ithurria (2 tomes), *Bulletin de la Société Internationale des Amis de Montaigne*, 15-16, juillet-décembre 1999, p. 146-147.

TOURNON, André, Recension de Ferdinand Brunetière, *Études sur Montaigne, 1898-1907*, *Bulletin de la Société Internationale des Amis de Montaigne*, 15-16, juillet-décembre 1999, p. 147-149.

TOURNON, André, Recension de Jan Miernowski, *L'ontologie de la contradiction sceptique. Pour l'étude de la métaphysique des* Essais, *Bulletin de la Société Internationale des Amis de Montaigne*, 13-14, janvier-juin 1999, p. 82-83.

TOURNON, André, Recension de Michael Andrew Screech, *Montaigne's annotated copy of Lucretius*, *Bulletin de la Société Internationale des Amis de Montaigne*, 15-16, juillet-décembre 1999, p. 137-145.

TOURNON, André, Recension de Gérard Defaux, *Rabelais « agonistes », du rieur au prophète*, *Réforme, Humanisme, Renaissance*, 49, décembre 1999, p. 92-96.

TOURNON, André, Recension de Edwin M. Duval, *The design of Rabelais's* Quart Livre *de Pantagruel*, *Réforme, Humanisme, Renaissance*, 49, décembre 1999, p. 97-102.

2000

TOURNON, André, « "Plantant mes choux..." – action et projet », *Bulletin de la Société Internationale des Amis de Montaigne, Montaigne et l'action*, VIII, 17-18, janvier-juin 2000, p. 89-96.

TOURNON, André, « Les aberrations de l'espace fictif dans le *Pantagruel* », *La Renaissance ou l'invention d'un espace*, sous la direction de Jean-Jacques Wunenburger, préface de Pierre Magnard, Dijon, Éditions Universitaires de Dijon, 2000, p. 185-200.

TOURNON, André, « *Suspense* philosophique et ironie : la zététique de l'*essai* », *Montaigne Studies, La Philosophie et Montaigne*, XII, 1-2, 2000, p. 45-62.

TOURNON, André, « Le don, la dette et le truand. En marge des savoirs économiques du XVIe siècle », *Europe, Littérature et philosophie*, 849-850, janvier-février 2000, p. 167-183.

TOURNON, André, Recension de Georges P. Hoffmann, *Montaigne's Career*, *Bulletin de la Société Internationale des Amis de Montaigne*, 17-18, janvier-juin 2000, p. 137-138.

TOURNON, André, Recension de James J. Supple, *Les* Essais *de Montaigne – Méthode(s) et méthodologies*, *Bulletin de la Société Internationale des Amis de Montaigne*, 17-18, janvier-juin 2000, p. 139-140.

TOURNON, André, « Réponses » [à Michel Simonin, « L'exemplaire et l'édition posthume »], *Bulletin de la Société Internationale des Amis de Montaigne*, 17-18, janvier-juin 2000, p. 129-131.

2001

TOURNON, André, « Justice oblige », *Bulletin de la Société Internationale des Amis de Montaigne, La Justice*, VIII, 21-22, 2001, p. 71-79.

TOURNON, André, « "Mouches en lait". L'inscription des lectures », *Lire les* Essais *de Montaigne*, Actes du colloque de Glasgow, réunis par Noël Peacock et James J. Supple, Paris, Champion, 2001, p. 75-88.

TOURNON, André, « Traces de lecture. Les notes de Montaigne sur la *Guerre des Gaules* et la *Guerre Civile* », *Mélanges barbares. Hommage à Pierre Michel*, édité par Jean-Yves Debreuille et Philippe Régnier, Lyon, Presses Universitaires de Lyon, 2001, p. 247-253.

TOURNON, André, « Le principe de privation », *La poétique des passions à la Renaissance. Mélanges offerts à Françoise Charpentier*, textes réunis et édités par François Lecercle et Simone Perrier, Paris, Champion, 2001, p. 171-184.

TOURNON, André, « "Ce temps de passe-passe..." (Le *millenium* selon Rabelais) », *Formes du millénarisme en Europe à l'aube des temps modernes*, Actes du colloque international de l'Association Renaissance, Humanisme, Réforme (Marseille,

10-12 septembre 1998) édités par Jean-Raymond Fanlo et André Tournon, Paris, Champion, 2001, p. 455-468.

TOURNON, André, « "*Sub specie phantasiae*". Énonciation et interlocution dans le *Cinquiesme Livre* », *Études rabelaisiennes*, XL, *Le Cinquiesme Livre*, Actes du colloque international de Rome (16-19 octobre 1998) édités par Franco Giacone, Genève, Droz, 2001, p. 467-484.

2002

TOURNON, André, « Attitudes et mouvements : Lectures des *Essais* par Marcel Raymond et Jean Starobinski », *Œuvres et critiques*, 27 (2), 2002, p. 179-187.

TOURNON, André, « Titres obliques et franches fadaises », *Méthode !*, 3, automne 2002, p. 81-91.

TOURNON, André, « "D'une veue oblique..." », *Bulletin de la Société Internationale des Amis de Montaigne*, 25-26, janvier-juin 2002, p. 109-111.

TOURNON, André, et Olivier MILLET, « À la mémoire du Professeur Aulotte », *Bulletin de la Société Internationale des Amis de Montaigne*, 27-28, juillet-décembre 2002, p. 7-9.

TOURNON, André, Recension de *L'Immaginazione*, introd., trad. e note di Nicola Panichi, *Bulletin de la Société Internationale des Amis de Montaigne*, 25-26, janvier-juin 2002, p. 98-100.

TOURNON, André, Recension de Josef Hen, *Michal z Montaigne*, *Bulletin de la Société Internationale des Amis de Montaigne*, 25-26, janvier-juin 2002, p. 103-105.

TOURNON, André, Recension de Alain Legros, *Essais sur poutres. Peintures et inscriptions chez Montaigne*, *Réforme, Humanisme, Renaissance*, 54, juin 2002, p. 227-229.

TOURNON, André, « Ébauche de bibliographie sur le Livre III des *Essais* (agrégation 2002-2003) », *Nouvelle Revue du Seizième Siècle*, XX, 2, 2002, p. 119-134.

2003

TOURNON, André, « "Les visions qui seront ici peintes" », *Méthode !*, 5, 2003, p. 55-64.

TOURNON, André, « Exégèse par énigmes : l'épître liminaire du *Cymbalum Mundi* », *Le Cymbalum Mundi*, Actes du Colloque de Rome (3-6 novembre 2000) édités par Franco Giacone, Genève, Droz, 2003, p. 399-409.

TOURNON, André, « "Singuliers en leurs fantasies" », *Cité des Hommes, Cité de Dieu. Travaux sur la littérature de la Renaissance en l'honneur de Daniel Ménager*, publiés par Jean Céard, Marie-Christine Gomez-Géraud, Michel Magnien, François Rouget, Genève, Droz, 2003, p. 111-122.

TOURNON, André, « Du bon usage de l'édition posthume des *Essais* », *Bulletin de la Société Internationale des Amis de Montaigne*, VIII, 29-30, janvier-juin 2003, p. 77-91.
TOURNON, André, « Des ajustements énigmatiques », *Des signes au sens : lectures du Livre III des* Essais, Journées d'études du Centre Montaigne de Bordeaux, 14-15 novembre 2002, Actes réunis et édités par Françoise Argod-Dutard, Paris, Champion, 2003, p. 133-150.
TOURNON, André, « Le spectre et la glose », *Le mot et sa glose*, sous la direction d'Agnès Steuckardt et Aïno Niklas-Salminen, Aix-en-Provence, Publications de l'Université de Provence, 2003, p. 129-140.
TOURNON, André, Recension de Michel Renaud, *Pour une lecture du* Moyen de Parvenir *de Béroalde de Verville*, *Réforme, Humanisme, Renaissance*, 57, décembre 2003, p. 184-187.
TOURNON, André, Recension de Frédéric Brahami, *Le travail du scepticisme chez Montaigne*, *Bulletin de la Société Internationale des Amis de Montaigne*, 29-30, janvier-juin 2003, p. 107-110.
TOURNON, André, Recension de Sylvia Giocanti, *Penser l'irrésolution. Montaigne, Pascal, La Mothe La Vayer, trois itinéraires sceptiques*, *Bulletin de la Société Internationale des Amis de Montaigne*, 29-30, janvier-juin 2003, p. 370-371.

2004

TOURNON, André, « "Soit que je sois autre moy mesme..." », *Self and Other in Sixteenth-Century France*, Proceedings of the Seventh Cambridge French Renaissance Colloquium, edited by Kathryn and Philip Ford, Cambridge, Cambridge French Colloquia, 2004, p. 189-212.
TOURNON, André, « La question du préteur », *L'écriture du scepticisme chez Montaigne*, Actes des journées d'étude (15-16 novembre 2001), Réunis et publiés par Marie-Luce Demonet et Alain Legros, Genève, Droz, 2004, p. 265-274.
TOURNON, André, « La Critique de la folie pure chez Montaigne et Shakespeare », *Shakespeare et Montaigne : vers un nouvel humanisme*, Actes du Congrès de la Société Française Shakespeare, Textes réunis par Pierre Kapitaniak sous la direction de Jean-Marie Maguin, Paris, Société Française Shakespeare, 2004, p. 277-292.
TOURNON, André, « "L'heure des parlements dangereuse". Montaigne et le droit de la guerre dans les redditions et prises de villes », *Prendre une ville au XVIe siècle. Histoire, arts, lettres*, sous la direction de Gabriel Audisio, Aix-en-Provence, Publications de l'Université de Provence, 2004, p. 213-228.
TOURNON, André, « Une fête chez Tartuffe : l'escale en Papimanie », *Fête et imagination dans la littérature du XVIe au XVIIIe siècle*, sous la direction de Huguette Krief et Sylvie Requemora, Aix-en-Provence, Publications de l'Université de Provence, 2004, p. 19-31.

TOURNON, André, « Le “langage usité” selon Rabelais, norme ou repère ? », *Les Normes du dire au XVI*e *siècle*, Actes du colloque de Rouen (15-17 novembre 2001) organisé par le Centre d'Études et de Recherches Éditer/Interpréter, Textes réunis par Jean-Claude Arnould et Gérard Milhe-Poutingon, Paris, Champion, 2004, p. 453-467.

TOURNON, André, « Rire pour comprendre. Essai d'herméneutique pantagruélienne », *Réforme, Humanisme, Renaissance*, 59, décembre 2004, p. 7-22.

TOURNON, André, « “Sçavoir ce qu'on ne sçait” », *Albineana*, 15, 2004, p. 193-206.

TOURNON, André, Recension de Marcel Conche, *Montaigne et la philosophie*, *Bulletin de la Société Internationale des Amis de Montaigne*, 33-34, janvier-juin 2004, p. 91-95.

2005

TOURNON, André, « “Route par ailleurs”. Regards sur *Renaissance, Humanisme, Réforme* : des traboules lyonnaises aux inflexions des *Essais* », *Réforme, Humanisme, Renaissance*, 60, juin 2005, p. 63-65.

TOURNON, André, « Justice and the Law : On the Reverse Side of the *Essays* », *The Cambridge Companion to Montaigne*, edited by Ullrich Langer, Cambridge, Cambrige University Press, 2005, p. 96-117.

TOURNON, André, « L'auteur : l'Autre ? *Le Moyen de parvenir* de Béroalde de Verville », *Cahiers du Gadges, La parole masquée*, 2, Genève, Droz, 2005, p. 127-137.

TOURNON, André, « Fausses clefs, fausses serrures. Indices et leurres chez Béroalde de Verville », *Littératures classiques*, 54, 2, printemps 2005, p. 89-101.

2006

TOURNON, André, « “Et séparément considérées”. Mélancolie : les leurres des lectures synthétiques », *Bulletin de la Société Internationale des Amis de Montaigne*, VIII, 41-42, janvier-juin 2006, p. 159-174.

TOURNON, André, « Montaigne o l'“engagement” dello scetticismo », *Giornale Critico Della Filosofia Italiana*, LXXXV, 2006, p. 335-341.

TOURNON, André, « Désenseigner. Montaigne et le paradoxe de la pédagogie pyrrhonienne », *Les outils de la connaissance. Enseignement et formation intellectuelle en Europe entre 1453 et 1715*, sous la direction de Jean-Claude Colbus et Brigitte Hébert, Saint-Étienne, Publications de l'Université de Saint-Étienne, 2006, p. 325-335.

2007

Tournon, André, « Nargues, Zargues et le concept de trépas », *Réforme, Humanisme, Renaissance*, 64, juin 2007, p. 111-123.

Tournon, André, « Pour le forum du *Bulletin de la Société des Amis de Montaigne.* Un échantillon doublement probant (Notes critiques sur la nouvelle édition des *Essais* dans la collection de la Pléiade) », *Nouveau Bulletin de la Société Internationale des Amis de Montaigne*, II, 2, 2e semestre 2007, p. 119-124.

2008

Tournon, André, « Le philosophe et ses démons », *« Moralia » et « Œuvres morales » à la Renaissance*, Textes réunis et présentés par Olivier Guerrier, Paris, Champion, 2008, p. 309-327.

Tournon, André, « La fortune providentielle : lectures de Plutarque au xvie siècle (I) », *Hasard et Providence*, Actes du cinquantenaire de la fondation du C.E.S.R. et XLIXe Colloque International d'Études Humanistes, Tours, 3-6 juillet 2006, en ligne : http://umr6576.cesr.univ-tours.fr/publications/HasardetProvidence/fichiers/pdf/Tournon.pdf (consulté le 01/09/2020).

Tournon, André, « "Je n'en croirais pas cent uns…" : Montaigne et le statut du témoignage au xvie siècle », *Littérature et Droit du Moyen Âge à la période baroque : le Procès exemplaire*, édité par Stéphan Geonget, Paris, Champion, 2008, p. 41-59.

Tournon, André, « Variantes attestées et variantes douteuses », *Nouveau Bulletin de la Société Internationale des Amis de Montaigne*, III, 1, 1er semestre 2008, p. 17-32.

Tournon, André, « André Tournon à Alain Legros » [« Forum »], *Nouveau Bulletin de la Société Internationale des Amis de Montaigne*, III, 1, 1er semestre 2008, p. 77-79.

Tournon, André, « Un théologien par procuration », *« Dieu à nostre commerce et société ». Montaigne et la théologie*, Études publiées sous la direction de Philippe Desan, Genève, Droz, 2008, p. 13-23.

Tournon, André, « "Nul refusant" », *Seizième Siècle*, 4, 2008, p. 47-59.

2009

Tournon, André, « La Renaissance dans les lointains », *Réforme, Humanisme, Renaissance*, 69, décembre 2009, p. 29-30.

Tournon, André, « Les palimpsestes du "langage coupé" », *La Langue de Rabelais – la Langue de Montaigne*, Actes du colloque de Rome (septembre 2003) édités par Franco Giacone, Genève, Droz, 2009, p. 351-369.

Tournon, André, « "Ce que je discours selon moi…" », *Nouveau Bulletin de la Société Internationale des Amis de Montaigne*, V, 49, 1er semestre 2009, p. 41-55.

TOURNON, André, « Le doute investigateur : métamorphoses d'un "refrain" de Plutarque dans les *Essais* », *Nouveau Bulletin de la Société Internationale des Amis de Montaigne*, V, 50, 2e semestre 2009, p. 5-22.

TOURNON, André, Recension de Montaigne, *Les Essais*, 3 volumes, édition d'Emmanuel Naya, *Réforme, Humanisme, Renaissance*, 69, décembre 2009, p. 191-194.

2010

TOURNON, André, « Les *Aventures du Baron de Faeneste* dans le monde de Piperie », *Entre Clio et Melpomène. Les fictions de l'histoire chez Agrippa d'Aubigné*, études réunies par Olivier Pot, Paris, Classiques Garnier, 2010, p. 227-248.

TOURNON, André, « L'éveil au silence », *« Éveils » : Études en l'honneur de Jean-Yves Pouilloux*, contributions réunies par Valérie Fasseur, Olivier Guerrier, Laurent Jenny, André Tournon, Paris, Classiques Garnier, 2010, p. 117-135.

TOURNON, André, « "*Nobody is perfect*" : "Démoneries" et détours herméneutiques », *Le Socratisme de Montaigne*, études réunies par Thierry Gontier et Suzel Mayer, Paris, Classiques Garnier, 2010, p. 323-336.

TOURNON, André, « La scansion dans les documents juridiques du XVIe siècle, et ses effets sur les écrits d'un ancien magistrat de la même époque », *L'Écriture des juristes, XVIe-XVIIe siècles*, Études réunies par Laurence Giavarini, Paris, Classiques Garnier, 2010, p. 241-258.

TOURNON, André, « La face obscure de l'émancipation », *Figure di "servitù" e "dominio" nella cultura filosofica europea tra Cinquecento e Seicento*, Atti del convegno (Urbino, 29-30 maggio 2008), éd. par Nicola Panichi, Florence, Le Lettere, 2010, p. 45-66.

TOURNON, André, « Forum : édition des *Essais* », *Bulletin de la Société Internationale des Amis de Montaigne*, 52, 2e semestre 2010, p. 113-117.

2011

TOURNON, André, « Le choix d'un destin mythique dans le *Songe de Poliphile* », *Réforme, Humanisme, Renaissance*, 72, juin 2011, p. 7-25.

TOURNON, André, « Les chansonnettes de la bergère », *Doute et imagination. Constructions du savoir de la Renaissance aux Lumières*, Études réunies par Geneviève Goubier, Bérengère Parmentier, Daniel Martin, Actes du colloque du CIELAM / Groupe XVIe-XVIIIe siècles, Paris, Classiques Garnier, 2011, p. 259-274.

TOURNON, André, « Les marques de profération dans les *Essais* », *La Ponctuation à la Renaissance*, Études réunies et présentées par Nathalie Dauvois et Jacques Dürrenmatt, Paris, Classiques Garnier, 2011, p. 163-173.

TOURNON, André, « Des croisements signalés. Mots et gestes sibyllins », *Études Rabelaisiennes*, XLIX *Rabelais et la question du sens*, Actes du colloque international de Cerisy-La-Salle (1er au 11 août 2000), édités par Jean Céard et Marie-Luce Demonet avec la collaboration de Stéphan Geonget, Genève, Droz, 2011, p. 197-208.

TOURNON, André, « Des marques de discontinuité dans les écrits bigarrés », *Contes et discours bigarrés*, sous la direction de Franck Lestringant (Cahiers V.-L. Saulnier, 28), Paris, PUPS, 2011, p. 175-182.

TOURNON, André, « Méprises et affinités », *Montaigne contemporaneo*, a cura di Nicola Panichi, Renzo Ragghianti, Alessandro Savorelli, Pisa, Edizione della Normale, 2011, p. 9-28.

TOURNON, André, Recension de Alain Legros, *Montaigne manuscrit*, *Bulletin de la Société Internationale des Amis de Montaigne*, 54, 2011, p. 150-154.

2012

TOURNON, André, « Coupez ! Ceci n'est pas un article », *Bulletin de la Société Internationale des Amis de Montaigne*, 55, 2012, 1, p. 289-293.

TOURNON, André, « Après la controverse », *Bulletin de la Société Internationale des Amis de Montaigne*, 56, 2012, 2, p. 249-267.

TOURNON, André, « Un livre à distance d'examen », *La Librairie de Montaigne*, Proceedings of the Tenth Cambridge French Colloquium, 1-4 September 2008, Edited by Philipp Ford and Neil Kenny, Cambridge, Cambridge French Colloquia, 2012, p. 103-123.

TOURNON, André, « La coutume, aliénation et autonomie », *Cahiers La Boétie, Les Figures de la coutume. Autour du* Discours de la Servitude volontaire, sous la direction de Laurent Gerbier et Olivier Guerrier, 2, 2012, p. 87-101.

TOURNON, André, « Dérapages ludiques dans *Le Quart Livre* », *Revue Le Verger* (en ligne sur le site Cornucopia), « Bouquet I, *Gargantua* et *Le Quart Livre* de Rabelais », janvier 2012 (http://cornucopia16.com/blog/2014/07/20/janvier-2012-andre-tournon-u-de-provence-derapages-ludiques-dans-le-quart-livre/ (consulté le 01/09/2020)).

2013

TOURNON, André, « En souvenir de Katherine Almquist », *Bulletin de la Société Internationale des Amis de Montaigne*, 57, 2013, p. 13-14.

TOURNON, André, « Se prononcer dans l'incertitude. "Je ne serais pas si hardi à parler, s'il m'appartenait d'en être cru" », *Certitudes et incertitudes à la Renaissance*, sous la direction de Marie-Thérèse Jones-Davies, Turnhout, Brepols, 2013, p. 115-132.

TOURNON, André, « Parole de badin, parole irrécusable », *Réforme, Humanisme, Renaissance*, 76, juin 2013, p. 107-118.

TOURNON, André, « "… au premier que je rencontre". Remarques préliminaires sur le double texte de l'édition de référence (Bompiani, Milan 2012) », *Bulletin de la Société Internationale des Amis de Montaigne*, 57, 2013, 1, p. 81-99.

TOURNON, André, « Le diable de Delphes. Commentaires prophylactiques de Goulart », *Simon Goulart, un pasteur aux intérêts vastes comme le monde*, études réunies par Olivier Pot, Genève, Droz, 2013, p. 237-253.

2014

TOURNON, André, « Le pseudo-La Boétie, et les interstices de l'*interim* », *Réforme, Humanisme, Renaissance*, 79, décembre 2014, p. 259-267.

TOURNON, André, « Les limbes de la contrefaçon », *Copier et contrefaire à la Renaissance. Faux et usage de faux*, sous la direction de Pascale Mounier et de Colette Nativel, Actes du colloque organisé par R.H.R. et la S.F.D.E.S., 29, 30, 31 octobre 2009, Université Paris 1-Panthéon-Sorbonne, Paris, Champion, 2014, p. 175-190.

2015

TOURNON, André, « Ne pas se tromper d'erreur », *Bulletin de la Société Internationale des Amis de Montaigne*, 2015, 2 (62), p. 137-147.

RÉFÉRENCES BIBLIOGRAPHIQUES

TEXTES ANTÉRIEURS À 1800

ALCIAT, André, *Dn. Andreæ Alciati juriscons. Mediolanensis. In Digestorum, sive Pandectarum lib. XII. qui de rebus creditis, primus est, Rub. Si certum petatur. Commentarius longè doctissimus, atque utilissimus* [...], Lyon, S. Gryphe, 1548.

AUBIGNÉ, Agrippa d', *Œuvres*, texte établi par Henri Weber et annoté par Henri Weber, Jacques Bailbé et Marguerite Soulié, Paris, Gallimard, « Bibliothèque de la Pléiade », 1969.

AUGUSTIN D'HIPPONE, *Confessions*, texte établi et traduit par P. de Labriolle, Paris, Les Belles Lettres, t. I. 1925, t. II, 1969.

AUGUSTIN D'HIPPONE, *La Cité de Dieu*, t. I, texte et traduction par P. de Labriolle, Paris, Garnier, 1941, t. II, texte et traduction par J. Perret, Paris, Garnier, 1946.

ARISTOTE, *Éthique à Nicomaque*, éd. Jules Tricot, Paris, Vrin, 2007.

BODIN, Jean, *De la Demonomanie des sorciers*, Anvers, Arnould Coninx, 1586.

BUDÉ, Guillaume, *Forensia*, Paris, Conrad Bade pour Robert Ier Estienne, 1548.

Chansons du XVe siècle, éd. Gaston Paris, Paris, Firmin-Didot, 1875.

CHARRON, Pierre, *De la Sagesse*, éd. B. de Negroni, Paris, Fayard, 1986.

CICÉRON, *Catilinaires*, texte établi par H. Bornecque, traduit par E. Bailly, dans *Discours*, t. X, Paris, Les Belles Lettres, 1926.

CICÉRON, *Tusculanes*, texte établi par G. Folhen, traduit par J. Humbert, Paris, Les Belles Lettres, t. I, 1930, t. II, 1931.

CICÉRON, *Epistulae ad Lucilium*, traduction de F. et P. Richard, Paris, Garnier, 1932.

CICÉRON, *De la nature des dieux*, texte et traduction de Ch. Appuhn, Paris, Garnier, 1935.

CICÉRON, *Pour le poète Archias*, texte établi et traduit par A. Boulanger et F. Gaffiot, Paris, Les Belles Lettres, 1938.

CICÉRON, *Pour T. Annius Milon*, texte établi et traduit par A. Boulanger, dans *Discours*, t. XVII, Paris, Les Belles Lettres, 1949.

CICÉRON, *Les Académiques*, texte établi par P. Pellegrin, traduit par J. Kany-Turpin, Paris, Flammarion, « GF », 2010.

Contes et fables indiennes de Bidpaï et de Lokman traduits par Galland et Cardonne, Paris, 1778.

CORNEILLE, Pierre, *Le Menteur*, dans *Œuvres complètes*, textes établis, présentés et annotés par Georges Couton, Paris, Gallimard, « Bibliothèque de la Pléiade », t. II, 1984.

Corpus juris civilis : Codicis D.n. Sacratissimi principis Justiniani PP. A. juris enucleati ex omni vetere jure collecti digestorum seu pandectarum libri quinquaginta[...] Opera et diligentia L. Charondae jurisconsulti, Anvers, Christophe Plantin, 1575.

CYRANO DE BERGERAC, Savinien de, *Les États et Empires de la Lune*, Paris, Éditions Sociales, 1959.

DES PÉRIERS, Bonaventure, *Nouvelles Récréations et Joyeux Devis*, éd. K. Kasprzyk, Paris, STFM-Champion, 1980.

DIOGÈNE LAËRCE, *Vies, doctrines et sentences des philosophes illustres*, Paris, Flammarion, 1993.

DU BELLAY, Joachim, *Divers jeux rustiques*, édités par V.L. Saulnier, Paris-Genève, Droz-Minard, 1965.

DU BELLAY, Joachim, *Les Regrets, Les Antiquites de Rome, Le Songe*, édition présentée et annotée par François Roudaut, Paris, Librairie Générale Française, « Le Livre de Poche », 2002.

DU BELLAY, Joachim, *La Deffence, et illustration de la langue françoyse*, éd. Fr. Goyet et O. Millet, Paris, Champion, 2003.

DU GUILLET, Pernette, *Rymes*, éd. Fr. Charpentier, Paris, Gallimard, 1983.

DU MOULIN, Charles, *Tractatus commerciorum et usurarum, reditumque pecunia constitutorum, et monetarum : cum nova analytica explicatione*, Paris, Galliot Du Pré, Jean Loys, Vincent Sertenas, 1546.

ÉRASME, Didier, *Éloge de la Folie, Adages, Colloques, Réflexions sur l'art, l'éducation, la religion, la guerre, la philosophie, Correspondance*, édition établie par Claude Blum, André Godin, Jean-Claude Margolin, Daniel Ménager, Paris, Robert Laffont, « Bouquins », 1992.

ÉRASME, Didier, *D. Erasmi opera omnia*, Leyde, Van der Aa, 1703-1706.

GENTILE DE PEROUSE, Jacopo, *Tractatus ex variis juris civilis interpretibus collecti*, Lugduni, MDXLIX.

HOMÈRE, *L'Odyssée*, traduction de Philippe Jaccotet, Paris, La Découverte, 2004.

HORACE, *Satires*, texte établi et traduit par F. Villeneuve, Paris, Les Belles Lettres, 1932.

KEPLER, Johannes, *Astronomia Nova*, Bruxelles, Culture et civilisation, 1967.

LA BOÉTIE, Étienne de, *Discours de la servitude volontaire*, éd. André Tournon, Paris, Vrin, 2014.

La Boétie, Étienne de, *Discours de la servitude volontaire*, éd. P. Léonard, suivi de « La Boétie et la question du politique », Paris, Payot, 1976.

La Boétie, Étienne de, *Discours de la servitude volontaire*, éd. S. Goyard-Fabre, Paris, Garnier-Flammarion, 1983.

La fleur des chansons d'amour du XVI*e siècle*, éd. Henri Poulaille, Paris, Grasset, 1943.

La Fontaine, Jean de, *Œuvres*, éd. P. Clarac, Paris, Gallimard, 1942.

Lucrèce, *De la nature*, texte établi et traduit par Alfred Ernout, Paris, Les Belles Lettres, t. I, 1920, t. II, 1921.

Maldonado, Juan, *Joannis Maldonati Sapharensis, Societatis Jesu theologi, Commentarii in quatuor evangelistas*, Paris, Louis Billaine, 1668.

Marguerite de Navarre, *L'Heptaméron*, éd. Michel François, Paris, Classiques Garnier, 1967.

Marguerite de Navarre, *Œuvres complètes*, éd. Michèle Clément, t. IX, Paris, Champion, 2001.

Marguerite de Navarre, *Théâtre profane*, éd. V.-L. Saulnier, Genève, Droz, 1946.

Marot, Clément, *Œuvres poétiques*, éd. Y. Giraud, Paris, Garnier-Flammarion, 1973.

Marot, Clément, *L'Adolescence clémentine*, édition de Frank Lestringant, Paris, Gallimard, « Poésie », 1987.

Marot, Clément, *Œuvres poétiques* éd. G. Defaux, Paris, Bordas, « Classiques Garnier », t. I, 1990, t. II, 1993.

Montaigne, Michel de, *Journal de voyage*, éd. F. Garavini, Paris, Gallimard, « Folio », 1983.

Montaigne, Michel de, *Les Essais*, Paris, Abel l'Angelier, 1588, additions et corrections manuscrites de Montaigne (Exemplaire de Bordeaux), édition numérique Les Bibliothèques virtuelles Humanistes, http://xtf.bvh.univ-tours.fr/xtf/view?docId=tei/B330636101_S1238/B330636101_S1238_tei.xml ;doc.view=notice (consulté le 01/09/2020).

Montaigne, Michel de, *Œuvres complètes*, 12 volumes, Paris, Conard, 1924-1927.

Montaigne, Michel de, *Les Essais*, éd. « Bibliolâtres de France », Brie-Comte-Robert, 1953.

Montaigne, Michel de, *Les Essais*, éd. P. Villey et V.L. Saulnier, Paris, PUF, 1965.

Montaigne, Michel de, *Les Essais*, éd. A. Tournon, Paris, Imprimerie Nationale, 1998.

Montaigne, Michel de, *Les Essais*, éd. É. Naya, D. Reguig-Naya et A. Tarrête, Paris, Gallimard, 2009.

Napeir, John, *Ouverture de tous les secrets de l'Apocalypse*, La Rochelle, Noel de la Croix, 1607.

OVIDE, *Les Pontiques*, texte établi et traduit par J. André, Paris, Les Belles Lettres, 1977.

OVIDE, *Les Métamorphoses*, Texte établi et traduit par G. Lafaye, revu par H. Le Bonniec, Paris, Les Belles Lettres, t. I, 1985, t. II, 1989, t. III, 1991.

PARACELSE, *Paracelsi opera omnia*, Lyon, J. de Tournes, 1658.

PIC DE LA MIRANDOLE, Jean-François, *Examen vanitatis doctrinae gentium et veritatis Christianae disciplinae*, Mirandola, Ionannes Mozochius, 1520.

PLATON, *Le Banquet*, texte établi et traduit par L. Robin, Paris, Les Belles Lettres, 1929.

PLATON, *Le politique*, texte établi et traduit par A. Diès, Paris, Les Belles Lettres, 1935.

PLATON, *Criton*, texte établi et traduit par M. Croiset, Paris, Belles Lettres, 1966.

PLUTARQUE, *Les Œuvres morales et meslées de Plutarque, translatées du grec en françois, par Messire Jacques Amyot*, Paris, Vascosan, 1572.

POMPONAZZI, Pietro, *Les causes des merveilles de la nature, ou Les enchantements*, trad. H. Busson, Paris, Rieder, 1930.

Primum volumen [volumen XVII] tractatuum ex variis iuris interpretibus collectorum..., Lugduni [Compagnie des libraires], 1549.

QUINTILIEN, *Institution oratoire*, texte établi et traduit par J. Cousin, Paris, Les Belles Lettres, 7 volumes, 1975-1980.

RABELAIS, François, *Le Tiers Livre*, éd. M.A. Screech, Genève, Droz, 1964.

RABELAIS, François, *Le Quart Livre*, éd. R. Marichal, Genève, Droz, 1947.

RABELAIS, François, *Œuvres*, éd. G. Demerson, Paris, Seuil, 1995.

RABELAIS, François, *Œuvres complètes*, éd. M. Huchon, Paris, Gallimard, « Bibliothèque de La Pléiade »1994.

La Sainte Bible, 4 tomes en 4 volumes, commentaires de Louis Pirot, et Albert Calmer, Paris, Letouzay et Ane, 1935.

SAVONNE, Pierre de, *Instruction et manière de tenir livres de compte par partie double*, Anvers, Plantin 1567.

SEBOND, Raymond, *Theologia naturalis*, Deventer, Richard Paffroed, 1480.

SEBOND, Raymond, *La theologie naturelle de Raymond Sebon, traduicte nouvellement en françois par messire Michel, Seigneur de Montaigne, Chevalier de l'ordre, du Roy, et Gentil-homme ordinaire de sa chambre*, Paris, Guillaume Chaudiere, 1581.

SÉBILLET, Thomas, *Art poétique français*, dans *Traités de poétique et de rhétorique de la Renaissance*, éd. Francis Goyet, Paris, Librairie Générale Française, « Le Livre de Poche », 1990.

SÉNÈQUE, *De la tranquillité de l'âme* dans *Dialogues*, t. IV, texte établi et traduit par R. Waltz, Paris, Les Belles Lettres, 1927.

SÉNÈQUE, *Epistulae ad Lucilium*, traduction de F. et P. Richard, Paris, Garnier, 1932.

SEXTUS EMPIRICUS, *Esquisses pyrrhoniennes*, traduction de P. Pelegrin, Paris, Seuil, 1997.

SPERONI, Sperone, *Dialogo d'Amore*, édition avec la traduction de Claude Gruget, introduction et commentaire par Pierre Martin, Poitiers, La Licorne, 1998.

THÉRÈSE D'AVILA, *Le Château intérieur*, Paris, Desclée de Brouwer, 1964.

THOMAS D'AQUIN, *Compendium Theologiae*, Paris, Cerf, 2007.

TURGOT, Anne Robert Jacques, *Écrits économiques*, Paris, Calmann-Lévy, 1970.

TURQUET DE MAYERNE, Louis, *Traicté des negoces et traffiques*, Paris, Chovet, 1599.

VALÈRE MAXIME, *Faits et dits mémorables*, texte établi et traduit par R. Combès, Paris, Les Belles Lettres, t. I, 1995, t. II, 1997.

VERVILLE, Béroalde de, *Le Moyen de Parvenir*, éd. Charles-Joseph Panckoucke, Paris, Grangé, 1757.

VERVILLE, Béroalde de, *Le Moyen de Parvenir*, éd. Charles Royer, Paris, Alphonse Lemerre, 1896, et Genève, Slatkine Reprints, 1970.

VERVILLE, Béroalde de, *Le Palais des Curieux*, Paris, Vve M. Guillemot et J. Thiboust, 1612.

Vindiciae contra tyrannos, trad. française de 1581, Genève, Droz, 1979.

VERVILLE, Béroalde de, *Le Moyen de Parvenir*, édité par Hélène Moreau André Tournon, Jean-Luc Ristori, Paris, Classiques Garnier, 2004.

VIRGILE, *Énéide*, texte établi et traduit par J. Perret, Paris, Les Belles Lettres, t. I, 1977, t. II, 1978, t. III, 1980.

WIER, Johann, *Histoires, disputes et discours, des illusions et impostures des diables, des magiciens infames, sorcieres & empoisonneurs… le tout comprins en six livres (augmentez de moitié en ceste derniere edition)* suivi par LIEBER, Thomas, dit Erastus, *Deux dialogues… touchant le pouvoir des sorcieres : et de la punition qu'elles meritent*, Genève, Jacques Chouet, 1579.

TRAVAUX

ADAM, Antoine, *Histoire de la Littérature Française au XVIIe siècle*, Paris, Domat, 1954.

ALMQUIST, Katherine, « Quatre arrêts du Parlement de Bordeaux, autographes inédits de Montaigne », *Bulletin de la Societe des Amis de Montaigne*, Janvier 1998, p. 13-38.

AUERBACH, Erich, *Mimesis*, Paris, Gallimard, 1968.

BAILBÉ, Jacques, *Agrippa d'Aubigné poète des Tragiques*, Caen, Association des Publications de la Faculté des lettres et sciences humaines de Caen, 1968.

BAKHTINE, Mikhaïl, *L'Œuvre de François Rabelais et la culture populaire au Moyen Âge et sous la Renaissance*, Paris, Gallimard, 1970.

BARAZ, Michaël, *L'Être et la connaissance selon Montaigne*, Paris, Corti, 1968.

BARTHES, Roland, *S/Z*, Paris, Le Seuil, 1970.

BEAUJOUR, Michel, *Le jeu de Rabelais*, Paris, Éditions de l'Herne, 1969.

BÉNICHOU, Paul, *L'Écrivain et ses travaux*, Paris, Corti, 1967.

BERRIOT, François, *Athéismes et athéistes au* XVIe *siècle en France*, Lille, CERF, 1976.

BIDEAUX, Michel, « Du bruit à la tapisserie », *Cahiers Textuel*, 10, 1992, p. 113-131.

BOASE, Alan M., « Montaigne et la sorcellerie », *Bibliothèque d'Humanisme et Renaissance*, II, 1935, p. 402-421.

BOWEN, Barbara, « Béroalde de Verville and the Self-Destructing Book », *Essays in early French Literature, presented to B. Mac Craig*, N.J. Lacy et J.C. Nash édit., York, French Literature Publications, 1982, p. 163-177.

BOYER-XAMBEU, Marie-Thérèse, GILLARD, Lucien, DELEPLACE, Ghislain, *Monnaie privée et pouvoir des princes. L'économie des relations monétaires à la Renaissance*, Paris, Éditions du CNRS, 1986.

BOYER-XAMBEU, Marie-Thérèse, GILLARD, Lucien, DELEPLACE, Ghislain, « Vers une typologie des régimes monétaires », *Monnaie métallique et monnaie bancaire, Cahiers d'économie politique*, 18, 1990, p. 31-60.

BOYER-XAMBEU, Marie-Thérèse, GILLARD, Lucien, DELEPLACE, Ghislain, « Du métal à l'espèce et du change à la banque », *Monnaie métallique et monnaie bancaire, Cahiers d'économie politique*, 18, 1990, p. 129-147.

BRETON, André, *Second manifeste du surréalisme*, Paris, Gallimard, « Idées », 1963.

BUTOR, Michel, *Essais sur les Essais*, Paris, Gallimard, 1968.

CARROLL, Lewis, *Logique sans peine* (*Symbolic Logic*), trad. J. Gattegno et E. Coumet, Paris, Hermann, 1966.

CAVE, Terence, « Correcting Petrarch's Errors », *Pre-Pleiade Poetry*, éd. Jerry C. Nash, Lexington, *French Forum*, 1985, p. 112-124.

CAVE, Terence, « Transformations d'un topos utopique : Gaster et le rocher de Vertu », *Études rabelaisiennes*, XXI, 1988, p. 319-325.

CAVE, Terence, « L'économie de Panurge : "moutons à la grande laine" », *Réforme, Humanisme, Renaissance*, 37, 1993, p. 7-24.

CAVE, Terence, « "Or donné par don" – Échanges métaphoriques et matériels chez Rabelais », dans *Or, monnaie, échange dans la culture de la Renaissance*, textes réunis et présentés André Tournon et Gabriel-André Pérouse, Saint-Étienne, Publications de l'Université de Saint-Etienne, 1994, p. 107-117.

CAVE, Terence, *Pré-histoires – Textes troublés au seuil de la modernité*, Genève, Droz, 1999.

CÉARD, Jean, *La nature et les prodiges. L'insolite au* XVIe *siècle en France*, Genève, Droz, 1977.

CERTEAU, Michel de, *La Fable mystique*, Paris, Gallimard, 1982.

CHADUC, Pauline, « Le discernement, un instrument de connaissance spirituelle à l'âge classique », *Doute et imagination. Constructions du savoir de la Renaissance aux Lumières*, Geneviève Goubier, Bérengère Parmentier, Daniel Martin éd., Paris, Classiques Garnier, 2011, p. 165-177.

CHARPENTIER, Françoise, « L'hyperbate : une maîtresse forme du troisième allongeail », *Montaigne et les Essais, actes du Congrès de Paris (1988)*, Cl. BLUM éd., Paris, Champion, 1990, p. 239-347.

CITOLEUX, Marc, « Le vrai Montaigne, théologien et soldat », *Bulletin de la Société des Amis de Montaigne*, n° 41-42, 2006, p. 159-174.

CLARAC, Pierre, *La Fontaine, L'homme et l'œuvre*, Paris, Boivin, 1947.

COHEN, Jean, *Structure du langage poétique*, Paris, Flammarion, 1966.

COLARD, Jean-Max, « L'écriture comme passe-temps », *Cahiers Textuel, Clément Marot, L'Adolescence clémentine*, 16, 1997, p. 81-92.

COLEMAN, Dorothy Gabe, *An Illustrated Love « Canzoniere ». The Delie of Maurice Scève*, Genève, Slatkine, 1981.

COMPAGNON, Antoine, *Nous, Michel de Montaigne*, Paris, Seuil, 1980.

CONSTANS, François, « Sibylles nervaliennes », *Revue des Sciences Humaines*, I, juillet-septembre 1958, p. 381-395, II-III, juillet-septembre 1959, p. 275-305.

CONSTANS, François, *Gérard de Nerval devant le destin*, Paris, Nizet, 1979.

COQUET, Jean-Claude, *Sémiotique littéraire. Contribution à l'analyse sémantique du discours*, « Univers sémiotiques », Tours, Jean-Pierre Delarge et Mame, 1973.

CORNILLIAT, François, *« Or ne mens » – Couleurs de l'éloge et du blâme chez les « Grands Rhétoriqueurs »*, Paris, Champion, 1994.

CORNILLIAT, François, « "Sainte Croix, nostre espargne..." : l'équivoque monétaire chez les Rhétoriqueurs », *Or, Monnaie, Échange dans la culture de la Renaissance*, Actes du 9e Colloque International de l'Association Renaissance, Humanisme, Réforme, Textes réunis et présentés par André Tournon et Gabriel-André Pérouse, Saint-Étienne, Publications de l'Université de Saint-Étienne, 1994, p. 161-185.

COURBIS, Bernard, « L'antinomie paiement-crédit et la formation de la monnaie moderne », *Cahiers Monnaie et financement*, 17, Université de Lyon II, 1985, p. 115-142.

CROMBIE, Alistair Cameron, *Histoire des sciences de Saint Augustin à Galilée*, Paris, PUF, 1959.

CROQUETTE, Bernard, *Étude du livre III des* Essais *de Montaigne*, Paris, Champion, 1985.

DANDREY, Patrick, *La Fabrique des fable*s, Paris, Klincksieck, 1992.

DEFAUX, Gérard, « Charles d'Orléans ou la poétique du secret. À propos du rondeau XXXIII de l'édition Champion », *Romania*, 93, 1972, p. 194-243.

DEFAUX, Gérard, « Montaigne, La Boétie, les *Essais* », *Montaigne Studies*, XI, 1999, p. 169-196.

DELUMEAU, Jean, *Mille ans de bonheur, une histoire du Paradis*, Paris, Fayard, 1992.

DEMERSON, Guy, « Le Songe de Joachim Du Bellay », dans *Le songe à la Renaissance*, études réunies et publiées par Françoise Charpentier, Saint-Étienne, RHR-Publications de l'Université de Saint-Étienne, 1990, p. 169-178.

DEMERSON, Guy, « L'éloge panurgien des dettes », *Or, monnaie, échange dans la culture de la Renaissance*, textes réunis et présentés par André Tournon et Gabriel-André. Pérouse, Saint-Étienne, Publications de l'Université de Saint-Étienne, 1994, p. 119-128.

DESAN, Philippe, « "Pour clorre nostre conte" : la comptabilité de Montaigne », *Littérature*, Mai 1991, p. 28-42.

DESAN, Philippe, *L'Imaginaire économique de la Renaissance*, Mont-de-Marsan, Éditions Interuniversitaires, 1993.

DIEGUEZ, Manuel de, « Un aspect de la théologie de Rabelais : le chapitre 38 du *Gargantua* », *Études Rabelaisiennes*, XXI, *Rabelais en son demi-millénaire*, actes du colloque international de Tours (24-29 septembre 1984) publiés parJean Céard et Jean-Claude Margolin, Genève, Droz, 1988, p. 347-353.

DRILLON, Jacques, *Traité de la ponctuation française*, Paris, Gallimard, 1991.

DUBOIS, Claude-Gilbert, « Les images de parenté dans les *Tragiques* », *Europe*, Mars 1976, p. 34-40.

DUMONT, Jean-Paul, *Le scepticisme et le phénomène*, Paris, Vrin, 1972.

« D'une fantastique bigarrure ». Le texte composite à la Renaissance, Études offertes à André Tournon, textes recueillis par Jean-Raymond Fanlo, Paris, Champion, 2000.

DUVAL, Edwin, « Articulation of the Délie : Emblems, Numbers and the Book », *Modern Language Review*, 1980, 75, p. 65-75.

DUVAL, Edwin, *The design of Rabelais's Pantagruel*, Yale University Press, 1991.

ECO, Umberto, *L'Œuvre ouverte*, Paris, Seuil, « Points », 1965.

ECKHARDT, Alexandre, « La préface primitive des *Essais* », *Bibliothèque d'Humanisme et Renaissance*, IX, 1947, p. 160-163.

Les Écrivains et la politique dans le sud-ouest de la France autour des années 1580 : Quatrième centenaire de l'accession de Montaigne à la mairie de Bordeaux, 1581–1981, Claude-Gilbert DUBOIS éd., Talence, Presses Universitaires *de* Bordeaux, 1982.

ÉLUARD, Paul, *Les Sentiers et les routes de la poésie*, dans *Œuvres complètes*, édition établie par Marcelle Dumas et Lucien Scheler, Paris, Gallimard, « Bibliothèque de La Pléiade », t. II, 1968.

ERNOUT, Alexandre, « *"Condicio"* et *"Conditio"* », *Revue de philologie*, 1949, p. 107-119 ; repris dans *Philologica*, II, Paris, C. Klincksieck, 1957, p. 157-169.

FEBVRE, Lucien, *Le Problème de l'incroyance au XVIe siècle, La religion de Rabelais*, Paris, Albin Michel, 1942.

FENOALTEA, Doranne, « The Final Dizains of Scève's *Delie* and the *Dialogo d'Amore* of Sperone Speroni », *Studi Francesi*, 1976, p. 201-225.

FENOALTEA, Doranne, *Si haulte architecture : The design of Scève's* Délie, Lexington, French Forum, 1982.

FEYTAUD, Jacques de, « Valet de trèfles ou l'Honneur des Armes, V », *Bulletin de la Société des Amis de Montaigne*, n° 9-10, janvier-juin 1982, p. 7-26.

FINO, José Federico, *Forteresses de la France médiévale*, Paris, Picard, 1977.

FORSYTH, Elliott, « Le message prophétique d'Agrippa d'Aubigné », *Bibliothèque d'Humanisme et Renaissance*, XLI, 1979, p. 23-39.

FOUCAULT, Michel, *Les Mots et les choses*, Paris, Gallimard, 1966.

FOUCAULT, Michel, *L'Archéologie du savoir*, Paris, Gallimard, 1969.

FOUCAULT, Michel, *Le souci de soi*, Paris, Gallimard 1984.

FRAISSE, Jean-Claude, *Philia : la notion d'amitié dans la philosophie antique*, Paris, Vrin, 1984.

FRAME, Donald, *Montaigne, Une vie, une œuvre*, Paris, Champion, 1994.

FRIEDRICH, Hugo, *Montaigne*, Paris, Gallimard, 1968.

GAIGNEBET, Claude, *À plus haut sens, L'ésotérisme spirituel et charnel de Rabelais*, Paris, Maisonneuve et Larose, 1986.

GARAVINI, Fausta, *Itinéraires à Montaigne : jeux de texte*, Paris, Champion, 1995 (traduction de *Itinerari a Montaigne*, Firenze, Sansoni, 1983).

GÉNINASCA, Jacques, *Analyse structurale des* Chimères *de Nerval*, Neuchâtel, À La Baconnière, 1971.

GEONGET, Stéphan, *La notion de perplexité à la Renaissance*, Genève, Droz, 2006.

GILLE, Bertrand, *Les ingénieurs de la Renaissance*, Paris, Hermann, 1964.

GILLARD, Lucien, « Y a-t-il étalon or à la Renaissance », *Or, Monnaie, Échange dans la culture de la Renaissance*, Actes du 9e Colloque International de l'Association Renaissance, Humanisme, Réforme, Textes réunis et présentés par André Tournon et Gabriel-André Pérouse, Saint-Étienne, Publications de l'Université de Saint-Étienne, 1994, p. 59-69.

GOUGENHEIM, Georges, et SCHUHL Pierre.-Maxime, *Trois essais de Montaigne*, Paris, Vrin, 1965.

GRAFF, Marc, « Nombres et emblèmes dans la *Délie* », *Réforme, Humanisme, Renaissance*, 1980, 12, p. 5-12.

GREENBERG, Mitchell, « The poetics of Trompe l'œil : D'Aubigné's Tableaux celestes », *Neophilologus*, janvier 1979, p. 1-22.

GREENE, Thomas M., « The Hair of the Dog that Bit You : Rabelais's Thirst », *Rabelais's Incomparable Book, Essays on his Art*, edited by Raymond C. La Charité, Lexington, French Forum, 1986, p. 181-194.

GREENE, Thomas M., *The Vulnerable Text*, New York, Columbia University Press, 1986, Traduction française, *Le texte vulnérable. Essais sur la littérature de la Renaissance*, Paris, Champion, 2002.

GREIMAS, Algirdas Julien, *Sémantique structurale, Recherche de méthode*, Paris, Larousse, 1966.

GUILHIERMOZ, Pierre, *Enquêtes et procès : étude sur la procédure et le fonctionnement du Parlement au XIVe siècle, suivie du style de la Chambre des Enquêtes, du style des commissaires*, Paris, Alphonse Picard, 1892.

HABERT-GOUNIN, Mireille, *Le Système des gauchissements dans la traduction par Montaigne du Liber Creaturarum de Raymond Sebond*, thèse soutenue le 12 janvier 2002 à l'Université de Provence (Aix-Marseille I).

HABERT-GOUNIN, Mireille, « L'inscription du sujet dans la traduction par Montaigne de la *Theologia naturalis* », *Montaigne Studies*, V, 1-2, 1993, p. 27-47.

HENDRICK, Philip, *Montaigne et Sebond / L'art de la traduction*, Paris, Champion, 1996.

JEANNERET, Michel, « Les tableaux spirituels d'Agrippa d'Aubigné. », *Bibliothèque d'Humanisme et Renaissance*, XXXV, 1973, p. 233-245.

KENNY, Neil, *« Le Moyen de parvenir :* The Earliest Known Edition, its Date, and the Woman who Printed it », in *Studies on Beroalde de Verville*, ed. M.J. Giordano, *Biblio 17, Papers on French Seventeenth Century Literature*, 1992, p. 21-41.

KRISTEVA, Julia, *Semeiotikê. Recherches pour une sémanalyse*, Paris, Seuil, 1969.

LA BRETÈQUE, François de, « Rabelais, le lion et le coq », *Études rabelaisiennes*, XV, Droz, 1980, p. 43-54.

LAFOND, Jean, « Le *Discours de la servitude volontaire* de La Boétie et la rhétorique de la déclamation », *Mélanges sur la littérature de la Renaissance à la mémoire de V.-L. Saulnier*, Genève, Droz, 1984, p. 735-745.

LAJARTE, Philippe de, « De la spécificité du champ littéraire au XVIe siècle », *Les méthodes du discours critique dans les études seiziémistes*, Actes du colloque de la S.F.D.S. réunis et présentés par Gisèle Mathieu-Castellani, Paris, SEDES, 1987, p. 11-22.

LAJARTE, Philippe de, « Les *Essais* de Montaigne et la naissance de l'auteur moderne », *« D'une fantastique bigarrure ». Le texte composite à la Renaissance, Études offertes à André Tournon*, textes recueillis par Jean-Raymond Fanlo Paris, Champion, 2000, p. 167-189.

LANGER, Ullrich, *Perfect Friendship*, Genève, Droz, 1994.

LEAKE, Roy E., *Concordance des* Essais *de Montaigne*, Genève, Droz, 1981.

LECERCLE, François, « Du phénix au pot au feu : Les emblèmes de *Délie* et la poétique de l'hétérogène », *Europe*, novembre 1986, p. 95-101.

LEFORT, Claude, « Le nom d'Un », dans La Boétie, *Discours de la servitude volontaire*, Paris, Payot, 1976, p. 247-307.

LIMBRICK, Elaine, « Was Montaigne really a Pyrrhonian ? », *Bibliothèque d'Humanisme et Renaissance*, XXXIX, 1977, p. 67-80.

Littérature, « Intertextualités médiévales », n° 41, février 1981.

Littérature, « La farcissure. Intertextualité au XVIe siècle », n° 55, octobre 1984.

LYONS, John D., *Exemplum*, Princeton, Princeton University Press, 1989.

MACHEREY, Pierre, *Pour une théorie de la production littéraire*, Paris, Maspero, 1966.

MAGNIEN, Michel, « III, 2, un : Montaigne, *Du repentir* », dans *Ruptures et repentirs*, Presses Universitaires de Pau, 1996, p. 115-131.

MAILLARD, Jean-François, « La chimère d'un Rabelais kabbaliste », *Rabelais : la question du sens. Colloque de Cerisy*, actes édités par Jean Céard et Marie-Luce Demonet avec la collaboration de Stéphan Geonget, *Études rabelaisiennes* XLIX, Genève, Droz, 2011, p. 237-251.

MALANDAIN, Pierre, « La Boétie et la politique du texte », *Réforme, Humanisme, Renaissance*, n° 12, Décembre1980, p. 33-41.

MARICHAL, Robert, « Messere Gaster », *Études rabelaisiennes*, I, Droz, 1956, p. 192-195.

MATHIEU-CASTELLANI, Gisèle, *Les Thèmes amoureux dans la poésie française (1570-1600)*, Paris, Klincksieck, 1975.

MC KINLEY, Mary, « Traduire/écrire/croire », *Montaigne – Apologie de Raimond Sebond. De la Theologia à la Théologie*, sous la direction de Claude Blum, Paris, Champion, 1990, p. 167-186.

MEIJER, Marianne S., « *Guesswork or Facts : Connections between Montaigne's Last Three Chapters* », dans *Montaigne : Essays in Reading, Yale French Studies*, n° 64, 1983, p. 167-179.

MÉNAGER, Daniel, « La politique du don dans les derniers chapitres du *Gargantua* », *The Journal of Medieval and Renaissance Studies*, 1978, p. 179-191.

MESCHONNIC, Henri, « Essai sur la poétique de Nerval », *Europe*, avril 1973, p. 10-37.

MOREAU, Hélène, « Grant sympose et grand rouleau : *Le Moyen de Parvenir* était-il écrit dans *Jacques le fataliste* ? », *Mélanges sur la littérature de la Renaissance à la mémoire de V.-L. Saulnier*, Genève, Droz, 1984, p. 589-599.

MOREAU, Hélène, « Marot, *L'Adolescence clémentine*. Éléments d'un système ludique », *Cahiers Textuel, Clément Marot, L'Adolescence clémentine*, 16, 1997, p. 93-102.

NAKAM, Géralde, *Les Essais de Montaigne, miroir et procès de leur temps*, Paris, Nizet, 1980.

NAKAM, Géralde, *Montaigne et son temps*, Paris, Nizet, 1982.

NAKAM, Géralde, *Les Essais de Montaigne, miroir et procès de leur temps*, Paris, Nizet, 1984.

PAGEL, Walter, *Paracelse*, Paris, Arthaud, 1963.

PÉROUSE, Gabriel-André, « La lettre sur la mort de La Boétie et la première conception des *Essais* », *Montaigne et les Essais. 1580-1980*, éd. F. Moureau, R. Granderoute, Cl. Blum, Paris-Genève, Champion-Slatkine, 1983, p. 65-76.

PICARD, Charles, « L'épisode de Baubô dans les mystères d'Éleusis », *Revue de l'histoire des religions*, Janvier 1928, p. 220-255.

PIROT, Louis, *Les Saints* Évangiles, Paris, Letouzay et Ané, 1935.

PLANTIE, Jacqueline, *La Mode du portrait littéraire en France (1641-1681)*, Paris, Champion, 1994.

PLOUZEAU, May, « Amour profane et art sacré : à propos d'un crucefiz dans Merogis de Portlesguez », *Mélanges de langue et littérature françaises du Moyen Âge offerts à Pierre Jonin*, *Senefiance*, n° 7, Paris, CUERMA / Champion, 1979, p. 543-558.

POLIZZI, Gilles, « *Le Songe de Poliphile* : rénovation ou métamorphose du genre littéraire », *Le songe à la Renaissance*, études réunies et publiées par Françoise Charpentier, Saint-Étienne, RHR-Publications. de l'Université de Saint-Étienne, 1990, p. 85-97.

POUILLOUX, Jean Yves, *Lire les* Essais *de Montaigne*, Paris, Maspero, 1969, repris dans *Montaigne, L'éveil de la pensée*, Paris, Champion, 1995.

PUIG, Jaume de, *Les Sources de la pensée philosophique de Raimond Sebond*, Paris, Champion, 1994.

RAYMOND, Marcel, *Génies de France*, Neuchâtel, La Baconnière, 1942.

REGOSIN, Richard L., « D'Aubigné's *Les Tragiques* : a protestant Apocalypsis », *Modern Langage Association*, 81, 5, 1966, p. 363-368.

REGOSIN, Richard L., « D'Aubigné's *Les Tragiques* : Divine Tragedy », *Bibliothèque d'Humanisme et Renaissance*, XXVIII, 1, 1966, p. 52-73.

RIFFATERRE, Michael, *La production du texte*, Paris, Seuil, 1979.

RISSET, Jacqueline, *L'anagramme du désir. Essai sur la Délie de Maurice Scève*, Rome, Bulzoni, 1971.

SAULNIER, Verdun-Léon, *La Littérature française de la Renaissance*, Paris, PUF, 1957.

SAULNIER, Verdun-Léon, *Rabelais*, Paris, SEDES-CDU, t. I, 1983, t. II, 1982.

SCHUHL, Pierre-Maxime, *Trois essais de Montaigne*, Paris, Vrin, 1965.

SCREECH, Michael Andrew, *Montaigne and Melancholy. The Wisdom of the* Essays, London, Duckworth, 1983.

SCREECH, Michael Andrew, *Montaigne et la mélancolie. La sagesse des* Essais, Paris, PUF, 1992.

SOULIÉ, Marguerite, *L'inspiration biblique dans la poésie religieuse d'Agrippa d'Aubigné*, Paris, Klincksieck, 1977.

STIERLE, Karlheinz, « Identité du discours et transgression lyrique », *Poétique*, novembre 1977, 4, n° 32, p. 424-444.

WEBER, Henri, *La création poétique en France au XVIe siècle*, Paris, Nizet, 1956.

WEBER, Henri, « *Les Tragiques* : conflit social et genèse poétique », *Europe*, Mars 1976, p. 7-20.

WORTH-STYLIANOU, Valérie, « "S'il vous plaît de conter avec lui" : les trois personnes dans la traduction de la *Théologie naturelle* », *Montaigne Studies*, V, 1993, p. 65-75.

ZAERCHER, Véronique, *Le Dialogue rabelaisien*, Genève, Droz, 2000.

ZINGUER, Ilana, *Structures narratives du* Moyen de parvenir, Paris, Nizet, 1979.

INDEX DES AUTEURS

INDEX BIBLIQUE

TABLE DES MATIÈRES

TROISIÈME PARTIE

ROMAN, NOUVELLES, THÉÂTRE

QUATRIÈME PARTIE

POÉSIE

IMPRIM'VERT®

Achevé d'imprimer par Corlet Numéric,
Z.A. Charles Tellier, Condé-en-Normandie (Calvados), en décembre 2020
N° d'impression : 169631 - dépôt légal : décembre 2020
Imprimé en France